SCHÄFFER
POESCHEL

Ulrich Niehus / Helmuth Wilke

Die Besteuerung der Kapitalgesellschaften

4., überarbeitete und aktualisierte Auflage

2014
Schäffer-Poeschel Verlag Stuttgart

Bibliografische Information der Deutschen Nationalbibliothek
Die Deutsche Nationalbibliothek verzeichnet diese Publikation
in der Deutschen Nationalbibliografie; detaillierte bibliografische Daten
sind im Internet über http://dnb.d-nb.de abrufbar.

FSC MIX
Papier aus verantwor-
tungsvollen Quellen
FSC® C006701
www.fsc.org

Gedruckt auf säure- und chlorfreiem, alterungsbeständigem Papier.

ISBN 978-3-7910-3381-5

© 2014 Schäffer-Poeschel Verlag für Wirtschaft · Steuern · Recht GmbH
www.schaeffer-poeschel.de
info@schaeffer-poeschel.de
Einbandgestaltung: Willy Löffelhardt
Satz: Dörr + Schiller GmbH, Stuttgart
Druck und Bindung: CPI books GmbH, Leck
Printed in Germany
Oktober 2014

Schäffer-Poeschel Verlag Stuttgart
Ein Tochterunternehmen der Haufe Gruppe

Vorwort zur 4. Auflage

Die vorliegende vierte, vollständig überarbeitete Auflage berücksichtigt die dank der Aktivitäten des Gesetzgebers zahlreichen, wenngleich nicht immer gelungenen Änderungen. Besonders zu erwähnen sind hier die Einführung einer Streubesitzregelung für die Steuerbefreiung von Gewinnausschüttungen (§ 8b Abs. 4 KStG n.F.), die Erweiterung des Korrespondenzprinzips in § 8b Abs. 1 KStG sowie der Regelungen zur Wertpapierleihe in § 8b Abs. 10 KStG und die sogenannte »kleine« Organschaftsreform. Zudem war eine Vielzahl finanzgerichtlicher Urteile und Verlautbarungen von Seiten der Finanzverwaltung einzuarbeiten.

Da wichtige steuerrechtliche Weichenstellungen, so etwa die Einführung eines modernen Gruppenbesteuerungssystems oder die Beantwortung der Frage nach der verfassungsrechtlichen Zulässigkeit der Zinsschranke und der Mindestbesteuerung, nach wie vor ausstehen, ist damit zu rechnen, dass in absehbarer Zeit eine erneute Überarbeitung notwendig werden wird. Bis dahin hoffen wir weiter auf konstruktive Kritik von allen Seiten.

Für die tatkräftige Unterstützung bei der redaktionellen Bearbeitung danken wir sehr herzlich Frau Martina Förg. Besonders hervorheben möchten wir zudem die stets geduldige und zugewandte Betreuung der Neuauflage von Herrn Rudolf Steinleitner aus dem Hause des Verlags.

Stralsund/Berlin im Juli 2014   Prof. Dr. Ulrich Niehus
Prof. Dr. Helmuth Wilke

Vorwort zur 1. Auflage

Das dualistische, rechtsformabhängige System der deutschen Unternehmens-besteuerung führt bei Kapitalgesellschaften wegen der aus dem Zivilrecht über-nommenen Trennung von Gesellschafts- und Anteilseignersphäre zu einer eigenen Besteuerungsebene. Das hierfür anwendbare und als grundsätzlich bekannt voraus-gesetzte Einkommensteuerrecht darf dabei nicht über die vielfältigen körperschaft-steuerlichen Probleme hinwegtäuschen. Insbesondere im Bereich der Rechtsbezie-hungen zwischen der Gesellschaft und ihren Anteilseignern, aber auch im Verhältnis zu anderen Gesellschaften existiert eine Vielzahl komplexer Fragestellungen. Hin-zukommt die Systematik der Vermeidung von Mehrfachbesteuerungen unter Be-rücksichtigung der Anteilseignerebene sowie die vor allem im europarechtlichen Kontext zunehmend wichtiger werdende Internationalisierung des Unternehmens-steuerrechts. All dies macht eine grundlegende Auseinandersetzung mit der Besteue-rung von Kapitalgesellschaften in Studium, Aus- und Weiterbildung sowie nicht zuletzt im Bereich der Vorbereitung auf Berufsexamina und in der betrieblichen Praxis unverzichtbar.

Zudem ist das Unternehmenssteuerrecht einem permanenten Wandel unter-worfen, was in den letzten Jahren in besonderem Maße für die Besteuerung der Kapitalgesellschaften gilt. Dabei ist durch den Wechsel vom Anrechnungs- zum Halbeinkünfteverfahren keineswegs eine Beruhigung eingetreten; vielmehr haben die jüngsten Regelungen des JStG 2007, des StÄndG 2007 und des SEStEG eine Reihe neuer Probleme und Zweifelsfragen mit sich gebracht, die bereits Eingang in das vorliegende Buch gefunden haben. Doch damit nicht genug: Die von der Bundes-regierung geplanten, teilweise erdrutschartigen Veränderungen werfen bereits ihre Schatten voraus.

Wir hoffen mit diesem Lehrbuch eine theoretisch fundierte, aber dennoch kompakte Darstellung der Besteuerung von Kapitalgesellschaften vorlegen zu kön-nen, die es ermöglicht, die komplexe Materie mit vertretbarem Aufwand in aus-reichender Tiefe zu erarbeiten.

Für die Unterstützung bei der Fertigstellung des Buches gilt unser Dank vor allem Frau Nadine Prietzel und Frau Claudia Sachs.

Stralsund/Berlin im März 2007   Prof. Dr. Ulrich Niehus
Prof. Dr. Helmuth Wilke

Inhaltsverzeichnis

K Kapitalerhöhung und Kapitalherabsetzung 337

L Liquidation und Wegzugsbesteuerung 361

M Übergang vom Anrechnungsverfahren zum Halb- bzw. Teileinkünfteverfahren 381

Abkürzungsverzeichnis

A	Abschnitt	BGB	Bürgerliches Gesetzbuch
a.A.	anderer Ansicht	BGBl.	Bundesgesetzblatt
Abb.	Abbildung	BGH	Bundesgerichtshof
Abs.	Absatz	BilMoG	Bilanzrechtsmodernisierungs-
abzgl.	abzüglich		gesetz
AdV	Aussetzung der Vollziehung	BMF	Bundesminister der Finanzen
AE	Anteilseinlage	BR-Drs.	Bundesrats-Drucksache
AEUV	Vertrag über die Arbeitsweise	BS	Betriebstätte
	der Europäischen Union	BStBl.	Bundessteuerblatt
a. F.	alte Fassung	BT-Drs.	Bundestags-Drucksache
AfA	Absetzung für Abnutzung	Buchst.	Buchstabe
AfaA	Absetzung für außergewöhn-	BV	Betriebsvermögen
	liche Abnutzung	BVerfG	Bundesverfassungsgericht
AG	Aktiengesellschaft	BVerfGE	Amtliche Sammlung von
AK	Anschaffungskosten		Entscheidungen des BVerfG
AktG	Aktiengesetz	bzgl.	bezüglich
AmtshilfeRLUmsG	Amtshilferichtlinie-	BZSt	Bundeszentralamt für Steuern
	Umsetzungsgesetz	bzw.	beziehungsweise
Anm.	Anmerkung	DB	Der Betrieb (Zeitschrift)
AO	Abgabenordnung	DBA	Doppelbesteuerungs-
ARAP	Aktiver Rechnungsab-		abkommen
	grenzungsposten	d. h.	das heißt
Art.	Artikel	DPM	Dötsch/Pung/Möhlenbrock,
AStG	Außensteuergesetz		Kommentar zum KStG
AV	Anlagevermögen	DStR	Deutsches Steuerrecht
Az.	Aktenzeichen		(Zeitschrift)
BA	Betriebsaufspaltung, Betriebs-	DStRE	Deutsches Steuerrecht
	ausgaben		Entscheidungsdienst (Zeit-
BB	Betriebs-Berater (Zeitschrift)		schrift)
BE	Betriebseinnahme	DStZ	Deutsche Steuer-Zeitung
BeBiKo	Beck'scher Bilanzkommentar		(Zeitschrift)
Beck GmbH-HB	Beck'sches Handbuch der	EAV	Ergebnisabführungsvertrag
	GmbH	EBITDA	earnings before interest, taxes,
BeckRS	Beck-Rechtsprechung		depreciation and amortization
	(Online-Datenbank)		(betriebswirtschaftliche Kenn-
B/F/F/K	Breithecker/Förster/Förster/		zahl)
	Klapdor, Kommentar zum	EFG	Entscheidungen der Finanz-
	UntStRefG		gerichte (Zeitschrift)
BFH	Bundesfinanzhof	e.G.	eingetragene Genossenschaft
BFH/NV	Sammlung amtlich nicht ver-	EGBGB	Einführungsgesetz zum
	öffentlichter Entscheidungen		Bürgerlichen Gesetzbuch
	des Bundesfinanzhofs	EGHGB	Einführungsgesetz zum
BFHE	Sammlung der Entscheidun-		Handelsgesetzbuch
	gen des Bundesfinanzhofs	EGV	Vertrag zur Gründung der
BFH-PR	Entscheidungen des BFH für		Europäischen Gemeinschaft
	die Praxis der Steuerberatung	EK	Eigenkapital
	(Zeitschrift)	ErbSt	Erbschaftsteuer
BFuP	Betriebswirtschaftliche For-	ESt	Einkommensteuer
	schung und Praxis (Zeitschrift)		

EStB	Ertrag-Steuer-Berater (Zeitschrift)	GWG	geringwertige Wirtschaftsgüter
EStDV	Einkommensteuer-Durch-	GWR	Zeitschrift für Gesellschafts- und Wirtschaftsrecht
	führungsverordnung	H	Hinweis
EStG	Einkommensteuergesetz	h. M.	herrschende Meinung
EStR	Einkommensteuer-Richtlinien	HB	Handbuch
et al.	et alii	HFA	Hauptfachausschuss des
etc.	et cetera		Instituts der Wirtschaftsprüfer
EU	Europäische Union	HGB	Handelsgesetzbuch
EuGH	Europäischer Gerichtshof	HHR	Herrmann/Heuer/Raupach,
e. V.	eingetragener Verein		Kommentar zur Einkommen-
EWR	Europäischer Wirtschaftsraum		steuer und Körperschaftsteuer
f.	folgende	HS	Halbsatz
ff.	fortfolgende	IAS	International Accounting
FG	Finanzgericht		Standards
FGG	Gesetz über die Angelegenhei-	i. d. F.	in der Fassung
	ten der freien Gerichtsbarkeit	i. d. R.	in der Regel
FinMin	Finanzministerium	i. E.	im Ergebnis
FinVerw	Finanzverwaltung	i. Gr.	in Gründung
FK	Fremdkapital	i. H. d.	in Höhe der/des
FördG	Gesetz über Sonderabschrei-	i. H. v.	in Höhe von
	bungen und Abzugsbeträge	IDW RS	Institut der Wirtschaftsprüfer
	im Fördergebiet (Förder-		Stellungnahmen zur Rech-
	gebietsgesetz)		nungslegung
FR	Finanz-Rundschau (Zeitschrift)	IFRS	International Financial
FS	Festschrift		Reporting Standards
GAV	Gewinnabführungsvertrag	IFSt	Institut Finanzen und Steuern
GbR	Gesellschaft bürgerlichen	INF	Information über Steuer und
	Rechts		Wirtschaft (Zeitschrift)
GenG	Genossenschaftsgesetz	InsO	Insolvenzordnung
Ges'ter	Gesellschafter	InvZulG	Investitionszulagengesetz
GewSt	Gewerbesteuer	i. S. d.	im Sinne des
GewStDV	Gewerbesteuer-Durch-	IStR	Internationales Steuerrecht
	führungsverordnung		(Zeitschrift)
GewStG	Gewerbesteuergesetz	i. S. v.	im Sinne von
GewStR	Gewerbesteuer-Richtlinien	i. V. m.	in Verbindung mit
GG	Grundgesetz	IWB	Internationales Steuer- und
ggf.	gegebenenfalls		Wirtschaftsrecht (Zeitschrift)
gl. A.	gleicher Ansicht	JA	Jahresabschluss
GmbH	Gesellschaft mit beschränkter	JFB	Jahresfehlbetrag
	Haftung	JStG	Jahressteuergesetz
GmbHG	Gesetz betreffend die Gesell-	JÜ	Jahresüberschuss
	schaften mit beschränkter	KA	Konzernabschluss
	Haftung	KapCoRiLiG	Kapitalgesellschaften- und
GmbHR	GmbH-Rundschau (Zeitschrift)		Co-Richtlinie-Gesetz
GoB	Grundsätze ordnungsmäßiger	KapErhStG	Gesetz über steuerrechtliche
	Buchführung		Maßnahmen bei Erhöhung des
grds.	grundsätzlich		Nennkapitals aus Gesell-
GrS	Großer Senat		schaftsmitteln
GS	Gedächtnisschrift	KapESt	Kapitalertragsteuer
GStB	Gestaltende Steuerberatung	KapGes	Kapitalgesellschaft
	(Zeitschrift)	KG	Kommanditgesellschaft
GuV	Gewinn- und Verlust-Rechnung		

KGaA	Kommanditgesellschaft auf Aktien
KÖSDI	Kölner Steuerdialog (Zeitschrift)
Kroatien-AnpG	Gesetz zur Anpassung des nationalen Steuerrechts an den Beitritt Kroatiens zur EU und zur Änderung weiterer steuerlicher Vorschriften
KSt	Körperschaftsteuer
KStG	Körperschaftsteuergesetz
KStH	Hinweise zu den Körperschaftsteuerrichtlinien
KStR	Körperschaftsteuerrichtlinien
lt.	laut
m.w.N.	mit weiteren Nachweisen
MGP	Maßgeblichkeitsprinzip
MoMiG	Gesetz zur Modernisierung des GmbH-Rechts und zur Bekämpfung von Missbräuchen
MoRaKG	Gesetz zur Modernisierung der Rahmenbedingungen für Kapitalbeteiligungen
MTR	Mutter-Tochter-Richtlinie
MU	Mitunternehmer
MüKo	Münchener Kommentar
n.F.	neue Fassung
NJW	Neue Juristische Wochenschrift (Zeitschrift)
Nr.	Nummer
nrk.	nicht rechtskräftig
Nrn.	Nummern
n.v.	nicht veröffentlicht
NWB	Neue Wirtschafts-Briefe Steuer- und Wirtschaftsrecht (Zeitschrift)
NZG	Neue Zeitschrift für Gesellschaftsrecht
OECD	Organisation für wirtschaftliche Zusammenarbeit und Entwicklung (Organisation for Economic Cooperation and Development)
OECD-MA	OECD-Musterabkommen
OFD	Oberfinanzdirektion
OG	Organgesellschaft
oGA	offene Gewinnausschüttung
OHG	Offene Handelsgesellschaft
OT	Organträger
p.a.	pro anno
PartG	Partnerschaftsgesellschaft
PartGG	Partnerschaftsgesellschaftsgesetz
PersGes	Personengesellschaft
PRSt	Pensionsrückstellung
PV	Privatvermögen
R	Richtlinie
Rev.	Revision
RFH	Reichsfinanzhof
RFHE	Entscheidungen des Reichsfinanzhofs
R/H/vL	Rödder/Herlinghaus/van Lishaut, Kommentar Umwandlungssteuergesetz
RIW	Recht der internationalen Wirtschaft (Zeitschrift)
rkr.	rechtskräftig
Rn.	Randnummer
RND	Restnutzungsdauer
Rs.	Rechtssache
RStBl.	Reichssteuerblatt
Rz.	Randziffer
S.	Seite
S/H/S	Schmitt/Hörtnagl/Stratz, Umwandlungssteuergesetz Kommentar
SBV	Sonderbetriebsvermögen
SE	Societas Europaea
SEStEG	Gesetz über steuerliche Begleitmaßnahmen zur Einführung der Europäischen Gesellschaft und zur Änderung weiterer steuerrechtlicher Vorschriften
SoBA	Sonderbetriebsausgabe
SoBE	Sonderbetriebseinnahme
So-Bilanz	Sonderbilanz
sog.	sogenannte(r)
SolZ	Solidaritätszuschlag
StB	Der Steuerberater (Zeitschrift)
StbJb.	Steuerberater-Jahrbuch
StEntlG	Steuerentlastungsgesetz 1999/2000/2002
SteuerHBekV	Steuerhinterziehungsbekämpfungsverordnung
SteuK	Steuerrecht kurzgefasst (Zeitschrift)
SteuStud	Steuer und Studium (Zeitschrift)
stG	stille Gesellschaft
StReformG 1990	StReformG 1990
StSenkErgG	Entwurf eines Gesetzes zur Ergänzung des Steuersenkungsgesetzes (Steuersenkungsergänzungsgesetz)

StSenkG	Gesetz zur Senkung der Steuersätze und zur Reform der Unternehmensbesteuerung (Steuersenkungsgesetz)	u. U.	unter Umständen
		v.	vom
		vBP	vereidigter Buchprüfer
		vE	verdeckte Einlage
StuB	Steuern und Bilanzen (Zeitschrift)	vGA	verdeckte Gewinnausschüttung
		vgl.	vergleiche
StuW	Steuer und Wirtschaft (Zeitschrift)	VSt	Vermögensteuer
		VZ	Veranlagungszeitraum
StVergAbG	Steuervergünstigungsabbau-gesetz	WaBeschG	Wachstumsbeschleunigungs-gesetz
TEV	Teileinkünfteverfahren	WG	Wirtschaftsgut, Wirtschafts-güter
Tz.	Textziffer		
u. a.	unter anderem, und andere	WJ	Wirtschaftsjahr
Ubg	Die Unternehmensbesteuerung (Zeitschrift)	WK	Werbungskosten
		WKBG	Wagniskapitalbeteiligungs-gesetz
u. E.	unseres Erachtens		
UG	Unternehmergesellschaft	WP	Wirtschaftsprüfer
UmwG	Umwandlungsgesetz	WPg	Die Wirtschaftsprüfung (Zeitschrift)
UmwStG	Umwandlungssteuergesetz		
UntStRefG	Unternehmensteuerreform-gesetz	z. B.	zum Beispiel
		ZIP	Zeitschrift für Wirtschaftsrecht
US-GAAP	United States Generally Accepted Accounting Principles	z. v. E.	zu versteuerndes Einkommen
		zzgl.	zuzüglich

A Einführung

I Rechtsnatur und Bedeutung der Kapitalgesellschaften

Kapitalgesellschaften sind juristische, mit eigener Rechtspersönlichkeit aus-
gestattete Personen des privaten Rechts. Sie bilden eine besondere Gruppe von
Körperschaften und können als Sonderformen wirtschaftlicher Vereine verstanden
werden. Nach deutschem Recht existieren mit der AG, KGaA und der GmbH (einschließlich der Unternehmergesellschaft (haftungsbeschränkt)) drei Kapitalgesell-
schaftsformen, die im AktG bzw. im GmbHG geregelt sind. Mit der Societas Europaea (SE) wurde zudem eine Kapitalgesellschaftsform geschaffen, für die in allen
Mitgliedsstaaten der EU weitgehend einheitliches Recht gilt.

Begriff der KapGes

Kapitalgesellschaften zeichnen sich durch eine körperschaftliche Organisation
aus, sind also sowohl hinsichtlich der Geschäftsführung, Vertretung und Willensbildung als auch hinsichtlich ihres rechtlichen Bestands von ihren Gesellschaftern
losgelöst. Kapitalgesellschaften gelten qua Gesetz als Handelsgesellschaft (§ 3 AktG,
§ 13 Abs. 3 GmbHG, § 278 Abs. 3 AktG) und zählen daher gemäß § 6 Abs. 1 HGB zu
den Kaufleuten. Als juristische Personen sind sie mit eigener Rechtspersönlichkeit
ausgestattet und können daher Inhaber eigener Rechte und Pflichten sein. Gläubigern gegenüber haften Kapitalgesellschaften selbst mit ihrem Gesellschaftsvermögen. Die Gesellschaftsanteile sind grundsätzlich frei veräußerbar und vererblich.

Loslösung von den Gesellschaftern

Anders als bei Personengesellschaften steht regelmäßig die rein monetäre
Beteiligung, nicht dagegen die persönliche Mitarbeit der Gesellschafter im Vordergrund. Nach der Beteiligung des Gesellschafters am gezeichneten Kapital bestimmen
sich dementsprechend auch regelmäßig die wesentlichen mit der Beteiligung verbundenen Gesellschaftsrechte, wie etwa Gewinnbezugs- und Stimmrechte. Geschäftsführung und Vertretung können dagegen von Nichtgesellschaftern übernommen werden (Fremdorganschaft).

Kapitalbeteiligung steht im Vorder-grund

In der Praxis hat sich insbesondere die GmbH als Organisationsform im Mittel-
stand weitgehend durchgesetzt, lässt sich doch hier für die Gesellschafter die Vermeidung der unbeschränkten Haftung mit einem weitgehend dispositiven Recht im
Innenverhältnis, der im Vergleich zu Personengesellschaften leichteren Übertrag-
barkeit der Anteile und der Möglichkeit der Fremdorganschaft kombinieren. Mit der
Einführung der UG (haftungsbeschränkt) in § 5a GmbHG als einer Sonderform der
GmbH hat der Gesetzgeber die Attraktivität weiter erhöht.

GmbH vorherr-schend

Gleichwohl ist festzustellen, dass das Spektrum der Kapitalgesellschaften in der
Praxis außerordentlich weit reicht: Von der kleinen Einmann-GmbH über mittel-
ständische Unternehmen und Familien-AGs bis hin zum börsennotierten multina-
tionalen Konzern in der Rechtsform der AG. Darüber hinaus ist im Bereich des
Rechts der Kapitalgesellschaften eine erhebliche Internationalisierung erkennbar,
zum einen durch die Einführung der SE, die als Vehikel zur Erleichterung grenzüberschreitender Umstrukturierungen dienen soll und für die in allen Mitglied-
staaten der EU weitgehend einheitliches Recht gilt, zum anderen aufgrund der
Rechtsprechung des EuGH, nach der in vielen Fällen auch Gesellschaften auslän-

Weites Spektrum

dischen Rechts im Inland der Status einer Kapitalgesellschaft zuzuerkennen ist, so etwa der nach englischem Recht gegründeten Limited.

Eine von den steuerlichen Folgen losgelöste detaillierte Erörterung der zivilrechtlichen Behandlung von Kapitalgesellschaften erscheint hier wegen der Vielschichtigkeit der Materie nicht angebracht; hierzu sei auf die einschlägige Literatur verwiesen. Soweit die zivilrechtliche Behandlung einzelner Sachverhaltsgestaltungen jedoch für die steuerliche Erörterung von Bedeutung ist, wird dies jeweils gesondert dargestellt.

II Konzeptionelle Grundlagen der Besteuerung von Kapitalgesellschaften

KapGes ist Steuerrechtssubjekt

Das Steuerrecht als Teil des öffentlichen Rechts folgt der im Zivilrecht verankerten strikten Trennung zwischen Gesellschaft und Gesellschafter insofern, als es Kapitalgesellschaften auch steuerlich als eigenständige Rechtssubjekte auffasst und zur Erfüllung steuerlicher Pflichten heranzieht. So ist eine Kapitalgesellschaft mit Sitz oder Geschäftsleitung im Inland unbeschränkt körperschaftsteuerpflichtig nach § 1 Abs. 1 Nr. 1 KStG, ihre Tätigkeit gilt zwingend als Gewerbebetrieb nach § 2 Abs. 2 GewStG und sie ist regelmäßig Unternehmer i. S. v. § 2 UStG.

Zusätzliche Besteuerungsebene

Nicht problematisch erscheint dies im Bereich der Gewerbe- und Umsatzsteuer, da Objekt- bzw. Verkehrsteuern nicht am Vorliegen einer eigenen Rechtspersönlichkeit ansetzen und sich daher kein Unterschied gegenüber der Behandlung von Personengesellschaften bzw. Einzelunternehmen ergibt. Hinsichtlich der Körperschaftsteuer als Personensteuer ist diese sog. Maßgeblichkeit des Gesellschafts- für das Steuerrecht jedoch insoweit zu hinterfragen, als hierdurch gegenüber der Besteuerung von natürlichen Personen und Personengesellschaften eine zusätzliche Besteuerungsebene geschaffen wird und es dadurch zu einer doppelten Erfassung steuerlicher Ergebnisse, zum einen auf der Gesellschaftsebene, zum anderen auf der Ebene der Anteilseigner kommen kann.

Begründung notwendig

Die Besteuerung der Kapitalgesellschaften selbst ist zudem keineswegs zwingend; vielmehr wäre es auch denkbar, die im organisatorischen Rahmen einer Kapitalgesellschaft erzielten Einkünfte wie im Fall von Einzelunternehmen und Personengesellschaften im Wege des Durchgriffs direkt und ausschließlich auf der Ebene der natürlichen Personen zu besteuern. Grundsätzlich ist es nicht zu rechtfertigen, die Messung der wirtschaftlichen Leistungsfähigkeit von der Wahl des zivilrechtlichen Rechtskleides abhängig zu machen. Auch ist die Beibehaltung der Trennung von Gesellschafts- und Gesellschafterebene im Steuerrecht kein Selbstzweck. Wenn also das Steuerrecht, dem Zivilrecht folgend, eine zusätzliche Besteuerungsebene in Form der juristischen Person »einzieht«, bedarf es dazu einer weitergehenden Begründung.

1 Begründung einer eigenständigen Körperschaftsteuer

Die Notwendigkeit einer eigenständigen Belastung von Kapitalgesellschaften mit Körperschaftsteuer resultiert aus der infolge ihrer rechtlichen Selbständigkeit bestehenden Möglichkeit, Gewinne zu thesaurieren und erst zu einem späteren Zeitpunkt an ihre Anteilseigener auszuschütten, während dies bei Einzelunternehmen und Personengesellschaften so nicht der Fall ist.

Möglichkeit der Thesaurierung

Da eine direkte Zurechnung der von der Kapitalgesellschaft erzielten und nicht ausgeschütteten Einkünfte zu den Gesellschaftern im Sinne einer sog. Teilhabersteuer weder mit der einkommensteuerlichen Konzeption des Zufluss- bzw. Realisationsprinzips noch mit dem Konzept der Besteuerung nach der wirtschaftlichen Leistungsfähigkeit vereinbar ist und auch in tatsächlicher Hinsicht, insbesondere bei Publikumsgesellschaften, kaum durchführbar erscheint, müsste die Besteuerung der thesaurierten Gewinne, wenn keine eigenständige körperschaftsteuerliche Belastung erfolgte, bis zum Zeitpunkt der Ausschüttung aufgeschoben werden. Die hierdurch bewirkte steuerliche Besserstellung der Kapitalgesellschaft gegenüber der Einzelunternehmung bzw. der Personengesellschaft lässt sich aber wegen der damit einhergehenden Wettbewerbsverzerrung nicht rechtfertigen (HEY in HHR, Einf. KSt Anm. 17 m. w. N.). Der Gesetzgeber hat sich daher dazu entschieden, die zivilrechtliche Anerkennung der eigenen Rechtsfähigkeit der Kapitalgesellschaften (z. B. § 1 Abs. 1 AktG, § 13 GmbHG) auch im Bereich des Steuerrechts gelten zu lassen und deren Einkünfte im Wege einer eigenständigen Körperschaftsteuer, quasi als Einkommensteuer der juristischen Person, zu belasten. Hinzu tritt dann im Fall der Ausschüttung eine Erfassung auf der Ebene des Gesellschafters.

Besserstellung ggü. PersGes nicht vertretbar

Das Nebeneinander von Einkommen- und Körperschaftsteuer ist somit eine unmittelbare Folge aus der steuerrechtlichen Akzeptanz der eigenständigen zivilrechtlichen Rechtspersönlichkeit der juristischen Personen. Infolgedessen gibt es keine einheitliche, sondern eine dualistische, d. h. von der jeweiligen Rechtsform abhängige »Unternehmensbesteuerung«.

Dualistisches Unternehmenssteuerrecht

Trotz der Erfassung thesaurierter Gewinne bei Kapitalgesellschaften ist zu konstatieren, dass die Belastung mit Körperschaftsteuer sich von derjenigen einer Personengesellschaft deutlich unterscheidet, da der lineare Steuersatz im Bereich der Körperschaftsteuer ggf. über, zumeist aber wohl unterhalb der einkommensteuerlichen Belastung einer personenbezogenen Unternehmung liegen dürfte. Dies ist zwar insofern gerechtfertigt, als bei Ausschüttung eine zusätzliche einkommensteuerliche Belastung erfolgt; zur Gleichstellung mit Einzelunternehmen und Personengesellschaften wäre es aber nun denkbar, Letztere ebenfalls unabhängig von ihren Gesellschaftern durch Einführung einer allgemeinen Betriebsteuer einer eigenen Besteuerung zu unterwerfen, solange die Gewinne nicht auf die private Ebene der Gesellschafter transferiert werden.

Betriebssteuerkonzept ...

Letztlich ist der Gesetzgeber dieser im Rahmen des Entwurfs zum Steuersenkungsgesetz 2001 (StSenkG) im Wege einer Option zur KSt in Erwägung gezogenen Überlegung nicht gefolgt; gleichwohl hat er mit der im UntStRefG 2008 eingeführten begünstigten Besteuerung einbehaltener Gewinne im Bereich der Personenunternehmen (§ 34a EStG) versucht, eine steuerliche Belastungsneutralität zwischen Kapitalgesellschaften und Personenunternehmen zu etablieren, indem er mit der

... trotz § 34a EStG im Ergebnis nicht umgesetzt

Gewährung eines Sondersteuersatzes für einbehaltene Gewinne i. H. v. 28,25 % näherungsweise eine der sich bei Kapitalgesellschaften insgesamt aus KSt und GewSt ergebende steuerliche Belastung ermöglicht. Im Fall der späteren Entnahme dieser Gewinne erfolgt – wie bei Kapitalgesellschaften im Fall der Ausschüttung und Anwendung des Sondersteuersatzes nach § 32d Abs. 1 EStG auch – eine Nachversteuerung mit 25 %.

Weiterhin dualistisches Unternehmenssteuerrecht

Systematisch hat der Gesetzgeber damit jedoch an der transparenten (Mit)unternehmerbesteuerung einerseits und der Körperschaftsbesteuerung nach dem Trennungsprinzip andererseits festgehalten. Es verbleibt daher auch nach dem UntStRefG 2008 bei einem Nebeneinander von ESt und KSt als Ausfluss der steuerrechtlichen Akzeptanz der eigenständigen zivilrechtlichen Rechtspersönlichkeit der juristischen Personen. Weiterhin gibt es keine einheitliche, sondern eine dualistische, von der jeweiligen Rechtsform abhängige Unternehmensbesteuerung.

2 Gestiegene Bedeutung der Gewerbesteuer für Kapitalgesellschaften

Nach den durch das UntStRefG 2008 bewirkten gewerbesteuerlichen Änderungen, insbesondere der Qualifizierung der GewSt als nicht abziehbare Betriebsausgabe, der Vereinheitlichung der Steuermesszahl auf 3,5 % und der Ausweitung der Hinzurechnungstatbestände für Finanzierungsaufwendungen in § 8 Nr. 1 GewStG, verbunden mit der Absenkung des KSt-Satzes von 25 % auf 15 %, ist für Kapitalgesellschaften eine verstärkte relative Bedeutung der GewSt zu diagnostizieren. So entspricht unter Vernachlässigung von Hinzurechnungen und Kürzungen die gewerbesteuerliche Belastung bei einem Hebesatz von 429 %, unter Berücksichtigung des SolZ bei einem Hebesatz von 452 %, der Höhe der körperschaftsteuerlichen Belastung (vgl. HERZIG, DB 2007, 1541, 154 (2). Demgegenüber bewirkt bei Personenunternehmen die Anrechnung der GewSt auf die ESt gemäß § 35 EStG bis zu einem Hebesatz von 380 %, bei Berücksichtigung des SolZ bei einem Hebesatz von ungefähr 400 %, eine vollständige Entlastung von der GewSt, vorausgesetzt, es kommt nicht zu sog. Anrechnungsüberhängen (vgl. HERZIG/LOCHMANN, DB 2007, 1037, 1039).

3 Folgen und Reichweite des Trennungsprinzips

Die Besteuerungssystematik der Kapitalgesellschaften und ihrer Anteilseigner ist durch das sog. Trennungsprinzip gekennzeichnet. Konstitutive Merkmale dieses Prinzips sind die von der Kapitalgesellschaft entfaltete Abschirmwirkung gegenüber ihren Gesellschaftern sowie das Anerkenntnis von Verträgen zwischen Gesellschaft und Gesellschafter.

Abschirmwirkung

Folge der Anerkennung der eigenen Rechtspersönlichkeit der Kapitalgesellschaften und ihrer daraus abgeleiteten Steuerrechtssubjekteigenschaft ist, dass die Besteuerungsebene der Anteilseigner erst dann berührt wird, wenn die Kapitalgesellschaft ihre Gewinne auf deren Ebene transferiert, was regelmäßig erst im Fall von

Gewinnausschüttungen der Fall ist. Die Kapitalgesellschaft schirmt die Anteilseigner mithin so lange von einer steuerlichen Erfassung des Ergebnisses auf deren Ebene ab, wie sie die Gewinne thesauriert.

Diese Trennung zwischen Gesellschaft einerseits und Gesellschafter andererseits bewirkt zudem, dass im Grundsatz die Anteilseigner ihrer Gesellschaft auch in steuerrechtlicher Hinsicht wie fremde Dritte gegenüberstehen können, und folglich zwischen ihnen geschlossene Verträge grundsätzlich auch steuerrechtlich anerkannt werden (vgl. BÖHMER, StuW 2012, 33, 34). Ist z.B. der Gesellschafter einer GmbH als Geschäftsführer der Gesellschaft tätig, so stellen die Gehaltszahlungen für die GmbH Betriebsausgaben, für den Gesellschafter Einnahmen aus nichtselbständiger Arbeit dar.

Anerkennung von Leistungsbeziehungen

Diese grundsätzliche steuerliche Anerkennung der Rechtsbeziehungen zwischen der Kapitalgesellschaft und ihren Anteilseignern findet allerdings ihre Grenze, wenn hierdurch nicht betrieblich, sondern gesellschaftsrechtlich veranlasste Einkommensverschiebungen bewirkt werden. Insbesondere verdeckte Gewinnausschüttungen (vGA) dürfen das zu versteuernde Einkommen der Körperschaft nicht vermindern. Folgerichtig führt aber auch ein der Kapitalgesellschaft durch den Anteilseigner im Wege der verdeckten Einlage (vE) zugewendeter Vermögensvorteil nicht zu steuerlichem Einkommen der Gesellschaft, wenn und soweit die Vorteilsgewährung durch das Gesellschaftsverhältnis begründet ist (vgl. BÖHMER, StuW 2012, 33, 34).

Keine Anerkennung, wenn vGA oder vE

Beide dargestellten Rechtsfolgen stehen im Gegensatz zur Behandlung des Gesellschafters einer Personengesellschaft. Da die Personengesellschaft als solche weder Steuersubjekt i.S.d. EStG noch des KStG ist, erfolgt insoweit ein Durchgriff durch die Personengesellschaft auf die Ebene der Gesellschafter. Nach dem hier zur Anwendung gelangenden Transparenzprinzip werden die von Personengesellschaft erzielten Einkünfte, unabhängig davon, ob sie in der Gesellschaft belassen oder von den Gesellschaftern entnommen werden, den Gesellschaftern anteilig als originäre eigene Einkünfte zugerechnet und bei diesen der Einkommen- bzw. Körperschaftsteuer unterworfen, so dass nur eine Besteuerungsebene besteht. Während das Vorstehende unabhängig davon gilt, ob die Personengesellschaft Überschuss- oder Gewinneinkünfte erzielt, ist bei einer Gewinneinkünfte erzielenden Personengesellschaft, vorausgesetzt, der betreffende Gesellschafter ist als Mitunternehmer anzusehen, zudem zu beachten, dass gemäß § 15 Abs. 1 Nr. 2 EStG auch Vergütungen für Tätigkeiten im Dienst der Gesellschaft, für die Überlassung von Wirtschaftsgütern oder für die Hingabe von Darlehen, die der Mitunternehmer von »seiner« Gesellschaft bezieht, ebenfalls zu seinen aus dieser Gesellschaft erzielten Gewinneinkünften zählen. Zwar werden auch insoweit die zwischen der Personengesellschaft und ihren Gesellschaftern geschlossenen Verträge steuerrechtlich anerkannt, jedoch wird ihnen über § 15 Abs. 1 Nr. 2 EStG die steuerliche Wirksamkeit genommen (vgl. hierzu NIEHUS/WILKE, Die Besteuerung der Personengesellschaften, 2013, 25 ff.).

Bei PersGes Transparenzprinzip

Die nachfolgende Abbildung fasst noch einmal zusammen:

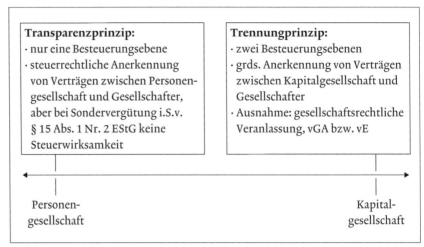

Transparenzprinzip:
· nur eine Besteuerungsebene
· steuerrechtliche Anerkennung
  von Verträgen zwischen Personengesellschaft und Gesellschafter,
  aber bei Sondervergütung i.S.v.
  § 15 Abs. 1 Nr. 2 EStG keine
  Steuerwirksamkeit

Trennungprinzip:
· zwei Besteuerungsebenen
· grds. Anerkennung von Verträgen
  zwischen Kapitalgesellschaft und
  Gesellschafter
· Ausnahme: gesellschaftsrechtliche
  Veranlassung, vGA bzw. vE

Personen-
gesellschaft

Kapital-
gesellschaft

Abb. 1: Transparenz- und Trennungsprinzip

III Systeme der Vermeidung einer Doppel- bzw. Mehrfachbesteuerung

Problem der Doppelerfassung

Grundsätzlich erfolgt die Besteuerung der körperschaftsteuerlichen Subjekte unabhängig von deren Anteilseignern. Solange die Kapitalgesellschaft ihre Gewinne einbehält (thesauriert) und nicht an die Anteilseigner ausschüttet, erfolgt die steuerliche Belastung mithin ausschließlich auf Ebene der Kapitalgesellschaft. Im Fall der Ausschüttung erzielen die jeweiligen Anteilseigner steuerbare Einkünfte, beispielsweise Einkünfte aus Kapitalvermögen, woraus grundsätzlich eine Doppelbesteuerung der betreffenden Gewinne resultiert, nämlich einerseits mit Körperschaftsteuer auf der Ebene der Kapitalgesellschaft und andererseits mit der persönlichen Einkommensteuer auf der Ebene der Anteilseigner, bzw. mit nochmaliger Körperschaftsteuer, soweit es sich bei dem Anteilseigner ebenfalls um eine Kapitalgesellschaft handelt.

Während bis zum Veranlagungszeitraum 2000 durch das sog. Anrechnungsverfahren die unliebsame Doppelbesteuerung mit KSt und ESt bzw. nochmaliger KSt exakt vermieden wurde, hat der Gesetzgeber durch das StSenkG das Anrechnungsverfahren abgeschafft und durch das sog. Halbeinkünfteverfahren ersetzt, welches die körperschaftsteuerliche Vorbelastung lediglich typisiert berücksichtigt. Mit dem UntStRefG 2008 hat der Gesetzgeber schließlich mit Wirkung ab 2009 das Halbeinkünfteverfahren in ein Teileinkünfteverfahren modifiziert und dessen Anwendungsbereich grundsätzlich auf Ausschüttungen beschränkt, die innerhalb eines Betriebsvermögens realisiert oder zu einer anderen Überschusseinkunftsart als den Einkünfte aus Kapitalvermögen gezählt werden. Zu einer solchen Zurechnung kann es über die Subsidiaritätsregelung des § 20 Abs. 8 EStG kommen. Für die Besteuerung privater Einkünfte aus Kapitalvermögen gilt ab 2009 indes grundsätzlich weder das Halb- noch das Teileinkünfteverfahren; stattdessen soll in diesem Bereich fortan die Doppelbelastung mit KSt und ESt in pauschalierender Weise vermieden werden, indem die Kapitalerträge auf Anteilseignerebene in vollem Umfang nicht mehr dem Normaltarif nach § 32a EStG, sondern gemäß § 32d Abs. 1 EStG einem gesonderten Steuersatz von 25 % unterworfen werden. Nur in den Fällen des § 32d Abs. 2 Nr. 3 EStG ist ggf. auch in diesen Fällen auf Antrag eine Anwendung des Teileinkünfteverfahrens und des progressiven ESt-Tarifs nach § 32a EStG möglich.

1 Anrechnungsverfahren

Vereinfacht beschrieben wirkte innerhalb des Anrechnungsverfahrens die von der Kapitalgesellschaft entrichtete KSt lediglich vorübergehend und wurde im Moment der Ausschüttung über zwei Stufen wieder neutralisiert, nämlich zunächst durch die Herstellung der sog. Ausschüttungsbelastung und in einem zweiten Schritt durch die Anrechnung der sodann verbliebenen körperschaftsteuerlichen Belastung auf die persönliche ESt bzw. KSt des Anteilseigners. Wirtschaftlich wirkte die KSt der Kapitalgesellschaft mithin wie eine Vorauszahlung auf die persönliche Steuer des Anteilseigners, vergleichbar mit der Anrechnung der LSt im Fall der Einkommensteuerveranlagung eines Arbeitnehmers.

KSt war nur Interimsbelastung

Von der Kapitalgesellschaft erwirtschaftete Gewinne unterlagen unabhängig von der Ausschüttung zunächst einer Tarifbelastung von 40 %. Im Fall der Ausschüttung flossen hiervon 10 %-Punkte im Wege einer KSt-Minderung an die Kapitalgesellschaft zurück, so dass sich die KSt-Belastung auf 30 % reduzierte und eine Ausschüttung i. H. v. 70 % des Vorsteuergewinns der Gesellschaft möglich wurde.

Tarifbelastung, KSt-Minderung, ...

Auf der Ebene des Anteilseigners wurde sodann ein Zufluss von Einnahmen i. S. v. § 20 Abs. 1 Nr. 1 EStG i. H. d. gesamten Vorsteuergewinns erfasst, also des Ausschüttungsbetrags (Bardividende) zuzüglich der darauf entfallenden Ausschüttungsbelastung. Von der sich unter Berücksichtigung dieser Kapitalerträge ergebenden Einkommen- bzw. Körperschaftsteuer wurde schließlich die in Form der Ausschüttungsbelastung nach wie vor bestehende KSt-Vorbelastung als Steueranrechnungsbetrag abgezogen. Um dies zu ermöglichen, erhielt der Anteilseigner von der ausschüttenden Kapitalgesellschaft eine Steuerbescheinigung, aus der sich die auf seine eigene Einkommen- bzw. Körperschaftsteuer anrechenbare Körperschaftsteuer ergab. Angemerkt sei, dass auch bei Geltung des Anrechnungsverfahrens derartige Kapitalerträge der KapESt unterlagen, welche ebenfalls als Vorauszahlung auf die ESt bzw. KSt des Anteilseigners wirkte und mit der sich tatsächlich ergebenden Steuerbelastung innerhalb der Veranlagung verrechnet wurde.

... Anrechnung beim Anteilseigner

Die nachfolgende Abbildung stellt, unter Vernachlässigung der Kapitalertragsteuer, die grundlegende Funktionalität des Anrechnungsverfahrens noch einmal dar:

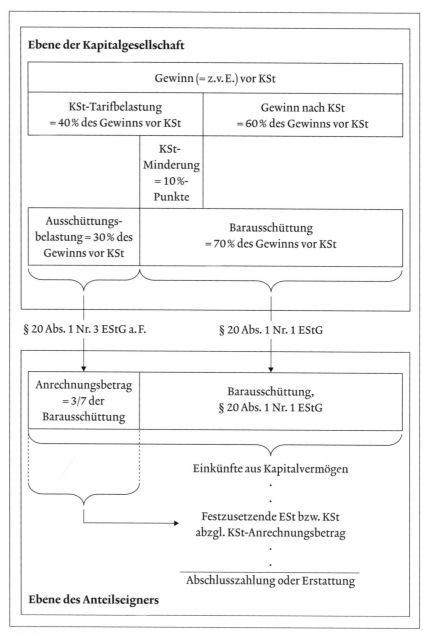

Abb. 2: Anrechnungsverfahren

Das Anrechnungsverfahren war allerdings in mehrfacher Hinsicht problematisch:

- Zum einen war es erforderlich, die steuerliche Belastung des für Ausschüttungen verwendbaren Eigenkapitals genau festzuhalten, um im Ausschüttungsfall die Ausschüttungsbelastung von 30 % herstellen zu können, denn nicht alle durch Gewinne entstandenen Zugänge zum Eigenkapital waren auch mit 40 % Körperschaftsteuer belastet. Man denke nur an steuerfrei vereinnahmte Investitionszulagen oder Gewinne, die noch mit einer Tarifbelastung von 45 % versteuert waren. Die erforderliche Gliederungsrechnung war ausgesprochen aufwendig und kompliziert. Zudem war eine Annahme darüber erforderlich, welche der unterschiedlich hoch belasteten Eigenkapitalteile als zuerst für etwaige Ausschüttungen verwendet galten.

  Gliederungsrechnung erforderlich

- Zum anderen waren Anteilseigner, für die im Inland keine Veranlagung durchgeführt wurde, von der Anrechnung der Ausschüttungsbelastung ausgeschlossen; zugleich war eine entsprechende Anrechnung der KSt-Belastung von Dividenden, die in Deutschland ansässigen Steuerpflichtigen aus Kapitalgesellschaften anderer EU-Staaten zuflossen, ausgeschlossen. Insofern verstieß die in § 36 EStG verankerte Regelung über die Anrechnung der Ausschüttungsbelastung gegen die in Art. 56 EGV (jetzt Art. 63 AEUV) europarechtlich garantierte Kapitalverkehrsfreiheit (vgl. EuGH v. 06. 03. 2007 – C-292/04, DStR 2007, 485).

  Verstoß gegen EU-Recht

2 Halb- bzw. Teileinkünfteverfahren sowie § 8b KStG

Vor der Einführung des Anrechnungsverfahrens, d. h. in Veranlagungszeiträumen vor 1977, wurden die ausgeschütteten Gewinne doppelt besteuert: zunächst auf der Ebene der Kapitalgesellschaft selbst mit KSt und anschließend auf der Ebene des Anteilseigners mit ESt (sog. klassisches System). Mit dem im Regelfall ab 2002 geltenden Halbeinkünfteverfahren, welches später in ein Teileinkünfteverfahren modifiziert wurde, ist nun eine Rückbesinnung auf das klassische System erfolgt, da keine Anrechnung der KSt auf der Ebene der Anteilseigner mehr erfolgt, sondern die körperschaftsteuerliche Vorbelastung vielmehr definitiv ist.

Definitiv-KSt ab 2002 i. H. v. 25 %

Um gleichwohl zu berücksichtigen, dass die zur Auskehrung gelangten Gewinne bereits einmal der Besteuerung unterlegen haben, wird diese Vorbelastung innerhalb des Halb- bzw. Teileinkünfteverfahrens nur noch typisiert berücksichtigt, indem die Gewinnausschüttungen auf Ebene der Anteilseigner bei natürlichen Personen partiell (§ 3 Nr. 40 Buchst. d EStG) von der Besteuerung freigestellt werden, und korrespondierend auch nur eine teilweise Berücksichtigung der mit diesen Erträgen in Zusammenhang stehenden Aufwendungen zugelassen wird (§ 3c Abs. 2 EStG).

Bei natürlichen Personen teilweise Freistellung, …

Soweit es sich bei dem Anteilseigner um eine Kapitalgesellschaft handelt, sind die Beteiligungserträge vollständig freigestellt (§ 8b Abs. 1 KStG), um in Anbetracht der sich u. U. über mehrere Stufen erstreckenden Beteiligungsstrukturen eine mehrfache Belastung der Gewinne mit KSt zu vermeiden. Ausgehend von der Überlegung, dass die Gewinnausschüttungen bei der empfangenden Kapitalgesellschaft nach § 8b Abs. 1 KStG steuerfrei gestellt werden, vertritt der Gesetzgeber zudem die (verfehlte) Auffassung, dass im Gegenzug auch etwaige damit in Zusammenhang stehende

… bei KapGes im Ergebnis zu 95 % freigestellt

Aufwendungen nicht abziehbar sein dürften. Aus unterschiedlichen Gründen hat er allerdings diese als nicht abziehbar eingestuften Aufwendungen in einer typisierten Höhe von 5 % der steuerfreien Beteiligungserträge angenommen, woraufhin sich die Steuerbefreiung im Ergebnis auf 95 % reduziert (siehe hierzu F II 3.1.1).

Tarifabsenkungen auf 15 %

Nachdem mit Einführung des Halbeinkünfteverfahrens der KSt-Satz auf 25 % vermindert wurde, ist mit dem UntStRefG 2008 vom Veranlagungszeitraum 2008 an eine weitere Absenkung auf nunmehr 15 % bewirkt worden. In Anbetracht dieser geringeren körperschaftsteuerlichen Vorbelastung der zur Ausschüttung gelangenden Gewinne hat der Gesetzgeber die bisherige hälftige Steuerfreistellung bei natürlichen Personen gemäß § 3 Nr. 40 EStG ab 2009 auf eine 40 %ige Freistellung reduziert (Teileinkünfteverfahren).

TEV nur in den Fällen von § 3 Nr. 40 Satz 3 EStG

Zudem gilt das Teileinkünfteverfahren nur noch dann, wenn die von der ausschüttenden Kapitalgesellschaft einzubehaltende Kapitalertragsteuer keine Abgeltungswirkung entfaltet (zur sog. Abgeltungsteuer sogleich). Dies ist bei Gewinnausschüttungen ab 2009 nur noch der Fall, wenn

- die Ausschüttungen nach § 20 Abs. 8 EStG innerhalb eines Betriebsvermögens zufließen oder einer anderen Überschusseinkunftsart als den Einkünften aus Kapitalvermögen zugerechnet werden;
- der Anteil des Gesellschafters entweder mehr als 25 % umfasst oder mindestens 1 % beträgt und der Gesellschafter zudem für die Gesellschaft beruflich tätig ist (§ 32d Abs. 2 Nr. 3 EStG). In diesen Fällen ist ein entsprechender Antrag notwendig.

TEV berücksichtigt Vorbelastung nur typisiert

Das nachfolgende Beispiel verdeutlicht, dass das Teileinkünfteverfahren nur typisiert, nicht aber exakt eine Doppelbelastung vermeidet. Lediglich bei einem persönlichen ESt-Satz von 30,61 % vermag das Teileinkünfteverfahren eine diesem Steuersatz auch insgesamt entsprechende steuerliche Gesamtbelastung herbeizuführen, während sich bei einem höheren ESt-Satz insgesamt eine geringere und bei einem niedrigeren ESt-Satz insgesamt eine höhere steuerliche Belastung ergibt, als es, gemessen an dem persönlichen ESt-Satz des Anteilseigners, zutreffend wäre. Die Kapitalertragsteuer (§§ 43 Abs. 1 Nr. 1, 43a Abs. 1 Nr. 1 EStG) sei hier vernachlässigt, da sie wegen der Anrechnung nach § 36 Abs. 2 Nr. 2 EStG keinerlei materielle Belastung entfaltet. Auf die Berücksichtigung des Solidaritätszuschlags sowie die Gewerbesteuer wird zur Vereinfachung verzichtet.

BEISPIEL 1

Die X-GmbH erzielt ein zu versteuerndes Einkommen von 100 €, welches ungemildert der KSt unterliegt. Im Folgejahr nimmt sie eine Barausschüttung von 85 € vor. Der Grenzsteuersatz des Anteilseigners soll alternativ 30,61 %, 0 % oder 45 % betragen. Etwaige Frei- und Pauschbeträge seien vernachlässigt.

Ebene der X-GmbH

Gewinn vor KSt	100,00 €
KSt 15 %	./. 15,00 €
Ausschüttungsbetrag	**85,00 €**

Ebene des Anteilseigners

Zufließende Einnahmen nach § 20 Abs. 1 Nr. 1 EStG	85,00 €
Steuerbefreiung gemäß § 3 Nr. 40 Buchst. d EStG	./. 34,00 €
Einkünfte aus Kapitalvermögen	**51,00 €**

Grenzsteuersatz 30,61 % → ESt beläuft sich auf	15,61 €
KSt	15,00 €
Gesamtbelastung bei einem ESt-Satz von 30,61 %:	**30,61 €**
Grenzsteuersatz 0 % → ESt beläuft sich auf	0 €
KSt	15,00 €
Gesamtbelastung bei einem ESt-Satz von 0 %:	**15,00 €**
Grenzsteuersatz 45 % → ESt beläuft sich auf	22,95 €
KSt	15,00 €
Gesamtbelastung bei einem ESt-Satz von 45 %:	**37,95 €**

Bei einem individuellen Grenzsteuersatz des Anteilseigners von 30,61 % führt das Teileinkünfteverfahren zu einer diesem Steuersatz entsprechenden Belastung. Anteilseigner mit einem geringeren Grenzsteuersatz werden durch das Teileinkünfteverfahren benachteiligt, während Anteilseigner mit einem höheren Grenzsteuersatz begünstigt werden. Zum Vergleich: Bei Geltung des Anrechnungsverfahrens hätte sich in den hier genannten Fällen schlussendlich ein Gesamtsteuerbelastung von 45 %, 30,61 % bzw. 0 % ergeben, gemessen an dem ESt-Satz des Anteilseigners also stets die zutreffende Belastung. Über derartige Qualitäten verfügt das Teileinkünfteverfahren erkennbar nicht. ◀|

Das Teileinkünfteverfahren vermeidet eine Ungleichbehandlung von ausländischen und inländischen Anteilseignern, da die 15 %ige Tarifbelastung unabhängig von der Vornahme von Ausschüttungen sowie der Besteuerung auf der Anteilseignerebene erhalten bleibt. Zudem ist das klassische System international gebräuchlicher als das höchst komplexe Anrechnungsverfahren. Problematisch erscheint allerdings insbesondere die lediglich typisierte Berücksichtigung der körperschaftsteuerlichen Vorbelastung. Erschwerend kommt hinzu, dass aufgrund des mindestens bis zum Jahr 2017 reichenden Übergangszeitraums Bestandteile des alten Systems nach wie vor bestehen und von den Kapitalgesellschaften zu berücksichtigen sind; die Anteilseigner bleiben hiervon allerdings unbehelligt (vgl. hierzu Kapitel M).

Vor- und Nachteile

3 **Abgeltungsteuer**

Grundsätzlich findet ab 2009 für Dividenden, die natürlichen Personen innerhalb der Einkünfte aus Kapitalvermögen zufließen, nicht das Teileinkünfteverfahren Anwendung, sondern stattdessen kommt hier die sog. Abgeltungsteuer zum Tragen. Die Besteuerung der Ausschüttung im Normaltarif unter Anwendung des Teileinkünfteverfahrens nach §§ 20 Abs. 8, 32d Abs. 2 Nr. 3 i.V.m. § 3 Nr. 40 Satz 2 EStG ist damit gesetzessystematisch der Ausnahmefall.

Ausschüttung im PV außerhalb der §§ 20 Abs. 8, 32d Abs. 2 EStG

Wie beim Teileinkünfteverfahren bleibt bei Geltung der Abgeltungsteuer die körperschaftsteuerliche Vorbelastung bestehen, allerdings wird diese Vorbelastung auf Anteilseignerebene nicht durch die Verminderung der Bemessungsgrundlage, sondern vielmehr durch die Anwendung eines gesonderten, deutlich unter dem Spitzensteuersatz angesiedelten Steuersatzes von 25 % berücksichtigt (§ 32d Abs. 1 EStG). Da dieser reduzierte ESt-Steuersatz dem Kapitalertragsteuersatz (§§ 43 Abs. 1 Nr. 1, 43a Abs. 1 Nr. 1 EStG) entspricht, erklärt § 43 Abs. 5 EStG die Einkommensteuer des Anteilseigners durch den Einbehalt der Kapitalertragsteuer grundsätzlich als abgegolten, woraus sich die Bezeichnung Abgeltungsteuer erklärt.

Sondersteuersatz 25 %

Kein Abzug tatsäch-licher Werbungs-kosten

Die dahinter stehende Idee des Gesetzgebers ist, dass auf diese Art und Weise der durchaus mühsame Einbezug der Kapitalerträge in die Veranlagung der Anteilseigner unterbleiben könne. Um nun den Grundgedanken, dass der Kapitalertragsteuerabzug abgeltende Wirkung haben soll, auch praktisch umsetzbar zu machen, hat der Gesetzgeber die Berücksichtigung tatsächlich entstandener Werbungskosten ausgeschlossen und will stattdessen idealtypisch einen Betrag von 801 € als sog. Sparer-Pauschbetrag als Werbungskosten berücksichtigt wissen (§ 20 Abs. 9 EStG). Dies erscheint insoweit einsichtig, da die individuelle Berücksichtigung tatsächlicher Werbungskosten innerhalb der Abgeltungsteuersystematik praktisch ausgeschlossen ist. Insofern ist festzuhalten, dass durch den Kapitalertragsteuerabzug im Regelfall der den Wertungen des Gesetzgebers entsprechende Betrag einbehalten wird und damit eine abgeltende Wirkung entfalten kann. Aus steuersystematischer Perspektive ist allerdings zu bedenken, dass dieser Abgeltungsbetrag zumindest bei Existenz tatsächlich entstandener Werbungskosten oberhalb des Sparer-Pauschbetrags eben gerade nicht zutreffend ist. Es ist daher zu konstatieren, dass diese im Ergebnis zu einer Bruttobesteuerung führende Regelung alles andere als ideal ist, weil sie gegen das objektive Nettoprinzip und damit gegen das Prinzip der Besteuerung nach der wirtschaftlichen Leistungsfähigkeit verstößt. Umstritten ist, ob der Ausschluss des Abzugs tatsächlicher Werbungskosten verfassungswidrig ist (vgl. hierzu KORN, KÖSDI 2014, 18818, 18822 m.w.N.). Nach Auffassung des FG Baden-Württemberg (v. 17.12.2012, DStRE 2013, 530, nrk., Rev. eingelegt: Az. BFH VIII R 13/13) sei die Regelung in § 32d Abs. 6 Satz 1 EStG (Günstigerprüfung) verfassungskonform dahingehend auszulegen, dass die tatsächlich entstandenen Werbungskosten jedenfalls dann abzugsfähig seien, wenn der individuelle Steuersatz bereits unter Berücksichtigung nur des Sparer-Pauschbetrags unter 25 % liege. Zudem ist unter dem Az. 3 K 1277/11 ein Verfahren beim FG Münster anhängig, in dem es darum geht, ob es von Verfassungs wegen geboten sei, tatsächliche Aufwendungen auch bei einem Steuersatz oberhalb von 25 % zum Abzug zuzulassen.

BEISPIEL 2

Sachverhalt wie in Beispiel 1, jedoch unterliegt die Ausschüttung beim Anteilseigner der Abgeltungsteuer. Der Sparer-Pauschbetrag in § 20 Abs. 9 EStG sei bereits durch andere Kapitalerträge ausgeschöpft.

Ebene der X-GmbH

Gewinn vor KSt		100,00 €
KSt 15%	./.	15,00 €
Ausschüttungsbetrag		**85,00 €**
./. Kapitalertragsteuer (§§ 43 Abs. 1 Nr. 1, § 43a Abs. 1 EStG) 25% des Ausschüttungsbetrags	./.	21,25 €
Auszahlung		**63,75 €**

Ebene des Anteilseigners

Zufließende Einnahmen	63,75 €
Keine weitere Besteuerung, da ESt durch den Kapitalertragsteuerabzug abgegolten ist (§ 43 Abs. 5 EStG)	
KSt	15,00 €
Kapitalertragsteuer	21,25 €
Steuerbelastung insgesamt:	**36,25 €**

Bei Anwendung der Abgeltungsteuer ist die Belastung folglich vom individuellen Steuersatz des Anteilseigners unabhängig. Allerdings kann die Ausschüttung (zusammen mit den übrigen Einkünften aus Kapitalvermögen) im Rahmen der Günstigerprüfung nach § 32d Abs. 6 EStG auch in die Bemessungsgrundlage für den Normaltarif einbezogen werden, wenn dies zu einer gegenüber der Abgeltungsteuer niedrigeren Belastung führt. Dies gilt sodann jedoch einheitlich für alle Einkünfte aus Kapitalvermögen und führt zudem nicht dazu, dass nun etwa das Teileinkünfteverfahren anzuwenden wäre.

Günstigerprüfung

4 Zusammenfassung

Die nachfolgende Abbildung fasst die grundlegende Funktionsweise des Systems aus Teileinkünfteverfahren, Freistellungsverfahren (§ 8b Abs. 1 KStG) und Abgeltungsteuer noch einmal zusammen:

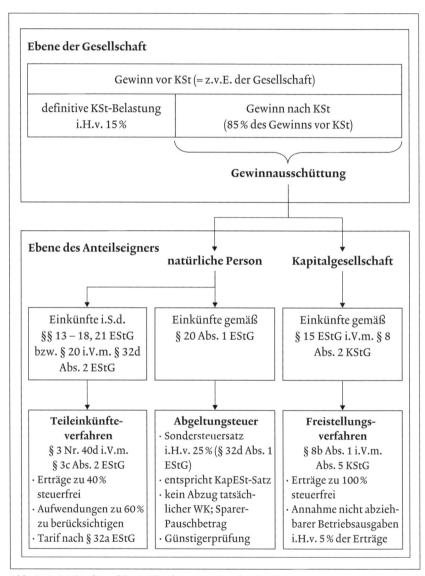

Abb. 3: Teileinkünfteverfahren, Abgeltungsteuer und § 8b KStG

B Persönliche Steuerpflicht

Die persönliche Körperschaftsteuerpflicht wird in den §§ 1–6 KStG geregelt. Zu unterscheiden sind die unbeschränkte Steuerpflicht (§ 1 KStG) und die beschränkte Steuerpflicht (§ 2 KStG). § 2 Abs. 2 Satz 1 GewStG qualifiziert die Tätigkeit einer Kapitalgesellschaft als Gewerbebetrieb kraft Rechtsform.

I Unbeschränkte Körperschaftsteuerpflicht

Gemäß § 1 Abs. 1 Nr. 1 KStG sind Kapitalgesellschaften unbeschränkt körperschaftsteuerpflichtig, wenn sie ihre Geschäftsleitung oder ihren Sitz im Inland haben.

1 Kapitalgesellschaften als Körperschaftsteuersubjekte

§ 1 Abs. 1 Nr. 1 KStG definiert nicht abstrakt, was unter einer Kapitalgesellschaft zu verstehen ist, sondern zählt mit der Europäischen Gesellschaft (Societas Europaea, SE), der AG, der KGaA und der GmbH beispielhaft und nicht abschließend typische Erscheinungsformen von Kapitalgesellschaften auf. Körperschaftsteuersubjekt i. S. v. § 1 Abs. 1 Nr. 1 KStG ist dabei auch die UG (haftungsbeschränkt) i. S. v. § 5a GmbHG, da es sich bei dieser um eine GmbH handelt, die noch nicht das Mindeststammkapital i. H. v. 25.000 € erreicht hat (vgl. GRAFFE in DPM, § 1 KStG Tz. 33). Da die Aufzählung in § 1 Abs. 1 Nr. 1 KStG nicht abschließend ist, können auch dort nicht exemplarisch genannte Gesellschaften nach dieser Vorschrift körperschaftsteuerpflichtig sein. Dies betrifft insbesondere Gesellschaften, die nach ausländischem Recht gegründet worden sind und nach inländischen steuerrechtlichen Maßstäben dem Rechtstypus einer Kapitalgesellschaft entsprechen. Unklar ist, ob es zudem erforderlich ist, dass diese Gesellschaften auch zivilrechtlich im Inland als Kapitalgesellschaften anerkannt werden, oder ob das Steuerrecht hier losgelöst vom Zivilrecht agieren und ggf. zu einer anderen Wertung kommen kann (vgl. hierzu B I 3).

Nicht abschließende Aufzählung in § 1 Abs. 1 Nr. 1 KStG

Zwar ist die Aufzählung der einzelnen Rechtsformen in § 1 Abs. 1 Nr. 1 KStG seit den Änderungen durch das SEStEG keine abschließende mehr, allerdings gilt nach wie vor, dass der Begriff der Kapitalgesellschaft selbst für den Bereich des Körperschaftsteuerrechts abschließend bestimmt und einer erweiternden Auslegung nicht zugänglich ist (vgl. BFH v. 02.12.1970 – I R 122/68, BStBl. II 1971, 187). Daraus folgt, dass Rechtsgebilde, die nicht dem Rechtstypus der Kapitalgesellschaft entsprechen, auch nicht unter § 1 Abs. 1 Nr. 1 KStG zu fassen sind. Ggf. können derartige Rechtssubjekte allerdings als weitere Körperschaft, Personenvereinigung oder Vermögensmasse nach § 1 Abs. 1 Nr. 2–6 KStG unbeschränkt körperschaft-

Voraussetzung für § 1 Abs. 1 Nr. 1 KStG: Kapitalgesellschaft

steuerpflichtig sein. So resultiert etwa die Körperschaftsteuerpflicht einer einge-tragenen Genossenschaft (eG) eben nicht aus § 1 Abs. 1 Nr. 1 KStG, sondern vielmehr aus § 1 Abs. 1 Nr. 2 KStG.

Auch personalisti-sche Kapitalgesell-schaft unterliegt der KSt

Aus der vorstehend beschriebenen Anknüpfung an die Rechtsform der Kapi-talgesellschaft folgt zugleich, dass die Organisationsstruktur und Ausrichtung der jeweiligen Gesellschaft für die Frage der körperschaftsteuerlichen Subjekteigen-schaft unerheblich ist. Dies bedeutet, dass auch eine personalistisch ausgerichtete Kapitalgesellschaft, z.B. eine Familien-AG oder eine Einpersonen-GmbH, Körper-schaftsteuersubjekt ist. Dem Trennungsprinzip folgend verbietet sich auch in diesen Fällen steuerrechtlich eine Gleichsetzung von Gesellschaft und Gesellschafter(n); vielmehr sind separate Steuerrechtssubjekte gegeben.

BEISPIEL 3

A ist zu 100 % an der X-GmbH beteiligt und führt gleichzeitig deren Geschäfte. Sitz der Gesellschaft ist Mannheim.
LÖSUNG Gemäß § 1 Abs. 1 Nr. 1 KStG ist die X-GmbH unbeschränkt körperschaftsteuer-pflichtig, da sie ihren Sitz im Inland hat. Gemäß § 8 Abs. 2 KStG erzielt die GmbH gewerb-liche Einkünfte, während A selbst im Rahmen seines Anstellungsvertrags Einkünfte aus nichtselbständiger Arbeit sowie im Fall von Gewinnausschüttungen seitens der GmbH Einkünfte aus Kapitalvermögen (Anteile im Privatvermögen) bzw. Einkünfte aus der jewei-ligen Gewinneinkunftsart (Anteile im Betriebsvermögen) erzielt. ◀|

Personengesell-schaft ist kein KSt-Subjekt, ...

Personengesellschaften (z.B. GbR, OHG und KG) stellen keine Körperschaftsteuer-subjekte dar. Weder sind sie in § 1 Abs. 1 Nr. 1–6 KStG genannt, noch ergibt sich für sie aus § 3 Abs. 1 KStG eine Körperschaftsteuerpflicht, da die von der Personengesell-schaft erzielten Einkünfte aufgrund des Transparenzprinzips für die Zwecke der Einkommen- bzw. Körperschaftsteuer unmittelbar den beteiligten Gesellschaftern zugerechnet werden (siehe hierzu NIEHUS/WILKE, Die Besteuerung der Personen-gesellschaften, 2013, 18 ff.).

... auch dann nicht, wenn kapitalistisch strukturiert

Selbst eine kapitalistisch strukturierte Personengesellschaft, typischerweise in Form einer GmbH & Co. KG, die zur Kapitalsammlung eine unbestimmte Vielzahl rein kapitalistisch beteiligter Kommanditisten aufgrund eines fertig vorformulierten Vertrags aufnehmen soll (sog. Publikumspersonengesellschaft, zu den gesellschafts-rechtlichen Grundlagen SCHMIDT, Gesellschaftsrecht, 2002, 1665 ff.), unterliegt nicht der Körperschaftsteuer. Obwohl sich nach der Rechtsprechung des BGH für diese Gesellschaften in Anlehnung an bestimmte Grundsätze des Rechts der Kapi-talgesellschaften ein insbesondere dem Anlegerschutz der Gesellschafter und der Funktionsfähigkeit der Gesellschaft dienendes Sonderrecht herausgebildet hat (vgl. die Rechtsprechungsnachweise bei SCHMIDT, Gesellschaftsrecht, 2002, 1681 ff.), handelt es sich gleichwohl um eine Personengesellschaft, so dass in Anbetracht der strengen Anknüpfung des § 1 Abs. 1 Nr. 1 KStG an die zivilrechtliche Rechtsform eine Körperschaftsteuerpflicht insoweit ausscheidet (vgl. BFH v. 25.06.1984 – GrS 4/82, BStBl. II 1984, 751 unter C.I.3.b)). Auch aus § 1 Abs. 1 Nr. 5 KStG oder § 3 Abs. 1 KStG lässt sich für eine Publikums-GmbH & Co. KG eine Körperschaftsteuer-pflicht nicht herleiten, da sie weder als nichtrechtsfähiger Verein noch als Personen-vereinigung ohne unmittelbare Versteuerung ihres Einkommens bei anderen Steuer-pflichtigen anzusehen ist (vgl. BFH v. 25.06.1984 – GrS 4/82, BStBl. II 1984, 751 unter C.I.3.d)).

BEISPIEL 4

An der X-GmbH & Co. KG sind die X-GmbH als Komplementärin sowie zahlreiche natürliche Personen als Kommanditisten beteiligt.

LÖSUNG Die X-GmbH & Co. KG ist nicht als Kapitalgesellschaft i. S. v. § 1 Abs. 1 Nr. 1 KStG anzusehen. Sie ist steuerrechtlich als Personengesellschaft (KG) anerkannt und scheidet daher als Körperschaftsteuersubjekt aus. Die X-GmbH selbst ist allerdings Körperschaftsteuersubjekt gemäß § 1 Abs. 1 Nr. 1 KStG. Ihr Gewinnanteil aus der Beteiligung an der X-GmbH & Co. KG unterliegt daher der Körperschaftsteuer. Die Kommanditisten müssen als natürliche Personen ihren Gewinnanteil der Einkommensteuer unterwerfen. ◀

2 Geschäftsleitung oder Sitz im Inland

Eine Kapitalgesellschaft ist nur dann unbeschränkt körperschaftsteuerpflichtig, wenn sie ihren Sitz oder ihre Geschäftsleitung im Inland hat. Für das Vorliegen der unbeschränkten Steuerpflicht braucht nur eines der Merkmale im Inland erfüllt sein.

Eine genaue Definition des Inlandsbegriffs findet sich im KStG nicht (zu den Gründen vgl. GRAFFE in DPM, § 1 KStG Tz. 25). Der Inlandsbegriff folgt vielmehr zunächst aus den allgemeinen Grundsätzen zur Bestimmung des Hoheitsgebiets der Bundesrepublik Deutschland (vgl. GOSCH/LAMBRECHT, 2009, § 1 KStG Rz. 128) und wird sodann nach § 1 Abs. 3 KStG erweitert um den Anteil am Festlandsockel, soweit dort Naturschätze des Meeresgrundes und des Meeresuntergrundes erforscht oder ausgebeutet werden und um die ausschließliche Wirtschaftszone, soweit dort Energieerzeugungsanlagen errichtet oder betrieben werden, die erneuerbare Energien nutzen. Zu Letzterem sowie zu Besonderheiten des Inlandsbegriffs (Freihäfen, Zollausschlüsse, Küstenmeer und Handelsschiffe unter deutscher Flagge) siehe ausführlich BLÜMICH/EBLING, § 1 EStG Rz. 133 ff. **Inlandsbegriff**

§ 10 AO definiert die Geschäftsleitung als Mittelpunkt der geschäftlichen Oberleitung. Dieser Mittelpunkt befindet sich dort, wo der für die Geschäftsführung maßgebende Wille gebildet wird. Ausschlaggebend ist mithin, an welchem Ort alle für die Geschäftsführung nötigen Maßnahmen von einiger Wichtigkeit angeordnet werden (vgl. BFH v. 03.07.1997 – IV R 58/95, BStBl. II 1998, 86). Dies ist bei einer Kapitalgesellschaft regelmäßig der Ort, an dem die zur Vertretung befugten Personen die ihnen obliegende laufende Geschäftsführertätigkeit entfalten, d. h. an dem sie die tatsächlichen, organisatorischen und rechtsgeschäftlichen Handlungen vornehmen, die der gewöhnliche Betrieb der Gesellschaft mit sich bringt (vgl. BFH v. 19.03.2002 – I R 15/01, BFH/NV 2002, 1411). Zwar ist dies bei einer GmbH im Allgemeinen der Ort, an dem sich das Büro ihres Geschäftsführers befindet, gleichwohl ist letztlich allein ausschlaggebend, von welchem Ort aus das Unternehmen tatsächlich geleitet wird. So kann ggf. auch die Wohnung des Geschäftsführers als Ort der Geschäftsleitung bzw. ein Baucontainer in Frage kommen (vgl. BFH v. 23.01.1991 – I R 22/90, BStBl. II 1991, 554; v. 16.12.1998 – I R 139/97, BStBl. II 1999, 437), und die Geschäftsleitung kann auch durch andere als die gesetzlich zur Vertretung befugten Personen ausgeübt werden. **Geschäftsleitung als Sitz der geschäftlichen Oberleitung**

BEISPIEL 5

X und Y, beide mit Wohnsitz in Deutschland, erwerben sämtliche Anteile einer portugiesischen sociedade por quotas limitada (vergleichbar einer deutschen GmbH), deren Sitz laut Gesellschaftsvertrag in Portugal ist, und werden zu deren Geschäftsführern bestellt.

Als Büroadresse der Gesellschaft dient der inländische Wohnsitz von X. Über diese Adresse wird der gesamte Schriftverkehr der Gesellschaft abgewickelt und die Geschäftsunterlagen des Unternehmens werden dort aufbewahrt. Im gesamten Jahr 06 schließt die Gesellschaft vier Verträge mit inländischen Bauunternehmen ab, wobei sie jeweils durch X und Y vertreten wird.

Das Finanzamt geht davon aus, dass die Gesellschaft in 06 unbeschränkt steuerpflichtig gewesen ist und erlässt Bescheide über Körperschaftsteuer und über den Gewerbesteuermessbetrag. Da die Gesellschaft keine Steuererklärungen abgegeben hat, sind die Besteuerungsgrundlagen gemäß § 162 AO geschätzt worden. X und Y verweisen hingegen auf ein in Portugal angemietetes Ladenlokal und begehren, da sie der Auffassung sind, im Inland keine Geschäftsleitungs-Betriebstätte unterhalten zu haben, die Aufhebung der Steuerbescheide. Weitere geschäftliche Aktivitäten in Portugal weisen sie allerdings nicht nach.

LÖSUNG Im vorliegenden Fall ist insbesondere fraglich, ob sich die Geschäftsleitung der portugiesischen Kapitalgesellschaft im Inland befunden hat. Das FG München (v. 09.11.2004, Haufe-Index 1278520) hat dies bejaht, da sich der Mittelpunkt der geschäftlichen Oberleitung der Gesellschaft in dem von dem Geschäftsführer X in seiner Wohnung unterhaltenen Büroraum befunden habe. Dies sei u. a. daran erkennbar, dass die Gesellschaft keinerlei geschäftliche Aktivitäten ausgehend von ihrem Ladenlokal in Portugal nachgewiesen habe, die Geschäftsführer zur Durchführung von Bauprojekten mehrere Monate im Inland gewesen seien und sich in der Wohnung des X sämtliche Geschäftsunterlagen zur Durchführung der betreffenden Projekte befunden haben. Der Annahme einer inländischen Geschäftsleitung stehe nicht entgegen, dass X und Y bereits vor Erlangung ihrer Geschäftsführungsbefugnis maßgebliche geschäftliche Entscheidungen für die Gesellschaft getroffen haben, da es auf die rechtliche Befugnis hierzu letztlich nicht ankomme.

Die Gesellschaft ist mithin gemäß § 1 Abs. 1 Nr. 1 KStG unbeschränkt körperschaftsteuerpflichtig. Zur Gewerbesteuer siehe Beispiel 10. ◂|

Ort des Sitzes bestimmt sich nach Gesellschaftsvertrag bzw. Satzung

Gemäß § 11 AO hat eine Kapitalgesellschaft ihren Sitz an dem Ort, der durch Gesetz, Gesellschaftsvertrag oder Satzung bestimmt ist. Sitz einer GmbH ist gemäß § 4a GmbHG der Ort im Inland, den der Gesellschaftsvertrag bestimmt. Für die AG enthält § 5 AktG eine entsprechende Regelung. Nach dieser durch das MoMiG herbeigeführten Rechtslage kann es zu einem Auseinanderfallen von Satzungssitz und Verwaltungssitz kommen: Während der Satzungssitz nach wie vor im Inland belegen sein muss, kann der Verwaltungssitz der Gesellschaft nunmehr auch im Ausland angesiedelt sein (siehe hierzu B I 3.2).

Sitz ≠ Ansässigkeit

Zu beachten ist, dass Art. 4 Abs. 3 OECD-MA für die Frage der Ansässigkeit (einer Kapitalgesellschaft) nicht auf den Ort des Sitzes, sondern vielmehr auf den Ort der tatsächlichen Geschäftsleitung abstellt. Eine Kapitalgesellschaft, die lediglich ihren Sitz, nicht aber ihre Geschäftsleitung im Inland hat, ist daher i. S. v. Art. 4 Abs. 3 OECD-MA nicht (mehr) in Deutschland ansässig, gleichwohl wegen des Sitzes im Inland (nach wie vor) unbeschränkt körperschaftsteuerpflichtig gemäß § 1 Abs. 1 Nr. 1 KStG (vgl. GRAFFE in DPM, § 1 KStG Tz. 24).

3 Doppelt ansässige Kapitalgesellschaften

Befindet sich der Verwaltungssitz einer nach ausländischem Gesellschaftsrecht gegründeten Kapitalgesellschaft im Inland, deren Satzungssitz jedoch weiterhin im Gründungsstaat, so ist eine doppelt ansässige Kapitalgesellschaft gegeben. Dasselbe gilt, wenn eine nach deutschem Recht gegründete Kapitalgesellschaft (lediglich) ihren Verwaltungssitz in das Ausland verlagert.

Die folgenden Abschnitte erörtern die unbeschränkte Körperschaftsteuerpflicht derartiger doppelt ansässiger Kapitalgesellschaften. Soweit in beiden Staaten eine unbeschränkte Steuerpflicht vorliegt, ist schließlich zu klären, wie einer infolgedessen ggf. drohenden Doppelbesteuerung zu begegnen ist; siehe hierzu B I 4.

3.1 Ausländische Kapitalgesellschaften mit Verwaltungssitz im Inland

Die Anzahl der Fälle, in denen eine nach ausländischem (EU)-Recht gegründete Kapitalgesellschaft ihren tatsächlichen Verwaltungssitz, worunter der Tätigkeitsort der Geschäftsleitung und der dazu berufenen Verwaltungsorgane zu verstehen ist, nach Deutschland verlegt bzw. unmittelbar dort aufnimmt, ist in den letzten Jahren deutlich gestiegen. Die Ursachen für diese Entwicklung sind indes nicht im Steuerrecht, sondern vielmehr in der gewandelten zivilrechtlichen Einordnung dieser Kapitalgesellschaften zu sehen. Dabei geht es im Kern darum, ob eine nach ausländischem Recht gegründete Kapitalgesellschaft mit Verwaltungssitz im Inland hier auch als Kapitalgesellschaft anzusehen oder vielmehr als ein anderes Rechtsgebilde zu beurteilen ist. Zivilrechtlich bedeutsam ist dies insbesondere für die Beurteilung der Rechts- und Parteifähigkeit der Gesellschaft, der persönlichen Haftung der Gesellschafter sowie der Vertretungsberechtigung für die Gesellschaft.

Gewachsene Bedeutung

3.1.1 Zivilrechtliche Einordnung

Für die zivilrechtliche Einordnung einer Gesellschaft, deren Verwaltungssitz sich nicht (mehr) in ihrem Gründungsstaat befindet, ist von entscheidender Bedeutung, welchem Gesellschaftsstatut, d. h. welcher Gesamtheit der auf die gesellschaftsrechtlichen Beziehungen der Gesellschaft anzuwendenden Regelungen, sie unterliegt. Es ist mithin zu fragen, ob sich ihre Rechtsstellung im Inland nach dem Recht desjenigen Staates bestimmt, in welchem sie ihren Verwaltungssitz hat, oder vielmehr das Gesellschaftsrecht ihres Gründungsstaats hierfür ausschlaggebend ist. Diesbezüglich stehen sich mit der Sitztheorie und der Gründungstheorie zwei grundsätzlich unterschiedliche Konzeptionen zur Bestimmung des in diesen Fällen zur Anwendung gelangenden Gesellschaftsstatuts gegenüber.

Gesellschaftsstatut bestimmt sich nach ...

Nach der Gründungstheorie bestimmt sich das Gesellschaftsstatut einer Gesellschaft ausschließlich nach dem Recht desjenigen Staates, in dem die Gesellschaft gegründet worden ist. Folgt mithin der Zuzugsstaat der Gründungstheorie, so ist eine nach ausländischem Recht gegründete Kapitalgesellschaft, die ihren Verwaltungssitz in den Zuzugsstaat verlegt hat, auch dort als eine solche anzuerkennen.

... Gründungstheorie oder ...

Nach der Sitztheorie hingegen wird das Gesellschaftsstatut einer Gesellschaft durch ihren Verwaltungssitz bestimmt, was bedeutet, dass die Gesamtheit der Vor-

... Sitztheorie

schriften des Staates anzuwenden ist, in welchem die betreffende Gesellschaft ihren tatsächlichen Verwaltungssitz hat. Ziel der Sitztheorie ist es, die Entscheidungs-kompetenz über die zivilrechtliche Einordnung einer Gesellschaft demjenigen Staat zuzubilligen, der von deren Tätigkeit am stärksten betroffen ist (vgl. EBENROTH/ AUER, RIW 1992, Beilage 1, 5). Folgt der Zuzugsstaat nun der Sitztheorie, so ergibt sich als unmittelbare Rechtsfolge, dass eine im Ausland errichtete Kapitalgesellschaft im Zuzugsstaat nicht als eine solche anzusehen ist, weil sie eben die im Inland geltenden Gründungsvorschriften (z. B. Mindesteigenkapitalausstattung, Eintra-gung ins Handelsregister) nicht erfüllt. Die betreffende Gesellschaft ist dann entwe-der ein »rechtliches Nullum« (BINZ/MAYER, BB 2005, 2361, 2362) und als solche weder rechts- noch parteifähig, so das ursprüngliche Verständnis der Sitztheorie, oder sie ist, wenn man nach der neueren Rechtsprechung des BGH die modifizierte Sitztheorie zur Anwendung bringt, als rechtsfähige Personengesellschaft bzw. im Fall der Ein-Mann-Gesellschaft als Einzelkaufmann zu beurteilen (vgl. BGH v. 01.07.2002, GmbHR 2002, 1021; v. 27.10.2008, DStR 2009, 59; BINZ/MAYER, BB 2005, 2361, 2362 f.).

Anwendungsbereich

Während in Deutschland ursprünglich einheitlich die Sitztheorie galt, ist die derzeitige Rechtslage durch den Umstand gekennzeichnet, dass je nach Herkunfts-staat der zuziehenden Gesellschaft entweder die Gründungstheorie oder aber die sog. modifizierte Sitztheorie zur Anwendung gelangt:

EU- und EWR-Kapi-talgesellschaften

Ursächlich für diese Entwicklung waren die EuGH-Entscheidungen in den Rs. *Centros* (v. 09.03.1999 – C-212/97, NJW 1999, 2027), *Überseering* (v. 05.11.2002 – C-208/00, NJW 2002, 3614) und *Inspire Art* (v. 30.09.2003 – C-167/01, NJW 2003, 3331), in welchen der EuGH einen Verstoß gegen die Niederlassungsfreiheit erkann-te, wenn eine nach dem Recht eines Mitgliedsstaats gegründete Kapitalgesellschaft, die ihre gesamte Geschäftstätigkeit in einem anderen Mitgliedstaat entfaltet, sei es durch Verlegung des Verwaltungssitzes, sei es durch Begründung einer Zweignieder-lassung, dort eine Benachteiligung erfährt, was bei Anwendung der Sitztheorie unausweichlich war: So war nach den Grundsätzen der Sitztheorie etwa einer nach niederländischem Recht gegründeten Kapitalgesellschaft mit Satzungssitz in den Niederlanden bei Verlegung ihres Verwaltungssitzes nach Deutschland die Rechts- und Parteifähigkeit zu versagen, was erkennbar eine Benachteiligung gegenüber den nach deutschem Recht gegründeten Kapitalgesellschaften als auch gegenüber den nach niederländischem Recht gegründeten Kapitalgesellschaften mit Verwaltungs-sitz in den Niederlanden darstellte. Infolge der EuGH-Urteile ist nunmehr im Fall von EU- Kapitalgesellschaften die zivilrechtliche Einordnung der zuziehenden Ge-sellschaft durch deren Gründungsstaat auch im Zuzugsstaat zu akzeptieren; für EWR-Kapitalgesellschaften gilt dies ebenso (vgl. BGH v. 19.09.2005 – II ZR 372/03, BB 2005, 2373). Im Fall des Zuzugs einer EU- bzw. EWR-Kapitalgesellschaft ist mithin eine Abkehr von der Sitztheorie hin zur Gründungstheorie erfolgt (vgl. auch BGH v. 13.03.2003 – VII ZR 370/98, NJW 2003, 1461; v. 14.03.2005 – II ZR 5/03, NJW 2005, 164). Dies bedeutet im Ergebnis, dass die zuziehenden Kapitalge-sellschaften ihr Gesellschaftsstatut »mitbringen« und damit dem mit strengeren Auflagen versehenen deutschen Gesellschaftsrecht ausweichen können. Die zahlrei-chen Gründungen von Private Companies Limited by Shares mit Satzungssitz in Großbritannien und Verwaltungssitz in Deutschland fußen auf diesem Umstand und bewegten den deutschen Gesetzgeber mit der Schaffung der UG zu einer gesellschaftsrechtlichen Deregulierung, um die Konkurrenzfähigkeit deutscher Gesellschaftsformen zu erhöhen.

Für zuziehende Kapitalgesellschaften, die nicht nach dem Recht eines Mitgliedsstaats der EU oder des EWR gegründet worden sind (Drittstaaten-Kapitalgesellschaften), gilt nach wie vor nicht die Gründungs-, sondern die Sitztheorie in der durch die Rechtsprechung des BGH mittlerweile modifizierten Variante. Verlegt etwa eine AG schweizerischen Rechts ihren Verwaltungssitz ins Inland, so ist sie im Inland zwar nicht als Aktiengesellschaft rechtsfähig, wohl aber als rechtsfähige Personengesellschaft deutschen Rechts zu behandeln (vgl. BGH v. 27. 10. 2008 – II ZR 158/06, DStR 2009, 59). Sollte allerdings der Gründungsstaat der jeweiligen Drittstaaten-Kapitalgesellschaft aufgrund eines Staatsvertrags in Bezug auf die Niederlassungsfreiheit den EU- bzw. EWR-Staaten gleichgestellt sein, so gilt auch in diesen Fällen die Gründungstheorie. So hat der BGH beispielsweise mit Verweis auf den Freundschafts-, Handels- und Schifffahrtsvertrag zwischen Deutschland und den USA die Rechtsfähigkeit einer in den USA gegründeten Gesellschaft, die ihren Verwaltungssitz nach Deutschland verlegt hatte, angenommen (vgl. BGH v. 29. 01. 2003 – VIII ZR 155/02, ZIP 2003, 720).

Drittstaaten-Kapitalgesellschaften

3.1.2 Steuerrechtliche Einordnung

Nach alledem ist zu fragen, welche Konsequenzen aus der zivilrechtlichen Einordnung der zugezogenen, nach ausländischem Recht gegründeten Kapitalgesellschaft für deren persönliche Steuerpflicht im Inland resultieren. Dabei ist nicht nur zu entscheiden, ob die jeweilige Gesellschaft im Inland als Körperschaftsteuersubjekt oder vielmehr als Personengesellschaft bzw. Einzelunternehmer anzusehen ist, sondern bei bestehender Körperschaftsteuerpflicht ist zudem zu fragen, ob die Gesellschaft unter § 1 Abs. 1 Nr. 1 oder § 1 Abs. 1 Nr. 5 KStG fällt. Letztere Abgrenzung ist durchaus bedeutsam, weil beispielsweise die Fiktion des § 8 Abs. 2 KStG, wonach alle Einkünfte als Einkünfte aus Gewerbebetrieb gelten, für unbeschränkt Steuerpflichtige i. S. v. § 1 Abs. 1 Nr. 1–3 KStG, nicht aber für unter § 1 Abs. 1 Nr. 5 KStG fallende Steuersubjekte gilt (vgl. BLÜMICH/RENGERS, § 1 KStG Rz. 142).

Ausgehend von den unterschiedlichen theoretischen Fundamenten der zivilrechtlichen Einordnung lassen sich folgende Grundaussagen ableiten:

Gilt für die zuziehende Kapitalgesellschaft die Gründungstheorie, so sind deren Konsequenzen für die persönliche Steuerpflicht der Gesellschaft umstritten: Einerseits wird vertreten, dass nicht nur die Rechtsfähigkeit, sondern auch die Rechtsform einer im EU- bzw. EWR-Ausland nach dortigem Recht gegründeten Kapitalgesellschaft zu respektieren sei, woraufhin die betreffende Kapitalgesellschaft bei Verlegung ihres Verwaltungssitzes nach Deutschland gemäß § 1 Abs. 1 Nr. 1 KStG unbeschränkt körperschaftsteuerpflichtig sei (vgl. DEININGER, IStR 2003, 215). Ein Rechtstypenvergleich müsse in derlei Fällen nicht mehr vorgenommen werden (vgl. WACHTER, FR 2006, 358, 359; WAGNER, GmbHR 2003, 684, 690; wohl auch OFD Hannover v. 28. 02. 2007, BeckVerw 103 896). Überzeugender erscheint indes die andererseits vertretene Auffassung, wonach die Anerkennung der Rechtsfähigkeit einer nach dem Recht eines Mitgliedsstaats gegründeten Kapitalgesellschaft zwar grundsätzlich den Anwendungsbereich des § 1 Abs. 1 Nr. 1 KStG eröffne, allerdings folge daraus nicht bereits die abschließende Eingruppierung der

Bei Gründungstheorie kein Automatismus zu § 1 Abs. 1 Nr. 1 KStG

betreffenden Gesellschaft unter diese Norm; hierzu sei vielmehr (nach wie vor) eine durch Vornahme eines Rechtstypenvergleichs zu belegende Vergleichbarkeit der ausländischen Gesellschaft mit den unter § 1 Abs. 1 Nr. 1 KStG exemplarisch genannten Kapitalgesellschaften erforderlich (vgl. KALBFLEISCH in Ernst & Young, KStG, § 1 Rz. 48 f.; FROTSCHER in Frotscher/Maas, § 1 KStG Rz. 59). Sollte keine Vergleichbarkeit und auch keine Einreihung unter die übrigen in § 1 Abs. 1 KStG genannten Rechtsformen möglich sein, so ist steuerrechtlich vom Vorliegen einer Personengesellschaft bzw. eines Einzelunternehmers auszugehen.

BEISPIEL 6

Der in Deutschland ansässige X gründet nach englischem Recht eine Private Company Limited by Shares mit Satzungssitz in England. Der Verwaltungssitz der Gesellschaft befindet sich in Deutschland.

LÖSUNG Nach Auffassung der Finanzverwaltung ist die Limited ohne Vornahme eines Rechtstypenvergleichs gemäß § 1 Abs. 1 Nr. 1 KStG unbeschränkt körperschaftsteuerpflichtig, da sie in Deutschland rechtsfähig ist und die Gesellschaft ihre Geschäftsleitung im Inland hat (vgl. OFD Hannover v. 28.02.2007, BeckVerw 103 896). Zum gleichen Ergebnis gelangt man, wenn man einen Rechtstypenvergleich für notwendig erachtet, da die Limited einer deutschen GmbH vergleichbar ist. ◀|

Bei »reiner« Sitztheorie keine Steuerpflicht nach § 1 Abs. 1 Nr. 1 KStG

Aus der »reinen« Sitztheorie, wonach die aus dem Ausland zugezogene Gesellschaft als »rechtliches Nullum« anzusehen war und über keinerlei Rechtsfähigkeit verfügte, folgte steuerrechtlich, dass diese Gesellschaft eben wegen ihren fehlenden Rechtsfähigkeit nicht unter § 1 Abs. 1 Nr. 1 KStG zu subsumieren war, sondern nach Vornahme eines Rechtstypenvergleichs entweder gemäß § 1 Abs. 1 Nr. 5 i. V. m. § 3 Abs. 1 KStG als »nicht rechtsfähiger Verein« körperschaftsteuerpflichtig sein konnte (vgl. BFH v. 23.06.1992 – IX R 182/87, BStBl. II 1992, 972) oder ggf. sogar wie eine inländische Personengesellschaft (vgl. MEILICKE, GmbHR 2003, 801; DAUTZENBERG, StuB 2003, 405, 406) bzw. ein Einzelunternehmer zu besteuern war.

Auswirkungen der modifizierten Sitztheorie fraglich

Fraglich ist, was bei Anwendung der modifizierten Sitztheorie gilt, wonach zivilrechtlich die zuziehende Kapitalgesellschaft im Inland als rechtsfähige Personengesellschaft zu beurteilen ist. Folgte das Steuerrecht hier der zivilrechtlichen Einordnung, so wäre auch steuerrechtlich von einer Personengesellschaft bzw. bei Vorliegen einer Ein-Mann-Gesellschaft von einem Einzelunternehmer auszugehen. Überzeugender erscheint es indes, auch in diesem Fall einen Rechtstypenvergleich zur steuerrechtlich zutreffenden Einordnung der zuziehenden Gesellschaft vorzunehmen (vgl. FROTSCHER in Frotscher/Maas, § 1 KStG Rz. 66).

Zur Vornahme des Rechtstypenvergleichs siehe JACOBS, Internationale Unternehmensbesteuerung, 2011, 429 ff. Eine Zusammenstellung der wichtigsten ausländischen Gesellschaften und deren vergleichbarer inländischer Gesellschaftsform findet sich bei GRAFFE in DPM, § 1 KStG Tz. 93.

3.2 Inländische Kapitalgesellschaften mit Verwaltungs- oder Satzungssitz im Ausland

Gesellschaftsrecht: Verlegung des Verwaltungssitzes ins Ausland ist zulässig, ...

Verlegt eine inländische Kapitalgesellschaft ihren Verwaltungssitz ins Ausland, möchte jedoch ihren im Handelsregister eingetragenen Satzungssitz im Inland beibehalten, so galt vor Inkrafttreten des MoMiG, dass ein derartiger Wegzug die Löschung der Gesellschaft von Amts wegen auslöste. Hintergrund war, dass § 4a

Abs. 2 GmbHG a. F. bzw. § 5 Abs. 2 AktG a. F. eine Übereinstimmung von Satzungs-
und Verwaltungssitz anordneten; fielen diese aber nun infolge des Wegzugs aus-
einander, so lag ein Satzungsverstoß vor und es war von Amts wegen die Löschung
herbeizuführen. Durch die mit dem MoMiG bewirkte Streichung des jeweiligen
Abs. 2 sowohl in § 4a GmbHG als auch in § 5 AktG ist nunmehr unter Fortbestand
der Gesellschaft eine Entkoppelung von Satzungssitz (im Inland) und Verwaltungssitz (im Ausland) möglich (vgl. HEIN/SUCHAN/GEEB, DStR 2008, 2289, 2293).

... des Satzungs-
sitzes jedoch nicht

Die Verlegung des Satzungssitzes ins Ausland bei Beibehaltung des effektiven
Verwaltungssitzes einer inländischen Kapitalgesellschaft führt indes (nach wie vor)
zu deren Auflösung bzw. zur Nichtigkeit des betreffenden Beschlusses, da eine dem
deutschen Recht unterliegende Kapitalgesellschaft gemäß § 4a GmbHG bzw. § 5
AktG zwingend eines in ihrer Satzung bestimmten Gesellschaftssitzes im Inland
bedarf (vgl. FRANZ/LAEGER, BB 2008, 678, 679 m. w. N.).

In steuerrechtlicher Hinsicht ist festzuhalten, dass in den vorstehend diskutier-
ten Sachverhalten die unbeschränkte Körperschaftsteuerpflicht der betreffenden
Kapitalgesellschaft unabhängig von der zivilrechtlichen Anerkennung als Kapitalgesellschaft erhalten bleibt (vgl. DREISSIG, DB 2000, 893, 894; GOSCH/LAM-
BRECHT, 2009, § 1 KStG Rz. 61). Da entweder die Geschäftsleitung oder der Satzungssitz, nicht aber beides in Ausland verlagert wird, ist jeweils ein Anknüpfungs-
merkmal für die unbeschränkte Steuerpflicht weiterhin erfüllt (vgl. auch BFH v.
10. 06. 2010 – I B 186/09, BFH/NV 2010, 1864). Ob die betreffende Kapitalgesellschaft abkommensrechtlich im Inland oder im Ausland als ansässig gilt, ist für die
Bestimmung der Steuerpflicht unerheblich (vgl. BFH v. 10. 06. 2010 – I B 186/09,
BFH/NV 2010, 1864). Zu den weiteren Rechtsfolgen des Wegzugs siehe L II.

Unbeschränkte
Körperschaftsteuer-
pflicht besteht fort

4 Umfang der sachlichen Steuerpflicht

Gemäß § 1 Abs. 2 KStG umfasst die unbeschränkte Steuerpflicht sämtliche
Einkünfte der betreffenden Kapitalgesellschaft (Welteinkommensprinzip). Aufgrund der jeweiligen Abgrenzung der Steuerpflicht sind Überschneidungen zwischen der Steuerpflicht im Inland und einer ggf. parallel bestehenden unbeschränkten oder beschränkten Steuerpflicht in einem oder mehreren ausländischen Staaten
möglich.

Welteinkommens-
prinzip

Die Vermeidung einer daraus resultierenden Doppelbesteuerung ist nicht Gegenstand der Vorschriften zur Steuerpflicht, sondern wird vielmehr durch spezielle
Maßnahmen des Internationalen Steuerrechts geregelt. Dabei besteht unilateral
gemäß § 26 KStG i. V. m. § 34c EStG die Möglichkeit der Steueranrechnung bzw.
des Steuerabzugs der ausländischen Steuern, während bilateral Doppelbesteue-
rungsabkommen regelmäßig für die in einer ausländischen Betriebstätte erzielten
Einkünfte eine Freistellung im Inland bewirken. Bezüglich der einzelnen Methoden
sei auf SCHAUMBURG, Internationales Steuerrecht, 2011, 570 ff., 846 ff. verwiesen.

Vermeidung
möglicher Doppel-
besteuerung

5 Beginn und Ende der Steuerpflicht

5.1 Beginn der Steuerpflicht

Beginn spätestens bei Eintragung ins Handelsregister

Vor der Eintragung bestehen weder die AG (§ 41 Abs. 1 AktG), die KGaA (§ 278 Abs. 3 i. V. m. § 41 Abs. 1 AktG) noch die GmbH (§ 11 Abs. 1 GmbHG) als solche. Dies bedeutet allerdings nicht, dass vor Eintragung überhaupt keine Gesellschaft existiert, es besteht eben nur keine der vorgenannten Kapitalgesellschaften; für diese hat die Eintragung in das Handelsregister konstitutive Wirkung (vgl. MERKT in MüKo GmbHG, 2010, § 11 Rn. 1 m. w. N.). Steuerrechtlich folgt daraus zunächst einmal, dass auch die Körperschaftsteuerpflicht nach § 1 Abs. 1 Nr. 1 KStG spätestens im Zeitpunkt der Eintragung (vgl. BFH v. 13. 12. 1989 – I R 98–99/86, BStBl. II 1990, 468) bzw. eines gleichstehenden konstitutiven Rechtsakts bei einer Kapitalgesellschaft ausländischen Rechts beginnt.

Was aber ist vorher?

Allerdings stellt sich sowohl gesellschafts- als auch steuerrechtlich die Frage, wie die vor dem Zeitpunkt der Eintragung bestehende Gesellschaft einzuordnen ist. Dabei werden mit der Vorgründungsgesellschaft und der Vorgesellschaft zwei Phasen des »pränatalen« Stadiums (vgl. GRAFFE in DPM, § 1 KStG Tz. 104) der Kapitalgesellschaft unterschieden.

5.1.1 Vorgründungsgesellschaft

Vorgründungs- gesellschaft ist Per- sonengesellschaft und ...

Schließen die Gesellschafter der zukünftigen Kapitalgesellschaft einen Vorvertrag, der ihre Absicht zur Gründung der Kapitalgesellschaft dokumentiert, so entsteht damit eine sog. Vorgründungsgesellschaft. Gesellschaftsrechtlich wird die Vorgründungsgesellschaft als Innengesellschaft bürgerlichen Rechts mit dem einzigen Zweck der Errichtung einer entsprechenden Kapitalgesellschaft angesehen. Nimmt die Personengesellschaft in diesem Stadium bereits unternehmerische Handlungen vor, so ist fraglich, ob durch diese Betätigung die Vorgründungsgesellschaft selbst Außengesellschaft wird (so PRIESTER, GmbHR 1995, 481), oder ob vielmehr neben die Gründungsgesellschaft eine weitere besondere Personengesellschaft tritt (so SCHMIDT, Gesellschaftsrecht, 2002, 1012 ff.). Sollte in diesem Stadium bereits ein Handelsgewerbe betrieben werden, so liegt, je nachdem wie man die vorstehende Fragestellung beantwortet, entweder *eine* Personengesellschaft vor oder es tritt neben die Innengesellschaft bürgerlichen Rechts eine weitere Personengesellschaft als Außengesellschaft.

... daher nicht körperschaftsteuer- pflichtig

Als Personengesellschaft ist die Vorgründungsgesellschaft nicht körperschaftsteuerpflichtig (vgl. BFH v. 08. 11. 1989 – I R 174/86, BStBl. II 1990, 91). Erzielt die Vorgründungsgesellschaft bereits Einkünfte, so sind diese, wie bei jeder anderen Personengesellschaft auch, auf der Ebene der Gesellschaft gemäß §§ 179, 180 Abs. 1 Nr. 2a AO einheitlich und gesondert festzustellen und sodann für die Zwecke der Besteuerung anteilig den Gesellschaftern zuzurechnen. Sind die Einkünfte der Vorgründungsgesellschaft gewerblicher Natur, so erzielen deren Gesellschafter, wenn sie denn als Mitunternehmer der Gesellschaft anzusehen sind, gewerbliche Einkünfte gemäß § 15 Abs. 1 Satz 1 Nr. 2 EStG (vgl. FG Niedersachsen v. 07.06.1991, GmbHR 1992, 391; H 2 KStH »Vorgründungsgesellschaft«; HÜTTEMANN, FS

Wassermeyer, 2005, 27, 29 m. w. N.). Grundsätzlich sind jedoch auch andere Gewinn- bzw. Überschusseinkunftsarten vorstellbar.

Mit der notariellen Errichtung der Kapitalgesellschaft durch den Abschluss des Gesellschaftsvertrags (§ 2 GmbHG) bzw. die Feststellung der Satzung (§ 23 Abs. 1 AktG bzw. § 280 Abs. 1 AktG) endet die Vorgründungsgesellschaft durch Erreichung ihres Gesellschaftszwecks. Es besteht nunmehr die sog. Vorgesellschaft. Da die Vorgründungsgesellschaft weder mit der ihr nachfolgenden Vorgesellschaft noch mit der später entstehenden Kapitalgesellschaft identisch ist, gehen deren Rechte und Verbindlichkeiten nicht automatisch auf die nachfolgenden Gesellschaften über, sondern müssen vielmehr durch besondere Rechtsgeschäfte übertragen werden (vgl. SCHWAIGER in Beck GmbH-HB, 2009, § 2 Rz. 9). Steuerrechtlich kann es sich dabei um eine Einbringung i. s. v. § 20 UmwStG handeln (vgl. SCHMITT in S/H/S, 2013, § 20 UmwStG, Rz. 170).

Keine Identität mit den nachfolgenden Rechtsgebilden

5.1.2 Vorgesellschaft

Mit Abschluss des Gesellschaftsvertrags entsteht die sog. Vorgesellschaft, welche zivilrechtlich als Gesellschaft *sui generis* angesehen wird. Als eine solche Gesellschaft eigener Art besteht die Vorgesellschaft bis zu der durch die Registereintragung erfolgenden zivilrechtlichen Entstehung der Kapitalgesellschaft selbst. Dabei wird die Vorgesellschaft mit der ihr nachfolgenden Kapitalgesellschaft als identisch angesehen, so dass sich die von der Vorgesellschaft begründeten Rechtsverhältnisse in der eingetragenen Kapitalgesellschaft fortsetzen (vgl. SCHMIDT, Gesellschaftsrecht, 2002, 302 ff.).

Vorgesellschaft ist mit nachfolgender Kapitalgesellschaft identisch

In steuerrechtlicher Hinsicht legt die Identität von Vorgesellschaft und späterer Kapitalgesellschaft den auf den ersten Blick unproblematischen Schluss nahe, bereits die Vorgesellschaft sei als körperschaftsteuerpflichtig gemäß § 1 Abs. 1 Nr. 1 KStG anzusehen. Allerdings gilt es, bezüglich der steuerrechtlichen Behandlung der Vorgesellschaft zwischen der sog. echten und der unechten Vorgesellschaft zu unterscheiden.

Echte und unechte Vorgesellschaft

5.1.2.1 Echte Vorgesellschaft

Kennzeichnend für die echte Vorgesellschaft ist es, dass die Gründung ernsthaft betrieben wird, mithin die Gesellschafter die Eintragung tatsächlich beabsichtigen, wobei es für die Bezeichnung als echte Vorgesellschaft auf den Erfolg dieser Bemühungen nicht ankommt.

Begriff

Kommt es nun zur Entstehung der Kapitalgesellschaft qua Eintragung, so ist wegen der Identität von Vorgesellschaft und nachfolgender Kapitalgesellschaft im Ergebnis unstreitig, dass bereits die Vorgesellschaft körperschaftsteuerpflichtig ist. Dies folgert die Rechtsprechung jedenfalls unter der Voraussetzung, dass die Eintragung in das Handelsregister nachfolgt, Vermögen vorhanden ist und die Vorgesellschaft eine nach außen in Erscheinung tretende geschäftliche Tätigkeit aufgenommen hat (so etwa BFH v. 14. 10. 1992 – I R 17/92, BStBl. II 1993, 352; v. 11. 04. 1973 – I R 172/72, BStBl. II 1973, 568). Umstritten ist dabei, ob dies bereits deshalb gilt, weil die Vorgesellschaft selbst als Kapitalgesellschaft i. s. v. § 1 Abs. 1 Nr. 1 KStG anzusehen ist (so etwa CREZELIUS, FS Wassermeyer, 2005, 15, 22; KNOBBE-KEUK, Bilanz- und Unternehmenssteuerrecht, 1993, 573), oder ob diese

Erfolgreiche echte Vorgesellschaft ist körperschaftsteuerpflichtig

zwar kein eigenständiges Körperschaftsteuersubjekt darstellt, jedoch die Eintragung als Kapitalgesellschaft eine steuerliche Rückwirkung dergestalt entfaltet, dass der Beginn der Körperschaftsteuerpflicht der eingetragenen Kapitalgesellschaft auf den Zeitpunkt des Entstehens der Vorgesellschaft vorverlegt wird (HÜTTEMANN, FS Wassermeyer, 2005, 27, 36). Bei erfolgreicher Eintragung kann dies letztlich dahinstehen, da sich in diesem Fall das materielle Ergebnis nicht unterscheidet.

Gescheiterte echte Vorgesellschaft

Unterschiedliche Konsequenzen zeitigen die vorstehenden Auffassungen jedoch dann, wenn die Eintragung der (echten) Vorgesellschaft scheitert: Begreift man bereits die Vorgesellschaft als solche als Körperschaftsteuersubjekt, so ist im Zeitpunkt des Scheiterns der Eintragung eine Liquidationsbesteuerung analog zu § 11 KStG durchzuführen; setzen die Gesellschafter ihr unternehmerisches Tun ohne Eintragung fort, so ist die Gesellschaft fortan als Personengesellschaft anzusehen (vgl. CREZELIUS, FS Wassermeyer, 2005, 14, 25). Misst man hingegen der Eintragung steuerliche Rückwirkung bei, so entfällt mit der Eintragung selbst auch deren Rückwirkung, mithin ist die Vorgesellschaft von Beginn an als Mitunternehmerschaft bzw. als vermögensverwaltende Personengesellschaft anzusehen (so HÜTTEMANN, FS Wassermeyer, 2005, 27, 41; GRAFFE in DPM, § 1 KStG Tz. 110). Mit Urteil v. 18.03.2010 ist der BFH (IV R 88/06, BStBl. II 2010, 991) nun letzterer Auffassung gefolgt und hat entschieden, dass eine Kapitalgesellschaft, deren Eintragung scheitert, von Beginn an als nicht körperschaftsteuerpflichtig zu beurteilen ist.

BEISPIEL 7

Die A-GmbH und weitere Gesellschafter beabsichtigen die Gründung der X-GmbH und schließen am 01.03.09 einen Vorvertrag, der den geplanten Abschluss eines Gesellschaftsvertrages zum Inhalt hat. Am 01.06.09 unterzeichnen sie den notariellen Gesellschaftsvertrag und melden die X-GmbH zur Eintragung ins Handelsregister an. Am 01.01.10 schließt die X-GmbH i.Gr. einen Beherrschungs- und Gewinnabführungsvertrag mit der A-GmbH ab, mit dem Ziel, die von ihr erzielten Gewinne bzw. Verluste steuerlich fortan im Rahmen eines Organschaftsverhältnisses der A-GmbH zuzurechnen (zur Organschaft siehe unter H). Als das Amtsgericht im Jahr 11 die Eintragung mehrfach zurückweist, zieht die X-GmbH i.Gr. den Antrag auf Eintragung zurück und stellt ihren Geschäftsbetrieb ein.

LÖSUNG Mit Abschluss des Vorvertrags am 01.03.09 ist die Vorgründungsgesellschaft als Personengesellschaft entstanden. Am 01.06.09 kommt es mit Abschluss des Gesellschaftsvertrags zur Entstehung der Vorgesellschaft. Mit der Aufgabe der Eintragungsabsicht und der Einstellung ihres Geschäftsbetriebs erlischt die X-GmbH i.Gr., ohne jemals KSt-Subjekt geworden zu sein, ohne Liquidation. Die vom 01.06.09 bis zu diesem Zeitpunkt bestehende Vorgesellschaft X-GmbH i.Gr. ist als Mitunternehmerschaft zu beurteilen. Als solche kann sie nicht Organgesellschaft der A-GmbH sein; vielmehr ist das von ihr erzielte Ergebnis anteilig den Gesellschaftern für die Zwecke der Besteuerung zuzurechnen. ◀|

Die nachfolgende Abbildung fasst noch einmal zusammen:

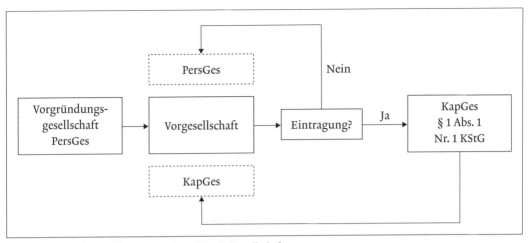

Abb. 4: Vorgründungs-, Vorgesellschaft und Kapitalgesellschaft

5.1.2.2 **Unechte Vorgesellschaft**

Eine sog. unechte Vorgesellschaft ist dann gegeben, wenn die Gründer der Kapitalgesellschaft (vgl. BFH v. 07.04.1998 – VIII R 82/97, BStBl. II 1998, 531): **Begriff**
- von vornherein nicht die Absicht hatten, die Eintragung als Kapitalgesellschaft zu erreichen, oder
- der Eintragungsantrag nicht ernsthaft weiter betrieben wird, insbesondere, weil bestehende Eintragungshindernisse nicht beseitigt werden oder Eintragungsunterlagen nicht unverzüglich beschafft werden, oder
- die Gesellschaft trotz Ablehnung des Eintragungsantrags und Wegfalls des Gründungsziels ihre Geschäfte weiterhin betreibt.

In diesem Fall handelt es sich bei der Vorgesellschaft nicht um eine im Entstehen begriffene juristische Person, sondern vielmehr um eine Personengesellschaft, die folglich (auch) steuerrechtlich von Beginn als eine solche zu behandeln ist (vgl. CREZELIUS, FS Wassermeyer, 2005, 13, 22; BLÜMICH/RENGERS, § 1 KStG Rz. 183; FG Brandenburg v. 02.07.2003, EFG 2003, 1330, rkr.; H 2 KStH »Unechte Vorgesellschaft«). **Unechte Vorgesellschaft ist Personengesellschaft**

5.2 **Ende der Steuerpflicht**

Gesellschaftsrechtlich erlischt die Kapitalgesellschaft als Rechtssubjekt erst im Moment ihrer Vollbeendigung. Diese wird grundsätzlich in drei Schritten erreicht: Im ersten Schritt ist die Gesellschaft aufzulösen. Dabei handelt es sich um einen Rechtsakt, z.B. den Beschluss der Gesellschafter, durch welchen der bisherige werbende Zweck der Kapitalgesellschaft in einen Abwicklungszweck umgewandelt wird (vgl. FROTSCHER in Frotscher/Maas, § 11 KStG Rz. 13 f.). Nach der Auflösung der Gesellschaft findet die Abwicklung (Liquidation) statt. Dabei werden insbesondere die laufenden Geschäfte abgewickelt, das Sachvermögen wird in Geld umgewandelt, die Gläubiger werden befriedigt und schließlich wird das verbleibende Vermögen an **Gesellschaftsrechtliche Vollbeendigung** die Gesellschafter ausgekehrt (vgl. FROTSCHER in Frotscher/Maas, § 11 KStG Rz. 17). Mit Beendigung der Liquidation ist die Gesellschaft im Handelsregister zu löschen. Strittig ist allerdings, ob die Vollbeendigung der Kapitalgesellschaft nur dann erreicht wird, wenn der Doppeltatbestand aus Vermögenslosigkeit durch Abschluss der Liquidation und Eintragung der Löschung im Handelsregister erfüllt ist (vgl. SCHMIDT, Gesellschaftsrecht, 2002, 316, 1203; ERLE/HELM in Beck GmbH-HB, 2009, § 16 Rz. 3), oder ob diesbezüglich alleinig der Eintragung der Löschung konstitutive Wirkung beizumessen ist (so HÜFFER/KOCH, 2014, § 262 AktG Rn. 4, 23 m. w. N.). Da nach letzterer Auffassung allein die Löschung im Handelsregister das Erlöschen der Kapitalgesellschaft bewirkt, würde die Kapitalgesellschaft als Rechtssubjekt allerdings auch im Fall einer unberechtigten Löschung, wenn etwa noch Restvermögen vorhanden ist, untergehen.

Steuerpflicht endet, wenn Verteilung des Liquidationsvermögens abgeschlossen ist und ...

Für den Fall der Liquidation der Kapitalgesellschaft bestimmt § 11 KStG, dass der im Zeitraum der Abwicklung erzielte Gewinn der Besteuerung zugrunde zu legen ist (hierzu L I). Daraus ergibt sich, dass die unbeschränkte Körperschaftsteuerpflicht der Kapitalgesellschaft nicht bereits mit dem Rechtsakt der Auflösung, sondern vielmehr erst in dem Zeitpunkt endet, in dem die Verteilung des Liquidationsvermögens an die Gesellschafter abgeschlossen ist (vgl. FROTSCHER in Frotscher/Maas, § 1 KStG Rz. 108), frühestens jedoch mit dem Ablauf des nach § 73 GmbHG bzw. § 272 AktG vorgeschriebenen Sperrjahrs (vgl. RFH v. 07.11.1922, RFHE 10, 318; v. 30.10.1925, RFHE 17, 240; R 51 Abs. 2 KStR). Dieses beginnt mit dem Tag, an dem der nach § 65 Abs. 2 GmbHG bzw. § 267 AktG vorgeschriebene Aufruf an die Gläubiger, sich bei der Gesellschaft zwecks Geltendmachung ihrer Forderungen zu melden, zum dritten Mal bekannt gemacht bzw. veröffentlicht worden ist. Die steuerrechtliche Vollbeendigung der Kapitalgesellschaft tritt ein, wenn kein verteilungsfähiges Aktivvermögen mehr vorhanden ist (so FG Berlin v. 22.09.1986, EFG 1987, 313).

... keine steuerrechtlichen Pflichten mehr offen sind

Die Löschung im Handelsregister ist für sich allein ohne Bedeutung; für die steuerrechtliche Beendigung der Kapitalgesellschaft ist ihr lediglich deklaratorische Bedeutung beizumessen (vgl. BLÜMICH/HOFMEISTER, § 11 KStG Rz. 31). Allerdings besteht nach Auffassung des BFH (v. 28.01.2004 – I B 210/03, BFH/NV 2004, 670; v. 15.02.2006 – I B 38/05, BFH/NV 2006, 1049) steuerrechtlich die Kapitalgesellschaft trotz erfolgter Liquidation und Löschung im Handelsregister fort, solange sie noch steuerrechtliche Pflichten zu erfüllen hat oder gegen sie ergangene Steuerbescheide angreift. Für einen etwaigen Antrag auf Nachtragsliquidation müsse die Finanzverwaltung allerdings schlüssig vortragen, dass sie ihren Steueranspruch auch realisieren könne (vgl. OLG Karlsruhe v. 21.06.1989, AG 1990, 498; JÄGER/LANG, Körperschaftsteuer, 2009, 124).

Insolvenz

Wird über das Vermögen der Kapitalgesellschaft das Insolvenzverfahren eröffnet, so endet dadurch die persönliche Steuerpflicht der Gesellschaft nicht, sondern es gehen lediglich etwaige Verwaltungs- und Verfügungsbefugnisse auf den Insolvenzverwalter über (vgl. FROTSCHER in Frotscher/Maas, § 1 KStG Rz. 113). Gemäß § 11 Abs. 7 KStG gelten die für die Abwicklung in § 11 Abs. 1 bis 6 KStG gefassten Regelungen im Fall des Insolvenzverfahrens entsprechend.

Weitere Fälle

Die Steuerpflicht kann ferner durch Umwandlung der Gesellschaft (hier nicht weiter behandelt) sowie durch Verlegung von Sitz und Geschäftsleitung ins Ausland (siehe hierzu L II) enden.

II Beschränkte Steuerpflicht

Gemäß § 2 Nr. 1 KStG sind Körperschaften, Personenvereinigungen und Ver- | **Grundsatz**
mögensmassen, die weder ihre Geschäftsleitung noch ihren Sitz im Inland haben, mit ihren inländischen Einkünften i. s. d. § 49 EStG beschränkt körperschaftsteuerpflichtig. Sinn und Zweck dieser Regelung ist es, auch Steuerausländer zu einem Beitrag am inländischen Steueraufkommen zu verpflichten, wenn und soweit ihre wirtschaftliche Tätigkeit einen Inlandsbezug aufweist. Der Umfang des Besteuerungszugriffs ist mithin, anders als im Fall der unbeschränkten Steuerpflicht, beschränkt auf die im Inland erzielten Einkünfte. Das Kriterium des Vorliegens inländischer Einkünfte rechtfertigt dabei den Besteuerungszugriff einerseits, da eben insoweit ein Inlandsbezug auch des Steuerausländers gegeben ist, und beschränkt ihn zur Vermeidung einer grenzenlosen (und damit völkerrechtswidrigen) Besteuerung andererseits.

Die erste Tatbestandsvoraussetzung, wonach das jeweilige ausländische Rechtsgebilde als Körperschaft, Personenvereinigung oder Vermögensmasse einzuordnen sein muss, ist im Grundsatz durch Vornahme eines Typenvergleichs zu prüfen. Danach kommt es entscheidend darauf an, ob die ausländische Kapitalgesellschaft in ihrer Struktur und wirtschaftlichen Stellung einer deutschen Körperschaft vergleichbar ist (vgl. FROTSCHER in Frotscher/Maas, § 2 KStG Rz. 10). Wie bei der unbeschränkten Steuerpflicht ist auch hier umstritten, ob bei EU-Kapitalgesellschaften auf die Vornahme eines Typenvergleichs verzichtet werden kann, weil die nach dem Recht des jeweiligen EU-Staates erfolgte Einordnung als Kapitalgesellschaft auch für die Zwecke der Besteuerung im Inland zu übernehmen sei (so KALBFLEISCH in Ernst & Young, KStG, § 2 Rz. 9 f., a.A. FROTSCHER in Frotscher/Maas, § 2 KStG Rz. 10). | **Vornahme eines Typenvergleichs zur Einordnung als Körperschaft**

Weitere Tatbestandsvoraussetzung der beschränkten Steuerpflicht ist, dass die ausländische Kapitalgesellschaft weder ihren Sitz noch ihre Geschäftsleitung im Inland hat. Dies ist unmittelbar einsichtig, da sie andernfalls bereits unbeschränkt steuerpflichtig nach § 1 Abs. 1 Nr. 1 KStG wäre. Unbeschränkte und beschränkte Steuerpflicht schließen sich mithin aus. Bezüglich der Kriterien Sitz und Geschäftsleitung sei auf die Ausführungen unter B I 2 verwiesen. | **Weder Sitz noch Geschäftsleitung im Inland**

Beschränkt steuerpflichtig ist die ausländische Kapitalgesellschaft schließlich nur dann und insoweit, als sie inländische Einkünfte i. s. d. § 49 EStG erzielt. Sinn und Zweck des § 49 EStG ist es dabei, den Inlandsbezug der in den §§ 13–23 EStG genannten Einkunftsarten herzustellen. Als Prinzipien zur Begründung des Inlandsbezugs finden dabei, je nach Einkunftsart, das Belegenheitsprinzip, das Betriebstättenprinzip sowie das Arbeitsort- und Verwertungsprinzip Verwendung (vgl. SCHAUMBURG, Internationales Steuerrecht, 2011, 159 f.). | **Inländische Einkünfte i. s. d. § 49 EStG**

BEISPIEL 8

Die niederländische X-BV mit Sitz und Geschäftsleitung in Amsterdam unterhält eine Betriebstätte in Berlin.
Gemäß § 2 Nr. 1 KStG ist die X-BV in Deutschland beschränkt steuerpflichtig, da sie, weil einer deutschen Kapitalgesellschaft vergleichbar, auch im Inland als Kapitalgesellschaft anzusehen ist, weder Sitz noch Geschäftsleitung im Inland hat und inländische Einkünfte i. s. d. § 49 Abs. 1 Nr. 2a EStG erzielt. ◀

Keine Qualifikation als gewerbliche Einkünfte gemäß § 8 Abs. 2 KStG

Im Grundsatz kann eine beschränkt steuerpflichtige Kapitalgesellschaft alle in § 49 EStG enumerierten Einkunftsarten mit Ausnahme der Einkünfte aus selbständiger (§ 49 Abs. 1 Nr. 3 EStG) sowie nichtselbständiger Arbeit (§ 49 Abs. 1 Nr. 4 EStG) und aus Abgeordnetenbezügen (§ 49 Abs. 1 Nr. 8a EStG) erzielen, gilt doch die Fiktion des § 8 Abs. 2 KStG, nach welcher bei einer Kapitalgesellschaft alle Einkünfte als Einkünfte aus Gewerbebetrieb zu behandeln sind, nur für unbeschränkt steuerpflichtige Kapitalgesellschaften. Für die beschränkt steuerpflichtige Kapitalgesellschaft ist mithin nach Maßgabe des § 49 Abs. 1 EStG i.V.m. §§ 13–23 EStG zu prüfen, welche Art von Einkünften jeweils erzielt wird, und ob ein entsprechender Inlandsbezug besteht. Die Einkünfteermittlungsart ergibt sich sodann nach allgemeinen Grundsätzen.

Sonderfall § 49 Abs. 1 Nr. 2 Buchst. f EStG

Zu beachten ist, dass in § 49 Abs. 1 Nr. 2 Buchst. f Satz 2 EStG eine an § 8 Abs. 2 KStG angelehnte Gewerblichkeitsfiktion für beschränkt steuerpflichtige Kapitalgesellschaften enthalten ist, soweit diese eigentlich Einkünfte aus der Vermietung und Verpachtung bzw. aus der Veräußerung von inländischem unbeweglichen Vermögen, bestimmten Sachinbegriffen oder Rechten erzielen und hierfür weder eine inländische Betriebstätte unterhalten noch im Inland über einen ständigen Vertreter verfügen. Diese insbesondere ausländische Immobilienkapitalgesellschaften treffende Regelung hat zur Folge, dass selbige aus den vorgenannten Tätigkeiten nunmehr inländische gewerbliche Einkünfte erzielen und folglich eine Gewinnermittlung vorzunehmen haben (vgl. HUSCHKE/HARTWIG, IStR 2008, 745; SCHAUMBURG, Internationales Steuerrecht, 2011, 185 ff.).

Isolierende Betrachtungsweise

Gemäß § 49 Abs. 2 EStG sind bei der Einkünftequalifikation im Ausland gegebene Besteuerungsmerkmale außer Betracht zu lassen, soweit bei ihrer Berücksichtigung inländische Einkünfte i.S.v. § 49 Abs. 1 EStG nicht angenommen werden könnten. Diese sog. isolierende Betrachtungsweise suspendiert insbesondere die Subsidiaritätsregeln der Einkunftsarten (z.B. § 20 Abs. 8 EStG), soweit ein im Ausland verwirklichtes Qualifikationsmerkmal hierfür bestimmend wäre (vgl. SCHAUMBURG, Internationales Steuerrecht, 2011, 161 f.). Mithin werden derartige auslandsbezogene Qualifikationsmerkmale, wie etwa eine im Ausland verwirklichte gewerbliche Tätigkeit des Steuerpflichtigen, für die Qualifikation der inländischen Einkünfte ggf. ausgeblendet.

BEISPIEL 9

Die in Chile ansässige, gewerblich tätige X-S. A. hält Aktien an der inländischen Y-AG und erhält von dieser in 2011 eine Dividende.

Die X-S. A. ist einer deutschen AG vergleichbar und hat weder Sitz noch Geschäftsleitung im Inland. Die Übernahme des lediglich im Ausland verwirklichten Qualifikationsmerkmals »Ausüben einer gewerblichen Tätigkeit« würde bezüglich der im Inland erzielten Einkünfte zur Folge haben, dass diese gemäß § 20 Abs. 8 EStG ebenfalls als gewerbliche Einkünfte zu qualifizieren wären. Dies aber würde bedeuten, dass gemäß § 49 Abs. 1 Nr. 2 Buchst. a EStG, wonach inländische gewerbliche Einkünfte nur bei Betreiben einer Betriebstätte (§ 12 AO) im Inland oder Bestellung eines ständigen Vertreters (§ 13 AO) vorliegen, im vorliegenden Fall keine inländischen Einkünfte gegeben wären, eine Besteuerung mit deutscher Körperschaftsteuer mithin ausfallen würde. Gemäß § 49 Abs. 2 EStG ist das ausländische Qualifikationsmerkmal »Gewerblichkeit« im Inland außer Acht zu lassen (isolierende Betrachtungsweise), woraufhin Einkünfte aus Kapitalvermögen gemäß § 49 Abs. 1 Nr. 5 Buchst. a EStG anzunehmen sind. Mit diesen ist die X-S. A. in Deutschland auch ohne Bestehen einer inländischen Betriebstätte beschränkt steuerpflichtig.

Abwandlung

Wie zuvor, allerdings betreibt die X-S. A. im Inland eine Betriebstätte, zu welcher die Aktien an der Y-AG gehören.

Im Unterschied zum Grundfall erzielt die X-S. A. nunmehr inländische gewerbliche Einkünfte i. S. v. § 49 Abs. 1 Nr. 2 Buchst. a EStG, zu welcher gemäß § 20 Abs. 8 EStG auch die Dividendeneinkünfte gehören. ◀|

Bei beschränkt steuerpflichtigen Kapitalgesellschaften wird die Körperschaftsteuer entweder gemäß § 31 KStG, § 25 EStG durch Veranlagung festgesetzt oder aber in bestimmten Fällen durch einen Quellensteuerabzug erhoben. Gemäß § 32 Abs. 1 Nr. 2 KStG ist in letzterem Fall die Körperschaftsteuer durch den Steuerabzug abgegolten. Sind die Einkünfte allerdings in einem inländischen gewerblichen oder land- und forstwirtschaftlichen Betrieb angefallen, so besteht keine Abgeltungswirkung; vielmehr sind die betreffenden Einkünfte innerhalb der für die betrieblichen Einkünfte vorzunehmenden Veranlagung zu berücksichtigen. Ein Quellensteuerabzug kommt insbesondere bei dem Steuerabzug unterliegenden Kapitalerträgen (§ 43 EStG) zum Tragen. Zudem ist ein Abzug von Betriebsausgaben bzw. Werbungskosten nicht zulässig, wenn das Einkommen der Kapitalgesellschaft nur aus Einkünften besteht, von denen lediglich ein Steuerabzug vorzunehmen ist (§ 8 Abs. 6 KStG).

> **Veranlagung bzw. Quellensteuerabzug**

Die beschränkte Körperschaftsteuerpflicht beginnt, sobald inländische Einkünfte i. S. d. § 49 EStG erzielt werden. Sie endet, wenn keine derartigen Einkünfte mehr erzielt werden, oder aber durch Wechsel zur unbeschränkten Steuerpflicht, weil etwa Sitz und/oder Geschäftsleitung ins Inland verlegt werden.

> **Beginn und Ende**

III Kapitalgesellschaften als Gewerbesteuerobjekt

Gemäß § 2 Abs. 2 GewStG gilt die Tätigkeit der Kapitalgesellschaften stets und in vollem Umfang als Gewerbebetrieb. Die Gewerbesteuerpflicht ist bei diesen Unternehmen nur an die Rechtsform geknüpft, was zur Folge hat, dass nicht nur eine originär gewerbliche, sondern vielmehr jedwede Tätigkeit, mithin auch ihrer Art nach vermögensverwaltende oder freiberufliche Tätigkeiten eine Gewerbesteuerpflicht der Kapitalgesellschaft auslösen. Verfassungsrechtlich ist diese rechtsformabhängige Qualifikation als Gewerbebetrieb nach Auffassung des BFH (v. 20.10.1976 – I R 148/74, BStBl. II 1977, 10 zur Vermögensverwaltung) sowie des BVerfG (v. 24.03.2010 – 1 BvR 2130/09, NJW 2010, 2116 zur Freiberufler-Kapitalgesellschaft) nicht zu beanstanden.

> **Gewerbebetrieb kraft Rechtsform**

Die Kapitalgesellschaft selbst und somit auch das Gewerbesteuerobjekt entstehen dabei mit der Erlangung der Rechtsfähigkeit bei Eintragung ins Handelsregister. Gleichwohl wird bereits die Vorgesellschaft wegen ihrer Identität mit der späteren Kapitalgesellschaft als Gewerbebetrieb angesehen, vorausgesetzt sie hat bereits eine nach außen gerichtete Tätigkeit aufgenommen. Hingegen stellt die Vorgründungsgesellschaft, wie unter B I 5.1.1 ausgeführt, eine Personengesellschaft dar, welche lediglich bei tatsächlicher gewerblicher Betätigung der Gewerbesteuer unterliegt. Aus der fehlenden Unternehmensidentität von Vorgründungsgesellschaft und Vorgesellschaft einerseits sowie aus dem Objektsteuercharakter der Gewer-

> **Vorgesellschaft und Vorgründungsgesellschaft**

Ausländische Kapi-talgesellschaften

besteuer andererseits folgt, dass ein etwaiger Gewerbeverlust der Vorgründungs-gesellschaft nicht auf die nachfolgenden Rechtsgebilde übergeht (vgl. MEERMANN in Hottmann et al., Die GmbH im Steuerrecht, 2011, Kap. C Rz. 14).

Ausländische Gesellschaften, die ihrem Wesen nach einer inländischen Kapi-talgesellschaft vergleichbar sind, unterliegen der Gewerbesteuer, wenn und soweit sie eine inländische Betriebstätte unterhalten (vgl. BFH v. 28.07.1982 – R 196/79, BStBl. I 1983, 77). Dabei bestimmt sich die für die Anwendung des § 2 Abs. 2 GewStG erforderliche Rechtsfähigkeit bei solchen Gesellschaften, die ihren Sitz und ihre Geschäftsleitung im Ausland haben, nach dem Recht des ausländischen Staates (vgl. R 2.1 Abs. 4 Satz 2 GewStR 2009). Befindet sich hingegen die Geschäfts-leitung einer Drittstaaten-Kapitalgesellschaft im Inland, so erlangt das ausländische Unternehmen die Rechtsfähigkeit im Inland erst mit Eintragung in das jeweilige deutsche Register, so dass zuvor die Annahme eines Gewerbebetriebs kraft Rechts-form ausscheidet (vgl. R 2.1 Abs. 4 Satz 3 GewStR 2009; u.E. ist dies nach der in diesen Fällen zur Anwendung gelangenden modifizierten Sitztheorie allerdings fraglich; siehe auch B I 3). Hingegen sind nach dem Recht eines anderen EU-Staats gegründete Kapitalgesellschaften mit Geschäftsleitung im Inland auch ohne Ein-tragung in ein deutsches Register im Inland voll rechtsfähig (vgl. R 2.1 Abs. 4 Satz 4 GewStR 2009). Wie im Bereich der Körperschaftsteuer macht das Anerkenntnis der Rechtsfähigkeit die Vornahme eines Typenvergleichs allerdings nicht entbehrlich. Bei einem positiven Rechtstypenvergleich und Vorliegen einer inländischen Betrieb-stätte ergibt sich auch in diesen Fällen eine Gewerbesteuerpflicht bereits nach § 2 Abs. 2 GewStG und nicht erst unter den Voraussetzungen des § 2 Abs. 1 Satz 2 GewStG oder § 2 Abs. 3 GewStG.

BEISPIEL 10

Die portugiesische Kapitalgesellschaft aus Beispiel 5 ist gemäß § 2 Abs. 1 Satz 1 und Abs. 2 GewStG gewerbesteuerpflichtig, da sie ihre Geschäftsleitung und somit eine Betriebstätte im Inland hat. Dass die Gesellschaft nicht ins Handelsregister eingetragen ist, steht der Anwendung des § 2 Abs. 2 GewStG nicht entgegen, da ihre nach ausländischem Recht erlangte Rechtsfähigkeit auch im Inland anzuerkennen ist. ◀|

Ende Gewerbe-steuerpflicht

Die Steuerpflicht endet, wenn die Kapitalgesellschaft jegliche Tätigkeit einstellt, mithin nicht nur die eigentliche (werbende) Tätigkeit, sondern vielmehr auch die Verwertungstätigkeit im Rahmen der Abwicklung beendet hat, welche ihrerseits erst mit der letzten Abwicklungshandlung ihren Abschluss findet (vgl. BFH v. 29.11.2000 – I R 28/00, BFH/NV 2001, 816, m.w.N.; siehe hierzu auch L I 1.2).

C Einkommensermittlung

I Überblick, Grundlagen

Bemessungsgrundlage der Körperschaftsteuer ist nach § 7 Abs. 1 KStG das zu versteuernde Einkommen der Kapitalgesellschaft. Zu dessen Begriff und Ermittlung verweist § 8 Abs. 1 KStG auf die allgemeinen Vorschriften des EStG. Im Körperschaftsteuerrecht existiert mithin weder eine eigene Definition des Einkommensbegriffs noch eine eigenständige Systematik zur Einkommensermittlung; vielmehr wird auf die grundlegenden Maßstäbe des Einkommensteuerrechts zurückgegriffen, was, neben Vereinfachungsaspekten, aus Gründen einer steuerlichen Wettbewerbsneutralität zwischen verschiedenen Rechtsformen grundsätzlich zu begrüßen ist (vgl. KLINGEBIEL in DPM, § 8 Abs. 1 KStG Tz. 1). *(Verweis auf das EStG)*

Die Anwendbarkeit einkommensteuerlicher Rechtsnormen findet allerdings dann eine Grenze, wenn diese auf die Besonderheiten der individuellen Ermittlung der wirtschaftlichen Leistungsfähigkeit natürlicher Personen abstellen. Dies manifestiert sich insbesondere darin, dass im Unterschied zu den im Rahmen des EStG zu erfassenden natürlichen Personen bei Kapitalgesellschaften nach der Rechtsprechung des BFH (v. 04.12.1996 – I R 54/95, BFH/NV 1997, 190) keine Privatsphäre existiert; insofern passen insbesondere private Aufwendungen wie Sonderausgaben oder außergewöhnliche Belastungen nicht in das Schema der Einkommensermittlung von Kapitalgesellschaften. Zum Kreis der körperschaftsteuerrechtlich zu berücksichtigenden Vorschriften des EStG gehören daher in erster Linie die Vorschriften zur Ermittlung und Abgrenzung der Einkünfte, zum Verlustabzug, zur Entstehung, Erhebung und Tilgung der Steuer, zur Kapitalertragsteuer und zur Besteuerung beschränkt Steuerpflichtiger. Eine Übersicht der aus Sicht der Finanzverwaltung auch körperschaftsteuerlich anzuwendenden Vorschriften des EStG findet sich in R 32 KStR. *(Grenze der Anwendbarkeit des EStG)*

Das KStG ergänzt die Regelungen des EStG um KSt-spezifische Vorschriften, die den einkommensteuerlichen Vorschriften als speziellere Regelungen vorgehen. Es sind dies insbesondere Regelungen: *(Spezialvorschriften im KStG)*

- zur laufenden Einkommensermittlung in § 8 Abs. 3 – § 8c KStG,
- über abzieh- und nichtabziehbare Aufwendungen nach §§ 9, 10 KStG,
- zur Einkommensermittlung in Sonderfällen, insbesondere bei Liquidation, Wegzug oder Kapitalherabsetzung (§§ 11–13 KStG),
- zur Einkommensermittlung in Fällen der Organschaft (§§ 14–19 KStG), sowie
- für Versicherungsunternehmen, Bausparkassen und Genossenschaften in den §§ 20–22 KStG.

Wie bei natürlichen Personen beginnt auch die Ermittlung des zu versteuernden Einkommens von Kapitalgesellschaften mit der Ermittlung der steuerpflichtigen Einkünfte. Anschließend erfolgt durch eine Vielzahl von Zu- und Abrechnungen die Berechnung des zu versteuernden Einkommens. *(Stufenweise Ermittlung des z. v. E.)*

Aufgrund des Verweises auf die Vorschriften des EStG können KSt-pflichtige Rechtssubjekte im Grundsatz alle in § 2 Abs. 1 EStG aufgezählten Einkunftsarten *(Bei KapGes nur gewerbliche Einkünfte)* verwirklichen. Allerdings sind gemäß § 8 Abs. 2 KStG bei unbeschränkt Steuerpflichtigen i.S.d. § 1 Abs. 1 Nr. 1 bis 3 KStG alle Einkünfte als Einkünfte aus Gewerbebetrieb zu behandeln. Unbeschränkt steuerpflichtige Kapitalgesellschaften erzielen daher unabhängig von ihrer tatsächlichen Betätigung ausschließlich Einkünfte aus Gewerbebetrieb i.S.d. § 15 EStG.

Ausgangspunkt: JÜ/JFB lt. Handelsrecht

Wegen der sich aus §§ 140 AO, 238 HGB ergebenden Buchführungspflicht erfolgt die zu deren Berechnung nach § 2 Abs. 2 Nr. 1 EStG notwendige Gewinnermittlung grundsätzlich nach § 5 Abs. 1 EStG. Ausgangspunkt zur Ermittlung des zu versteuernden Einkommens (z. v. E.) ist daher das Ergebnis der handelsrechtlichen Gewinn- und Verlustrechnung.

Ergebnis der Steuerbilanz

Wegen zahlreicher bilanzsteuerrechtlicher Besonderheiten hinsichtlich der Bilanzierung und Bewertung ist das handelsrechtliche Jahresergebnis sodann in ein steuerbilanzielles Ergebnis zu transformieren.

Außerbilanzielle Korrekturen

Der so ermittelte steuerbilanzielle Gewinn wird anschließend außerhalb der Bilanz um bestimmte einkommensteuerliche (z.B. nichtabziehbare Betriebsausgaben gemäß § 4 Abs. 5 EStG) und körperschaftsteuerliche Modifikationen auf die Zielgröße zu versteuerndes Einkommen korrigiert. Die Vorgehensweise der Ermittlung des zu versteuernden Einkommens ist in der nachfolgenden Tabelle zusammengefasst:

Gewinn lt. Handelsbilanz
+/./. Korrekturen aufgrund steuerrechtlicher Bilanzierungs- und Bewertungsvorschriften
= **Gewinn lt. Steuerbilanz**
+/./. Korrekturen aufgrund bestimmter einkommensteuerlicher Vorschriften, z.B. nichtabziehbare Betriebsausgaben gemäß § 4 Abs. 5, 5b, § 4h EStG
+/./. **Korrekturen aufgrund bestimmter körperschaftsteuerlicher Vorschriften**
   +/./. *Erfolgswirksame Vorgänge aus dem Gesellschafter-/Gesellschaftsverhältnis*
     1. Verdeckte Gewinnausschüttungen (§ 8 Abs. 3 Satz 2 KStG)
     2. Verdeckte Gesellschafter-Einlagen (§ 8 Abs. 3 Satz 3 KStG)
   + *Nichtabziehbare Aufwendungen*
     1. Nichtabziehbare Satzungspflichtaufwendungen (§ 10 Nr. 1 KStG)
     2. Nichtabziehbare Steueraufwendungen (§ 10 Nr. 2 KStG)
     3. Nichtabziehbare Geldstrafen (§ 10 Nr. 3 KStG)
     4. Nichtabziehbare Hälfte der Aufsichtsratsvergütungen (§ 10 Nr. 4 KStG)
     5. Nichtabziehbarer Teil der Spenden (§ 9 Abs. 1 Nr. 2 KStG)
   ./. *Erträge aus nichtabziehbaren Aufwendungen*
   ./. *Gewinnanteile der persönlich haftenden Gesellschafter einer KGaA (§ 9 Abs. 1 Nr. 1 KStG)*
+/./. **Korrekturen aufgrund von Beteiligungserträgen**
   ./. Dividendenerträge (§ 8b Abs. 1 KStG)
   +/./. Ergebnis der Veräußerung von Anteilen an Kapitalgesellschaften (§ 8b Abs. 2, 3 KStG)
   +/./. Teilwertabschreibungen/Wertaufholungen (§ 8b Abs. 2, 3 KStG)

> + Pauschale Hinzurechnung fiktiver Aufwendungen in Zusammen-
>   hang mit steuerfreien Beteiligungserträgen (§ 8b Abs. 3, 5 KStG)
> ./. **Weitere steuerfreie Erträge (z. B. § 13 InvZulG, DBA)**
> = **Gesamtbetrag der Einkünfte**
> ./. Verlustabzug (§ 10d EStG, § 8c KStG)
> = **zu versteuerndes Einkommen**

Nachfolgend seien zunächst die wesentlichen Schritte der Einkommensermittlung kurz skizziert. In gesonderten Kapiteln findet sich eine ausführliche Darstellung zu den erfolgswirksamen Vorgängen aus dem Gesellschafter-/Gesellschaftsverhältnis, den Auswirkungen des Teileinkünfteverfahrens sowie zur Verlustberücksichtigung.

II Vom handels- zum steuerrechtlichen Bilanzergebnis

Nach § 5 Abs. 1 Satz 1 EStG, der über § 8 Abs. 1 KStG auch bei Kapitalgesellschaften Anwendung findet, ist für den Schluss des Wirtschaftsjahres das Betriebsvermögen anzusetzen, das nach den handelsrechtlichen Grundsätzen ordnungsmäßiger Buchführung auszuweisen ist, es sei denn, im Rahmen der Ausübung eines steuerlichen Wahlrechts wird oder wurde ein anderer Ansatz gewählt. Dieses als Maßgeblichkeit der Handels- für die Steuerbilanz bezeichnete Prinzip hat zur Folge, dass die Einkommensermittlung der Kapitalgesellschaft im Ergebnis der handelsrechtlichen Jahresbilanz ihren Ausgangspunkt findet.

Maßgeblichkeitsprinzip

Unter dem handelsrechtlichen Jahresergebnis ist dabei der Jahresüberschuss bzw. Jahresfehlbetrag zu verstehen. Wird der Jahresabschluss unter Berücksichtigung der vollständigen oder teilweisen Gewinnverwendung aufgestellt, ist daher der gemäß § 268 Abs. 1 HGB auszuweisende Bilanzgewinn zunächst um bei seiner Ermittlung berücksichtigte Ergebnisvorträge sowie um vorgenommene Zuführungen zu bzw. Auflösungen von Rücklagen zu bereinigen.

Sodann sind umfangreiche Korrekturen des handelsrechtlichen Ergebnisses notwendig: Einerseits bewirken zahlreiche steuerliche Vorschriften die Durchbrechung des Maßgeblichkeitsprinzips, andererseits wird durch Rechtsprechung und Finanzverwaltung nicht allen handelsrechtlichen Rechnungslegungsvorschriften der Rang eines Grundsatzes ordnungsmäßiger Buchführung zuerkannt.

Durchbrechung des Maßgeblichkeitsprinzips ...

Insbesondere im Bereich der handelsrechtlichen Wahlrechte, deren Begründung vornehmlich im Vorsichtsprinzip zu sehen ist, finden sich aufgrund des höheren Objektivierungsbedürfnisses der steuerlichen Gewinnermittlung zahlreiche Korrekturerfordernisse, die überwiegend zu einer Erhöhung des steuerlichen gegenüber dem handelsrechtlichen Ergebnis führen, im Einzelfall aber auch einer handelsrechtlich zulässigen zeitlichen Streckung der Aufwandsverrechnung entgegenstehen und damit einen gegenüber dem handelsrechtlichen Ergebnis geringeren Steuerbilanzgewinn zur Folge haben.

... im Fall handelsrechtlicher Wahlrechte oder ...

Zudem enthält das EStG zahlreiche weitere Sondervorschriften, die ggf. eine Korrektur des Handelsbilanzergebnisses erforderlich machen, etwa zur Bewertung (§ 6 EStG), zur Bemessung von Abschreibungen (§§ 7–7g EStG), zur Bildung steuer-

... bei spezialgesetzlichen Vorschriften

freier Rücklagen (z. B. § 6b EStG, R 6.6 EStR) sowie zur Bildung und Bewertung von Rückstellungen (§§ 5 Abs. 2a–4b, 6 Abs. 1 Nr. 3a EStG).

Entstrickungsfälle

Zu beachten sind weiterhin Vorschriften, die ohne handelsrechtliche Entsprechung in der Steuerbilanz die Realisation bestimmter stiller Reserven erzwingen. Hierbei ist insbesondere an den in § 12 Abs. 1 KStG kodifizierten sog. Entstrickungsgrundsatz zu denken, wonach eine Veräußerung oder Überlassung zum gemeinen Wert fingiert wird, wenn bei einer Kapitalgesellschaft das Besteuerungsrecht der Bundesrepublik Deutschland hinsichtlich des Gewinns aus der Veräußerung oder der Nutzung eines Wirtschaftsguts ausgeschlossen oder beschränkt wird. Dies ist insbesondere der Fall, wenn Wirtschaftsgüter in eine Betriebstätte in einem ausländischen Staat überführt werden. Zu einer Steuerentstrickung kann es ggf. auch in Wegzugsfällen kommen (siehe hierzu L II).

Ausgleichsposten nach § 4g EStG

Zur Vermeidung einer sofortigen Besteuerung wird gemäß § 4g EStG im Fall der Verbringung von Wirtschaftsgütern des Anlagevermögens in eine in einem anderen Mitgliedstaat der EU belegene Betriebstätte die Bildung eines passivischen Ausgleichspostens zugelassen, der in den folgenden fünf Jahren erfolgswirksam aufzulösen ist (vgl. hierzu KESSLER/WINTERHALTER/HUCK, DStR 2007, 133). Gemäß § 12 Abs. 1 KStG gilt § 4g EStG für Kapitalgesellschaften entsprechend.

Separate Steuerbilanz nicht erforderlich

Trotz der mitunter gravierenden Unterschiede zwischen handels- und steuerrechtlichem Bilanzergebnis ist die Aufstellung einer separaten Steuerbilanz nicht erforderlich. Vielmehr reicht es gemäß § 60 Abs. 2 Satz 1 EStDV aus, wenn ausgehend vom Ergebnis der Handelsbilanz vermittels Zu- und Abrechnungen zum Steuerbilanzgewinn übergeleitet wird.

Bilanzielle und außerbilanzielle Korrekturen

Wenn in den folgenden Ausführungen zwischen bilanziellen und außerbilanziellen Korrekturen differenziert wird, sind unter bilanziellen Korrekturen solche zu verstehen, die sich bei Aufstellung einer gesonderten Steuerbilanz auf in dieser auszuweisende Posten dem Grunde und/oder der Höhe nach auswirken würden. Demgegenüber sind außerbilanzielle Korrekturen solche, die das im Wege des (steuerlich ggf. korrigierten) Betriebsvermögensvergleichs ermittelte Bilanzergebnis sodann mit dem Ziel der Ermittlung des zu versteuernden Einkommens modifizieren.

III Im Gesellschaftsverhältnis begründete Vorgänge zwischen Gesellschaft und Gesellschafter

Keine Auswirkung auf das Einkommen

Unter solchen Vorgängen sind einerseits Einlagen der Gesellschafter in das Kapital der Gesellschaft, andererseits Gewinnausschüttungen oder Kapitalrückzahlungen an Gesellschafter zu verstehen. Charakteristisch für beide Sachverhalte ist die *Ursächlichkeit des Gesellschaftsverhältnisses*, was besagt, dass es ohne Bestehen desselben nicht zur Einlage bzw. Ausschüttung gekommen wäre; infolgedessen dürfen sich derartige Vorgänge auf die Höhe des zu versteuernden Einkommens der Kapitalgesellschaft grundsätzlich nicht auswirken.

Einlagen

Einlagen stellen keine betrieblich veranlassten Eigenkapitalmehrungen dar und dürfen daher grundsätzlich nicht zu einer Erhöhung des zu versteuernden Einkommens führen. Dies folgt bereits aus dem allgemeinen Gewinnbegriff des § 4 Abs. 1 Satz 1 EStG: Auch der Gewinn einer Kapitalgesellschaft ist durch einen

Vergleich des Reinvermögens an den Bilanzstichtagen zu ermitteln. Ist das Endvermögen der Gesellschaft durch Einlagen der Gesellschafter erhöht worden, müssen diese gemäß § 4 Abs. 1 Satz 1 EStG von dem sich ergebenden Vermögensunterschied abgesetzt werden. Die Vorschrift ist anwendbar, obwohl Einlegender und Kapitalgesellschaft verschiedene Rechtsträger sind, denn wirtschaftlich betrachtet stimmen Einlagen des Steuerpflichtigen in sein eigenes Betriebsvermögen im Wesentlichen mit Einlagen des Gesellschafters in eine Kapitalgesellschaft überein.

Bezüglich der Gesellschafter-Einlagen ist zwischen offenen und verdeckten Einlagen zu unterscheiden:

Kennzeichnend für die *offenen Einlagen* (Einzahlung des gezeichneten Kapitals, Zuzahlungen in die Kapitalrücklage) ist, dass sie in der Bilanz als erfolgsneutraler Eigenkapitalzugang ausgewiesen werden. Die Gewinn- und Verlustrechnung ist von diesem Vorgang nicht betroffen; ein Korrekturbedarf hinsichtlich des bilanziellen Ergebnisses im Zuge der Überleitung zum zu versteuernden Einkommen besteht daher nicht.

Offene Einlagen

Anders verhält es sich bei sog. *verdeckten Einlagen*. Hierbei handelt es sich um auf schuldrechtlicher Basis erfolgte Vermögenszuführungen durch den Gesellschafter, die weder aufgrund einer gesellschaftsrechtlichen Verpflichtung erbracht werden, noch aufgrund anderer gesellschaftsrechtlicher Vorschriften als Einlage zu qualifizieren und daher handelsrechtlich regelmäßig als Ertrag zu erfassen sind. Bei wirtschaftlicher Betrachtung kann es sich gleichwohl um Vorgänge handeln, die nicht betrieblich, sondern durch das Gesellschaftsverhältnis veranlasst und infolgedessen steuerlich als nicht das Einkommen berührende Einlagen zu behandeln sind. In diesen Fällen ist daher in Bezug auf die Ermittlung des zu versteuernden Einkommens die Kürzung des bilanziell ermittelten Gewinns um den Wert der (verdeckten) Einlage geboten, soweit der Vorgang den bilanziell ermittelten Gewinn erhöht hat (vgl. auch R 40 Abs. 2 KStR). Gesetzlich kodifiziert ist der Grundsatz, dass verdeckte Einlagen das Einkommen nicht erhöhen, in § 8 Abs. 3 Satz 3 KStG. Gemäß § 8 Abs. 3 Satz 4 KStG erhöht die verdeckte Einlage allerdings das Einkommen der Kapitalgesellschaft dennoch, soweit sie das Einkommen des Anteilseigners vermindert hat (Korrespondenzprinzip). Zu den Tatbestandsvoraussetzungen und Rechtsfolgen verdeckter Einlagen im Einzelnen siehe D II.

Verdeckte Einlagen

Anders als im Fall der Einlagen wird der Entnahmebegriff i. S. v. § 4 Abs. 1 Satz 2 EStG bei Kapitalgesellschaften nicht analog angewendet. Da Kapitalgesellschaften keinen Privatbereich besitzen (vgl. BFH v. 17. 11. 2004 – I R 56/03, BFH/NV 2005, 793), können sie selbst keine Entnahmen tätigen. Leistungen an die Gesellschafter erfolgen regelmäßig lediglich in Form von offenen Gewinnausschüttungen oder Kapitalrückzahlungen. Für darüber hinausgehende Vorteilszuwendungen zugunsten ihrer Gesellschafter existiert das Rechtsinstitut der verdeckten Gewinnausschüttung. § 8 Abs. 3 Satz 1 und 2 KStG bestimmt ausdrücklich, dass weder offene noch verdeckte Gewinnausschüttungen das Einkommen der Kapitalgesellschaft mindern dürfen. Nichts anderes gilt für Kapitalrückzahlungen. Zu den Tatbestandsvoraussetzungen und Rechtsfolgen vgl. im Einzelnen D I.

Verdeckte Gewinnausschüttungen

Inwieweit bei der Ermittlung des zu versteuernden Einkommens einer Kapitalgesellschaft aufgrund von im Gesellschaftsverhältnis begründeten Vermögensverschiebungen zwischen Gesellschaft und Gesellschafter Korrekturbedarf besteht, hängt naturgemäß von der jeweiligen Behandlung des Sachverhalts im Rahmen

Bilanzielle Behandlung entscheidet über Korrekturbedarf

der bilanziellen Gewinnermittlung ab: Soweit hier in handelsrechtlich zulässiger Weise eine erfolgswirksame Erfassung des Sachverhalts erfolgt ist, ergibt sich die Notwendigkeit von kompensierenden Zu- oder Abrechnungen. Von Interesse im Rahmen der Einkommensermittlung der Kapitalgesellschaft sind derartige Sachverhalte also nur, wenn sie im Rahmen der bilanziellen Gewinnermittlung erfolgswirksam berücksichtigt wurden.

In den folgenden Fällen besteht daher kein Korrekturbedarf, weil deren Behandlung sich nicht auf das bilanzielle Ergebnis auswirkt:

- offene Einlagen, d.h. Einzahlung des Nennkapitals einschließlich eines evtl. Aufgelds sowie weitere Zuzahlungen oder Nachschüsse, die der Kapitalrücklage zugeführt werden;
- Gewinnausschüttungen, die auf einem den handelsrechtlichen Vorschriften entsprechenden Gewinnverwendungsbeschluss beruhen;
- Auskehrung von Kapitalrücklagen;
- Rückzahlung von gezeichnetem Kapital.

Eine erfolgswirksame Erfassung von im Gesellschaftsverhältnis begründeten Vorgängen ist aber denkbar, wenn die Einlage, Gewinnausschüttung oder Kapitalrückzahlung zivilrechtlich in das Rechtskleid eines Austauschverhältnisses zwischen Gesellschaft und Gesellschafter gebracht und infolgedessen bei der bilanziellen Gewinnermittlung ergebniswirksam wird. In diesen Fällen können, bei Vorliegen weiterer Voraussetzungen, verdeckte Einlagen (vE) oder verdeckte Gewinnausschüttungen (vGA) anzunehmen sein, die aus steuerrechtlicher Sicht eine Ergebniskorrektur erforderlich machen.

IV Nichtabziehbare Aufwendungen

Aus versteuertem Einkommen zu entrichten

Die Nichtabziehbarkeit bestimmter Aufwendungen bedeutet, dass diese Aufwendungen das zu versteuernde Einkommen der Kapitalgesellschaft nicht schmälern dürfen. Das zu versteuernde Einkommen als Bemessungsgrundlage der Körperschaftsteuer bildet daher nicht eine tatsächlich vorliegende Vermögensmehrung der Kapitalgesellschaft ab, sondern stellt sich als fiktive, rein rechnerisch zu ermittelnde Kunstgröße dar, wird doch durch die Nichtabziehbarkeit der Aufwendungen die eingetretene Vermögensminderung nur rechnerisch, nicht aber tatsächlich rückgängig gemacht. Vielmehr wird lediglich für steuerliche Zwecke so getan, als ob die jeweiligen Aufwendungen nicht getätigt worden wären. Dies bedeutet, dass diese Aufwendungen selbst der KSt und GewSt unterliegen und somit aus bereits versteuertem Einkommen entrichtet werden müssen.

BEISPIEL 11

Die X-GmbH hat 100.000 € Geldbuße gezahlt und aufwandswirksam gebucht. Der Steuerbilanzgewinn der X-GmbH beläuft sich auf 1.000.000 €. Da die Geldbuße gemäß § 4 Abs. 5 Nr. 8 EStG eine steuerlich nichtabziehbare Betriebsausgabe darstellt, ist sie bei der Ermittlung des zu versteuernden Einkommens der X-GmbH wieder hinzuzurechnen; mithin beläuft sich dieses auf 1.100.000 €. Die Zahlung der Geldbuße mindert somit die rechnerische Größe zu versteuerndes Einkommen der GmbH nicht und unterliegt selbst der KSt und GewSt. Im Ergebnis entrichtet die GmbH die Geldbuße aus ihrem nach Steuern verbleibenden Einkommen. ◄|

Hieraus folgt im umgekehrten Fall, dass eventuelle Erträge aus nichtabziehbaren Aufwendungen (z. B. Erstattungen von Geldbußen oder Steuererstattungen) das zu versteuernde Einkommen nicht erhöhen dürfen und folglich bei dessen Ermittlung außerbilanziell abzuziehen sind.

Rückzahlungen nicht steuerpflichtig

Die nichtabziehbaren Aufwendungen lassen sich unterteilen in:

- Aufwendungen, für die ein einkommensteuerliches Abzugsverbot greift (§§ 3c EStG, 4 Abs. 5 EStG),
- Aufwendungen, die speziellen Abzugsverboten nach § 10 KStG unterliegen, sowie
- den nach § 9 Abs. 1 Nr. 2 KStG nichtabziehbaren Teil der Spenden.

1 Nichtabziehbare Betriebsausgaben nach dem EStG

Wegen des Generalverweises in § 8 Abs. 1 KStG gelten die einkommensteuerlichen Abzugsverbote auch im Bereich der Körperschaftsteuer, soweit dem keine körperschaftsteuerliche Sondervorschrift entgegensteht. Daher führen insbesondere die in § 4 Abs. 5 EStG genannten Fälle (Bewirtungsaufwendungen, betriebliche veranlasste Geschenke, Geldbußen, etc.) auch bei Kapitalgesellschaften zu nicht abzugsfähigen Betriebsausgaben. Dies gilt auch für die Gewerbesteuer, die nach § 4 Abs. 5b EStG keine Betriebsausgabe darstellt. Insofern bestehen zunächst keine Unterschiede gegenüber der einkommensteuerlichen Behandlung. Nicht auf Kapitalgesellschaften anwendbar sind allerdings Regelungen, die lediglich für natürliche Personen Bedeutung haben können (§ 4 Abs. 5 Nr. 5–6b EStG). Von besonderer Bedeutung ist auch die in § 4h EStG kodifizierte Begrenzung des Schuldzinsenabzugs auf 30 % des steuerlichen EBITDA (sog. Zinsschranke, siehe hierzu ausführlich unter E), die zwar grundsätzlich im EStG geregelt ist, aber aufgrund des zu einer erheblichen Verschärfung führenden § 8a KStG insbesondere für Kapitalgesellschaften Geltung erlangt.

2 Nichtabziehbare Aufwendungen nach § 10 KStG

Durch § 10 KStG wird der Kreis der Aufwendungen, die bei der Ermittlung des körperschaftsteuerlichen Einkommens nicht abzugsfähig sind, erweitert. Die Vorschrift ist nicht abschließend und ersetzt teilweise § 12 EStG, der insoweit nicht anwendbar ist. Dies gilt insbesondere für § 10 Nr. 2 und Nr. 3 KStG, die inhaltlich § 12 Nr. 3, 4 EStG entsprechen.

2.1 Aufwendungen zur Erfüllung von Satzungszwecken

Aufwendungen für die Erfüllung von Zwecken des Steuerpflichtigen, die durch Stiftungsgeschäft, Satzung oder sonstige Verfassung vorgeschrieben sind (Satzungspflichtaufwendungen), sind als Einkommensverwendung anzusehen und dürfen daher das zu versteuernde Einkommen nicht schmälern. Systematisch entspricht die Regelung dem Grundgedanken des § 12 Nr. 1, 2 EStG, der den Abzug privater

Grundgedanke entspricht § 12 Nr. 1, 2 EStG

Aufwendungen und freiwilliger Zuwendungen bei der Einkommensermittlung natürlicher Personen ausschließt.

Für KapGes keine Bedeutung

Die Vorschrift betrifft hauptsächlich Stiftungen und Vereine und hat für Kapitalgesellschaften kaum praktische Bedeutung. Ausdrücklich ausgenommen von dem Abzugsverbot wird der nach § 9 Abs. 1 Nr. 2 KStG abzugsfähige Teil der Spenden.

2.2 Steueraufwendungen

Nicht abgezogen werden dürfen gemäß § 10 Nr. 2 KStG:

- Steuern vom Einkommen (in- oder ausländische Körperschaftsteuer, Solidaritätszuschlag); hierzu gehört auch die Kapitalertragsteuer, wenn die Kapitalgesellschaft Gläubiger der Kapitalerträge ist;
- sonstige Personensteuern (z. B. Erbschaftsteuer, ausländische – bis 1996 auch inländische – Vermögensteuer);
- Umsatzsteuer auf Entnahmen; hierbei kann es sich letztlich nur um unentgeltliche Wertabgaben i. S. v. § 3 Abs. 1b Nr. 1 UStG handeln, die aber bei Kapitalgesellschaften mangels Bestehens einer Privatsphäre nicht denkbar sind (vgl. FROTSCHER in Frotscher/Maas, § 10 KStG Rz. 34a);
- Umsatzsteuer auf verdeckte Gewinnausschüttungen; hierbei handelt es sich um unentgeltliche Wertabgaben i. S. v. § 3 Abs. 1b Nr. 3, Abs. 9a Nr. 2 UStG;
- Vorsteuerbeträge auf nicht abzugsfähige Aufwendungen i. S. v. § 15 Abs. 1a UStG.

Entspricht § 12 Nr. 3 EStG

Die Vorschrift entspricht der einkommensteuerlichen Regelung des § 12 Nr. 3 EStG, ist aber insoweit von dieser zu unterscheiden, als insbesondere die Personensteuern bei natürlichen Personen weder den Charakter von Werbungskosten noch von Betriebsausgaben haben. Dagegen stellen bei Kapitalgesellschaften jedwede Steueraufwendungen wegen des Fehlens einer Privatsphäre auch Betriebsausgaben dar.

Gilt auch für Nebenleistungen, …

Ebenfalls nicht abzugsfähig sind zudem alle Nebenleistungen zu den nichtabziehbaren Steuern i. S. d. § 3 Abs. 4 AO, soweit sie zu den sog. »Ungehorsamsfolgen« zu zählen sind (vgl. FROTSCHER in Frotscher/Maas, § 10 KStG Rz. 40). Hierzu gehören:

- Säumniszuschläge gemäß § 240 AO;
- Verspätungszuschläge gemäß § 152 AO, es sei denn, sie entfallen auf die von der Kapitalgesellschaft einzubehaltende Kapitalertragsteuer, da diese für die ausschüttende Körperschaft keine Personensteuer ist; ein Verspätungszuschlag wegen verspäteter Abgabe der Kapitalertragsteueranmeldung ist daher abzugsfähig (BFH v. 22.01.1997 – I R 64/96, BStBl. II 1997, 548);
- Zwangsgelder gemäß § 329 AO;
- Nachzahlungs-, Stundungs-, Hinterziehungs- oder Aussetzungszinsen gemäß §§ 234 ff. AO;
- Kosten der Vollstreckung gemäß §§ 337 ff. AO.

… soweit keine Abzugsteuern

Diese Nebenleistungen sind nur insoweit nicht abzugsfähig, als sie im Zusammenhang mit nicht abzugsfähigen Steuern stehen. Ist die Steuer selbst eine abzugsfähige Betriebsausgabe, etwa im Fall der von einer Kapitalgesellschaft für ihre Arbeitnehmer einzubehaltenden Lohnsteuer, sind auch etwaige Nebenleistungen abzugsfähig.

Beratungs- und Prozesskosten fallen auch dann nicht unter das Abzugsverbot, wenn sie im Zusammenhang mit nichtabziehbaren Steuern stehen.

Beratungs-/Prozess-kosten

Werden Steuern i. S. d. § 10 Nr. 2 KStG erstattet, sind die Beträge zur Vermeidung einer doppelten Erfassung außerbilanziell zu kürzen. Das gilt grundsätzlich auch für die Erstattung steuerlicher Nebenleistungen. Anders als im Fall von Sollzinsen sind allerdings Erstattungszinsen voll steuerpflichtig (kritisch FROTSCHER in Frotscher/Maas, § 10 KStG Rz. 42a)

Erstattungen sind nicht steuerpflichtig

2.3 Geldstrafen

Um die Einheitlichkeit der Rechtsordnung zu wahren, wurde in § 10 Nr. 3 KStG das mit der Vorschrift des § 12 Nr. 4 EStG korrespondierende Verbot des Abzugs von Geldstrafen und ähnlichen Aufwendungen festgeschrieben. Geldbußen, Ordnungs- und Verwarnungsgelder werden dagegen bereits durch § 4 Abs. 5 Nr. 8 EStG als nicht abziehbar qualifiziert. Ohne die jeweiligen Abzugsverbote im EStG und KStG würde die mit einem Abzug der Aufwendungen einhergehende steuerliche Entlastung den Straf- bzw. Ordnungscharakter der jeweiligen Sanktion konterkarieren.

Entspricht § 12 Nr. 4 EStG

Da Geldstrafen nach deutschem Recht nur natürlichen Personen auferlegt werden können, beschränkt sich die Anwendung der Vorschrift im Ergebnis auf Geldstrafen, die von ausländischen Strafverfolgungsbehörden verhängt werden. Dabei erfasst § 10 Nr. 3 KStG, anders als es § 4 Abs. 5 Nr. 8 EStG für den Bereich der Geldbußen vorsieht, auch Geldstrafen, die von einem Staat außerhalb der EU verhängt werden, allerdings nur dann, wenn dieser Staat aus deutscher Sicht als Rechtsstaat anzusehen ist (vgl. BFH v. 31. 07. 1991 – VIII R 89/86, BStBl. II 1992, 85 für den Bereich des insoweit vergleichbaren § 12 Nr. 4 EStG). Verfahrenskosten in Zusammenhang mit einem Strafverfahren sind nach allgemeinen Grundsätzen abzugsfähig.

Eingeschränkte Relevanz

2.4 Hälfte der Aufsichtsratsvergütungen

Von der Kapitalgesellschaft gezahlte Vergütungen an Mitglieder von Aufsichts-, Verwaltungs- oder Beiräten stellen grundsätzlich Betriebsausgaben dar, sind jedoch aufgrund der Vorschrift des § 10 Nr. 4 KStG nur zur Hälfte bei der Ermittlung des zu versteuernden Einkommens abziehbar. Dies gilt unabhängig davon, ob die Bildung des Aufsichtsgremiums zwingend vorgeschrieben ist.

Grundsatz

Insbesondere in den Fällen, in denen ein die Geschäftsführung überwachendes Kontrollorgan zwingend vorgeschrieben ist (AG, KGaA, Genossenschaften), verstößt die Vorschrift in fundamentaler Weise gegen das objektive Nettoprinzip und ist aus systematischer Sicht kaum nachvollziehbar; sie wird daher in der Literatur zu Recht heftig kritisiert (vgl. GRAFFE in DPM, § 10 KStG Tz. 65 f.).

Systematisch verfehlt

Unter die Abzugsbeschränkung fallen die Aufwendungen zwar nur insoweit, als sie für die Überwachung der Geschäftsführung gezahlt werden; können diese jedoch nicht zweifelsfrei von anderen Vergütungen getrennt werden, gilt die Abzugsbeschränkung für den gesamten Betrag.

Ggf. Aufteilungs-verbot

Nicht unter die Abzugsbeschränkung fällt die Erstattung bloßer Reisespesen, soweit sie nachgewiesen werden oder die allgemeinen steuerlich zulässigen Pauschsätze nicht übersteigen.

Gilt nicht für Reise-spesen

3 Spendenabzug nach § 9 Abs. 1 Nr. 2 KStG

3.1 Grundlagen

Entspricht weitgehend § 10b EStG

Die körperschaftsteuerlichen Regelungen über den Spendenabzug in § 9 Abs. 1 Nr. 2 KStG entsprechen weitgehend denjenigen des Einkommensteuerrechts in § 10b EStG. Allerdings erfolgt die Berücksichtigung der Spenden, anders als bei natürlichen Personen, bereits im Rahmen der Einkunftsermittlung, da Kapitalgesellschaften über keine außerbetriebliche Sphäre verfügen.

Ggf. Verlusterhöhung

Gegenüber dem Einkommensteuerrecht besteht insofern ein weiterer Unterschied, als die nach § 9 Abs. 1 Nr. 2 KStG abziehbaren Spenden bei der Ermittlung des Einkommens gemäß § 9 Abs. 2 KStG vor dem Verlustabzug zu berücksichtigen sind. Dementsprechend erhöhen sie in Verlustjahren den abzugsfähigen Verlust.

Parteispenden nicht abziehbar

Zu beachten ist weiterhin, dass Spenden an politische Parteien sowie an unabhängige Wählergemeinschaften körperschaftsteuerlich nicht abzugsfähig sind, da andernfalls die Chancengleichheit der Bürger auf Teilhabe an der politischen Willensbildung verletzt würde.

Technik des Spendenabzugs

Verfahrenstechnisch erfolgt die Berücksichtigung in drei Schritten: Zunächst sind sämtliche Spenden im Rahmen der bilanziellen Gewinnermittlung sowohl handels- als auch steuerrechtlich erfolgswirksam, d.h. als Aufwendungen bzw. Betriebsausgaben zu erfassen. Da die Höhe des abzugsfähigen Teils der Spenden nach § 9 Abs. 2 KStG vom Einkommen vor Spendenabzug abhängt, ist es sodann im Zuge der Einkommensermittlung erforderlich, den gesamten Spendenbetrag außerbilanziell wieder hinzuzurechnen. Schließlich sind die als abzugsfähig qualifizierten Beträge vom Gesamtbetrag der Einkünfte, d.h. vor einem etwaigen Verlustabzug wieder abzuziehen.

3.2 Berücksichtigungsfähige Zuwendungen i.S.d. § 9 Abs. 1 Nr. 2 KStG

Begriff

Zuwendungen i.S.d. § 9 Abs. 1 Nr. 2 KStG liegen vor, wenn es sich um Spenden oder Mitgliedsbeiträge handelt,
- die beim Zuwendenden nicht als Betriebsausgaben und/oder verdeckte Gewinnausschüttungen zu qualifizieren sind,
- der Förderung steuerbegünstigter Zwecke i.S.d. §§ 52–54 AO dienen,
- der Empfänger nach § 5 Abs. 1 Nr. 9 KStG steuerbefreit ist oder es sich um eine inländische juristische Person des öffentlichen Rechts oder eine inländische öffentliche Dienststelle handelt und
- im Fall von Mitgliedsbeiträgen kein Fall des § 9 Abs. 1 Nr. 2 Satz 2 KStG vorliegt.

Sachspenden

Eine Zuwendung kann neben einer Geldleistung auch in der Übertragung eines Wirtschaftsguts liegen. In diesem Fall ist das übertragene Wirtschaftsgut zunächst unter Aufdeckung stiller Reserven mit dem Teilwert zu bewerten. In dieser Höhe liegt dann auch ggf. eine Spende vor. Alternativ kann das Wirtschaftsgut auch nach § 6 Abs. 1 Nr. 4 Satz 5 EStG mit dem Buchwert angesetzt werden.

Bloße Nutzungen oder Leistungen (Aufwandsspenden) sind dagegen keine Zuwendungen i. S. d. § 9 Abs. 1 Nr. 2 KStG; etwas anderes gilt aber, wenn ein Entgelt vereinbart war und der Leistende nachträglich auf dessen Begleichung verzichtet.

Aufwandsspenden

Zuwendungen, die den eigenen betrieblichen Zwecken der Kapitalgesellschaft dienen, sind keine Spenden i. S. v. § 9 Abs. 1 Nr. 2 KStG, sondern Betriebsausgaben. Für die Abgrenzung ist letztlich die Motivation des Zuwendenden entscheidend. Erbringt der Empfänger der Zuwendung keine Gegenleistung und weist seine Tätigkeit auch keinen sonstigen Bezug zu dem Gegenstand des Unternehmens des Zuwendenden auf, ist davon auszugehen, dass die Spendenmotivation des Zuwendenden im Vordergrund steht. Abgrenzungsprobleme ergeben sich insbesondere im Bereich von Sponsoringaufwendungen. Die Finanzverwaltung lässt hier einen Betriebsausgabenabzug zu, wenn der Zuwendende mit der Zuwendung eigenbetriebliche Ziele verfolgt, etwa zum Zwecke der Werbung oder Öffentlichkeitsarbeit durch Erhöhung seines unternehmerischen Ansehens, wobei es weder auf Notwendigkeit oder Zweckmäßigkeit noch auf die Gleichwertigkeit der Gegenleistung ankomme, wenn diese nicht in einem krassen Missverhältnis zur Zuwendung steht (vgl. BMF v. 18. 02. 1998, BStBl. I 1998, 212 Tz. 5).

Abgrenzung zu Betriebsausgaben

Spenden und Mitgliedsbeiträge sind zudem aufgrund der ausdrücklichen Formulierung in § 9 Abs. 1 Nr. 2 KStG von verdeckten Gewinnausschüttungen abzugrenzen. Im Bereich der Kapitalgesellschaften kann z. B. eine als Spende bezeichnete Zuwendung als vGA zu qualifizieren sein, wenn sie an einen Verein geleistet wird, in dem der mehrheitlich beteiligte Anteilseigner Mitglied ist, dieser ein persönliches Interesse an dem Verein hat und die Spende der Höhe nach außerhalb des bei der Gesellschaft Üblichen liegt (vgl. KRÄMER in DPM, § 9 KStG Tz. 106).

Abgrenzung zu vGA

Zuwendungsbegünstigt ist neben der Förderung mildtätiger (§ 53 AO) und kirchlicher Zwecke (§ 54 AO) insbesondere die Förderung jedweder gemeinnütziger Zwecke i. S. d. § 52 AO. Die in § 52 Abs. 2 AO enthaltene Aufzählung ist abschließend.

Zuwendungs- begünstigte Zwecke

Grundsätzlich müssen die zugewendeten Mittel vom Empfänger auch tatsächlich für die steuerbegünstigten Zwecke verausgabt werden. Zu beachten ist dabei, dass Zuwendungen nur dann der Förderung der jeweiligen begünstigten Zwecke dienen, wenn dem Zuwendungsempfänger nach seiner Satzung eine entsprechende Verwendung der Mittel auch erlaubt ist. Die Finanzverwaltung macht hierbei jedoch im Einzelfall Ausnahmen, insbesondere bzgl. der Förderung mildtätiger Zwecke in Katastrophenfällen, so etwa bei Zuwendungen zugunsten von Opfern des Tsunamis im Indischen Ozean (vgl. BMF v. 14. 01. 2005, BStBl. I 2005, 52), für die Opfer des Hurrikans »Katrina« in den USA (vgl. BMF v. 19. 09. 2005, BStBl. I 2005, 871) oder für Hochwasserschäden (vgl. BMF v. 21. 06. 2013, BStBl. I 2013, 769).

Tatsächliche Verwendung

3.3 Höchstbeträge für berücksichtigungsfähige Zuwendungen

§ 9 Abs. 1 Nr. 2 KStG begrenzt die abzugsfähigen Spenden auf 20 % des Einkommens vor Abzug der Spenden bzw. alternativ 4 ‰ der Summe der gesamten Umsätze und der im Kalenderjahr aufgewendeten Löhne und Gehälter. Welche Grenze genutzt wird, kann frei gewählt werden.

Der nach § 10b Abs. 1a EStG für natürliche Personen mögliche zusätzliche Abzugsbetrag für Zuwendung anlässlich der Neugründung einer Stiftung sowie für Zustiftungen gilt mangels einer entsprechenden Vorschrift in § 9 KStG nicht für Kapitalgesellschaften.

Keine Sonder- regelungen für Zuwendungen an Stiftungen

Zuwendungsvortrag

Zuwendungen, die über den abzugsfähigen Betrag hinausgehen, können in die folgenden Veranlagungszeiträume vorgetragen werden; die vortragsfähigen Zuwendungen sind gesondert festzustellen.

V Gewinnanteile der persönlich haftenden Gesellschafter einer KGaA

Grundsatz

Nach § 9 Abs. 1 Nr. 1 KStG ist bei der Einkommensermittlung einer Kommanditgesellschaft auf Aktien (KGaA) der auf den persönlich haftenden Gesellschafter entfallende Teil des Gewinns der Gesellschaft zu kürzen.

Mischrechtsform

Die KGaA ist eine Kapitalgesellschaft (§ 278 Abs. 1 AktG) und folgerichtig gemäß § 1 Abs. 1 Nr. 1 KStG grundsätzlich KSt-pflichtig. Ihrer Struktur nach ist die KGaA jedoch eine Mischform aus Kommandit- und Aktiengesellschaft, die sich zusammensetzt aus mindestens einem persönlich unbeschränkt haftenden Gesellschafter sowie weiteren Gesellschaftern, die nicht persönlich haften und via Aktien an dem Unternehmen beteiligt sind (Kommanditaktionäre).

Aufteilung des Einkommens

Die steuerliche Behandlung trägt dieser Doppelnatur insofern Rechnung, als das Einkommen der KGaA in zwei Teile aufgespalten wird, von denen der eine Teil bei der KGaA selbst der Körperschaftsteuer unterworfen wird, während der andere Teil unmittelbar dem persönlich haftenden Gesellschafter zugerechnet und bei diesem direkt, d.h. ohne vorherige Besteuerung auf der Ebene der KGaA, mit Einkommen- oder Körperschaftsteuer belastet wird.

Persönlich haftender Ges'ter ist Mitunternehmer

Der persönlich haftende Gesellschafter gilt, entsprechend einem Komplementär einer Kommanditgesellschaft, als Mitunternehmer des Betriebs der KGaA und versteuert seinen Gewinnanteil zzgl. eventueller Sondervergütungen gemäß § 15 Abs. 1 Nr. 3 EStG als Einkünfte aus Gewerbebetrieb. Dabei kann das Teileinkünfteverfahren wegen der fehlenden körperschaftsteuerlichen Vorbelastung naturgemäß nicht zur Anwendung kommen.

Ansonsten wie bei regulärer KapGes

Dagegen wird der auf das Kommanditkapital entfallende Teil des Einkommens zunächst bei der KGaA der KSt-Besteuerung unterworfen, und im Falle der Ausschüttung an die Kommanditaktionäre erfolgt auf deren Ebene eine erneute Erfassung im Rahmen der Abgeltungsteuer bzw. unter Berücksichtigung des Teileinkünfteverfahrens.

Abzug nach § 9 Abs. 1 Nr. 1 KStG

Aus dieser Systematik ergibt sich, dass der auf den persönlich haftenden Gesellschafter entfallende Anteil des steuerlichen Ergebnisses der KGaA aus deren Gewinn herausgerechnet werden muss, um eine Belastung mit Körperschaftsteuer zu vermeiden. Diese Abzugsmöglichkeit schafft § 9 Abs. 1 Nr. 1 KStG. Der abzuziehende Betrag beinhaltet die Beträge, die dem persönlich haftenden Gesellschafter aufgrund einer nicht in das Grundkapital geleisteten Einlage oder als Vergütung für die Geschäftsführung zustehen.

Vorrang vor § 4 Abs. 4 EStG

Vergütungen für die Geschäftsführung stellen an sich auf der Ebene der KGaA ohnehin Betriebsausgaben dar, so dass es der Regelung des § 9 Abs. 1 Nr. 1 KStG hierfür eigentlich nicht zwingend bedarf. Wegen des ausdrücklichen Einbezugs in den Wortlaut der Regelung ist allerdings umstritten, ob diese Aufwendungen (z. B. Festgehälter, Tantiemen, Pensionsanwartschaften) den Gewinn der KGaA bereits nach § 4 Abs. 4 EStG oder erst nach § 9 Abs. 1 Nr. 1 KStG mindern (vgl. hierzu KRÄMER in DPM, § 9 KStG Tz. 43 ff. m. w. N.).

Erzielt die KGaA einen Verlust, ist dieser steuerrechtlich um den Teil zu mindern, der auf den persönlich haftenden Gesellschafter entfällt, da dieser den ihm zugerechneten Verlustanteil unmittelbar als gewerbliche Einkünfte geltend macht.

Gilt auch für Verlustanteile

Aus Sicht des persönlich haftenden Gesellschafters gehören zu den im Rahmen des § 15 Abs. 1 Nr. 3 EStG zu erfassenden Einkünften neben dem Gewinnanteil und den Vergütungen für die Geschäftsführung auch diejenigen Vergütungen, die er für sonstige Tätigkeiten im Dienst der Gesellschaft, die Hingabe von Darlehen und die Überlassung von Wirtschaftsgütern bezogen hat. Auf der Ebene der KGaA mindern diese Beträge als Betriebsausgaben gemäß § 4 Abs. 4 EStG den Gewinn, so dass es insoweit keiner gesonderten Vorschrift über deren Abzug bedarf.

Behandlung anderer Sondervergütungen

VI Steuerfreistellung von Beteiligungserträgen

Bezieht eine Kapitalgesellschaft Einkünfte i. S. v. § 20 Abs. 1 Nr. 1 EStG (Dividendeneinkünfte), sind diese gemäß § 8b Abs. 1 KStG steuerfrei zu stellen. Dies hat seine Ursache darin, dass auf der Ebene der ausschüttenden Gesellschaft bereits eine Belastung mit Körperschaftsteuer erfolgte; ohne die Steuerfreistellung käme es also zu einer doppelten körperschaftsteuerlichen Erfassung desselben Gewinns. Zu beachten ist aber, dass nach dem 28.02.2013 zufließende Dividenden nicht mehr steuerbefreit werden, soweit die Kapitalgesellschaft an der ausschüttenden Gesellschaft einen Anteil von weniger als 10 % besitzt. In diesem Fall kommt es also zu einer grundsätzlich systemwidrigen Mehrfacherfassung (vgl. hierzu F 1.5.5).

Vermeidung einer Doppelbelastung

Steuerfrei sind gemäß § 8b Abs. 2 KStG auch Gewinne aus der Veräußerung von Anteilen an Kapitalgesellschaften. Hiermit soll die Realisierung nicht ausgeschütteter Gewinne durch Veräußerung des Anteils der Gewinnausschüttung in der steuerlichen Behandlung gleichgestellt werden.

Gilt auch für Veräußerungs-...

Die Vorschriften finden gemäß § 4 Abs. 7 UmwStG zudem Anwendung im Fall von Übernahmegewinnen bei Umwandlungen nach §§ 3 ff. UmwStG.

... und Übernahmegewinne

Die im Fall steuerfreier Einkünfte regelmäßig zur Anwendung kommende Vorschrift des § 3c EStG, nach der die Steuerfreiheit von Erträgen einhergeht mit der Nichtabziehbarkeit von mit diesen Erträgen im Zusammenhang stehenden Aufwendungen, wird in den Fällen des § 8b KStG durch eine Pauschalierung der nichtabziehbaren Aufwendungen ersetzt. Nach § 8b Abs. 3 bzw. 5 KStG sind 5 % der steuerfreigestellten Dividenden bzw. des steuerfreien Veräußerungsgewinns als nicht abzugsfähige Betriebsausgaben zu behandeln. Zur Steuerfreiheit von Beteiligungserträgen vgl. ausführlich unter F.

Pauschalierung nicht abzugsfähiger BA

VII Sonstige steuerfreie Erträge

Über die Steuerfreistellung von Beteiligungserträgen hinaus existiert eine Reihe von Vorschriften, die zu einer Steuerfreistellung von Erträgen einer Kapitalgesellschaft führen können. Hierbei ist insbesondere zu denken an:

- Einkommensteuerliche Befreiungsvorschriften nach § 3 EStG, soweit sie im Bereich des KStG anwendbar sind (vgl. hierzu R 32 KStR);
- die Steuerfreistellung von Investitionszulagen gemäß § 13 InvZulG 2010;
- die Freistellung ausländischer Einkommensteile aufgrund von DBA; insoweit sei auf die Literatur zum DBA-Recht verwiesen.

Da die steuerfrei zu stellenden Erträge zunächst im steuerbilanziellen Ergebnis enthalten sind, müssen sie bei der Ermittlung des zu versteuernden Einkommens außerbilanziell abgezogen werden.

VIII Weitere Korrekturen

Im Einzelfall kann zur Ermittlung des Einkommens einer Kapitalgesellschaft eine Reihe weiterer Korrekturen notwendig werden, auf deren explizite Behandlung hier verzichtet wird. Im Folgenden seien lediglich einige wichtige Fälle ohne Anspruch auf Vollständigkeit angesprochen:

- Berichtigungen nach dem AStG; diese umfassen sowohl Gewinnkorrekturen nach § 1 AStG als auch Fälle der Hinzurechnungsbesteuerung des § 10 AStG;
- Nichtberücksichtigung von Betriebstättenverlusten aus Drittstaaten nach § 2a EStG;
- Beschränkung der Berücksichtigung von Anteilen am Verlust von Personengesellschaften (§§ 15 Abs. 1 Satz 4, 15a, 15b EStG);
- Korrekturen bei Bestehen einer Organschaft (vgl. hierzu Abschnitt H);
- Berücksichtigung eines Verlustabzugs nach § 10d EStG; ggf. unter Beachtung der Auswirkungen des § 8c KStG.

IX Für die Besteuerung relevante Zeiträume

Veranlagungszeitraum = Kalenderjahr

Die KSt ist nach dem Grundsatz der Abschnittsbesteuerung für einen begrenzten Zeitraum zu entrichten. Gemäß § 7 Abs. 3 KStG ist sie eine Jahressteuer; der Veranlagungszeitraum entspricht dem Kalenderjahr. Die KSt wird nach Ablauf des Kalenderjahres nach dem Einkommen veranlagt, das der Steuerpflichtige in diesem Veranlagungszeitraum bezogen hat (§ 31 KStG, § 25 Abs. 1 EStG).

Ermittlungszeitraum = Wirtschaftsjahr

Vom Begriff des Veranlagungszeitraums ist der Ermittlungszeitraum zu unterscheiden, d. h. derjenige Zeitraum, für den die Kapitalgesellschaft ihren Gewinn bzw. ihr Einkommen ermittelt. Bei nicht nach dem HGB zur Buchführung verpflichteten KSt-Subjekten entspricht der Ermittlungszeitraum des jeweiligen zu versteuernden Einkommens dem Kalenderjahr. Bei den nach dem HGB zur Buchführung verpflichteten Kapitalgesellschaften inländischen Rechts ist der Ermitt-

lungszeitraum dagegen das Wirtschaftsjahr, das nicht mit dem Kalenderjahr übereinstimmen muss (§ 7 Abs. 4 KStG). Bei einem vom Kalenderjahr abweichenden
Wirtschaftsjahr gilt der Gewinn als in dem Kalenderjahr bezogen, in dem das Wirtschaftsjahr endet.

BEISPIEL 12

Das Wirtschaftsjahr der X-GmbH umfasst den Zeitraum vom 1. Februar bis zum 31. Januar.
Der Gewinn der X-GmbH des Wirtschaftsjahres 01.02.2014 bis 31.01.2015 gilt somit als im
Veranlagungszeitraum 2015 bezogen. Eine zeitanteilige Aufteilung erfolgt nicht. Veranla-
gungszeitraum ist das Kalenderjahr 2015. ◀|

Das Wirtschaftsjahr umfasst zwingend zwölf Monate. Lediglich im Fall der Eröff-
nung, des Erwerbs, der Aufgabe oder der Veräußerung eines Betriebs oder im Fall
der Umstellung des Wirtschaftsjahrs kommt ein Rumpfwirtschaftsjahr in Betracht.
Bei Gründung kann das Wirtschaftsjahr frei gewählt werden. Die spätere Umstellung von einem abweichenden auf ein kalenderjahrgleiches Wirtschaftsjahr ist jederzeit möglich. Eine Umstellung auf ein vom Kalenderjahr abweichendes Wirtschaftsjahr ist dagegen nur mit Zustimmung des Finanzamts möglich, die allerdings im
Fall gewichtiger wirtschaftlicher, nicht bloß steuerplanerischer Gründe nicht ver-
weigert werden kann. In jedem Fall bedarf eine Umstellung des Wirtschaftsjahres zu
ihrer zivilrechtlichen Wirksamkeit zudem einer Änderung der Satzung sowie der
Eintragung im Handelsregister.

**WJ umfasst i.d.R.
zwölf Monate**

D Verdeckte Gewinnausschüttungen und verdeckte Einlagen

I Verdeckte Gewinnausschüttungen (vGA)

Nach dem sog. Trennungsprinzip stehen sich Kapitalgesellschaft und Anteilseigner wie fremde Dritte gegenüber und die zwischen ihnen geschlossenen Verträge werden auch steuerrechtlich grundsätzlich anerkannt (vgl. HEY in Tipke/Lang, Steuerrecht, 21. Auflage, 2013, § 11 Rz. 1). Dies gilt allerdings nur insoweit, als die zwischen der Kapitalgesellschaft und ihren Anteilseignern vereinbarten Leistungsbeziehungen, wie beispielsweise ein Anstellungsvertrag oder ein Veräußerungsgeschäft, angemessen und folglich als betrieblich veranlasst zu qualifizieren sind. Soweit es sich jedoch um unangemessene Leistungsbeziehungen handelt, ist von einer gesellschaftsrechtlichen Veranlassung auszugehen, da die Gesellschaft mit einem fremden Dritten einen derartigen Vertrag eben gerade nicht abgeschlossen hätte.

Trennungsprinzip

Bei gesellschaftsrechtlich veranlassten Zuwendungen an den Gesellschafter kann es sich entweder um Kapitalrückzahlungen oder um Gewinnausschüttungen handeln. Letztere können dabei offen, also auf einem entsprechenden Gewinnverwendungsbeschluss beruhend, oder auch als verdeckte Gewinnausschüttung (vGA), mithin ohne Gewinnverwendungsbeschluss, erfolgen. Sowohl die offene als auch die verdeckte Gewinnausschüttung betreffen die Stufe der Einkommensverwendung, nicht aber die Stufe der Einkommenserzielung und mindern daher das Einkommen der Gesellschaft nicht (§ 8 Abs. 3 Satz 1 und 2 KStG).

Gewinnverwendung ≠ Gewinnerzielung

Steuersystematisch dient das Rechtsinstitut der vGA mithin der Verwirklichung des Trennungsprinzips, indem es gesellschaftsrechtlich veranlasste Einkommensverschiebungen zwischen Gesellschaft und Gesellschafter nicht zulässt und damit unter Beachtung des Leistungsfähigkeitsprinzips der Ermittlung des »richtigen« Einkommens der Kapitalgesellschaft dient (vgl. GOSCH, 2009, § 8 KStG Rz. 158; FROTSCHER in Frotscher/Maas, KStG, Anh. zu § 8 Rz. 7). Auf der Besteuerungsebene des Gesellschafters wird zudem eine zutreffende steuerliche Einordnung des betreffenden Sachverhalts bewirkt. Anders als im Handelsrecht steht dabei steuerrechtlich nicht die Frage der Zulässigkeit von Vermögenstransfers zwischen der Kapitalgesellschaft und ihrem Gesellschafter im Vordergrund, sondern deren Veranlassung.

VGA dient der Ermittlung des »richtigen« Einkommens

1 Überblick

Im Gesetz findet sich keine Legaldefinition der vGA. Nach ständiger Rechtsprechung des BFH (vgl. etwa BFH v. 08.10.2008 – I R 61/07, BFH/NV 2009, 504; v. 14.03.2006 – I R 38/05, BFH/NV 2006, 1515) und Auffassung der Finanzverwaltung (vgl. R 36 Abs. 1 KStR) ist eine verdeckte Gewinnausschüttung gegeben, wenn

Definition der vGA

1. eine Vermögensminderung oder verhinderte Vermögensmehrung vorliegt,
2. die durch das Gesellschaftsverhältnis veranlasst ist,

3. sich auf die Höhe des Unterschiedsbetrags i. S. d. § 4 Abs. 1 Satz 1 EStG auswirkt und

4. nicht auf einem den gesellschaftsrechtlichen Vorschriften entsprechenden Ge-
winnverteilungsbeschluss beruht.

Unter den Begriff der verdeckten Gewinnausschüttung fallen damit Vorgänge, die zu
einer Minderung des (steuer)bilanziellen Gewinns der Kapitalgesellschaft führen
und bei denen der Umfang dieser Gewinnminderung aus im Gesellschaftsverhältnis
liegenden Gründen über das hinausgeht, was bei Leistungsbeziehungen mit Nicht-
Gesellschaftern akzeptiert würde. Charakterisierend für die vGA ist eine zivilrechtlich wirksame, wirtschaftlich aber zu Lasten der Kapitalgesellschaft unausgewogene
Leistungsbeziehung zwischen der Gesellschaft und ihrem Gesellschafter, wobei die
Unausgewogenheit regelmäßig in der Differenz zwischen dem tatsächlich vereinbarten und dem alternativ erzielbaren, fremdüblichen Entgelt liegt. H 36 »Einzel-
fälle« KStH nennt (nicht abschließend) Beispiele hierfür.

Vorteilsgeneigtheit Keine vGA liegt vor, soweit der betreffende Sachverhalt seinem Charakter nach
nicht geeignet ist, auf der Ebene des Anteilseigners Einkünfte aus Kapitalvermögen
in der Form sonstiger Bezüge zu bewirken, so etwa bei einer fälschlicherweise
überhöht eingebuchten Pensionsrückstellung oder bzgl. der Kosten der Refinanzie-
rung einer vGA (vgl. LANG in DPM, § 8 Abs. 3 KStG Teil C Tz. 153 ff.).

Rechtsfolgen Rechtsfolge der Qualifikation eines Sachverhalts als vGA ist primär die außerbilanzielle Hinzurechnung zum Gewinn der Kapitalgesellschaft, wodurch sich die
körperschaft- und gewerbesteuerlichen Bemessungsgrundlagen erhöhen. Die vGA
stellt aber darüber hinaus im Zeitpunkt des Abflusses eine Leistung der Gesellschaft
i. S. d. § 27 KStG dar (siehe hierzu unter J III 2.2.2.1), und auf der Ebene des Gesellschafters entstehen bei Zufluss des Vorteils der Abgeltungsteuer unterliegende bzw.
nach dem Teileinkünfteverfahren zu besteuernde Einkünfte i. S. v. § 20 Abs. 1 Nr. 1
Satz 2 EStG. Diese drei Ebenen sind hinsichtlich ihrer Voraussetzungen unabhängig
voneinander zu prüfen und bedingen sich nicht zwangsläufig gegenseitig.

BEISPIEL 13 ▬▬▬▬▬▬▬▬▬▬▬▬▬▬▬▬▬▬▬▬▬▬▬▬▬▬▬▬▬▬▬▬▬▬

Gesellschafter X ist Geschäftsführer der X-GmbH und erhält hierfür ein Jahresgehalt von
250.000 €. Anlässlich einer Betriebsprüfung stellt sich heraus, dass lediglich ein Betrag von
200.000 € angemessen ist.

LÖSUNG Es liegt eine verdeckte Gewinnausschüttung i. H. v. 50.000 € vor, da insoweit eine
gesellschaftsrechtlich veranlasste Vermögensminderung der X-GmbH besteht, die sich gewinnmindernd ausgewirkt hat und auf keinem Gewinnverwendungsbeschluss beruht.
Rechtsfolgenseitig ist der als vGA qualifizierte Betrag zum bisherigen, zu niedrigen steuerlichen Ergebnis der X-GmbH hinzuzurechnen. Beim Gesellschafter liegen i. H. v. nur
200.000 € Einnahmen i. S. v. § 19 EStG und i. H. v. 50.000 € Einnahmen i. S. v. § 20 Abs. 1
Nr. 1 Satz 2 EStG vor. ◀

Beherrschende
Gesellschafter Besonderheiten ergeben sich bei beherrschenden Gesellschaftern: Zusätzlich zur
Angemessenheit der Vereinbarungen ist bei diesen zu prüfen, ob von vornherein
klare und eindeutige Vereinbarungen vorlagen. Ist dies nicht der Fall, werden ggf.
auch angemessene Vergütungen als vGA qualifiziert (siehe hierzu unter D I 2.3.3).

Nahe stehende
Person Des Weiteren ist zu beachten, dass nicht nur eine Vorteilsgewährung an den
Gesellschafter selbst, sondern auch eine solche an eine dem Gesellschafter nahe
stehende Person bei Vorliegen der übrigen Voraussetzungen den Tatbestand der
vGA gegenüber dem Gesellschafter erfüllt (vgl. D I 2.3.2).

2 Tatbestandsvoraussetzungen der verdeckten Gewinnausschüttung

2.1 Vermögensminderung oder verhinderte Vermögensmehrung

Kennzeichnend für eine vGA ist die Hinnahme eines Vermögensnachteils auf der Ebene der Kapitalgesellschaft, die entweder als Vermögensminderung oder als verhinderte Vermögensmehrung auftreten kann.

Eine als vGA zu qualifizierende Vermögensminderung setzt eine das bilanzielle Ergebnis mindernde buchhalterische Erfassung voraus. Neben laufenden Betriebsausgaben (z. B. überhöhten Gehaltszahlungen an Gesellschafter-Geschäftsführer) kommen hierbei auch erfolgswirksame Zuführungen zu Passivposten (z. B. Pensionsrückstellungen), Wegfall von Aktivposten (z. B. durch Verzicht der Gesellschaft auf Darlehensforderungen gegenüber einem Gesellschafter) oder Aufwand aufgrund überhöhter Kaufpreiszahlungen an Gesellschafter in Frage. Auch der Verzicht auf einen bestehenden Anspruch der Gesellschaft gegenüber einem Dritten zugunsten des Gesellschafters kann eine Vermögensminderung darstellen (vgl. z. B. BFH v. 11.01.2011 – I B 87/10, BFH/NV 2011, 836 zur unterbliebenen Einziehung einer Forderung gegenüber einem dem Gesellschafter nahe stehenden Unternehmen).

Vermögensminderung

Eine Vermögensminderung liegt auch dann vor, wenn die vGA, wie häufig gesellschaftsvertraglich vereinbart, vom Gesellschafter zurückgewährt wird bzw. werden muss, denn die vGA kann dadurch nicht mit steuerlicher Wirkung rückgängig gemacht werden. In der Rückgewähr liegt aus steuerrechtlicher Sicht vielmehr eine (ggf. verdeckte) Einlage des Gesellschafters, die sich auf die Höhe des Einkommens nicht auswirkt. Dies gilt unabhängig davon, ob der Rückgewähranspruch auf einer Satzungsklausel, einem zivilrechtlichen Schadensersatzanspruch oder aufgrund einer Verletzung der gesellschaftsrechtlichen Treuepflicht beruht (vgl. BFH v. 14.07.2009 – VIII R 10/07, BFH/NV 2009, 1815). Auch eine sich aus der vGA ergebende Minderung anderer Ansprüche des Gesellschafters gegenüber der Kapitalgesellschaft mindert die vGA nicht. Daher verringert sich der Betrag der vGA z. B. nicht, wenn aufgrund des zur vGA führenden Aufwands der Tantiemeanspruch des Gesellschafters sinkt (vgl. BFH v. 10.03.1993 – I R 51/92, BStBl. II 1993, 635). Etwas anderes kann nur dann ausnahmsweise gelten, wenn sich der Vermögensnachteil infolge anderer, ebenfalls unausgewogener Rechtsgeschäfte wirtschaftlich ausgleicht. Nach der BFH-Rechtsprechung liegt ein solcher Ausnahmefall allerdings nur vor, wenn die betroffenen Rechtsgeschäfte so eng zusammenhängen, dass sie wirtschaftlich als ein Geschäft anzusehen sind (vgl. BFH v. 08.06.1977 – I R 95/75, BStBl. II 1977, 704) und die jeweilige Vorteilszuwendung auf schuldrechtlicher Basis erfolgt (vgl. BFH v. 27.07.2010 – I B 61/10, BFH/NV 2010, 2119). Bei einem beherrschenden Gesellschafter bedarf es zur Anerkennung eines solchen Vorteilsausgleichs zudem einer im Voraus getroffenen klaren und eindeutigen Vereinbarung (vgl. BFH v. 07.12.1988 – I R 25/82, BStBl. II 1989, 248; v. 08.11.1989 – I R 16/86, BStBl. II 1990, 244; v. 21.08.2007 – I R 27/07, HFR 2008, 367).

Rückgewährverpflichtung i. d. R. unbeachtlich

BEISPIEL 14

Die X-GmbH zahlt an ihren Gesellschafter X in 2012 ein Jahresgehalt, welches unstrittig um 70.000 € zu hoch ist und vom Finanzamt im Rahmen einer Betriebsprüfung in 2014 als vGA i. S. v. § 8 Abs. 3 Satz 2 KStG sowie Leistung i. S. v. § 27 Abs. 1 Satz 3 KStG qualifiziert wird.

Aufgrund einer Satzungsklausel ist X zur Rückzahlung des Vorteils an die X-GmbH verpflichtet. Ein entsprechender Anspruch wird in der insoweit berichtigten Steuerbilanz zum 31.12.2012 ausgewiesen. X begleicht den Anspruch im Laufe des Jahres 2014.

LÖSUNG Trotz der Rückgewährverpflichtung bleibt es in 2012 bei der Behandlung als vGA sowie Leistung i.S.d. § 27 KStG. VGA und Rückgewähranspruch sind unterschiedliche Geschäftsvorfälle und daher getrennt voneinander zu erfassen. Es ergeben sich folgende Buchungen:

Gehaltsaufwand   70.000 €   an Bank   70.000 €
Rückgewähranspruch 70.000 €   an Ertrag   70.000 €

Der Gehaltsaufwand ist dem Einkommen der X-GmbH als vGA hinzuzurechnen. Der Rückgewähranspruch ist nach der Gehaltszahlung entstanden, aber bereits zum 31.12.2012 zu aktivieren, stellt eine gesellschaftsvertraglich veranlasste Einlage dar und erhöht das Einkommen nicht. Der Zugang zum steuerlichen Einlagekonto erfolgt jedoch erst im Jahr des tatsächlichen Zuflusses, also in 2014. ◄|

Abfluss nicht entscheidend

Für die Annahme einer vGA auf der Ebene der Kapitalgesellschaft ist weder das Vorhandensein (oder gar der Zufluss) eines Vermögensvorteils beim Gesellschafter noch ein tatsächlicher Abfluss von Mitteln bei der Gesellschaft notwendig. Diese können später, ggf. auch nie eintreten (so etwa bei überhöhten Pensionszusagen, wenn der Pensionsberechtigte vor Beginn der Pensionszahlungen verstirbt).

Verhinderte Vermögensmehrung

Eine verhinderte Vermögensmehrung liegt vor, wenn die Gesellschaft für eine von ihr erbrachte Leistung kein angemessenes Entgelt erhält, so etwa bei Veräußerung eines Wirtschaftsguts durch die Gesellschaft an den Gesellschafter zu einem zu niedrigen Preis.

Der Gesellschaft zuzurechnende Handlung

Grundsätzlich muss die Vermögensminderung oder verhinderte Vermögensmehrung auf einer der Kapitalgesellschaft zuzurechnenden Handlung beruhen (vgl. FROTSCHER in Frotscher/Maas, Anh. zu § 8, Rz. 74 ff.). Als solche kommen Rechtshandlungen (Willenserklärungen, Vertragsschlüsse) oder sonstige tatsächliche Handlungen in Betracht, die von den Organen der Gesellschaft oder zumindest mit deren Billigung bewirkt werden. Bei einer GmbH kann auch ein beherrschender, nicht geschäftsführender Gesellschafter aufgrund seiner Weisungsbefugnis gegenüber dem Geschäftsführer eine entsprechende der Gesellschaft zuzurechnende Handlung vollziehen. Nicht erforderlich für das Vorliegen einer vGA ist dagegen, dass die handelnden Personen sich über die Qualifikation des Sachverhalts als vGA im Klaren waren (vgl. BFH v. 29.04.2008 – I R 67/06, BStBl. II 2011, 55). Im Einzelfall ist die Gewährung des Vorteils nicht der Kapitalgesellschaft zuzurechnen, etwa bei Handlungen eines nicht beherrschenden Gesellschafters, die vom Geschäftsführer oder den anderen Gesellschaftern nicht gebilligt wird (vgl. BFH v. 25.05.2004 – VIII R 4/01, BFH/NV 2005, 105). In diesem Fall kann aber in dem Verzicht auf die Geltendmachung eines Rückforderungsanspruchs eine vGA gesehen werden (vgl. LANG in DPM, § 8 Abs. 3 KStG Teil C Tz. 27).

2.2 Auswirkung auf das bilanzielle Ergebnis

VGA nur bei Minderung des bilanziellen Ergebnisses

Eine vGA liegt nur vor, wenn sich die Vermögensminderung oder verhinderte Vermögensmehrung auf das bilanzielle Ergebnis i.S.d. § 4 Abs. 1 Satz 1 EStG ausgewirkt hat. Gewährt z.B. eine Kapitalgesellschaft ihrem Gesellschafter aus im Gesellschaftsverhältnis liegenden Gründen ein ungesichertes Darlehen, liegt eine vGA erst vor, wenn sie die Darlehensforderung als nicht werthaltig abschreiben bzw. ausbuchen muss. Kann die bilanzielle Berücksichtigung einer Wertminderung aus verfahrensrechtlichen Gründen erst in einem späteren Wirtschaftsjahr nachgeholt werden, so liegt auch erst in diesem Jahr die vGA auf der Ebene der Kapitalgesellschaft vor (vgl. BFH v. 08.10.2008 – I R 61/07, BStBl. II 2011, 62).

Zu beachten ist, dass sich bei der Ermittlung des bilanziellen Ergebnisses die Prüfung der betrieblichen Veranlassung der Aufwendungen bzw. geminderten Erträge erübrigt, da Kapitalgesellschaften nach Auffassung des BFH keine Privatsphäre haben (vgl. BFH v. 17.11.2004 – I R 56/03, BFH/NV 2005, 793; von dem Sonderfall gemeinnütziger Körperschaften sei hier abgesehen). Auch nicht im Interesse des Betriebs der Gesellschaft liegende Aufwendungen können daher nicht als Entnahmen qualifiziert werden und führen infolgedessen zu einer Minderung des Unterschiedsbetrags nach § 4 Abs. 1 Satz 1 EStG. Dies gilt selbst dann, wenn die Tätigkeit der Kapitalgesellschaft eigentlich mangels Gewinnerzielungsabsicht als Liebhaberei einzustufen wäre (vgl. BFH v. 08.07.1998 – I R 123/97, BFH/NV 1999, 269). In diesen Fällen kann daher eine Minderung der ertragsteuerlichen Bemessungsgrundlagen nur durch die Qualifikation derartiger Betriebsausgaben bzw. Ertragsminderungen als vGA verhindert werden. Betriebsausgabenabzug auf der Ebene der Gewinnermittlung und vGA auf der Ebene der Einkommensermittlung schließen sich also nicht aus, im Gegenteil: Ohne vorherigen Abzug als Betriebsausgabe würde sich die Notwendigkeit erübrigen, anschließend aufgrund der gesellschaftsrechtlichen Veranlassung die Vermögensminderung als vGA zu qualifizieren. Diese Vorgehensweise wird auch als zweistufige Gewinnermittlung bezeichnet (vgl. LANG in DPM, § 8 Abs. 3 KStG Teil C Tz. 9).

> **Verhältnis zwischen vGA und Betriebsausgabe**

Eine vGA setzt nicht voraus, dass sich durch die Aufwendungen bzw. geminderten Erträge auch eine Verminderung des zu versteuernden Einkommens ergeben hat. Veräußert z. B. eine Kapitalgesellschaft an ihren Gesellschafter Aktien zu einem Preis unter dem Kurswert (z. B. zum Buchwert), führt dies zwar wegen der grundsätzlich gegebenen Steuerfreiheit des Veräußerungsgewinns nach § 8b Abs. 2 KStG (abgesehen von den pauschal hinzuzurechnenden 5 % nach § 8b Abs. 3 KStG) zu keiner Einkommensänderung; dennoch liegt auch in diesem Fall eine vGA vor, die dann allerdings auf der Ebene der Kapitalgesellschaft regelmäßig steuerfrei ist (vgl. BMF v. 28.04.2003, BStBl. I 2003, 292, Tz. 21; GOSCH, 2009, § 8b KStG Rz. 189; siehe hierzu auch F II 2.4).

> **Verminderung des z.v.E. nicht notwendig**

Wird die handels- und steuerrechtlich zulässige Bilanzierung eines Passivpostens als vGA qualifiziert, ist der zur Bildung des Passivpostens führende Aufwand außerbilanziell hinzuzurechnen. Tritt die bilanzierte Vermögensminderung in der Folge dann tatsächlich nicht ein, besteht die Gefahr einer doppelten steuerlichen Erfassung, zum einen über die Hinzurechnung als vGA, zum anderen über die erfolgswirksame Ausbuchung des Passivpostens. Dieser Ertrag ist nunmehr außerbilanziell zu kürzen, um eine Doppelerfassung der vGA zu vermeiden. Hierzu ist es ggf. erforderlich in einer Nebenrechnung festzuhalten, in welchem Umfang die Bildung des Passivpostens auf einer vGA beruhte (sog. Teilbetrag I) und inwieweit bereits eine außerbilanzielle Hinzurechnung als vGA erfolgte (sog. Teilbetrag II). Bis zur Höhe des Teilbetrags II ist ein Ertrag aus der Auflösung des Passivpostens außerbilanziell zu kürzen (vgl. BMF v. 28.05.2002, BStBl. I 2002, 603; siehe zur Teilbetragsberechnung auch ausführlich GOSCH, 2009, § 8 KStG Rz. 405).

> **Teilbeträge I und II bei Passivposten**

BEISPIEL 15

Die X-GmbH passiviert in 01 aufgrund einer Pensionszusage an ihren Alleingesellschafter X erstmals eine Pensionsrückstellung i. H. v. 20.000 €. Die Rückstellung ist handels- und steuerrechtlich in zutreffender Höhe bewertet, wird jedoch im Rahmen einer Betriebsprüfung im Umfang von 10.000 € als vGA qualifiziert. Aus verfahrensrechtlichen Gründen sei eine Erhöhung des Einkommens der X-GmbH für das Jahr 01 nicht mehr möglich. In 02 verstirbt X bei einem Verkehrsunfall.

In 01 war bezüglich der Pensionsrückstellung ein Teilbetrag I von 10.000 € und ein Teilbetrag II von 0 € festzuhalten. Die durch den Wegfall der Pensionsverpflichtung notwendig gewordene Auflösung der Rückstellung in 02 erhöht den Gewinn um 20.000 €. Grundsätzlich ist i. H. d. Teilbetrags I daraufhin das Ergebnis i. S. v. § 4 Abs. 1 Satz 1 EStG außerbilanziell zu kürzen; die Kürzung ist aber auf den Teilbetrag II (hier 0 €) begrenzt (vgl. auch BFH v. 21. 08. 2007 – I R 74/06, BStBl. II 2008, 277).

Hätte die vGA in 01 bereits zu einer Einkommenskorrektur geführt, wäre diese in 02 durch eine entsprechende Kürzung wieder zu kompensieren gewesen. ◄|

Verhinderte Vermögensmehrung

Im Gegensatz zur Vermögensminderung finden verhinderte Vermögensmehrungen keinen Niederschlag in der Buchführung. Außerdem fallen hier die Einkommensminderung und der Abfluss bzw. verhinderte Zufluss zeitlich zusammen, so dass sich nicht die Notwendigkeit des Festhaltens der Teilbeträge I und II ergibt.

2.3 Veranlassung durch das Gesellschaftsverhältnis

Gesellschaftsrechtliche Veranlassung der Vorteilsgewährung ...

Damit eine vGA vorliegt, muss die Vorteilszuwendung an den Gesellschafter durch das Gesellschaftsverhältnis veranlasst sein (*societatis causa*). Dieses Merkmal bildet den Kern des Rechtsinstituts der vGA, da hierin die eigentliche Legitimation der Einkommenskorrektur zu sehen ist: Ziel ist es, wie im Zivilrecht eine konsequente Trennung zwischen der Gesellschaft und ihren Anteilseignern zu erreichen. Daher sollen Vermögenseinbußen, welche die Gesellschaft nicht aus eigenem Interesse heraus, sondern lediglich im Interesse ihrer Gesellschafter hinnimmt, keine ertragsteuerlichen Folgen zeitigen.

... geht über Verursachung des Geschäfts durch Gesellschafterstellung hinaus

Hierzu reicht eine bloße Verursachung durch das Gesellschaftsverhältnis nicht aus, denn diese dürfte bei allen Rechtsbeziehungen zwischen der Kapitalgesellschaft und ihren Gesellschaftern die Regel sein. Wird etwa ein GmbH-Gesellschafter zum Geschäftsführer berufen, ist hierfür regelmäßig auch seine Gesellschafterstellung ursächlich. Dennoch wird diese auf einen Leistungsaustausch gerichtete Rechtsbeziehung im Grundsatz steuerlich anerkannt. Etwas anderes ergibt sich erst dann, wenn das vereinbarte Gehalt unangemessen hoch ist: Die hierdurch bei der Kapitalgesellschaft eintretende Vermögensminderung ist nicht durch das Austauschverhältnis, sondern gesellschaftsrechtlich veranlasst und führt daher zu Annahme einer vGA. Zur Unterscheidung von Verursachung und Veranlassung siehe auch GOSCH, 2009, § 8 KStG Rz. 285 ff.

Beherrschender Ges'ter

Besonderheiten ergeben sich bei beherrschenden Gesellschaftern: Hier nimmt die Rechtsprechung eine vGA auch bei Leistungsbeziehungen an, die dem Fremdvergleich standhalten, wenn es an einer klaren, im Voraus getroffenen, zivilrechtlich wirksamen und tatsächlich durchgeführten Vereinbarung fehlt.

2.3.1 **Fremdvergleich**

Eine Veranlassung durch das Gesellschaftsverhältnis ist vom BFH für den größten Teil der entschiedenen Fälle (vgl. z.B. BFH v. 20.08.2008 – I R 19/07, DB 2008, 2336) insbesondere dann angenommen worden, wenn ein ordentlicher und gewissenhafter Geschäftsleiter die Vermögensminderung oder verhinderte Vermögensmehrung gegenüber einer Person, die nicht Gesellschafter ist, unter sonst gleichen Umständen nicht hingenommen hätte (sog. Fremdvergleich; vgl. hierzu FROTSCHER in Frotscher/Maas, Anh. zu § 8 Rz. 174ff.). Wäre die vorgenommene Handlung also aus dieser Perspektive ohne Pflichtverletzung auch gegenüber einem Dritten angemessen, ist die Handlung nicht gesellschaftsrechtlich, sondern betrieblich veranlasst. Objektiver Beurteilungsmaßstab ist hierbei nicht der Kenntnisstand des konkreten Geschäftsführers, sondern das hypothetische Handeln eines Außenstehenden im Hinblick auf das im Geschäftsverkehr Erforderliche (vgl. im Einzelnen LANG in DPM, § 8 Abs. 3 KStG Teil C Tz. 104).

Ordentlicher und gewissenhafter Geschäftsleiter als Leitbild

Naturgemäß scheidet der Fremdvergleich allerdings aus zur Beurteilung von Rechtsgeschäften, die nur zwischen der Gesellschaft und ihren Gesellschaftern abgeschlossen werden können, z.B. bei Vereinbarungen über die Erstausstattung der Gesellschaft bei deren Gründung (vgl. BFH v. 02.02.1994 – I R 78/92, BStBl. II 1994, 479) oder im Falle handelsrechtlich unzulässiger Leistungen an die Gesellschafter (vgl. BFH v. 17.10.1984 – I R 22/79, BStBl. II 1985, 69).

Fremdvergleich u.U. nicht möglich

Es sei nochmals darauf hingewiesen, dass, wenn die Vereinbarungen zwischen der Gesellschaft und dem Gesellschafter dem Fremdvergleich nicht standhalten, der Vermögensminderung oder verhinderten Vermögensmehrung nicht etwa bereits auf der Ebene der bilanziellen Gewinnermittlung die betriebliche Veranlassung aberkannt wird. Gleichwohl werden die zur Prüfung der betrieblichen Veranlassung bei einem Einzelunternehmer entwickelten Kriterien bei der Kapitalgesellschaft zur Prüfung der gesellschaftsrechtlichen Veranlassung herangezogen werden (vgl. Lang in DPM, § 8 Abs. 3 KStG Teil C Tz. 135). Trägt die Kapitalgesellschaft z.B. Aufwendungen, welche die Privatsphäre des Gesellschafters betreffen und bei einem Einzelunternehmer zu den nach § 12 EStG nichtabziehbaren Aufwendungen für die private Lebensführung zählen würden, sind diese Aufwendungen daher durch das Gesellschaftsverhältnis veranlasst und damit als vGA zu qualifizieren (vgl. BFH v. 06.04.2005 – I R 86/04, BStBl. II 2005, 666).

Betriebliche vs. gesellschaftsrechtliche Veranlassung

Soweit Aufwendungen getragen werden, deren Veranlassung sowohl die betriebliche Sphäre der Kapitalgesellschaft als auch die Privatsphäre des Gesellschafters betrifft, liegen insoweit anteilig vGA vor, denn wie im Anwendungsbereich des § 12 EStG hat der BFH das Aufteilungsverbot bei gemischter Veranlassung auch bzgl. der vGA aufgehoben (vgl. BFH v. 09.03.2010 – VIII R 32/07, BFH/NV 2010, 1330). Eine solche Aufteilung setzt jedoch voraus, dass sich die Aufwendungen hinreichend konkret dem jeweiligen Veranlassungszusammenhang zurechnen lassen (vgl. FinMin Schleswig-Holstein v. 01.11.2010, HaufeIndex: 2667258).

Ggf. anteilige vGA bei gemischter Veranlassung

BEISPIEL 16

X ist zu 50 % an der in 2009 gegründeten X-GmbH beteiligt. In 2014 entstehen der X-GmbH Aufwendungen für eine Feier ihres 5-jährigen Firmenjubiläums. Gleichberechtigter Anlass ist der sechzigste Geburtstag des X. Alle geladenen Gäste wollen und sollen nach dem Gesamtbild der Verhältnisse sowohl das eine als auch das andere Ereignis feiern.

Grundsätzlich handelt es nur insoweit, als die Aufwendungen für die Geburtstagsfeier entstanden, um Kosten der privaten Lebensführung i. S. d. § 12 EStG und damit um durch das Gesellschaftsverhältnis veranlasste Aufwendungen. Da jedoch nicht ersichtlich ist, nach welchen Grundsätzen eine Aufteilung der Kosten auf das Firmenjubiläum und die Geburtstagsfeier stattfinden könnte, sind die Aufwendungen in voller Höhe als vGA zu qualifizieren (vgl. FG Berlin-Brandenburg v. 16. 02. 2011, GmbHR 2011, 1168, rkr.) ◄|

VGA bei Liebhaberei

Tätigt eine Kapitalgesellschaft ohne angemessenes Entgelt verlustträchtige Geschäfte, die auch im privaten Interesse ihrer Gesellschafter liegen, stellen die ggf. erlittenen Verluste bei der bilanziellen Gewinnermittlung zunächst Betriebsausgaben der Kapitalgesellschaft dar. Eine im Gesellschaftsverhältnis liegende und damit zur vGA führende Veranlassung dieser Aufwendungen ist nur anzunehmen, wenn durch die Risikogeschäfte in erster Linie private Interessen und Neigungen der Gesellschafter abgedeckt werden, beispielsweise dann, wenn die Gesellschaft sich verpflichtet, Spekulationsverluste zu tragen, Spekulationsgewinne aber an den Gesellschafter abzuführen, oder wenn sie sich erst zu einem Zeitpunkt zur Übernahme der in Rede stehenden Geschäfte entschließt, in dem sich die dauerhafte Verlustsituation bereits konkret abzeichnet. Für die Beantwortung der Frage, ob die Kapitalgesellschaft das Verlustgeschäft im eigenen Gewinninteresse oder vielmehr nur im Interesse der Gesellschafter durchgeführt hat, sind dann diejenigen Kriterien analog heranzuziehen, die zur Abgrenzung zwischen Einkunftserzielung und »Liebhaberei« entwickelt worden sind (BFH v. 16. 02. 2005 – I B 154/04, BFH/NV 2005, 1377; v. 15. 05. 2002 – I R 92/00, BFH/NV 2002, 1538).

Einbezug der Sichtweise potentieller Vertragspartner

U. U. ist im Rahmen des Fremdvergleichs nicht nur auf die potentielle Sichtweise eines objektiven Geschäftsleiters abzustellen, sondern auch die Sichtweise eines gedachten fremden Vertragspartners mit einzubeziehen, denn eine Veranlassung im Gesellschaftsverhältnis kann auch bei einer für die Gesellschaft vorteilhaften Vereinbarung vorliegen, wenn ein Dritter dem Geschäft nicht zugestimmt hätte (vgl. BFH v. 20. 10. 2004 – I R 4/04, BFH/NV 2005, 723; v. 17. 05. 1995 – I R 147/93, BStBl. II 1996, 204).

BEISPIEL 17

Im Arbeitsvertrag zwischen dem nicht beherrschenden Gesellschafter-Geschäftsführer X und der X-GmbH ist die Auszahlung des Gehalts erst vorgesehen, »sobald die Firma dazu in der Lage ist«.
Nach Auffassung des BFH (v. 13. 12. 1989 – I R 99/87, BStBl. II 1990, 454) ist die Vergütung auch dann, wenn sie der Höhe nach einem Fremdvergleich standhält, als vGA zu qualifizieren, da ein fremder Dritter einer Regelung nicht zustimmen würde, die ihn einseitig benachteiligt und vom Inhalt aller üblicherweise geschlossenen Dienstverträge abweicht. Diese Umstände lassen erkennen, dass der Vereinbarung gesellschaftsrechtliche Überlegungen zugrunde liegen. ◄|

Lediglich zu niedrige Vergütung führt nicht zu vGA

Dass bei der Prüfung der Veranlassung eines Vorgangs durch das Gesellschaftsverhältnis die Interessen beider Vertragspartner in den anzustellenden Fremdvergleich einzubeziehen sind, bedeutet allerdings nicht, dass eine im Rahmen eines schuldrechtlichen Leistungsaustauschs vereinbarte Vergütung bereits allein deshalb als vGA zu qualifizieren ist, weil sie die fremdübliche Vergütung unterschreitet. So nimmt der BFH z. B. keine vGA an, wenn vereinbart ist, dass die Pachtzahlung im Rahmen einer Betriebsverpachtung auf der Ebene des Pächters nicht zu einem

Verlust führen darf und infolgedessen herabgesetzt wird (vgl. BFH v. 01.02.2010 –
I B 118/09, BFH/NV 2010, 1127).

2.3.2 Vorteilsgewährung an nahe stehende Person

Eine Veranlassung durch das Gesellschaftsverhältnis kann auch dann vorliegen,
wenn nicht dem Gesellschafter selbst, sondern einer ihm nahe stehenden Person ein
Vorteil gewährt wird, der einer dem betreffenden Gesellschafter nicht nahe stehenden Person nicht gewährt würde. Die Kapitalgesellschaft wendet dem Gesellschafter
insofern mittelbar einen Vorteil zu, als eine ihm nahe stehende Person aus der
Vermögensverlagerung einen Nutzen zieht (vgl. BFH v. 18.12.1996 – I R 139/94,
BStBl. II 1997, 301). Die Qualifikation einer derartigen Vorteilszuwendung als vGA
setzt nicht voraus, dass der Anteilseigner, dem die den Vorteil erhaltende Person
nahe steht, in der vorteilsgewährenden Kapitalgesellschaft eine beherrschende Stellung innehat (vgl. BFH v. 08.10.2008 – I R 61/07, BStBl. II 2011, 62).

Grundsatz

Nach der höchstrichterlichen Rechtsprechung (vgl. BFH v. 18.12.1996 – I R
139/94, BStBl. II 1997, 301) ist das »Nahestehen« des Dritten lediglich Indiz für die
Veranlassung im Gesellschaftsverhältnis. Zur Begründung des »Nahestehens« reiche
daher jedwede Beziehung zwischen einem Gesellschafter und dem Dritten aus, die
den Schluss zulässt, sie habe die Vorteilszuwendung der Kapitalgesellschaft an den
Dritten beeinflusst. Diese Beziehung kann familienrechtlicher, gesellschaftsrechtlicher, schuldrechtlicher oder auch rein tatsächlicher Art sein. Ist die nahe stehende
Person ihrerseits Kapitalgesellschaft, ist insbesondere nicht erforderlich, dass der
Anteilseigner die nahe stehende Person beherrscht oder umgekehrt (vgl. BFH v.
08.10.2008 – I R 61/07, BStBl. II 2011, 62).

**»Nahe stehende
Person« wird weit
ausgelegt**

Die Feststellungslast, dass es sich bei dem begünstigten Dritten um eine nahe
stehende Person eines Gesellschafters handelt, trifft insoweit die Finanzverwaltung.

Feststellungslast

Der Beweis des ersten Anscheins, nach dem eine Vorteilsgewährung an eine
dem Gesellschafter nahe stehenden Person im Gesellschaftsverhältnis begründet ist,
kann im Allgemeinen nur durch die Feststellung widerlegt werden, dass die Zuwendung des Vorteils ihre Ursache ausschließlich in einer vom Gesellschaftsverhältnis zum nahe stehenden Gesellschafter unabhängigen Beziehung der Kapitalgesellschaft zum Empfänger der Zuwendung hat, wobei hierbei die Kapitalgesellschaft
(anders als bzgl. des Feststellung des Nahestehens) die Beweislast trifft. War z.B.
dem Geschäftsführer einer GmbH nachweislich nicht bekannt, dass es sich bei dem
Begünstigten um eine nahe stehende Person eines Gesellschafters handelte, kann die
Annahme einer gesellschaftsrechtlichen Veranlassung darauf nicht gestützt werden
(vgl. KLINGEBIEL in DPM, § 8 Abs. 3 KStG Teil C Tz. 510).

**Gesellschaftsrecht-
liche Veranlassung
nur im Ausnahmefall
widerlegbar**

Eine Erschütterung des Anscheinsbeweises liegt auch dann vor, wenn der
betroffene Gesellschafter glaubhaft machen kann, dass die vGA nicht ihm, sondern
einem anderen Gesellschafter zugerechnet werden muss. Steht der begünstigte
Dritte mehreren Gesellschaftern nahe und ist nach Lage des Falles anzunehmen,
dass nur einer der Gesellschafter dem Dritten etwas zuwenden wollte, ist die vGA in
diesem Fall nicht auf alle Gesellschafter, denen der Dritte nahe steht, zu verteilen
(vgl. BFH v. 22.02.2005 – VIII R 24/03, BFH/NV 2005, 1266). Vielmehr ist die vGA
nur demjenigen Gesellschafter zuzurechnen, der den Dritten tatsächlich begüns-
tigen wollte.

**Nahestehen zu
mehreren Ges'tern**

Zurechnung zum Gesellschafter ...

Liegt nach den vorstehenden Grundsätzen eine vGA vor, ist diese nicht etwa der nahe stehenden Person, sondern dem betreffenden Gesellschafter als Einnahme i. S. v. § 20 Abs. 1 Nr. 1 Satz 2 EStG zuzurechnen (vgl. BMF v. 20.05.1999, BStBl. I 1999, 514). Die Zuwendung zu Lasten der GmbH ist damit so zu beurteilen, als hätte der Gesellschafter den Vorteil erhalten und diesen an die nahe stehende Person weitergegeben, wobei diese Weitergabe als einkommensteuerrechtlich unbeachtliche Einkommensverwendung zu verstehen ist (vgl. BFH v. 22.02.2005 – VIII R 24/03, BFH/NV 2005, 1266). Zur ggf. erforderlichen Behandlung als verdeckte Einlage siehe Beispiel 40.

... auch dann, wenn ihm nichts zufließt

Die Zurechnung zum Gesellschafter, dem der Dritte nahe steht, erfolgt auch dann, wenn diesem Gesellschafter selbst kein Vermögenswert zufließt (vgl. BFH v. 22.02.2005 – VIII R 24/03, BFH/NV 2005, 1266), etwa, wenn die Kapitalgesellschaft einer einem Gesellschafter nahe stehenden Person beim Kauf eines Wirtschaftsguts einen Preisnachlass gewährt, den sie anderen Kunden nicht einräumt, und der Gesellschafter kein eigenes vermögenswertes Interesse an dieser Zuwendung hat (vgl. BFH v. 18.12.1996 – I R 139/94, BStBl. II 1997, 301).

Dies alles gilt allerdings uneingeschränkt nur für den Fall, dass andere Ursachen für die Zuwendung als das Nahestehen des Empfängers zu dem Gesellschafter auszuschließen sind. Nur in diesem Fall spricht der Beweis des ersten Anscheins dafür, dass die nahe stehende Person den Vorteil ohne ihre Beziehung zum Gesellschafter nicht erhalten hätte (vgl. BFH v. 22.02.2005 – VIII R 24/03, BFH/NV 2005, 1266). Verschafft sich bspw. der Geschäftsführer einer Familien-GmbH, der nicht selbst Gesellschafter, aber Familienangehöriger eines Gesellschafters ist, widerrechtlich Geldbeträge aus dem Vermögen der GmbH, so ist dem Gesellschafter keine mittelbare verdeckte Gewinnausschüttung zuzurechnen, wenn ihm die widerrechtlichen eigenmächtigen Maßnahmen des Geschäftsführers nicht bekannt waren und sie auch nicht in seinem Interesse erfolgt sind (vgl. BFH v. 19.06.2007 – VIII R 34/06, BFH/NV 2007, 2291).

Ggf. Schenkung

Schenkungsteuerlich liegt nach Auffassung des BFH keine freigebige Zuwendung durch den Anteilseigner an die ihm nahe stehende Person vor; eine solche kann aber im Verhältnis zwischen der Körperschaft und der nahe stehenden Person gegeben sein (vgl. BFH v. 07.11.2007 – II R 28/06, BStBl. II 2008, 258; FinMin Thüringen v. 20.10.2010, BStBl. I 2010, 1207).

BEISPIEL 18

(in Anlehnung an NEUFANG/MERZ, BB 2011, 2397, 2398)

X ist Mehrheitsgesellschafter und Geschäftsführer der X-GmbH. Y ist die Ehefrau des X und zugleich freie Mitarbeiterin der X-GmbH. Den Vertrag über die freie Mitarbeit hat Y mit X als Vertreter der GmbH abgeschlossen. Y erhält für ihre Tätigkeit eine Vergütung i. H. v. 30.000 €. Angemessen wären nur 10.000 €.

Der unangemessene Teil der Vergütung ist ertragsteuerlich als verdeckte Gewinnausschüttung an X zu qualifizieren, da die den Vorteil empfangende Y nahe stehende Person des X ist. X erzielt Einnahmen i. S. v. § 20 Abs. 1 Nr. 1 Satz 2 EStG. Korrespondierend belaufen sich bei Y die Einnahmen aus der freien Mitarbeit lediglich auf 10.000 €.

Schenkungsteuerlich liegt eine gemischte freigebige Zuwendung der Kapitalgesellschaft an Y vor. Eine Anrechnung der Schenkungsteuer nach § 35b EStG scheitert daran, dass kein Erwerb von Todes wegen vorliegt (kritisch NEUFANG/MERZ, BB 2011, 2397, 2398). ◂|

2.3.3 Beherrschender Gesellschafter

Eine gesellschaftsrechtliche Veranlassung wird auch dann angenommen, wenn eine Kapitalgesellschaft ihrem beherrschenden Gesellschafter gegenüber eine Leistung erbringt, für die es an einer klaren, im Voraus getroffenen, zivilrechtlich wirksamen und tatsächlich durchgeführten Vereinbarung fehlt. Eine vGA liegt in diesen Fällen selbst dann vor, wenn die Leistungsbeziehung ansonsten dem Fremdvergleich standhalten würde; auf die Einhaltung oder Nichteinhaltung steuerlicher Angemessenheitskriterien kommt es also insoweit nicht an.

Hinreichende Vereinbarung notwendig

Grundüberlegung ist, dass es zwischen der Gesellschaft und dem beherrschenden Gesellschafter regelmäßig an einem natürlichen Interessengegensatz fehlt. Da der beherrschende Gesellschafter die Möglichkeit hat, für seine Leistungen einen gesellschaftsrechtlichen oder einen schuldrechtlichen Ausgleich zu suchen, muss er, um klare Verhältnisse zu schaffen, im Voraus mit der Gesellschaft vereinbaren, welchen Weg er wählt, hat er doch ansonsten die Möglichkeit, den Gewinn der Kapitalgesellschaft mehr oder weniger beliebig festzusetzen und ihn so zu beeinflussen, wie es bei der steuerlichen Gesamtbetrachtung des Einkommens der Kapitalgesellschaft und ihres Gesellschafters am günstigsten ist (vgl. BFH v. 28.10.1987 – I R 110/83, BStBl. II 1988, 301).

Fehlender Interessengegensatz

Ein Gesellschafter beherrscht die Kapitalgesellschaft, wenn er den Abschluss des zu beurteilenden Rechtsgeschäfts erzwingen kann, er also die Mehrheit der Stimmrechte besitzt. Dazu ist i.d.R. eine Beteiligung am gezeichneten Kapital von mehr als 50 % erforderlich. Allerdings ist auf das Stimmrecht abzustellen, wenn nominelle Kapitalbeteiligung und Stimmrechte auseinanderfallen, etwa im Falle eigener oder stimmrechtsloser Anteile.

Begriff, Stimmrechtsmehrheit

Im Falle einer anderweitig begründeten Beherrschung der Gesellschaft kann auch eine Beteiligung von weniger als 50 % bereits zur Beherrschung führen. Beherrschender Gesellschafter ist danach z.B. auch ein Gesellschafter, der zwar nur mit 50 % an einer Gesellschaft beteiligt ist, welche jedoch nach ihrer Satzung ausschließlich für diesen Gesellschafter als Handelsvertreter oder Kommissionär tätig sein darf und die außerdem aufgrund vertraglicher Vereinbarungen gehalten ist, sich dem Willen dieses Gesellschafters zu beugen (vgl. BFH v. 23.10.1985 – I R 247/81, BStBl. II 1986, 195).

Faktische Beherrschung reicht ggf. aus

Auch mehrere Gesellschafter, die jeder für sich zwar Minderheitsgesellschafter sind, zusammen jedoch mehr als 50 % der Anteile halten und in Bezug auf die in Betracht kommende vGA gleichgerichtete Interessen vertreten, können die Gesellschaft beherrschen. Hierfür reicht aber eine bloße familienrechtliche Bindung nicht aus; vielmehr müssen weitere konkrete Anhaltspunkte hinzutreten, insbesondere die Gesellschafter tatsächlich zusammenwirken, um eine ihren Interessen entsprechende einheitliche Willensbildung herbeizuführen. Dies wird etwa angenommen, wenn die beiden zu je 50 % beteiligten Gesellschafter einer GmbH gleichlautende Anstellungsverträge haben oder z.B. bei der Festlegung gleich hoher Tantiemen zusammenwirken (vgl. BFH v. 11.12.1985 – I R 164/82, BStBl. II 1986, 469). Nicht erforderlich ist es gleichwohl, dass in diesen Fällen der Abschluss des Vertrags des einen Gesellschafters von der Zustimmung des jeweils anderen abhängt (vgl. BFH v. 29.07.2009 – I B 12/09, BFH/NV 2010, 66).

Mehrere Ges'ter gemeinsam

Klare und eindeutige Vereinbarungen erforderlich, ...

Vereinbarungen sind klar und eindeutig, wenn sie für einen außenstehenden Dritten erkennen lassen, dass sie auf einen entgeltlichen Leistungsaustausch gerichtet sind und in welcher Höhe ein Entgelt gezahlt werden soll. Dies gilt auch für gesetzliche Vergütungsansprüche, z.B. bei Arbeitsleistungen oder Vereinbarungsdarlehen. Nicht erforderlich ist es, die absolute Höhe der Vergütung vorab festzulegen; es muss aber erkennbar sein, aufgrund welcher Bemessungs- und Berechnungsgrundlagen sich die Höhe des Entgelts ergibt. Insbesondere dürfen die zur Berechnung erforderlichen Werte nicht durch die Gesellschafter oder Geschäftsführer durch Ausübung von Ermessensentscheidungen beeinflussbar sein. Daher erfüllt z.B. die Bemessung einer Tantieme in Prozent einer noch zu beschließenden Gewinnausschüttung die an das Klarheitsgebot zu stellenden Anforderungen ebenso wenig (vgl. BFH v. 30.01.1985 – I R 37/82, BStBl. II 1985, 345) wie ein Anstellungsvertrag für einen Gesellschafter-Geschäftsführer, in dem die Arbeitszeiten nicht klar und eindeutig geregelt sind und sich anhand der Vereinbarungen auch nicht bestimmen lassen (vgl. BFH v. 29.07.2009 – I B 12/09, BFH/NV 2010, 66).

... wenn Inhalt nicht durch Auslegung feststellbar

Gleichwohl führen ungenaue oder mehrdeutige Vereinbarungen nicht per se zum Vorliegen einer vGA, denn eine solche ist nach Auffassung des BFH im Verhältnis zwischen einer Kapitalgesellschaft und ihrem beherrschenden Gesellschafter nur dann anzunehmen, wenn sich der Inhalt des Vertrags auch im Wege der Auslegung nicht zweifelsfrei feststellen lässt (vgl. BFH v. 09.07.2003 – I R 36/02, BFH/NV 2004, 88, m.w.N.). Eine klare Vereinbarung liegt daher bereits dann vor, wenn ein außenstehender Dritter zweifelsfrei erkennen kann, dass die Leistung der Gesellschaft aufgrund einer entgeltlichen Vereinbarung mit dem Gesellschafter erbracht wurde (vgl. BFH v. 24.01.1990 – I R 157/86, BStBl. II 1990, 645). Kann also ein außenstehender Dritter bei einer an sich mehrdeutigen Vereinbarung das, was die Vertragsschließenden tatsächlich von Anfang an übereinstimmend wollten, durch Beweiserhebung zweifelsfrei ermitteln, so ist das tatsächlich Gewollte auch der Besteuerung zugrunde zu legen (vgl. BFH v. 24.07.1990 – VIII R 304/84, BFH/NV 1991, 90).

Rückwirkungsverbot

Werden Vereinbarungen erst nach Erbringung der Leistung bzw. Zahlung der Vergütung getroffen, führt dies bei beherrschenden Gesellschaftern auch dann zur vGA, wenn die Vereinbarungen klar und eindeutig sind und in materieller Hinsicht dem Fremdvergleich standhalten (Rückwirkungsverbot). Dies ist nur entbehrlich, wenn objektive Gründe einer vorherigen Vereinbarung entgegenstehen oder es sich um typische Aufwendungen handelt, die üblicherweise erstattet werden (z.B. Reisekostenerstattungen). Im Einzelfall können auch bereits Gesellschafterbeschlüsse, die Geschäftsführervergütungen betreffen, als Vereinbarungen angesehen werden, wenn der Geschäftsführer zugleich als beherrschender Gesellschafter bei der Beschlussfassung beteiligt war (vgl. LANG in DPM, § 8 Abs. 3 KStG Teil C Tz. 241). An diese Gesellschafterbeschlüsse sind aber vergleichbare Anforderungen zu stellen wie an entsprechende Austauschverträge. Daher liegt z.B. für eine Abfindungszahlung an einen beherrschen Gesellschafter-Geschäftsführer anlässlich der Auflösung des Anstellungsverhältnisses keine ausreichend klare und im Voraus getroffene Vereinbarung vor, wenn lediglich zuvor in einem Beschluss der Gesellschafterversammlung ein Höchstbetrag festgelegt wurde. Festgelegt muss insbesondere sein, nach welcher Bemessungsgrundlage sich die Abfindungshöhe im Einzelnen zu richten habe, ohne dass es noch der Ausübung irgendwelcher Ermessensakte seitens der Geschäftsführung oder Gesellschafterversammlung bedarf (vgl. BFH v. 22.04.2009 – I B 162/08, BFH/NV 2009, 1458).

Eine vGA ergibt sich auch dann, wenn die Vereinbarungen zwischen der Gesellschaft und ihrem Gesellschafter zivilrechtlich unwirksam sind, z.B. im Fall des Nichteinhaltens gesetzlicher oder vertraglicher Formvorschriften oder bei Verstößen gegen das Selbstkontraktionsverbot des § 181 BGB. | **Zivilrechtliche Wirksamkeit**

Schließlich kann auch die fehlende Durchführung einer an sich klaren und von vornherein mit dem beherrschenden Gesellschafter abgeschlossenen Vereinbarung zur Annahme einer vGA führen, denn die tatsächliche Durchführung wird als starkes Indiz für die Ernsthaftigkeit einer Vereinbarung betrachtet (vgl. z.B. FG Hamburg v. 12.09.2012, HaufeIndex 3477374, zu verspätet gebuchten und ausgezahlten Gehältern). Dies gilt nach der Rechtsprechung des BFH aber nur dann, wenn das Fehlen der tatsächlichen Durchführung darauf schließen lässt, dass die Vereinbarung lediglich die Unentgeltlichkeit der Leistung verdecken soll (vgl. BFH v. 28.10.1987 – I R 110/83, BStBl. II 1988, 301), es also an einer von Anfang an ernstlich gewollten Verbindlichkeit der Kapitalgesellschaft mangelt (vgl. BFH v. 29.06.1994 – I R 11/94, BStBl. II 1994, 952). | **Fehlende Durchführung**

BEISPIEL 19

A ist Alleingesellschafter der X-GmbH und überlässt dieser ein ihm gehörendes Grundstück zur betrieblichen Nutzung. Die in einem zivilrechtlich wirksam abgeschlossenen Mietvertrag vereinbarte Miete zahlt die X-GmbH von Beginn an nicht aus, sondern bildet über Jahre aufwandswirksam eine Verbindlichkeit gegenüber A.

LÖSUNG Da der Mietvertrag tatsächlich nicht der vertraglichen Vereinbarung entsprechend durchgeführt wird, ist davon auszugehen, dass es an einer ernstlich gewollten Verpflichtung der Gesellschaft mangelt. Die Nutzungsüberlassung ist als unentgeltlich zu qualifizieren, die Mietaufwendungen sind als vGA zu behandeln ◀|

3 Rechtsfolgen der verdeckten Gewinnausschüttung

3.1 Allgemeine Vorbemerkungen

Die Qualifikation eines Sachverhalts als vGA löst sowohl auf der Ebene der Kapitalgesellschaft als auch beim betroffenen Gesellschafter eine Reihe von Rechtsfolgen aus. Hierzu gehören zunächst diejenigen Auswirkungen, die unmittelbar aus der Vermögensminderung oder verhinderten Vermögensmehrung zugunsten eines Gesellschafters resultieren, nämlich Einkommenserhöhung auf der Ebene der Kapitalgesellschaft, sowie die Annahme von Beteiligungserträgen auf der Ebene des Gesellschafters.

Darüber hinaus ist im Einzelnen eine Reihe weitergehender Folgen zu beachten. Zur richtigen steuerlichen Beurteilung hat es sich als zweckmäßig erwiesen, einen als vGA qualifizierten Sachverhalt grundsätzlich unter Anwendung dreier Fiktionen einzuordnen (sog. Fiktionstheorie bzw. Fiktionslehre): | **Fiktionstheorie**

- Zunächst wird unterstellt, das der vGA zugrunde liegende Rechtsgeschäft zwischen Gesellschaft und Gesellschafter sei wie unter fremden Dritten abgewickelt, dem Gesellschafter-Geschäftsführer also bspw. anstatt des überhöhten ein angemessenes Gehalt gezahlt worden (1. Fiktion). Dies führt zur Korrektur des zu versteuernden Einkommens der Kapitalgesellschaft i. H. d. fiktiven Mehrertrags bzw. Minderaufwands.

- Sodann wird unterstellt, dass i. H. d. vGA eine Ausschüttung an den Gesellschafter erfolgt (2. Fiktion). Dies führt zu entsprechenden Beteiligungserträgen beim Gesellschafter. Bisher anders behandelte Einkünfte des Gesellschafters sind umzuqualifizieren, etwa bei überhöhten Gesellschafter-Geschäftsführervergütungen. Auf der Gesellschaftsebene führt die Ausschüttungsfiktion ggf. zur Annahme fiktiver Leistungen i. S. v. § 27 KStG, wodurch sich ggf. Veränderungen der Struktur des steuerlichen Eigenkapitals der Kapitalgesellschaft und beim Gesellschafter eine nicht steuerbare Einlagenrückgewähr ergeben können (vgl. hierzu J III 2.2.2.1).

- Schließlich ist zu berücksichtigen, dass die Unterstellung einer fremdüblichen Abwicklung beim Gesellschafter weitere Folgewirkungen auslösen kann (3. Fiktion), etwa wenn im Falle einer unentgeltlichen Darlehensgewährung an einen Gesellschafter nach der 1. Fiktion fremdübliche Zinszahlungen angenommen werden: Diese können, wenn die Darlehensaufnahme mit der Erzielung von Einkünften durch den Gesellschafter in Zusammenhang steht, als fiktive Zinszahlungen Werbungskosten oder Betriebsausgaben darstellen (siehe unter D I 3.3.2).

BFH: Fiktionstheorie problematisch

Die Fiktionslehre als Denkmodell ist zur Erarbeitung der Rechtsfolgen einer vGA außerordentlich hilfreich; gleichwohl sei betont, dass bei Vorliegen einer vGA nicht ein fiktiver Sachverhalt der Besteuerung zugrunde gelegt wird, sondern vielmehr konkret zu prüfen ist, inwieweit der verwirklichte Sachverhalt auch tatsächlich eine Einkommensminderung bei der Gesellschaft bewirkt und eine Leistung an den Anteilseigner verdeckt hat (vgl. BFH v. 26.10.1987 – GrS 2/86, BStBl. II 1988, 348; FROTSCHER in Frotscher/Maas, Anh. zu § 8 Rz. 206). Im Ergebnis wird sowohl auf der Ebene der Gesellschaft als auch beim Gesellschafter so besteuert, wie sich die Einkünfte ohne Berücksichtigung der gesellschaftsrechtlich veranlassten Vermögensverschiebung ergeben hätten. Zusätzlich ist diese Vermögensverschiebung beim Gesellschafter als (verdeckte) Gewinnausschüttung zu erfassen.

3.2 Rechtsfolgen bei der Gesellschaft

3.2.1 Außerbilanzielle Erhöhung des zu versteuernden Einkommens

Korrektur des z. v. E.

Das Rechtsinstitut der vGA soll der zutreffenden Zuordnung des Einkommens bei der Gesellschaft dienen und insbesondere die Verlagerung des steuerlichen Ergebnisses von der Gesellschaft auf den Gesellschafter verhindern. Deshalb darf eine als vGA qualifizierte Vermögensminderung oder verhinderte Vermögensmehrung sich nicht auf das Einkommen der Kapitalgesellschaft auswirken und muss infolgedessen im Rahmen der Einkommensermittlung außerbilanziell hinzugerechnet werden.

3.2.2 Bewertung der verdeckten Gewinnausschüttung

Für die Höhe der vGA ist zunächst die Vermögensminderung oder verhinderte Vermögensmehrung entscheidend, die bei der Kapitalgesellschaft eintritt, soweit sie sich auf den Unterschiedsbetrag i. S. v. § 4 Abs. 1 Satz 1 EStG auswirkt. Die Höhe des dem Gesellschafter zufließenden Vorteils ist dabei nicht maßgebend.

Grundsätzlich ist die vGA nach Fremdvergleichsmaßstäben zu bewerten, was i.d.R. zum Ansatz des gemeinen Wertes führt (vgl. BFH v. 23.02.2005 – I R 70/04, BStBl. II 2005, 882): Bei der Hingabe eines Wirtschaftsgutes entspricht dieser Wert dem üblicherweise erzielbaren Einzelveräußerungspreis, und bei einer Nutzungsüberlassung ist der Vorteil mit der erzielbaren Vergütung zu bewerten (vgl. hierzu H 37 KStH sowie KOHLHEPP, DStR 2009, 357). **Gemeiner Wert**

Soweit der gemeine Wert im Fall einer Nutzungsüberlassung nicht aus Marktdaten ableitbar ist, ist von den Vollkosten unter Einbezug eines angemessenen Gewinnaufschlags auszugehen (vgl. BFH v. 22.12.2010 – I R 47/10, BFH/NV 2011, 1019). **Ggf. Vollkosten zzgl. Gewinnaufschlag**

Nicht heranzuziehen sind Entnahmegrundsätze, so dass z.B. eine als vGA qualifizierte private Pkw-Nutzung nicht mit dem Entnahmewert des § 6 Abs. 1 Nr. 4 Satz 2 EStG anzusetzen ist (vgl. BFH v. 23.02.2005 – I R 70/04, BStBl. II 2005, 882). **Entnahmewert nicht einschlägig**

Eine durch die verdeckte Gewinnausschüttung ausgelöste Umsatzsteuer ist ebenfalls Teil der vGA. Zu beachten ist aber, dass sich nicht aufgrund des Abzugsverbots in § 10 Nr. 2 KStG eine doppelte Erfassung der USt ergeben darf. Die Hinzurechnung der durch die vGA ausgelösten USt erfolgt im Rahmen der vGA-Korrektur; eine zusätzliche Hinzurechnung nach § 10 Nr. 2 KStG unterbleibt (vgl. auch R 37 KStR). **Keine Doppelbelastung mit USt**

BEISPIEL 20

B ist Gesellschafter-Geschäftsführer der Y-GmbH und entnimmt unentgeltlich Ware, deren Einkaufspreis 1.500 € und deren Verkaufspreis 2.000 € (jeweils netto) beträgt.
LÖSUNG Die Warenentnahme wird umsatzsteuerlich einer entgeltlichen Lieferung gleichgestellt (§ 3 Abs. 1 Buchst. b Satz 1 Nr. 2 UStG). Bemessungsgrundlage ist der Einkaufspreis (§ 10 Abs. 4 Nr. 1 UStG). Die Umsatzsteuer beläuft sich demnach auf 285 € (= 19% von 1.500 €) und ist aufwandswirksam zu buchen:

Umsatzsteuer-Aufwand   an   Umsatzsteuer   285 €

Die vGA ist mit dem gemeinen Wert zu anzusetzen. Dieser beträgt 2.380 € (2.000 € zzgl. 19% USt). Obwohl der Gewinn nur um 1.500 € Wareneinsatz und 285 € Umsatzsteuer gemindert ist, wird das Einkommen um die vGA i.H.v. 2.380 € erhöht; allerdings entfällt nach R 37 KStR die eigentlich gemäß § 10 Nr. 2 KStG vorzunehmende Erhöhung um die aufwandswirksam gebuchte Umsatzsteuer. ◀

3.2.3 Verdeckte Gewinnausschüttung bei Anschaffungsvorgängen

Erwirbt eine Kapitalgesellschaft ein Wirtschaftsgut von einem Gesellschafter gegen einen überhöhten Kaufpreis, erscheint das Wirtschaftsgut in der Handelsbilanz mit den überhöhten Anschaffungskosten, wodurch zunächst keine Minderung des Gewinns eintritt. In der Steuerbilanz sind jedoch lediglich die angemessenen Anschaffungskosten anzusetzen (vgl. BFH v. 13.03.1985 – I R 9/81, BFH/NV 1986, 116); der durch die Reduzierung des Bilanzansatzes entstehende Aufwand stellt die erforderliche Vermögensminderung dar, welche zur vGA führt. Bemessungsgrundlage der steuerlich zu berücksichtigenden AfA ist folgerichtig der angemessene steuerliche Anschaffungswert (vgl. BMF v. 28.05.2002, BStBl. I 2002, 603, Tz. 42; FROTSCHER in Frotscher/Maas, Anh. zu § 8 Rz. 220). Im Fall der überhöhten Kaufpreiszahlung für Wirtschaftsgüter des Umlaufvermögens tritt dagegen nach

Auffassung des FG Hamburg die Gewinnminderung erst im Jahr der Veräußerung durch die Kapitalgesellschaft ein (v. 04.09.2006, EFG 2007, 439, rkr.).

3.2.4 Verdeckte Gewinnausschüttungen als Leistungen i.S.d. § 27 KStG

VGA sind Leistungen der Gesellschaft, durch die sich das aufgrund der außerbilanziellen Einkommenserhöhung scheinbar gestiegene Eigenkapital der Kapitalgesellschaft wieder auf den tatsächlich bilanziell vorhandenen Bestand verringert. Diese Eigenkapitalminderungen führen ggf. zu weiteren steuerlichen Auswirkungen, da hierfür aufgrund gesetzlich vorgeschriebener Verwendungsreihenfolgen ggf. andere Eigenkapitalbestände als verwendet gelten als diejenigen, die sich zuvor aus der Einkommenserhöhung ergaben. Dies gilt dann, wenn es durch die vGA zur Verwendung des steuerlichen Einlagekontos kommt (§ 27 KStG, siehe hierzu J III 2.2.2.1).

Anders als für die Einkommenskorrektur nach § 8 Abs. 3 KStG kommt es hinsichtlich des Eintritts der Rechtsfolgen des § 27 KStG in zeitlicher Hinsicht nicht darauf an, wann sich bei der Kapitalgesellschaft die Vermögensminderung bzw. verhinderte Vermögensmehrung ergibt; vielmehr ist auf den Abfluss der Leistungen abzustellen.

3.3 Rechtsfolgen beim Gesellschafter

3.3.1 (Um-)Qualifikation in Kapitaleinkünfte i.S.v. § 20 Abs. 1 Nr. 1 Satz 2 EStG

Einkünfte i.S.v. § 20 Abs. 1 Nr. 1 EStG

Beim Anteilseigner ist eine vGA nach den für ihn geltenden steuerlichen Grundsätzen unabhängig davon zu erfassen, ob sie auf der Ebene der Gesellschaft dem Einkommen hinzugerechnet wurde.

KapGes: Anwendung von § 8b KStG

Ist der Anteilseigner selbst eine Kapitalgesellschaft, besteht für die vGA gemäß § 8b Abs. 1 KStG grundsätzlich Steuerfreiheit; lediglich 5 % der Ausschüttung sind gemäß § 8b Abs. 5 KStG als nicht abzugsfähige Betriebsausgaben zu berücksichtigen. Im Ergebnis verschiebt sich hierdurch die steuerliche Erfassung des Sachverhalts von der Mutter- auf die Tochtergesellschaft.

BEISPIEL 21

Die B-AG hat ihrer 100 %igen Tochtergesellschaft B-GmbH ein Darlehen zu einem unangemessen hohen Zinssatz gewährt.

LÖSUNG I. H. d. unangemessenen Teils der Zinszahlung liegt eine vGA vor, die außerhalb der Bilanz dem Einkommen der B-GmbH hinzuzurechnen ist. Bei der B-AG vermindert sich das Einkommen um 95 % der vGA, da insoweit nun nicht mehr Zinseinnahmen, sondern Bezüge i.S.v. § 20 Abs. 1 Nr. 1 Satz 2 EStG vorliegen, die gemäß §§ 8b Abs. 1, 5 KStG zu 95 % steuerfrei sind. ◀|

Natürliche Person: TEV

Handelt es sich beim Gesellschafter um eine natürliche Person, erzielt diese Einkünfte i.S.v. § 20 Abs. 1 Nr. 1 Satz 2 EStG, die der Abgeltungsteuer bzw. dem Teileinkünfteverfahren unterliegen (§ 3 Nr. 40 Buchst. d Satz 1, § 3c Abs. 2 EStG).

Soweit die der vGA zugrunde liegenden Sachverhalte auf der Ebene des Gesellschafters bereits der Besteuerung unterlagen, ist es erforderlich zu prüfen, ob die bisherige Behandlung zu einem gegenüber der zutreffenden Behandlung abweichenden Einkommen geführt hat. Dabei sind sowohl Fälle denkbar, in denen sich die vGA steuerlich noch nicht ausgewirkt hat und daher eine erstmalige Erfassung notwendig wird, als auch solche, bei denen der Sachverhalt bereits steuerlich berücksichtigt wurde. In letzterem Fall ergibt sich regelmäßig die Notwendigkeit zur Umqualifizierung der Einkünfte.

BEISPIEL 22

X ist Alleingesellschafter der X-GmbH und veräußert an diese für 350.000 € ein unbebautes Grundstück seines Privatvermögens, das er 12 Jahre zuvor für 200.000 € erworben und an einen Dritten vermietet hatte. Der Verkehrswert des Grundstücks beläuft sich auf 300.000 €.
LÖSUNG Ohne Berücksichtigung der vGA ergäben sich keine steuerbaren Einkünfte für X. Insbesondere ist die Frist des § 23 Abs. 1 Satz 1 Nr. 1 EStG bereits verstrichen. Durch Qualifikation des unangemessenen Teils des Kaufpreises (50.000 €) als vGA liegen insoweit bei X steuerbare Bezüge i. S. v. § 20 Abs. 1 Nr. 1 Satz 2 EStG vor.

Abwandlung
Anders als im Grundfall veräußert X das Grundstück bereits nach 8 Jahren.
LÖSUNG Ohne Berücksichtigung der vGA ergäben sich Einkünfte aus privaten Veräußerungsgeschäften i. H. v. 150.000 €. Durch Qualifikation des unangemessenen Teils des Kaufpreises als vGA liegen i. H. v. 50.000 € nunmehr Bezüge i. S. v. § 20 Abs. 1 Nr. 1 Satz 2 EStG vor, die der Abgeltungsteuer bzw. dem Teileinkünfteverfahren unterliegen, während die Einkünfte i. S. v. § 23 EStG nur noch 100.000 € betragen. ◀|

BEISPIEL 23

Aufgrund einer Außenprüfung wird festgestellt, dass ein zu mindestens 1 % beteiligter Gesellschafter mit 180.000 € ein um 30.000 € überhöhtes Gehalt bezogen hat. Der Gesellschafter hat einen Antrag i. S. v. § 32d Abs. 2 Nr. 3 EStG gestellt, so dass bzgl. etwaiger Gewinnausschüttungen das Teileinkünfteverfahren gilt.
LÖSUNG I. H. v. 30.000 € vermindern sich die Einnahmen/Einkünfte aus § 19 EStG und gleichzeitig erhöhen sich die Einnahmen aus § 20 Abs. 1 Nr. 1 Satz 2 EStG.

	Einkünfte in €		in €
vor Aufdeckung der vGA		**nach Aufdeckung der vGA**	
Einkünfte i. S. v. § 19 EStG		**Einkünfte i. S. v. § 19 EStG**	
Einnahmen	180.000	Einnahmen	150.000
./. Arbeitnehmer-Pauschbetrag	./. 1.000	./. AN-Pauschbetrag	./. 1.000
	179.000		**149.000**
Einkünfte i. S. v. § 20 EStG	–,–	**Einkünfte i. S. v. § 20 EStG**	
		Einnahmen i. S. v. § 20 EStG	30.000
		steuerfrei; § 3 Nr. 40 Buchst. d EStG	./. 12.000
		verbleiben steuerpflichtig	**18.000**
Summe der Einkünfte	**179.000**	**Summe der Einkünfte**	**167.000**

BEISPIEL 24

Gesellschafter V der W-GmbH wird auf eigene Rechnung im Geschäftsbereich der Gesellschaft tätig, ohne dass im Voraus eine klare und eindeutige schriftliche Vereinbarung über die Befreiung vom Wettbewerbsverbot getroffen wurde.
LÖSUNG Die W-GmbH hat einen Herausgabeanspruch auf sämtliche Vergütungen, die V durch die Verletzung des Wettbewerbsverbots erlangt hat. Zumindest kann sie einen entsprechenden Schadensersatzanspruch geltend machen. Wird auf die Geltendmachung verzichtet, liegt i. H. d. Verzichts eine vGA vor, die dem Einkommen der W-GmbH außer-

bilanziell hinzuzurechnen ist. Bei V führt dies zur Umqualifizierung der erzielten Einkünfte (z. B. i. S. v. § 15 oder § 18 EStG) zu solchen i. S. v. § 20 Abs. 1 Nr. 1 Satz 2 EStG, die der Abgeltungsteuer bzw. dem Teileinkünfteverfahren unterliegen. ◄|

Möglich sind auch Fälle, in denen trotz der Qualifizierung als vGA die Einkunftsart unverändert bleibt, jedoch insoweit das Teileinkünfteverfahren zur Anwendung gelangt.

BEISPIEL 25
Anders als in Beispiel 22 vermietete X das Grundstück zuvor im Rahmen einer Betriebsaufspaltung an die X-GmbH.
LÖSUNG Ohne Berücksichtigung der vGA ergäben sich aus der Veräußerung gewerbliche Einkünfte i. H. v. 150.000 €. Durch Qualifikation des unangemessenen Teils des Kaufpreises als vGA liegen i. H. v. 50.000 € insoweit Bezüge i. S. v. § 20 Abs. 1 Nr. 1 Satz 2 EStG vor, die wegen der Zugehörigkeit der GmbH-Anteile zum Besitzunternehmen des X gemäß § 20 Abs. 8 EStG ebenfalls zu den gewerblichen Einkünften zählen und gemäß § 3 Nr. 40 Satz 1 Buchst. d i. V. m. Satz 2 EStG dem Teileinkünfteverfahren unterliegen. ◄|

Verfahrensrecht

Zu den verfahrensrechtlichen Besonderheiten der Korrektur von Steuerbescheiden gegen die Gesellschafter nach Aufdeckung der vGA auf der Ebene der Kapitalgesellschaft vgl. unter D I 3.4.2.

3.3.2 Folgewirkungen

Zurechnung der vGA zum Gesellschafter

Über das Entstehen von Bezügen i. S. v. § 20 Abs. 1 Nr. 1 Satz 2 EStG hinaus können sich beim Gesellschafter insbesondere dann weitere steuerliche Auswirkungen ergeben, wenn bei der Gesellschaft eine vGA in Form einer verhinderten Vermögensmehrung vorliegt, der Gesellschafter also im Fall einer fremdüblichen Vereinbarung ein angemessenes Entgelt hätte zahlen müssen. Trotz der Bedenken des BFH (v. 26. 01. 1987 – GrS 2/86, BStBl. II 1988, 348) stellt dabei die Fiktionstheorie nach wie vor eine sinnvolle Denkhilfe dar. Wird unter Berücksichtigung der 1. Fiktion eine Vereinbarung zu fremdüblichen Bedingungen und damit eine entsprechende Zahlung durch den Gesellschafter an die Kapitalgesellschaft unterstellt, ist zu fragen, wie diese Zahlung beim Gesellschafter steuerlich zu berücksichtigen ist.

BEISPIEL 26
Die O-GmbH gewährt ihrem Gesellschafter ein zinsgünstiges Darlehen. Der Gesellschafter verwendet dieses zum Erwerb eines Mietwohngrundstücks.
LÖSUNG I. H. d. Zinsvorteils liegt eine vGA vor, die außerhalb der Bilanz dem Einkommen der O-GmbH hinzuzurechnen ist. Beim Gesellschafter sind i. H. d. vGA Einnahmen gemäß § 20 Abs. 1 Nr. 1 Satz 2 EStG anzusetzen. Der Gesellschafter kann den Zinsaufwand als Werbungskosten bei den Einkünften i. S. v. § 21 EStG berücksichtigen. ◄|

Gleiches kann sich auch ergeben, wenn die Gesellschaft Aufwendungen des Anteilseigners übernimmt.

BEISPIEL 27
Die Q-GmbH lässt durch ihren Steuerberater auch die Einkommensteuererklärung ihres Alleingesellschafters erstellen.
LÖSUNG I. H. d. des auf die Erklärung des Gesellschafters entfallenden Teils des Honorars liegt eine vGA vor, die außerhalb der Bilanz dem Einkommen der Q-GmbH hinzuzurechnen

ist. Beim Gesellschafter sind i.H.d. vGA Einnahmen gemäß § 20 Abs. 1 Nr. 1 Satz 2 EStG anzusetzen, die der Abgeltungsteuer bzw. dem Teileinkünfteverfahren unterliegen. Der Gesellschafter kann die Steuerberatungskosten im Rahmen seiner Einkommensteuerveranlagung anteilig als Werbungskosten geltend machen. ◄|

Schließlich sind Fälle denkbar, in denen eine Vorteilsgewährung an nahe stehende Personen beim Gesellschafter einen Sonderausgabenabzug ermöglicht.

BEISPIEL 28
Die M-GmbH zahlt der geschiedenen Ehefrau eines Gesellschafters ein Gehalt, obwohl kein Arbeitsverhältnis vorliegt.
LÖSUNG Die Gehaltszahlung stellt eine vGA zugunsten eines nahen Angehörigen eines Gesellschafters dar. Die nicht anerkannten Gehaltszahlungen werden, statt der bisherigen Behandlung als Einkünfte gemäß § 19 EStG bei der Ehefrau, in Einkünfte i.S.v. § 20 Abs. 1 Nr. 1 Satz 2 EStG beim Ehemann umqualifiziert. Der Ehemann kann die verschleierten Unterhaltszahlungen ggf. als Sonderausgaben im Wege des Realsplittings (§ 10 Abs. 1 Nr. 1 EStG) geltend machen. Bei der Ehefrau entstehen insoweit Einkünfte i.S.v. § 22 Nr. 1a EStG. ◄|

3.3.3 Bewertung beim Anteilseigner

Die Bewertung der vGA im Rahmen der Einkommensermittlung der Kapitalgesellschaft muss nicht mit derjenigen beim Gesellschafter übereinstimmen. Gemäß § 8 Abs. 2 Satz 1 EStG sind Einnahmen, die nicht in Geld bestehen, grundsätzlich mit dem gemeinen Wert anzusetzen. Hierbei können sich insbesondere hinsichtlich eines ggf. bestehenden Vorsteuerabzugsrechts Unterschiede ergeben.

Gemeiner Wert

BEISPIEL 29
Sachverhalt wie in Beispiel 20. B ist
a) zum Vorsteuerabzug berechtigt;
b) nicht zum Vorsteuerabzug berechtigt.
LÖSUNG a) Der für die Bewertung der vGA maßgebliche Vermögensvorteil des B beläuft sich auf 2.000 €. Dass die Kapitalgesellschaft die vGA mit 2.380 € bewertet, ist unerheblich.
b) Der Vermögensvorteil des B beläuft sich auf 2.380 € und stimmt daher mit der Bewertung auf der Ebene der Kapitalgesellschaft überein. ◄|

3.4 Korrespondenz zwischen der steuerlichen Behandlung bei der Gesellschaft und beim Gesellschafter

Grundsätzlich erfolgt die Besteuerung bei der Kapitalgesellschaft und beim Anteilseigner unabhängig voneinander, weshalb die einkommensteuerliche und die körperschaftsteuerliche Erfassung der vGA nicht zwangsläufig korrelieren; vielmehr ist auf beiden Ebenen jeweils selbständig zu entscheiden, ob und ggf. in welcher Höhe und aus welchen Gründen eine vGA vorliegt. Allein die Tatsache, dass bei der Gesellschaft eine das Einkommen und den Gewerbeertrag erhöhende vGA festgestellt wurde, bewirkt demnach nicht automatisch, dass auch beim Gesellschafter der betreffende Sachverhalt Einkünfte i.S.v. § 20 Abs. 1 Nr. 1 Satz 2 EStG nach sich zieht. Gleichwohl führt nach der Rechtsprechung des BFH eine Vermögensminderung auf der Ebene der Gesellschaft nur dann zur Annahme einer vGA, wenn sie zumindest grundsätzlich dazu geeignet ist, beim Gesellschafter einen Bezug i.S.v. § 20 Abs. 1 Nr. 1 Satz 2 EStG auszulösen (vgl. BFH v. 07.08.2002 – I R 2/02,

Keine zwingende Korrespondenz im materiellen Recht

BStBl. II 2004, 131). Unterschiede zwischen der Behandlung auf Gesellschafts- und Gesellschafterebene ergeben sich insbesondere in zeitlicher Hinsicht, da beim Gesellschafter eine Berücksichtigung der vGA regelmäßig erst bei Zufluss des Vermögensvorteils erfolgt.

Zunächst auch keine verfahrensrechtliche Korrespondenz

Unabhängig von der Frage der materiell-rechtlichen Voraussetzungen einer vGA stellen sich verfahrensrechtliche Fragen, etwa wenn im Zeitpunkt der Qualifikation als vGA bei der Kapitalgesellschaft bereits bestandskräftige Bescheide für den Gesellschafter vorliegen, die nach den Vorschriften der AO nicht mehr änderbar sind. Auch entfaltet die Korrektur von Steuerbescheiden gegen die Kapitalgesellschaft, z.B. aufgrund von Außenprüfungen, grundsätzlich keinerlei Bindungswirkung für die beim Gesellschafter einkommensteuerrechtlich zu treffenden Feststellungen (vgl. LANG in DPM, § 32a KStG Tz. 4). Ohne eine spezialgesetzliche Regelung würde dies dazu führen, dass auf der Ebene des Gesellschafters zuvor in vollem Umfang als Einnahmen i.S.v. § 19 EStG qualifizierte Zuflüsse nach Erkennung der vGA bei der Gesellschaft nicht mehr in den Genuss des Teileinkünfteverfahrens bzw. der Abgeltungsteuer gelangen könnten. Zur Vermeidung der sich hieraus ergebenden sachlich nicht zu rechtfertigenden Steuermehrbelastungen hat der Gesetzgeber Regelungen zur korrespondierenden Besteuerung von vGA auf der Ebene der Gesellschaft und derjenigen des Anteilseigners eingeführt, die in zweifacher Hinsicht wirken: Zum einen wird die (ggf. teilweise) Steuerfreistellung der vGA beim Anteilseigner davon abhängig gemacht, dass die vGA das Einkommen der Kapitalgesellschaft nicht gemindert hat (§§ 3 Nr. 40 Buchst. d Sätze 2, 3 EStG, 8b Abs. 1 Sätze 2 bis 4 KStG); siehe hierzu D I 3.4.1). Zum anderen wurde mit § 32a Abs. 1 KStG eine eigenständige Korrekturvorschrift eingefügt, nach der im Falle einer vGA-bedingten Korrektur eines Steuerbescheids gegen die Kapitalgesellschaft eine Folgeänderung der gegen den Gesellschafter gerichteten Bescheide ermöglicht wird, siehe hierzu D I 3.4.2. Ähnliche Vorschriften gelten auch im Bereich der verdeckten Einlage; siehe hierzu auch D II 3.4.

3.4.1 Volle Besteuerung beim Gesellschafter, wenn keine Hinzurechnung bei der Kapitalgesellschaft

Ggf. Versagung des TEV, wenn vGA bei KapGes nicht berücksichtigt

Ist eine vGA bei der Veranlagung für das Wirtschaftsjahr, in dem es zu der Vermögensminderung gekommen ist, nicht hinzugerechnet worden und kann diese Veranlagung nach den Vorschriften der AO nicht mehr berichtigt oder geändert werden, so unterbleibt die Hinzurechnung nach § 8 Abs. 3 Satz 2 KStG bei der Kapitalgesellschaft endgültig. Auf der Ebene des Anteilseigners steht dies einer Qualifikation als vGA i.S.v. § 20 Abs. 1 Nr. 1 Satz 2 EStG grundsätzlich nicht entgegen (vgl. BMF v. 28.05.2002, BStBl. I 2002, 603); allerdings wird in diesem Fall nach §§ 3 Nr. 40 Buchst. d Satz 2 EStG, 8b Abs. 1 Satz 2 KStG die (anteilige) Steuerfreistellung ausgeschlossen. Auch eine ggf. mögliche DBA-Freistellung derartiger Bezüge soll in diesem Fall nach § 8b Abs. 1 Satz 3 KStG nicht zur Anwendung kommen (sog. treaty override; siehe auch F II 1.4).

Ausnahme bei bestimmten Dreiecksfällen

Etwas anderes gilt allerdings gemäß § 8b Abs. 1 Satz 4 KStG dann, wenn die Vorteilsgewährung gegenüber einer dem Anteilseigner nahe stehenden Person erfolgte und bei dieser das Einkommen erhöhte, ohne dass die Möglichkeit einer Korrektur als verdeckte Einlage nach § 32a Abs. 2 KStG besteht (sog. Dreiecksfälle).

In diesem Fall wird quasi die Hinzurechnung der vGA bei der den Vorteil gewährenden Kapitalgesellschaft ersetzt durch die Erhöhung des Einkommens bei der
nahe stehenden Person, so dass eine (ggf. anteilige) Steuerfreistellung beim Anteilseigner sachgerecht erscheint. Allerdings wird es häufig möglich sein, den Vermögensvorteil bei der nahe stehenden Person als verdeckte Einlage zu qualifizieren
und infolgedessen gemäß § 32a Abs. 2 KStG die Einkommenserhöhung zu vermeiden (vgl. hierzu DÖTSCH/PUNG in DPM, § 8b KStG Tz. 47 ff.; siehe auch F II 1.4).

Anders als im Bereich des Teileinkünfteverfahrens kam der 25 %ige Sondersteuersatz nach § 32d Abs. 1 EStG zunächst unabhängig von der Erfassung der vGA auf
der Ebene der Kapitalgesellschaft zur Anwendung. Durch das JStG 2010 wurde
nunmehr jedoch § 32d Abs. 2 Nr. 4 EStG angefügt, nach der auf eine vGA der
Sondersteuersatz keine Anwendung mehr findet, wenn die vGA auf der Ebene der
Kapitalgesellschaft das Einkommen gemindert hat. In diesen Fällen ist die vGA beim
Gesellschafter daher nach allgemeinen Vorschriften zu versteuern. Da wegen der
fehlenden Hinzurechnung auf der Gesellschaftsebene nun auch § 3 Nr. 40 Buchst. d
EStG nicht greift, unterliegt die vGA beim Gesellschafter ungemildert dem Normal-
tarif gemäß § 32a EStG.

JStG 2010: Keine Abgeltungsteuer ohne Hinzurechnung der vGA bei der KapGes

3.4.2 Korrekturnorm für den Gesellschafter nach Erfassung der verdeckten Gewinnausschüttung bei der Gesellschaft

Komplementär zu der Versagung der Steuerfreistellung für den Fall der Nichtberücksichtigung der vGA bei der Kapitalgesellschaft wurde in § 32a Abs. 1 KStG
eine verfahrensrechtliche Möglichkeit geschaffen, nach der im Fall einer nachträglichen steuerrechtlichen Berücksichtigung einer vGA auf der Ebene der Kapitalgesellschaft auch beim Gesellschafter anschließend entsprechende Folgen gezogen
werden können. Auch wenn die gesetzestechnische Verankerung im KStG anstatt
in der AO und die formelle Verknüpfung materiell-rechtlich unterschiedlicher Besteuerungsebenen und Sachverhalte fragwürdig erscheint (vgl. LANG in DPM, § 32a
KStG Tz. 8 ff.), erscheint die Regelung dennoch im Hinblick auf die verfahrensrechtliche Sicherstellung der Vermeidung ungerechtfertigter Doppelbelastungen sachgerecht.

Korrekturvorschrift in § 32a KStG

Nach Auffassung des BFH ist die Vorschrift ggf. sogar sinngemäß anzuwenden,
wenn zwar kein Änderungsbescheid für die Kapitalgesellschaft vorliegt, die Höhe
der bei der Kapitalgesellschaft berücksichtigten vGA sich aber dennoch verändert
hat. Im betreffenden Fall wurde zunächst auf der Ebene der Kapitalgesellschaft ein
Rechtsstreit hinsichtlich der Höhe einer vGA in der Hauptsache für erledigt erklärt,
weil das Finanzamt seine diesbezügliche Steuernachforderung im zwischenzeitlich
eröffneten Insolvenzverfahren nur zu einem Drittel zur Insolvenztabelle anmeldete,
ohne allerdings geänderte KSt-Bescheide zu erlassen. Nach Auffassung der Finanzverwaltung hat dies nun nicht zur Folge, dass die aufgrund der vGA anzunehmen-
den Einkünfte des Gesellschafters infolgedessen ebenfalls auf ein Drittel zu reduzieren sind. Der BFH hat bzgl. der Rechtsauffassung der Finanzverwaltung zumindest ernsthafte Zweifel, so dass er die Vollziehung der betroffenen ESt-Bescheide bis
zum Ergehen der diesbezüglichen Hauptsacheentscheidung aussetzte. Die geänderten KSt-Berechnungen, die zu einer Verminderung der angemeldeten KSt-Festset-
zungen geführt haben, kämen im Ergebnis einer Änderung der KSt-Bescheide gleich,

BFH: U. U. auch sinn-gemäße Anwendung möglich

so dass eine sinngemäße Anwendung von § 32a Abs. 1 KStG bei summarischer Betrachtungsweise nahe läge (vgl. BFH v. 20.03.2009 – VIII B 170/08, BFH/NV 2009, 1029).

Kann-Vorschrift, aber Ermessen i.d.R. Null

Kaum nachvollziehbar ist, dass § 32a KStG als Kann-Vorschrift ausgestaltet ist, die Anwendung dem Wortlaut nach also im Ermessen der Finanzverwaltung steht (vgl. DÖRFLER/HEURUNG/ADRIAN, DStR 2007, 514, 516). Das der Finanzverwaltung eingeräumte Ermessen dürfte jedenfalls dann auf 0 reduziert sein, wenn die Steuerfestsetzung für den Gesellschafter ohne die Änderung sachlich unrichtig wäre (so auch BFH v. 20.03.2009 – VIII B 170/08, BFH/NV 2009, 1029; vgl. auch LANG in DPM, § 32a KStG Tz. 25 f.).

3.5 Kapitalertragsteuerabzug

KapESt-Abzug grds. auch bei vGA

Wie offene Gewinnausschüttungen unterliegen auch vGA als Einnahmen i.S.v. § 20 Abs. 1 Nr. 1 Satz 2 EStG grundsätzlich dem Kapitalertragsteuerabzug i.H.v. 25 % (§§ 43 Abs. 1 Satz 1 Nr. 1, 43a Abs. 1 Satz 1 Nr. 1 EStG). Der Steuerabzug ist dabei auch dann vorzunehmen, wenn die Kapitalerträge einer anderen Einkunftsart zuzurechnen sind (§ 43 Abs. 4 EStG). Die Pflicht zum Abzug entsteht gemäß § 44 Abs. 1 Satz 2 EStG im Zeitpunkt des Zuflusses der vGA beim Gesellschafter. Allerdings wird im Fall einer vGA der Abzug regelmäßig nicht vorgenommen worden sein, weil sich die Beteiligten der Vorteilsgewährung nicht bewusst waren oder sein wollten.

Bis 2008 i.d.R. keine Nacherhebung bei unbeschränkt stpfl. AE

Bei Geltung der alten Rechtlage, d.h. vor dem Systemwechsel zur Abgeltungssteuer, wurde von einer Nacherhebung der Kapitalertragsteuer aus verfahrensökonomischen Gründen regelmäßig abgesehen, wenn die Erfassung der vGA bei der Einkommensteuerveranlagung des Gesellschafters sichergestellt war (vgl. BFH v. 03.07.1968 – I 191/65, BStBl. II 1969, 4; OFD Münster v. 07.11.2007, FR 2008, 47). Dagegen war die Kapitalertragsteuer im Fall der vGA an im Inland nicht unbeschränkt steuerpflichtige Anteilseigner nachträglich zu erheben.

Behandlung ab 2009 unklar

Ob die vorstehenden Grundsätze auch für die ab dem Veranlagungszeitraum 2009 geltende Rechtslage zur Anwendung gelangen, ist unklar. Man wird dies zumindest für die Fälle bejahen können, in denen die vGA auf Anteilseignerebene über § 20 Abs. 8 EStG nicht zu Kapitalvermögenseinkünften führt und damit nicht der Abgeltungsteuer unterlicgt, sondern nach wie vor in die Einkommensteuerveranlagung einzubeziehen ist (vgl. hierzu LANG in DPM, § 8 Abs. 3 Teil C Tz. 638). Unterliegt die vGA indes der Abgeltungsteuer, so wird im Schrifttum eine Nacherhebung der Kapitalertragsteuer befürwortet (vgl. SCHALLMOSER in HHR, KStG, § 8 Anm. 220). In der Einkommensteuerveranlagung des Anteilseigners wäre die vGA sodann nicht (mehr) zu berücksichtigen, es sei denn, dies erweist sich nach der Günstigerprüfung des § 32d Abs. 6 EStG für ihn als vorteilhaft. U.E. könnte allerdings auch in letzteren Fällen eine Nacherhebung der Kapitalertragsteuer unterbleiben, wenn man in der Einkommensteuerveranlagung bezüglich der vGA den Sondertarif von 25 % über § 32d Abs. 3 EStG zur Anwendung brächte, wie es im Fall von vGA aus einer im Privatvermögen gehaltenen Beteiligung an einer ausländischen Kapitalgesellschaft der Regelfall ist (vgl. hierzu LANG in DPM, § 8 Abs. 3 Teil C Tz. 638 ff.).

4 Verdeckte Gewinnausschüttung bei Gesellschafter-Geschäftsführervergütungen

Vergütungen an den Gesellschafter einer GmbH aufgrund von Anstellungs-verträgen stellen einen Hauptanwendungsfall der vGA und einen Hauptstreitpunkt der Besteuerung von Kapitalgesellschaften dar. Regelmäßig handelt es sich dabei um Vergütungen für Geschäftsführungstätigkeiten; betroffen sein können aber auch andere Dienstleistungen. **Hauptanwendungs-fall der vGA**

4.1 Systematik der Angemessenheitsprüfung

Wegen der Vielzahl der möglichen Entgeltbestandteile (etwa Festgehalt, Tan-tieme, Pensionszusagen, Sonderzahlungen und Sachbezüge) ergeben sich in der Praxis häufig erhebliche Schwierigkeiten. Dies gilt insbesondere deshalb, weil nach Auffassung des BFH nicht nur auf die Angemessenheit der Gesamtausstattung des Entgelts abzustellen ist, sondern auch jeder einzelne Entgeltbestandteil für sich genommen unter Anwendung des Fremdvergleichs als der Höhe nach durch das Gesellschaftsverhältnis veranlasst anzusehen sein kann. Unangemessene Einzel-bestandteile können daher auch dann zur vGA führen, wenn die Vergütungen in ihrer Gesamtheit angemessen sind (vgl. z.B. BFH v. 17.12.2003 – I R 16/02, BFH/NV 2004, 817). Zudem können einzelne Entgeltbestandteile auch unabhängig von ihrer Höhe bereits dem Grunde nach als vGA zu qualifizieren sein. **Ggf. Bestandteile und Gesamtausstat-tung zu prüfen**

Unter Berücksichtigung dieser Grundsätze vollzieht sich die Prüfung nach Auffassung der Finanzverwaltung in drei Stufen (vgl. BMF v. 14.10.2002, BStBl. I 2002, 972, Tz.5 ff.): **FinVerw: Prüfung in drei Stufen**

- 1. Schritt: Beurteilung der Einzelbestandteile dem Grunde nach
- 2. Schritt: Beurteilung der Einzelbestandteile der Höhe nach
- 3. Schritt: Beurteilung der Angemessenheit der Gesamtausstattung

Nach Auffassung des BFH ist der zweite Schritt zumindest bei erfolgsabhängi-gen Vergütungsbestandteilen regelmäßig entbehrlich, da diese nur nach Lage des Einzelfalls und nur unter Berücksichtigung der Gesamtausstattung, nicht aber lediglich wegen ihrer isoliert betrachteten Höhe als vGA qualifiziert werden könnten (vgl. BFH v. 27.02.2003 – I R 46/01, BStBl. II 2004, 132; v. 04.06.2003 – I R 24/02, BStBl. II 2004, 136). Daher erscheint es nicht gerechtfertigt, sämtliche Einzel-bestandteile zunächst einer aufwendigen Vorabprüfung zu unterwerfen. Zumindest bei Tantiemen und Pensionszusagen existiert jedoch eine umfangreiche Kasuistik zur Beurteilung der Angemessenheit der Höhe nach, so dass in der Praxis auf eine der Auffassung der Finanzverwaltung folgende Prüfung kaum verzichtet werden kann. **BFH: 2. Stufe u.U. entbehrlich**

4.2 Anerkennung dem Grunde nach

Insbesondere bei beherrschenden Gesellschaftern ist vorrangig vor der Prüfung der Angemessenheit zu klären, ob die einzelnen Vergütungsbestandteile dem Grun-de nach anzuerkennen oder vielmehr bereits wegen Mängeln in der Vereinbarung aus formellen Gründen vGA anzunehmen sind (siehe hierzu unter D I 2.3.3). Eine vGA liegt bei beherrschenden Gesellschaftern auch insoweit vor, als es an einer klaren, eindeutigen und im Voraus abgeschlossenen Vereinbarung fehlt. Bei der **Besonderheiten beim beherrschen-den Ges'ter**

Prüfung der Anerkennung dem Grunde nach ist grundsätzlich jeder Vergütungsbestandteil für sich zu beurteilen.

Dem Grunde nach nicht anerkannte Bestandteile

Ergibt sich in formeller Hinsicht kein Anhaltspunkt für die Annahme einer vGA, können einzelne Entgeltbestandteile dennoch bereits dem Grunde nach als durch das Gesellschaftsverhältnis angesehen werden. Dies gilt z. B. regelmäßig für

- die Überstundenvergütung eines Geschäftsführers, da eine solche Vergütung mit seinem Aufgabenbild unvereinbar erscheint (vgl. BFH v. 06. 10. 2009 – I B 55/09, BFH/NV 2010, 469; v. 27. 03. 2001 – I R 40/00, BStBl. II 2001, 655; vgl. aber BFH v. 14. 07. 2004 – I R 111/03, BStBl. II 2005, 307);
- Sonn- und Feiertagszuschläge, es sei denn gesellschaftsfremde Arbeitnehmern in leitender Funktion erhalten ebenfalls Vergütungen in ähnlicher Höhe und der Gesellschafter-Geschäftsführer erhält hierfür auch nicht bereits eine anderweitige Vergütung, z. B. eine Gewinntantieme (vgl. BFH v. 14. 07. 2004 – I R 111/03, BStBl. II 2005, 307; v. 06. 10. 2009 – I B 55/09, BFH/NV 2010, 469);
- Pensionszusagen, bei denen die von der Rechtsprechung entwickelten Probezeiten nicht eingehalten werden (vgl. hierzu unter D I 4.5.6);
- zeitlich unbefristete Nur-Tantiemezusagen sowie Umsatztantiemen (vgl. unter D I 4.4.2).

Umfassende vGA

Werden einzelne Entgeltbestandteile nach dem zuvor Gesagten dem Grunde nach nicht anerkannt, sind die zugrunde liegenden Vergütungen in vollem Umfang als vGA zu qualifizieren. Erst recht gelangt man zu diesem Ergebnis, wenn dem Gesellschafter-Geschäftsführer vertraglich ausdrücklich ausgeschlossene Vorteile zugewendet werden (vgl. BFH v. 23. 01. 2008 – I R 8/06, BFH/NV 2008, 1057 zur vertragswidrigen privaten Pkw-Nutzung; vgl. hierzu auch BMF v. 03. 04. 2013, BStBl. I 2012, 478) oder wenn Aufwendungen übernommen werden, ohne dass deren betriebliche Veranlassung ausreichend nachgewiesen werden kann (vgl. BFH v. 07. 10. 2008 – I B 37/07, BFH/NV 2009, 216 zu überwiegend privat veranlasster Reise nach Hawaii).

4.3 Angemessenheit der Gesamtausstattung

Unterstellt man zunächst einmal die Angemessenheit der jeweiligen Einzelbestandteile (vgl. hierzu D I 4.4.3, D I 4.5.8), so ist zudem die Gesamtausstattung auf ihre Angemessenheit zu überprüfen.

4.3.1 Ermittlung der Angemessenheitsgrenze

Grds. Schätzung

Die Bestimmung der Angemessenheitsgrenze der Gesamtausstattung der Bezüge folgt letztlich keinen einheitlichen Regeln und kann nur im Schätzwege erfolgen. Zu berücksichtigen sind grundsätzlich alle Umstände des Einzelfalls, d. h. die Besonderheiten des Unternehmens, der Person und der Leistungen des Gesellschafters. Kriterien zur Bestimmung der Angemessenheitsgrenze sind danach vor allem (vgl. BMF v. 14. 10. 2002, BStBl. I 2002, 972, Tz. 10 ff.; BFH v. 05. 10. 1994 – I R 50/94, BStBl. II 1995, 549)

Kriterien der Angemessenheit

- der inner- und außerbetriebliche Fremdvergleich,
- Art und Umfang der Tätigkeit, die insbesondere durch die Branche des Unternehmens und seine Größe (Zahl der Beschäftigten, Umsatz u.s.w.) bestimmt werden, sowie

- die Ertragssituation des Unternehmens, insbesondere das Verhältnis der Vergütung zum Gesamtgewinn und zur verbleibenden Kapitalverzinsung der Kapitalgesellschaft.

In der Literatur wird insbesondere dem Fremdvergleich eine besondere Bedeutung beigemessen (vgl. GOSCH, 2009, § 8 KStG Rz. 796 ff.). Externe Vergleichswerte lassen sich z. B. aus branchenbezogenen und nach Betriebsgrößen differenzierenden Gehaltsstrukturuntersuchungen und vergleichbaren Studien gewinnen (vgl. LANG in DPM, § 8 Abs. 3 KStG Tz. 413 ff. m. w. N.), die teilweise auch in Verwaltungsanweisungen übernommen wurden (vgl. OFD Karlsruhe v. 03.04.2009, HaufeIndex 2306679). Bei der Verwendung interner Vergleichsdaten ist zu berücksichtigen, dass Gesellschafter-Geschäftsführern wegen des gegenüber Fremdgeschäftsführern höheren Haftungsrisikos und erwarteten Arbeitseinsatzes regelmäßig ein höheres Gehalt gezahlt werden kann (vgl. hierzu PFLÜGER, GStB 2003, 17; zweifelnd LANG in DPM, § 8 Abs. 3 KStG Tz. 412). **Fremdvergleich**

Teilweise wird auch die Ertragssituation als entscheidendes Kriterium bezeichnet (vgl. LANG in DPM, § 8 Abs. 3 KStG Tz. 391). Danach sind Vergütungen als vGA zu qualifizieren, wenn sie zu einer nachhaltigen Gewinnabsaugung führen. So wird z.B gefordert, der Kapitalgesellschaft müsse nach Abzug des Festgehalts noch ein angemessener Gewinn verbleiben (im Regelfall mindestens 50 % des Gewinns, so WASSERMEYER, GmbHR 1998, 157). **Ertragssituation**

U.E. ist eine solche fixe Teilungsregel kaum geeignet, die Angemessenheitsgrenze von Geschäftsführervergütungen absolut zu bestimmen (vgl. OFD Chemnitz v. 01.06.2004, HaufeIndex 1413558). Wird sie eingehalten, ist dies allenfalls als Indiz gegen eine Unangemessenheit der Vergütungen anzusehen (gl. A. LANG in DPM, § 8 Abs. 3 KStG Tz. 392). Gleiches gilt auch für die Forderung nach dem Verbleib einer Mindestkapitalverzinsung (vgl. GOSCH, § 8 KStG Rz. 809; LANG in DPM, § 8 Abs. 3 KStG Tz. 398). Ob im Einzelfall eine Gewinnabsaugung vorliegt, die ein ordentlicher und gewissenhafter Geschäftsleiter gegenüber Dritten nicht hingenommen hätte, kann nur unter Berücksichtigung der spezifischen Situation des Unternehmens beurteilt werden. **50 %-Regel u. E. ungeeignet**

Übt der Gesellschafter außerhalb der Geschäftsführung noch eine andere Tätigkeit aus, so ist die Angemessenheitsgrenze i.d.R. zu reduzieren (vgl. z.B. BFH v. 26.05.2004 – I R 101/03, BFH/NV 2004, 1672; vgl. auch BMF v. 14.10.2002, BStBl. I 2002, 972, Tz. 11 ff.). Gleiches kann gelten, soweit Geschäftsführungsaufgaben auf mehrere Geschäftsführer verteilt werden (vgl. BFH v. 09.02.2011 – I B 111/10, BFH/NV 2011, 1396; v. 09.10.2013 – I B 100/12, BFH/NV 2014, 385). **Übrige Tätigkeit**

Die Bestimmung der Angemessenheitsgrenze erfolgt grundsätzlich zu Beginn der Leistungsbeziehung und ist bei Änderungen der Vereinbarung sowie bei erheblichen Änderungen der für die Angemessenheit relevanten Parameter zu überprüfen.

4.3.2 Rechtsfolgen der Unangemessenheit

Ist die Gesamtausstattung als unangemessen anzusehen, liegt i.H.d. die Angemessenheitsgrenze übersteigenden Teils eine vGA vor, die ggf. auf die einzelnen Vergütungsbestandteile aufzuteilen ist. Die Aufteilungssystematik ist vor allem dann steuerlich relevant, wenn einzelne Vergütungsbestandteile erst in späteren Veranlagungszeiträumen beim Gesellschafter zufließen. Wird neben einem Fest- **Grundsatz** gehalt z. B. eine Pensionszahlung zugesagt, führt eine ausschließliche Umqualifizierung dieser Zusage beim Gesellschafter erst bei Zahlung der Pension zu Bezügen i. S. v. § 20 Abs. 1 Nr. 1 Satz 2 EStG und zu einer entsprechenden Berücksichtigung des Abflusses bei der Gesellschaft nach § 27 KStG, während diese Rechtsfolgen sofort eintreten, wenn das Festgehalt umqualifiziert würde.

Aufteilung der vGA unklar

Unstrittig sind zunächst einzelne, für sich genommen bereits unangemessene Bestandteile i. H. d. unangemessenen Teils als vGA zu qualifizieren. Ist die verbleibende Gesamthöhe danach noch immer unangemessen, werden für den noch umzuqualifizierenden Betrag verschiedenste Aufteilungsmodi vertreten. Nach Auffassung der Finanzverwaltung sollen die zuletzt vereinbarten Vergütungsbestandteile vorrangig umqualifiziert werden. Bei zeitgleichen Vereinbarungen soll nach einem sachgerechten Kriterium, z. B. quotal, aufzuteilen sein (BMF v. 14. 10. 2002, BStBl. I 2002, 972, Tz. 8; gl. A. LANG in DPM, § 8 Abs. 3 KStG Tz. 427 ff.). In der Literatur wird vertreten, die Aufteilung solle grundsätzlich im Ermessen des Unternehmens liegen, sich aber möglichst auf nur einen Vergütungsbestandteil beschränken, um das bei einer quotalen Aufteilung ggf. notwendig werdende langwierige Nachvollziehen über alle Vergütungsbestandteile zu minimieren (vgl. GOSCH, 2009, § 8 KStG Rz. 824).

Im Hinblick auf die unterschiedlichen Ebenen, auf denen sich die vGA auswirkt, wäre u. E. einer festen Zuordnungsregel grundsätzlich der Vorzug zu geben, besteht doch ansonsten die Gefahr einer unterschiedlichen Aufteilung auf Gesellschafts- und Gesellschafterebene. Der BFH hat die Frage der Aufteilung auf der Ebene des Gesellschafters in einem jüngeren Verfahren offen gelassen (vgl. BFH v. 30. 11. 2010 – VIII R 19/07, BFH/NV 2011, 449).

4.4 Tantiemen

4.4.1 Überblick, Grundlagen

Begriff, Arten

Tantiemen sind erfolgsabhängige Vergütungen, die sich durch Anwendung eines Vomhundertsatzes auf eine zu definierende Bezugsgröße ermitteln. Sie stellen mittlerweile einen erheblichen Anteil an der Vergütung von Geschäftsführern dar, da sie gegenüber Festgehältern den Vorteil der Anreizwirkung und der geringeren Ergebnisbelastung in Verlustjahren aufweisen. Unterschieden werden in erster Linie Gewinn-, Rohgewinn- und Umsatztantiemen.

Nähe zu Gewinnausschüttungen

Werden Gesellschaftern Tantiemen zugesagt, besteht naturgemäß eine große inhaltliche Nähe zu Gewinnausschüttungen, weshalb das Erfordernis besteht, Tantiemen von einer Gewinnabsaugung bzw. vorweggenommenen Gewinnausschüttung abzugrenzen.

4.4.2 Bemessungsgrundlage

Gewinntantiemen

Als Bezugsgröße zur Ermittlung der Tantiemehöhe werden regelmäßig Gewinngrößen herangezogen. Zur Vermeidung von Unklarheiten ist es zweckmäßig, die Bemessungsgrundlage in der Tantiemevereinbarung klar und eindeutig festzulegen. Im Falle beherrschender Gesellschafter ist dies ohnehin bereits zur Anerkennung der Tantiemevereinbarung dem Grunde nach notwendig (vgl. unter D I 2.3.3).

Als Bemessungsgrundlage kommen z. B. in Betracht:

Bemessungs-
grundlagen

- der Handels- oder Steuerbilanzgewinn,
- das handels- oder steuerrechtliche Ergebnis der Gewinn- und Verlustrechnung, ggf. vor oder nach Ertragsteuern,
- ein um bestimmte Erträge und/oder Aufwendungen bzw. Betriebseinnahmen und -ausgaben modifiziertes Ergebnis,
- das körperschaftsteuerliche zu versteuernde Einkommen.

Häufig wird der handelsrechtliche Jahresüberschuss vor Abzug der Gewinntantieme und der Ertragsteuern verwendet.

Einzubeziehen sind i. d. R. handelsrechtliche Verlustvorträge, und zwar unabhängig davon, ob sie sich auf der Gesellschaftsebene bereits steuerlich ausgewirkt haben (vgl. BFH v. 17.12.2003 – I R 22/03, BStBl. II 2004, 524; GOSCH, 2009, § 8 KStG Rz. 1237; LANG in DPM, § 8 Abs. 3 KStG Tz. 458 f.). Verspricht eine Kapitalgesellschaft ihrem Gesellschafter-Geschäftsführer eine Gewinntantieme, so muss ein bei ihr bestehender Verlustvortrag jedenfalls dann in die Bemessungsgrundlage der Tantieme einbezogen werden, wenn der tantiemeberechtigte Geschäftsführer für den Verlust verantwortlich oder zumindest mitverantwortlich ist. Anderenfalls liegt i. H. d. Differenzbetrags zwischen der tatsächlich zu zahlenden Tantieme und derjenigen, die sich bei Berücksichtigung des Verlustvortrags ergeben hätte, eine vGA vor (BFH v. 18.09.2007 – I R 73/06, BStBl. II 2008, 314; v. 17.12.2003 – I R 22/03, BStBl. II 2004, 524).

Verlustvortrag
einzubeziehen

Zu den durch das Gesellschaftsverhältnis veranlassten Tantiemevereinbarungen gehören insbesondere auch solche, deren Bemessungsgrundlage nicht eindeutig bestimmt ist bzw. deren Zahlung an bestimmte Bedingungen geknüpft ist. So wurden durch die Rechtsprechung z. B. Tantiemen nicht anerkannt, die lediglich wahlweise (vgl. FG Hamburg, 16.08.1989, EFG 1990, 125), nur in Abhängigkeit von der wirtschaftlichen Lage des Unternehmens (vgl. BFH v. 11.12.1991 – I R 49/90, BStBl. II 1992, 434) oder vorbehaltlich einer durch die Gesellschafterversammlung zu treffenden abweichenden Regelung (vgl. BFH v. 29.04.1992 – I R 21/90, BStBl. II 1992, 851) zu zahlen sind. Ebenso wurde eine Tantiemezahlung bereits dem Grunde nach nicht anerkannt, bei deren Bemessung Verlustvorträge nicht berücksichtigt wurden, dies aber in der Tantiemevereinbarung nicht klar und eindeutig zum Ausdruck kam (vgl. BFH v. 01.04.2003 – I R 78,79/02, BFH/NV 2004, 86).

Klare Vereinbarun-
gen

Auf den Umsatz bezogene Tantiemen führen i. d. R. zur Nichtanerkennung, da sie ggf. zur vollständigen Gewinnabsaugung und sogar zur Verlustentstehung führen können. Nur im Ausnahmefall können zeitlich begrenzte Umsatztantiemen durch betriebliche, im Einzelnen darzulegende Gründe gerechtfertigt sein, etwa weil in der Aufbauphase die angestrebte Anreizwirkung nicht durch eine Gewinntantieme erzielt werden kann. Ein anderes Ergebnis lässt sich auch nicht unter Hinweis auf die Branchenüblichkeit oder durch Umdeutung der Vereinbarung in eine Gewinntantieme erreichen (vgl. GOSCH, 2009, § 8 KStG Rz. 1273 m. w. N.).

Umsatztantiemen
i. d. R. nicht anzu-
erkennen

Wird ein individuell definierter Rohgewinn als Bemessungsgrundlage der Tantieme gewählt, hängt die Anerkennung der Vereinbarung davon ab, ob sie ihrem wirtschaftlichen Gehalt nach eher als Umsatz- oder als Gewinntantieme zu qualifizieren ist. Insbesondere bei beherrschenden Gesellschaftern ist zunächst eine hinreichend klare Bestimmung der bei der Ermittlung des Rohgewinns einzubeziehenden Aufwandsgrößen erforderlich. Bei nicht beherrschenden Gesellschaftern ist

Rohgewinn-
tantiemen

zumindest darauf zu achten, dass der Rohgewinn stets nach einem einheitlichen Berechnungsschema ermittelt wird. Darüber hinaus ist sicherzustellen, dass sich der Rohgewinn in hinreichendem Maße vom Umsatz des Unternehmens unterscheidet. So reicht z.B. der Einbezug von nur etwa 25 % der berücksichtigungsfähigen Aufwendungen bei der Bemessung des Rohgewinns nicht zur Qualifizierung als Gewinntantieme aus (vgl. BFH v. 10.11.1998 – I R 33/98, BFH/NV 1999, 829).

4.4.3 Angemessenheit der Höhe nach

Grundsatz

Die Anerkennung einer Tantiemevereinbarung der Höhe nach bezieht sich auf zweierlei Bereiche: Zum einen darf der vereinbarte Tantiemesatz nicht so hoch sein, dass er zu einer Absaugung des Gewinns aus der Kapitalgesellschaft führt. Zum anderen darf die Tantieme nach Auffassung des BFH nicht in einem krassen Missverhältnis zu den fixen Vergütungsbestandteilen des Gesellschafter-Geschäftsführers stehen.

50 %-Grenze

Bei einer an die Gesellschafter insgesamt geleisteten Tantieme von mehr als 50 % des Gewinns spricht nach Auffassung des BFH der erste Anschein dafür, dass die Tantiemevereinbarungen insoweit durch das Gesellschaftsverhältnis veranlasst sind (vgl. BFH v. 17.12.2003 – I R 16/02, BFH/NV 2004, 817 m.w.N.). Für diese Regelvermutung ist unter dem Gewinn der steuerrechtliche Jahresüberschuss ohne Berücksichtigung der Tantieme und der ertragsabhängigen Steuern zu verstehen (vgl. GOSCH, 2009, § 8 KStG Rz. 1254).

Anscheinsbeweis widerlegbar

Der *prima-facie*-Beweis kann widerlegt werden, wenn ausreichende betriebliche Gründe eine höhere Tantieme rechtfertigen, etwa in Anlaufphasen (so BFH v. 27.04.2000 – I R 88/99, BFH/NV 2001, 342). In diesen Fällen ist aber darauf zu achten, die Tantieme in ihrer absoluten Höhe zu beschränken (vgl. BFH v. 04.06.2003 – I R 24/02, BStBl. II 2004, 136) und ein angemessenes Verhältnis zur Höhe der fixen Vergütungsbestandteile einzuhalten.

25/75-Relation …

Nach älterer Auffassung des BFH genügte eine Tantiemevereinbarung darüber hinaus regelmäßig nur dann dem Fremdvergleich, wenn die Gesamtbezüge nach den Verhältnissen im Zeitpunkt der Tantiemezusage und dem zu erwartenden Gewinn voraussichtlich zu maximal 25 % aus erfolgsabhängigen Bestandteilen bestanden. Das Einhalten dieser Relation sollte zudem alle drei Jahre überprüft werden (vgl. BFH v. 05.10.1994 – I R 50/94, BStBl. II 1995, 549). Die Finanzverwaltung hat sich dieser Sichtweise grundsätzlich angeschlossen; lediglich in der Gründungsphase, bei wirtschaftlichen Schwierigkeiten und bei risikobehafteten Geschäftszweigen könne hiervon abgewichen werden (vgl. BMF v. 01.02.2002, BStBl. I 2002, 219).

Die 25/75-Regel wird in der Literatur zu Recht heftig kritisiert, ist doch die starre Aufteilung rein willkürlich und entspricht auch kaum mehr den derzeitigen Vergütungsmodalitäten bei Fremdgeschäftsführern. Sie stellt daher kein adäquates Instrument zur Vornahme des Fremdvergleichs dar (vgl. LANG in DPM, § 8 Abs. 3 KStG Tz. 481).

… durch den BFH erheblich eingeschränkt und …

Mittlerweile hat der BFH selbst in einer Reihe von Urteilen die 25/75-Regel erheblich eingeschränkt (vgl. BFH v. 27.02.2003 – I R 46/01, BStBl. II 2004, 132; v. 04.06.2003 – I R 24/02, BStBl. II 2004, 136; v. 26.05.2004 – I R 86/03, BFH/NV 2005, 75).

Eine Abweichung vom 25/75-Verhältnis ist nunmehr kein vGA-Indiz mehr, wenn

- mit sprunghaften Gewinnentwicklungen gerechnet werden konnte,
- starke Ertragsschwankungen gegeben sind,
- eine Gewinnprognose im Vorfeld nicht erstellt wurde oder sich später nicht mehr verlässlich rekonstruieren lässt, oder
- keine weiteren Anhaltspunkte für die Annahme einer vGA (wie z. B. eine mangelhafte Durchführung) bestehen.

Nach Auffassung der Literatur ist die Regel damit faktisch als aufgehoben anzusehen (vgl. LANG in DPM, § 8 Abs. 3 KStG Tz. 484a). Verzichtet allerdings die Gesellschaft grundlos bzw. lediglich aufgrund der geänderten Rechtsprechung auf eine bisher vereinbarte Deckelung der Tantieme, ist insoweit von einer vGA auszugehen (vgl. Sächsisches FG v. 14.11.2013, DStR 2014, 10). **... i. E. faktisch aufgehoben**

Die Finanzverwaltung will bei einer Verletzung der 25/75-Regel nicht mehr zwangsläufig eine vGA annehmen, sondern macht dies im Einzelfall von zusätzlichen Zweifeln an der Angemessenheit der Gesamtausstattung oder anderweitigen Indizien abhängig (vgl. OFD Düsseldorf v. 17.06.2004, DStR 2004, 1386; H 39 »Grundsätze« KStH).

Allerdings ist eine Tantieme, die als alleinige Vergütung gezahlt wird (Nur-Tantieme), grundsätzlich als durch das Gesellschaftsverhältnis veranlasst anzusehen und damit in vollem Umfang vGA (BFH v. 27.03.2001 – I R 27/99, BStBl. II 2002, 111). **Nur-Tantieme ist vGA**

4.4.4 Folgen der Unangemessenheit

Zu unterscheiden sind Tantiemevereinbarungen, die bereits dem Grunde nach nicht anzuerkennen sind, etwa weil eine nicht ausreichend konkretisierte oder grundsätzlich nicht anzuerkennende Bezugsgröße gewählt wird, von solchen, die lediglich der Höhe nach unangemessen sind. Während erstere in vollem Umfang als vGA qualifiziert werden (umfassende vGA), erfolgt bei letzteren nur i. H. d. überhöhten Anteils eine Umqualifizierung (partielle vGA). **Umfassende oder partielle vGA**

Ergibt sich die Unangemessenheit nicht aus der Tantiemevereinbarung selbst, sondern aus der Höhe der Gesamtausstattung, ist die vGA ggf. auf die einzelnen Vergütungsbestandteile aufzuteilen (vgl. hierzu D I 4.3.2). **Ggf. Aufteilung notwendig**

Beim Gesellschafter sind die Tantiemen insoweit, als sie als vGA qualifiziert werden, den Einkünften i. S. v. § 20 Abs. 1 Nr. 1 Satz 2 EStG zuzurechnen. Auf der Ebene der Kapitalgesellschaft treten die Rechtsfolgen des § 27 KStG erst mit Abfluss der Tantiemen ein.

4.5 Pensionszusagen

4.5.1 Überblick

Häufig werden Gesellschafter-Geschäftsführern als betriebliche Altersversorgung Pensionszahlungen direkt zugesagt, für die auf der Ebene der Kapitalgesellschaft Rückstellungen gebildet werden. Da die Pensionszusage beim Gesellschafter erst bei Zufluss der Pension steuerliche Folgen auslöst, die Rückstellung aber bereits im Zeitpunkt ihrer Bildung das Einkommen der Kapitalgesellschaft mindert, können Pensionszusagen eine erhebliche zeitliche Verlagerung von steuerlichen Belastungen bewirken. Aufgrund dessen existiert insbesondere für beherrschende Gesellschafter eine Reihe von Einschränkungen, die sich teils auf die eigentliche Bildung der Rückstellung, teils auf die Anerkennung des Aufwands aus der Zuführung zur Rückstellung beziehen.

4.5.2 Bilanzsteuerrechtliche Voraussetzungen gemäß § 6a EStG

Passivierung der Pensionsrückstellung setzt voraus, dass die Vereinbarung zivilrechtlich wirksam ist, ...

Die Anerkennung von Pensionszusagen setzt zunächst voraus, dass die bilanzsteuerrechtlichen Voraussetzungen zur Passivierung einer Pensionsrückstellung nach § 6a EStG erfüllt sind (vgl. hierzu im Einzelnen R 6a EStR).

Neben der notwendigen Schriftform (§ 6a Abs. 1 Nr. 3 EStG) muss die Vereinbarung zu einer rechtsverbindlichen Verpflichtung führen (zur Behandlung ungewisser Leistungsbestandteile, z.B. bei wertpapiergebundenen Pensionszusagen, vgl. BMF v. 17.12.2002, BStBl. I 2002, 1397). Dies setzt zunächst die zivilrechtliche Wirksamkeit der Zusage voraus. Zusätzlich zu den ggf. bestehenden Beschränkungen des § 181 BGB (Selbstkontraktionsverbot) ist hierfür zu beachten, dass eine Pensionsvereinbarung oder die Änderung einer solchen nach der Rechtsprechung des BFH in die Kompetenz der Gesellschafterversammlung fällt und daher zivilrechtlich unwirksam ist, wenn sie nicht durch diese beschlossen oder genehmigt wurde (vgl. BGH v. 25.03.1991 – II ZR 169/90, GmbHR 1991, 363; BMF v. 21.12.1995, BStBl. I 1996, 50).

... keine Abhängigkeit von zukünftigen gewinnabhängigen Bezügen, ...

Gemäß § 6a Abs. 1 Nr. 2 EStG darf keine Abhängigkeit des Pensionsanspruchs von zukünftigen gewinnabhängigen Bezügen, etwa Gewinntantiemen, vorliegen. Nach Auffassung des BFH ist die Frage, inwieweit eine solche Abhängigkeit gegeben ist, auf den Zeitpunkt zu beziehen, in dem die Pensionszusage erteilt wurde (vgl. BFH v. 03.03.2010 – I R 31/09, BFH/NV 2010, 1020). Dies hat zur Folge, dass die nach dem erstmaligen Zusagezeitpunkt realisierten gewinnabhängigen Bezüge zu keinem Zeitpunkt bei der Bemessung der Rückstellung berücksichtigt werden können.

... keine schädlichen Vorbehalte, ...

Zudem darf die Vereinbarung gemäß § 6a Abs. 1 Nr. 2 EStG keine schädlichen Vorbehalte enthalten; hierunter sind neben einseitigen Widerrufsklauseln zugunsten des Arbeitgebers vor allem Abfindungs- und Anpassungsklauseln zu verstehen, die nicht zumindest eine Abfindung mit dem Barwert der gesamten zukünftigen Pensionsleistungen vorsehen (vgl. hierzu LANG in DPM, § 8 Abs. 3 KStG Tz. 556 ff.; vgl. auch BFH v. 28.04.2010 – I R 78/08, BFH/NV 2010, 1709).

... und keine Überversorgung vorliegen

Schließlich ist bereits bei der Frage der Bildung der Pensionsrückstellung zu prüfen, inwieweit die Zusage zu einer Überversorgung des Gesellschafter-Geschäftsführers führt. Eine solche wird angenommen, wenn eine Zusage in Form eines festen Pensionsbetrags vorliegt, der zusammen mit der ggf. vorliegenden Anwartschaft aus der gesetzlichen Rentenversicherung 75 % der am Bilanzstichtag bezogenen Aktivbezüge übersteigt (zu Einzelheiten und Sonderfällen vgl. LANG in DPM, § 8 Abs. 3 KStG Tz. 575 ff.). Eine Überversorgung ist insoweit grds. gegeben, wenn einem Gesellschafter-Geschäftsführer eine sog. Nur-Pensionszusage gegeben wird, d.h., der Gesellschafter-Geschäftsführer neben dem Pensionsanspruch keine weiteren Vergütungen erhält (vgl. BFH v. 28.04.2010 – I R 78/08, BFH/NV 2010, 1709; a.A. BMF v. 16.06.2008, BStBl. I 2008, 681). Dasselbe gilt auch bei Absenkung der aktiven Bezüge auf 0 € unter Aufrechterhaltung der Pensionszusage; in diesem Fall kann die Pensionsrückstellung nicht mehr passiviert werden (vgl. FG Hamburg v. 20.07.2011, GmbHR 2011, 1173, rkr.)

4.5.3 Betriebliche Veranlassung der Versorgungszusage

Über die Passivierungsvoraussetzungen des § 6a EStG hinaus ist im Wege des Fremdvergleichs zu prüfen, ob die Pensionszusage betrieblich oder (ggf. anteilig) durch das Gesellschaftsverhältnis veranlasst und damit als vGA zu qualifizieren ist (vgl. R 38 KStR). Die hierzu ergangene Rechtsprechung sowie die Auffassung der Finanzverwaltung sind einzelfallbezogen und kaum überschaubar.

Fremdvergleich

Bei beherrschenden Gesellschaftern ist auch bei Pensionszusagen der Fremdvergleich zunächst formell vorzunehmen, d. h. die Vereinbarungen müssen klar und eindeutig sein, im Vorhinein getroffen und auch tatsächlich durchgeführt werden (vgl. im Einzelnen GOSCH, 2009, § 8 KStG Rz. 1073 ff.).

Formeller Fremdvergleich

In materieller Hinsicht ist zu prüfen, ob

Materieller Fremdvergleich

- die Vereinbarungen ernsthaft sind,
- die Pensionszahlungen durch den Gesellschafter erdient werden können,
- der Zeitpunkt der Zusageerteilung, der leistungsausschließende Zeitraum und der Zeitpunkt der Unverfallbarkeit einem Fremdvergleich standhält,
- die Pensionszahlung von der Gesellschaft finanzierbar und
- die zugesagte Pension der Höhe nach angemessen ist.

Darüber hinaus existiert eine Fülle an Entscheidungen zur betrieblichen Veranlassung einer vorzeitigen Kapitalabfindung einer Pensionszusage. So ist z. B. eine dem beherrschenden Gesellschafter-Geschäftsführer vor der Beendigung des Dienstverhältnisses entgegen der zugrunde liegenden Versorgungsvereinbarung gezahlte Abfindung bzgl. einer auf laufende Rentenzahlungen gerichteten Pensionszusage als durch das Gesellschaftsverhältnis veranlasst (vgl. BFH v. 11.09.2013 – I R 28/13, BFH/NV 2014, 795), und zwar auch dann, wenn bei der GmbH zur Auszahlung fällige Beträge aus einer Rückdeckungsversicherung verwendet werden und sich daher in einer Gesamtbetrachtung keine Vermögensminderung auf der Gesellschaftsebene ergibt (vgl. BFH v. 23.10.2013 – I R 89/12, BFH/NV 2014, 797).

4.5.4 Ernsthaftigkeit der Zusage

Die Anerkennung der Pensionszusage setzt voraus, dass mit einer Belastung der Gesellschaft ernsthaft zu rechnen ist. Hierbei ist auf das vertraglich vereinbarte Pensionsalter abzustellen. Bei einem Regel-Pensionsalter von 65 Jahren ist grundsätzlich von der Ernsthaftigkeit der Vereinbarung auszugehen. Niedrigere Altersgrenzen bedürfen des Nachweises besonderer Umstände, etwa Minderungen der Erwerbsfähigkeit durch Schwerbehinderung. Bei einer vertraglichen Altersgrenze von weniger als 60 Jahren ist nach Auffassung der Finanzverwaltung davon auszugehen, dass keine ernsthafte Vereinbarung vorliegt (R 38 KStR). Als maximale Altersgrenze wird die Vollendung des 74. Lebensjahres angesehen (vgl. GOSCH, 2009, § 8 KStG Rz. 1092). Wird die Pensionszusage nach diesen Grundsätzen als nicht ernsthaft qualifiziert, ist sie in vollem Umfang als vGA zu qualifizieren (umfassende vGA).

Vertragliches Pensionseintrittsalter entscheidend

Zu unterscheiden von der zulässigen vertraglichen Altersgrenze ist das zur Berechnung der Pensionsrückstellung zu verwendende Berechnungsendalter. Dies beträgt bei beherrschenden Gesellschaftern unabhängig von der vertraglichen Vereinbarung mindestens 65 Jahre (vgl. BFH v. 23.01.1991 – I R 113/88, BStBl. II 1991, 379). Da aber nach der jüngeren Rechtsprechung des BFH bei der Bemessung der

Berechnungsendalter

Rückstellung für eine Zusage zugunsten des beherrschenden Gesellschafter-Geschäftsführers kein Mindestpensionsalter anzunehmen, sondern vielmehr auf das
vertraglich vereinbarte Pensionseintrittsalter abzustellen ist (vgl. BFH v. 11.09.2013
– I R 72/12, BFH/NV 2014, 793; anders dagegen R 6a Abs. 8 EStR), kann eine vGA nur
insoweit vorliegen, als die Zuführung zur Rückstellung über den Betrag hinausgeht,
der bei Verwendung des (ggf. statistisch ermittelten) zutreffenden Berechnungsend-
alters zugeführt würde (partielle vGA)

4.5.5 Erdienbarkeit der Pension

Die Pension muss aus der Sicht des Zusagezeitpunkts noch erdient werden
können, wobei zwischen beherrschendem und nicht beherrschendem Gesellschafter
zu unterscheiden ist.

**Beherrschender
Gesellschafter**

Bei einem beherrschenden Gesellschafter hängt die Erdienbarkeit der Pension
entscheidend vom Alter des Geschäftsführers im Zeitpunkt der Pensionszusage und
von dem Zeitpunkt ab, ab dem der Pensionsberechtigte durch Eintritt in den Ruhestand die Verpflichtung zur Zahlung der Pension auslösen kann (zur Kritik an dieser
Sichtweise vgl. GOSCH, 2009, § 8 KStG Rz. 1097 ff.). Der BFH verneint wegen des
mit dem Alter steigenden Risikos einer kurzfristigen Inanspruchnahme der Pension
deren Erdienbarkeit bereits dann, wenn der Geschäftsführer im Zusagezeitpunkt das
60. Lebensjahr überschritten hat (vgl. BFH v. 11.09.2013 – I R 26/12, BFH/NV 2014,
728; v. 20.05.1992 – I R 2/91, BFH/NV 1993, 52). Zudem beträgt der Erdienungs-
zeitraum mindestens 10 Jahre, wobei Dienstzeiten vor der Pensionszusage wegen
des Rückwirkungsverbots grundsätzlich außer Betracht bleiben (vgl. BFH v.
21.12.1994 – I R 98/93, BStBl. II 1995, 419; BMF v. 11.08.1996, BStBl. I 1996,
1138; v. 09.12.2002, BStBl. I 2002, 1393).

**Nicht beherrschen-
der Gesellschafter**

Für einen nicht beherrschenden Gesellschafter wird die Erdienbarkeit der
Pensionszusage unterstellt, wenn entweder zwischen der Zusage und dem voraussichtlichen Eintritt in den Ruhestand mindestens zehn Jahre liegen oder der Beginn
seiner Betriebszugehörigkeit im Zusagezeitpunkt mindestens zwölf Jahre zurück-
liegt und die Versorgungszusage eine weitere Dienstzeit von mindestens drei Jahren
vorsieht (vgl. BFH v. 24.01.1996 – I R 41/95, BStBl. II 1997, 440; BMF v. 07.03.1997,
BStBl. I 1997, 637).

**Nachträgliche
Erhöhung gesondert
zu prüfen**

Grundsätzlich sind nicht nur Erstzusagen, sondern auch nachträgliche Erhöhungen der Erstzusage jeweils eigenständig und unter Anwendung desselben Maß-
stabs auf ihre Erdienbarkeit zu prüfen (vgl. GOSCH, 2009, § 8 KStG, Rz. 1099), denn
ein ordentlicher und gewissenhafter Geschäftsleiter würde die Frage der Erdienbarkeit der Erhöhung nicht anders beurteilen als diejenige der erstmaligen Erteilung
der Versorgungszusage. Damit kann auch eine Erhöhung der Versorgungszusage
nur dann steuerlich anerkannt werden, wenn der Geschäftsführer voraussichtlich
noch mindestens zehn Jahre lang für die GmbH tätig sein wird. Ausnahmen von
diesem Grundsatz bedürfen ebenso wie bei einer erstmaligen Zusage der besonderen
Begründung, etwa wenn dem Geschäftsführer ein Festbetrag als Pension zugesagt
wurde, der sich infolge erheblicher Steigerung der Lebenshaltungskosten nunmehr
zur Alterssicherung als unzureichend erweist (vgl. BFH v. 23.09.2008 – I R 62/07,
BFH/NV 2009, 297).

Scheidet ein beherrschender Gesellschafter-Geschäftsführer vorzeitig aus und wird die Pensionszusage unverändert fortgeführt, liegt jedenfalls eine vGA insoweit vor, als die Pensionszusage eine Anpassungsklausel für den Fall einer wesentlichen Änderung der Verhältnisse enthält und hiervon bei der vorzeitigen Beendigung der Geschäftsführertätigkeit nicht Gebrauch gemacht wird; denn ein ordentlicher Geschäftsleiter hätte insoweit den Betrag der zugesagten monatlichen Altersrente auf den Betrag reduziert, den der ausscheidende Gesellschafter-Geschäftsführer aufgrund seiner bisherigen Tätigkeit nach Erteilung der Pensionszusage bis zum Ausscheiden tatsächlich »verdient« hat; entsprechend niedriger wäre dann die Pensionsrückstellung auszuweisen gewesen (vgl. FG des Saarlands v. 18.09.2013, EFG 2014, 308, Rev. eingelegt: Az. BFH I R 76/13).

Ggf. Absenkung erforderlich

4.5.6 Probe- und Wartezeit, Unverfallbarkeit

Voraussetzung der Anerkennung der Pensionsvereinbarung ist ferner, dass vor Zusageerteilung zunächst Eignung, Befähigung und fachliche Leistung eines Geschäftsführers geprüft werden (vgl. BFH v. 17.03.2010 – I R 19/09, BFH/NV 2010, 1310; v. 23.02.2005 – I R 70/04, BStBl. II 2005, 882). Die von der Finanzverwaltung geforderte Probezeit beträgt zwei bis drei Jahre (vgl. BMF v. 14.11.2012, BStBl. I 2013, 58), während der BFH fünf Jahre verlangt (vgl. BFH v. 15.10.1997 – I R 42/97, BStBl. II 1999, 316). U.U. kann auf sie auch ganz verzichtet werden, etwa wenn der Geschäftsführer bereits zuvor in vergleichbarer Stellung tätig war, wenn die schon bisher ausgeübte geschäftsleitende Tätigkeit nach Umwandlung, Einbringung oder Betriebsaufspaltung nunmehr in der Funktion als GmbH-Geschäftsführer aufgenommen bzw. fortgeführt wird oder sich die Qualifikation des Gesellschafter-Geschäftsführers aus anderen Umständen zweifelsfrei ergibt. Wird eine notwendige Probezeit nicht eingehalten, sind die Zuführungen zur Rückstellung bis zum Ablauf einer angemessenen Probezeit durch das Gesellschaftsverhältnis veranlasst und dem Einkommen außerhalb der Bilanz als vGA hinzuzurechnen. Tritt in diesem Fall bereits vor Ablauf der angemessenen Probezeit der Versorgungsfall ein, werden nicht nur die Zuführungen zur Rückstellung, sondern auch alle nachfolgenden Pensionszahlungen als vGA gewertet.

Probezeit

Zusätzlich zur personenbezogenen Probezeit ist bei einer neu gegründeten Kapitalgesellschaft eine Pensionszusage erst dann zulässig, wenn sich die künftige wirtschaftliche Entwicklung und Leistungsfähigkeit der Gesellschaft zuverlässig abschätzen lässt (vgl. BFH v. 28.04.2010 – I R 78/08, BFH/NV 2010, 1709; v. 23.02.2005 – I R 70/04, BStBl. II 2005, 882). Die Finanzverwaltung fordert hierbei eine unternehmensbezogene Wartezeit von regelmäßig wenigstens fünf Jahren (vgl. BMF v. 14.05.1999, BStBl. I 1999, 512). Eine Verkürzung der notwendigen Probezeit kann aber auch hier nach Lage des Einzelfalls begründbar sein (vgl. etwa FG Berlin-Brandenburg v. 03.12.2013, EFG 2014, 483; FG Mecklenburg-Vorpommern v. 22.02.2006, DStRE 2006, 207, rkr.; siehe hierzu auch FinMin Mecklenburg-Vorpommern v. 14.06.2006, DStR 2006, 1371).

Wartezeit bei Neugründung

Zudem wird gefordert nach Erteilung der Zusage einen angemessenen Zeitraum zu vereinbaren, innerhalb dessen auch bei Eintritt des Versorgungsfalls keine Leistungen zu erbringen sind. Auch auf diese personenbezogene Wartezeit kann

Leistungsausschließende Wartezeit nach Zusage

aber im Einzelfall verzichtet werden, etwa bei Abschluss einer Rückdeckungsversicherung.

Unverfallbarkeit

Nach Auffassung des BFH darf eine Pensionszusage außerdem nicht unmittelbar nach Zusage unverfallbar werden (vgl. BFH v. 16.12.1992 – I R 2/92, BStBl. II 1993, 455). Dies gilt jedoch nicht im Fall einer ratierlich ansteigenden Unverfallbarkeit sowie in Fällen der Gehaltsumwandlung (vgl. BFH v. 20.08.2003 – I R 99/02, BFH/NV 2004, 373; BMF v. 09.12.2002, BStBl. I 2002, 1393). Bei Zusagen an beherrschende Gesellschafter-Geschäftsführer darf die unverfallbare Anwartschaft sich jedoch wegen des für diesen Personenkreis geltenden Nachzahlungsverbots nur auf den Zeitraum zwischen Erteilung der Versorgungszusage und der gesamten tatsächlich erreichbaren Dienstzeit erstrecken (vgl. BFH v. 05.03.2008 – I R 12/07, BFH/NV 2008, 1273).

Berücksichtigung von Vordienstzeiten verstößt gegen Nachzahlungsverbot

Bei der Bemessung der Rückstellung sind grundsätzlich Dienstzeiten vor der Zulageerteilung und auch solche aus einem vorherigen Dienstverhältnis bei demselben Unternehmen zu berücksichtigen, wenn deren Anrechnung für die im Verlauf des zweiten Dienstverhältnisses erteilte Pensionszusage vereinbart wird. Bei beherrschenden Gesellschafter-Geschäftsführern ist allerdings das Nachzahlungsverbot zu beachten; die Bildung der Rückstellung ist daher insoweit durch das Gesellschaftsverhältnis veranlasst, als die für die Unverfallbarkeit von Pensionsansprüchen geltenden Fristen nicht an den Zeitpunkt der Erteilung der Pensionszusage, sondern an den früheren Zeitpunkt der Betriebszugehörigkeit anknüpfen. Demgemäß ist die auf der Vereinbarung von Vordienstzeiten beruhende Rückstellungsbildung durch den Ansatz einer vGA außerbilanziell zu korrigieren (vgl. BFH v. 26.06.2013 – I R 39/12, BStBl. II 2014, 174).

4.5.7 Finanzierbarkeit

Zusage muss erfüllbar sein

Nach ständiger Rechtsprechung verlangt der BFH, dass die gegenüber einem Gesellschafter-Geschäftsführer eingegangene Pensionsverpflichtung aus Sicht der Kapitalgesellschaft auch tatsächlich erfüllbar ist (z.B. BFH v. 15.10.1997 – I R 42/97, BStBl. II 1999, 316; v. 29.10.1997 – I R 52/97, BStBl. II 1999, 318; v. 22.10.1998 – I R 29/98, BFH/NV 1999, 872), da ein ordentlicher und gewissenhafter Geschäftsleiter eine nicht erfüllbare bzw. die Existenz des Unternehmens gefährdende Verpflichtung nicht einzugehen bereit wäre.

Auslegung strittig

Die Auslegung dieses Kriteriums war zwischen Finanzverwaltung und Fachliteratur umstritten. Einigkeit bestand insoweit, als eine Pensionszusage dann durch das Gesellschaftsverhältnis veranlasst und infolgedessen in eine vGA umzuqualifizieren ist, wenn die Pensionsverpflichtung zum Zeitpunkt der Pensionszusage zu einer Überschuldung der Kapitalgesellschaft im insolvenzrechtlichen Sinne führt (vgl. BFH v. 15.10.1997 – I R 42/97, BStBl. II 1999, 316). Weitgehend unklar war jedoch, in welcher Höhe hierbei die Pensionsverpflichtung anzusetzen ist und wie im Einzelnen die Überschuldung der Gesellschaft zu ermitteln ist.

BMF zunächst restriktiv

Nach ursprünglicher Verwaltungsauffassung (vgl. BMF v. 14.05.1999, BStBl. I 1999, 512) galt die Zusage bereits dann als nicht finanzierbar, wenn bei Unterstellung eines unmittelbar nach dem Bilanzstichtag eintretenden Versorgungsfalls der tatsächliche Barwert der künftigen Pensionsleistungen (der die aktuelle Höhe der Pensionsrückstellung regelmäßig deutlich übersteigt) zu einer bilanziellen Überschuldung führt (sog. Bilanzsprungrisiko), wobei die gesamte Pensionsverpflichtung, ggf. einschließlich einer Invaliden- und Witwenrente, als einheitliches Wirtschaftsgut zu qualifizieren und eine Aufteilung in einen finanzierbaren und nicht finanzierbaren Teil nicht möglich sei. Insbesondere neben einer Altersrente zugesagte Leistungen für den Invaliditäts- und/oder Todesfall konnten hierdurch leicht zur Annahme einer vGA für die gesamte Vereinbarung führen. Zudem vertrat die Finanzverwaltung die Auffassung, die zugesagten Leistungen müssten bei einer nachfolgenden Verschlechterung der wirtschaftlichen Situation zwingend gekürzt werden, um ein Hereinwachsen der Zusage in eine vGA zu vermeiden.

Der BFH hat in einer Reihe von Entscheidungen den Vorstellungen der Finanzverwaltung widersprochen. Danach gilt Folgendes:

Einschränkende BFH-Rechtsprechung

- Eine Pensionszusage ist nur dann nicht finanzierbar, wenn ihre Passivierung im Zeitpunkt der Zusageerteilung oder einer wesentlichen Änderung der Zusage zur Überschuldung im insolvenzrechtlichen Sinne führen würde; eine handels- oder steuerbilanzielle Überschuldung reicht hierfür nicht aus (vgl. BFH v. 31.03.2004 – I R 65/03, BStBl. II 2005, 664).
- Die Zusage ist nicht allein deshalb durch das Gesellschaftsverhältnis veranlasst, weil eine zusätzlich bestehende Versorgungsverpflichtung für den Invaliditätsfall nicht finanzierbar ist. Vielmehr sind die einzelnen Bestandteile der Zusage getrennt auf ihre Finanzierbarkeit zu prüfen. Ggf. hat eine Aufteilung in einen finanzierbaren und einen nicht finanzierbaren Teil zu erfolgen, wobei nur der nicht finanzierbare Teil zur vGA führt (vgl. BFH v. 08.11.2000 – I R 70/99, BStBl. II 2005, 653; v. 07.11.2001 – I R 79/00, BStBl. II 2005, 659).
- Für die Prüfung der insolvenzrechtlichen Überschuldung sind diejenigen Bilanzansätze maßgeblich, die in eine Überschuldungsbilanz aufzunehmen wären. Dabei ist die Pensionsverpflichtung grundsätzlich mit dem nach § 6a Abs. 3 Satz 2 Nr. 2 EStG zu bestimmenden Barwert der Pensionsanwartschaft anzusetzen. Dies gilt auch bei der Beurteilung der Finanzierbarkeit einer im Invaliditäts- oder Todesfall eintretenden Versorgungsverpflichtung (vgl. BFH v. 20.12.2000 – I R 15/00, BStBl. II 2005, 657).
- Weist die Gesellschaft nach, dass der maßgebliche Teilwert der Pensionsverpflichtung niedriger ist als der Anwartschaftsbarwert, so ist dieser Teilwert anzusetzen (vgl. BFH v. 04.09.2002 – I R 7/01, BStBl. II 2005, 662).
- Bei einer späteren Verschlechterung der wirtschaftlichen Situation führt das Aufrechterhalten einer zunächst finanzierbaren Zusage nur dann zu einer vGA, wenn ein ordentlicher und gewissenhafter Geschäftsleiter auch eine einem Fremdgeschäftsführer erteilte Pensionszusage an die veränderten Verhältnisse angepasst hätte. Dies setzt aber insbesondere das Bestehen einer zivilrechtlichen Änderungsmöglichkeit voraus (vgl. BFH v. 08.11.2000 – I R 70/99, BStBl. II 2005, 653).

Die Finanzverwaltung hat sich nachfolgend der Auffassung des BFH angeschlossen und die genannten Urteile pauschal für alle noch offenen Fälle für anwendbar erklärt (vgl. BMF v. 06.09.2005, BStBl. I 2005, 875).

BMF schließt sich an

Im Fall rückgedeckter Pensionszusagen bei einer Verluste erleidenden Kapitalgesellschaft gilt die Zusage erst dann als nicht mehr finanzierbar, wenn die Verpflichtung zur Zahlung der Beiträge zur Rückdeckungsversicherung zur Zahlungsunfähigkeit des Unternehmens führt (vgl. FG Berlin-Brandenburg v. 03.12.2013, EFG 2014, 482).

Rückgedeckte Zusagen

4.5.8 **Angemessenheit der Höhe nach**

Die einem Gesellschafter-Geschäftsführer erteilte Pensionszusage kann nur dann anerkannt werden, wenn sie der Höhe nach angemessen ist. Die Höhe der zugesagten Pension muss einerseits in einem angemessenen Verhältnis zum Festgehalt stehen und ist darüber hinaus bei der Prüfung der Angemessenheit der Gesamtausstattung mit zu berücksichtigen.

Überversorgung: keine Pensionsrückstellung!

BFH und Finanzverwaltung gehen davon aus, dass eine zur Nichtanerkennung der Zusage führende Überversorgung vorliegt, wenn die zugesagten Leistungen einschließlich etwaiger Ansprüche aus der gesetzlichen Rentenversicherung 75 % des letzten Festgehaltes übersteigen (vgl. BFH v. 29.10.1997 – I R 52/97, BStBl. II 1999, 318 m.w.N.; v. 16.05.1995 – XI R 87/93, BStBl. II 1995, 873). Dies braucht allerdings aus Vereinfachungsgründen nicht geprüft zu werden, wenn die Aufwendungen des Pensionsverpflichteten (Arbeitgeber- und Arbeitnehmeranteil der Beiträge zur gesetzlichen Rentenversicherung, Beiträge zu einer Direktversicherung oder Zuführungen zur Pensionsrückstellung u. Ä.) 30 % der Stichtagsbezüge des Pensionsberechtigten nicht übersteigen (vgl. BMF v. 07.01.1998, DStR 1998, 531). Soweit eine Überversorgung vorliegt, ist bereits die Passivierung der Pensionsrückstellung unzulässig, so dass sich die Frage des Vorliegens einer vGA erübrigt.

Nur-Pension

Eine Nur-Pensionszusage hat der BFH zunächst als durch das Gesellschaftsverhältnis veranlasst qualifiziert (vgl. BFH v. 17.05.1995 – I R 147/93, BStBl. II 1996, 204). Die Finanzverwaltung hatte sich dieser Auffassung angeschlossen (vgl. BMF v. 28.01.2005, BStBl. I 2005, 387 mit Übergangsregelung). Mittlerweile sieht der BFH in einer Nur-Pensionszusage dagegen eine Überversorgung, so dass bereits die Bildung der Pensionsrückstellung scheitert (vgl. BFH v. 28.04.2010 – I R 78/08, BFH/NV 2010, 1709; v. 09.11.2005 – I R 89/04, BStBl. II 2008, 523). Die Finanzverwaltung hat auf dieses Urteil mit einem Nichtanwendungserlass reagiert und qualifiziert die Nur-Pensionszusage weiterhin als vGA (BMF v. 16.06.2008, BStBl. I 2008, 681).

Fiktive Jahresnettoprämie

Bei der Prüfung der Angemessenheit der Gesamtausstattung ist als Wert der Pensionszusage die fiktive Jahresnettoprämie abzüglich Abschluss- und Verwaltungskosten anzusetzen, die der Gesellschafter-Geschäftsführer unter sonst gleichen Umständen für eine der Pensionszusage entsprechende Versicherung zu zahlen hätte (vgl. BFH v. 04.08.1959 – I 4/59 S, BStBl. III 1959, 374). Aufwendungen der Gesellschaft für Rückdeckungsversicherungen bleiben dabei unberücksichtigt. Für spätere Erhöhungen, die nicht bloße Anpassungen an gestiegene Lebenshaltungskosten darstellen, sind jeweils eigene Jahresnettoprämien zu ermitteln und in die Angemessenheitsprüfung einzubeziehen. Zur Ermittlung der Angemessenheitsgrenze für die Gesamtausstattung siehe unter D I 4.3.1.

4.5.9 **Folgen der Unangemessenheit**

Umfassende oder ...

Ist die Pensionszusage bereits dem Grunde nach durch das Gesellschaftsverhältnis veranlasst, etwa wenn die Pension nach den oben dargestellten Grundsätzen vom Gesellschafter-Geschäftsführer nicht erdienbar oder von der Kapitalgesellschaft nicht finanzierbar ist, sind Zuführungen zur Pensionsrückstellung in vollem Umfang außerbilanziell dem Steuerbilanzgewinn hinzuzurechnen (umfassende vGA).

Ist lediglich eine vGA der Höhe nach gegeben, etwa weil die Anwartschaft im Verhältnis zum Festgehalt zu einer Überversorgung führt oder die Gesamtausstattung der Vergütung unangemessen ist, erfolgt nur eine teilweise Hinzurechnung (partielle vGA).

... partielle vGA

In jedem Fall bleibt es, wenn die Voraussetzungen des § 6a EStG erfüllt sind, bei der Passivierung der Rückstellung. Zum Zusammenspiel zwischen der Passivierung von Verpflichtungen und diesbezüglicher vGA-bedingter Korrekturen vgl. ausführlich BMF v. 28.05.2002, BStBl. I 2002, 603.

Rückstellung bleibt passiviert

Beim Gesellschafter sind die Pensionszahlungen erst bei Zufluss entsprechend der Behandlung bei der Kapitalgesellschaft entweder in vollem Umfang (totale vGA) oder teilweise (partielle vGA) als Einkünfte i.S.v. § 20 Abs. 1 Nr. 1 Satz 2 EStG zu versteuern.

Beim Ges'ter Zufluss maßgeblich

Auf der Ebene der Kapitalgesellschaft treten die Rechtsfolgen des § 27 KStG erst mit Abfluss der Pensionszahlungen ein.

4.6 Sonstige Vergütungsbestandteile

Neben dem Festgehalt, einer Tantieme und einer Versorgungszusage wird Gesellschafter-Geschäftsführern häufig eine Reihe weiterer Vergütungsbestandteile gewährt, die bei der Überprüfung der Angemessenheit der Gesamtausstattung mit einzubeziehen sind. Hierzu gehören z.B. Weihnachts- und Urlaubsgeld, Privatnutzung von Pkw, Gehaltszuschläge, u. Ä.

Die Überlassung eines Kfz zur privaten Nutzung stellt für sich genommen regelmäßig keine vGA dar. Selbst dann, wenn die Nutzung nicht ausdrücklich vereinbart wurde, liegt zumindest dann keine vGA vor, wenn die Kapitalgesellschaft den Nutzungswert spätestens in der letzten Lohnsteueranmeldung für das Wirtschaftsjahr dem Lohnsteuerabzug unterwirft (vgl. BFH v. 24.01.1990 – I R 157/86, BStBl. II 1990, 645; OFD Hannover v. 16.08.2000, DStR 2000, 1827). Die Finanzverwaltung fordert dagegen eine zeitnahe buchhalterische Erfassung (vgl. BMF v. 03.04.2012, BStBl. I 2012, 478). Jedenfalls dann, wenn die Privatnutzung vertraglich ausdrücklich ausgeschlossen war, ist eine vGA anzunehmen (vgl. BFH v. 23.01.2008 – I R 8/06, BFH/NV 2008, 1057).

Private Pkw-Nutzung i.d.R. keine vGA

Die Gewährung von Weihnachtsgeld stellt im Falle der vertraglichen Vereinbarung keine vGA dar. Etwas anderes gilt, wenn über die Zahlung des Weihnachtsgeldes und/oder seine Höhe erst am Jahresende entschieden wird oder wenn alle anderen Arbeitnehmer des Betriebs solche Zahlungen nicht erhalten (vgl. im Einzelnen LANG in DPM, § 8 Abs. 3 KStG Tz. 770 ff.). Entsprechendes gilt für die Zahlung von Urlaubsgeld. Die Abgeltung nicht genommenen Urlaubs führt regelmäßig nicht zu einer vGA, wenn der zugrunde liegende Urlaubsanspruch vertraglich vereinbart war. Zu Feiertagszuschlägen und Überstundenvergütungen bei beherrschenden Gesellschaftern siehe D I 4.2.

Weihnachts-/ Urlaubsgeld

Auch wenn die genannten Vergütungsbestandteile jeweils für sich genommen angemessen sein mögen, sind sie dennoch in die Überprüfung der Angemessenheit der Gesamtausstattung mit einzubeziehen.

Gesamtausstattung maßgeblich

II Verdeckte Einlagen

Offene Einlagen sind erfolgsneutral, ...

Einlagen stellen keine betrieblich veranlassten Eigenkapitalmehrungen dar und dürfen daher grundsätzlich nicht zu einer Erhöhung des zu versteuernden Einkommens führen. Im Fall offener Einlagen (Einzahlung des gezeichneten Kapitals, Zuzahlungen in die Kapitalrücklage) ist dies unproblematisch, denn kennzeichnend für offene Einlagen ist, dass sie in der Bilanz als erfolgsneutraler Eigenkapitalzugang ausgewiesen werden. Die Gewinn- und Verlustrechnung ist von diesem Vorgang nicht betroffen; ein Korrekturbedarf hinsichtlich des bilanziellen Ergebnisses im Zuge der Überleitung zum zu versteuernden Einkommen besteht daher nicht.

BEISPIEL 30

Die XY-GmbH führt eine Erhöhung des Stammkapitals um 100.000 € durch. Gesellschafter X zahlt den Betrag bar ein. Durch die Buchung »Kasse an Stammkapital« ist dieser Vorgang erfolgsneutral. Die GuV-Rechnung bleibt unberührt. Eine Korrektur erübrigt sich. ◀|

... verdeckte Einlagen u. U. erfolgswirksam

Anders verhält es sich bei sog. verdeckten Einlagen. Hierbei handelt es sich um auf schuldrechtlicher Basis erfolgte Vermögenszuführungen durch den Gesellschafter, die weder aufgrund einer gesellschaftsrechtlichen Verpflichtung erbracht werden noch aufgrund anderer gesellschaftsrechtlicher Vorschriften als Einlage zu qualifizieren und daher handelsrechtlich regelmäßig als Ertrag zu erfassen sind.

Gewinnkorrektur notwendig

Bei wirtschaftlicher Betrachtung kann es sich gleichwohl um Vorgänge handeln, die nicht betrieblich, sondern durch das Gesellschaftsverhältnis veranlasst und infolgedessen steuerlich als nicht das Einkommen berührende Einlage zu behandeln sind. Für Zwecke der Besteuerung ist die handelsrechtliche Behandlung zudem nach § 5 Abs. 6 EStG nicht maßgeblich. In diesen Fällen ist gemäß § 8 Abs. 3 Satz 3 KStG daher in Bezug auf die Ermittlung des zu versteuernden Einkommens die Kürzung des bilanziell ermittelten Gewinns um den Wert der (verdeckten) Einlage geboten, soweit der Vorgang den bilanziell ermittelten Gewinn erhöht hat (vgl. BFH v. 26.10.1987 – GrS 2/86, BStBl. II 1988, 348 sowie v. 09.06.1997 – GrS 1/94, BStBl. II 1998, 307; vgl. auch R 40 Abs. 2 KStR).

Ggf. Korrektur nur in der Steuerbilanz

Hervorzuheben ist, dass die Qualifikation eines Vorgangs als verdeckte Einlage auch dann einer besonderen steuerlichen Korrektur bedarf, wenn in der handelsrechtlichen Rechnungslegung mangels Vorliegen von Anschaffungskosten kein aktivischer Ausweis des eingelegten Wirtschaftsguts und damit keine erfolgswirksame Erfassung erfolgte. In diesem Fall ist einerseits für steuerliche Zwecke der Ansatz des Wirtschaftsguts zum Einlagewert, d. h. regelmäßig zum Teilwert vorzunehmen, wodurch die spätere Erfassung von Betriebsausgaben, etwa im Wege der AfA, ermöglicht wird. Zugleich ist dieser (nur steuerliche) Eigenkapitalzugang bei der Ermittlung des zu versteuernden Einkommens der Körperschaft wieder zu neutralisieren.

Erhöhung der AK beim Ges'ter

Auf der Ebene des zuwendenden Gesellschafters erhöhen sich durch die verdeckte Einlage nach § 6 Abs. 6 Satz 2 EStG zugleich die Anschaffungskosten der Beteiligung um den Wert der verdeckten Einlage.

Analoge Anwendung von § 4 Abs. 1 EStG

Systematisch bedeutsam ist, dass hier die Einlagevorschriften angewendet werden, obwohl es sich beim Einlegenden und der Kapitalgesellschaft um zwei unterschiedliche Steuersubjekte handelt, stellt doch die Einlageregelung des § 4

Abs. 1 EStG an sich auf die Einlage eines Steuersubjekts in sein eigenes Betriebsvermögen ab. Der zugrunde liegende Rechtsgedanke wird also hier im Wege der
Analogie auf Vorgänge zwischen dem Gesellschafter einer Kapitalgesellschaft und
dem Betriebsvermögen der Kapitalgesellschaft ausgeweitet (vgl. BFH v. 09.06.1997
– GrS 1/94, BStBl. II 1998, 307). Insoweit ist es konsequent, das Rechtsinstitut der
verdeckten Einlage auch dann anzuwenden, wenn das eingelegte Wirtschaftsgut
nicht aus dem Privat-, sondern aus dem Betriebsvermögen des Gesellschafters
stammt, denn die im Falle der Übertragung oder Überführung in ein anderes
Betriebsvermögen personenbezogener Unternehmen anzuwendenden Regelungen
des § 6 Abs. 5 EStG können hier wegen der Beteiligung verschiedener Steuersubjekte
und der der konsequenten Umsetzung des Trennungsprinzips nicht zur Anwendung
gelangen.

1 Begriff der verdeckten Einlage

Eine verdeckte Einlage im vorstehenden Sinn liegt vor, wenn ein Gesellschafter
oder eine ihm nahe stehende Person der Kapitalgesellschaft einen einlagefähigen
Vermögensvorteil gegenleistungslos oder verbilligt zuwendet und dies durch das
Gesellschaftsverhältnis veranlasst ist, d.h., wenn ein Nicht-Gesellschafter bei Anwendung der Sorgfalt eines ordentlichen Kaufmanns der Gesellschaft den Vermögensvorteil nicht eingeräumt hätte (vgl. BFH v. 18.12.1990 – VIII R 17/85, BStBl.
II 1991, 512 m. w. N.; vgl. auch R 40 Abs. 3 KStR). Die Tatbestandsmerkmale entsprechen insoweit spiegelbildlich denen einer vGA (vgl. BFH v. 15.10.1997 – I R
80/96, BFH/NV 1998, 624). Kennzeichen verdeckter Einlagen ist, dass sie im Gegensatz zu offenen Einlagen bei der Gesellschaft nicht direkt als Eigenkapitalzugang
gebucht werden, sondern entweder in der handelsrechtlichen Gewinn- und Verlustrechnung erfolgswirksam abgebildet oder buchhalterisch überhaupt nicht berücksichtigt werden.

Gegenstand verdeckter Einlagen können grundsätzlich nur einlagefähige Vermögensvorteile sein, d.h. Wirtschaftsgüter, die nach allgemeinen Regeln in die
Bilanz aufgenommen werden können. Neben der Übertragung des wirtschaftlichen
Eigentums an positiven Wirtschaftsgütern kann insbesondere auch der Wegfall einer
Schuld, z.B. durch Forderungsverzicht oder Schuldübernahme durch den Gesellschafter, eine verdeckte Einlage darstellen. Einlagefähig sind auch immaterielle
Wirtschaftsgüter, und zwar selbst dann, wenn sie vom Einlegenden nicht entgeltlich
erworben wurden, denn auf der Ebene der das Wirtschaftsgut erhaltenen Gesellschaft ist § 5 Abs. 2 EStG nicht anzuwenden.

Kein einlagefähiger Vermögensvorteil liegt dagegen vor, wenn der Gesellschaft
lediglich Nutzungsvorteile gewährt werden. Daher sind z.B. verbilligte oder unentgeltliche Nutzungsüberlassungen oder Darlehensgewährungen durch den Gesellschafter nicht als verdeckte Einlage zu qualifizieren. Zwar hat die Rechtsprechung
aus Sicht des Zivilrechts die Einlagefähigkeit solcher Nutzungen und Nutzungsrechte grundsätzlich bejaht; steuerrechtlich sind derartige Vorteile dagegen nicht als
Wirtschaftsgüter anzusehen, so dass es ihnen an der Einlagefähigkeit mangelt (vgl.
BFH v. 26.10.1987, BStBl. II 1988 – GrS 2/86, 348; v. 10.04.1990 – VIII R 289/84,

> **Gesellschaftsrechtlich veranlasste Zuwendung …**

> **… eines einlagefähigen WG**

> **Bloßer Nutzungsvorteil reicht nicht, …**

BStBl. II 1990, 741; vgl. ausführlich WOCHINGER in DPM, KStG § 8 Abs. 3 Teil B Tz. 47 ff.). Solche Vorteilsgewährungen bleiben infolgedessen in der steuerlichen Gewinn- bzw. Einkommensermittlung der begünstigten Gesellschaft sowohl bilanziell als auch außerbilanziell unberücksichtigt. Auf der Ebene des Gesellschafters liegen ggf. Werbungskosten oder Betriebsausgaben i.H.d. durch die Gewährung der Nutzungsvorteile entstandenen Aufwendungen vor.

... anders bei rückwirkendem Verzicht

Etwas anderes gilt aber, wenn dem Gesellschafter zunächst Vergütungen für eine Nutzungsüberlassung oder Darlehensgewährung zugesagt wurden und er auf diesen Anspruch im Nachhinein verzichtet. In diesem Fall legt der Gesellschafter die Forderung verdeckt in die Gesellschaft ein (vgl. ausführlich D II 4.1).

Veranlassung durch das Gesellschaftsverhältnis

Die Zuwendung eines Vermögensvorteils durch einen Gesellschafter ist durch das Gesellschaftsverhältnis veranlasst, wenn ein Nicht-Gesellschafter den Vermögensvorteil bei Anwendung der Sorgfalt eines gewissenhaften Kaufmanns der Gesellschaft nicht eingeräumt hätte. Wie bei der vGA kann eine im Gesellschaftsverhältnis liegende Veranlassung auch dann vorliegen, wenn der Vermögensvorteil nicht vom Gesellschafter selbst, sondern von einer ihm nahe stehenden Person zugewendet wird und dies im Interesse des Gesellschafters erfolgt. Gleichwohl sind die Rechtsfolgen der verdeckten Einlage nicht bei der nahe stehenden Person, sondern beim Gesellschafter als mittelbar Zuwendendem wirksam.

BEISPIEL 31

Y ist Alleingesellschafter der Y-GmbH. V, Vater des Y, verkauft an die Y-GmbH ein unbebautes Grundstück seines Privatvermögens gegen einen Kaufpreis von 100.000 €. Der Verkehrswert (= Teilwert) des Grundstücks beläuft sich auf 150.000 €.

LÖSUNG Da V nahe stehende Person des Y ist, ist die verbilligte Veräußerung als verdeckte Einlage des Y zu qualifizieren. In der Steuerbilanz der Y-GmbH ist das Grundstück mit dem Teilwert von 150.000 € anzusetzen. Für Y erhöhen sich die Anschaffungskosten der GmbH-Anteile um den Betrag der verdeckten Einlage. ◀|

2 Rechtsfolgen bei der Kapitalgesellschaft

Auf der Ebene der Gesellschaft ist nach der bilanzsteuerlichen Behandlung des eingelegten Wirtschaftsguts, den Auswirkungen auf das zu versteuernde Einkommen und der Erfassung der verdeckten Einlage auf dem steuerlichen Einlagekonto zu differenzieren. Eine schenkungsteuerpflichtige Zuwendung des einlegenden Gesellschafters an die Kapitalgesellschaft liegt nicht vor, da die Zuwendung in unmittelbarem Zusammenhang mit der Förderung des Gesellschaftszwecks steht und damit keine freigebige Zuwendung darstellt (vgl. FROTSCHER in Frotscher/Maas, § 8 KStG Rz. 85e).

2.1 Bewertung des verdeckt eingelegten Vermögensvorteils

Handelsrechtlich wohl Wahlrecht

Im Rahmen der handelsrechtlichen Bilanzierung sind zwar aufgrund des Vollständigkeitsprinzips (§ 246 HGB) dem Grunde nach auch solche Vermögensgegenstände zu erfassen, welche die Gesellschaft ohne oder für eine zu geringe Gegenleistung erlangt hat; hinsichtlich der Bewertung gewährt die h.M. dem Kaufmann jedoch mangels gesetzlicher Regelung ein Wahlrecht, für diese Vermögensgegenstände anstatt der effektiven Gegenleistung fiktive Anschaffungskosten i. H. d. Verkehrswerts anzusetzen (vgl. FÖRSCHLE/HOFFMANN in BeBiKo, 2014, § 247 HGB Anm. 190).

Im Gegensatz dazu richtet sich die steuerliche Bewertung der im Wege der verdeckten Einlage erhaltenen Wirtschaftsgüter zwingend nach § 6 Abs. 1 Nr. 5 EStG; die Einlage erfolgt daher regelmäßig zum Teilwert. Ggf. kann auch die Begrenzung des Einlagewertes auf die (fortgeschriebenen) Anschaffungs- bzw. Herstellungskosten nach § 6 Abs. 1 Nr. 5 Satz 1 Buchst. a EStG zur Anwendung kommen (strittig, vgl. FÜGER/RIEGER, DStR 2003, 628 m. w. N.). Zur verdeckten Einlage von Anteilen vgl. D II 4.3.

Steuerrechtlich
§ 6 Abs. 1 Nr. 5 EStG

BEISPIEL 32

Y ist Alleingesellschafter der Y-GmbH und veräußert dieser ein zu seinem Privatvermögen gehörendes Grundstück gegen einen Kaufpreis von 100.000 €, das er zwei Jahre zuvor für 90.000 € hatte erwerben können. Der Verkehrswert (= Teilwert) des Grundstücks beläuft sich zum Zeitpunkt der Veräußerung an die Y-GmbH auf 150.000 €.
LÖSUNG Die Übertragung des Grundstücks ist in eine Veräußerung und eine verdeckte Einlage aufzuteilen. Der Umfang der Entgeltlichkeit richtet sich dabei nach dem Verhältnis des Kaufpreises zum Teilwert des Wirtschaftsguts. Das Grundstück wird danach zu 2/3 entgeltlich übertragen; insoweit erzielt Y Einkünfte aus privaten Veräußerungsgeschäften i. S. v. § 23 Abs. 1 Satz 1 Nr. 1 EStG i. H. v. 40.000 € (= 100.000 Veräußerungspreis ./. 2/3 der Anschaffungskosten). Hinsichtlich des unentgeltlichen Teils liegt eine verdeckte Einlage vor, die grundsätzlich mit dem anteiligen Teilwert (50.000 € = 1/3 des Teilwerts) zu bewerten ist. Da die Einlage jedoch innerhalb von 3 Jahren nach der Anschaffung bzw. Herstellung des Wirtschaftsguts erfolgt, ist der Einlagewert nach § 6 Abs. 1 Nr. 5 Buchst. a EStG auf die (ggf. fortgeführten) Anschaffungs- bzw. Herstellungskosten beschränkt. Die Einlage ist daher mit 30.000 € (1/3 von 90.000 €) zu bewerten; zugleich erhöhen sich für Y die Anschaffungskosten der GmbH-Anteile um diesen Betrag. Auch hinsichtlich der verdeckten Einlage liegt nach § 23 Abs. 1 Satz 5 Nr. 2 EStG ein privates Veräußerungsgeschäft vor, jedoch resultiert hieraus in diesem Fall wegen der Bewertung zu Anschaffungskosten kein Gewinn. ◀

Soweit in der handelsrechtlichen Gewinnermittlung ein anderer Wertansatz gewählt wurde, ist dieser gemäß § 5 Abs. 6 EStG für Zwecke der steuerlichen Gewinnermittlung zu korrigieren. Ggf. sind Folgeänderungen zu berücksichtigen, etwa hinsichtlich der AfA oder im Fall der Veräußerung des Wirtschaftsguts.

Vorbehalt des
§ 5 Abs. 6 EStG

2.2 Ergebniskorrektur

Verdeckte Einlagen führen gemäß § 8 Abs. 3 Satz 3 KStG bei der Kapitalgesellschaft zu einer Kürzung des Jahresergebnisses um den Wert des verdeckt eingelegten Vermögensvorteils. Dies entspricht im Ergebnis einer analogen Anwendung des § 4 Abs. 1 Satz 1 EStG, wonach die im Wege des Betriebsvermögensvergleichs ermittelte Veränderung des Betriebsvermögens um Einlagen zu korrigieren ist.

Kürzung des
Gewinns

BEISPIEL 33

Gesellschafter X hat der X-GmbH ein Darlehen i. H. v. 100.000 € gewährt und verzichtet aufgrund von Liquiditätsproblemen der GmbH endgültig auf die Rückzahlung.
LÖSUNG Die Buchung »Darlehen an sonstige betriebliche Erträge« bei der GmbH führt zur erfolgswirksamen Behandlung des Darlehenserlasses. Auch in diesem Fall ist die Mehrung des Reinvermögens durch die Verminderung um die Einlagen zu neutralisieren. ◀

Ggf. zunächst Gewinnerhöhung, dann Kürzung

Eine Einkommenskorrektur ist allerdings im Ergebnis nur insoweit vorzunehmen, als sich die Einlage in der handelsrechtlichen Gewinnermittlung erfolgswirksam niedergeschlagen hat. Sollte die verdeckte Einlage bei der handelsrechtlichen Gewinnermittlung der Kapitalgesellschaft erfolgsneutral erfasst worden sein, so ist zunächst das verdeckt eingelegte Wirtschaftsgut in der Steuerbilanz mit dem zutreffenden Einlagewert anzusetzen. Die sich hierdurch ergebende Gewinnerhöhung ist sodann durch Berücksichtigung des Vorgangs als verdeckte Einlage wieder zu korrigieren.

BEISPIEL 34

Gesellschafter Y hat der Y-GmbH einen seit 4 Jahren zu seinem Privatvermögen gehörenden Pkw (Teilwert 10.000 €) unentgeltlich übertragen. In der handelsrechtlichen Buchführung wurde der Pkw mit Anschaffungskosten von 0 € inventarisiert.

LÖSUNG Eine unmittelbare Korrektur des handelsbilanziellen Ergebnisses zur Ermittlung des zu versteuernden Einkommens aufgrund der verdeckten Einlage des Fahrzeugs ergibt sich nicht, da sich die Einlage auf das handelsbilanzielle Ergebnis gar nicht ausgewirkt hat. Aus steuerlicher Perspektive ist der Pkw zunächst mit dem Teilwert von 10.000 € zu bewerten, was zu einer Erhöhung des Betriebsvermögens und ceteris paribus auch des Steuerbilanzgewinns um diesen Betrag führt. Sodann ist dieser Steuerbilanzgewinn um die verdeckte Einlage zu vermindern. In der Folge mindert sich das Einkommen der Y-GmbH dadurch, dass der Pkw für Zwecke der Steuerbilanz über die Restnutzungsdauer abzuschreiben ist. ◀|

2.3 **Erfassung auf dem steuerlichen Einlagekonto**

Ebenso wie offene Einlagen führen auch verdeckte Einlagen zu einer Erhöhung des steuerlichen Einlagekontos; siehe hierzu unter J III 2.2.1.

3 **Rechtsfolgen beim Gesellschafter**

Bezüglich der Rechtsfolgen beim Gesellschafter ist wegen der Unterschiedlichkeit der Besteuerung natürlicher und juristischer Personen nach der Rechtsform des Anteilseigners zu differenzieren. Im Einzelnen ist sodann zu fragen, inwieweit die verdeckte Einlage einen Realisationstatbestand darstellt, der ggf. die Versteuerung der in dem verdeckt eingelegten Wirtschaftsgut liegenden stillen Reserven nach sich zieht. Zudem sind die Auswirkungen auf die Anschaffungskosten der Anteile an der Gesellschaft zu erörtern, in deren Betriebsvermögen verdeckt eingelegt wird.

3.1 **Gesellschafter ist Kapitalgesellschaft**

Aufdeckung stiller Reserven

Ist der verdeckt Einlegende selbst eine Kapitalgesellschaft, führt die verdeckte Einlage bei dieser zur Aufdeckung der in dem eingelegten Wirtschaftsgut ruhenden stillen Reserven, da sich gemäß § 6 Abs. 6 Satz 2 EStG die Anschaffungskosten der Anteile an der Gesellschaft, in die verdeckt eingelegt wird, um den Teilwert des eingelegten Wirtschaftsguts erhöhen.

BEISPIEL 35

Die X-AG veräußert an ihre Tochtergesellschaft Z-GmbH eine Fertigungsmaschine (Teilwert 20.000 €, Buchwert 10.000 €) zum Kaufpreis von 10.000 €.

I. H. d. Differenz zwischen Kaufpreis und Verkehrswert liegt eine verdeckte Einlage vor. Um diesen Betrag erhöhen sich die Anschaffungskosten der Anteile an der Z-GmbH. Steuerlich ergibt sich folgender Buchungssatz:

Forderungen	10.000 €	an	Fertigungsmaschine	10.000 €
Beteiligung Z-GmbH	10.000 €		Ertrag	10.000 €

Ist das verdeckt eingelegte Wirtschaftsgut ein Anteil an einer Kapitalgesellschaft, ist der sich ergebende Gewinn regelmäßig nach § 8b Abs. 2 Satz 6 i. V. m. Abs. 3 KStG zu 95 % steuerfrei (siehe hierzu auch F II 2.4).

Ggf. steuerfrei

BEISPIEL 36

Die B-AG veräußert an ihre Tochtergesellschaft C-GmbH eine Beteiligung an der D-GmbH (Teilwert = Verkehrswert 1.000.000 €, Buchwert 50.000) zum Kaufpreis von 100.000 €. I. H. d. Differenz zwischen Kaufpreis und Verkehrswert (= 900.000 €) liegt eine verdeckte Einlage vor. Um diesen Betrag erhöhen sich die Anschaffungskosten der Anteile an der C-GmbH. Der sich bei der B-AG ergebende Gewinn ist gemäß § 8b Abs. 2 KStG steuerfrei, wobei 5 % des Veräußerungsgewinns nach § 8b Abs. 3 KStG als nichtabziehbare Betriebsausgaben wieder hinzugerechnet werden müssen. ◄|

3.2 Gesellschafter ist natürliche Person

Befinden sich sowohl die Anteile an der Kapitalgesellschaft, in deren Vermögen verdeckt eingelegt wird, als auch das verdeckt eingelegte Wirtschaftsgut in einem Betriebsvermögen des Gesellschafters, gilt das für einen Gesellschafter in der Rechtsform einer Kapitalgesellschaft Gesagte analog: Gemäß § 6 Abs. 6 Satz 2 EStG erhöhen sich die Anschaffungskosten der Anteile um den Teilwert des verdeckt eingelegten Wirtschaftsguts; die stillen Reserven des Wirtschaftsguts werden dadurch aufgedeckt.

Anteile und eingelegtes WG im BV

Zählt das eingelegte Wirtschaftsgut zum Privatvermögen, die Anteile an der Gesellschaft jedoch zum Betriebsvermögen des Gesellschafters, ist davon auszugehen, dass das Wirtschaftsgut zunächst nach § 6 Abs. 1 Nr. 5 EStG zum Teilwert in das Betriebsvermögen des Gesellschafters und anschließend verdeckt in das Vermögen der Kapitalgesellschaft eingelegt wird. Hierbei ist ggf. auch § 23 Abs. 1 Satz 5 Nr. 1 EStG zu beachten.

Eingelegtes WG aus PV, Anteile im BV

BEISPIEL 37

M veräußert ein vermietetes Lagergrundstück, das sich seit fünf Jahren in seinem Privatvermögen befindet, zum Preis von 90.000 € an die M-GmbH. Die Anteile an der M-GmbH gehören zum Betriebsvermögen des gewerblichen Einzelunternehmens von M. Die ursprünglichen Anschaffungskosten des Grundstücks haben 90.000 € betragen, der Teilwert beläuft sich auf 135.000 €.
LÖSUNG Das Grundstück wird zu 2/3 veräußert und zu 1/3 verdeckt eingelegt. Der verdeckten Einlage geht die Einlage eines Drittels des Grundstücks in das Einzelunternehmen des M zum anteiligen Teilwert von 45.000 € voraus. Die verdeckte Einlage dieses Drittels aus dem Einzelunternehmen in die M-GmbH löst nach Auffassung der Finanzverwaltung die Rechtsfolgen des § 23 Abs. 1 Satz 5 Nr. 1 EStG aus, da dieser Vorgang als Veräußerung angesehen wird. Infolgedessen entstehen Einkünfte i. S. v. § 23 Abs. 1 Nr. 1 EStG i. H. v. insgesamt 45.000 €, wovon 15.000 € aus der verdeckten Einlage resultieren (vgl. BMF v. 05.10.2000, BStBl. I 2000, 1383). ◄|

Befinden sich sowohl das übertragene Wirtschaftsgut als auch die Anteile an der Kapitalgesellschaft im Privatvermögen des Gesellschafters, führt die verdeckte Einlage ggf. zu Einkünften aus privaten Veräußerungsgeschäften (§ 23 Abs. 1 Satz 5

Anteile und eingelegtes WG im PV

Nr. 2 EStG), zu Einkünften aus Gewerbebetrieb i. S. v. § 17 EStG (§ 17 Abs. 1 Satz 2 EStG; vgl. hierzu D II 4.3) oder zu Einkünften aus Kapitalvermögen i. S. v. § 20 Abs. 2 Nr. 1 EStG. Soweit diese Vorschriften nicht einschlägig sind, etwa weil es sich um mehr als ein Jahr gehaltene, vor 2009 angeschaffte Anteile handelt und die Beteiligungsquote weniger als 1 % beträgt, so ist die verdeckte Einlage nicht steuerbar und löst infolgedessen keine unmittelbaren Rechtsfolgen beim Gesellschafter aus.

Erhöhung der AK

Handelt es sich bei den Anteilen an der Kapitalgesellschaft, in deren Betriebsvermögen verdeckt eingelegt wird, um solche i. S. d. § 17 EStG, erhöhen sich durch die verdeckte Einlage die Anschaffungskosten dieser Anteile um den gemeinen Wert der eingelegten Wirtschaftsgüter (vgl. EILERS/SCHMIDT in HHR, § 17 EStG Anm. 207). Nichts anderes kann u. U. gelten im Fall einer verdeckten Einlage bei Vorliegen einer nach § 20 Abs. 2 EStG steuerverhafteten Beteiligung des Privatvermögens, wenngleich eine gesellschaftsrechtliche Veranlassung der Vorteilsgewährung angesichts der geringen Beteiligungsquote in der Praxis kaum vorkommen dürfte.

3.3 Folgen disquotaler verdeckter Einlagen

Grund für verdeckte Einlage entscheidend

Sind neben dem verdeckt einlegenden Gesellschafter noch andere Gesellschafter an der Kapitalgesellschaft beteiligt, die keine entsprechenden Einlagen leisten, kommt der sich aus der verdeckten Einlage ergebende Vorteil auch diesen Gesellschaftern zugute, da sich, anders als im Fall offener Einlagen in das Nennkapital, die Beteiligungsverhältnisse nicht ändern. Hinsichtlich der Rechtsfolgen ist auf die Gründe der disproportionalen Einlage abzustellen. Stehen hierfür betriebliche Gründe im Vordergrund, die dem Gesellschafter die verdeckte Einlage sinnvoll erscheinen lassen, obwohl er im Liquidationsfall nur den seiner Beteiligungsquote entsprechenden Teil der Einlage zurückerhalten würde, liegen Anschaffungskosten der Beteiligung vor. Steht dagegen die Zuwendung finanzieller Vorteile an die Mitgesellschafter im Vordergrund, liegen Anschaffungskosten nur quotal insoweit vor, als es der Beteiligungsquote des verdeckt Einlegenden entspricht. Der übersteigende Betrag ist als Schenkung außerhalb der Gesellschaft an die übrigen Gesellschafter anzusehen, die ihrerseits den auf sie entfallenden Betrag unter Erhöhung der Anschaffungskosten auf die Beteiligung einlegen (vgl. FROTSCHER in Frotscher/Maas, § 8 KStG Rz. 90a).

Mittelbare Zuwendung i. S. v. § 7 Abs. 8 Satz 1 ErbStG

Schenkungsteuerlich ist in der durch die verdeckte Einlage bewirkten Werterhöhung der Anteile eine mittelbare Zuwendung i. S. v. § 7 Abs. 8 Satz 1 ErbStG an die übrigen, keine Einlage leistenden Gesellschafter zu sehen (vgl. FROTSCHER in Frotscher/Maas, § 8 KStG, Rz. 85 ff. sowie FinVerw v. 04. 03. 2012, BStBl. I 2012, 331)

3.4 Korrespondenz zwischen der steuerlichen Behandlung bei der Gesellschaft und beim Gesellschafter

Korrespondenzproblem ...

Aufgrund des bei Kapitalgesellschaften grundsätzlich anzuwendenden Trennungsprinzips erfolgte die außerbilanzielle Korrektur der verdeckten Einlage bei der Kapitalgesellschaft zunächst unabhängig von der Behandlung beim Gesellschafter. Hierdurch waren Fälle denkbar, in denen sich eine verdeckte Einlage auf der Ebene des Anteilseigners, weil dort nicht als solche qualifiziert, steuermindernd auswirkte und auf der Ebene der Kapitalgesellschaft dennoch eine außerbilanzielle Kürzung vorgenommen wurde.

Um die hierdurch drohende Besteuerungslücke zu schließen, regelt § 8 Abs. 3 Satz 4 KStG, dass eine verdeckte Einlage das Einkommen der Gesellschaft erhöht, mithin eine außerbilanzielle Kürzung unterbleibt, soweit sie das Einkommen des Anteilseigners gemindert hat.

... durch § 8 Abs. 3 Satz 4 KStG gelöst

BEISPIEL 38

X veräußert in 2014 ein seit 2006 zu seinem Privatvermögen gehörendes unbebautes Grundstück (Anschaffungskosten 100.000 €, Teilwert 130.000 €) zum Preis von 100.000 € an die X-GmbH, deren alleiniger Anteilseigner er ist. Die Veräußerung wurde bei der Einkommensteuerveranlagung des X für das Jahr 2014 nicht erfasst.

LÖSUNG Aufgrund der verdeckten Einlage ist das Grundstück in der Steuerbilanz der X-GmbH mit dem Teilwert von 130.000 € anzusetzen. Bei X hätte aufgrund der Veräußerung des Grundstücks gemäß § 23 Abs. 1 Satz 5 Nr. 2 EStG im Rahmen der Veranlagung für das Jahr 2014 ein Veräußerungsgewinn von 30.000 € erfasst werden müssen. Da dies nicht geschehen ist und sich insoweit das Einkommen des X gemindert hat, kann bei der X-GmbH nach § 8 Abs. 3 Satz 4 KStG keine außerbilanzielle Kürzung des durch den Teilwertansatz bewirkten Gewinns von 30.000 € erfolgen. ◀|

Aufgrund der Korrekturvorschrift des § 32a Abs. 2 KStG kann jedoch eine Änderung der Steuerfestsetzung gegenüber der Kapitalgesellschaft erfolgen, wenn gegenüber dem Gesellschafter ein die verdeckte Einlage berücksichtigender (Änderungs-)Bescheid ergeht. Insoweit endet die Festsetzungsfrist für den Steuerbescheid gegenüber der Gesellschaft nicht vor Ablauf eines Jahres nach der Unanfechtbarkeit des Steuerbescheids des Gesellschafters.

Korrekturvorschrift in § 32a KStG

BEISPIEL 39

In Beispiel 38 wird der ESt-Bescheid für das Jahr 2014 unter Berücksichtigung der Einkünfte i. S. v. § 23 Abs. 1 Satz 5 Nr. 2 EStG geändert.

LÖSUNG Der Steuerbescheid gegen die X-GmbH kann aufgrund von § 32a Abs. 2 KStG geändert werden. Der Gewinn der X-GmbH ist außerbilanziell um 30.000 € zu kürzen. ◀|

Bleibt die verdeckte Einlage beim Gesellschafter unberücksichtigt, etwa weil eine Änderung seiner Veranlagung aus verfahrensrechtlichen Gründen nicht mehr möglich ist, kann auch die Einkommensminderung auf der Gesellschaftsebene endgültig nicht erfolgen. Im Ergebnis wird hierbei die eigentlich richtige steuerliche Belastung der verdeckten Einlage beim Zuwendenden ersetzt durch eine Erfassung im Rahmen der KSt-Veranlagung der Gesellschaft sowie der zukünftigen Besteuerung im Fall der Ausschüttung. Letzteres wird dadurch erreicht, dass die verdeckte Einlage aufgrund ihrer steuerpflichtigen Erfassung bei der Kapitalgesellschaft keinen Zugang auf dem steuerlichen Einlagekonto bewirken kann, im Falle einer späteren Ausschüttung also zu steuerbaren Einkünften beim Gesellschafter führt.

Weitere Auswirkungen

Gleichwohl erhöhen sich auch in diesem Fall die Anschaffungskosten des Gesellschafters für die Beteiligung an der Kapitalgesellschaft, da der Gesellschafter unabhängig von der steuerlichen Behandlung auf eine Gegenleistung für die Vorteilsgewährung verzichtet hat (vgl. LANG in DPM, § 8 Abs. 3 KStG Teil B Tz. 159). Im Fall eines bilanzierenden Gesellschafters ist daher selbst dann, wenn im Jahr der verdeckten Einlage keine Erhöhung des Beteiligungsbuchwerts erfolgte, dies im Wege der Bilanzberichtigung im ersten noch nicht materiell bestandskräftig veranlagten Wirtschaftsjahr erfolgswirksam nachzuholen (vgl. DÖRFLER/HEURUNG/ADRIAN, DStR 2007, 514, 518). Die hierdurch bewirkte Erfassung im Einkommen

Ggf. Bilanzberichtigung

des Gesellschafters lässt nunmehr nach § 32a Abs. 2 KStG auch eine nachträgliche Qualifikation der Vorteilsgewährung bei der Kapitalgesellschaft als verdeckte Einlage zu. Dies muss u. E. auch einen entsprechenden Zugang auf dem steuerlichen Einlagekonto umfassen.

**Dreiecksfälle:
Verdeckte Einlage
aufgrund vGA**

Nach § 8 Abs. 3 Satz 5 KStG erhöht auch eine verdeckte Einlage, die auf einer verdeckten Gewinnausschüttung einer dem Gesellschafter nahe stehenden Person beruht und bei der Besteuerung des Gesellschafters nicht berücksichtigt wurde, das Einkommen der begünstigten Kapitalgesellschaft, soweit die verdeckte Gewinnausschüttung das Einkommen der verdeckt ausschüttenden Gesellschaft gemindert hat (sog. Dreiecksfälle). Für diesen Fall bestimmt § 8 Abs. 3 Satz 6 KStG zudem folgerichtig, dass sich die Anschaffungskosten des Gesellschafters nicht erhöhen (vgl. MELCHIOR, DStR 2006, 2233, 2237).

BEISPIEL 40

Die Y-GmbH veräußert an ihre Schwestergesellschaft Z-GmbH ein Grundstück (Buchwert 200.000 €, Teilwert 500.000 €) zum Kaufpreis von 200.000 €. An beiden Gesellschaften ist die M-AG zu 100 % beteiligt.

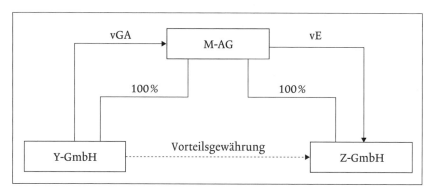

LÖSUNG Da die Z-GmbH nahe stehende Person der M-AG ist, ist die Vorteilsgewährung durch die Y-GmbH grundsätzlich als verdeckte Gewinnausschüttung an die M-AG zu qualifizieren (vgl. hierzu D I 2.3.2). Die M-AG leistet zugleich eine verdeckte Einlage in das Vermögen der Z-GmbH. Nach § 8 Abs. 3 Satz 5 KStG kann jedoch, solange die vGA bei der Y-GmbH nicht einkommenserhöhend berücksichtigt wurde, bei der Z-GmbH keine außerbilanzielle Minderung des Einkommens erfolgen. Wird der Steuerbescheid gegenüber der Y-GmbH geändert, kann nach § 32a Abs. 1 KStG die Steuerfestsetzung gegenüber der M-AG geändert werden, wodurch nach § 32a Abs. 2 KStG wiederum die Änderung bei der Z-GmbH möglich wird. Auch die Anschaffungskosten für die Beteiligung an der Z-GmbH erhöhen sich bei der M-AG erst, wenn sich aufgrund der Zurechnung der vGA eine (aufgrund von § 8b Abs. 1, 5 KStG allerdings zumeist nur partielle) Einkommenserhöhung ergeben hat. ◄|

4 Einzelfälle der verdeckten Einlage

4.1 Forderungsverzicht durch den Gesellschafter

**Steuerrechtlich:
Einlage der
Forderung**

Verdeckte Einlagen liegen insbesondere dann vor, wenn Gesellschafter auf Forderungen gegen die eigene Gesellschaft rechtswirksam verzichten. Hierbei führt zwar der Wegfall der Verbindlichkeit i. H. d. Nennwerts zu einem Ertrag bei der

Gesellschaft; steuerlich ist jedoch davon auszugehen, dass der Gesellschafter die betreffende Forderung in das Vermögen der Gesellschaft eingelegt hat, wobei sich anschließend im Vermögen der Gesellschaft Forderung und Verbindlichkeit gegeneinander aufheben (Konfusion).

Die verdeckte Einlage ist dabei nach Auffassung des BFH nicht mit dem Nennwert, sondern mit dem Teilwert der Forderung zu bewerten (BFH v. 09.06.1997 – GrS 1/94, BStBl. II 1998, 307). Ist die Forderung wertlos, ist die verdeckte Einlage daher mit Null anzusetzen. Im Ergebnis führt der Forderungsverzicht demnach bei der Kapitalgesellschaft i.H.d. nicht werthaltigen Teils zu steuerpflichtigem Ertrag, der jedoch ggf. als Sanierungsgewinn begünstigt sein kann (vgl. BMF v. 27.03.2003, BStBl. I 2003, 240). **Einlage nur mit dem werthaltigen Teil**

BEISPIEL 41
D ist Geschäftsführer und Alleingesellschafter der D-GmbH. Die Anteile befinden sich im Privatvermögen. Für seine Tätigkeit bezieht er ein angemessenes monatliches Gehalt i.H.v. 8.000 €. Ab Juli 01 wird ihm das Gehalt mangels Liquidität nicht mehr ausgezahlt. Zum Jahresende 01 verzichtet D rechtswirksam auf die Gehaltsansprüche der zweiten Jahreshälfte 01. Im Aktivvermögen der GmbH befinden sich erhebliche stille Reserven, so dass die Gehaltsforderung einen Teilwert von 48.000 € hat.
LÖSUNG Zum 31.12.01 ist zunächst eine Verbindlichkeit aus Gehältern erfolgswirksam zu passivieren. Aufgrund des Forderungsverzichts ist diese Verbindlichkeit anschließend auszubuchen, was handelsrechtlich regelmäßig zu einem Ertrag führt. Steuerrechtlich liegt eine verdeckte Einlage der Forderung vor, die wegen der bestehenden Werthaltigkeit mit dem Nennwert von 48.000 € zu bewerten ist. Um diesen Betrag mindert sich daher das zu versteuernde Einkommen gegenüber dem handelsrechtlichen Gewinn. Im Ergebnis ist das zu versteuernde Einkommen der D-GmbH um den Gehaltsaufwand gemindert worden, während sich der Forderungsverzicht nicht ausgewirkt hat.

Abwandlung
Ist die Gehaltsforderung wertlos, wird die Forderung mit dem Teilwert von 0 € eingelegt. Hier erfolgt keine Korrektur des Einkommens. Im Ergebnis wird der Gehaltsaufwand auch steuerrechtlich durch den Ertrag aus dem Forderungsverzicht kompensiert. ◀|

Auf der Seite des Gesellschafters führt die verdeckte Einlage der Forderung ggf. zu einem steuerbaren Zufluss i.H.d. werthaltigen Teils, etwa wenn es sich um Miet- oder Honorarforderungen handelt, die bisher mangels Zufluss nicht zu Einnahmen i.S.v. § 8 EStG bzw. Betriebseinnahmen im Rahmen einer Einnahmen-Überschuss-Rechnung geführt haben. Zwar liegen Einnahmen grundsätzlich erst dann vor, wenn der Steuerpflichtige wirtschaftlich über sie verfügen kann, und dies ist im Grundsatz erst bei Auszahlung in bar oder Gutschrift auf einem Bankkonto der Fall. Lediglich bei beherrschenden Gesellschaftern wird angenommen, dass sie über eine von der Gesellschaft geschuldete Vergütung bereits im Zeitpunkt der Fälligkeit verfügen können und ihnen damit entsprechende Einnahmen zugeflossen sind. Liegt danach beim Gesellschafter noch kein Zufluss vor, kann nach Auffassung des BFH gleichwohl auch der Verzicht auf einen Vergütungsanspruch zum Zufluss des Forderungswerts führen, wenn der Gesellschafter damit eine Einlage zugunsten seiner Beteiligung bewirkt (vgl. BFH v. 09.06.1997 – GrS 1/94, BStBl. II 1998, 307). **Beim Ges'ter ggf. steuerbarer Zufluss**

Nach Auffassung des BFH ist für die Annahme einer den Zufluss bewirkenden verdeckten Einlage der Forderung allerdings Voraussetzung, dass die Verpflichtung zuvor durch eine entsprechende Aufwandsbuchung Eingang in die Bücher der **Passivierung als Zuflussvoraussetzung**

Kapitalgesellschaft gefunden hat (vgl. BFH v. 03.02.2011 – VI R 4/10, BFH/NV 2011, 904; ähnlich BFH v. 15.05.2013 – VI R 24/12, BFH/NV 2013, 1694). U.E. kann dies aber nicht dazu führen, dass der Zufluss allein durch willkürliches Unterlassen der eigentlich zwingenden Passivierung der Verbindlichkeit bei der Kapitalgesellschaft vermieden werden kann. Vielmehr ist eine ggf. fehlerhafte Steuerbilanz zunächst richtigzustellen (vgl. SIEBERT/IVHZENKO-SIEBERT, FR 2011, 948).

Erhöhung der AK des Anteils

Beim verdeckt einlegenden Gesellschafter erhöhen sich grundsätzlich die Anschaffungskosten der Anteile an der Kapitalgesellschaft um den werthaltigen Teil der Forderung (vgl. BFH v. 27.04.2000 – I R 58/99, BStBl. II 2001, 168; v. 09.06.1997 – GrS 1/94, BStBl. II 1998, 307).

FORTSETZUNG BEISPIEL 41

D fließen aufgrund der verdeckten Einlage Einnahmen aus nichtselbständiger Arbeit i.H.d. Teilwerts der Forderung zu. Auf der Ebene der D-GmbH ist daher gemäß § 38 Abs. 2 EStG insoweit ein Lohnsteuerabzug vorzunehmen. Die Anschaffungskosten der Anteile an der D-GmbH erhöhen sich um den Teilwert der Forderung. ◀|

Gestaltungsmöglichkeiten

Gestaltungsmöglichkeiten ergeben sich in Fällen, in denen sich auf der Ebene der Kapitalgesellschaft die Nichtberücksichtigung vorhandener steuerlicher Verlustvorträge abzeichnet, etwa in den Fällen des § 8c KStG, und der Gesellschafter die Beteiligung in einem Betriebsvermögen hält, insbesondere in Konzernkonstruktionen. Hier kann es sich anbieten, unter Vereinbarung einer Besserungsabrede auf eine wertlose Forderung zu verzichten. Im Ergebnis wird der vorhandene Verlustvortrag i.H.d. nicht werthaltigen Teils der Forderung auf die Ebene des Gesellschafters transferiert. Bei der Gesellschaft wird der Ertrag aus dem Wegfall der Verbindlichkeit wegen der Wertlosigkeit der eingelegten Forderung nicht durch Kürzung einer verdeckten Einlage kompensiert, kann aber gleichwohl mit dem bestehenden Verlustvortrag saldiert werden. Im Fall des späteren Eintretens der Besserungsbedingung entsteht bei der Kapitalgesellschaft nunmehr Aufwand (was einer Geltendmachung des ohne Forderungsverzicht gefährdeten Verlustvortrags gleichkommt), während beim Gesellschafter wegen der erhaltenen Leistungen Ertrag entsteht, der den Aufwand aus dem Forderungsverzicht kompensiert.

BFH: Kein Fall von § 42 AO

Die Finanzverwaltung möchte den sich aus der (Wieder-)Einbuchung ergebenden Aufwand ggf. unter Anwendung von § 8 Abs. 4 KStG a.F. nicht zum Abzug zulassen (vgl. BMF v. 01.12.2003, BStBl. I 2003, 648). Nach Auffassung des BFH ist in der Gestaltung dagegen selbst dann kein Anwendungsfall des § 42 AO zu sehen, wenn der bisherige Gesellschafter und Gläubiger die Anteile und den Besserungsanspruch an einen Dritten veräußert hat und die Gesellschaft die infolge der Besserungsabrede entstehenden Verpflichtungen später gegenüber dem Dritten aufwandswirksam erfüllt (vgl. BFH v. 12.07.2012 – I R 23/11, BFH/NV 2012, 1901 zur Rechtslage vor Einführung von § 8c KStG). Unseres Erachtens greift das genannte Urteil auch im Anwendungsbereich von § 8c KStG.

4.2 Verzicht auf Pensionsanwartschaften durch Gesellschafter-Geschäftsführer

Krise, zu geringe Rückdeckungsversicherung

In der Praxis findet sich häufig der Fall, dass ein Gesellschafter-Geschäftsführer ganz oder teilweise auf eine bestehende Pensionsanwartschaft verzichtet. Grund hierfür kann zum einen die Vermeidung einer bilanziellen Überschuldung in Krisensituationen sein. Aber auch außerhalb der Krise kann sich die Notwendigkeit ergeben, eine Deckungslücke zwischen der ggf. aufgrund veränderter biometrischer Grundlagen erhöhten Versorgungsverpflichtung und einer u. U. auch durch veränderte Kapitalmarktdaten unzureichenden Rückdeckungsversicherung zu schließen. Soll in diesen Fällen die hohe Liquiditätsbelastung aus der Aufstockung der Rückdeckungsversicherung vermieden oder, z. B. im Vorfeld einer Anteilsveräußerung, die Versorgungszusage zusammen mit dem Rückdeckungsanspruch aus dem Vermögen der Kapitalgesellschaft herausgelöst und auf einen Versorgungsträger ausgelagert werden, liegt es nahe, dass der Gesellschafter auf den nicht gedeckten Anspruch verzichtet (vgl. MOORKAMP, StuB 2011, 741).

Auf der Ebene der Kapitalgesellschaft führt ein solcher Verzicht zunächst zu einer (teilweisen) Auflösung der Pensionsrückstellung und damit in bilanzieller Hinsicht zu einem Ertrag. **Anpassung der Pensionsrückstellung**

Da der Verzicht durch einen Gesellschafter-Geschäftsführer regelmäßig gesellschaftsrechtlich veranlasst ist, gilt der Anspruch des Gesellschafter-Geschäftsführers i. H. d. werthaltigen Teils der Anwartschaft als in die Kapitalgesellschaft verdeckt eingelegt, so dass der Ertrag aus der Auflösung der Rückstellung insoweit außerbilanziell gekürzt wird. Auf der Ebene des Gesellschafter-Geschäftsführers wird ein fiktiver, steuerlich zu berücksichtigender Zufluss angenommen. **Grds. vE i. H. d. werthaltigen Teils, aber …**

Die steuerlichen Folgen hängen nun allerdings davon ab, ob der Gesellschafter auf erst zukünftig zu erdienende Ansprüche (sog. *future service*) oder aber (ggf. auch) auf bereits durch die bisherige Tätigkeit bereits erdiente Ansprüche (sog. *past service*) verzichtet, denn nur letztere können, Werthaltigkeit des Anspruchs vorausgesetzt, zu einem fiktiven Zufluss und zu einer verdeckten Einlage führen. Zwar ist nach Auffassung der Finanzverwaltung auch der Verzicht auf den *future service* grundsätzlich geeignet als verdeckte Einlage qualifiziert zu werden und damit einen Zufluss beim Gesellschafter-Geschäftsführer auszulösen, jedoch ist der Wert dieser verdeckten Einlage regelmäßig mit 0 € zu bemessen, wenn der Barwert der nach Abgabe der Verzichtserklärung verbleibenden, reduzierten Pensionsanwartschaft dem bis zum Verzichtszeitpunkt bereits erdienten Gegenwartswert der bisher zugesagten, ungekürzten Pensionsanwartschaft mindestens entspricht (vgl. BMF v. 14. 08. 2012, BStBl. I 2012, 874; OFD Niedersachsen v. 15. 06. 2011, DB 2011, 1778). **… nur bei Verzicht auf den past service**

Der erdiente Teil der Zusage ergibt sich dabei aus dem Verhältnis der von der Pensionszusage begleiteten Dauer des Dienstverhältnisses bis zum Änderungszeitpunkt einerseits und der Dauer bis zu der in der Pensionszusage vorgesehenen Altersgrenze andererseits. **m/n-tel Anwartschaftsbarwert**

BEISPIEL 42

(in Anlehnung an EGNER/SARTORIS, DB 2011, 2804, 2806 f.)

X, 55 Jahre alt, ist seit seinem 40. Lebensjahr beherrschender Gesellschafter-Geschäftsführer der X-GmbH. Mit Erreichen seines 45. Lebensjahres erhielt X eine Pensionszusage über monatlich 6.000 €, deren Auszahlungsphase mit Erreichen des 60. Lebensjahres beginnen soll. Mit Erreichen des 55. Lebensjahres in 2012 wird die Zusage auf einen Betrag von 4.000 € monatlich herabgesetzt.

Durch die Herabsetzung der zugesagten monatlichen Pensionszahlung von 6.000 € auf 4.000 € beläuft sich der Barwert der Anwartschaft nur noch auf 2/3 des Barwerts der bisher zugesagten, ungekürzten Pensionsanwartschaft. Da der Zeitraum zwischen Zusage und Altersgrenze 15 Jahre beträgt (45. bis 60. Lebensjahr) und der Teilverzicht 10 Jahre nach Zusageerteilung stattfindet, beläuft sich der bereits erdiente Teil der Pensionsanwartschaft ebenfalls auf 2/3 (= 10/15) des Barwerts der bisher zugesagten, ungekürzten Pensions-anwartschaft. Eine verdeckte Einlage liegt daher nicht vor.

Die X-GmbH hat den Teilwert der Versorgungsverpflichtung auf der Basis der veränderten Zusage neu zu berechnen und die Pensionsrückstellung entsprechend erfolgswirksam an-zupassen. ◄|

Gesamte Dienstzeit, wenn kein beherr-schender Ges'ter

Im Fall eines nicht beherrschenden Gesellschafters ist bzgl. des erdienten Teils auf die gesamte Dienstzeit des Gesellschafter-Geschäftsführers abzustellen. Hieraus er-gibt sich ein höherer erdienter Anteil und damit *ceteris paribus* eher eine verdeckte Einlage. Zur Verdeutlichung diene das folgende

BEISPIEL 43

Anders als in Beispiel 42 sei X kein beherrschender Gesellschafter-Geschäftsführer.

Wie zuvor beläuft sich der Barwert der Anwartschaft nach dem Teilverzicht nur noch auf 2/3 des Barwerts der bisher zugesagten, ungekürzten Pensionsanwartschaft. Da für den maß-geblichen Zeitraum nun allerdings nicht auf den Zusagezeitpunkt, sondern auf den Beginn des Dienstverhältnisses abgestellt wird, beträgt der Zeitraum bis zur Altersgrenze nunmehr 20 Jahre (40. bis 60. Lebensjahr). Der Teilverzicht findet mithin 15 Jahre nach Dienstbeginn statt, daher beläuft sich der bereits erdiente Teil der Pensionsanwartschaft in diesem Fall auf 3/4 (= 15/20) des Barwerts der bisher zugesagten, ungekürzten Pensionsanwartschaft. Eine verdeckte Einlage liegt daher insoweit vor, als X auf 1/12 (= 3/4 ./. 2/3) der ursprünglichen Zusage, also auf 500 € monatlich verzichtet hat. Der Wert dieser verdeckten Einlage richtet sich danach, welchen Betrag X im Zeitpunkt des Verzichts hätte aufwenden müssen, um eine entsprechende Anwartschaft gegenüber einem vergleichbaren Schuldner zu erlangen. An-genommen, dieser Wert liegt bei 70.000 €, so ist dem X steuerpflichtiger Arbeitslohn in dieser Höhe zugeflossen. Zugleich ergibt sich in dieser Höhe eine verdeckte Einlage bei der X-GmbH, so dass sich deren Einkommen und Gewerbeertrag um 70.000 € mindern. Der Betrag erhöht das steuerliche Einlagekonto bei der X-GmbH und die Anschaffungskosten der Beteiligung des X an der X-GmbH.

Einkommen und Gewerbeertrag, die zunächst durch den Ertrag aus der Anpassung der Pensionsrückstellung erhöht wurden, sind außerbilanziell um den Betrag der verdeckten Einlage zu kürzen. ◄|

Barlohnumwand-lung

Im Fall einer Versorgungszusage durch Barlohnumwandlung ergibt sich der erdien-te Teil der Anwartschaft aus der Höhe der bis zum Teilverzicht umgewandelten Beiträge (vgl. OFD Niedersachsen v. 15.06.2011, DB 2011, 1778; kritisch EGNER/ SARTORIS, DB 2011, 2804, 2806).

Keine vE bei Verzicht auf noch nicht unverfallbare Ansprüche

Verzichten Gesellschafter-Geschäftsführer anlässlich einer Anteilsübertragung auf Pensionszusagen, die im Verzichtszeitpunkt noch nicht unverfallbar sind, liegt nach Auffassung des BFH unabhängig von der Zeitdauer bis zum Verzicht oder bis zur Altersgrenze keine die Auflösung der Pensionsrückstellung kompensierende verdeckte Einlage vor. Hierbei hat es der BFH offen gelassen, ob bereits die gesell-schaftsrechtliche Veranlassung zu verneinen ist, kein einlagefähiges Wirtschaftsgut vorliegt oder der Teilwert der Anwartschaft aufgrund des mit der Beendigung des Dienstverhältnisses einhergehenden Verfalls der Anwartschaft mit 0 € anzusetzen ist (vgl. BFH v. 08.06.2011 – I R 62/10, BFH/NV, 2117).

4.3 Verdeckte Einlage von im Privatvermögen gehaltenen Anteilen an Kapitalgesellschaften

Die verdeckte Einlage von Anteilen an Kapitalgesellschaften i. S. v. § 17 EStG ist gemäß § 17 Abs. 1 Satz 2 EStG einer Veräußerung gleichgestellt. Als Veräußerungspreis gilt nach § 17 Abs. 2 Satz 2 EStG der gemeine Wert der Anteile. Gleiches gilt gemäß § 20 Abs. 2 Satz 2, Abs. 4 Satz 2 EStG für die verdeckte Einlage von im Privatvermögen gehaltenen Anteilen an Kapitalgesellschaften außerhalb des § 17 EStG, die nach dem 31.12.2008 angeschafft wurden.

Behandlung beim AE
...

Auf der Seite der empfangenden Kapitalgesellschaft erfolgt die Bewertung der verdeckt eingelegten Anteile entgegen § 6 Abs. 1 Nr. 5 Satz 1 Buchst. b und c EStG nicht zu den ursprünglichen Anschaffungskosten des Einlegenden, sondern mit dem Teilwert, da die in den verdeckt eingelegten Anteilen ruhenden stillen Reserven ansonsten doppelt versteuert würden: Einmal bei der Einlage und ein weiteres Mal im Zuge der Realisierung innerhalb der die Anteile haltenden Kapitalgesellschaft (vgl. BALMES in HHR, § 8 KStG Anm. 22 sowie EILERS/SCHMIDT in HHR, § 17 EStG Anm. 141; BMF v. 02.11.1998, BStBl. I 1998, 1227).

... und bei der KapGes

E Gesellschafterfremdfinanzierung und Zinsschranke

I Überblick

Zu den systematisch bedeutsamsten Änderungen der letzten Jahre gehört die Einführung einer Zinsschranke in § 4h EStG unter gleichzeitiger Neufassung von § 8a KStG. Durch diese Regelung wird der Abzug von Schuldzinsen als Betriebsausgaben im Grundsatz auf 30 % des steuerlichen EBITDA (*earnings before interest, taxes, depreciation and amortisation*) des Betriebs beschränkt. Dieser Betrag wird als das sog. »verrechenbare EBITDA« bezeichnet.

Hintergrund der Vorschrift ist die Absicht des Gesetzgebers zu verhindern, dass international tätige Unternehmen ihre Erträge im niedrig besteuernden Ausland realisieren, die Aufwendungen für Fremdkapital dagegen ins höher besteuernde Deutschland verlagern (BT-Drs. 16/4841, 56).

> **Zinsschranke = 30 % des steuerlichen EBITDA (verrechenbares EBITDA)**

1 Vorgängerregelung

Vor Inkrafttreten des UntStRefG 2008 versuchte der Gesetzgeber einer verstärkten Fremdfinanzierung inländischer Kapitalgesellschaften durch § 8a KStG a. F. zu begegnen. Diese auch als Unterkapitalisierungsregel (*thin capitalization rule*) bezeichnete Vorschrift qualifizierte Vergütungen, die eine Kapitalgesellschaft für die Überlassung von Fremdkapital durch zu mehr als 25 % beteiligte Anteilseigner aufwendete, als vGA, soweit das zur Verfügung gestellte Fremdkapital eine bestimmte Relation zu dem diesem Anteilseigner zuzurechnenden anteiligen Eigenkapital (den sog. »safe haven«) überstieg.

> **§ 8a KStG a. F. qualifizierte Zinsen als vGA, soweit FK des Gesellschafters den safe haven überstieg**

Die Vorschrift war zunächst, ihrem ursprünglichen Charakter entsprechend, nur für solches Fremdkapital relevant, das von im Inland nicht zur Einkommen- oder Körperschaftsteuer veranlagten Anteilseignern zur Verfügung gestellt wurde. Nach Feststellung seiner Europarechtswidrigkeit (vgl. EuGH v. 12.12.2002, DB 2002, 2690) wurde § 8a KStG a. F. jedoch für nach dem 31.12.2003 beginnende Wirtschaftsjahre auf Inlandssachverhalte ausgedehnt, vollständig neu gefasst und erheblich verschärft. Waren die Tatbestandsvoraussetzungen des § 8a KStG a. F. erfüllt, waren das Einkommen und der Gewerbeertrag der fremdfinanzierten Kapitalgesellschaft um die von § 8a Abs. 1 KStG a. F. erfassten Vergütungen zu erhöhen. Beim Anteilseigner stellten die Vergütungen Bezüge i. S. v. § 20 Abs. 1 Nr. 1 Satz 2 EStG dar, die im Falle natürlicher Personen nach § 3 Nr. 40 Buchst. d EStG a. F. zur Hälfte, bei einer Kapitalgesellschaft gemäß § 8b Abs. 1 i. V. m. Abs. 5 KStG im Ergebnis zu 5 % versteuert wurden.

2 Zielsetzung und Grundsystematik der Zinsschranken-regelung

FK-Verlagerung in das Inland soll entgegengewirkt werden

Mit der Einführung der Zinsschrankenregelung und der gleichzeitigen Abschaffung des § 8a KStG a. F. beabsichtigt der Gesetzgeber, über den Anwendungsbereich des § 8a KStG a. F. hinaus die konzerninterne Verlagerung von Steuersubstrat in das Ausland durch den Abzug von Fremdkapitalzinsen zu verhindern. Hierbei zielt der Gesetzgeber insbesondere auf die folgenden Gestaltungen ab (vgl. WELLING, FR 2007, 735, 737; RÖDDER, DStR 2007, Beihefter zu Heft 40, 6):

- **Down-stream-Inboundfinanzierungen:** Stellt eine ausländische Konzernmutter einer inländischen Konzerntochter Fremdkapital zur Verfügung, mindern die hierfür entrichteten (und im Ausland mutmaßlich niedrig besteuerten) Zinsen die inländischen Bemessungsgrundlagen (vgl. NEUMANN, EStB 2007, 292). Der diese Gestaltung bisher einschränkende § 8a KStG a. F. wurde als ineffizient angesehen (vgl. RÖDDER, DStR 2007, Beihefter zu Heft 40, 6 f.).
- **Up-stream-Inboundfinanzierungen:** In diesem Fall stellt ein inländisches Mutterunterunternehmen einer ausländischen Tochter Eigenkapital zur Verfügung, das diese als Darlehen an die Mutter zurückgewährt. Die hierfür geleisteten Zinszahlungen mindern in Deutschland die Bemessungsgrundlagen, während die Zinseinkünfte der Tochter bei anschließender Ausschüttung an die inländische Mutter nach § 8b Abs. 1, 5 KStG nur zu 5 % der deutschen Ertragsbesteuerung unterliegen.
- **Outboundfinanzierung:** Refinanziert ein inländisches Mutterunternehmen eine Beteiligung an einer ausländischen Tochtergesellschaft durch Aufnahme von Fremdkapital, sind die Fremdkapitalzinsen in Deutschland abzugsfähig, während die Dividenden nur zu 5 % steuerpflichtig sind (vgl. NEUMANN, EStB 2007, 292; EILERS, FR 2007, 733, 734).

Keine Beschränkung auf Ges'ter-Fremd-finanzierung

Hiergegen wendet sich der deutsche Gesetzgeber, indem er den Abzug von Schuldzinsen auf einen bestimmten Anteil des Gewinns beschränkt. Anders als beim bisherigen § 8a KStG, und auch im Gegensatz zu den US-amerikanischen *earnings stripping rules*, die ansonsten wohl als Vorbild der Zinsschranke anzusehen sind (vgl. THIEL, FR 2007, 729, 729 f.; HOMBURG, FR 2007, 717, 720; WELLING, FR 2007, 735, 735 f.), betrifft § 4h EStG nicht nur Zinsen im Rahmen einer Gesellschafterfremdfinanzierung, sondern sämtliche betrieblichen Schuldzinsen, einschließlich solcher für Bankdarlehen.

Keine Umqualifizierung in vGA

Es erfolgt zudem auch keine Qualifikation als vGA beim Anteilseigner; vielmehr werden die betroffenen Schuldzinsen zu nicht abzugsfähigen Betriebsausgaben deklariert, allerdings mit der Möglichkeit, diese in spätere Wirtschaftsjahre vorzutragen. Auf der Ebene des Empfängers der Zinsen ergibt sich dementsprechend keine Entlastung durch das Teileinkünfteverfahren oder § 8b KStG, da die Zinsen nicht in Bezüge i. S. v. § 20 Abs. 1 Nr. 1 EStG umqualifiziert werden.

Gilt auch für Nicht-KapGes

Aufgrund der Einbettung in das EStG gilt die Zinsschrankenregelung anders als § 8a KStG a. F. nicht nur für Körperschaften, sondern grundsätzlich auch für Einzelunternehmen und Personengesellschaften.

Können aufgrund der Zinsschranke nicht alle Zinsaufwendungen abgezogen **Zinsvortrag** werden, wird der nicht abziehbare Teil der Zinsaufwendungen in die folgenden Jahren vorgetragen und kann dort ggf. genutzt werden (sog. Zinsvortrag).

Zur Vermeidung krisenbedingter Härten ist durch das WaBeschG zudem die **EBITDA-Vortrag** Möglichkeit geschaffen worden, in einem Jahr, in dem nicht das gesamte verrechenbare EBITDA zur Erreichung des Abzugs der Zinsaufwendungen benötigt wird, den ungenutzt bleibenden Teil in die folgenden fünf Jahre vorzutragen (sog. EBITDA-Vortrag) und damit das Abzugspotential dieser Jahre zu erhöhen. Die Regelung gilt erstmals für Wirtschaftsjahre, die nach dem 31. 12. 2009 enden. Das in den Vorjahren nicht genutzte verrechenbare EBITDA kann ab 2010 mit genutzt werden.

Die Beschränkung des Betriebsausgabenabzugs nach § 4h Abs. 1 EStG betrifft **Ausnahmen** nur die Zinsaufwendungen, die über die im Wirtschaftsjahr erzielten Zinserträge hinausgehen (sog. Nettozinsaufwand). § 4h Abs. 2 EStG enthält zudem drei Ausnahmen, in denen die Zinsschrankenregelung nicht zur Anwendung kommt:

- Der Nettozinsaufwand unterschreitet 3 Mio. € (bis 2009: 1 Mio. €); Freigrenze zur Schonung mittelständischer Unternehmen.
- Der Betrieb gehört nicht oder nur anteilsmäßig zu einem Konzern (Stand-alone-Klausel).
- Im Fall der Konzernzugehörigkeit liegt die Eigenkapitalquote des Betriebs nicht mehr als 2%-Punkte (bis 2009: 1%-Punkt) unter derjenigen des Konzerns (Escape-Klausel).

Bei Kapitalgesellschaften sind die letzten beiden Möglichkeiten allerdings nur dann gegeben, wenn keine schädliche Gesellschafterfremdfinanzierung i.S.v. § 8a KStG vorliegt (sog. Rückausnahmen; siehe hierzu ausführlich unter E III 3.2 und E III 4.3).

Ohne Berücksichtigung von Zins- und EBITDA-Vorträgen ergibt sich folgendes vereinfachtes Prüfungsschema (in Anlehnung an WELLING, FR 2007, 735, 737):

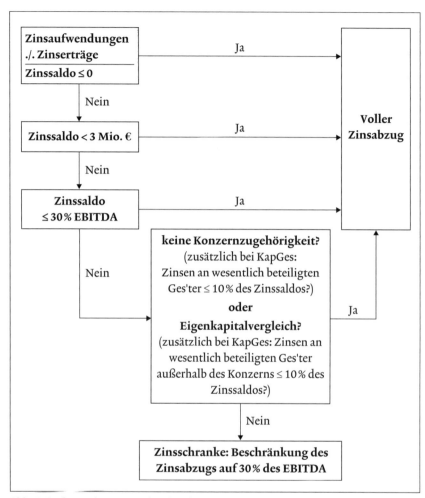

Abb. 6: Prüfungsschema Zinsschranke (ohne EBITDA-Vortrag)

BEISPIEL 44

Die nicht zu einem Konzern gehörende Z-GmbH erzielt in 01 vor Anwendung der Zinsschranke ein zu versteuerndes Einkommen i.H.v. 6 Mio. €. Zinserträge wurden i.H.v. 200.000 € erzielt, die Zinsaufwendungen betrugen 4,2 Mio. €. Hierin enthalten sind 500.000 € Zinsen für ein Darlehen des Alleingesellschafters Z, die übrigen Zinsen wurden an Kreditinstitute gezahlt. Bei der Ermittlung des Einkommens wurden Absetzungen für Abnutzung und Aufwendungen i.S.v. § 6 Abs. 2 EStG i.H.v. 2 Mio. € berücksichtigt.

LÖSUNG Der Zinssaldo (= Zinsaufwendungen ./. Zinserträge) beträgt 4 Mio. €, die Freigrenze gemäß § 4h Abs. 2 Buchst. a EStG kommt damit nicht zur Anwendung. Das steuerliche EBITDA beträgt 12 Mio. € (= z. v. E. + Zinssaldo + AfA), das verrechenbare EBITDA beläuft sich mithin auf 3,6 Mio. € (= 30 % von 12 Mio. €). Die Zinsaufwendungen sind i.H.v. 400.000 € nicht abziehbar, da der Zinssaldo (4 Mio. €) das verrechenbare EBITDA (3,6 Mio. €) um diesen Betrag übersteigt. Dies gilt aber nur, soweit nicht eine der Ausnahmevorschriften des § 4h Abs. 2 Buchst. b, c EStG eingreift. Da die Z-GmbH zu keinem Konzern zugehörig ist, könnte grundsätzlich die Stand-alone-Klausel nach § 4h Abs. 2 Buchst. b EStG die Anwendung der Zinsschranke verhindern. Da aber im vorliegenden Fall die an einen wesentlich beteiligten Anteilseigner gezahlten Zinsaufwendungen (= 500.000 €) 10 % des Zinssaldos (= 400.000 €) übersteigen, kommt die Stand-alone-Klausel gemäß § 8a Abs. 2 KStG nicht zur Anwendung. Im Ergebnis sind damit Zinsaufwendungen i. H. v. 400.000 € nicht abziehbar. In dieser Höhe entsteht ein Zinsvortrag. Das zu versteuernde Einkommen in 01 beläuft sich nach Anwendung der Zinsschranke auf 6,4 Mio. €. ◂|

3 Auswirkungen auf die Gestaltungspraxis

In der Literatur wird die Zinsschrankenregelung wegen ihrer außerordentlich negativen Folgen vor allem für ertragsschwache Unternehmen (vgl. TÖBEN, FR 2007, 739, 743) und Holdings (vgl. EILERS, FR 2007, 733, 735) stark kritisiert. Entgegen der gesetzgeberischen Zielsetzung sind in vielen Fällen auch Unternehmen betroffen, bei denen eine missbräuchliche Verlagerung von Fremdkapitalzinsen in das Inland nicht vorliegt, etwa bei inländischen stark fremdfinanzierten Immobilienunternehmen (vgl. WELLING, FR 2007, 735, 738 und TÖBEN, FR 2007, 739, 742, jeweils mit Beispielen).

Atomisierungstendenzen

Die betriebsbezogene Ausgestaltung der Zinsschrankenregelung hat dazu geführt, dass Unternehmen nicht selten in kleinere Einheiten aufgespalten wurden, deren Betriebe jeweils für sich genommen die Freigrenze von (zunächst) 1 Mio. € nicht erreichten und damit von der Zinsschrankenregelung verschont blieben. Die zunächst durch das Bürgerentlastungsgesetz lediglich für die Jahre 2008 bis 2009, durch das WaBeschG mittlerweile entfristete Erhöhung der Freigrenze auf 3 Mio. € schafft zwar grundsätzlich Entlastung, dürfte allerdings die Akzeptanz der steuerlichen Gesetzgebung bei Steuerpflichtigen, die gerade erst kostenintensive Umstrukturierungsmaßnahmen zur Einhaltung der 1 Mio. €-Grenze ergriffen haben, nicht eben steigern. Zudem stellt sich das Problem, dass größere, mit hohem Fremdkapitalanteil finanzierte Projekte, etwa im Immobilienbereich, häufig nicht oder nur mit hohem zusätzlichen Aufwand auf verschiedene zivilrechtlich selbständige Gesellschaften aufgeteilt werden können, so dass auch die erhöhte Freigrenze häufig nicht ausreicht. Die übrigen Ausnahmeregelungen, insbesondere die Escape-Klausel, sind nur unter erheblichem administrativem Aufwand anwendbar, und die Rückausnahmen bei Gesellschafterfremdfinanzierung machen ihre Anwendung in vielen Fällen unmöglich.

Finanzkrise wirkt verschärfend

Die insbesondere in Krisenzeiten hervorgerufenen Ertragseinbrüche können aufgrund des zugleich verminderten EBITDA zu einer verstärkten Anwendung der Zinsschrankenregelung führen. Hieran ändert grundsätzlich auch die zur Abmilderung derartiger Effekte eingeführte nachträgliche Nutzung von EBITDA-Vorträgen aus den Jahren 2006 bis 2009 nichts.

Da die durch die Einführung der Zinsschranke vollzogene partielle Außerkraftsetzung des objektiven Nettoprinzips also prinzipiell krisenverschärfend wirkt (MÖHLENBROCK/PUNG in DPM, § 8a KStG (URefG 2008) Tz. 12 m. w. N.), nimmt es nicht Wunder, dass bereits seit geraumer Zeit gewichtige Stimmen einer Abschaf-

Verfassungsrechtliche Zulässigkeit höchst fraglich

fung der Zinsschrankenregelung das Wort reden, und auch der Gesetzgeber hat eine Evaluation der Zinsschranke angekündigt.

In Schrifttum und Rechtsprechung wird die Zinsschrankenregelung zudem ganz überwiegend für verfassungswidrig gehalten. Insbesondere die Einschränkung des objektiven Nettoprinzips wird als gravierender Verstoß gegen das Leistungsfähigkeitsprinzip eingestuft (vgl. SCHMIDT/LOSCHELDER, 2014, § 4h Rz. 4 m.w.N.). Auch der BFH hat ernstliche Zweifel an der Vereinbarkeit mit Art. 3 GG (vgl. BFH v. 18.12.2013 – I B 85/13 sowie v. 13.03.2012 – I B 111/11) und erteilte der Ansicht des FG München eine klare Absage, das mit der Begründung, bei einem formell verfassungsgemäß entstandenen Gesetz sei dem öffentlichen Interesse an einer geordneten Haushaltsführung der Vorrang gegenüber dem Aussetzungsinteresse einzuräumen, das Vorliegen ernsthafter Zweifel an der Rechtmäßigkeit der Zinsschrankenregelung erst gar nicht geprüft hatte (vgl. FG München v. 01.06.2011, EFG 2011, 1380). So hält auch das FG Berlin-Brandenburg (v. 13.10.2011 EFG 2012, 358, rkr.) den Einwand zinsschrankeninduzierter Steuermehreinnahmen u.E. zu Recht für nicht geeignet, vorläufigen Rechtsschutz von Vornherein nicht zu gewähren (vgl. auch PRINZ, FR 2012, 171, 172). Da das Gericht zudem erhebliche Zweifel an der Verfassungsmäßigkeit der Zinsschranke hat, wurde Aussetzung der Vollziehung gewährt. Erste finanzgerichtliche Hauptsacheentscheidungen haben dagegen die Zinsschrankenregelung nicht als verfassungswidrig eingestuft (vgl. FG Baden-Württemberg v. 26.11.2012, BB 2013, 2646, nrk., Rev. eingelegt: Az. BFH I R 57/13). Hier bleiben die Entscheidungen des BFH und ggf. des BVerfG abzuwarten.

Ruhen des Verfahrens, ggf. AdV

Die Finanzverwaltung lässt Einsprüche ruhen, die sich auf das unter I R 2/13 geführte Revisionsverfahren stützen (vgl. OFD Nordrhein-Westfalen v. 11.07.2013, HaufeIndex 5131543). Aussetzung der Vollziehung will sie gleichwohl nur gewähren, soweit Streit bzgl. der Zulässigkeit von § 8a KStG außerhalb von Back-to-Back-Finanzierungen besteht (vgl. OFD Nordrhein-Westfalen v. 11.07.2013, HaufeIndex 5131543). Diese Auffassung ist u.E. aufgrund der nachfolgenden BFH-Rechtsprechung (vgl. BFH v. 18.12.2013 – I B 85/13, FR 2014, 560) nicht mehr haltbar. Gleichwohl ist hier mit Blick auf die Verzinsung Vorsicht geboten (vgl. HICK, FR 2014, 564, 567).

Europarechtliche Zulässigkeit

Problematisch ist die Zinsschrankenregelung auch aus europarechtlicher Sicht, da sie möglicherweise wegen des erklärten Ziels des Gesetzgebers, grenzüberschreitende konzerninterne Fremdfinanzierungen zu verhindern, gegen die Niederlassungsfreiheit verstößt (vgl. SCHMIDT/LOSCHELDER, 2014, § 4h Rz. 4; WILKE/SÜSS, FR 2009, 796).

II Grundtatbestand

1 Betriebsbezogenheit der Vorschrift

KapGes hat grds. nur ...

Die Zinsschrankenregelung gilt grundsätzlich für jeden einzelnen (inländischen) Betrieb eines Steuerpflichtigen. Das Vorliegen eines Betriebs setzt das Erzielen von Gewinneinkünften i.S.d. §§ 13, 15 oder 18 EStG voraus; dieses Merkmal ist bei Kapitalgesellschaften nach § 8 Abs. 2 KStG regelmäßig erfüllt. Darüber hinaus ordnet § 8a Abs. 1 Satz 4 KStG die Anwendung der Zinsschrankenregelung auch für den Fall an, dass eine Kapitalgesellschaft ihre Einkünfte durch Ermittlung des Überschusses der Einnahmen über die Werbungskosten ermittelt. Die Regelung betrifft in erster Linie Fälle beschränkt steuerpflichtiger Kapitalgesellschaften, bei denen § 8 Abs. 2 KStG nicht zur Anwendung kommt (vgl. auch BMF v. 04.07.2008, BStBl. I 2008, 718, Rz. 7). Zumindest im Fall von inländischen Vermietungseinkünften einer beschränkt steuerpflichtigen Körperschaft ohne inländische Betriebstätte, die mit einer Kapitalgesellschaft oder sonstigen juristischen Person i.S.d. § 1 Abs. 1 Nr. 1–3 KStG vergleichbar ist, hat sich dieses Problem dadurch erledigt, dass nach § 49 Abs. 1 Nr. 2 Buchst. f EStG Vermietungseinkünfte nunmehr auch dann zu den gewerblichen Einkünften zählen, wenn im Inland nach allgemeinen Kriterien keine Betriebstätte unterhalten wird. Nach h.M. werden hierdurch nicht nur gewerbliche Einkünfte, sondern auch das Vorliegen eines für die Anwendung der Zinsschranke notwendigen Betriebs fingiert (MÖHLENBROCK/PUNG in DPM § 8a KStG (URefG 2008) Tz. 63 m.w.N.; FinMin Schleswig-Holstein v. 12.03.2009, HaufeIndex 2655871).

Während natürlichen Personen mehrere Betriebe zuzurechnen sein können, für die jeweils eine eigene Zinsschranke zur Anwendung kommen kann, haben Kapitalgesellschaften grundsätzlich nur einen Betrieb. Auch im Fall einer KGaA liegt nur ein Betrieb vor, der den Gewinnanteil des persönlich haftenden Gesellschafters mit umfasst. Soweit dieser selbst von der Zinsschrankenregelung betroffen ist, bleibt bei ihm der Gewinnanteil aus der KGaA bei der Ermittlung der für die Zinsschranke relevanten Größen unberücksichtigt (vgl. auch BMF v. 04.07.2008, BStBl. I 2008, 718, Rz. 8, 44). **... einen Betrieb i.S.d. Zinsschranke**

Im Fall einer ertragsteuerlichen Organschaft bestimmt § 15 Abs. 1 Nr. 3 KStG, dass Organträger und Organgesellschaft als nur ein Betrieb anzusehen sind (vgl. hierzu E VI).

Gewinneinkünfte erzielende Personengesellschaften haben grundsätzlich nur einen Betrieb, der auch das Sonderbetriebsvermögen ihrer Gesellschafter umfasst. Auf der Ebene einer mitunternehmerisch an der Personengesellschaft beteiligten Kapitalgesellschaft sind daher die anteiligen Ergebnisse (EBITDA, Zinsaufwand bzw. -ertrag) nicht noch einmal zu berücksichtigen. Im Fall einer vermögensverwaltenden Personengesellschaft sind die anteiligen Ergebnisse dagegen insoweit bei ihren Gesellschaftern der Zinsschrankenregelung zu unterwerfen, als diese ihren Anteil in einem Betriebsvermögen halten (sog. Zebragesellschaft). Dies ist z.B. bei einer an der Personengesellschaft beteiligten unbeschränkt körperschaftsteuerpflichtigen Kapitalgesellschaft der Fall (vgl. KRÖNER/BOLIK, DStR 2008, 1309, 1310f.). **Beteiligung an PersGes**

Besteht ein Betrieb aus mehreren Betriebstätten, liegt gleichwohl nur ein Betrieb i.S.d. Zinsschrankenregelung vor. Weitgehend unklar ist allerdings bisher, ob die zur Berechnung der für die Zinsschranke benötigten Daten (z.B. Zinsaufwand und -ertrag, Abschreibungen, Bilanzsumme und Eigenkapital zur Anwendung der Escape-Klausel) auch unter Berücksichtigung ggf. bestehender ausländischer Betriebstätten zu erfassen sind. Die h.M. votiert diesbezüglich für eine Erfassung der in der ausländischen Betriebstätte anfallenden Zinsaufwendungen, wenn die Betriebstätte in einem Nicht-DBA-Staat liegt oder das DBA die Anrechnungsmethode vorsieht (vgl. MÖHLENBROCK/PUNG in DPM § 8a KStG (URefG 2008) Tz. 49 m.w.N.). **Behandlung ausländischer Betriebsstätten unklar**

2 Zinsaufwand und Zinsertrag

Zinsschranke betrifft ...

Nach der Grundkonzeption des § 4h Abs. 1 EStG dürfen Zinsaufwendungen, soweit sie die Zinserträge übersteigen, nur bis zur Höhe des verrechenbaren EBITDA (= 30 % des steuerlichen EBITDA) abgezogen werden.

... alle laufenden FK-Vergütungen, ...

Unter Zinsaufwand sind dabei alle im Inland steuerlich abziehbaren Vergütungen für die Überlassung von Fremdkapital zu verstehen. Betroffen sind daher auch reine Bankdarlehen. Als Vergütungen zählen nicht nur laufende Zinszahlungen, sondern z. B. auch Aufwendungen aus der Auflösung von Rechnungsabgrenzungsposten für ein Damnum, Disagio, Gebühren und Vorfälligkeitsentschädigungen (vgl. BMF v. 04.07.2008, BStBl. I 2008, 718, Rz. 15; zu Recht kritisch KÖHLER/HAHNE, DStR 2008, 1505, 1508).

... soweit sie die Zinserträge übersteigen

Zinserträge sind Erträge aus fest oder variabel verzinslichen Kapitalforderungen jeder Art, einschließlich der Vergütungen für partiarische Darlehen, typische stille Beteiligungen, Genussrechte u. Ä. Nach § 4h Abs. 3 Satz 4 EStG gehören auch Auf- bzw. Abzinsungsbeträge bei niedrig oder unverzinslichen Verbindlichkeiten oder Rückstellungen bzw. Forderungen zum maßgeblichen Zinsaufwand und -ertrag; nach Auffassung der Finanzverwaltung gilt dies allerdings nicht für die erstmalige Bewertung (Abzinsung) von Kapitalforderungen und Verbindlichkeiten (vgl. BMF v. 04.07.2008, BStBl. I 2008, 718, Rz. 27). Zudem ist davon auszugehen, dass lediglich Auf- bzw. Abzinsungsbeträge von Posten zu erfassen sind, denen Geldzahlungsverpflichtungen zugrunde liegen (vgl. KÖHLER/HAHNE, DStR 2008, 1505, 1507). Besonderheiten gelten für den Fall der Abtretung von Forderungen im Wege des Factoring bzw. der Forfaitierung (vgl. hierzu BMF v. 04.07.2008, BStBl. I 2008, 718, Rz. 29–39).

Ausnahmen

Grundsätzlich nicht einbezogen werden Skonti, Boni oder Rabatte, Zinsen i. S. v. § 233 ff. AO sowie in Miet- oder Pachtzahlungen für die Überlassung von Sachkapital enthaltene Finanzierungskostenanteile (vgl. BT-Drs. 16/4841, 50; NEUMANN, EStB 2007, 292, 293; BMF v. 04.07.2008, BStBl. I 2008, 718, Rz. 16, 23). Ebenfalls keine Zinsaufwendungen oder Zinserträge i. S. d. Zinsschranke sind Vergütungen für aus öffentlich-rechtlichen oder EU-Mitteln gewährte Förderdarlehen (vgl. BMF v. 04.07.2008, BStBl. I 2008, 718, Tz. 94). Hierzu gehören auch Darlehen aus KfW-Sonderprogrammen, etwa zur Energiewendefinanzierung (vgl. OFD Nordrhein-Westfalen v. 11.07.2013, HaufeIndex 5131543).

Leasing

In Leasingraten enthaltene Zinsanteile sind nach Auffassung der Finanzverwaltung dann zwingend zu berücksichtigen, wenn der Leasingnehmer wirtschaftlicher Eigentümer des Leasinggegenstands ist (vgl. BMF v. 04.07.2008, BStBl. I 2008, 718, Rz. 25). Verbleibt das Leasinggut dagegen im wirtschaftlichen Eigentum der Leasinggesellschaft, liegt eine Sachkapitalüberlassung vor, so dass die Anwendung der Zinsschranke grundsätzlich ausscheidet. Beim Leasinggeber ergibt sich in diesen Fällen bei Fremdfinanzierung des verleasten Wirtschaftsguts tendenziell ein hoher Zinssaldo. Aus Billigkeitsgründen lässt die Finanzverwaltung im Fall des Finanzierungsleasings von Immobilien beim Leasinggeber eine Berücksichtigung der in den Leasingraten enthaltenen Zinsanteile als Zinsertrag zu, soweit die Leasingraten zuzüglich eines Optionskaufpreises alle Kosten des Leasinggebers decken, die Zinsanteile beim Leasingnehmer korrespondierend als Zinsaufwand berücksichtigt werden und dies vom Leasinggeber und Leasingnehmer gemeinsam beantragt wird (vgl. BMF v. 04.07.2008, BStBl. I 2008, 718, Rz. 26); kritisch in Bezug auf die Beschränkung auf Immobilien-Finanzierungsleasing zu Recht KÖHLER/HAHNE, DStR 2008, 1505, 1510.

Die Zinsschranke betrifft nur diejenigen betrieblichen Zinsaufwendungen, die das maßgebliche Einkommen der Kapitalgesellschaft vor Anwendung der Regelung gemindert haben, und dies auch nur insoweit, als diese Zinsaufwendungen die steuerpflichtigen Zinserträge der Kapitalgesellschaft übersteigen. Nicht in die Zinsschrankenregelung einzubeziehen sind daher z.B. Schuldzinsen, die als Herstellungskosten aktiviert wurden. Auch im Jahr der späteren Ausbuchung des betroffenen Aktivpostens, z.B. im Fall der Veräußerung oder bei Abschreibung selbst erstellter Wirtschaftsgüter des Anlagevermögens, erfolgt keine Erfassung dieser Zinsaufwendungen bei der Zinsschranke (vgl. BMF v. 04.07.2008, BStBl. I 2008, 718, Rz. 20).

Keine Berücksichtigung aktivierter Schuldzinsen

BEISPIEL 45

Die zu einem internationalen Konzern gehörende Z-GmbH betreibt in Bremen eine Schiffswerft. Zum 31.12.01 hat sie in die Herstellungskosten zweier nahezu fertig gestellter Kreuzfahrtschiffe Zinsaufwendungen i.H.v. insgesamt 2 Mio. € eingerechnet. Anfang 02 werden die Schiffe ausgeliefert.
Die Z-GmbH überschreitet in 01 und 02 bereits aufgrund ihrer übrigen Fremdkapitalaufwendungen die Freigrenze von 3 Mio. € und kann sich wegen ihrer geringen Eigenkapitalquote nicht auf die Escape-Klausel berufen.
LÖSUNG Im Jahr 01 haben die Zinsaufwendungen das maßgebliche Einkommen der Z-GmbH nicht gemindert, da sie Eingang in den aktivischen Ausweis des Bestands an unfertigen Erzeugnissen gefunden haben. In 02 mindert sich zwar das Einkommen um die aufgrund des Abgangs der unfertigen Erzeugnisse entstehende Bestandsminderung, welche auch die in 01 aktivierten Zinsaufwendungen umfasst; insoweit liegen aber keine Zinsaufwendungen des Jahres 02 vor. Diese Zinsaufwendungen unterliegen daher endgültig nicht der Zinsschranke. ◀|

3 Verrechenbares EBITDA

Die Nettozinsaufwendungen, auch als Zinssaldo bezeichnet, dürfen nur bis zur Höhe von 30% des steuerlichen EBITDA (sog. verrechenbares EBITDA) abgezogen werden. Das steuerliche EBITDA ist der um die Zinsaufwendungen und die Abschreibungen i.S.v. §§ 6 Abs. 2 Satz 1, 6 Abs. 2a Satz 2 und § 7 EStG erhöhte und um die Zinserträge verminderte maßgebliche Gewinn des Betriebs.

Begriff des steuerlichen EBITDA

Maßgeblicher Gewinn ist nach § 4h Abs. 3 Satz 1 EStG der steuerpflichtige Gewinn, der ohne Anwendung des § 4h EStG zu ermitteln wäre. Für Kapitalgesellschaften tritt jedoch gemäß § 8a Abs. 1 Satz 1, 2 KStG an die Stelle des maßgeblichen Gewinns das maßgebliche Einkommen; dies ist das zu versteuernde Einkommen vor Berücksichtigung der Zinsschranke, des Verlustabzugs nach § 10d EStG sowie des Spendenabzugs nach § 9 Abs. 1 Nr. 2 KStG. Damit gehen Beteiligungserträge in das steuerliche EBITDA einer Kapitalgesellschaft aufgrund von § 8b KStG regelmäßig nur zu 5% ein, wodurch sich insbesondere bei inländischen Holdings eine niedrige absolute Zinsschranke ergeben wird (vgl. WELLING, FR 2007, 735, 738). Andererseits erhöhen verdeckte Gewinnausschüttungen das maßgebliche Einkommen.

Maßgeblicher Gewinn, maßgebliches Einkommen

Dem maßgeblichen Einkommen sind neben Absetzungen für Abnutzung sowie GWG-Absetzungsbeträgen auch Absetzungen für außergewöhnliche technische und wirtschaftliche Abnutzung gemäß § 7 Abs. 1 Satz 7 EStG, nicht aber Teilwertabschreibungen nach § 6 Abs. 1 Nr. 1, 2 EStG hinzuzurechnen.

Zu versteuerndes Einkommen (vor Anwendung der §§ 4h EStG, 8a KStG)

+   Verlustabzug i. S. v. § 10d EStG

+   Spendenabzug i. S. v. § 9 Abs. 1 Nr. 2 KStG

+/./.   Verlust-/Gewinnanteile aus Mitunternehmerschaften

+   Gewinnanteil des pers. haftenden Gesellschafters (bei KGaA)

./.   Gewinnanteil an KGaA (beim pers. haftenden Gesellschafter einer KGaA)

Maßgebliches Einkommen i. S. v. § 8a Abs. 1 Satz 1, 2 KStG

+   Zinsaufwendungen

+   Sofortabschreibung auf GWG gemäß § 6 Abs. 2 Satz 1 EStG

+   Abschreibung auf Sammelposten gemäß § 6 Abs. 2a Satz 2 EStG

+   AfA und AfaA gemäß § 7 EStG

./.   Zinserträge

=   **Bezugsgröße für die Zinsschranke (steuerliches EBITDA)**

---

4 Nichtabzugsfähigkeit des übersteigenden Nettozinsaufwands

Rechtsfolgen nur auf Gesellschaftsebene

Übersteigt der Nettozinsaufwand das verrechenbare EBITDA, folgt insoweit die Nichtabziehbarkeit der Zinsen. Anders als im Fall des § 8a KStG a. F. hat dies keine Umqualifizierung auf der Seite des Empfängers der Zinsen zur Folge; Rechtsfolgen ergeben sich daher lediglich auf der Ebene der Kapitalgesellschaft. Dies ist insoweit folgerichtig, als es sich beim Empfänger der Fremdkapitalzinsen anders als bei der Regelung des § 8a KStG a. F. nicht um Anteilseiger, diesen nahe stehende Personen oder rückgriffsberechtigte Dritte handeln muss, da auch Zinsen für »normale« Bankdarlehen von der Zinsschranke betroffen sind.

Verlustvortrag wird ggf. zu Zinsvortrag

Sind im Jahr der Zinsschrankenanwendung Verlustvorträge i. S. d. § 10d EStG vorhanden, bewirkt die Nichtabzugsfähigkeit des Zinsaufwands einen höheren Gesamtbetrag der Einkünfte und damit einen erhöhten Verlustabzug. Im Ergebnis wird der Verlustvortrag in einen Zinsvortrag verwandelt (vgl. HICK in HHR, § 4h EStG Anm. 11).

Gewerbesteuerliche Behandlung

Gewerbesteuerlich erfolgt keine Hinzurechnung nach § 8 Nr. 1 Buchst. a GewStG, soweit die Zinsen nach §§ 4h EStG, 8a KStG nicht abziehbar sind, denn die gewerbesteuerliche Hinzurechnung setzt voraus, dass die Zinsen den Gewinn i. S. v. § 7 GewStG gemindert haben. Erfolgt der Abzug der Zinsen aufgrund des Zinsvortrags in einem anderen Wirtschaftsjahr, ist dieser Betrag im Abzugsjahr auch für die Hinzurechnung nach § 8 Nr. 1 Buchst. a GewStG zu berücksichtigen.

5 Zinsvortrag

Nach § 4h EStG nicht abziehbare Zinsaufwendungen sind nach § 4h Abs. 4 EStG betriebsbezogen gesondert festzustellen und in die folgenden Wirtschaftsjahre vorzutragen. Die Vorgehensweise entspricht der Behandlung eines Verlustvortrags nach § 10d EStG, jedoch erfolgt die Feststellung des Zinsvortrags nicht auf den Schluss des Veranlagungszeitraums, sondern auf den Schluss des Wirtschaftsjahrs.

Im Vortragsjahr erhöht der Zinsvortrag nach § 4h Abs. 1 Satz 3 EStG die für die Anwendung der Zinsschranke maßgeblichen Zinsaufwendungen, nicht jedoch das steuerliche EBITDA, so dass sich keine Erhöhung der Bezugsgröße für die Zinsschranke des Vortragsjahrs ergibt (vgl. BMF v. 04.07.2008, BStBl. I 2008, 718, Rz. 46; MÖHLENBROCK/PUNG in DPM § 8a KStG (URefG 2008) Tz. 241).

Sind in einem Folgejahr bei Bestehen eines Zinsvortrags die Tatbestandsvoraussetzungen eines der Ausnahmetatbestände des § 4h Abs. 2 EStG erfüllt, kommt die Zinsschranke nicht zur Anwendung und der gesamte Zinsvortrag kann genutzt werden. Dies kann grundsätzlich auch zur Entstehung von Verlusten führen; in diesem Fall wandelt sich der Zinsvortrag ggf. in einen Verlustvortrag nach § 10d EStG.

Der maximal durch den Vortrag ermöglichte Zinsabzug in einem Folgejahr, in dem die Zinsschranke grundsätzlich anwendbar ist, ergibt sich i. H. d. verrechenbaren EBITDA des Vortragsjahrs abzüglich der in diesem Jahr ohnehin zu berücksichtigenden originären Zinsaufwendungen (vgl. BLUMENBERG/LECHNER in Blumenberg/Benz, Die Unternehmensteuerreform 2008, 2007, 107, 134). Im Hinblick auf die nachteiligen Folgen, die sich aufgrund der Finanzverwaltungsauffassung bzgl. der Freigrenze ergeben (siehe hierzu E III 2), wäre es u. E. sachgerecht, auf die Nutzung des Zinsvortrags zugunsten einer späteren Berücksichtigung verzichten zu können (vgl. KÖHLER/HAHNE, DStR 2008, 1505, 1512).

Der Mindestbesteuerung nach § 10d EStG geht der Zinsvortrag als Teil der Gewinnermittlung nach einhelliger Auffassung in der Literatur voran (vgl. RÖDDER, DStR 2007, Beihefter zu Heft 40, 7; HERZIG/BOHN, DB 2007, 1), d. h. es erfolgt zunächst eine Berücksichtigung des Zinsvortrags und erst der danach verbleibende Betrag ist von dem Mechanismus der Verlustvortragsbeschränkung des § 10d Abs. 2 EStG betroffen. Auch im Entstehungsjahr nicht berücksichtigungsfähige Verluste i. S. d. §§ 2a, 15a oder 15b EStG mindern das steuerliche EBITDA nicht bereits im Jahr ihrer Entstehung, sondern erst im Verlustabzugsjahr (vgl. HICK in HHR, § 4h EStG Anm. 32; DORENKAMP, FR 2008, 1129 m. w. N.).

Im Fall von Umstrukturierungen besteht die Gefahr des Untergangs des Zinsvortrags; vgl. hierzu ausführlich unter E V.

6 EBITDA-Vortrag

Nach § 4h Abs. 1 Satz 3, 4 EStG werden die in einem Jahr nicht zur Ermöglichung eines Zinsabzugs notwendigen Teile des verrechenbaren EBITDA in die folgenden fünf Jahre vorgetragen. Der Vortrag bewirkt im Vortragsjahr den zusätz-

---

Margin notes:

Gesonderte Feststellung

Behandlung im Vortragsjahr

Zinsvortrag wird ggf. zu Verlustvortrag

Verzicht auf Nutzung des Zinsvortrags ggf. sachgerecht

Zinsvortrag hat Vorrang vor § 10d EStG

Grundsatz

lichen Abzug von Zinsaufwendungen, die ansonsten wegen der Zinsschranke nicht abziehbar wären.

Ermittlungsschema

Die Feststellung eines EBITDA-Vortrags ist nach § 52 Abs. 12d Satz 5 EStG erstmals für Wirtschaftsjahre möglich, die nach dem 31.12.2009 enden; im ersten nach dem 31.12.2009 endenden Wirtschaftsjahr können auf Antrag auch nicht genutzte verrechenbare EBITDA-Beträge aus den Jahren 2007 bis 2009 einbezogen werden. Die Ermittlung des EBITDA-Vortrags vollzieht sich dabei nach dem folgenden Schema:

	EBITDA-Vortrag nach bisheriger gesonderter Feststellung
+	EBITDA-Vortrag des laufenden Wirtschaftsjahres
./.	bisher festgestellter EBITDA-Vortrag, soweit im lfd. WJ für Zinsabzug genutzt
./.	bisher festgestellter, nicht genutzter EBITDA-Vortrag, soweit Fünf-Jahres-Frist abgelaufen
=	gesondert festzustellender EBITDA-Vortrag

FIFO-Methode

Der EBITDA-Vortrag ist zur Berücksichtigung der Fünf-Jahres-Frist getrennt nach den Jahren seiner Entstehung aufzugliedern (vgl. BOHN/LOOSE, DStR 2011, 241, 244). Im Fall der Inanspruchnahme ist der jeweils älteste EBITDA-Vortrag zuerst zu verbrauchen (FIFO-Methode).

Gesonderte Feststellung

Der EBITDA-Vortrag, nicht dagegen seine jahresbezogenen Bestandteile (vgl. OFD Nordrhein-Westfalen v. 11.07.2013, HaufeIndex 5131543), wird auf den Schluss des Wirtschaftsjahrs gesondert festgestellt.

BEISPIEL 46

Das EBITDA der von der Zinsschranke betroffenen X-GmbH beträgt 2013 20 Mio. € und in den Jahren 2014 und 2015 jeweils 10 Mio. €. Der Zinssaldo beläuft sich ohne Berücksichtigung eines Zinsvortrags auf jeweils 4 Mio. € in 2013 und 2014 und auf 5 Mio. € in 2015. Weder Stand-alone- noch Escape-Klausel sind anwendbar. Zum 31.12.2011 existieren keine Zins- oder EBITDA-Vorträge.

LÖSUNG In 20013 können sämtliche Zinsaufwendungen abgezogen werden, da der Zinssaldo (4 Mio. €) das verrechenbare EBITDA (0,3 × 20 Mio. € = 6 Mio. €) unterschreitet. Zum 31.12.2013 wird ein EBITDA-Vortrag i.H.d. nicht ausgenutzten verrechenbaren EBITDA (= 2 Mio. €) gesondert festgestellt.

Das verrechenbare EBITDA des Jahres 2014 i.H.v. 3 Mio. € reicht für den vollen Abzug des Zinssaldos dieses Jahres i.H.v. 4 Mio. € nicht aus. Das verrechenbare EBITDA erhöht sich jedoch um den vorhandenen EBITDA-Vortrag, hier also um 2 Mio. €. Damit sind die Zinsaufwendungen in vollem Umfang abziehbar und es verbleibt noch ein gesondert festzustellender EBITDA-Vortrag i.H.v. 1 Mio. €.

2015 reicht das verrechenbare EBTDA (= 3 Mio. €) zzgl. des EBITDA-Vortrags (1 Mio. €) nicht aus, um die Zinsaufwendungen abziehen zu können. I.H.v. 1 Mio. € entsteht ein Zinsvortrag.

	2013	2014	2015
EBITDA	20 Mio.	10 Mio.	10 Mio.
Zinssaldo (Zinsaufwand ./. Zinsertrag)	4 Mio.	4 Mio.	5 Mio.
max. Abzug i.H.d. verrechenbaren EBITDA	6 Mio.	3 Mio.	3 Mio.
EBITDA-Vortrag aus Vorjahren	0	2 Mio.	1 Mio.

	2013	**2014**	**2015**
erhöhter max. Abzug durch EBITDA-Vortrag	–	5 Mio.	4 Mio.
abzugsfähiger Zinsaufwand	4 Mio.	4 Mio.	4 Mio.
verbleibender EBITDA-Vortrag	2 Mio.	1 Mio.	0
Zinsvortrag	0	0	1 Mio.

Nach § 4h Abs. 1 Satz 3 HS 2 EStG erfolgt keine Feststellung eines EBITDA-Vortrags in Jahren, in denen die Zinsschrankenregelung aufgrund der Ausnahmen in § 4h Abs. 2 EStG nicht zur Anwendung kommt. Hieraus folgt allerdings nicht etwa, dass ggf. zuvor gebildete EBITDA-Vorträge damit hinfällig würden; sie bleiben vielmehr unverändert bestehen, soweit die Fünf-Jahres-Frist nicht abgelaufen ist. Lediglich die Entstehung eines neuen EBITDA-Vortrags wird durch die Regelung ausgeschlossen (vgl. MÖHLENBROCK/PUNG in DPM, § 8a KStG (URefG 2008) Tz. 240d, 240f). **Kein EBITDA-Vortrag, wenn Zinsschranke nicht greift**

U. E. sollte jedoch – zumindest *de lege ferenda* – die Bildung eines EBITDA-Vortrags auch in derartigen Jahren insoweit ermöglicht werden, als auch ohne die Ausnahmevorschriften des § 4h Abs. 2 EStG das verrechenbare EBITDA den Nettozinsaufwand überschreiten würde und somit ein EBITDA-Vortrag entstünde. Andernfalls würde es z. B. für Unternehmen, die knapp unter der Freigrenze bleiben, jedoch ein hohes verrechenbares EBITDA aufweisen, Sinn machen, die Freigrenze bewusst durch Generierung von Zinsaufwendungen zu überschreiten, um sodann in den Genuss des Vortrags des nicht genutzten Teils des verrechenbaren EBITDA zu kommen (vgl. KESSLER/LINDEMER, DB 2010, 472, 474ff.). **Ausweichstrategien bei Freigrenze …**

Im Bereich der Stand-alone-Klausel und der Escape-Klausel wird man dieses Ergebnis vermutlich bereits *de lege lata* erreichen können, da beide Ausnahmevorschriften an einen vom Betrieb zu erbringenden Nachweis geknüpft sind und zudem voraussetzen, dass keine schädliche Gesellschafterfremdfinanzierung i. S. v. § 8a KStG vorliegt. Durch einen Verzicht auf die entsprechenden Nachweise kann die grundsätzliche Anwendung der Zinsschrankenregelung und damit, bei entsprechend hohem verrechenbaren EBITDA, der Vortrag des ungenutzt bleibenden Teils des verrechenbaren EBITDA bewirkt werden. Unklar ist allerdings, ob die Finanzverwaltung ersatzweise berechtigt wäre, von sich aus die Geltung eines der Ausnahmetatbestände nachzuweisen (vgl. hierzu BOHN/LOOSE, DStR 2011, 241, 243 m. w. N.). **… bzw. bei Stand-alone- oder Escape-Klausel**

Nicht abschließend geklärt ist auch, ob ein EBITDA-Vortrag in Jahren entstehen kann, in denen die Zinsschranke deshalb nicht zur Anwendung kommt, weil die Zinserträge die Zinsaufwendungen überschreiten (vgl. hierzu RÖDDER, DStR 2010, 529; BOHN/LOOSE, DStR 2011, 241, 243). Die Finanzverwaltung hält dies nicht für möglich (vgl. OFD Nordrhein-Westfalen v. 11.07.2013, HaufeIndex 5131543). **EBITDA-Vortrag bei negativem Zinssaldo?**

III Ausnahmen von der Zinsschranke

1 Überblick

§ 4h Abs. 2 EStG enthält mit der Freigrenze, der Stand-alone-Klausel und der Escape-Klausel drei Ausnahmestatbestände, bei deren Vorliegen die Zinsschranken-regelung nicht zur Anwendung kommt. Rechtsfolge ist, dass in dem betreffenden Jahr sämtliche Zinsaufwendungen dieses Betriebs abzugsfähig sind. Dies schließt einen ggf. in Vorjahren festgestellten Zinsvortrag ein. Ein eventuell in Vorjahren festgestellter EBITDA-Vortrag bleibt unverändert bestehen. Zu beachten ist jedoch die zeitliche Begrenzung des EBITDA-Vortrags auf fünf Jahre (vgl. MÖHLENBROCK/ PUNG in DPM § 8a KStG (URefG 2008) Tz. 71).

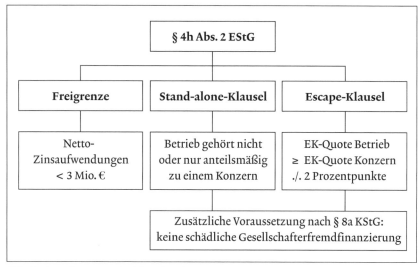

Abb. 7: Ausnahmen von der Zinsschranke

2 Freigrenze von 3 Mio. € je Betrieb

Keine Zinsschranke, wenn Zinssaldo < 3 Mio. €

Die Zinsschranke greift nach § 4h Abs. 2 Buchst. a EStG nur, wenn der Netto-zinsaufwand des Betriebs mindestens 3 Mio. € beträgt. Bei der Prüfung der Frei-grenze sind nur solche Zinsaufwendungen und Zinserträge zu berücksichtigen, die für die Ermittlung des im Inland steuerpflichtigen Gewinns relevant sind, nicht dagegen solche, die einer ausländischen Betriebstätte zuzuordnen sind, für die ein DBA mit Freistellungsmethode zur Anwendung kommt (vgl. BLUMENBERG/LECH-NER in Blumenberg/Benz, Die Unternehmensteuerreform 2008, 2007, 107, 131). Die Regelung ist nicht als Freibetrag, sondern als Freigrenze zu verstehen, d. h. im Fall des Überschreitens der Grenze ist der gesamte Nettozinsaufwand von der Zins-schranke betroffen. Sie gilt für natürliche Personen, Personengesellschaften und Körperschaften gleichermaßen und dient dazu, kleine und mittlere Betriebe von der Vorschrift auszunehmen. Die Freigrenze gilt je Betrieb und bezieht sich auf das jeweilige Wirtschaftsjahr (vgl. BMF v. 04.07.2008, BStBl. I 2008, 718, Rz. 56, 58).

Gesetzlich ungeregelt ist das Verhältnis zwischen der Freigrenze und dem Zinsvortrag. U. E. ist der Zinsvortrag bei der Prüfung der Freigrenze in den Folgejahren unberücksichtigt zu lassen, da ansonsten dieselben Zinsaufwendungen in mehreren Jahren bei der Prüfung der Freigrenze berücksichtigt würden. Hierdurch würde das Ziel der Freigrenze, für kleinere und mittlere Unternehmen die Zinsschrankenregelung zu vermeiden, für die Folgejahre regelmäßig nicht mehr erreicht werden, sobald in einem Jahr ein nennenswerter Zinsvortrag entsteht. Eine Berücksichtigung des Zinsvortrags muss daher grundsätzlich möglich sein, wenn in dem betreffenden Jahr die originären Nettozinsaufwendungen die Freigrenze nicht übersteigen (vgl. GOSCH/FÖRSTER, 2009, § 4h EStG Rz. 64; HICK in HHR, § 4h EStG Anm. 35, 41). **Verhältnis zwischen Freigrenze und Zinsvortrag unklar**

Die Finanzverwaltung ist demgegenüber der Auffassung, dass der Zinsvortrag den laufenden Zinsaufwand des Folgejahres erhöhe und damit auch zu einem Überschreiten der Freigrenze führen könne (vgl. BMF v. 04.07.2008, BStBl. I 2008, 718, Rz. 46). Nach dieser Auffassung kann die Existenz eines Zinsvortrags im Ergebnis zu einem geringeren Zinsabzug führen als es ohne Existenz des Zinsvortrags der Fall wäre. In diesen Fällen wäre es aus Sicht der Kapitalgesellschaft ggf. vorteilhaft, bewusst den Untergang des Zinsvortrags herbeizuführen (vgl. KÖHLER/HAHNE, DStR 2008, 1505, 1512). **Auffassung der FinVerw**

BEISPIEL 47

Das EBITDA der von der Zinsschranke betroffenen X-GmbH beträgt in den Jahren 01 und 02 jeweils 6 Mio. €, woraus sich eine Zinsschranke i. H. v. 1,8 Mio. € ergibt. Vor Anwendung der Zinsschranke beläuft sich der Nettozinsaufwand in 01 auf 3,3 Mio. € und in 02 auf 2,7 Mio. €.

LÖSUNG Im Jahr 01 übersteigt der Nettozinsaufwand die Zinsschranke um 1,5 Mio. €; in dieser Höhe entsteht infolgedessen ein Zinsvortrag. Nach Auffassung der Finanzverwaltung erhöht dieser Zinsvortrag die Zinsaufwendungen des Jahres 02. Dies hat zur Folge, dass die Freigrenze von 3 Mio. € nunmehr überschritten wird (2,7 Mio. € originärer Zinssaldo in 02 zzgl. 1,5 Mio. € Zinsvortrag = 4,2 Mio. € > 3 Mio. €). Im Ergebnis sind nur 1,8 Mio. € des Zinssaldos in 02 berücksichtigungsfähig und der Zinsvortrag steigt auf 2,4 Mio. €. Würde der Zinsvortrag aus 01 z. B. aufgrund eines Anteilseignerwechsels untergehen, könnte indes der gesamte Nettozinsaufwand des Jahres 02 Berücksichtigung finden. ◄|

3 Stand-alone-Klausel

Nach § 4h Abs. 2 Buchst. b EStG ist die Zinsschranke auf Betriebe, die nicht oder nicht vollständig zu einem Konzern gehören, nicht anzuwenden, weil in diesen Fällen eine missbräuchliche Darlehensgewährung nicht zu vermuten ist. Diese auch als Stand-alone-Klausel bezeichnete Vorschrift entfaltet jedoch nur eine eingeschränkte Wirkung, da im Bereich der Zinsschrankenregelung von einem spezifischen, sehr weitgehenden Konzernbegriff auszugehen ist, der über den handelsrechtlichen Konzernkreis ggf. weit hinausreicht. **Keine Zinsschranke ohne Konzern, es sei denn …**

... schädliche Ges'ter-Fremd-finanzierung

Zudem ist für Kapitalgesellschaften die Stand-alone-Klausel ohne Rücksicht auf die Konzernzugehörigkeit nicht anwendbar, wenn eine schädliche Gesellschafter-fremdfinanzierung nach § 8a KStG vorliegt (sog. Rückausnahme).

3.1 Konzernzugehörigkeit i.S.v. § 4h Abs. 3 Satz 5, 6 EStG

Ein Betrieb ist hinsichtlich der Zinsschrankenregelung als einem Konzern zugehörig anzusehen, wenn

- er mit einem oder mehreren anderen Betrieben in einen Konzernabschluss einbezogen wird oder werden könnte (§ 4h Abs. 3 Satz 5 EStG) oder
- seine Finanz- oder Geschäftspolitik mit einem oder mehreren anderen Betrieben einheitlich bestimmt werden kann (§ 4h Abs. 3 Satz 6 EStG; sog. Gleichordnungskonzern).

3.1.1 Grundfall: Zwangs- oder wahlweise Einbeziehung in Konzernabschluss

Nach § 4h Abs. 3 Satz 5 EStG gehört ein Betrieb zu einem Konzern, wenn er entweder tatsächlich in eine Vollkonsolidierung einbezogen wird oder dies zumindest geschehen könnte.

Tatsächliche Vollkonsolidierung

Die tatsächliche Einbeziehung in einen Konzernabschluss führt nur dann unmittelbar zur Konzernzugehörigkeit i.S.d. § 4h EStG, wenn dieser Konzern-abschluss nach den Regeln

- der IFRS,
- des HGB,
- des Handelsrechts eines anderen EU-Mitgliedsstaates oder
- hilfsweise der US-GAAP

aufgestellt wurde. Ein ggf. erfolgter Einbezug in einen nach anderen Regeln aufgestellten Konzernabschluss ist damit unerheblich.

Möglichkeit des Einbezugs reicht aus

Ausreichend für eine Konzernzugehörigkeit i.S.d. § 4h EStG ist bereits die bloße Möglichkeit des Einbezugs in einen Konzernabschluss nach den vorgenannten Vorschriften zur Konzernzugehörigkeit; in diesen Fällen wird der größtmögliche Konsolidierungskreis vorrangig nach IFRS und deutschem HGB zu bestimmen sein.

Unwesentlichkeit schützt nicht

§ 4h Abs. 3 Satz 5 EStG bewirkt, dass sich insbesondere Unternehmen, die aus Wesentlichkeitsgründen oder nicht erreichter Größenkriterien tatsächlich nicht in die Vollkonsolidierung einbezogen werden, nicht auf die Stand-alone-Klausel berufen können (vgl. HICK in HHR, § 4h EStG Anm. 88).

Der in § 4h Abs. 3 Satz 5 EStG enthaltene Verweis auf die für die Escape-Klausel (zu dieser sogleich) geltende Rangfolge der Rechnungslegungsstandards besagt grundsätzlich, dass auch die Rechnungslegungsstandards anderer EU-Mitgliedsstaaten und hilfsweise auch die US-GAAP herangezogen werden müssen, um die Möglichkeit der Einbeziehung des Betriebs in einen Konzernabschluss prüfen zu können. Dies wird aber kaum durchgreifen können, wenn nicht auch tatsächlich ein Konzern-abschluss nach einer dieser Vorschriften aufgestellt wird, da ansonsten zur Nutzung der Stand-alone-Klausel sämtliche Konzernrechnungslegungssysteme innerhalb der EU auf die Möglichkeit des Einbezugs der betreffenden Gesellschaft geprüft werden müssten, was kaum praktikabel sein dürfte (vgl. BLUMENBERG/LECHNER in Blumenberg/Benz, Die Unternehmensteuerreform 2008, 2007, 107, 135). Daher ist eine mögliche Konzernzugehörigkeit, sofern kein tatsächlicher Einbezug in einen Konzernabschluss nach IFRS, HGB, anderem EU-Handelsrecht oder US-GAAP vorliegt, regelmäßig nur anzunehmen, wenn § 290 HGB oder IAS 27 greifen.

Für ein zur Konsolidierungspflicht führendes Mutter-Tochter-Verhältnis fordern die IFRS die faktische Beherrschung der Tochtergesellschaft durch die Muttergesellschaft (sog. Control-Konzept nach IAS 27). Demgegenüber ergab sich nach deutschem HGB vor Einführung des BilMoG der Konsolidierungszwang entweder nach § 290 Abs. 1 HGB aufgrund einer ausgeübten einheitlichen Leitung, verbunden mit einer Beteiligung i.S.d. § 271 HGB, oder, wenn es sich bei dem Mutterunternehmen um eine Kapitalgesellschaft handelte, aus einem Beherrschungsverhältnis i.S.d. § 290 Abs. 2 HGB, ähnlich dem Control-Konzept der IFRS.

IAS 27, § 290 HGB a.F.

Im Rahmen des BilMoG wurde das Konzept der einheitlichen Leitung aufgegeben; entscheidend für die Einbeziehung in den Konsolidierungskreis ist nunmehr alleinig die Möglichkeit, auf das Tochterunternehmen mittel- oder unmittelbar beherrschenden Einfluss ausüben zu können, was im Fall einer kapitalmarktorientierten Kapitalgesellschaft angenommen wird, wenn sie bei der Tochtergesellschaft entweder die Mehrheit der Stimmrechte inne hat, über die Zusammensetzung deren Leitungs- oder Aufsichtsgremien entscheiden kann, diese Tochtergesellschaft aufgrund eines Beherrschungsvertrags beherrscht oder die Tochtergesellschaft eine Zweckgesellschaft ist. In praxi dürften damit die Konsolidierungskreise nach HGB und IFRS nunmehr zumeist übereinstimmen.

§ 290 HGB i.d.F. des BilMoG

Zweckgesellschaften (z.B. Leasingobjektgesellschaften) gehören nicht nur nach den IFRS, sondern seit Inkrafttreten des BilMoG auch gemäß § 290 Abs. 2 Nr. 4 HGB regelmäßig zum Konsolidierungskreis (vgl. KÜTING/KOCH in Küting/Pfitzer/Weber, Das neue deutsche Bilanzrecht, 2009, 377, 393 ff.) und können sich daher zumeist nicht mehr auf die Stand-alone-Klausel berufen. Dies soll allerdings nach der Gesetzesbegründung nicht gelten für Zweckgesellschaften zur Durchführung von Asset-Backed-Securities-Transaktionen (vgl. HICK in HHR, § 4h EStG Anm. 89).

Einbezug von Zweckgesellschaften nunmehr auch nach HGB

3.1.2 Gleichordnungskonzern nach § 4h Abs. 3 Satz 6 EStG

Der im Bereich der Zinsschranke außerordentlich weite Konzernbegriff zeigt sich vor allem daran, dass nach § 4h Abs. 3 Satz 6 EStG auch dann ein Konzern vorliegt, wenn die Finanz- oder Geschäftspolitik des Betriebs mit einem oder mehreren anderen Betrieben einheitlich bestimmt werden kann. Hierbei handelt es sich um einen eigenen steuerlichen, von der handelsrechtlichen Konsolidierungsmöglichkeit losgelösten Konzernbegriff (vgl. HICK in HHR, § 4h EStG Anm. 95).

Eigener steuerlicher Konzernbegriff

Hintergrund und Auswirkungen dieser Regelung sind weitgehend unklar. Teilweise wird hierzu ausgeführt, die Regelung solle allgemein bewirken, dass bereits bloße Beherrschungsverhältnisse zur Konzernzugehörigkeit führen (so etwa WELLING, FR 2007, 735, 738). U.E. gehen die Auswirkungen jedoch darüber hinaus, denn Beherrschungsverhältnisse im Rahmen einer Mutter-Tochter-Konstruktion führen bereits nach IAS 27 zum Bestehen eines Konzerns, so dass sich die Konzernzugehörigkeit in diesen Fällen bereits aus § 4h Abs. 3 Satz 5 EStG ergibt. Mutmaßlich spiegelt sich in Satz 6 der Vorschrift vielmehr die Absicht des Gesetzgebers wider, auch in bestimmten Fällen, in denen keinerlei Beherrschung durch ein Mutterunternehmen besteht, eine Konzernzugehörigkeit zu fingieren. So läge z.B.

Motivation des Gesetzgebers unklar

im Fall einer natürlichen Person, die mehrere Kapitalgesellschaften beherrscht, eine Konzernzugehörigkeit sowohl nach IFRS als auch HGB nur vor, wenn die Anteile zu einem Betriebsvermögen der natürlichen Person gehören, da ansonsten kein Mutter-*unternehmen* existiert. Aufgrund der Ausdehnung des Konzernbegriffs auf Fälle einer einheitlich bestimmbaren Finanz- und Geschäftspolitik ist jedoch auch in den Fällen einer lediglich vermögensverwaltenden Konzernspitze das Vorliegen eines Konzerns zu bejahen (sog. Gleichordnungskonzern; vgl. BT-Drs. 16/4841, 50; BMF v. 04.07.2008, BStBl. I 2008, 718, Rz. 60; RÖDDER, DStR 2007, Beihefter zu Heft 40, 9; hinsichtlich der Auswirkungen zu Recht kritisch TÖBEN, FR 2007, 739, 744 sowie KÖHLER/HAHNE, DStR 2008, 1505, 1514; vgl. auch MÖHLENBRUCK/PUNG in DPM, § 8a KStG (URefG 2008) Tz. 78 m.w.N.). Dies schließt z.B. auch Private-Equi-ty-Fondsstrukturen mit vermögensverwaltenden Personengesellschaften als Konzernspitze ein, wenn der Fonds einen bestimmenden Einfluss auf die Finanz- und Geschäftspolitik der Portfoliogesellschaften hat (vgl. HICK in HHR, § 4h EStG Anm. 95).

3.1.3 Sonder- und Ausnahmefälle

Bei Kapitalgesellschaften ohne Beteiligungsbesitz, die nicht Tochterunternehmen i.S.v. IAS 27 oder § 290 HGB sind und deren Finanz- und Geschäftspolitik nicht einheitlich mit anderen Betrieben bestimmt werden kann, ist die Zugehörigkeit zu einem Konzern auch dann zu verneinen, wenn

- der Betrieb mehrere, ggf. auch im Ausland liegende Betriebstätten besitzt (vgl. BMF v. 04.07.2008, BStBl. I 2008, 718, Rz. 64),
- es sich um ein i.S.v. § 310 HGB gemeinschaftlich geführtes oder einem solchen vergleichbares, nur anteilsmäßig konsolidiertes Unternehmen handelt (vgl. BMF v. 04.07.2008, BStBl. I 2008, 718, Rz. 61),
- es sich um ein i.S.v. § 311 HGB assoziiertes oder einem solchen vergleichbares Unternehmen handelt (vgl. BMF v. 04.07.2008, BStBl. I 2008, 718, Rz. 61).

GmbH & Co. KG Bei einer GmbH & Co. KG und vergleichbaren Konstruktionen ist, soweit sich die Tätigkeit der Komplementär-GmbH in der Haftungsübernahme und Geschäftsführung der KG erschöpft, sie also keinen eigenen Geschäftsbereich unterhält, regelmäßig davon auszugehen, dass lediglich ein Betrieb i.S.d. Zinsschrankenregelung vorliegt, so dass zumindest dann, wenn weder die GmbH noch die KG zu einem anderen Konzern gehören, keinerlei Konzernzugehörigkeit i.S.d. Zinsschrankenregelung gegeben ist. Die Finanzverwaltung geht allerdings davon aus, dass ein eigener Geschäftsbereich der GmbH bereits dann vorliegt, wenn dieser selbst Zinsaufwendungen i.S.d. Zinsschranke zugerechnet werden (vgl. BMF v. 04.07.2008, BStBl. I 2008, 718, Rz. 66). Dies ist insofern folgerichtig, als es voraussetzt, dass die GmbH Zinszahlungen leistet, die nicht als Sonderbetriebsausgaben bei der KG zu berücksichtigen sind, da sie ansonsten für die Anwendung der Zinsschranke der KG, nicht aber der GmbH zugerechnet würden (vgl. BMF v. 04.07.2008, DStR 2008, 1427, Rz. 6; a.A. HALLERBACH, StuB 2008, 624). Allerdings führt in diesem Fall auch eine noch so kleine eigene, nicht der Mitunternehmerschaft zuzurechnende Kreditaufnahme der Komplementär-GmbH zum Vorliegen eines eigenen Betriebs, etwa, wenn die GmbH zur Finanzierung ihres eigenen Jahresabschlusses kurzfristig eine Kreditlinie beansprucht.

Sollte nach dem Vorstehenden nicht von einem einheitlichen Betrieb ausgegangen werden können, liegt sowohl bei der Komplementär-GmbH als auch bei der KG jeweils ein Betrieb i.S.d. Zinsschranke vor. Die Finanzverwaltung geht in diesem Fall offensichtlich automatisch auch von dem Vorliegen eines Konzerns aus. Obwohl dies in praxi regelmäßig zutreffen dürfte, reicht doch u.E. lediglich das Vorliegen zweier Betriebe i.S.d. Zinsschrankenregelung hierfür nicht aus. Eine Konzernzugehörigkeit ist aber anzunehmen, wenn entweder sowohl die Kommanditanteile als auch die Anteile an der Komplementär-GmbH in der Hand derselben Personen liegen, eine der beiden Gesellschaften an der anderen mehrheitlich beteiligt ist (etwa, wenn die KG selbst die Anteile an der Komplementär-GmbH hält, sog. Einheits-GmbH & Co.) oder zumindest die Komplementär-GmbH die alleinige Geschäftsführungsbefugnis bei der KG innehat (vgl. NIEHUS/WILKE, Die Besteuerung der Personengesellschaften, 2013, 333 f.). Unbeachtlich ist es dabei, ob die Anteile an der Komplementär-GmbH zum (notwendigen oder gewillkürten) Sonderbetriebsvermögen der Kommanditisten der GmbH & Co. KG zählen (a.A. HALLERBACH, StuB 2008, 624, 625).

Besitz- und Betriebsunternehmen einer klassischen Betriebsaufspaltung sollen nach der Gesetzesbegründung (vgl. BT-Drs. 16/4841, 50) ebenfalls keinen Konzern i.S.d. Zinsschrankenregelung bilden. Etwas anderes kann allerdings gelten, wenn die Gewerblichkeit des Besitzunternehmens nicht nur aufgrund personeller und sachlicher Verflechtung mit dem Betriebsunternehmen, sondern auch aus anderen Gründen vorliegt (vgl. BMF v. 04.07.2008, BStBl. I 2008, 718, Rz. 63). Darüber hinaus kann auch im Fall einer Betriebsaufspaltung die Anwendung der Stand-alone-Klausel für die Betriebskapitalgesellschaft daran scheitern, dass eine schädliche Gesellschafterfremdfinanzierung vorliegt (vgl. NIEHUS/WILKE, Die Besteuerung der Personengesellschaften, 2013, 371 f.).

Klassische Betriebsaufspaltung

3.2 Rückausnahme bei Gesellschafterfremdfinanzierung

3.2.1 Überblick

Nach § 8a Abs. 2 KStG ist bei Kapitalgesellschaften die Stand-alone-Klausel, also die Nichtanwendung der Zinsschranke bei fehlender Konzernzugehörigkeit, nur anwendbar, wenn die Vergütungen für Fremdkapital an

- einen mittel- oder unmittelbar zu mehr als 25 % beteiligten Anteilseigner,
- eine diesem nahe stehende Person oder
- einen Dritten, der auf den Anteilseigner oder eine ihm nahe stehende Person zurückgreifen kann,

nicht mehr als 10 % des Nettozinsaufwands betragen und die Kapitalgesellschaft dies nachweist (zu den Nachweisproblemen vgl. KÖHLER, DStR 2007, 599). Bei Überschreiten der 10 %-Grenze ist daher die Zinsschranken-Regelung vollumfänglich auch auf solche Kapitalgesellschaften anzuwenden, die nicht zu einem Konzern gehören.

Schädliche Ges'ter-Fremdfinanzierung

Anders als im Bereich des § 8a KStG a.F. ist weder eine Entlastungsmöglichkeit durch einen Fremdvergleich noch ein safe haven in Form einer unschädlichen EK/FK-Relation vorgesehen. Damit sind bei Überschreiten der 10 %-Grenze sämtliche Zinszahlungen des Betriebs von der Zinsschranke betroffen, sowohl diejenigen an zu mehr als 25 % beteiligte Anteilseigner, diesen nahe stehende Personen oder rück-

Kein Gegenbeweis möglich

griffsberechtigte Dritte, und zwar mit dem gesamten, nicht nur mit dem die 10%-Grenze übersteigenden Betrag, als auch solche, die an übrige Gläubiger gezahlt werden.

10%-Grenze je Ges'ter?

Legt man den insoweit klaren Gesetzeswortlaut zugrunde, hat die Prüfung der 10%-Grenze für jeden zu mehr als 25% beteiligten Anteilseigner gesondert zu erfolgen (vgl. HALLERBACH, StuB 2008, 624, 626; KORN, KÖSDI 2008, 15866, 15876). Die demgegenüber (u.a.) von der Finanzverwaltung vertretene Gegenauffassung, die Grenze gelte für alle wesentlich beteiligten Anteilseigner summarisch (vgl. BMF v. 04.07.2008, BStBl. I 2008, 718, Rz. 82; zustimmend PRINZ in HHR, § 8a KStG Anm. 23), vertritt auch das Niedersächsische FG (v. 11.07.2013, EFG 2013, 1790, nrk., Rev. eingelegt: Az. BFH I R 57/13), nachdem es diese Lesart in einem früheren Verfahren bzgl. vorläufigem Rechtsschutzes (v. 18.02.2010, EFG 2010, 981) noch wegen des unklaren Gesetzeswortlauts für ernstlich zweifelhaft hielt.

3.2.2 Zu mehr als 25% beteiligter Anteilseigner

Wesentliche Beteiligung

Die Anwendung von § 8a Abs. 2 KStG setzt voraus, dass der Anteilseigner zu mehr als 25% unmittelbar oder mittelbar am Grund- oder Stammkapital der Kapitalgesellschaft beteiligt ist. Der Begriff des Anteilseigners ist in § 8a KStG nicht bestimmt. Anteilseigner ist, wer zivilrechtlich bzw. wirtschaftlich Eigentümer der Anteile ist; Anteilseigner in diesem Sinne kann jede in- oder ausländische natürliche oder juristische Person sein. Maßgebend für die Beteiligungshöhe ist die Kapitalbeteiligung und nicht der Umfang der Stimmrechte. Hält die Kapitalgesellschaft eigene Anteile, ist das Grund- bzw. Stammkapital um den Nennwert dieser Anteile zu vermindern (vgl. BFH v. 24.09.1970 – IV R 138/69, BStBl. II 1971, 89 zu § 17 EStG).

BEISPIEL 48

Die X-AG ist zu 24% am Grundkapital der Y-AG beteiligt, das sich auf insgesamt 1.000.000 € beläuft. Die Y-AG erwirbt 2014 eigene Aktien mit einem Nennwert von 50.000 €.
LÖSUNG War die X-AG vor Erwerb eigener Aktien nur mit weniger als einem Viertel am Grundkapital der Y-AG beteiligt, so gilt dies nach dem Erwerb der eigenen Aktien nicht mehr: Wegen der Verminderung des Grundkapitals um den auf die eigenen Aktien entfallen Teil ist die X-AG ab 2014 zu mehr als 25% beteiligter Anteilseigner der Y-AG i.S.v. § 8a KStG, da ihre Anteilsquote sich auf 25,26% (= 240.000 €/950.000 €) beläuft und damit ein Viertel übersteigt. ◀

Durchrechnung von Beteiligungsquoten

Mittelbare Beteiligungen können über Kapital- oder Personengesellschaften vorliegen. Zur Ermittlung der Beteiligungshöhe des Gesellschafters sind mittelbare und unmittelbare Beteiligungen zusammenzurechnen. Dabei ist die sich aus der mittelbaren Beteiligung ergebende Quote unabhängig davon zu berücksichtigen, ob der Anteilseigner an der vermittelnden Gesellschaft mehrheitlich beteiligt ist. Allerdings ist die mittelbare Beteiligung nur quotal anzusetzen, also insoweit, als der mittelbar beteiligte Anteilseigner an der vermittelnden Gesellschaft beteiligt ist.

BEISPIEL 49

X hält 20% der Anteile an der X-GmbH. Daneben ist er zu 40% an der XY-OHG beteiligt, die ebenfalls 20% der Anteile an der X-GmbH hält.

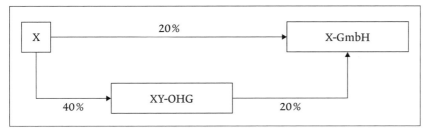

LÖSUNG X ist ein zu mehr einem Viertel beteiligter Anteilseigner der X-GmbH i. S. v. § 8a KStG, da seine Beteiligungsquote insgesamt 28 % beträgt. Der unmittelbaren Beteiligung des X i. H. v. 20 % ist die mittelbare Beteiligung über die Personengesellschaft von 8 % (= 40 % von 20 %) hinzuzurechnen. ◄|

Anders als bzgl. des § 8a KStG a. F. fordert die Finanzverwaltung für die Annahme eines Anteilseigners i. S. d. § 8a KStG nicht das Vorliegen (auch) einer unmittelbaren Beteiligung. Eine ausschließlich mittelbare Beteiligung führt also bei Überschreiten der 25 %-Grenze zur Eigenschaft als Anteilseigner i. S. v. § 8a KStG (BMF v. 04.07.2008, BStBl. I 2008, 718, Tz. 81; vgl. GOSCH/FÖRSTER, 2009, § 8a KStG Rz. 42).

FinVerw: unmittelbare Beteiligung nicht notwendig

    Die Zurechnung ist dann von Bedeutung, wenn die Frage des Überschreitens der 10 %-Grenze, anders als es die Finanzverwaltung annimmt, für jeden Gesellschafter getrennt zu prüfen ist. Gilt der mittelbar Beteiligte selbst als Anteilseigner i. S. v. § 8a Abs. 2 KStG, erfolgt keine Zusammenrechnung der Fremdfinanzierungsentgelte mit denen der zwischengeschalteten Gesellschaft(en), so dass ggf. die Grenze von beiden Anteilseignern nicht überschritten würde.

BEISPIEL 50

X hält 80 % der Anteile an der X-GmbH, zu deren Vermögen ein 40 %iger Anteil an der nicht zu einem Konzern zugehörigen Y-GmbH gehört. X ist an der Y-GmbH nicht direkt beteiligt. Der Zinssaldo der Y-GmbH beträgt 6 Mio. €. X und die X-GmbH haben der Y-GmbH je ein Darlehen gewährt, für das sie jeweils Zinsen i. H. v. 450.000 € erhalten.

LÖSUNG X ist zwar bei der X-GmbH, nicht jedoch noch an der Y-GmbH unmittelbar beteiligt. Hält man eine unmittelbare Beteiligung des X an der Y-GmbH für notwendig, um X als zu mehr als einem Viertel beteiligten Anteilseigner i. S. v. § 8a Abs. 2 KStG zu qualifizieren, ist X lediglich nahe stehende Person der X-GmbH, nicht aber wesentlich beteiligter Anteilseigner der Y-GmbH. Die Zinszahlungen an X würden daher der X-GmbH zugerechnet mit der Folge, dass dieser für die Prüfung der 10 %-Grenze insgesamt 15 % des Zinssaldos der Y-GmbH zugerechnet würden (2 × 450.000 € : 6.000.000 €). Damit läge eine schädliche Gesellschafterfremdfinanzierung vor und die Y-GmbH könnte sich nicht auf die Stand-alone-Klausel berufen.

Gilt dagegen X selbst aufgrund seiner mittelbaren Beteiligung an der Y-GmbH i. H. v. 32 % (= 80 % von 40 %) als zu mehr als einem Viertel beteiligter Anteilseigner der Y-GmbH, liegt dann keine schädliche Gesellschafterfremdfinanzierung vor, wenn man die 10 %-Grenze bei jedem Anteilseigner getrennt prüft, da weder X noch die X-GmbH Fremdkapitalvergütungen von mehr als 10 % des Zinssaldos der Y-GmbH bekommen. Die Zinsschranke käme im vorliegenden Fall bei der Y-GmbH daher aufgrund der Stand-alone-Klausel nicht zur Anwendung.

Vertritt man allerdings wie die Finanzverwaltung die Auffassung, die Vergütungen an die Anteilseigner seien zusammenzurechnen (vgl. BMF v. 04.07.2008, BStBl. I 2008, 718, Rz. 82), kommt man in beiden Fällen zu dem Ergebnis einer schädlichen Gesellschafterfremdfinanzierung, so dass die Zinsschranke anzuwenden ist. ◂|

Keine Zusammenrechnung von Beteiligungsquoten

Anders als § 8a KStG a. F. werden Zinszahlungen dann nicht berücksichtigt, wenn sie Fremdkapitalgebern zufließen, die lediglich gemeinsam mit anderen Anteilseignern zu mehr als 1/4 am Nennkapital der fremdfinanzierten Gesellschaft beteiligt sind. Dies gilt grundsätzlich auch dann, wenn sie mit diesen eine Personenvereinigung bilden oder von ihnen beherrscht werden, sie beherrschen oder gemeinsam durch Dritte beherrscht werden.

BEISPIEL 51

X hält 10 % der Anteile an der X-GmbH. Daneben ist er zu 60 % an der Y-GmbH beteiligt, die ebenfalls 20 % der Anteile der X-GmbH hält.

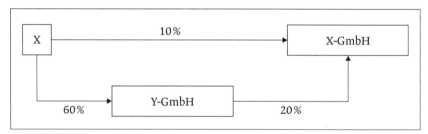

LÖSUNG X ist nur zu weniger als 1/4 beteiligter Anteilseigner der X-GmbH i. S. v. § 8a Abs. 2 KStG, da seine eigene Beteiligungsquote unter Zusammenrechnung der mittel- und unmittelbaren Beteiligungen nur 22 % (= 10 % unmittelbare Beteiligung + 12 % mittelbare Beteiligung) beträgt. Anders als in § 8a KStG a. F. wird bei ihm die Kapitalbeteiligung der Y-GmbH nicht vollständig zu seiner unmittelbaren Quote addiert. ◂|

BEISPIEL 52

Die X-GmbH und die Y-GmbH sind zu 100 % Tochtergesellschaften der A-AG. Beide halten Anteile an der nicht konzernzugehörigen Z-AG im Umfang von jeweils 15 %.

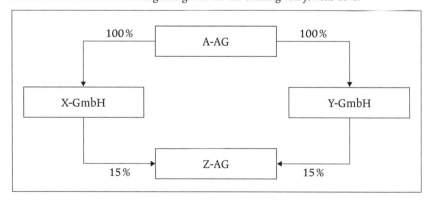

LÖSUNG Weder die X-GmbH noch die Y-GmbH sind zu mehr als 1/4 beteiligte Anteilseigner der Z-AG. Auf die Beherrschung durch die A-AG kommt es nicht an. Allerdings ist die A-AG an der Z-AG mittelbar zu mehr als 1/4 beteiligt. Sie ist daher als wesentlich beteiligter

Anteilseigner i. S. d. § 8a KStG anzusehen, da dies nach der hier vertretenen Auffassung keine unmittelbare Beteiligung voraussetzt. Da die X-GmbH und die Y-GmbH nahe stehende Personen der A-AG sind, sind auch ggf. an sie gezahlte Zinsen bzgl. des Überschreitens der 10%-Grenze der A-AG zuzurechnen. ◂|

3.2.3 Fremdfinanzierung durch dem Anteilseigner nahe stehende Person

Zur Vermeidung von Umgehungsmöglichkeiten sind nach § 8a Abs. 2 KStG auch solche Vergütungen schädlich, die für Fremdkapital gezahlt werden, das die Kapitalgesellschaft nicht vom wesentlich beteiligten Anteilseigner selbst, sondern einer diesem nahe stehenden Person i. S. d. § 1 Abs. 2 AStG bekommen hat. Danach steht eine Person dem Anteilseigner nahe, wenn

Nahe stehende Person i. S. d. AStG

- sie mindestens zu 1/4 unmittelbar oder mittelbar an diesem Anteilseigner beteiligt ist (Mutter- oder Großmuttergesellschaft als nahe stehende Person) oder auf den Anteilseigner mittel- oder unmittelbar beherrschenden Einfluss ausüben kann, was sich z. B. aus einer Stimmrechtsmehrheit ergeben kann;
- der Anteilseigner an der Person in dem vorstehenden Sinne beteiligt ist oder sie beherrscht (Tochter- oder Enkelgesellschaft des Anteilseigners als nahe stehende Person); in diesem Fall ist die nahe stehende Person regelmäßig zugleich Schwestergesellschaft der fremdfinanzierten Kapitalgesellschaft;
- eine dritte Person (insbesondere eine Muttergesellschaft) sowohl an dem Anteilseigner als auch an der nahe stehenden Person in dem vorstehenden Sinne beteiligt ist oder diese beherrscht;
- sie bei der Gestaltung von Geschäftsbeziehungen einen außerhalb der Geschäftsführung liegenden Einfluss auf den Anteilseigner ausüben kann oder an den Einkünften des anderen ein eigenes Interesse hat; dasselbe gilt, wenn der Anteilseigner einen entsprechenden Einfluss auf die nahe stehende Person nehmen kann (§ 1 Abs. 2 Nr. 3 AStG).

BEISPIEL 53 ▬▬▬▬▬▬▬▬▬▬▬▬▬▬▬▬▬▬▬▬
Die A-AG ist an der X-GmbH und der Y-GmbH jeweils zu 30% beteiligt. Die X-GmbH gibt der Y-GmbH ein Darlehen.

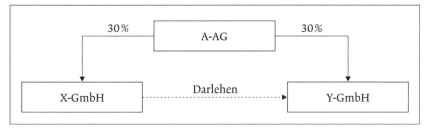

LÖSUNG Die X-GmbH ist nahe stehende Person der A-AG, da letztere an ihr zu 30% beteiligt ist. Da die A-AG zu mehr als 1/4 beteiligter Anteilseigner der Y-GmbH ist, sind bei der Y-GmbH die Vergütungen für das von der X-GmbH erhaltene Darlehen bei der Prüfung der 10%-Grenze für die A-AG mit einzubeziehen. ◂|

Zwar fallen natürliche Personen grundsätzlich nicht unter den Anwendungsbereich des § 8a Abs. 2 Satz 1 KStG, da nach § 1 Abs. 2 AStG hierfür eine Beteiligung Voraussetzung ist, die naturgemäß an einer natürlichen Person nicht bestehen kann. U. E. kann es sich aber auch bei natürlichen Personen um nahe Stehende handeln, wenn

Natürliche Personen als Nahestehende?

der Anteilseigner, dem die Person nahe steht, selbst eine Kapitalgesellschaft ist (vgl. darüber hinaus GOSCH/FÖRSTER, 2009, § 8a KStG Rz. 46).

BEISPIEL 54

X ist zu 30 % an der X-GmbH beteiligt, die ihrerseits 30 % der Anteile der Y-GmbH hält. X gibt der Y-GmbH ein Darlehen.

LÖSUNG X ist an der Y-GmbH nicht wesentlich beteiligt, da seine durchgerechnete Anteilsquote lediglich 9 % beträgt. Er ist aber nahe stehende Person der X-GmbH, da er an dieser zu mehr als 25 % beteiligt ist. Folglich sind die von der Y-GmbH an X gezahlten Fremdkapitalvergütungen bei der Ermittlung der 10 %-Quote zu berücksichtigen. ◀|

3.2.4 Rückgriffsberechtigter Dritter als Fremdkapitalgeber

Nach § 8a Abs. 2 KStG sind bei der Prüfung der 10 %-Grenze auch Vergütungen für Fremdkapital betroffen, das einer Kapitalgesellschaft von einem Dritten gewährt wurde, sofern dieser auf einen zu mehr als einem Viertel beteiligten Anteilseigner oder eine ihm nahe stehende Person zurückgreifen kann. Sinn und Zweck dieser Regelung ist zu verhindern, dass eine schädliche Gesellschafterfremdfinanzierung umgangen wird, etwa indem nicht unmittelbar der Anteilseigner, sondern z. B. eine Bank der Kapitalgesellschaft ein Darlehen gewährt und diese Bank auf eine verzinsliche Forderung zurückgreifen kann, die der Anteilseigner gegenüber dieser Bank oder gegenüber einem Dritten hat (sog. Back-to-back-Finanzierung; vgl. FROTSCHER in Frotscher/Maas, § 8a KStG Rz. 117; BT-Drs. 16/5377, 17 f.).

BEISPIEL 55

X ist Alleingesellschafter der nicht zu einem Konzern gehörenden X-GmbH. Die A-Bank gewährt der X-GmbH ein Darlehen i. H. v. 10.000.000 €. X stellt sein privates Wertpapierdepot, das er bei der A-Bank hält, als Sicherheit für das Darlehen zur Verfügung.

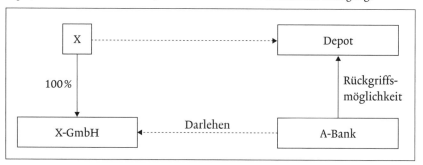

LÖSUNG Die A-Bank ist rückgriffsberechtigter Dritter, da sie die Möglichkeit des Rückgriffs auf das Wertpapierdepot des X hat, sollte die X-GmbH den Zahlungsverpflichtungen aus dem gewährten Darlehen nicht nachkommen. Die von der X-GmbH an die A-Bank gezahlten Zinsen sind bei der Prüfung der 10 %-Grenze zu berücksichtigen. ◀|

FinVerw: auch ohne Back-to-back-Finanzierung

Gleichwohl ist die Vorschrift de lege lata nicht auf Back-to-back-Finanzierungen beschränkt. Nach Auffassung der Finanzverwaltung erfasst sie insbesondere auch Fälle, in denen sich Anteilseigner für Darlehensschulden der Kapitalgesellschaft verbürgen oder Anteile an der fremdfinanzierten Kapitalgesellschaft verpfänden (vgl. BMF v. 04.07.2008, BStBl. I 2008, 718, Rz. 83; zu Recht kritisch TÖBEN, FR 2007, 739, 745).

Die Rechtsprechung hält diese Auffassung allerdings für ernstlich zweifelhaft und hat infolgedessen Aussetzung der Vollziehung gewährt (vgl. BFH v. 13.03.2012 – I B 111/11, BStBl. II 2012, 611 zur Bürgschaftsübernahme sowie FG Berlin-Brandenburg v. 13.10.2011, FR 2012, 167 zur Anteilsverpfändung).

Rechtsprechung: ernstlich zweifelhaft, AdV

Nach Auffassung der Finanzverwaltung setzt eine schädliche Rückgriffsmöglichkeit nicht einmal einen konkreten rechtlich durchsetzbaren Anspruch voraus. Ausreichend sei es vielmehr bereits, wenn der Anteilseigner bzw. die ihm nahe stehende Person faktisch für die Erfüllung der Schuld einsteht (vgl. BMF v. 04.07.2008, BStBl. I 2008, 718, Rz. 83). Soweit sich diese Ansicht der Finanzverwaltung durchsetzt, wäre davon auszugehen, dass bereits schlichte Einlagen, die ein Anteilseigner bei einer kreditgewährenden Bank hält, zu einer i.S.d. 8a KStG schädlichen Rückgriffsmöglichkeit führen. Bürgschaften, Garantie- oder Patronatserklärungen und dingliche Sicherheiten (Sicherungsübereignung, Grundpfandrechte) wären dann nicht erforderlich (vgl. hierzu PRINZ in HHR, § 8a KStG Anm. 22). Hier bleibt die weitere Rechtsprechung abzuwarten.

Konkreter Anspruch nach Meinung der FinVerw nicht erforderlich

Zu beachten ist, dass im Fall der Fremdfinanzierung durch einen rückgriffsberechtigten Dritten die Fremdkapitalvergütungen nur insoweit bei der Ermittlung der 10%-Grenze zu berücksichtigen sind, als der Rückgriff auf den wesentlich beteiligten Anteilseigner reicht. Daher sind die Fremdkapitalvergütungen, wenn der mögliche Rückgriff das zur Verfügung gestellte Fremdkapital unterschreitet, bei der Prüfung der 10%-Grenze nur anteilig zu berücksichtigen. Dieser Auffassung hat sich auch die Finanzverwaltung angeschlossen (vgl. FinMin Thüringen v. 21.04.2009, HaufeIndex 2177789).

Umfang des Rückgriffs zu beachten

BEISPIEL 56

X ist zu mehr als 25% an der nicht zu einem Konzern gehörenden X-GmbH beteiligt. Die A-Bank gewährt der X-GmbH ein Darlehen i.H.v. 30.000.000 €. A übernimmt für dieses Darlehen eine Höchstbetragsbürgschaft über 1.500.000 €. Die Bürgschaft erlischt, sobald das Darlehen um 1.500.000 € zurückgeführt wurde. Weitere Zinsaufwendungen und Zinserträge existieren nicht.

LÖSUNG Nur die auf den Teilbetrag von 1.500.000 € entfallenden Vergütungen (hier also 5% der gesamten Vergütungen und damit zugleich 5% des Zinssaldos) sind bei der Prüfung der 10%-Grenze zu berücksichtigen. Infolgedessen unterschreiten die an den rückgriffsberechtigten Dritten gezahlten Fremdkapitalvergütungen die 10%-Grenze und die Standalone-Klausel kommt zur Anwendung. ◄|

Die für die Prüfung der 10%-Grenze einzubeziehenden Fremdkapitalaufwendungen sind nicht auf den Betrag beschränkt, der dem Anteilseigner, auf den der das Fremdkapital überlassende Dritte zurückgreifen kann, aus einer Back-to-back-Finanzierung tatsächlich zufließt. Da die Zinsschranke auf der Ebene des Anteilseigners keine unmittelbaren Rechtsfolgen entfaltet, ist sie unabhängig davon anzuwenden, ob bzw. in welcher Höhe dem wesentlich Beteiligten Einnahmen im Zusammenhang mit den dem Rückgriff unterworfenen Vermögenswerten zufließen.

Keine Beschränkung auf Back-to-back-Finanzierungen

Verschärfend wirkt, dass nach § 8a Abs. 2 KStG die Kapitalgesellschaft nachweisen muss, dass keine schädliche Rückgriffsmöglichkeit vorliegt (vgl. ausführlich PRINZ in HHR, § 8a KStG Anm. 24). Da das rein faktische Einstehen eines Gesellschafters als Rückgriff bereits ausreichen soll, kann der Nachweis nicht lediglich durch eine Bescheinigung des vermeintlich rückgriffsberechtigten Dritten geführt werden, aus der sich Art und Umfang der für die Kapitalüberlassung gewährten

Nachweispflicht auf Seiten der KapGes

Sicherheiten ergeben; vielmehr müsste nachgewiesen werden, dass ein entsprechender Rückgriff auch in tatsächlicher Hinsicht nicht möglich ist (vgl. hierzu auch MÖHLENBROCK/PUNG in DPM, § 8a KStG (URefG 2008), Tz. 120 m.w.N.). Wie ein solcher Nachweis im Einzelnen geführt werden kann, ist nach wie vor unklar.

4 Escape-Klausel

4.1 Überblick

Keine Zinsschranke, wenn EK-Quote nicht wesentlich schlechter als im Konzern, es sei denn ...

Die Zinsschranke kommt nach § 4h Abs. 2 Buchst. c EStG für einen konzernzugehörigen Betrieb dann nicht zur Anwendung, wenn der Nachweis gelingt, dass die Eigenkapitalquote des Betriebs am vorangegangenen Abschlussstichtag diejenige des Konzerns um nicht mehr als 2%-Punkte (bis 2008: 1%-Punkt) unterschreitet (Escape-Klausel). In diesem Fall wird davon ausgegangen, dass keine missbräuchliche konzerninterne Verlagerung der Fremdkapitalaufnahme zu Lasten des deutschen Fiskus vorliegt (vgl. PRINZ in HHR, § 8a KStG Anm. 25). Wird dieser Nachweis nicht geführt, kommt die Zinsschrankenregelung zur Anwendung.

... schädliche Ges'ter-Fremdfinanzierung

Kapitalgesellschaften und diesen nachgeordnete Personengesellschaften können sich auf die Escape-Klausel allerdings nur dann berufen, wenn keine schädliche Gesellschafterfremdfinanzierung vorliegt. Hierzu muss die Kapitalgesellschaft nachweisen, dass keiner der zu dem Konzern gehörenden Betriebe an außerhalb des Konzerns stehende, gleichwohl aber wesentlich beteiligte Anteilseigner, diesen nahe stehende Personen oder diesen gegenüber rückgriffsberechtigte Dritte Fremdkapitalvergütungen leistet, die 10% seiner Nettozinsaufwendungen übersteigen.

Die Escape-Klausel sowie insbesondere die diesbezügliche Rückausnahme nach § 8a Abs. 3 KStG sind höchst komplex und erfordern eine umfangreiche Finanzplanung, die insbesondere in weitverzweigten internationalen Konzernen kaum gewährleistet werden kann (vgl. HOFFMANN, Zinsschranke, 2008, Rz. 531; PRINZ in HHR, § 8a KStG Anm. 27). Aus systematischer Sicht beachtlich ist insbesondere auch das Abstellen auf aus handelsrechtlichen (Konzern-)Abschlüssen abgeleitete Bilanzkennzahlen; diese Vorgehensweise ist der bisherigen Steuergesetzgebung fremd.

4.2 Bestimmung der Eigenkapitalquote

Maßgeblicher Rechnungslegungsstandard

Zur Anwendung der Escape-Klausel ist die Eigenkapitalquote des jeweiligen Betriebs (= EK × 100/ Bilanzsumme) mit der des Konzerns zu vergleichen. Hierzu ist zunächst der maßgebliche Konzernabschluss bzw. Rechnungslegungsstandard zu bestimmen, wobei § 4h Abs. 2 Buchst. c Satz 8 EStG folgende Hierarchie vorsieht:

1. Grundsätzlich sind alle Abschlüsse einheitlich nach IFRS zu erstellen. Soweit ein IFRS-Konzernabschluss existiert, ist dieser vorrangig zu verwenden.
2. Sofern kein Konzernabschluss nach IFRS zu erstellen ist und auch nicht erstellt wurde, können auch nach dem Handelsrecht eines Mitgliedsstaats der EU bereits aufgestellte Abschlüsse (also auch HGB-Abschlüsse) verwenden oder zum Zwecke des Eigenkapitalvergleichs aufgestellt werden.
3. Sofern weder IFRS- noch EU-Abschlüsse aufzustellen sind, sind ggf. nach US-GAAP aufzustellende und zu veröffentlichende Abschlüsse zu verwenden.

Bestehende Konzernabschlüsse mit befreiender Wirkung sind grundsätzlich unverändert heranzuziehen. Dies gilt auch dann, wenn einzelne Tochtergesellschaften aus Wesentlichkeitsgründen nicht in die Vollkonsolidierung einbezogen wurden; allerdings sind die Wertansätze für anteilig konsolidierte Unternehmen herauszurechnen (vgl. BMF v. 04.07.2008, BStBl. I 2008, 718, Rz. 72).

Befreiende Konzern-abschlüsse bleiben unverändert

Liegen keine auf demselben Standard beruhenden Einzel- und Konzernabschlüsse vor, müssen die jeweiligen Abschlüsse zur Berechnung der Eigenkapitalquoten zunächst bezüglich des angewendeten Rechnungslegungsstandards vereinheitlicht werden. Hierzu können die Einzelabschlüsse durch eine Überleitungsrechnung an die vorhandenen bzw. zu erstellenden Konzernabschlüsse angepasst werden. Dabei sind diejenigen Vermögensgegenstände, Schulden, Rechnungsabgrenzungsposten und Bilanzierungshilfen, die auch im Konzernabschluss enthalten sind, mit den dort abgebildeten Werten anzusetzen. Die Überleitungsrechnung ist einer »prüferischen Durchsicht« zu unterziehen. Auf Verlangen der Finanzbehörde müssen die im Rahmen der Escape-Klausel herangezogenen Abschlüsse von einem Abschlussprüfer geprüft werden.

Ggf. Vereinheit-lichung notwendig

Bei der Ermittlung der Eigenkapitalquote des Betriebs sind sodann, ausgehend vom bilanziellen Eigenkapital nach dem anzuwendenden Rechnungslegungsstandard, einige Modifikationen durchzuführen, von denen die Wichtigsten kurz erläutert seien:

Modifikation der EK-Quote

- Im Einzelabschluss des Betriebs ist das Eigenkapital um den Firmenwert zu erhöhen, der im Konzernabschluss für diesen Betrieb angesetzt wurde. Ansonsten ergäbe sich nach einem share deal, bei dem der Kaufpreis das bilanzielle Eigenkapital der Zielgesellschaft übersteigt, im Konzern grundsätzlich eine höhere Eigenkapitalquote als im Einzelabschluss dieses Betriebs. Dies gilt auch für sonstige im Rahmen eines Beteiligungserwerbs mitbezahlte stille Reserven; die Finanzverwaltung will daher über den Gesetzeswortlaut hinaus auch die Hinzurechnung von im Rahmen einer Unternehmensakquisition aufgedeckten stillen Reserven zulassen (vgl. BMF v. 04.07.2008, BStBl. I 2008, 718, Rz. 73).

- Das Eigenkapital des Betriebs ist um die Hälfte des Sonderpostens mit Rücklageanteil nach §§ 247 Abs. 3, 273 HGB a.F. zu erhöhen. Nach der Aufhebung der §§ 247 Abs. 3, 273 HGB a.F. durch das BilMoG kommt diese Korrektur für nach dem 31.12.2009 beginnende Wirtschaftsjahre allerdings nur noch in Betracht, wenn bzgl. des Sonderpostens von dem Beibehaltungswahlrecht nach Art. 67 Abs. 3 EGHGB Gebrauch gemacht wird (vgl. HICK in HHR, § 4h EStG Anm. 54). Wird der Sonderposten dagegen aufgelöst und in Gewinnrücklagen umgewandelt, erhöht sich das Eigenkapital des Betriebs nach Bildung entsprechender passiver latenter Steuern im Ergebnis nicht nur um die Hälfte, sondern um ca. 70% des Sonderpostens, da die Ertragsteuerbelastung der Kapitalgesellschaft lediglich bei ca. 30% liegt.

- Eigenkapitalanteile, die keine Stimmrechte vermitteln, sind, außer im Fall von Vorzugsaktien, zu kürzen. U.E. gilt dies nur für hybride Finanzierungsformen, die handelsrechtlich als Eigenkapital zu qualifizieren sind, steuerlich dagegen zu abzugsfähigen Vergütungen führen, z.B. entsprechend ausgestaltete Genussscheine (vgl. HICK in HHR, § 4h EStG Anm. 54).

- Zur Vermeidung von Kaskadeneffekten ist das Eigenkapital um die Buchwerte der Beteiligungen an anderen Konzerngesellschaften zu kürzen (vgl. hierzu KÖHLER, DStR 2007, 597, 601). Hieraus ergeben sich insbesondere für Holdinggesellschaften erhebliche Probleme (vgl. HOMBURG, FR 2007, 717, 718): Die Vorschrift bewirkt im Ergebnis, dass Beteiligungen zu 100 % als mit Eigenkapital finanziert gelten und die Eigenkapitalquote für den Rest des Betriebs entsprechend niedrig ausfällt. Da aber gerade diese niedrige Eigenkapitalquote für die Escape-Klausel herangezogen wird, kann bei Unternehmen mit nennenswertem Beteiligungsbesitz der Escape kaum gelingen (vgl. WELLING, FR 2007, 735, 738).

- Zur Vermeidung von Umgehungsmöglichkeiten sind Einlagen, die innerhalb von sechs Monaten vor dem für den Eigenkapitalvergleich maßgeblichen Abschlussstichtag erfolgten, zu kürzen, soweit diese innerhalb von sechs Monaten nach diesem Stichtag wieder entnommen bzw. ausgeschüttet werden.

- In der Bilanz des Betriebs enthaltene Wirtschaftsgüter, die steuerlich zum Sonderbetriebsvermögen bei einer Mitunternehmerschaft gehören, sind für Zwecke der Zinsschranke nach § 4h Abs. 2 Buchst. c Satz 7 EStG aus dem Eigenkapital des Betriebs auszuscheiden und dem Betrieb der Mitunternehmerschaft zuzuordnen. Dies gilt allerdings nur, wenn auch diese Mitunternehmerschaft konzernzugehörig ist, denn ansonsten würde die geänderte Zuordnung dazu führen, dass die Wirtschaftsgüter zwar im Konzernabschluss die Eigenkapitalquote erhöhen, jedoch bei keinem konzernzugehörigen Betrieb zur Eigenkapitalquote im Einzelabschluss beitragen. Die Auslegung der Regelung im Detail ist weitgehend unklar (vgl. HICK in HHR, § 4h EStG Anm. 56; MÖHLENBROCK/PUNG in DPM, § 8a KStG (URefG 2008) Tz. 158).

Eigenkapital des Betriebs nach dem anzuwenden Rechnungslegungsstandard

+	Firmenwert im Konzernabschluss, soweit auf diesen Betrieb entfallend
+	50 % des Sonderpostens mit Rücklageanteil
./.	stimmrechtsloses Eigenkapital (Ausnahme: Vorzugsaktien)
./.	Buchwerte der Anteile an anderen Konzerngesellschaften
./.	Einlagen der letzten sechs Monate, soweit Entnahmen/Ausschüttungen innerhalb der ersten sechs Monate nach dem Bilanzstichtag
+/./.	im Einzelabschluss enthaltene WG, die Sonder-BV bei einer MU-Schaft sind

Eigenkapital i. S. v. § 4h Abs. 2 Buchst. c EStG

Korrespondierende Korrektur der Bilanzsumme

Zur Bestimmung der Eigenkapitalquote ist es, obwohl gesetzlich nicht vorgesehen, systematisch geboten, entsprechend zu den vorstehend erläuterten Korrekturen des Eigenkapitals auch die Bilanzsumme zu modifizieren (vgl. HOFFMANN, Zinsschranke, 2008, Rz. 623). Hiervon ist allerdings insoweit abzusehen, als die Korrekturen des Eigenkapitals lediglich eine Umqualifizierung von Fremd- in Eigenkapital zur Folge haben, etwa bei der Kürzung um stimmrechtsloses Eigenkapital oder des teilweisen Einbezugs des Sonderpostens mit Rücklageanteil. Dagegen bewirkt die Erhöhung des Eigenkapitals um den im Konzernabschluss aktivierten Firmenwert zugleich auch eine Erhöhung der Bilanzsumme; analog dazu führen die eventuellen Kürzungen der Beteiligungsbuchwerte und der Einlagen der letzten 6 Monate neben der Verringerung des Eigenkapitals zu einer Minderung der Bilanzsumme (vgl. BMF v. 04.07.2008, BStBl. I 2008, 718, Rz. 76).

Eine Änderung der Bilanzsumme im Einzelabschluss ohne Änderung des Eigenkapitals ergibt sich im Fall der Korrektur von Forderungen gegenüber anderen Konzern-, z.B. Schwestergesellschaften, die im Konzernabschluss im Zuge der Konsolidierung eliminiert und daher nicht ausgewiesen werden. Dies gilt aber nur insoweit, als diesen Forderungen eine Verbindlichkeit gegenüber einem Nichtkonzernangehörigen gegenübersteht, denn nur in diesen Fällen würde die Eigenkapitalquote des Betriebs aufgrund der »längeren« Bilanz systematisch niedriger ausfallen als diejenige des Konzerns (vgl. HICK in HHR, § 4h EStG Anm. 55). **Korrektur der Bilanzsumme bei durchgereichtem FK**

4.3 Rückausnahme bei Gesellschafterfremdfinanzierung

Wie die Stand-alone-Klausel ist auch die Escape-Klausel bei Kapitalgesellschaften im Fall einer schädlichen Gesellschafterfremdfinanzierung nicht anwendbar (§ 8a Abs. 3 KStG). Die Tatbestandsvoraussetzungen einer solchen Gesellschafterfremdfinanzierung entsprechen dem Wortlaut nach weitgehend denen im Fall der Stand-alone-Klausel (siehe unter E III 3.2), jedoch mit einigen wichtigen Besonderheiten:

Zinszahlungen an andere Konzernunternehmen im Rahmen konzerninterner Fremdfinanzierungen sind unschädlich. Nach § 8a Abs. 3 Satz 2 KStG sind für die 10%-Grenze nur solche Vergütungen zu berücksichtigen, die im vollkonsolidierten Konzernabschluss ausgewiesen sind. Dies ist wegen der Konsolidierung von konzerninternen Forderungen und Verbindlichkeiten zunächst einmal nur dann der Fall, wenn das Fremdkapital von nicht zum Konzern gehören Anteilseignern zur Verfügung gestellt wird. Die Regelung ist insofern konsequent, als die Gewährung von Gesellschafterdarlehen innerhalb des Konzerns bei Nachweis einer dem Konzern entsprechenden Eigenkapitalquote nicht als missbräuchlich angesehen werden kann. **Zinszahlungen an außenstehende Anteilseigner**

Erfolgt die Fremdfinanzierung bei einem Gleichordnungskonzern durch die Konzernspitze, ohne dass diese ein Unternehmen betreibt, liegt u.E. keine konzerninterne Fremdfinanzierung vor, da in diesem Fall die Konzernspitze mangels Vorliegen eines Unternehmens nicht in den handelsrechtlichen Konsolidierungskreis einbezogen werden kann. Eine derartige Fremdfinanzierung kann also die Nichtanwendbarkeit der Escape-Klausel zur Folge haben (gl. A. BMF v. 04.07.2008, BStBl. I 2008, 718 Tz. 80). **Fremdfinanzierung im Gleichordnungskonzern**

Wird das Fremdkapital von Dritten gewährt, kann dies nur dann schädlich sein, wenn die Darlehensgeber einem außenstehenden Anteilseigner nahe stehen oder einem solchen gegenüber rückgriffsberechtigt sind. Erfolgt dagegen z.B. die Besicherung eines von einem Dritten gegebenen Darlehens durch Konzerninterne, liegt keine für die Anwendung der Escape-Klausel schädliche Fremdfinanzierung vor (vgl. PRINZ in HHR, § 8a KStG Anm. 31). **FK-Gewährung von Dritten**

Die Voraussetzungen der Rückausnahme sind nicht nur bei dem jeweiligen Betrieb selbst, sondern bei allen (in- und ausländischen) Konzerngesellschaften zu prüfen. Dies bedeutet, dass für ein deutsches Konzernunternehmen die Escape-Klausel bereits dann nicht anwendbar ist, wenn ein beliebiger, ggf. auch ausländischer zu diesem Konzern gehörender Betrieb an einen konzernfremden wesentlich beteiligten Anteilseigner, eine diesem nahe stehende Person oder einen gegenüber diesem **Zu weite Auslegung** oder einer ihm nahe stehenden Person rückgriffsberechtigten Dritten Zinsen i. H. v. mehr als 10 % seiner eigenen Nettozinsaufwendungen zahlt. Eine schädliche Gesellschafter-Fremdfinanzierung im Konzern »infiziert« daher den gesamten Konzern (vgl. TÖBEN, FR 2007, 739, 741).

Zudem weitet die Finanzverwaltung den Anwendungsbereich über den Gesetzeswortlaut hinaus aus, will sie doch Zinszahlungen auch dann als schädlich ansehen, wenn sie an einen außerhalb des Konzerns stehenden wesentlich beteiligten Anteilseigner *eines anderen Konzernunternehmens als des fremdfinanzierten* geleistet werden (vgl. BMF v. 04. 07. 2008, BStBl. I 2008, 718, Rz. 80). Insbesondere der Einbezug ausländischer Konzernunternehmen in die Prüfung der schädlichen Gesellschafterfremdfinanzierung wird in der Literatur wegen der damit verbundenen praktischen Schwierigkeiten heftig kritisiert (vgl. z. B. THIEL, FR 2007, 729, 732; TÖBEN, FR 2007, 739, 744).

IV Schaubild zur Zinsschranke

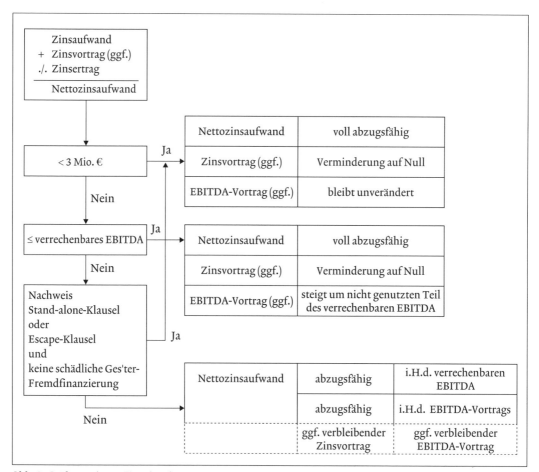

Abb. 8: Prüfungsschema Zinsschranke

V Wegfall des Zins- und EBITDA-Vortrags

Bestehende Zins- oder EBITDA-Verträge gehen bei Aufgabe oder Übertragung des Betriebs oder Teilbetriebs sowie in Umwandlungsfällen ganz oder teilweise unter. Im Einzelnen lassen sich unter Berücksichtigung der Verwaltungsauffassung die folgenden Sachverhalte unterscheiden (vgl. HICK in HHR, § 4h EStG Anm. 110 ff.; BMF v. 04.07.2008, BStBl. I 2008, 718, Rz. 47):

Aufgabe/Übertragung des Betriebs, Umwandlung

Betriebsveräußerung oder -aufgabe	vollständiger Untergang (§ 4h Abs. 5 Satz 1 EStG)
Teilbetriebsveräußerung oder -aufgabe	nach Auffassung der Finanzverwaltung anteiliger Untergang
Ausscheiden einer Organgesellschaft aus einem Organkreis	gilt nach Auffassung der Finanzverwaltung als Teilbetriebsaufgabe, daher anteiliger Untergang
Entgeltliche oder unentgeltliche Übertragung eines Betriebs	vollständiger Untergang (§ 4h Abs. 5 Satz 1 EStG)
Verschmelzung oder Formwechsel nach §§ 3 ff., 11 ff. UmwStG	vollständiger Untergang (§§ 4 Abs. 2 Satz 2, 12 Abs. 3 UmwStG)
Aufspaltung nach § 15 UmwStG	vollständiger Untergang, da Betriebsaufgabe (§ 4h Abs. 5 Satz 1 EStG)
Abspaltung nach § 15 UmwStG	anteiliger Untergang (§ 15 Abs. 3 UmwStG)
Einbringung nach §§ 20, 24 UmwStG	vollständiger Untergang bei Betriebseinbringung (§§ 20 Abs. 9, 24 Abs. 6 UmwStG); im Fall einer Teilbetriebseinbringung bleiben Zins- und EBITDA-Vortrag dagegen beim übertragenden Rechtsträger erhalten

Gem. § 4h Abs. 5 Satz 3 EStG, § 8a Abs. 1 Satz 3 KStG ist § 8c KStG auch auf den Zinsvortrag entsprechend anzuwenden. Im Fall eines qualifizierten Anteilseignerwechsels kommt es daher ggf. zum teilweisen oder vollständigen Untergang des Zinsvortrags; siehe hierzu sowie zur Anwendung der Verschonungsregeln G III 5.4.2. Im Fall eines unterjährigen Anteilseignerwechsels gehen nur die auf das Ende des vorangegangenen Wirtschaftsjahres gesondert festgestellten Beträge unter; die Zinsaufwendungen des laufenden Jahres sind hiervon nicht betroffen (vgl. FinMin Schleswig-Holstein v. 27.06.2012, HaufeIndex 3326407; PRINZ in HHR, § 8a KStG Anm. 13).

Entsprechende Anwendung von § 8c KStG auf den Zinsvortrag, ...

Anders als Betriebsaufgabe, -veräußerung oder Umwandlung führt ein nach § 8c KStG schädlicher Anteilseignerwechsel nicht zum Untergang des EBITDA-Vortrags; dieser bleibt in vollem Umfang erhalten.

... nicht dagegen auf den EBITDA-Vortrag

VI Besonderheiten in Organschaftsfällen

Überblick

Organträger und Organgesellschaft sind nach § 15 Satz 1 Nr. 3 Satz 2 KStG als ein Betrieb i. S. d. § 4h EStG anzusehen. Dies hat zunächst zur Folge, dass Zinszahlungen innerhalb des Organkreises nicht der Zinsschrankenregelung unterliegen, weil sie innerhalb desselben (fiktiven) Betriebs erfolgen (vgl. BT-Drs. 16/4841, 56). Zudem ist die Anwendung der Zinsschranke erst auf der Ebene des Organträgers zu prüfen und die Ausnahmen und Rückausnahmen von der Zinsschrankenregelung beziehen sich grundsätzlich auf den Organträger. Schließlich sind Besonderheiten hinsichtlich der Nutzung und des Wegfalls des Zins- und EBITDA-Vortrags bei Begründung, Bestehen und Wegfall der Tatbestandsvoraussetzungen der Organschaft zu beachten.

1 Bruttomethode

Zinsschranke erst beim OT zu prüfen

Für Fremdkapitalvergütungen, die an Fremdkapitalgeber außerhalb des Organkreises gezahlt werden, ist nach § 15 Satz 1 Nr. 3 KStG über die Abzugsfähigkeit von Zinsaufwendungen der Organgesellschaft erst auf der Ebene des Organträgers zu entscheiden. Dies bedeutet, dass Zinsaufwendungen und -erträge der Organgesellschaft zunächst im Rahmen des zuzurechnenden Einkommens dem Organträger zugerechnet werden (Bruttomethode) und erst bei ihm zusammen mit seinen eigenen Finanzierungsaufwendungen auf ihre Abzugsfähigkeit bezüglich der Zinsschrankenregelung untersucht werden. Der Nettozinsaufwand ist also summarisch für den gesamten Organkreis auf der Ebene des Organträgers zu bestimmen.

Gemeinsames EBITDA maßgeblich

Zur Ermittlung des verrechenbaren EBITDA ist das zu versteuernde Einkommen des Organträgers nach Zurechnung des Organeinkommens heranzuziehen; die zur Ermittlung des EBITDA vorzunehmenden Korrekturen (z. B. AfA, Zinserträge und -aufwendungen) sind unter Einbezug der Daten der Organgesellschaft vorzunehmen.

Nur eine Freigrenze

Auch bezüglich der Ausnahmeregelungen ist grundsätzlich auf den einheitlichen Betrieb in Gestalt des Organkreises abzustellen. Hieraus ergibt sich, dass die Freigrenze i. H. v. 3 Mio. € nur auf der Ebene des Organträgers genutzt werden kann; eine zusätzliche Berücksichtigung weiterer Freigrenzen bei den Organgesellschaften scheidet aus.

Ggf. Stand-alone-Klausel

Gem. § 4h Abs. 2 Buchst. b EStG kann der Organkreis wegen der gesetzlichen Fiktion eines einheitlichen Betriebs die Stand-alone-Klausel nutzen, sofern alle i. S. d. § 4h EStG konzernzugehörigen Unternehmen auch dem Organkreis angehören (vgl. BLUMENBERG/LECHNER in Blumenberg/Benz, Die Unternehmensteuerreform 2008, 2007, 107, 122, 143).

Anwendung von § 8a Abs. 2 KStG unklar

Fraglich ist hierbei die Reichweite der Rückausnahmevorschrift in § 8a Abs. 2 KStG: Denkbar wäre, auch hier entlang der Bruttomethode zu verfahren; in diesem Fall könnte eine schädliche Gesellschafterfremdfinanzierung nur vorliegen, wenn es sich beim Organträger um eine Kapitalgesellschaft handelt (so FROTSCHER in Frotscher/Maas, § 15 KStG Rz. 48). Bei dieser Auslegung kommt die Zinsschranke im Falle eines Organträgers, der keine Kapitalgesellschaft ist, selbst dann nicht zur Anwendung, wenn die Organgesellschaft mehr als 10 % ihres Nettozinsaufwands an wesentlich beteiligte, außerhalb der Organschaft stehende Anteilseigner zahlt.

BEISPIEL 57

X ist gewerblicher Einzelunternehmer und zu 70 % an der X-GmbH beteiligt. Zwischen X und der X-GmbH besteht ein Organschaftsverhältnis i. S. d. §§ 14 ff. KStG. Die X-GmbH hat von Y, der die übrigen 30 % der Anteile hält, ein Darlehen erhalten; die hierfür aufgewendeten Fremdkapitalvergütungen übersteigen 10 % des Nettozinsaufwands der X-GmbH.

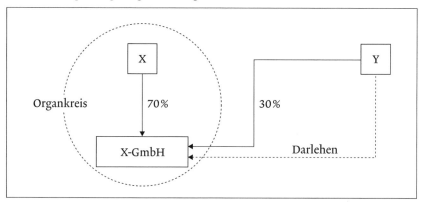

LÖSUNG Geht man davon aus, dass § 8a Abs. 2 KStG hier nicht zur Anwendung kommt, weil X als Organträger keine Kapitalgesellschaft ist, kann sich der Organkreis auf § 4h Abs. 2 Satz 1 Buchst. b EStG berufen. Dass die X-GmbH an den an ihr zu mehr als 1/4 beteiligten Y Zinsaufwendungen von mehr als 10 % ihres Nettozinsaufwands zahlt, ist hierbei unbeachtlich. ◄|

Aufgrund der bloßen Fiktion eines einheitlichen Betriebs könnte aber u. E. mit einiger Berechtigung auch die Auffassung vertreten werden, dass eine Kreditvergabe an die Organgesellschaft als Gesellschafterfremdfinanzierung i. S. d. § 8a Abs. 2, 3 KStG anzusehen ist und bei entsprechendem Umfang die Anwendung der Stand-alone-Klausel für den Organkreis unmöglich macht (in diesem Sinne wohl HERZIG/ LIEKENBROCK, DB 2007, 2387, 2390).

FORTSETZUNG BEISPIEL 57

Hält man auch eine Gesellschafterfremdfinanzierung der Organgesellschaft für schädlich, wäre dem Organkreis in diesem Fall die Anwendung der Stand-alone-Klausel verwehrt. ◄|

Jedenfalls im Fall einer Organträger-Kapitalgesellschaft ist eine Fremdkapitalüberlassung durch einen an ihr wesentlich beteiligten Anteilseigner in die Prüfung nach § 8a Abs. 2 KStG einzubeziehen, und zwar unabhängig davon, ob das Kapital an den Organträger oder eine Organgesellschaft gewährt wird. Bezüglich der Frage, ob die 10 %-Grenze überschritten wird, sind alle aus dem Organkreis stammenden Fremdkapitalvergütungen an diesen Anteilseigner zusammenzurechnen (vgl. HERLINGHAUS in HHR, § 15 KStG Anm. 68).

Prüfung der 10 %-Grenze

BEISPIEL 58

Die OT-GmbH ist Alleingesellschafterin der OG-GmbH; es besteht ein Organschaftsverhältnis i. S. d. §§ 14 ff. KStG. Die Z-AG ist an der OT-GmbH zu 30 % beteiligt; sie gewährt sowohl der OT-GmbH als auch der OG-GmbH umfangreiche Darlehen. Die hierfür geleisteten Zinsaufwendungen betragen bei der OT-GmbH 8 % und bei der OG-GmbH 15 % ihres jeweiligen eigenen Zinssaldos. Es sei unterstellt, dass die Zinsaufwendungen insgesamt 13 % des Zinssaldos des Organkreises betragen; hierzu tragen die Zinsaufwendungen beider Gesellschaften zur Hälfte bei.

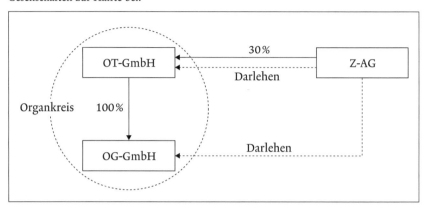

Zwar übersteigen die Fremdkapitalvergütungen der OT-GmbH an die an ihr zu 30 % beteiligte Z-AG weder 10 % ihres eigenen Nettozinsaufwands noch 10 % des Zinssaldos des Organkreises; unter Berücksichtigung der Zinsaufwendungen der OG-GmbH betragen die Fremdkapitalvergütungen dagegen mehr als 10 % des Zinssaldos des Organkreises, so dass § 4h Abs. 2 Satz 1 Buchst. b EStG gemäß § 8a Abs. 2 KStG für den Organkreis keine Anwendung findet. ◄|

2 Behandlung von Zins- und EBITDA-Vorträgen

Vororganschaftliche Zins- und EBITDA-Vorträge der OG

Bereits vor Begründung der Organschaft entstandene Zinsvorträge einer Organgesellschaft können nach Auffassung der Finanzverwaltung in organschaftlicher Zeit nicht genutzt werden, sondern sind entsprechend zur Behandlung körperschaftsteuerlicher Verlustvorträge »eingefroren« (vgl. BMF v. 04.07.2008, BStBl. I 2008, 718, Rz. 48). Diese Auffassung entbehrt einer gesetzlichen Grundlage, hat es doch der Gesetzgeber offenbar bewusst unterlassen, eine dem § 15 Satz 1 Nr. 1 KStG entsprechende Regelung für den Zinsvortrag in das Gesetz aufzunehmen. Aufgrund der Zusammenfassung von Organträger und Organgesellschaft zu einem fiktiven Betrieb i. S. d. Zinsschranke spricht u. E. *de lege lata* einiges dafür, dass der Organträger auch die vororganschaftlich bei der Organgesellschaft gebildeten Zinsvorträge in organschaftlicher Zeit wie eigene Zinsvorträge nutzen kann (vgl. HÖLZER/NIESSNER, FR 2008, 845, 848; HIERSTETTER, DB 2009, 79, 83; a.A. PRINZ, FR 2008, 441, 444; BLUMENBERG/LECHNER in Blumenberg/Benz, Die Unternehmensteuerreform 2008, 2007, 107, 122). U. E. gilt dies grundsätzlich auch im Fall der Existenz von EBITDA-Vorträgen (vgl. TSCHESCHE in BORDEWIN/BRANDT, EStG, § 4h Rz. 153; a.A. HERZIG/LIEKENBROCK, DB 2010, 690, 695; BOHN/LOOSE, DStR 2011, 1009, 1011). Andernfalls würden vororganschaftliche EBITDA-Vorträge ins Leere laufen, da sie während der mindestens fünfjährigen Laufzeit des Gewinnabführungsvertrags wegfallen würden, soweit zwischenzeitlich keine Kündigung aus wichtigem Grund erfolgt und folglich nach der Beendigung der Organschaft der vormaligen Organgesellschaft ohnehin nicht mehr zur Verfügung stehen würden.

In vertraglicher Zeit können sowohl Zins- als auch EBITDA-Vorträge ausschließlich beim Organträger festgestellt werden. Ihre Nutzung ermöglicht die Abzugsfähigkeit von Zinsaufwendungen des Organkreises, und zwar unabhängig davon, in welcher Höhe die jeweilige Organgesellschaft zur Bildung des Zins- oder EBITDA-Vortrags bzw. zum Zinssaldo des Organkreises im Vortragsjahr beigetragen hat (vgl. HERZIG/LIEKENBROCK, DB 2010, 690, 695).

Bildung und Nutzung in vertraglicher Zeit nur beim OT

Bei Beendigung des Organschaftsverhältnisses oder Ausscheiden einer Organgesellschaft aus dem Organkreis fingiert die Finanzverwaltung eine Teilbetriebsaufgabe mit der Folge, dass der Zinsvortrag beim Organträger insoweit untergeht, als er von der Organgesellschaft stammt. Allgemein wird damit gerechnet, dass die Finanzverwaltung diese Auffassung auch auf eventuelle EBITDA-Vorträge ausdehnen wird (vgl. HERZIG/LIEKENBROCK, DB 2010, 690, 695). Diese Auffassung ist indes abzulehnen. Abgesehen von praktischen Schwierigkeiten, den Verbrauch von Zins- und EBITDA-Vorträgen in organschaftlicher Zeit auf Organträger und Organgesellschaft aufzuteilen, ist sie mit dem Wortlaut des Gesetzes nicht zu begründen; die Beendigung der (fiktiven) Existenz eines einheitlichen Betriebs führt lediglich zur Aufteilung eines (fiktiv) einheitlichen Betriebs in mehrere tatsächliche. U. E. hat dies zur Folge, dass der zu diesem Zeitpunkt vorhandene Zins- oder EBITDA-Vortrag beim Organträger verbleibt. Dies erscheint schon deshalb plausibel, weil beim Organträger im Jahr der Entstehung des Zins- oder EBITDA-Vortrags auch die insoweit höhere Steuerbelastung eingetreten ist. Lediglich Zinsvorträge, die bei Begründung der Organschaft von der Organgesellschaft »mitgebracht« wurden, sind bei dieser nach Beendigung der Organschaft wieder nutzbar, soweit sie nicht nach der hier vertretenen Auffassung in organschaftlicher Zeit genutzt werden konnten. Für EBITDA-Vorträge wird dies wegen der Begrenzung des Vortrags auf fünf Jahre i. d. R. nicht greifen.

Folgen der Beendigung der Organschaft

F Steuerfreistellung von Beteiligungserträgen (§ 8b KStG)

I Überblick

Da im geltenden Körperschaftsteuerrecht keine Anrechnung der von einer Kapitalgesellschaft gezahlten Körperschaftsteuer auf der Ebene ihrer Anteilseigner erfolgt, ist auf anderem Wege sicherzustellen, dass die mit Körperschaftsteuer vorbelasteten Erträge, die eine Kapitalgesellschaft aus Beteiligungen an anderen Kapitalgesellschaften erhält, bei der empfangenden Gesellschaft nicht erneut mit Körperschaftsteuer belastet werden. Andernfalls würde es bei Vorliegen einer Beteiligungskette zu einer Mehrfachbelastung mit Körperschaftsteuer kommen, wobei das Ausmaß der sich insgesamt einstellenden körperschaftsteuerlichen Belastung mit der Anzahl der Beteiligungsstufen zunähme.

Vermeidung einer kumulativen Mehrfachbelastung …

Diese kumulative Mehrfachbelastung (sog. Kaskadeneffekt) wird nun vermieden, indem die Beteiligungserträge bei der empfangenden Kapitalgesellschaft gemäß § 8b Abs. 1 Satz 1 KStG steuerfrei gestellt werden. Die vorgenannte Regelung gewährleistet mithin, dass es auf der Kapitalgesellschaftsebene bei einer einmaligen Belastung mit Körperschaftsteuer bleibt. Eine zweite steuerliche Erfassung erfolgt erst bei Ausschüttung an natürliche Personen, wobei die körperschaftsteuerliche Vorbelastung auf Kapitalgesellschaftsebene durch das Teileinkünfteverfahren bzw. die Versteuerung mit dem Abgeltungsteuersatz von 25 % beim Anteilseigner eine typisierte Berücksichtigung erfährt (siehe hierzu A III 3).

… durch Steuerfreistellung

BEISPIEL 59

Alleiniger Gesellschafter der X-GmbH ist X. Die X-GmbH ist zu 100 % an der Y-GmbH beteiligt, welche wiederum 100 % der Anteile an der Z-GmbH hält. Die Z-GmbH erzielt ein z. v. E. vor Körperschaftsteuer von 100, welches über die einzelnen Stufen der Beteiligungskette ausgeschüttet werden soll. Alternativ überlegt X, ob sich eine geringere Steuerbelastung einstellen würde, wenn er unmittelbar an der Z-GmbH beteiligt wäre. Ohne Anwendung von § 8b Abs. 5 KStG und bei Vernachlässigung von Gewerbesteuer und SolZ ergibt sich folgende maximale Ausschüttung an X:

	Beteiligungskette ohne § 8b KStG	Beteiligungskette mit § 8b KStG	Unmittelbare Beteiligung
z. v. E. Z-GmbH	100	100	100
KSt	15	15	85
Ausschüttung	85	85	–
Steuerbefreiung	–	85	–
z. v. E. Y-GmbH	85	0	–
KSt	12,75	0	–

	Beteiligungskette ohne § 8b KStG	Beteiligungskette mit § 8b KStG	Unmittelbare Beteiligung
Ausschüttung	72,25	85	–
Steuerbefreiung	–	85	–
z. v. E. X-GmbH	72,25	0	–
KSt	10,84	0	–
Ausschüttung an X	61,41	85	85

Ohne die Regelung des § 8b KStG ist eine steuerliche Diskriminierung der mittelbaren gegenüber der unmittelbaren Beteiligung zu diagnostizieren, gelangen doch bei Vorliegen der Beteiligungskette lediglich 61,41 an X zur Ausschüttung, während dies bei unmittelbarer Beteiligung 85 sind. Je mehr Kettenglieder die Beteiligungskette hat, desto höher würde die körperschaftsteuerliche Vorbelastung insgesamt und desto geringer würde der Ausschüttungsbetrag an X ausfallen. Demgegenüber ist die körperschaftsteuerliche Vorbelastung bei Anwendung des § 8b KStG bei mittelbarer und unmittelbarer Beteiligung gleich. ◀|

Steuerfreistellung auch für Veräußerungsgewinne

§ 8b Abs. 2 KStG erweitert den Anwendungsbereich der Regelung dahingehend, dass auch Gewinne aus der Veräußerung von Kapitalgesellschaftsanteilen steuerfrei gestellt werden. Dies basiert auf der Grundüberlegung, dass idealtypisch die zu einem Veräußerungsgewinn führenden Wertsteigerungen der Anteile durch einbehaltene Gewinne verursacht worden sind, und mit der Veräußerung des Anteils letztlich nur einen anderer Weg beschritten wird, auf welchem sich die von der Kapitalgesellschaft erzielten Gewinne auf der Ebene des Anteilseigners einkommenserhöhend auswirken (siehe hierzu F II 2.1). Richtigerweise kommt es daher nicht darauf an, ob diese Gewinne in Form von Gewinnausschüttungen (steuerfrei nach § 8b Abs. 1 KStG) oder in Form von Gewinnen aus der Veräußerung der Beteiligung selbst (steuerfrei nach § 8b Abs. 2 KStG) daherkommen.

Typisierte Nichtabziehbarkeit der betreffenden Aufwendungen

Hält man sich die vorgenannten Steuerfreistellungen vor Augen, so stellt sich unweigerlich die Frage, ob die mit den Beteiligungserträgen in Zusammenhang stehenden Aufwendungen das Schicksal der Steuerfreiheit teilen, was letztlich bedeuten würde, dass sich die betreffenden Aufwendungen nicht einkommensmindernd auswirken dürfen. Dieser Gedanke ist zwar naheliegend, gleichwohl steuersystematisch falsch, was den Gesetzgeber jedoch nicht davon abgehalten hat, diesem verfehlten Ansatz zu folgen, sprich, die Aufwendungen, die mit den steuerfreien Beteiligungserträgen in Zusammenhang stehen, im Grundsatz vom Abzug auszuschließen (siehe F II 3.1.1). Allerdings hat er, aus hier nicht zu diskutierenden Gründen, nicht die tatsächlichen Aufwendungen mit einem Abzugsverbot belegt, sondern vielmehr typisierend 5 % der steuerfreien Dividende bzw. des steuerfreien Veräußerungsgewinns zu nichtabziehbaren Betriebsausgaben erklärt (§ 8b Abs. 5 Satz 1 bzw. Abs. 3 Satz 1 KStG), woraufhin sich die vollständige Steuerbefreiung im Ergebnis auf eine nur noch 95 %-ige Steuerbefreiung reduziert. Im Gegenzug bleiben die tatsächlichen Aufwendungen abziehbar (§ 8b Abs. 5 Satz 2 bzw. Abs. 3 Satz 2 KStG).

Etwas überraschend wird nun die zuvor in § 8b Abs. 1 KStG grundsätzlich erklärte Steuerfreistellung für solche Dividenden, denen eine Beteiligung von weniger als 10 % zugrunde liegt (sog. Streubesitzdividenden), durch § 8b Abs. 4 KStG wieder aufgehoben. Der Gesetzgeber meinte, diese Regelung einführen zu müssen, um der vom EuGH mit Urteil v. 20.10.2011 (DStR 2011, 2038) erkannten Europarechtswidrigkeit einer definitiven Belastungswirkung des Kapitalertragsteuereinbehalts bei Streubesitzdividenden im grenzüberschreitenden Fall abzuhelfen (siehe hierzu F II 1.5). Erkennbar hat sich der Gesetzgeber damit jedoch einen steuersystematischen Fehlgriff erster Güte erlaubt, da es beim Vorliegen einer Streubesitzbeteiligungskette nunmehr zu einer körperschaftsteuerlichen Belastung auf jeder Stufe der Beteiligung und damit zu einem entsprechenden Kaskadeneffekt kommt. Zudem wäre es, wenn man denn, anders als hier vertreten, die Steuerpflicht von Bezügen i.S.v. § 8b Abs. 1 KStG im Streubesitzfall für gerechtfertigt hält, folgerichtig gewesen, sodann auch die Steuerfreistellung nach § 8b Abs. 2 KStG für etwaige Veräußerungsgewinne aus Streubesitzbeteiligungen zu versagen. Hierzu ist es jedoch (noch) nicht gekommen. Folgerichtig hat der Gesetzgeber allerdings insoweit gehandelt, als er bei einer Steuerpflicht der Dividenden nach § 8b Abs. 4 KStG die Regelung des § 8b Abs. 5 KStG für nicht anwendbar erklärt.

Abschaltung der Steuerfreistellung bei Streubesitzdividenden

Gesetzessystematisch ist § 8b KStG wie folgt aufgebaut:

Aufbau von § 8b KStG

Abs. 1	Steuerfreistellung in- und ausländischer Dividenden.
Abs. 2	Steuerbefreiung von Gewinnen aus der Veräußerung in- und ausländischer Beteiligungen.
Abs. 3	Annahme nichtabziehbarer Betriebsausgaben i.H.v. 5 % des Veräußerungsgewinns i.S.v. Abs. 2. Nichtberücksichtigung von Gewinnminderungen im Zusammenhang mit Anteilen i.S.v. Abs. 2.
Abs. 4	Versagung der Steuerfreistellung nach Abs. 1 für Streubesitzdividenden.
Abs. 5	Annahme nichtabziehbarer Betriebsausgaben i.H.v. 5 % der erhaltenen steuerfreien Dividenden.
Abs. 6	Anwendbarkeit der Regelungen der Abs. 1 bis 5, wenn die Bezüge, Gewinne und Gewinnminderungen durch eine zwischengeschaltete Personengesellschaft erzielt worden sind.
Abs. 7–9	Nichtanwendung der Abs. 1 bis 6 in bestimmten Fällen (Kreditinstitute, Finanzdienstleister und Finanzunternehmen, Lebens- und Krankenversicherungsunternehmen sowie Pensionsfonds) mit Rückausnahmen.
Abs. 10	Missbrauchsabwehrregelung gegen steuerliche Gestaltungen im Zusammenhang mit der Wertpapierleihe.

Im nachfolgenden Kapitel werden die für das Grundverständnis wesentlichen Regelungen des § 8b Abs. 1 bis 5 KStG in ihren körperschaft- und gewerbesteuerlichen Auswirkungen erläutert. Die Ausführungen zu den übrigen in § 8b KStG verorteten Vorschriften (z. B. zur Zwischenschaltung einer Personengesellschaft sowie weitere Ausnahme- und Missbrauchsabwehrregelungen) finden sich in Kapitel F III.

II Grundlegende Ausführungen

Wichtig ist, bei den nachfolgenden Ausführungen stets die Grundkonstruktion von § 8b KStG – die Steuerfreistellung von Gewinnausschüttungen und Gewinnen aus der Veräußerung von Anteilen an Kapitalgesellschaften einerseits, die Annahme nichtabziehbarer Betriebsausgaben i. H. v. 5 % der steuerfreien Beteiligungserträge andererseits – im Hinterkopf zu haben.

1 Steuerfreistellung von Dividenden (§ 8b Abs. 1 KStG)

1.1 Überblick

KStG

Bereits zu Zeiten des Anrechnungsverfahrens ermöglichte § 8b Abs. 1 KStG a. F. unbeschränkt steuerpflichtigen Kapitalgesellschaften, die im Inland nicht zu besteuernde ausländische Einkünfte bezogen hatten, diese steuerfrei an inländische Kapitalgesellschaften weiterzuleiten. Mit dem Wechsel zum Halbeinkünfteverfahren wurde sodann, steuersystematisch im Grundsatz zutreffend, eine umfassende Freistellung laufender Beteiligungserträge festgeschrieben, wobei es für die Steuerbefreiung seitdem nicht mehr darauf ankommt, ob es sich um inländische oder ausländische Bezüge handelt. Gemäß § 8b Abs. 1 Satz 1 KStG bleiben Bezüge i. S. d. § 20 Abs. 1 Nr. 1, 2, 9 und 10 Buchst. a EStG bei der Ermittlung des Einkommens grundsätzlich außer Ansatz. Für Bezüge aus Streubesitzanteilen, die nach dem 28. 02. 2013 gezahlt werden, schreibt § 8b Abs. 4 KStG allerdings vor, dass diese abweichend von der grundsätzlichen Freistellung nach § 8b Abs. 1 KStG bei der Ermittlung des Einkommens zu berücksichtigen sind.

GewStG

Die Steuerbefreiung durch § 8b Abs. 1 KStG wirkt sich auch auf die Ausgangsgröße i. S. v. § 7 Satz 1 GewStG zur Ermittlung des Gewerbeertrags aus, da es sich hierbei um den nach den Vorschriften des EStG und KStG zu ermittelnden Gewinn handelt. Um die gewerbesteuerlichen Auswirkungen der Steuerbefreiung des § 8b Abs. 1 KStG zu begrenzen, hat der Gesetzgeber in § 8 Nr. 5 GewStG allerdings angeordnet, dass die durch § 8b Abs. 1 KStG steuerfrei gestellten Bezüge abzüglich des nach § 8b Abs. 5 KStG als nichtabziehbare Betriebsausgabe geltenden Betrags dem Gewinn für die Zwecke der Gewerbesteuer wieder hinzuzurechnen sind, soweit sie nicht vom gewerbesteuerlichen Schachtelprivileg nach § 9 Nr. 2a oder 7 GewStG erfasst werden. Folglich sind Streubesitzdividenden sowie Dividenden aus passiv tätigen Auslandsgesellschaften, welche gemäß § 8b Abs. 1 KStG steuerfrei gestellt worden sind, nach § 8 Nr. 5 GewStG bei der Ermittlung des Gewerbeertrags wieder hinzuzurechnen, soweit sie bei der Ermittlung des Gewinns abgesetzt worden sind, und unterliegen der Gewerbesteuer. Wer nun annimmt, § 8 Nr. 5 GewStG laufe seit Einführung von § 8b Abs. 4 KStG leer, da die Streubesitzdividenden ja bereits im körperschaftsteuerlichen Gewinn enthalten seien, so dass für eine Hinzurechnung nach § 8 Nr. 5 GewStG insoweit kein Raum sei, wird allerdings enttäuscht, da der Gesetzgeber verfehlterweise eine Abstimmung zwischen den beiden Regelungen unterlassen hat: Während im Körperschaftsteuerrecht eine Streubesitzbeteiligung bei einer Beteiligungsquote von weniger als 10 % angenommen wird, was bedeutet, dass es bei höheren Beteiligungsquoten für die daraus resultierenden Bezüge bei der Steuerfreistellung nach § 8b Abs. 1 KStG bleibt, besteht gewerbesteuerrechtlich eine in die Gewerbesteuerfreiheit führende Schachtelbeteiligung im Regelfall erst bei einer Beteiligungsquote von mindestens 15 %. Siehe hierzu ausführlich F II 4.

1.2 Begünstigte Empfänger

§ 8b Abs. 1 KStG ist nicht nur auf unbeschränkt steuerpflichtige inländische Kapitalgesellschaften anwendbar, sondern gilt ebenso für im Ausland gegründete Kapitalgesellschaften, unabhängig davon, ob diese (auch) im Inland der unbeschränkten Steuerpflicht unterliegen, weil sie ihren Verwaltungssitz dorthin verlegt haben, oder lediglich beschränkt steuerpflichtig sind. Fraglich ist allerdings, ob für die nach ausländischem Recht gegründeten Ausschüttungsempfänger durch Vornahme eines Rechtstypenvergleichs zu ermitteln ist, ob sie zum Kreis der nach § 8b Abs. 1 KStG begünstigten Empfänger gehören. Dabei wird für nach dem Recht eines Mitgliedstaates der EU gegründete Kapitalgesellschaften argumentiert, dass diese bereits aufgrund der gesellschaftsrechtlichen Einordnung als Kapitalgesellschaft durch den Gründungsstaat als begünstigte Empfänger i.S.v. § 8b Abs. 1 KStG zu qualifizieren seien (vgl. KRÖNER in Ernst & Young, KStG, § 8b Rz. 47). U.E. kann jedoch auch hier, wie im Kontext des § 1 Abs. 1 Nr. 1 KStG (siehe hierzu B I 3), nicht auf die Vornahme eines Rechtstypenvergleichs verzichtet werden (vgl. PUNG in DPM, § 8b KStG Tz. 41; FROTSCHER in Frotscher/Maas, § 8b KStG Rz. 47).

Gilt für inländische und ausländische KapGes

1.3 Von § 8b Abs. 1 KStG erfasste Bezüge

In sachlicher Hinsicht erfasst § 8b Abs. 1 KStG insbesondere Bezüge aus offenen und verdeckten Gewinnausschüttungen (§ 20 Abs. 1 Nr. 1 EStG). Die Steuerbefreiung gilt auch für Ausschüttungen einer ausländischen Kapitalgesellschaft, vorausgesetzt, diese ist nach Maßgabe des inländischen Rechts über einen Rechtstypenvergleich als Kapitalgesellschaft zu qualifizieren (vgl. PUNG in DPM, § 8b KStG Tz. 25; GOSCH, 2009, § 8b KStG Rz. 115).

oGA, vGA

Ebenso werden Ausschüttungen auf beteiligungsähnliche Genussrechte i.S.d. § 8 Abs. 3 Satz 2 KStG, also solche Genussrechte, mit denen das Recht auf Beteiligung am Gewinn und am Liquidationserlös der Kapitalgesellschaft verbunden ist, durch § 8b Abs. 1 Satz 1 KStG freigestellt (vgl. PUNG in DPM, § 8b KStG Tz. 24).

Ausschüttungen auf Genussrechte

Mit Urteil v. 06.06.2012 (I R 6, 8/11, BStBl. II 2012, 111) hat der BFH entschieden, dass ebenso Zinsen auf das Eigenkapital, welche eine brasilianische Kapitalgesellschaft mit gewinnmindernder Wirkung ihren Gesellschaftern anstelle einer regulären Dividende gezahlt hat, nach deutschem Steuerrecht gleichwohl als Dividende i.S.v. § 20 Abs. 1 Nr. 1 EStG und nicht etwa als Zins i.S.v. § 20 Abs. 1

Ebenso Zinsen auf das Eigenkapital

Nr. 7 EStG zu beurteilen sei (hierzu ERNSTING, IWB 2013, 417). Folglich sind auch derartige Bezüge nach § 8b Abs. 1 Satz 1 KStG steuerfrei zu stellen.

Liquidation, Kapitalherabsetzung

Durch den Verweis auf § 20 Abs. 1 Nr. 2 EStG sind ebenso Bezüge nach Auflösung einer anderen Kapitalgesellschaft nach § 8b Abs. 1 KStG steuerbefreit, soweit diese nicht in der Rückzahlung von Nennkapital bestehen und nicht dem Bestand des steuerlichen Einlagekontos entstammen, folglich keine Rückgewähr vorheriger Einlagen darstellen. Mit anderen Worten: Soweit bei der Auflösung oder Kapitalherabsetzung vormals thesaurierte Gewinne an den Anteilseigner transferiert werden, greift auf dessen Ebene § 8b Abs. 1 KStG ein. Gleiches gilt für Bezüge, die aufgrund einer Kapitalherabsetzung oder nach Auflösung einer unbeschränkt steuerpflichtigen Kapitalgesellschaft anfallen, soweit bei diesen Sachverhalten der sog. Sonderausweis zu mindern ist (§ 28 Abs. 2 Satz 2 KStG), da es sich auch dabei um die Auskehrung vormals thesaurierter Gewinne handelt (siehe hierzu K II 3.1.2.1). Ebenso werden Bezüge, die wegen der Sonderregelung des § 28 Abs. 2 Satz 4 KStG als Gewinnausschüttung gelten, von § 8b Abs. 1 Satz 1 KStG erfasst (siehe hierzu K II 3.1.2.2). Aus dem Vorstehenden ergibt sich im Umkehrschluss, dass für denjenigen Teil der nach Auflösung einer Kapitalgesellschaft oder aufgrund einer Kapitalherabsetzung anfallenden Bezüge, der eine Rückgewähr von Nennkapital oder eine Einlagenrückgewähr nach den §§ 27, 28 KStG darstellt, die Steuerbefreiung des § 8b Abs. 1 KStG nicht gilt. Allerdings können daraus veräußerungsgleiche Gewinne resultieren (siehe K II 3.2.1 und L I 2), welche sodann nach § 8b Abs. 2 Satz 3 KStG steuerbefreit sind, wobei diese Steuerbefreiung jedoch wegen § 8b Abs. 2 Satz 4 im Einzelfall scheitern kann (siehe hierzu F II 2.5.1).

Einlagenrückgewähr

Gelten für laufende Ausschüttungen Beträge aus dem steuerlichen Einlagekonto (siehe hierzu J III) als verwendet, so handelt es sich dabei nicht um Einnahmen i. S. v. § 20 Abs. 1 Nr. 1 EStG, so deutlich § 20 Abs. 1 Nr. 1 Satz 3 EStG; vielmehr vollzieht sich die Einlagenrückgewähr beim Gesellschafter ausschließlich in Form einer Vermögensumschichtung (vgl. BFH v. 07.11.1990 – I R 68/88, BStBl. II 1991, 177). Dies hat zunächst einmal zur Folge, dass eine erfolgsneutrale Verrechnung mit dem Buchwert der Beteiligung vorzunehmen ist. Sollte jedoch der Ausschüttungsbetrag den Buchwert der Beteiligung übersteigen, stellt sich insoweit die Frage, ob dieser Differenzbetrag nun gemäß § 8b Abs. 1 KStG oder gemäß § 8b Abs. 2 KStG steuerfrei zu stellen ist, oder ob vielmehr von einem steuerpflichtigen Ertrag auszugehen ist, weil letztlich keine der vorgenannten Regelungen anwendbar ist. Die Frage, ob insoweit § 8b Abs. 1 oder § 8b Abs. 2 KStG einschlägig ist, erscheint zwar auf den ersten Blick belanglos, da schließlich beide Vorschriften steuerbefreiend wirken, bei näherem Hinsehen zeigen sich jedoch durchaus Unterschiede: So ist etwa die Steuerbefreiung nach § 8b Abs. 1 KStG insoweit »robuster«, als diejenige nach Abs. 2 scheitern kann, z. B. wenn und insoweit die Anteile in der Vergangenheit steuerwirksam auf den niedrigeren Teilwert abgeschrieben worden sind (§ 8b Abs. 2 Satz 4 KStG, siehe hierzu F II 2.5.1). Andererseits erweist sich umgekehrt die Steuerbefreiung nach § 8b Abs. 1 KStG bei Streubesitzdividenden gemäß § 8b Abs. 4 KStG als flüchtig, während bei einer Anwendbarkeit von § 8b Abs. 2 KStG die Steuerbefreiung erhalten bliebe. Der BFH (v. 28.10.2009 – I R 116/08, BStBl. II 2011, 898) ist in dieser Frage zu der Auffassung gelangt, dass der den Buchwert der Beteiligung übersteigende, aus dem steuerlichen Einlagekonto entstammende Ausschüttungsbetrag zumindest nicht von § 8b Abs. 1 KStG erfasst werde. Ob jene

Kapitalrückzahlungsbeträge, welche den Beteiligungsbuchwert übersteigen, unmittelbar zum Ausschüttungszeitpunkt oder ggf. erst in Gestalt späterer Veräußerungsgewinne nach § 8b Abs. 2 KStG außer Ansatz bleiben, wobei man sich fragt, wie Letzteres funktionieren sollte (zu Recht kritisch PRINZ, FR 2010, 580, 582), hat der BFH ausdrücklich offengelassen. Die Finanzverwaltung will insoweit via § 8b Abs. 2 KStG eine unmittelbare Steuerfreistellung gewähren (vgl. BMF v. 28.04.2003, BStBl. I 2003, 292 Tz. 6), was im Schrifttum allerdings wegen des Fehlens einer gesetzlichen Grundlage in § 8b Abs. 2 KStG kritisiert und allenfalls als Billigkeitsmaßnahme toleriert wird (vgl. GOSCH zitiert bei HAAG/JEHLIN, DStR Beihefter 2013, 3, 4 f.). Das Ergebnis ist insgesamt als unbefriedigend zu bezeichnen. Zudem birgt es die Gefahr, dass es, sollte die Verwaltung eines Tages von ihrer Auffassung abrücken oder sollte die Rechtsprechung quasi kollateral gegen eine Anwendung von § 8b Abs. 2 KStG votieren (vgl. STANGL, DStR Beihefter 2013, 8, 11), zu einer Definitivbelastung des den Beteiligungsbuchwert übersteigenden Ausschüttungsbetrags kommen würde, was aus steuersystematischer Sicht ein höchst fragwürdiges Resultat wäre. Es erscheint daher gerechtfertigt, den Gewinn aus laufenden Kapitalrückzahlungen aus dem steuerlichen Einlagekonto gemäß § 8b Abs. 2 Satz 1 KStG steuerfrei zu stellen, obwohl erkennbar weder eine Veräußerung i. S. dieser Vorschrift noch ein veräußerungsgleicher Tatbestand i. S. v. § 8b Abs. 2 Satz 3 KStG gegeben ist (vgl. SCHNITGER in Schnitger/Fehrenbacher, § 8b KStG Rn. 318; siehe auch F II 2.4).

§ 8b Abs. 1 Satz 5 KStG erstreckt die Steuerbefreiung zudem auf Sachverhalte, die wirtschaftlich mit dem Bezug einer Dividende vergleichbar sind. Folglich sind auch Einnahmen aus der Veräußerung von Dividendenscheinen oder sonstigen Ansprüchen i. S. v. § 20 Abs. 2 Satz 1 Nr. 2a EStG sowie Einnahmen aus der Abtretung von Dividendenansprüchen oder sonstigen Ansprüchen i. S. v. § 20 Abs. 2 Satz 2 EStG bei der Einkommensermittlung der Kapitalgesellschaft außer Ansatz zu lassen.

Wirtschaftlich vergleichbare Tatbestände

Die Steuerfreistellung gilt auch für Dividenden, die einer Kapitalgesellschaft im Rahmen eines Gewinnanteils an einer Mitunternehmerschaft zugerechnet werden (siehe hierzu F III 2).

Mittelbare Beteiligungen

1.4 Allgemeines materielles Korrespondenzprinzip

Nach dem in § 8b Abs. 1 Satz 2 KStG normierten allgemeinen Korrespondenzprinzip entfällt die Freistellung, wenn es an einer entsprechenden körperschaftsteuerlichen Vorbelastung auf Ebene der leistenden Kapitalgesellschaft fehlt. § 8b Abs. 1 Satz 3 KStG verschafft dieser Korrespondenz auch dann Geltung, wenn sich parallel zu der Freistellung nach § 8b Abs. 1 Satz 1 KStG eine weitere Freistellung aus einem DBA heraus ergeben sollte. § 8b Abs. 1 Satz 4 KStG erklärt schließlich für bestimmte Dreieckskonstellationen bei verdeckten Gewinnausschüttungen eine Rückausnahme, d. h. die Freistellung gilt dann, entgegen der vorherigen Ausnahmeregelung, doch wieder.

Ausnahme und Rückausnahme

1.4.1 Keine Steuerbefreiung nach § 8b Abs. 1 Satz 1 KStG, soweit Einkommensminderung bei leistender Gesellschaft

Gemäß § 8b Abs. 1 Satz 2 KStG gewährt der Gesetzgeber die Steuerbefreiung nach § 8b Abs. 1 Satz 1 KStG nur insoweit, als die Bezüge das Einkommen der leistenden Körperschaft nicht gemindert haben. Dieses Korrespondenzerfordernis basiert auf der Überlegung, dass eine Steuerfreistellung beim Ausschüttungsempfänger zur Vermeidung einer Doppelbesteuerung nur bei einer vorherigen steuerlichen Belastung auf Ebene der leistenden Körperschaft gerechtfertigt sei, da andernfalls keine Doppelbesteuerung drohe (vgl. BR-Drs. 622/06, 119).

Unmittelbare Rechtsfolge: keine Steuerfreistellung

Festzuhalten ist zunächst einmal, dass § 8b Abs. 1 Satz 2 KStG keine Änderung der Qualifikation der Bezüge auf Ebene der Empfängerkapitalgesellschaft herbeiführt, sondern es bleibt bei deren vorheriger Einordnung als Bezüge, die grundsätzlich zur Inanspruchnahme der Steuerbefreiung nach § 8b Abs. 1 Satz 1 KStG berechtigen. Rechtsfolgenseitig kassiert nun allerdings § 8b Abs. 1 Satz 2 KStG diese prinzipielle Steuerbefreiung insoweit wieder ein, als die Bezüge das Einkommen der leistenden Kapitalgesellschaft gemindert haben. Im Ergebnis kommt es damit zu einer Nachversteuerung der Einkünfte beim Anteilseigner, die nach der Binnenlogik des § 8b KStG eigentlich von der ausschüttenden Körperschaft hätten versteuert werden müssen (vgl. HORST, NWB 2009, 3022, 3024). § 8b Abs. 1 Satz 2 KStG wird daher als materielles Korrespondenzprinzip bezeichnet (vgl. LÜDICKE in GS Walz, 2008, 401, 403), da die Regelung dafür Sorge trägt, dass überhaupt besteuert wird, wenngleich nicht an der »richtigen« Stelle. Im Unterschied hierzu bewirkt das verfahrensrechtlich orientierte formelle Korrespondenzprinzip des § 32a KStG die steuerliche Erfassung bei der leistenden Kapitalgesellschaft. In der Systemwelt des Teileinkünfteverfahrens sowie des § 8b KStG handelt es sich dabei um die »richtige« Besteuerungsebene (siehe hierzu D I 3.4).

Mittelbare Rechtsfolgen: keine Hinzurechnung fiktiver nicht abziehbarer Betriebsausgaben und …

Mittelbare Rechtsfolge der Versagung der Steuerbefreiung ist, dass zugleich die Qualifikation von 5 % des Betrags der Gewinnausschüttung als nicht abziehbare Betriebsausgabe unterbleibt, da § 8b Abs. 5 Satz 1 KStG eine solche Hinzurechnung eben nur bei solchen Bezügen anordnet, die nach § 8b Abs. 1 KStG bei der Ermittlung des Einkommens der empfangenden Kapitalgesellschaft außer Ansatz geblieben sind. Etwaige Aufwendungen, die mit den betreffenden Bezügen in wirtschaftlichem Zusammenhang stehen, sind in vollem Umfang abziehbar (vgl. FROTSCHER in Frotscher/Maas, § 8b KStG Rz. 120). § 3c Abs. 1 EStG greift infolge der Steuerpflicht der Bezüge nicht ein.

… Anrechnung ausländischer Quellensteuer

Sollte im grenzüberschreitenden Fall die Leistung der ausländischen Kapitalgesellschaft an die empfangende inländische Kapitalgesellschaft mit einer Quellensteuer belegt worden sein, so ist im Grundsatz festzuhalten, dass bereits durch die Steuerfreistellung im Inland gemäß § 8b Abs. 1 Satz 1 KStG eine etwaige Doppelbesteuerung vermieden wird, woraufhin für die Anrechnung der ausländischen Quellensteuer weder Raum noch Bedarf ist (vgl. SIEGERS in DPM, § 26 KStG Tz. 104). Im Umkehrschluss folgt daraus, dass, wenn die inländische Steuerfreistellung infolge des materiellen Korrespondenzprinzips scheitern sollte, die Anrechnung der ausländischen Quellensteuer zulässig sein muss; so deutlich § 26 Abs. 6 Satz 1 HS 2 KStG.

Qualifikation als Ausschüttung ändert sich nicht

Darüber hinaus ist zu beachten, dass durch § 8b Abs. 1 Satz 2 KStG »nur« die Steuerfreistellung versagt wird; weil sich jedoch, wie ausgeführt, die Qualifikation als Gewinnausschüttung als solche nicht ändert, bleibt gewerbesteuerlich die Kürzung bei Schachteldividenden nach § 9 Nr. 2a bzw. 7 GewStG erhalten (siehe hierzu F II 4.1.3).

Anwendungsfälle: Zunächst nur bei vGA, …

Das Korrespondenzprinzip galt bis einschließlich Veranlagungszeitraum 2013 nur bei vGA, jedoch hat der Gesetzgeber mit dem AmtshilfeRLUmsG die Regelung nunmehr auf alle in § 8b Abs. 1 Satz 1 KStG genannten Bezüge erstreckt (dazu sogleich), woraus sich die Bezeichnung als allgemeines materielles Korrespondenz-prinzip erklärt. Im Fall von vGA führte § 8b Abs. 1 Satz 2 KStG a. F., ebenso wie die gegenwärtige Fassung es tut, insbesondere in folgenden Fallkonstellationen zu einer Versagung der Steuerfreistellung:

- Die vGA ist bei der leistenden Kapitalgesellschaft bei der Veranlagung für das Wirtschaftsjahr, in dem es zur vGA gekommen ist, nicht hinzugerechnet wor-den und diese Veranlagung ist nach den Vorschriften der AO nicht mehr änder-bar. Hierzu kann es insbesondere dann kommen, wenn das Vorliegen einer vGA nicht bei der leistenden Kapitalgesellschaft, sondern vielmehr beim Ausschüt-tungsempfänger festgestellt wird, da die Korrekturvorschrift des § 32a KStG in diesen Fällen nicht eingreift (siehe hierzu D I 3.4.1).
- Handelt es sich bei der leistenden Kapitalgesellschaft um eine ausländische Tochtergesellschaft, so besteht die Möglichkeit, dass deren Einkommen nach den Wertungen des dortigen Steuerrechts zutreffend gemindert worden ist, nach dem für die deutsche Muttergesellschaft anzuwendenden inländischen Steuerrecht jedoch eine vGA anzunehmen ist (sog. Qualifikationskonflikt); vgl. hierzu BECKER/KEMPF/SCHWARZ, DB 2008, 370 ff.

BEISPIEL 60

Die M-GmbH gewährt der T-GmbH, an welcher sie beteiligt ist, ein Darlehen. Die T-GmbH zahlt überhöhte Zinsen von 100 und behandelt diese gewinnmindernd. Die Steuerbescheide der T-GmbH sind bestandskräftig. Nunmehr wird bei der M-GmbH das Vorliegen einer vGA seitens der T-GmbH erkannt.

Infolge der Bestandskraft der Bescheide ist auf Ebene der T-GmbH keine Umqualifizierung in eine vGA möglich, so dass dort die 100 aufwandswirksam bleiben. Auf Ebene der M-GmbH wird hingegen eine vGA seitens der T-GmbH und somit ein von § 8b Abs. 1 Satz 1 KStG grundsätzlich erfasster Bezug angenommen, jedoch wird die Steuerbefreiung gemäß § 8b Abs. 1 Satz 2 KStG versagt. ◄

Die Ausweitung des Korrespondenzprinzips ab dem Veranlagungszeitraum 2014 hat zur Folge, dass die Steuerbefreiung nach § 8b Abs. 1 Satz 1 KStG nicht mehr nur im Fall von vGA, sondern nunmehr bei allen Bezügen, die zur Inanspruchnahme von § 8b Abs. 1 Satz 1 KStG berechtigen, z. B. auch bei offenen Gewinnausschüttungen und bei Ausschüttungen auf beteiligungsähnliche Genussrechte, nur insoweit ge-währt wird, als diese Bezüge das Einkommen der leistenden Kapitalgesellschaft nicht gemindert haben. Ausweislich der Gesetzesbegründung ging es dem Gesetz-geber darum, dem Entstehen unbesteuerter, sog. »weißer« Einkünfte entgegen-zuwirken, welche insbesondere durch die Nutzung hybrider Finanzierungsformen erreicht werden konnten (vgl. BR-Drs. 632/1/12, 3). Dabei handelt es sich um Finanzierungen, die im Staat des Kapitalnehmers aufgrund der dortigen rechtlichen Einordnung als Fremdkapital gelten, woraufhin der Kapitalnehmer die geleisteten Entgelte gewinnmindernd berücksichtigt, während im Staat des Kapitalgebers auf-grund der dortigen rechtlichen Einordnung eine Qualifikation als Eigenkapital erfolgt, so dass die dafür empfangenen Ausschüttungen zu einer Inanspruchnahme von § 8b Abs. 1 Satz 1 KStG berechtigen. Einschlägiges Beispiel solcher Hybrid-finanzierungen sind eigenkapitalähnliche Genussrechte an ausländischen, insbeson-dere luxemburgischen Tochterkapitalgesellschaften (vgl. hierzu ausführlich KLEIN in Raupach et al., Praxis des Internationalen Steuerrechts 2013, 63 ff.):

... nunmehr bei allen Bezügen i. S. v. § 8b Abs. 1 Satz 1 KStG

BEISPIEL 61

Die deutsche M-GmbH finanziert eine luxemburgische Tochterkapitalgesellschaft, indem sie von dieser begebene Genussrechte erwirbt. Die Genussrechte werden gewinnabhängig vergütet und berechtigen zudem im Fall der Beendigung der luxemburgischen Tochtergesellschaft zur Teilhabe am Liquidationserlös sowie im Fall der vorherigen Rückzahlung an den stillen Reserven.

Aufgrund der rechtlichen Einordnung in Luxemburg behandelt die luxemburgische Tochtergesellschaft die auf die Genussrechte gezahlten Vergütungen gewinnmindernd. Da nach der rechtlichen Einordnung in Deutschland die Genussrechte eigenkapitalähnlich sind (§ 8 Abs. 3 Satz 2 KStG), kann die M-GmbH für die erhaltenen Vergütungen die Steuerfreistellung nach § 8b Abs. 1 Satz 1 KStG beanspruchen. § 8b Abs. 1 Satz 2 KStG a. F. würde an diesem Ergebnis nichts ändern, da keine vGA vorliegt, so dass auf Ebene der M-GmbH die Erträge unversteuert bleiben, obwohl sie auch auf Ebene der ausschüttenden Gesellschaft nicht besteuert worden sind. Dagegen wendet sich § 8b Abs. 1 Satz 2 KStG n. F. und versagt im vorliegenden Fall der M-GmbH die Steuerfreistellung für die erhaltenen Ausschüttungen auf die EK-Genussrechte. ◀|

§ 8b Abs. 1 Satz 2 KStG kommt wohl auch im Fall von Zinszahlungen auf das Eigenkapital zur Anwendung, wenn diese das Einkommen der leistenden Kapitalgesellschaft gemindert haben, wie dies etwa das brasilianische Steuerrecht zulässt. Wie ausgeführt (siehe unter F II 1.3), handelt es sich dabei nach den Wertungen des deutschen Steuerrechts um Dividenden, so dass zwar zunächst § 8b Abs. 1 Satz 1 KStG eingreift, wegen der Einkommensminderung auf Ebene der ausschüttenden Kapitalgesellschaft sodann aber gemäß § 8b Abs. 1 Satz 2 KStG die Steuerbefreiung bei der empfangenden Kapitalgesellschaft zu versagen ist (vgl. PUNG in DPM, § 8b KStG Tz. 76; kritisch ERNSTING, IWB 2013, 417, 425).

Steuersystematische Einordnung

Die Regelung erscheint einerseits steuersystematisch gerechtfertigt, da die Steuerfreistellung nach § 8b Abs. 1 Satz 1 KStG auf der Idee fußt, bei Vorliegen einer Beteiligungskette eine Mehrfachbelastung mit Körperschaftsteuer zu vermeiden, was die Schlussfolgerung nahelegt, dass eine Steuerfreistellung nur insoweit gerechtfertigt sei, als eine vorherige Belastung bestehe. Fehle es aber an einer Vorbelastung, so werde die innerhalb der Beteiligungskette gewünschte Einmalbelastung via § 8b Abs. 1 Satz 2 KStG nachgelagert auf Ebene des Ausschüttungsempfängers durch Versagung der Steuerfreistellung hergestellt (vgl. DESENS, Beihefter DStR 2013, 13, 18). Andererseits wird gegen § 8b Abs. 1 Satz 2 KStG vorgebracht, dass die Regelung einen Verstoß gegen das Trennungsprinzip bewirke, da hier im Sinne einer »überdachenden« Betrachtungsweise die Besteuerungsebenen von Ober- und Untergesellschaft miteinander verknüpft werden (so GOSCH, 2009, § 8b KStG Rz. 143a, 148b). Handelt es sich um eine Beteiligung an einer EU-Tochterkapitalgesellschaft, so wird zudem der Vorwurf erhoben, dass das Korrespondenzprinzip mit Art. 4 Abs. 1 Mutter-Tochter-Richtlinie unvereinbar sei (vgl. DESENS, Beihefter zur DStR 4/2013, 13, 22; FRASE, BB 2008, 2713, 2714 f.).

1.4.2 Versagung des Internationalen Schachtelprivilegs, soweit Einkommensminderung bei leistender Gesellschaft

Rechtsfolge: Überschreiben der abkommensrechtlichen Steuerfreistellung

Sollte neben § 8b Abs. 1 Satz 1 KStG parallel eine zweite Steuerbefreiung über ein DBA mit Freistellungsmethode im Inland bestehen, so würde in derlei Fallkonstellationen die Versagung der Steuerfreistellung nach § 8b Abs. 1 Satz 2 KStG im Ergebnis ins Leere laufen, da die abkommensrechtliche Freistellung an ihre Stelle treten würde (zum Verhältnis von Internationalem Schachtelprivileg und § 8b Abs. 1 Satz 1 KStG siehe unter F III 5). Insoweit verwundert es nicht, dass der Gesetzgeber mit § 8b Abs. 1 Satz 3 KStG eine gegen diesen Kompensationseffekt gerichtete Regelung geschaffen hat, nach der auch die Freistellung nach dem jeweiligen DBA versagt wird, soweit die Bezüge das Einkommen der leistenden Gesellschaft gemindert haben (vgl. FROTSCHER in Frotscher/Maas, § 8b KStG Rz. 130). Durch diese Vorschrift wird folglich eine parallel zu § 8b Abs. 1 Satz 1 KStG ggf. bestehende Steuerbefreiung nach Abkommensrecht negiert. Es kommt zu einem Treaty overriding, das der Gesetzgeber mit dem Verweis auf die in jüngerer Zeit ausgehandelten DBA rechtfertigt, die eine dem Korrespondenzprinzip vergleichbare Regelung enthalten, so etwa Art. 23 Abs. 1 Buchst. a DBA-Österreich (vgl. BR-Drs. 622/02, 119).

Angemerkt sei, dass auch in diesem Fall wegen des Einbezugs der Bezüge in die inländische Steuerpflicht die Anrechnung etwaig im Ausland einbehaltener Quellensteuern möglich ist, so deutlich § 26 Abs. 6 Satz 1 HS 2 KStG. Auch das sich aus § 3c EStG ergebende Abzugsverbot bezüglich der mit den vor Anwendung von § 8b Abs. 1 Satz 3 KStG aufgrund der laut DBA steuerfrei gestellten Bezüge in unmittelbarem wirtschaftlichen Zusammenhang stehenden Aufwendungen gilt nun nicht mehr, da die Steuerfreiheit der Bezüge nicht gegeben ist. | **Mittelbare Rechtsfolgen**

1.4.3 Rückausnahme bei Dreieckskonstellationen

§ 8b Abs. 1 Satz 4 KStG sieht eine Rückausnahme vor und gewährt die Steuerfreiheit nach § 8b Abs. 1 Satz 1 KStG entgegen § 8b Abs. 1 Satz 2 KStG im Fall einer vGA, die das Einkommen der leistenden Kapitalgesellschaft gemindert hat, dennoch, soweit die vGA das Einkommen einer dem Steuerpflichtigen nahe stehenden Person erhöht hat und § 32a KStG auf die Veranlagung dieser nahe stehenden Person keine Anwendung findet. Sinn und Zweck dieser Rückausnahme ist es, eine andernfalls drohende Doppelbesteuerung zu vermeiden (vgl. PUNG in DPM, § 8b KStG Tz. 91). Nach h. M. ist der Begriff der nahe stehenden Person dabei nach den für die vGA (§ 8 Abs. 3 Satz 2 KStG) geltenden Grundsätzen auszulegen (vgl. SCHNITGER in Schnitger/Fehrenbacher, § 8b KStG Rn. 246; GOSCH, 2009, § 8b KStG Rz. 149c; siehe hierzu auch D I 2.3.2). | **Vermeidung einer Doppelbesteuerung**

Ein möglicher Anwendungsfall von § 8b Abs. 1 Satz 4 KStG ist die folgende Dreieckskonstellation (in Anlehnung an GRÜTZNER, StuB 2006, 899):

BEISPIEL 62

Die C-GmbH ist alleinige Gesellschafterin der ausländischen Kapitalgesellschaften X-SA und Y-SA. Die X-SA vermietet an die Y-SA ein Grundstück für 150.000 €. Die fremdübliche Miete beträgt lediglich 100.000 €.

Sieht das ausländische Steuerrecht keine einer vGA entsprechenden Einkunftskorrekturen vor, so versteuert die X-SA Mieteinnahmen i. H. v. 150.000 € und bei der Y-SA bleibt ein entsprechender Betriebsausgabenabzug bestehen. Nach den Wertungen des deutschen Steuerrechts ist jedoch festzuhalten, dass die X-SA im Ergebnis einen Vermögensvorteil i. H. v. 50.000 € erhalten hat, den die C-GmbH als Muttergesellschaft zwar nicht selbst erbracht hat, sondern von ihrer Tochtergesellschaft Y-SA hat erbringen lassen, gleichwohl muss sich die M-GmbH steuerrechtlich das Geschehen zurechnen lassen: Dies aber bedeutet, dass hier »in Wahrheit« eine vGA von der Y-SA an die C-GmbH sowie eine verdeckte Einlage der C-GmbH bei der X-SA vorliegt (vgl. BFH v. 26.10.1987 – GrS 2/86, BStBl. II 1988, 348).

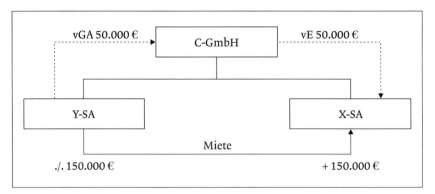

Die Voraussetzungen des § 8b Abs. 1 Satz 4 KStG sind mithin erfüllt:
- Das Einkommen der Y-SA hat sich um den Betrag der vGA (hier: 50.000 €) durch den insoweit überhöhten Mietaufwand vermindert.
- Das Einkommen der X-SA als nahe stehende Person der C-GmbH hat sich erhöht, da sie die Mietzahlung als Betriebseinnahme berücksichtigt hat.
- Auf die X-SA als nahe stehende Person der C-GmbH ist § 32a Abs. 2 KStG nicht anwendbar, da die X-SA im Inland nicht steuerpflichtig ist; folglich kommt es hier nicht zu einer Korrektur der verdeckten Einlage nach § 8 Abs. 3 Satz 3 KStG.

Die vGA i. H. v. 50.000 € der Y-SA an die C-GmbH ist bei dieser gemäß § 8b Abs. 1 Satz 1 KStG steuerfrei, da § 8b Abs. 1 Satz 2 KStG nach Satz 4 der Regelung nicht eingreift. Andernfalls würde es zu einer Doppelbesteuerung kommen: Einmal auf Ebene der X-SA und ein zweites Mal auf Ebene der C-GmbH. Infolge der verdeckten Einlage der C-GmbH erhöhen sich gemäß § 6 Abs. 6 Satz 2 EStG die Anschaffungskosten ihrer Beteiligung an der X-SA. ◀|

1.5 Streubesitzdividenden gemäß § 8b Abs. 4 KStG

Gemäß § 8b Abs. 4 KStG gewährt der Gesetzgeber die Freistellung nach § 8b Abs. 1 Satz 1 KStG im Fall sog. Streubesitzdividenden nicht. Hintergrund dieser Regelung ist, dass der EuGH mit Urteil v. 20.10.2011 (DStR 2011, 2038) die im grenzüberschreitenden Fall für die ausländischen Anteilseigner bestehende definitive Belastungswirkung des Kapitalertragsteuereinbehalts bei Streubesitzdividenden als europarechtswidrig qualifiziert hatte. Dieser erkennbaren Ungleichbehandlung von Streubesitzdividenden im grenzüberschreitenden Fall – hier beträgt die Steuerbelastung im Regelfall 15 % – und Dividendenbezügen im reinen Inlandsfall – hier beträgt die Steuerbelastung infolge der Freistellungsregelung von § 8b Abs. 1 i. V. m. Abs. 5 KStG im Regelfall lediglich 0,75 % –, wenn man die Gewerbesteuer einmal vernachlässigt, hat der Gesetzgeber versucht, durch eine Abschaltung der Steuerfreistellung in § 8b Abs. 4 KStG entgegenzuwirken. Man kann dies getrost als eine Art Gleichstellung im Schlechten bezeichnen.

Aus steuersystematischer Perspektive ist diese Regelung zudem, wie die nachfolgenden Ausführungen zeigen werden, wegen des bewirkten Kaskadeneffekts vollkommen verfehlt. Darüber hinaus fehlt es ihr an einer Abstimmung mit den anderen Regelungen zur Besteuerung von Beteiligungserträgen im KStG und GewStG, und darüber hinaus erscheint es höchst fragwürdig, ob es dem Gesetzgeber mit § 8b Abs. 4 KStG überhaupt gelungen ist, die Europarechtskonformität der Dividendenbesteuerung tatsächlich herzustellen. Vergegenwärtigt man sich zudem, dass es bei dieser Regelung »nur« um Bezüge aus Streubesitzanteilen geht, die der Gesetzgeber hier bei einer Beteiligung von weniger als 10 % des Grund- oder Stammkapitals annimmt, dann erahnt man bereits jetzt zahlreiche Praxisfragen bei der Bemessung eben dieser Beteiligungsquote.

1.5.1 Bisherige Rechtslage: europarechtswidrige definitive Kapitalertragsteuerbelastung bei beschränkt Steuerpflichtigen

Gemäß § 43 Abs. 1 Satz 3 EStG wird der Kapitalertragsteuerabzug durch § 8b Abs. 1 KStG nicht ausgeschlossen. Der Steuersatz beträgt 25 % (§ 43a Abs. 1 Nr. 1 EStG). Bezüglich der materiellen Belastungsfolgen der einbehaltenen Kapitalertragsteuer ist sodann zu unterscheiden:

KapESt-Abzug trotz Steuerbefreiung

Handelt es sich beim Ausschüttungsempfänger um eine unbeschränkt steuerpflichtige Kapitalgesellschaft oder um eine beschränkt steuerpflichtige Kapitalgesellschaft mit inländischer Betriebstätte, so sind diese zur Körperschaftsteuer zu veranlagen. Gemäß § 8 Abs. 1 KStG i. V. m. § 36 Abs. 2 Nr. 2 EStG wird nun auf die im Veranlagungsverfahren ermittelte Körperschaftsteuer die einbehaltene Kapitalertragsteuer in voller Höhe angerechnet, also nicht etwa nur insoweit, als sie auf den im Einkommen enthaltenen Teil der Dividende von 5 % entfällt (vgl. GOSCH in Kirchhof, 2014, EStG § 36 Rn. 9). Die Kapitalertragsteuer stellt mithin lediglich eine temporäre Belastung dar, und sie ändert im Grundsatz nichts daran, dass schlussendlich die Bezüge gemäß § 8b Abs. 1 i. V. m. Abs. 5 KStG zu 95 % steuerfrei sind. Anders gewendet: Durch das Veranlagungsverfahren und die damit einhergehende Erstattung der Kapitalertragsteuer werden im Ergebnis lediglich 5 % der Bezüge mit Körperschaftsteuer belastet, so dass sich bei einem KSt-Satz von 15 % eine Belastung i. H. v. 0,75 % bezogen auf den Ausschüttungsbetrag ergibt, wenn man den SolZ und die GewSt einmal vernachlässigt (vgl. RUST, DStR 2009, 2568, 2572).

Anrechnung in voller Höhe im Veranlagungsverfahren

Für beschränkt steuerpflichtige Kapitalgesellschaften ohne inländische Betriebstätte als Ausschüttungsempfänger stellt sich dies indes anders dar: Diese Auslandskapitalgesellschaften erzielen mit den von inländischen Gesellschaften bezogenen Dividenden inländische Einkünfte i. S. v. § 49 Abs. 1 Nr. 5 Buchst. a EStG und unterliegen damit der beschränkten Steuerpflicht. Dabei erfolgt keine Veranlagung, sondern vielmehr ist die Körperschaftsteuer gemäß § 32 Abs. 1 Nr. 2 KStG durch den Kapitalertragsteuerabzug abgegolten (vgl. BMF v. 28.04.2003, BStBl. I 2003, 292 Tz. 11). Allerdings reduziert sich die Steuerbelastung nach § 44a Abs. 9 EStG noch um zwei Fünftel der einbehaltenen und abgeführten Kapitalertragsteuer, so dass im Grundsatz eine dem inländischen KSt-Satz entsprechende definitive Steuerbelastung von 15 % verbleibt. Festzuhalten ist, dass insoweit die durch § 8b Abs. 1 KStG erklärte Steuerbefreiung durch den Einbehalt von Kapitalertragsteuer kompensiert wird.

Ggf. definitive Steuerbelastung bei beschränkt Steuerpflichtigen, wenn keine Veranlagung

Allerdings bestehen mit der in § 43b Abs. 1 EStG umgesetzten Mutter-Tochter-Richtline sowie abkommensrechtlich zwei Möglichkeiten zu einer weiteren Reduktion der Kapitalertragsteuer: So sind nach § 43b Abs. 1 EStG unter bestimmten Voraussetzungen Kapitalerträge, die eine ausländische EU-Muttergesellschaft, welche zu mindestens 10 % am Kapital der inländischen Tochtergesellschaft beteiligt ist, von dieser erhält, auf Antrag von der Kapitalertragsteuer befreit (vgl. zu den Einzelheiten HENKEL in Mössner, Steuerrecht international tätiger Unternehmen, 2012,

Reduktionsmöglichkeiten nach MTR bzw. DBA

9.17). In diesen Fällen erfolgt mithin eine Verminderung der Kapitalertragsteuerbelastung auf null.

Greift diese Befreiung nicht ein, so gelangt bei Bestehen eines DBA grundsätzlich ein verringerter Kapitalertragsteuersatz zur Anwendung (vgl. HENKEL in Mössner, Steuerrecht international tätiger Unternehmen, 2012, 9.21 ff.). Während dieser bei Streubesitzdividenden regelmäßig 15 % beträgt, so dass gegenüber § 44a EStG keine weitere Ermäßigung erreicht wird, reduziert sich bei Schachtelbeteiligungen der Steuersatz im Regelfall auf 5 %. In den vorgenannten Ermäßigungsfällen ist die Kapitalertragsteuer entweder nach § 50d Abs. 2 EStG gar nicht erst bzw. nur in verringertem Umfang zu erheben oder aber, wenn sie erhoben worden ist, nach Maßgabe des § 50d Abs. 1 EStG zu erstatten.

Zusammengefasst ergeben sich folgende Belastungsszenarien:

Muttergesellschaft ist	§§	definitive Belastung
unbeschränkt steuerpflichtig	§ 8b Abs. 1 KStG i. V. m. § 36 Abs. 2 Nr. 2 EStG	0,75 %
beschränkt steuerpflichtig • grundsätzlich • MTR (Mindestbeteiligung 10 %) • DBA	§ 44a Abs. 9 EStG § 43b EStG Art. 10 Abs. 2 OECD-MA	15 % 0 % im Regelfall 5 % bei Schachtelbeteiligung 15 % bei Streubesitz

Ungleichbehandlung von Streubesitzdividenden verstößt gegen Kapitalverkehrsfreiheit

Dabei zeigt sich, dass insbesondere die grenzüberschreitende Ausschüttung im Streubesitzfall gegenüber derjenigen an inländische Anteilseigner benachteiligt wird: Während in ersterem Fall eine definitive Belastung von 15 % besteht, da weder nach § 43b EStG noch abkommensrechtlich eine weitere Reduktion erreicht werden kann, beträgt die Steuerbelastung im Inlandsfall lediglich 0,75 %. Es verwundert daher nicht, dass der EuGH mit Urteil v. 20.10.2011 (DStR 2011, 2038; anders noch BFH v. 22.04.2009, DStR 2009, 1469) diese ungleiche steuerliche Belastung als Verstoß gegen die Kapitalverkehrsfreiheit gewertet hat. Nachdem der Gesetzgeber im Gesetzgebungsverfahren zunächst erwogen hatte, die vollständige Erstattung der Kapitalertragsteuer auch beschränkt Steuerpflichtigen ohne inländische Betriebsstätte zu ermöglichen, hat er sich schließlich, nicht zuletzt aufgrund fiskalischer Erwägungen, dazu entschlossen, anstatt einer Gleichstellung im Guten und steuersystematisch Richtigen durch § 8b Abs. 4 KStG eine solche im Schlechten und steuersystematisch Verfehlten herbeizuführen.

1.5.2 Grundaussagen von § 8b Abs. 4 KStG

Steuerpflicht der Bezüge bei Streubesitzanteilen

Gemäß § 8b Abs. 4 Satz 1 KStG sind Bezüge i. S. d. § 8b Abs. 1 KStG abweichend von der durch § 8b Abs. 1 Satz 1 KStG angeordneten Freistellung bei der Ermittlung des Einkommens zu berücksichtigen, wenn die Beteiligung zu Beginn des Kalenderjahres unmittelbar weniger als 10 % des Grund- oder Stammkapitals betragen hat.

Insoweit scheint auf den ersten Blick eine Gleichstellung des grenzüberschreitenden Falls mit dem Inlandsfall erreicht, da in beiden Fällen eine Belastung mit Körperschaftsteuer i. H. v. 15 % zu konstatieren ist (siehe F II 1.5.5). Überraschenderweise hat der Gesetzgeber die Steuerpflicht nach § 8b Abs. 4 KStG jedoch nicht auf etwaige Gewinne aus der Veräußerung von Streubesitzanteilen erstreckt. Vielmehr bleiben diese unverändert gemäß § 8b Abs. 2 KStG bei der Berücksichtigung des Einkommens unberücksichtigt.

Da die Bezüge nunmehr steuerpflichtig sind, ordnet § 8b Abs. 4 Satz 7 KStG folgerichtig an, dass § 8b Abs. 5 KStG, der 5 % der Bezüge i. S. v. § 8b Abs. 1 KStG als nicht abziehbare Betriebsausgaben typisiert, nicht anzuwenden ist, so dass eine solche Hinzurechnung im Fall von Streubesitzdividenden richtigerweise unterbleibt (vgl. INTEMANN, BB 2013, 1239, 1242). Vergegenwärtigt man sich, dass § 8b Abs. 5 Satz 2 KStG die Nichtanwendbarkeit von § 3c Abs. 1 EStG erklärt, so ist festzuhalten, dass durch die von § 8b Abs. 4 Satz 7 KStG bewirkte Nichtanwendung von § 8b Abs. 5 KStG gesetzessystematisch nunmehr § 3c Abs. 1 EStG wieder anwendbar wird. Allerdings setzt die konkrete Anwendung von § 3c Abs. 1 EStG steuerfreie Bezüge voraus, daran aber fehlt es infolge der durch § 8b Abs. 4 KStG bewirkten Steuerpflicht der Bezüge, so dass trotz der abstrakten Anwendbarkeit von § 3c Abs. 1 EStG die mit den Kapitalgesellschaftsanteilen in Zusammenhang stehenden Betriebsausgaben abziehbar sind. Dieser Befund erscheint auf den ersten Blick allerdings fraglich, da, wie ausgeführt, die Gewinne aus der Veräußerung einer Streubesitzbeteiligung nach wie vor gemäß § 8b Abs. 2 KStG steuerfrei sind, so dass man auf die Idee kommen könnte, ausgehend von dieser Steuerfreiheit nunmehr die Abziehbarkeit der damit in Zusammenhang stehenden Betriebsausgaben zu versagen. Dies passiert auch, jedoch gesetzessystematisch durch § 8b Abs. 3 KStG, wonach 5 % des jeweiligen Veräußerungsgewinns als nicht abziehbare Betriebsausgaben gelten, während § 3c Abs. 1 EStG für nicht anwendbar erklärt wird. Folglich bleibt es bei der Abziehbarkeit der mit der Beteiligung in Zusammenhang stehenden laufenden Aufwendungen (vgl. BENZ/JETTER, DStR 2013, 489, 492; WIESE/LAY, GmbHR 2013, 404, 408). Es ist daher, trotz der Steuerpflicht der Streubesitzdividenden einerseits und der fortbestehenden Steuerfreiheit der Gewinne aus der Veräußerung auch von Streubesitzanteilen andererseits, nicht erforderlich, die mit den Anteilen in Zusammenhang stehenden laufenden Aufwendungen dem einen oder dem anderen Einkünftetatbestand zuzuordnen.

Keine Hinzurechnung fiktiver nicht abziehbarer Betriebsausgaben

§ 8b Abs. 4 KStG ist gemäß § 34 Abs. 7a Satz 2 KStG erstmals für Bezüge i. S. v. § 8b Abs. 1 KStG anzuwenden, die nach dem 28.02.2013 zufließen. Für Altfälle sieht § 32 Abs. 5 KStG ein Erstattungsverfahren vor, auf dessen Darstellung hier verzichtet werden soll (siehe hierzu HECHTNER/SCHNITGER, Ubg 2013, 269, 276 ff.).

Zeitliche Anwendbarkeit

1.5.3 Stichtagsbezogene Ermittlung der Beteiligungshöhe

Bei der Prüfung, ob eine Beteiligung von nicht mehr als 10 % besteht, ist stichtagsbezogen auf die Beteiligung am Grund- oder Stammkapital zu Beginn des Kalenderjahres abzustellen, in dem die Bezüge beim Ausschüttungsempfänger steuerlich zu erfassen sind (vgl. INTEMANN, BB 2013, 1239, 1240; HAISCH/HELIOS, DB 2013, 724, 726). Insoweit erscheint die Ermittlung der Beteiligungshöhe grundsätzlich unproblematisch, muss doch lediglich geprüft werden, ob zu Beginn des

Quote zu Beginn des Kalenderjahres entscheidend

Kalenderjahres (01.01., 0:00 Uhr) tatsächlich eine Beteiligungsquote von mindestens 10 % bestand. War dies der Fall, so bleibt die Steuerbefreiung für diesbezügliche Gewinnausschüttungen gemäß § 8b Abs. 1 KStG erhalten, da § 8b Abs. 4 Satz 1 KStG tatbestandlich nicht erfüllt ist. Auch folgt aus dem Stichtagsprinzip, dass weder eine Mindestbeteiligungsdauer erforderlich ist, noch kommt es auf die tatsächliche Beteiligungshöhe zum Ausschüttungszeitpunkt selbst an. Diese kann infolge von unterjährigen Verkäufen bis zum Ausschüttungszeitpunkt unter 10 % betragen, oder aber infolge von unterjährigen Zukäufen bis dahin angestiegen sein. In beiden Fallkonstellationen ist die (gesamte) auf die zum Ausschüttungszeitpunkt vorhandene Beteiligung entfallende Gewinnausschüttung steuerfrei zu stellen, wenn zu Beginn des Kalenderjahres eine Beteiligung von mindestens 10 % vorlag.

Abweichendes Wirtschaftsjahr

Diese Bezugnahme auf den Beginn des Kalenderjahres gilt auch bei einem abweichenden Wirtschaftsjahr, so dass hier für den ersten Teil des Wirtschaftsjahres der vor dessen Beginn liegende 01.01. und für den zweiten Teil des Wirtschaftsjahres der im jeweiligen Wirtschaftsjahr liegende 01.01. maßgebend ist (vgl. GREFE, DStZ 2013, 573, 577; a.A. HECHTNER/SCHNITGER, Ubg 2013, 269, 271, wonach nur auf den im jeweiligen Wirtschaftsjahr liegenden 01.01. abzustellen sein soll).

Gemildertes Stichtagsprinzip gemäß § 8b Abs. 4 Satz 6 KStG

Das in der Grundregel des § 8b Abs. 4 Satz 1 KStG festgeschriebene Stichtagsprinzip würde nun allerdings dazu führen, dass, wenn die Beteiligung zu Beginn des Kalenderjahres noch gar nicht bzw. nur im Umfang von unter 10 % besteht, jedoch im Verlauf des Kalenderjahres durch den Erwerb einer Schachtelbeteiligung begründet bzw. aufgestockt wird, diese unterjährig erworbene Schachtelbeteiligung im Jahr des Erwerbs stets als Streubesitzbeteiligung qualifiziert würde, was steuersystematisch wenig überzeugend erscheint. Daher hat der Gesetzgeber in § 8b Abs. 4 Satz 6 KStG das strenge Stichtagsprinzip durchbrochen und insoweit in ein gemildertes Stichtagsprinzip verwandelt (vgl. GREFE, DStZ 2013, 573, 577), als er fingiert, dass der unterjährige Erwerb einer Beteiligung von mindestens 10 % als zu Beginn des Kalenderjahres erfolgt gilt.

BEISPIEL 63 ▰▰▰

Die X-GmbH, deren Wirtschaftsjahr dem Kalenderjahr entspricht, erwirbt zum 01.03.01 eine Beteiligung i. H. v. 12 % an der Y-GmbH. Eine vorherige Beteiligung bestand nicht. Gewinnausschüttungen seitens der Y-GmbH erfolgen zum 01.05.01 und zum 01.05.02. Gemäß § 8b Abs. 4 Satz 1 KStG wäre die Gewinnausschüttung in 01 als Streubesitzdividende zu qualifizieren und damit steuerpflichtig, da die Beteiligung an der Y-GmbH zum 01.01.01 weniger als 10 %, hier 0 %, betragen hat. Die Ausschüttung in 02 hingegen wäre steuerbefreit, da zum 01.01.02 die Beteiligung mindestens 10 %, hier 12 %, betragen hat. Gemäß § 8b Abs. 4 Satz 6 KStG gilt nun der Erwerb der Beteiligung an der Y-GmbH am 01.03.01 als zum 01.01.01 erfolgt, da mindestens 10 % erworben wurden, woraufhin bereits die in 01 empfangene Ausschüttung nicht von § 8b Abs. 4 Satz 1 KStG erfasst wird und folglich gemäß § 8b Abs. 1 KStG steuerfrei bleibt (vgl. OFD Frankfurt/M. v. 02.12.2013, DStR 2014, 427). ◂|

Gründungsfall

Das Vorstehende müsste wohl auch dann gelten, wenn die X-GmbH selbst erst in 01 gegründet und sodann die Beteiligung an der Y-GmbH erwerben würde, da es unzutreffend wäre, in diesem Fall den Rückbezug nach § 8b Abs. 4 Satz 6 KStG mit dem Argument zu versagen, die X-GmbH habe zu Beginn des Kalenderjahres noch gar nicht existiert. Letzteres würde dazu führen, dass bei unterjähriger Gründung der Obergesellschaft im Gründungsjahr eine jede Beteiligung an anderen

Kapitalgesellschaften als Streubesitzbeteiligung gelten würde (vgl. INTEMANN, BB 2013, 1239, 1241).

Bei unterjährigen Veräußerungen, egal in welcher Höhe sie vorgenommen werden, erfolgt hingegen keine Rückbeziehung auf den vorangehenden Stichtag, da eine solche ausweislich des Gesetzestextes ausschließlich bei Erwerben vorgesehen ist (vgl. PUNG in DPM, § 8b KStG Tz. 257; OFD Frankfurt/M. v. 02.12.2013, DStR 2014, 427). Hat zu Beginn des Kalenderjahres eine Schachtelbeteiligung bestanden oder wird infolge von unterjährigen Erwerben von mindestens 10 % ein solches Bestehen zum Jahresanfang fingiert und sinkt nun infolge von Veräußerungen die Beteiligungsquote unter 10 %, so gilt die Beteiligung für dieses Kalenderjahr folglich unverändert als Schachtelbeteiligung. Dass es sich tatsächlich nur noch um eine Streubesitzbeteiligung handelt, wird erst ab dem nächsten 01.01. berücksichtigt.

So klar und einfach die vorstehenden Grundfälle durch Anwendung von § 8b Abs. 4 Satz 6 KStG zu lösen sind, so fragwürdig sind jedoch die Lösungsvorschläge, die die Finanzverwaltung (OFD Frankfurt/M. v. 02.12.2013, DStR 2014, 427) für die nachstehenden Fallkonstellationen gibt. Dabei lässt sich die Finanzverwaltung von folgenden, durchaus kritikwürdigen, Grundüberlegungen leiten: So soll der Rückbezug nach § 8b Abs. 4 Satz 6 KStG ausschließlich für den Erwerb eines Anteilspakets von mindestens 10 % durch einen einzelnen Erwerbsvorgang gelten, was zur Folge hat, dass für einzelne unterjährige Erwerbe von weniger als 10 %, auch wenn sie insgesamt die Grenze von 10 % übersteigen, keine Rückbeziehung erfolgen soll. Zudem wirke sich, so die Finanzverwaltung, die Regelung des § 8b Abs. 4 Satz 6 KStG nicht auf die Behandlung von bereits zum 01.01. bestehenden Anteilen aus, was zur Folge hat, dass beispielsweise der Erwerb einer Beteiligung von mehr als 10 % eine zum 01.01. bereits bestehende Streubesitzbeteiligung nicht im positiven Sinne infiziert. Die nachfolgenden Fallkonstellationen mögen zur Verdeutlichung dieser Grundüberlegungen dienen:

Wird eine zu Beginn des Kalenderjahres bestehende Streubesitzbeteiligung durch den unterjährigen Erwerb einer weiteren Beteiligung zu einer Schachtelbeteiligung aufgestockt, so ist zu unterscheiden, ob es sich bei der hinzuerworbenen Beteiligung ebenfalls um eine Streubesitzbeteiligung oder um eine Schachtelbeteiligung handelt.

Im Fall des Hinzuerwerbs einer Streubesitzbeteiligung erfolgt nach Auffassung der Finanzverwaltung kein Rückbezug gemäß § 8b Abs. 4 Satz 6 KStG, da ausweislich des Gesetzeswortlauts hierfür der Erwerb einer Beteiligung von mindestens 10 % erforderlich ist (ebenso BENZ/JETTER, DStR 2013, 489, 491; ERNST, DB 2014, 449, 451; a.A. HAISCH/HELIOS, DB 2013, 724, 726). Diese Auslegung hätte nun allerdings zur Folge, dass, obwohl zum Ausschüttungszeitpunkt u.U. tatsächlich eine Schachtelbeteiligung vorliegt, für die Zwecke der Besteuerung im Jahr des Hinzuerwerbs von einer Streubesitzbeteiligung ausgegangen und erst zum nächsten 01.01. die Schachtelbeteiligung als eine solche erkannt wird.

BEISPIEL 64

Die X-GmbH ist am 01.01.01 zu 9 % an der Y-GmbH beteiligt. Am 05.01.01 stockt sie ihre Beteiligung durch einen Hinzuerwerb von 2 % auf insgesamt 11 % auf. Am 30.06.01 erfolgt eine Gewinnausschüttung seitens der Y-GmbH.

Kein Rückbezug von Veräußerungen

Restriktive Auffassung der Finanzverwaltung zu unterjährigen Erwerben

Aufstockung von Streubesitz- zur Schachtelbeteiligung durch …

… Hinzuerwerb einer Streubesitzbeteiligung bzw. …

Da nicht mindestens 10 % erworben wurden, erfolgt kein Rückbezug gemäß § 8b Abs. 4 Satz 6 KStG, so dass für die Zwecke von § 8b Abs. 4 KStG unverändert von einer Streubesitzbeteiligung auszugehen ist. Obwohl zum Ausschüttungszeitpunkt tatsächlich eine Schachtelbeteiligung (11 %) vorliegt, wird gemäß § 8b Abs. 4 Satz 1 KStG die Steuerbefreiung versagt. ◀|

Mit dem Sinn und Zweck der Regelung des § 8b Abs. 4 KStG, Streubesitzbeteiligungen von der Steuerbefreiung des § 8b Abs. 1 KStG auszunehmen, ist dieses Ergebnis allerdings nicht zu vereinbaren (vgl. ADRIAN, GmbHR 2014, 407, 410). Die Nichtberücksichtigung der hinzuerworbenen Schachtelbeteiligung bei der Bemessung der Beteiligungshöhe im Jahr des Hinzuerwerbs lässt sich auch nicht mit der Überlegung rechtfertigen, man wolle etwaigen Gestaltungen entgegenwirken, die darauf abzielten, durch rechtzeitige unterjährige Hinzuerwerbe die 10 %-Grenze zu erreichen. Umgekehrt wird ein Schuh daraus, provoziert doch gerade die restriktive Auslegung des § 8b Abs. 4 Satz 6 KStG etwaige Gestaltungsüberlegungen: So müsste etwa nur die nach dem Hinzuerwerb bestehende Schachtelbeteiligung in einem Akt auf eine Schwestergesellschaft übertragen werden, um in den Genuss der Rückwirkungsregelung zu gelangen (vgl. SCHÖNFELD, DStR 2013, 937, 941). Hinzu kommt, dass die Nichtanwendung der Rückbezugsregelung auf den Hinzuerwerb von Streubesitz im Jahr des Hinzuerwerbs zu einer Inländerdiskriminierung führen kann (vgl. ERNST, DB 2014, 449, 451). Während sich eine EU-Kapitalgesellschaft, wenn sie zum Ausschüttungszeitpunkt eine Schachtelbeteiligung hält, auf die Freistellung nach § 43b EStG berufen kann – hier kommt es auf die Beteiligungshöhe zum Zuflusszeitpunkt der Kapitalerträge an –, wird der inländischen Kapitalgesellschaft die Steuerfreistellung gemäß § 8b Abs. 4 Satz 1 KStG versagt, weil hier auf den 01. 01. abgestellt und ein Rückbezug des Hinzuerwerbs von Seiten der Finanzverwaltung ausgeschlossen wird.

... einer Schachtelbeteiligung

Wird eine bestehende Streubesitzbeteiligung durch den Hinzuerwerb einer Schachtelbeteiligung aufgestockt, so ist für die hinzuerworbene Beteiligung unstreitig § 8b Abs. 4 Satz 6 KStG anwendbar, woraufhin deren Erwerb als zu Beginn des Kalenderjahres erfolgt gilt. Daraus ergibt sich u. E. unmittelbar, dass, auch weil lediglich eine einzige Beteiligung besteht, die sich aus der ursprünglichen Streubesitzbeteiligung und der hinzuerworbenen Quote zusammensetzt, auf die gesamte Beteiligung § 8b Abs. 4 Satz 1 KStG nicht anwendbar ist (vgl. BOLIK/ZÖLLER, DStR 2014, 782). Dies folgt nicht zuletzt aus der Überlegung, dass Selbiges zweifelsohne gelten würde, wenn der Hinzuerwerb tatsächlich zu Beginn des Kalenderjahrs erfolgt wäre. Bezieht man aber den tatsächlich späteren Erwerb auf eben diesen Zeitpunkt zurück, so kann die Rechtsfolge keine andere sein (im Ergebnis ebenso ADRIAN, GmbHR 2014, 407, 411; ERNST, DB 2014, 449, 451; PUNG in DPM, § 8b KStG Tz. 288). Die Finanzverwaltung vertritt indes die Auffassung, es sei eine gesplittete Betrachtung vorzunehmen: Insoweit als die Gewinnausschüttung gedanklich auf die hinzuerworbene Schachtelbeteiligung entfällt, sei § 8b Abs. 4 Satz 1 KStG nicht anwendbar, die Ausschüttung insoweit folglich steuerfrei, während für den Teil der Ausschüttung, der gedanklich der ursprünglichen Streubesitzbeteiligung zuzurechnen ist, die Steuerfreistellung zu versagen sei (ebenso HERLINGHAUS, FR 2013, 529, 534).

BEISPIEL 65

Die X-GmbH ist am 01.01.01 zu 9 % an der Y-GmbH beteiligt. Am 05.01.01 stockt sie ihre Beteiligung durch einen Hinzuerwerb von 10 % auf insgesamt 19 % auf. Am 30.06.01 erfolgt eine Gewinnausschüttung seitens der Y-GmbH.
Der Hinzuerwerb von 10 % gilt gemäß § 8b Abs. 4 Satz 6 KStG als zu Beginn des Kalenderjahres erfolgt. Richtigerweise ist daher die gesamte Gewinnausschüttung steuerfrei zu stellen. Nach Auffassung der Finanzverwaltung soll allerdings der auf die ursprüngliche Streubesitzbeteiligung entfallende Teil der Gewinnausschüttung nicht steuerfrei sein. ◀|

Besteht ursprünglich keine Beteiligung und werden während des Jahres mehrere Anteilserwerbe vorgenommen, so ist zu differenzieren: Werden bei einem der unterjährigen Erwerbe mindestens 10 % erworben, so gilt dieser Anteil als zu Beginn des Kalenderjahres erworben. Infolge dieses fingierten Bestehens einer Schachtelbeteiligung zu Beginn des Kalenderjahres sind die Gewinnausschüttungen auch insoweit steuerfrei, als sie gedanklich auf unterjährig erworbene Streubesitzanteile entfallen (vgl. ERNST, DB 2014, 449, 452). Zwar gilt für die hinzuerworbenen Streubesitzanteile kein Rückbezug nach § 8b Abs. 4 Satz 6 KStG (so aber wohl ADRIAN, GmbHR 2014, 407, 411), für die vorstehend beschriebene Steuerfreistellung der gesamten Gewinnausschüttung ist dies aber auch gar nicht erforderlich. Es genügt, dass zu Beginn des Kalenderjahres eine Beteiligung von mindestens 10 % besteht bzw., wie hier, deren Bestehen fingiert wird. Sodann ist § 8b Abs. 4 Satz 1 KStG tatbestandlich weder für die erworbene Schachtelbeteiligung noch für etwaige unterjährige Streubesitzerwerbe erfüllt. Gleichwohl will die Finanzverwaltung hier erneut abschichten und lediglich den Teil der Gewinnausschüttung, der gedanklich der erworbenen Schachtelbeteiligung zuzurechnen ist, bereits im Jahr des Beteiligungserwerbs steuerfrei stellen, während die auf die Streubesitzanteile entfallenden Dividendenanteile steuerpflichtig sein sollen. Erkennbar missversteht die Finanzverwaltung (erneut) die Wirkung der im Gesetz festgeschriebenen Fiktion, wonach ein unterjähriger Erwerb einer Streubesitzbeteiligung tatbestandlich dem tatsächlichen Vorhandensein einer solchen Beteiligung zu Beginn des Kalenderjahres gleichgestellt ist. Wenn aber, wie ausgeführt, bei tatsächlicher Existenz einer Schachtelbeteiligung am 01.01. die Steuerfreistellung unstreitig auch für Dividenden aus unterjährig hinzuerworbenem Streubesitz erhalten bleibt, so kann in der Rechtsfolge nichts anderes gelten, wenn die Existenz der Schachtelbeteiligung zum 01.01. lediglich fingiert wird.

> **Mehrere unterjährige Erwerbe, wobei auch eine Schachtelbeteiligung erworben wird …**

Bleibt noch die Frage, ob sich an dem vorstehenden Ergebnis etwas ändert, wenn zu Beginn keine Beteiligung besteht und anschließend in mehreren unterjährigen Erwerben Streubesitzanteile erworben werden, die in Summe eine Beteiligung von mindestens 10 % ergeben. Hier versagt die Finanzverwaltung die Anwendung von § 8b Abs. 4 Satz 6 KStG, da nicht in einem Erwerbsvorgang, sondern lediglich in mehreren Erwerben zusammengenommen mindestens 10 % erworben wurden (vgl. OFD Frankfurt/M. v. 02.12.2013, DStR 2014, 427, Beispiel 5). Im Schrifttum wird freilich mit guten Gründen vertreten, dass eine derartige Auslegung des Gesetzestextes keinesfalls zwingend sei. Vielmehr könne, auch weil am Ende eben stets nur eine Beteiligung vorliege, der Erwerb dieser einen Beteiligung gestaffelt durch mehrere Erwerbsvorgänge erfolgen. Folglich sei § 8b Abs. 4 Satz 6 KStG auch dann anwendbar, wenn die Zusammenrechnung mehrerer unterjähriger Einzelerwerbe

> **… bzw. nur Streubesitzanteile erworben werden**

insgesamt eine Beteiligungsquote von mindestens 10 % ergibt (vgl. ADRIAN, GmbHR 2014, 407, 409; BOLIK/ZÖLLER, DStR 2014, 782, 783).

Die vorstehenden Fallkonstellationen sind (leider) nicht abschließend; vielmehr sieht man sich einmal mehr einer ausufernden Kasuistik gegenüber. Bezüglich weiterer Fallkonstellationen sei auf die einschlägige Literatur verwiesen (vgl. PUNG in DPM, § 8b KStG Tz. 288; BEHRENS/RENNER/FALLER, DStZ 2014, 336).

1.5.4 Art der einzubeziehenden Beteiligungen

1.5.4.1 Einbezug von Eigenkapital-Genussrechten

Bei der Ermittlung der Beteiligungsquote i. S. v. § 8b Abs. 4 Satz 1 KStG ist nicht nur die Beteiligung am Grund- bzw. Stammkapital zu berücksichtigen, sondern ebenso sind Eigenkapital-Genussrechte i. S. v. § 8 Abs. 3 Satz 2 KStG einzubeziehen, nicht zuletzt, weil auch Ausschüttungen auf solche Genussrechte von § 8b Abs. 1 Satz 1 KStG erfasst werden und die Genussrechte selbst als Beteiligung i. S. v. § 8b Abs. 2 KStG anzusehen sind (vgl. HAISCH/HELIOS, DB 2013, 724, 725). Fraglich ist dabei allerdings, ob es durch den Einbezug der Genussrechte für die übrigen Gesellschafter zu einer Verwässerung ihrer Beteiligungsquote kommen kann (so PUNG in DPM, § 8b KStG Tz. 260; a.A. SCHÖNFELD, DStR 2013, 937, 942).

1.5.4.2 Einbezug von unmittelbaren und als unmittelbar fingierten Beteiligungen

Unmittelbare Beteiligung

Unabhängig davon werden in die Beteiligungsquote i. S. v. § 8b Abs. 4 Satz 1 KStG nur unmittelbare Beteiligungen einbezogen. Dies scheint die Schlussfolgerung nahezulegen, dass mittelbare Beteiligungen keinesfalls einzubeziehen sind. Doch ganz so einfach ist es dann doch nicht. Vielmehr ist zu unterscheiden, ob die mittelbare Beteiligung über eine Personen- oder Kapitalgesellschaft gehalten wird.

Mittelbare Beteiligung über Kapitalgesellschaft zählt nicht mit

Dabei gilt, dass mittelbare Beteiligungen, die eine Kapitalgesellschaft über andere Kapitalgesellschaften an der Zielgesellschaft hält, bei der Bemessung der Beteiligungsquote i. S. v. § 8b Abs. 4 Satz 1 KStG nicht mitgerechnet werden (vgl. PUNG in DPM, § 8b KStG Tz. 258). Diese Nichtberücksichtigung mittelbarer Beteiligungen kann mit dem Argument gerechtfertigt werden, dass auch nur der unmittelbar Beteiligte Bezüge i. S. v. § 8b Abs. 1 KStG beziehen kann (so HERLINGHAUS, FR 2013, 529, 534), woraufhin auch nur die diese Bezüge ermöglichende unmittelbare Beteiligung in die Prüfung der Anwendbarkeit der Steuerfreistellung einzuziehen sei. Dabei ist allerdings nicht zu verkennen, dass etwa bei der Bemessung der Beteiligungsquote i. S. v. § 8b Abs. 3 Satz 4 KStG durchaus unmittelbare und mittelbare Beteiligungen zusammengerechnet werden (siehe hierzu F III 1.2.2). Entscheidender ist u. E., dass im grenzüberschreitenden Fall der an der inländischen Kapitalgesellschaft beteiligten EU-Kapitalgesellschaft die Kapitalertragsteuerbefreiung gemäß § 43b EStG auch nur bei Bestehen einer unmittelbaren Beteiligung von mindestens 10 % gewährt wird, so dass der Einbezug mittelbarer Beteiligungen im reinen Inlandsfall europarechtlich fragwürdig gewesen wäre.

Anders bei Personengesellschaften

Wird die mittelbare Beteiligung hingegen über eine Personengesellschaft gehalten, so wäre es in Anbetracht der transparenten Besteuerung von Personengesellschaften nicht zu rechtfertigen, wenn man auch diese mittelbare Beteiligung bei der

Ermittlung der Beteiligungsquote i.S.v. § 8b Abs. 4 Satz 1 KStG unberücksichtigt ließe. Vielmehr folgt aus dem Umstand, dass die über die Personengesellschaft erzielten Einkünfte anteilig von deren Gesellschaftern zu versteuern sind, dass auch die für diese Besteuerung maßgebenden Merkmale auf Ebene der Personengesellschafter zu prüfen sind. Zwar besteht im Ergebnis letztlich kein Unterschied, gleichwohl ist bezüglich der Gesetzessystematik zu unterscheiden, ob es sich bei der betreffenden Personengesellschaft, die die Beteiligung an der Zielkapitalgesellschaft ihren Gesellschaftern vermittelt, um eine Mitunternehmerschaft oder eine vermögensverwaltende Personengesellschaft handelt.

Hält die Kapitalgesellschaft ihre Beteiligung an einer anderen Kapitalgesellschaft mittelbar über eine Mitunternehmerschaft, so ordnet § 8b Abs. 6 Satz 1 KStG die Geltung der Absätze 1 bis 5 für die dort genannten Bezüge, Gewinne und Gewinnminderungen an, die dem Steuerpflichtigen im Rahmen seines Gewinnanteils aus dieser Mitunternehmerschaft zugerechnet werden. Dies bedeutet, dass etwaige Gewinnausschüttungen, die die Mitunternehmerschaft aus ihrer Beteiligung an einer Kapitalgesellschaft bezieht, insoweit nach § 8b Abs. 1 KStG steuerfrei zu stellen sind, als sie auf eine an der Mitunternehmerschaft beteiligte Kapitalgesellschaft entfallen. Damit ist freilich noch nichts über die Zurechnung der von der Mitunternehmerschaft gehaltenen Beteiligung an der Zielgesellschaft auf die Gesellschafter der Personengesellschaft gesagt. Folgt man hier der h.M. und sieht § 39 Abs. 2 Nr. 2 AO, wonach eine anteilige Zurechnung der Wirtschaftsgüter der Personengesellschaft auf ihre Gesellschafter für die Zwecke der Besteuerung vorzunehmen ist, durch § 15 Abs. 1 Satz 1 Nr. 2 EStG verdrängt (hierzu NIEHUS/WILKE, Die Besteuerung der Personengesellschaften, 2013, 23 f.), so bedarf es für eine solche hier nun erwünschte Zurechnung einer gesonderten gesetzlichen Anordnung. Diese findet sich in § 8b Abs. 4 Satz 4 KStG. Danach sind die von der Mitunternehmerschaft gehaltenen Kapitalgesellschaftsbeteiligungen dem jeweiligen Mitunternehmer anteilig zuzurechnen. Durch den Verweis auf die sinngemäße Anwendung von § 15 Abs. 1 Satz 1 Nr. 2 Satz 2 EStG gilt diese Zurechnung auch, wenn die Beteiligung an der Kapitalgesellschaft nicht über eine, sondern durch eine mehrstöckige Mitunternehmerschaft vermittelt wird. Durch § 8b Abs. 4 Satz 4 KStG ist nun zwar die von der Mitunternehmerschaft gehaltene Beteiligung den Gesellschaftern zugerechnet worden, gleichwohl hat sie ihren Charakter einer mittelbaren Beteiligung dadurch (noch) nicht verloren, da unverändert die Personengesellschaft Eigentümerin der Beteiligung an der Kapitalgesellschaft ist. § 8b Abs. 4 Satz 5 KStG fingiert daher, dass eine solche dem Mitunternehmer zugerechnete mittelbare Beteiligung im Kontext des Abs. 4 als unmittelbare Beteiligung gilt (vgl. HECHTNER/SCHNITGER, Ubg 2013, 269, 273). Sollte die Kapitalgesellschaft ihre Beteiligung an einer anderen Kapitalgesellschaft in ihrem Sonderbetriebsvermögen bei einer Personengesellschaft halten, so ist ihr diese vollumfänglich zuzurechnen und stellt u.E. auch ohne Fiktion eine unmittelbare Beteiligung dar.

Beteiligung wird über Mitunternehmerschaft ...

BEISPIEL 66

Die M-GmbH ist zu 40% an der gewerblichen X-KG beteiligt, die eine 30%-ige Beteiligung an der T-GmbH hält. Zudem ist die M-GmbH unmittelbar zu 8% an der T-GmbH beteiligt.

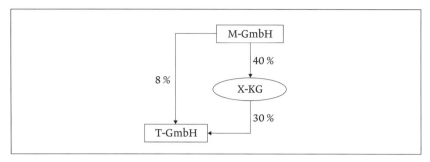

Gemäß § 8b Abs. 4 Satz 4 KStG ist die von der X-KG gehaltene Beteiligung an der T-GmbH anteilig der M-GmbH als Mitunternehmerin der X-KG zuzurechnen. Insoweit entfällt auf die M-GmbH durchgerechnet eine Beteiligung in i. H. v. $0,4 \times 0,3 \times 100 = 12\%$. Diese Beteiligung gilt gemäß § 8b Abs. 4 Satz 5 KStG als unmittelbare Beteiligung. Sie ist mit der tatsächlich bestehenden unmittelbaren Beteiligung i. H. v. 8% zusammenzurechnen, die die M-GmbH an der T-GmbH hält, so dass sich insgesamt eine unmittelbare Beteiligung i. H. v. 20% ergibt.

Für Ausschüttungen von der T-GmbH an die M-GmbH bleibt folglich die Steuerfreiheit nach § 8b Abs. 1 Satz 1 KStG erhalten. Dies gilt ebenso für Ausschüttungen seitens der T-GmbH an die X-KG, soweit diese im Zuge der einheitlichen und gesonderten Gewinnfeststellung auf Ebene der X-KG der M-GmbH zuzurechnen sind (§ 8b Abs. 6 Satz 1 i. V. m. § 8b Abs. 1 Satz 1 KStG). ◄

... bzw. über vermögensverwaltende Personengesellschaft gehalten

Wird die mittelbare Beteiligung über eine vermögensverwaltende Personengesellschaft gehalten, so gilt im Ergebnis nichts anderes. Hier ordnet allerdings bereits § 39 Abs. 2 Nr. 2 AO die anteilige Zurechnung der Beteiligung auf die Gesellschafter an, so dass eine gesonderte gesetzliche Anweisung hierzu nicht erforderlich ist.

1.5.4.3 Auswirkung von Umwandlungsvorgängen

Die Beteiligungsquote einer Kapitalgesellschaft an einer anderen Kapitalgesellschaft kann sich sowohl durch Umwandlungsvorgänge auf der Gesellschafterebene als auch durch Umwandlungsvorgänge auf der Gesellschaftsebene, mithin der unteren Ebene, verändern.

Umwandlung auf Gesellschafterebene

Für Umwandlungsvorgänge auf Ebene der Gesellschafter, hier also Kapitalgesellschaften, die eine Streu- oder Schachtelbeteiligung an einer anderen Kapitalgesellschaft halten, sieht § 8b Abs. 4 KStG keine besondere Regelung vor, so dass die allgemeinen umwandlungssteuerrechtlichen Regelungen Anwendung finden. Insbesondere gilt die Rückwirkungsfiktion des § 2 Abs. 1 Satz 1 UmwStG, die etwa bei einer Verschmelzung mit steuerlicher Rückwirkung zum 31. 12. des Vorjahres dazu führen kann, dass durch den Übergang einer von der übertragenden Kapitalgesellschaft gehaltenen Kapitalgesellschaftsbeteiligung auf die aufnehmende Kapitalgesellschaft für Letztere nunmehr zu Beginn des Kalenderjahres eine Schachtelbeteiligung anzunehmen ist (vgl. hierzu nachfolgendes Beispiel in Anlehnung an BENZ/JETTER, DStR 2013, 489, 491; SCHÖNFELD, DStR 2013, 937, 939 f.)

BEISPIEL 67

Sowohl die A-GmbH als auch die B-GmbH sind zu jeweils 7% an der T-GmbH beteiligt. Am 01. 06. 14 wird die A-GmbH auf die B-GmbH mit steuerlicher Rückwirkung zum 31. 12. des Vorjahres verschmolzen. Gemäß § 2 Abs. 1 Satz 1 UmwStG ist das Einkommen der übernehmenden B-GmbH so zu ermitteln, als ob das Vermögen der übertragenden A-GmbH mit Ablauf des steuerlichen Übertragungsstichtags (31.12.13) auf die B-GmbH übergegangen wäre. Dies hat zur Folge, dass auf Ebene der B-GmbH zu Beginn des Kalenderjahres (01.01.14) eine Schachtelbeteiligung in i.H.v. 14 % an der T-GmbH anzunehmen ist. Etwaige Gewinnausschüttungen auf diese Beteiligung seitens der T-GmbH sind, auch wenn sie zivilrechtlich ggf. noch durch die A-GmbH und die B-GmbH vereinnahmt wurden, steuerlich allein der B-GmbH zuzurechnen und bei dieser gemäß § 8b Abs. 1 Satz 1 KStG steuerfrei zu stellen. ◄|

Erfolgt hingegen die Verschmelzung, Aufspaltung oder Abspaltung auf der Gesellschaftsebene, so erwerben die Gesellschafter der umgewandelten Kapitalgesellschaft Anteile an der übernehmenden Kapitalgesellschaft, was dazu führen kann, dass sich, je nach Sachverhalt, ihre Beteiligungsquote erhöht oder aber vermindert. § 13 Abs. 2 Satz 2 UmwStG sieht dabei vor, dass die Anteile an der übernehmenden Kapitalgesellschaft steuerlich an die Stelle der Anteile an der übertragenden Kapitalgesellschaft treten, was bezüglich des § 8b Abs. 4 KStG zur Folge gehabt hätte, dass der Status der ursprünglichen Beteiligung als Streu- oder Schachtelbeteiligung insoweit konserviert worden wäre. Gemäß § 8b Abs. 4 Satz 2 KStG gilt für die Bemessung der Beteiligungsquote § 13 Abs. 2 Satz 2 UmwStG nun allerdings nicht. Für den Gesellschafter kann diese Nichtgeltung einerseits von Vorteil sein, wenn sich durch die Umwandlung der Kapitalgesellschaft seine Beteiligung von einer vorherigen Streu- in eine Schachtelbeteiligung verwandelt, was z.B. bei einer Aufspaltung der Fall sein kann, andererseits von Nachteil sein kann, wenn sich seine Beteiligungsquote durch die Umwandlung derart verringert, dass seine Beteiligung von einer vorherigen Schachtel- zu einer Streubesitzbeteiligung herabsinkt, was z.B. bei einer Verschmelzung der Fall sein kann (siehe hierzu die Beispiele bei BENZ/JETTER, DStR 2013, 489, 492). Im Ergebnis ist festzuhalten, dass die durch die Umwandlung auf Gesellschaftsebene entstandenen neuen Gesellschaftsanteile für die Bemessung der Beteiligungsquote i.S.v. § 8b Abs. 4 KStG aus sich selbst heraus zu beurteilen sind, folglich ohne Berücksichtigung des Status der vorherigen Anteile. Da diese neuen Anteile gemäß § 13 UmwStG als zum Zeitpunkt der Eintragung des betreffenden Umwandlungsvorgangs angeschafft gelten, ist allerdings ein Rückbezug dieser Anschaffung gemäß § 8b Abs. 4 Satz 6 KStG auf den Beginn des Kalenderjahres grundsätzlich möglich (vgl. WIESE/LAY, GmbHR 2013, 404, 413). Die Rückwirkungsregelung des § 2 UmwStG gilt hingegen für die Gesellschafterebene nicht (vgl. NEUMANN in R/H/vL, 2013, § 13 UmwStG Rz. 9c, 20).

Umwandlung auf Gesellschaftsebene

1.5.4.4 Keine Berücksichtigung von Organschaftsverhältnissen

Gemäß § 15 Satz 1 Nr. 2 Satz 1 KStG sind die Regelungen des § 8b Abs. 1 bis 6 KStG bei der Ermittlung des Einkommens der Organgesellschaft nicht anzuwenden. Folglich sind im Einkommen der Organgesellschaft, das dem Organträger zugerechnet wird, die Beteiligungserträge ungekürzt enthalten. Erst auf Ebene des Organträgers ist sodann, je nach Rechtsform, zu entscheiden, ob bezüglich der in dem zugerechneten Einkommen enthaltenen Beteiligungserträge § 8b Abs. 1 KStG bzw. das Teileinkünfteverfahren anzuwenden ist (siehe hierzu H III 4.2). Werden aber die Beteiligungserträge ohne vorherige Anwendung von § 8b KStG auf die Ebene des Organträgers geschleust, so legt dies den Schluss nahe, dass dann auch erst auf

Grundsätzlich Bruttomethode, aber ...

dessen Ebene zu prüfen wäre, ob es sich bei der jeweiligen Beteiligung um eine Streubesitz- oder Schachtelbeteiligung handelt. Bei der Ermittlung der Beteiligungsquote wären sodann sowohl die vom Organträger als auch die von der Organgesellschaft gehaltene Beteiligung zu berücksichtigen. Dafür spricht auch, dass gemäß § 15 Satz 1 Nr. 3 KStG für die Anwendung der Zinsschranke Organträger und Organgesellschaft als ein Betrieb gelten (vgl. HECHTNER/SCHNITGER, Ubg 2013, 269, 274; zur Zinsschranke und Organschaft siehe E VI 1).

... keine Zusammenrechnung der Beteiligungen von OG und OT

Der vorstehend befürworteten Zusammenbetrachtung der von Organgesellschaft und Organträger gehaltenen Beteiligungen für die Anwendung von § 8b Abs. 4 KStG erteilt der Gesetzgeber in § 15 Satz 1 Nr. 2 Satz 4 KStG indes eine Absage. Nach dieser Regelung sind vielmehr für die Ermittlung der Beteiligungsgrenze i.S.d. § 8b Abs. 4 KStG die Beteiligungen der Organgesellschaft und die Beteiligungen des Organträgers getrennt zu betrachten. Dies führt freilich zu dem merkwürdigen Ergebnis, dass, wenn z. B. Organträger und Organgesellschaft jeweils zu 5 % an derselben ausschüttenden Kapitalgesellschaft beteiligt sind, über die Zurechnungsregel nach § 15 Satz 1 Nr. 2 Satz 1 KStG zwar 10 % der Gewinnausschüttung beim Organträger ankommen und von diesem zu versteuern sind, die Steuerfreistellung nach § 8b Abs. 1 KStG gleichwohl nicht gewährt wird (vgl. WIESE/LAY, GmbHR 2013, 404, 407). Daraus folgt zugleich, dass, wenn entweder nur der Organträger oder nur die Organgesellschaft eine Beteiligung von mindestens 10 % an der ausschüttenden Kapitalgesellschaft hält, auf Ebene des Organträgers nur der Teil der Ausschüttung, der der Schachtelbeteiligung zuzurechnen ist, steuerfrei zu stellen wäre, während der auf den Streubesitz entfallende Teil steuerpflichtig wäre.

Fiskalische Gründe?

Da steuersystematische Gründe für die Abkehr von der Bruttomethode in Bezug auf § 8b Abs. 4 KStG in Organschaftsfällen nicht erkennbar sind, waren vermutlich fiskalische Gründe dafür ausschlaggebend (vgl. HECHTNER/SCHNITGER, Ubg 2013, 269, 274 Fn. 44).

1.5.4.5 Gestaltungsüberlegungen durch Vereinbarung einer Wertpapierleihe

Hochschleusen auf Schachtelbeteiligung durch Wertpapierleihe

Die Versagung der Steuerbefreiung für Streubesitzdividenden könnte zu der Überlegung verleiten, durch eine Wertpapierleihe kurzfristig zu Beginn des Kalenderjahres dafür zu sorgen, dass die bisherige Streubesitzbeteiligung durch Hinzurechnung der entliehenen Anteile in eine Schachtelbeteiligung hineinwächst, woraufhin etwaige Gewinnausschüttungen steuerfrei gestellt würden. Bei einem Wertpapierleihgeschäft werden Wertpapiere mit der Verpflichtung übereignet, dass der Entleiher nach Ablauf der vereinbarten Zeit dem Verleiher Papiere gleicher Art, Menge und Güte zurückgibt und für die Dauer der Leihe ein Entgelt entrichtet. Wirtschaftlicher und zivilrechtlicher Eigentümer wird dabei der Entleiher (vgl. OFD Frankfurt/M. v. 19.11.2013, DB 2014, 454).

BEISPIEL 68

Die Z-GmbH ist zu 5 % an der T-GmbH beteiligt. Zum 31.12.13 entleiht sie von der X-AG, die selbst zu 15 % an der T-GmbH beteiligt ist, eine Beteiligung im Umfang von 5 % an der T-GmbH, so dass die Z-GmbH nach Zusammenrechnung von ursprünglicher und entliehener Beteiligung am 01.01.14 über eine Beteiligung i.H.v. 10 % verfügt. Die Zusammenrechnung von ursprünglicher und entliehener Beteiligung auf Ebene der Z-GmbH würde dazu führen, dass etwaige Gewinnausschüttungen seitens der T-GmbH an die Z-GmbH steuerfrei nach § 8b Abs. 1 KStG wären, da die Beteiligung zu Beginn des Kalenderjahres mindestens 10 % betragen hatte. Nebenbei bemerkt: Auch die Ausschüttung von der Z-GmbH an die X-AG wäre steuerfrei, da die X-AG am 01.01.14 immer noch zu 10 % an der T-GmbH beteiligt war. ◀|

Um dieser Steuergestaltung entgegenzuwirken, ordnet nun § 8b Abs. 4 Satz 3 KStG an, dass Anteile, die eine Körperschaft an einen anderen mit der Vereinbarung einer Rückübertragung dieser oder gleichartiger Anteile überlässt, für die Ermittlung der Beteiligungsgrenze der überlassenden Körperschaft zugerechnet werden. Dabei ist zu beachten, dass durch die Regelung nur eine von der Realität abweichende Zurechnung der Anteile für die Zwecke der Bestimmung der Beteiligungsquote bewirkt wird, während die entsprechenden Beteiligungserträge unverändert gemäß § 20 Abs. 5 EStG dem zivilrechtlichen bzw. wirtschaftlichen Eigentümer, mithin der entleihenden Kapitalgesellschaft, zugerechnet werden (vgl. INTEMANN, BB 2013, 1239, 1242). Die personelle Zurechnung der Beteiligung zur Ermittlung der Beteiligungsquote unterscheidet sich insoweit folglich von der personellen Zurechnung der Beteiligungserträge (vgl. PUNG in DPM, § 8b KStG Tz. 276). Zur hier nicht zu diskutierenden Frage, ob die Regelung auch auf echte bzw. unechte Wertpapierpensionsgeschäfte anwendbar ist, siehe HAISCH/HELIOS, DB 2013, 724, 726 f.; PUNG in DPM, § 8b KStG Tz. 277).

§ 8b Abs. 4 Satz 3 KStG: Zurechnung der entliehenen Beteiligung zum Überlassenden

FORTSETZUNG BEISPIEL 68

Gemäß § 8b Abs. 4 Satz 3 KStG sind die Anteile für die Ermittlung der Beteiligungsquote nicht der Z-GmbH als Entleiher, sondern vielmehr dem Verleiher X-AG zuzurechnen. Folglich gilt für die entleihende Z-GmbH zum 01.01.14 lediglich eine Beteiligungsquote von 5 %, obwohl sie tatsächlich zu diesem Zeitpunkt i. H. v. 10 % beteiligt ist. ◀|

Im Ergebnis ist festzuhalten, dass durch die Vereinbarung einer Wertpapierleihe ein Hochschleusen einer beim Entleiher zuvor bestehenden Streubesitzbeteiligung auf eine Schachtelbeteiligung nicht möglich ist.

Zu beachten ist allerdings auch, dass § 8b Abs. 4 Satz 3 KStG nicht nur das Erlangen der für die Steuerbefreiung erforderlichen Beteiligungsgrenze beim Entleiher unterbindet, sondern es sogar zum Verlust einer ohne Wertpapierleihe möglicherweise bestehenden Steuerbefreiung nach § 8b Abs. 1 KStG kommen kann: Verfügt etwa eine Kapitalgesellschaft über eine Beteiligung von mindestens 10 % und überlässt sie diese Beteiligung an eine andere, zuvor nicht beteiligte Kapitalgesellschaft durch eine Wertpapierleihe, so kann sich das etwas unglückliche Ergebnis einstellen, dass die Ausschüttung, die ja vom Entleiher vereinnahmt wird, bei diesem nicht steuerbefreit ist, da gemäß § 8b Abs. 4 Satz 3 KStG die Beteiligung der verleihenden Kapitalgesellschaft zuzurechnen ist, so dass die entleihende Kapitalgesellschaft für die Ermittlung der Beteiligungsquote i. S. v. § 8b Abs. 4 KStG über eine Beteiligung im Umfang von 0 % verfügt (vgl. auch HECHTNER/SCHNITGER, Ubg 2013, 269, 272). Demgegenüber würde zwar die verleihende Kapitalgesellschaft infolge der Zurechnungsregel nach § 8b Abs. 4 Satz 3 KStG weiterhin als qualifiziert beteiligt gelten, allerdings fehlt es ihr insoweit an entsprechenden Beteiligungserträgen.

Gefahr des Verlusts der Steuerbefreiung

Bei Statusverbesserung der entliehenen Beteiligung gilt § 8b Abs. 10 KStG

Schließlich sei noch auf folgende Gestaltungsüberlegung hingewiesen, nach der eine Kapitalgesellschaft ihre Streubesitzbeteiligung, in dem Bewusstsein, dass etwaige Ausschüttungen bei ihr gemäß § 8b Abs. 4 Satz 1 KStG nicht steuerfrei sein werden, diese Beteiligung im Wege der Wertpapierleihe auf eine andere Kapitalgesellschaft überträgt, die bereits über eine entsprechende Schachtelbeteiligung verfügt. In diesem Fall würde die ausgeliehene Beteiligung zwar für die Ermittlung der Beteiligungsquote gemäß § 8b Abs. 4 Satz 3 KStG weiterhin der verleihenden Kapitalgesellschaft zugerechnet werden, die Erträge jedoch, wie ausgeführt, der entleihenden Kapitalgesellschaft. Und, da diese auch ohne die entliehenen Anteile bereits qualifiziert beteiligt war, würde folglich auch die Ausschüttung, die auf die entliehenen Anteile entfällt, steuerfrei gestellt werden. Gegen diese Statusverbesserung der Ausschüttung richtet sich § 8b Abs. 4 Satz 3 KStG erkennbar nicht, vielmehr hat der Gesetzgeber diesbezüglich § 8b Abs. 10 KStG in Stellung gebracht (siehe hierzu F III 4).

1.5.5 Steuersystematische Beurteilung

Aus steuersystematischer Perspektive ist § 8b Abs. 4 KStG aus mehreren Gründen als verfehlt zu beurteilen:

Systembruch führt zu Kaskadeneffekt

Vergegenwärtigt man sich, dass § 8b Abs. 1 Satz 1 KStG zutreffend mit der Zielsetzung begründet wurde, auf der Kapitalgesellschaftsebene eine kumulative Mehrfachbelastung mit Körperschaftsteuer (Kaskadeneffekt) durch eine Freistellung der Beteiligungserträge beim Ausschüttungsempfänger zu verhindern (siehe hierzu F I), so ist festzuhalten, dass es durch die Abschaltung der Steuerbefreiung in den Fällen der Streubesitzbeteiligung unweigerlich zu einem solchen Kaskadeneffekt und damit zugleich zu einer systematischen und ungerechtfertigten Benachteiligung von Beteiligungsketten gegenüber der unmittelbaren Beteiligung kommt. Dies kann auch nicht mit dem Argument gerechtfertigt werden, dass europarechtlich eine Versagung der Steuerbefreiung bei Streubesitz geboten sei, um eine Gleichbehandlung des reinen Inlandsfalls mit dem grenzüberschreitenden Fall zu erreichen. Vielmehr zeigt der Entstehungsprozess des Gesetzes, dass mit der Gewährung eines Erstattungsanspruchs bezüglich der einbehaltenen Kapitalertragsteuer für beschränkt steuerpflichtige Kapitalgesellschaften durchaus auch eine Gleichstellung im steuersystematisch Richtigen hätte erreicht werden können, aus fiskalischen Gründen jedoch nicht erfolgt ist (vgl. zur Gesetzeshistorie HECHTNER/SCHNITGER, Ubg 2013, 269, 270 f.). Weder fiskalische Gründe noch der im Gesetzgebungsverfahren vorgebrachte Hinweis, bei Streubesitzanteilen fehlte es an einem betrieblichen Engagement, taugen zur Rechtfertigung von § 8b Abs. 4 KStG (vgl. INTEMANN, BB 2013, 1239, 1240; zweifelnd HERLINGHAUS, FR 2013, 529, 533). Letztlich ist zu konstatieren, dass der Gesetzgeber ohne Rechtfertigung die eine Ungleichbehandlung durch eine andere ersetzt hat, indem nunmehr mehrstufige Beteiligungsstrukturen gegenüber unmittelbaren Beteiligungen benachteiligt werden. § 8b Abs. 4 KStG verstößt folglich nicht nur gegen den systemtragenden Grundgedanken von § 8b KStG und damit gegen das verfassungsrechtliche Gebot der Folgerichtigkeit (vgl. INTEMANN, BB 2013, 1239, 1240), sondern zugleich gegen den Gleichbehandlungsgrundsatz und gegen das Leistungsfähigkeitsprinzip (vgl. HERLINGHAUS, FR 2013, 529, 533). Ob all dies vom BVerfG eines Tages ebenso beurteilt wird, ist naturgemäß nicht vorherzusagen, fehlt doch bis dato eine Entscheidung zu vergleichbaren Sachverhalten. Zwar hat das BVerfG (v. 12.10.2010 – 1 BvL 12/07, DStR 2010, 2393) § 8b Abs. 5 KStG, wonach über die Hinzurechnung als nicht abziehbare Betriebsausgaben im Ergebnis 5 % der Ausschüttung der Besteuerung unterliegen, im Fall einer unmittelbaren Beteiligung als verfassungsgemäß angesehen, jedoch die Beurteilung für den Fall eines Kaskadeneffekts bezüglich dieser 5 % bei mehrstufigen Beteiligungsstrukturen explizit offengelassen (siehe hierzu F II 3.1.2.1).

Zudem ist fraglich, ob durch § 8b Abs. 4 KStG tatsächlich eine europarechtskonforme Dividendenbesteuerung erreicht worden ist (vgl. hierzu HERLINGHAUS, FR 2013, 529, 532; WIESE/LAY, GmbHR 2013, 404, 408). Dies liegt insbesondere daran, dass im reinen Inlandsfall die mit den Streubesitzdividenden im Zusammenhang stehenden Betriebsausgaben im Veranlagungsverfahren berücksichtigt werden, während es der ausländischen Kapitalgesellschaft ohne inländische Betriebstätte mangels Veranlagung an einer solchen Möglichkeit zur Geltendmachung ihrer Betriebsausgaben, die mit der jeweiligen Dividende im Zusammenhang stehen, fehlt. Wird aber im Inlandsfall die Nettodividende, im grenzüberschreitenden Fall jedoch die Bruttodividende besteuert, so stellt dies offenkundig eine Ungleichbehandlung dar. In anderem Zusammenhang hat der EuGH in der Rs. *Gerritse* (v. 12.06.2003 – C-234/01, DStR 2003, 1112) bereits entschieden, dass eine Regelung, nach der in der Regel bei Gebietsfremden die Bruttoeinkünfte, ohne Abzug der Betriebsausgaben, besteuert werden, während bei Gebietsansässigen die Nettoeinkünfte, nach Abzug der Betriebsausgaben, besteuert werden, mit dem Europarecht nicht zu vereinbaren sei. Vor diesem Hintergrund erscheint § 8b Abs. 4 KStG europarechtlich fragwürdig.

Bruttobesteuerung europarechtlich fragwürdig

Aus steuersystematischer Sicht muss ebenso verwundern, dass der Gesetzgeber zwar die Steuerbefreiung für Bezüge aus Streubesitzbeteiligungen beseitigt hat, jedoch Gewinne aus der Veräußerung solcher Anteile nach wie vor gemäß § 8b Abs. 2 KStG als steuerfrei qualifiziert (vgl. INTEMANN, FR 2013, 1239, 1242). Auf den ersten Blick legt dies die Gestaltungsüberlegung nahe, fortan auf Gewinnausschüttungen zu verzichten, sondern vielmehr die Gewinne zu thesaurieren und sodann in Form von Gewinnen aus der Veräußerung der im Wert gestiegenen Anteile zu realisieren. Überschätzen darf man dieses Gestaltungspotential gleichwohl nicht, vermag doch der Streubesitzbeteiligte in der Regel nur wenig Einfluss auf die Ausschüttungspolitik der Gesellschaft zu nehmen (vgl. DESENS, Beihefter DStR 2013, 13, 14). Zu beachten ist zudem, dass die Bundesregierung angekündigt hat, die Folgen der ungleichen Behandlung von Ausschüttungen einerseits und Veräußerungsgewinnen andererseits im Hinblick auf das Gestaltungspotential zu beobachten und die künftige Behandlung von Veräußerungsgewinnen erneut aufgreifen zu wollen (vgl. BT-Plenarprotokoll 17/225, 28160).

Veräußerungsgewinne aus Streubesitz bleiben steuerfrei

Und schließlich ist eine fehlende Abstimmung zwischen § 8b Abs. 4 KStG mit den gewerbesteuerlichen Regelungen zur Dividendenbesteuerung zu beklagen. Wesentliche Unterschiede sind dabei insbesondere die unterschiedlichen Beteiligungsgrenzen, die zu einer Schachtelbeteiligung qualifizieren, sowie die unterschiedlichen Zeitpunkte bzw. Zeiträume, zu bzw. in denen die entsprechende Beteiligungsgrenze bestehen muss (siehe hierzu F II 4).

Fehlende Abstimmung mit dem GewStG

2 Steuerfreistellung von Veräußerungsgewinnen (§ 8b Abs. 2 KStG)

2.1 Rechtfertigung der Befreiung

Anteilsveräußerung wirkt für Anteilseigner wie Vollausschüttung

Steuersystematisch folgerichtig hat der Gesetzgeber die Steuerbefreiung nicht auf Dividenden und vergleichbare Bezüge beschränkt, sondern gemäß § 8b Abs. 2 KStG auch Gewinne aus der Veräußerung von Anteilen an Körperschaften mit einbezogen. Dieser Einbezug auch aperiodischer Beteiligungserträge basiert auf der Überlegung, dass der mit Körperschaftsteuer vorbelastete Gewinn einer Kapitalgesellschaft auf zweierlei Arten auf die Ebene des Anteilseigners gelangen kann: Einerseits kann die Kapitalgesellschaft den Gewinn ausschütten, andererseits kann der Anteilseigner idealtypisch denselben Betrag durch Veräußerung seiner Beteiligung realisieren, wird doch ein potentieller Erwerber bereit sein, ihm die einbehaltenen Gewinne in Form eines erhöhten Kaufpreises zu vergüten. Da für den Anteilseigner insoweit kein Unterschied zwischen Anteilsveräußerung einerseits und Vollausschüttung andererseits besteht, ist es konsequent, beide Sachverhalte auch hinsichtlich der Steuerfreistellung gleich zu behandeln.

Steuerbefreiung auch, wenn (noch) keine KSt-Vorbelastung besteht

Allerdings differenziert die Steuerfreistellung nach § 8b Abs. 2 KStG nicht danach, ob mit dem Kaufpreis einbehaltene und folglich im Zeitpunkt der Anteilsveräußerung bereits mit Körperschaftsteuer vorbelastete Gewinne oder (auch) zukünftige Ertragsaussichten (stille Reserven, Geschäftswert) und damit bis dato körperschaftsteuerlich noch unbelastete Werte vergütet werden. Idealtypisch basiert diese Gleichbehandlung auf der Überlegung, die Körperschaftsteuerbelastung der im Zeitpunkt der Anteilsveräußerung auf Ebene der veräußerten Kapitalgesellschaft vorhandenen Ertragsaussichten werde bei deren tatsächlicher Verwirklichung nachgeholt, so dass die Steuerbefreiung auf Anteilseignerebene der Körperschaftsteuerbelastung lediglich vorauseile. Ob die Gewährung der Steuerbefreiung bei (noch) nicht verwirklichter körperschaftsteuerlicher Vorbelastung steuersystematisch gerechtfertigt ist, ist allerdings umstritten (vgl. HEY in Tipke/Lang, 2013, § 11 Rz. 14 m. w. N.).

2.2 Ermittlung des Veräußerungsgewinns

Begriff der Veräußerung

Tatbestandlich setzt § 8b Abs. 2 KStG die Veräußerung von Anteilen an Kapitalgesellschaften voraus. Als Veräußerung ist dabei jede entgeltliche Übertragung des rechtlichen oder wirtschaftlichen Eigentums zu verstehen (vgl. BFH v. 21. 10. 1999 – I R 43, 44/98, DStR 2000, 374 zu § 17 EStG). Entgeltlichkeit ist gegeben, wenn die Anteilsübertragung gegen Erhalt einer Gegenleistung in wirtschaftlicher Hinsicht erfolgt, wie es bei Vorliegen eines Kauf- oder Tauschvertrags regelmäßig der Fall ist (vgl. GOSCH, 2009, § 8b KStG Rz. 182 f.).

Veräußerungsgewinn

Veräußerungsgewinn ist gemäß § 8b Abs. 2 Satz 2 KStG der Betrag, um den der Veräußerungspreis oder der (etwa im Fall der verdeckten Einlage) an dessen Stelle tretende Wert nach Abzug der Veräußerungskosten den Buchwert der veräußerten Anteile übersteigt (zur steuersystematisch fragwürdigen Berücksichtigung der Veräußerungskosten siehe F II 3.1.3.2).

Sollte es zu nachträglichen Kaufpreisminderungen oder -erhöhungen oder auch zu einem (ggf. teilweisen) Ausfall der Kaufpreisforderung kommen, so stellt sich zunächst einmal die Frage, ob diese nachträglichen Ereignisse für die Bemessung des Veräußerungsgewinns, der außerbilanziell steuerfrei zu stellen ist, auf das Jahr der Veräußerung zurückwirken. Der BFH (v. 22.12.2010 – I R 58/10, BFH/NV 2011, 711; v. 12.03.2014 – I R 55/13, BFH/NV 2014, 1329) hat dies bejaht und beurteilt die späteren Wertveränderungen als rückwirkendes Ereignis, woraufhin die damalige außerbilanzielle Steuerfreistellung des Veräußerungsgewinns entsprechend zu korrigieren sei (ebenso BMF v. 13.03.2008, BStBl. I 2008, 506). Dem ist zu folgen, wenn die nachfolgende Erhöhung bzw. Verminderung des Kaufpreises auf Umständen beruht, die bereits im Kaufvertrag selbst angelegt waren, so etwa bei Vereinbarung einer Kaufpreisanpassungsklausel. Im Fall eines Ausfalls der Kaufpreisforderung erscheint ein solcher Rückbezug indes fraglich. Hier sprechen u.E. gute Gründe dafür, die Forderung zum Zeitpunkt ihres Ausfalls steuerwirksam auszubuchen und zugleich die vormalige Steuerbefreiung des Veräußerungsgewinns unangetastet zu lassen (so DÜLL/KNÖDLER, DStR 2008, 1665, 1666). Dies scheint auf den ersten Blick zwar eine Art Doppelbegünstigung des Steuerpflichtigen zu bewirken (Steuerfreiheit des Veräußerungsgewinns einerseits, Aufwandswirksamkeit des Forderungsausfalls andererseits), allerdings negiert der von Seiten des BFH und Finanzverwaltung befürwortete Rückbezug des Forderungsausfalls das tatsächliche wirtschaftliche Geschehen, das eben durch die Veräußerung der Anteile und den nachfolgenden Ausfall der Forderung gekennzeichnet ist. Bezieht man den Forderungsausfall zurück, so wird der Steuerpflichtige für die Befreiungsvorschrift des § 8b Abs. 2 KStG letztlich so behandelt, als sei das Veräußerungsgeschäft nie erfolgt, sondern statt dessen die Beteiligung schlicht untergegangen. Zudem wird negiert, dass es sich bilanzrechtlich bei der Forderung um ein Wirtschaftsgut handelt, das losgelöst von der vorherigen Beteiligung besteht, und als ein solches einzeln zu bewerten ist.

Geht man gleichwohl nachfolgend einmal von einem Rückbezug späterer Wertveränderungen der Kaufpreisforderung auf das Jahr der Veräußerung für die Anwendung des § 8b KStG aus, so stellt sich hinzukommend die Frage, ob dies ebenso für den durch die Änderung der Kaufpreisforderung bewirkten steuerbilanziellen Aufwand bzw. Ertrag gilt. Es erscheint geboten, hier beide Änderungen, d.h. sowohl die Korrektur der Freistellung nach § 8b Abs. 2 KStG als auch des bilanziellen Ergebnisses, rückwirkend vorzunehmen, da es andernfalls zu interperiodischen Verwerfungen im Einkommensausweis kommen würde (vgl. HAHNE, DStR 2011, 955, 957 f.; PUNG in DPM, § 8b KStG Tz. 112; BFH v. 12.03.2014 – I R 55/13, BFH/NV 2014, 1329; a.A. BMF v. 13.03.2008, BStBl. I 2008, 506).

Nachträgliche Kaufpreisänderungen können zu einer Korrektur der Steuerfreistellung und …

… dann auch des bilanziellen Ergebnisses führen

BEISPIEL 69

Die Z-GmbH veräußert in 01 ihre Beteiligung an der X-GmbH, deren Buchwert 100 beträgt, für 200. Folglich erhöht sich der Steuerbilanzgewinn um 100, dieser ist außerbilanziell jedoch gemäß § 8b Abs. 2 KStG um 100 zu kürzen, so dass sich ein zu versteuerndes Einkommen von 0 ergibt. § 8b Abs. 3 KStG sei hier aus Vereinfachungsgründen vernachlässigt. In 02 ergibt sich aufgrund einer Kaufpreisanpassungsklausel eine Erhöhung des Kaufpreises um 20 auf 120. Die Steuerfreistellung dieser 20 wird rückwirkend in 01 vorgenommen, woraufhin sich ein z. v. E. in 01 von ./. 20 ergibt. Wird nunmehr ebenso der Ertrag aus der Kaufpreiserhöhung (ebenfalls außerbilanziell) nach 01 zurückbezogen, so erhöht sich in 01 der Gewinn lt. Steuerbilanz um 20 und es ergibt sich (wieder) ein zutreffendes z. v. E. in 01 von 0. Würde man hingegen den Ertrag aus der Kaufpreiserhöhung bilanziell erst in 02 berücksichtigen, so würde in 01 ein z. v. E. von ./. 20 und in 02 von +20 ausgewiesen. In der Totalperiode würde dies zwar den richtigen Wert von 0 ergeben, gleichwohl könnte es zu Ungereimtheiten kommen, wenn etwa der Verlust aus 01 infolge eines schädlichen Anteilserwerbs i. S. v. § 8c KStG untergehen würde. Insofern spricht vieles für eine zeitliche Korrespondenz der beider Korrekturmaßnahmen. ◂|

2.3 Veräußerer i. S. d. § 8b Abs. 2 KStG

Umfang der persön-lichen Steuerpflicht unerheblich

Veräußerer i. S. v. § 8b Abs. 2 KStG sind grundsätzlich alle Kapitalgesellschaften, wobei es nicht darauf ankommt, ob sie unbeschränkt oder beschränkt körperschaftsteuerpflichtig sind. Folglich sind auch die in einer inländischen Betriebstätte einer beschränkt steuerpflichtigen Kapitalgesellschaft anfallenden Veräußerungsgewinne i. S. v. § 8b Abs. 2 KStG steuerfrei zu stellen, mit denen diese inländische Einkünfte i. S. v. § 49 Abs. 1 Nr. 2 Buchst. a EStG erzielt. Die Steuerbefreiung nach § 8b Abs. 2 KStG ist allerdings nicht an die Existenz von inländischem Betriebsvermögen gebunden, sondern gilt auch dann, wenn ohne ein solches aus der Beteiligungsveräußerung inländische Einkünfte gemäß § 49 Abs. 1 Nr. 2 Buchst. e EStG resultieren (vgl. BMF v. 28.04.2003, BStBl. I 2003, 292 Tz. 13). Diesbezüglich ist jedoch zu beachten, dass die meisten deutschen DBA in letzteren Fällen das Besteuerungsrecht dem Ansässigkeitsstaat des Anteilseigners zuweisen, so dass eine Besteuerung in Deutschland letztlich nicht erfolgt (vgl. HENKEL in Mössner, Steuerrecht international tätiger Unternehmen, 2012, 9.74). Wohl auch deshalb ist ein Kapitalertragsteuerabzug bei Einkünften i. S. v. § 49 Abs. 1 Nr. 2 Buchst. e EStG nicht vorzunehmen (vgl. BMF v. 22.12.2009, BStBl. I 2010, 94 Rz. 315; SCHÖNFELD, IStR 2007, 850, 851). Insofern reduziert sich die Frage nach der Anwendbarkeit und den Auswirkungen von § 8b KStG bei beschränkt Steuerpflichtigen ohne inländische Betriebstätte auf solche Fälle, in denen kein DBA bzw. ein DBA besteht, das, entgegen der Regel, Deutschland das Besteuerungsrecht zuweist.

BEISPIEL 70 ▬▬▬▬▬▬▬▬▬▬▬▬▬▬▬▬▬▬▬▬▬▬▬

Die in einem Nicht-DBA-Staat ansässige Kapitalgesellschaft X, welche über keine inländische Betriebstätte verfügt, veräußert ihre 10 %ige Beteiligung an der im Inland ansässigen Z-AG und erzielt dabei einen Veräußerungsgewinn i. H. v. 100.
Gemäß § 2 Nr. 1 KStG i. V. m. § 49 Abs. 1 Nr. 2 Buchst. e EStG ist die Kapitalgesellschaft X im Inland beschränkt steuerpflichtig. Der von ihr erzielte Veräußerungsgewinn i. H. v. 100 ist gemäß § 8b Abs. 2 KStG steuerfrei. Ob diesbezüglich § 8b Abs. 3 KStG gilt, wonach 5 % als nicht abziehbare Betriebsausgaben anzusetzen wären, woraufhin sich die Befreiung auf 95 % reduziert, ist allerdings umstritten (dies bejahend PUNG in DPM, § 8b KStG Tz. 178; a.A. NITZSCHKE, IStR 2012, 125; GOSCH in Kirchhoff, 2014, EStG § 49 Rn. 35b). ◂|

2.4 Erfasste Veräußerungen und veräußerungsgleiche Tatbestände

Korrespondenz zu § 8b Abs. 1 KStG

In sachlicher Hinsicht umfasst § 8b Abs. 2 KStG die Gewinne aus der Veräußerung eines Anteils an einer inländischen oder ausländischen Körperschaft oder Personenvereinigung, deren Leistungen beim Empfänger zu Einnahmen i. S. d. § 20 Abs. 1 Nr. 1, 2, 9 und 10 Buchst. a EStG gehören. Damit werden all diejenigen Vermögensmehrungen befreit, die, wenn sie im Wege der Ausschüttung realisiert worden wären, gemäß § 8b Abs. 1 KStG ebenfalls steuerfrei gestellt würden. Insoweit korrespondiert § 8b Abs. 2 KStG in Anbetracht der wirtschaftlichen Vergleichbarkeit der Sachverhalte zutreffend mit der Regelung des § 8b Abs. 1 KStG. Einschränkungen, wie etwa Mindestbesitzzeiten, Mindestbeteiligungsquoten oder Aktivitätsvorbehalte, sieht das Gesetz nicht vor (vgl. GOSCH, 2009, § 8b KStG Rz. 161). Diese Korrespondenz hat der Gesetzgeber indes durch die Abschaltung der Steuerfreistellung für Streubesitzdividenden durch § 8b Abs. 4 KStG (vorerst) aufgegeben. Während die Freistellung für Ausschüttungen eine Mindestbeteiligungsquote von 10 % erfordert, gilt eine solche im Fall der Anteilsveräußerung (noch) nicht. Zwar verwundert dieser Bruch der Korrespondenz in steuersystematischer Hinsicht, dabei ist allerdings nicht zu übersehen, dass die innerhalb der Binnenlogik des § 8b KStG systemfremde Versagung der Steuerfreistellung für Streubesitzdividenden den wirklichen Fehlgriff des Gesetzgebers darstellt. Vor diesem Hintergrund ist die Beibehaltung der Freistellung von Veräußerungsgewinnen auch im Fall von Streubesitzanteilen »nur« als inkonsequente Umsetzung einer an sich inkonsequenten Regelung (§ 8b Abs. 4 KStG) zu beurteilen (siehe hierzu F II 1.5).

§ 8b Abs. 2 KStG erfasst auch solche Einkommenserhöhungen, die aus der **vGA** außerbilanziellen Hinzurechnung verdeckter Gewinnausschüttungen im Zusammenhang mit der Übertragung von Anteilen resultieren. (h.M. vgl. BMF v. 28.04.2003, BStBl. I 2003, 292 Tz. 21; SCHNITGER in Schnitger/Fehrenbacher, § 8b KStG Rn. 316; BFH v. 06.07.2000 – I B 34/00, BStBl. II 2002, 490; FG Hessen v. 17.05.2011, EFG 2012, 75). Die Ermittlung der verdeckten Gewinnausschüttung geht der Anwendung des § 8b KStG vor, so dass die Berücksichtigung der vGA auf Ebene der diese gewährenden Kapitalgesellschaft nicht mit dem Argument unterlassen werden kann, infolge der sich aus § 8b Abs. 2 KStG ergebenden Steuerbefreiung würde sich die aufgrund der vGA vorgenommene Einkommenserhöhung ohnehin nicht auswirken. Vielmehr sind zunächst separat die Rechtsfolgen der vGA zu ziehen und sodann ist § 8b KStG anzuwenden. Ist der Empfänger der vGA ebenfalls eine Kapitalgesellschaft, so ist bei dieser die vGA gemäß § 8b Abs. 1 KStG steuerfrei zu stellen, es sei denn, § 8b Abs. 4 KStG steht dem entgegen.

BEISPIEL 71

Die Tochtergesellschaft T-GmbH veräußert Anteile an der E-GmbH (Buchwert 100, Teilwert 1.000) für 500 an ihre zu 100 % beteiligte Muttergesellschaft M-AG.
Auf Ebene der T-GmbH liegt wegen der Unterpreislieferung eine vGA (durch das Gesellschaftsverhältnis veranlasste verhinderte Vermögensmehrung) i.H.v. 500 vor. Das bisherige steuerbilanzielle Ergebnis der T-GmbH aus der Veräußerung der Anteile von 400 (= Veräußerungspreis 500 ./. Buchwert 100) ist außerbilanziell zunächst um den Betrag der vGA um 500 auf 900 zu erhöhen und sodann gemäß § 8b Abs. 2 KStG um die gesamte aus der Veräußerung resultierende Einkommenserhöhung i.H.v. 900 auf 0 zu vermindern. § 8b Abs. 3 Satz 1 KStG ist zu beachten.
Auf Ebene der M-AG ist ein Beteiligungsertrag i.S.v. § 20 Abs. 1 Nr. 1 Satz 2 EStG i.H.v. 500 zu berücksichtigen, welcher gemäß § 8b Abs. 1 KStG steuerfrei ist. § 8b Abs. 5 KStG ist zu beachten. Die Anschaffungskosten der M-AG für die Anteile an der E-GmbH belaufen sich insgesamt auf 1.000. ◄|

Steuerlich befreit nach § 8b Abs. 2 KStG sind zudem Übertragungsgewinne, zu denen **Umwandlungs-** es bei Verschmelzung, Spaltung oder dem Formwechsel von Kapitalgesellschaften **und Übertragungs-** durch den Ansatz zum gemeinen Wert oder eines Zwischenwertes kommen kann, **vorgänge** soweit diese auf Beteiligungen i.S.v. § 8b Abs. 2 KStG entfallen (vgl. PUNG in DPM, § 8b KStG Tz. 135). Gemäß § 4 Abs. 7 Satz 1 UmwStG gilt § 8b Abs. 2 KStG auch für einen sich bei der Verschmelzung einer Körperschaft auf eine Personengesellschaft ergebenden Übernahmegewinn, soweit dieser auf eine Kapitalgesellschaft entfällt.

Ebenfalls von § 8b Abs. 2 KStG erfasst werden Übertragungsgewinne, die eine Kapitalgesellschaft durch Einbringung eines Betriebs, Teilbetriebs oder Mitunternehmeranteils in eine Personengesellschaft nach § 24 UmwStG zu einem über dem Buchwert liegenden Wert erzielt, soweit diese Realisierung stiller Reserven auf mit der jeweiligen Sachgesamtheit eingebrachte Anteile i.S.v. § 8b Abs. 2 KStG zurückzuführen ist (vgl. SCHMITT in S/H/S, 2013, § 24 UmwStG Rz. 254). Und schließlich muss die Steuerbefreiung auch dann gelten, wenn eine Kapitalgesellschaft Anteile i.S.v. § 8b Abs. 2 KStG zunächst steuerneutral gemäß § 6 Abs. 5 Satz 3 EStG auf eine Personengesellschaft überträgt, infolge einer der Missbrauchsabwehrregelungen des § 6 Abs. 5 Satz 4 bis 6 EStG jedoch (anteilig) die Übertragung zum Teilwert zu bewerten ist und insoweit stille Reserven aufgedeckt werden (vgl. zu den Missbrauchsabwehrregelungen NIEHUS/WILKE, Die Besteuerung der Personengesellschaften, 2013, 202 ff.). Dies ist allerdings insoweit fraglich, als die ursprüngliche Übertragung auf die Personengesellschaft unentgeltlich erfolgt ist, da es in diesem Fall an der für § 8b Abs. 2 KStG erforderlichen entgeltlichen Veräußerung fehlt. Steuersystematisch erscheint u.E. auch hier die Anwendung von § 8b Abs. 2 KStG gerechtfertigt (vgl. PUNG in DPM, § 8b KStG Tz. 138; a.A. GOSCH, 2009, § 8b KStG Rz. 183).

Weitere Sachverhalte

Die Steuerbefreiung gilt auch für Gewinne, die

- aus der Auflösung der Körperschaft oder Herabsetzung des Nennkapitals der Körperschaft, an welcher die Kapitalgesellschaft beteiligt ist, resultieren (§ 8b Abs. 2 Satz 3 KStG). Dies ergänzt insoweit die Regelung des § 8b Abs. 1 KStG, welche diejenigen Bestandteile der Liquidationsraten befreit, die nicht in der Rückzahlung von Nennkapital (mit Ausnahme des Nennkapitals i.S.d. § 28 Abs. 2 Satz 2 KStG) bestehen und nicht aus dem Bestand des steuerlichen Einlagekontos i.S.d. § 27 KStG entstammen (siehe F II 1.3);
- aus laufenden, d.h. ohne das Vorliegen einer Liquidation oder Kapitalherabsetzung erfolgenden Kapitalrückzahlungen resultieren, die aus dem steuerlichen Einlagekonto finanziert werden (siehe ausführlich F II 1.3);
- sich infolge von Wertaufholungen i.S.d. § 6 Abs. 1 Nr. 2 Satz 3 EStG ergeben (§ 8b Abs. 2 Satz 3 KStG). Dabei handelt es sich um Zuschreibungen auf Anteile an Kapitalgesellschaften nach deren vorheriger Teilwertabschreibung, vorausgesetzt, diese hatte sich nicht gewinnmindernd ausgewirkt (siehe F II 2.5.1);
- ein unter § 8b KStG fallender Organträger erzielt, wenn er die Beteiligung an einer Organgesellschaft verkauft, so explizit § 8b Abs. 2 Satz 1 HS 2 KStG (siehe auch H III 4.1.2);
- durch Veräußerung von Genussrechten i.S.v. § 8 Abs. 3 Satz 2 KStG erzielt werden (vgl. BMF v. 28.04.2003, BStBl. II 2003, 292 Tz. 24), weil diese, da mit ihnen eine Beteiligung am Gewinn und am Liquidationserlös der Kapitalgesellschaft verbunden ist, beteiligungsähnlich sind.

Kein Einbezug von Bezugsrechten und Optionsprämien

Hingegen soll nach Auffassung des BFH sowie der Finanzverwaltung die Steuerbefreiung des § 8b Abs. 2 KStG nicht für den Gewinn aus der Veräußerung von Bezugsrechten gelten (vgl. BFH v. 23.01.2008 – I R 101/06, BStBl. II 2008, 719; v. 06.03.2013 – I R 18/12, BStBl. II 2013, 588; BMF v. 28.04.2003, BStBl. II 2003, 292 Tz. 24). Eingedenk der Tatsache, dass das Bezugsrecht einen abgespaltenen Teil der

Beteiligung selbst darstellt, vermag diese Auffassung in steuersystematischer Hinsicht indes nicht zu überzeugen (vgl. FROTSCHER in Frotscher/Maas, § 8b KStG Rz. 193 f.). Ebenso werden etwaige Optionsprämien, die eine Kapitalgesellschaft als Stillhalter für Optionsgeschäfte im Zusammenhang mit dem Erwerb und der Veräußerung von Anteilen an Kapitalgesellschaften vereinnahmt, nicht nach § 8b Abs. 2 KStG steuerfrei gestellt (vgl. BFH v. 06.03.2013 – I R 18/12, BStBl. II 2013, 588).

Erwirbt eine Kapitalgesellschaft eigene Anteile, so könnte dies (steuerrechtlich) als Anschaffung eines Wirtschaftsguts oder aber, weil durch den Kaufpreis finanzielle Mittel der Kapitalgesellschaft an den Anteilseigner gegen Übertragung seines Anteils an die Gesellschaft zurückgewährt werden, als eine Art Kapitalherabsetzung zu behandeln sein. Mit der jeweiligen Einordnung des Erwerbs als Anschaffungsvorgang oder als Kapitalherabsetzung ist zugleich die Einordnung einer späteren Veräußerung dieser Anteile auf Ebene der Kapitalgesellschaft vorgezeichnet: Folgt man der Auffassung, die eigenen Anteile stellten für die Kapitalgesellschaft ein eigenes Wirtschaftsgut dar, so resultierte aus der Veräußerung dieser Anteile bei einem die Anschaffungskosten übersteigenden Veräußerungspreis ein von § 8b Abs. 2 KStG erfasster und damit steuerfrei zu stellender Veräußerungsgewinn, wobei allerdings 5 % dieses Gewinns gemäß § 8b Abs. 3 KStG als nicht abziehbare Betriebsausgaben zu qualifizieren wären. Qualifiziert man hingegen den Erwerb der eigenen Anteile als eine Art Kapitalherabsetzung, so wäre die spätere Veräußerung dieser Anteile spiegelbildlich als Kapitalerhöhung zu qualifizieren. Übersteigt dabei der Betrag der Kapitalerhöhung denjenigen der Kapitalherabsetzung, so würde aus beiden Kapitalmaßnahmen per Saldo zwar ein »Gewinn« resultieren, der jedoch nicht der Besteuerung unterliegen würde, da aufgrund der gesellschaftsrechtlichen Veranlassung von einem nicht steuerbaren Vorgang auszugehen wäre. § 8b Abs. 2 KStG würde nicht eingreifen und ebenso unterbliebe eine Hinzurechnung nicht abziehbarer Betriebsausgaben gemäß § 8b Abs. 3 KStG (vgl. hierzu FROTSCHER in Frotscher/Maas, § 8b KStG Rz. 161 f.). Gegen die Annahme, es handele sich beim Erwerb eigener Anteile um eine Kapitalmaßnahme, ist aus gesellschaftsrechtlicher Perspektive freilich einzuwenden, dass eine Kapitalherabsetzung nicht vorliegt, da eine Herabsetzung des Grund- bzw. Stammkapitals (noch) nicht erfolgt und zudem nicht alle Gesellschafter quotal, sondern nur der veräußernde Gesellschafter betroffen ist (vgl. HÜTTEMANN in FS Herzig, 2010, 595, 597 f.).

Nachdem der Gesetzgeber mit dem BilMoG die handelsrechtliche Bilanzierung eigener Anteile in § 272 Abs. 1a HGB neu geregelt hat und die handelsbilanzielle Darstellung nunmehr, unabhängig davon, ob die eigenen Anteile zur Einziehung oder zur Veräußerung bestimmt sind, so vorzunehmen ist, als sei eine Kapitalherabsetzung (bereits) erfolgt, war insbesondere wegen der Aufhebung des bisherigen BMF-Schreibens zu dieser Problematik (vgl. BMF v. 10.08.2010, BStBl. I 2010, 659; v. 02.12.1998, BStBl. I 1998, 1509) die steuerliche Behandlung des Vorgangs unklar. Mit Schreiben vom 27.11.2013 schlussfolgert die Finanzverwaltung nun ausgehend von der handelsbilanziellen Darstellung und losgelöst von der gesellschaftsrechtlichen Einordnung des Vorgangs, dass der Erwerb eigener Anteile bei der Gesellschaft kein Anschaffungsgeschäft darstelle, sondern wie eine Herabsetzung des Nennkapitals zu behandeln sei. Korrespondierend stelle die Veräußerung der eigenen Anteile kein Veräußerungsgeschäft dar, sondern sei wie eine Erhöhung des Nennkapitals zu behandeln und führe daher auch nicht zu einem Veräußerungs-

Erwerb und Veräußerung eigener Anteile ...

... gilt als Kapitalherabsetzung und Kapitalerhöhung

gewinn bzw. -verlust (vgl. BMF v. 27.11.2013, BStBl. I 2013, 1615, Rn. 9, 13). Ob diese Einordnung als Kapitalmaßnahme überzeugend ist, sei hier dahingestellt. Folgt man ihr, so ist klar, dass aus der Veräußerung eigener Anteile kein Veräußerungsgewinn i. S. v. § 8b Abs. 2 KStG resultieren kann. Folglich greift auch die 5 %ige Hinzurechnung nach § 8b Abs. 3 KStG nicht ein. Vielmehr folgt aus der Nichtsteuerbarkeit des Vorgangs die vollständige Steuerneutralität der Veräußerung eigener Anteile (vgl. BLUMENBERG/LECHNER, DB 2014, 141, 144; SCHIFFERS, GmbHR 2014, 79, 82; siehe zur Kapitalerhöhung K I 2.1.2.1 sowie zur Kapitalherabsetzung K II 3.1.1 und 3.1.3).

Verdeckte Einlagen Gemäß § 8b Abs. 2 Satz 6 KStG ist die verdeckte Einlage (siehe hierzu auch D II 3.1) einer Veräußerung i. S. v. § 8b Abs. 2 KStG gleichgestellt. Diese Gleichstellung ist erforderlich, da der BFH (v. 27.07.1988 – I R 147/83, BStBl. II 1989, 271 zu § 17 EStG) in der verdeckten Einlage keinen Veräußerungsvorgang erblickt, so dass ohne § 8b Abs. 2 Satz 6 KStG die durch die verdeckte Einlage gemäß § 6 Abs. 6 Satz 2 EStG bewirkte Gewinnrealisierung nicht steuerbefreit wäre (hierzu GOSCH, 2009, § 8b KStG Rz. 199).

BEISPIEL 72

Die M-AG hält sowohl Anteile an der X-GmbH als auch an der Y-GmbH. Die Anteile an der X-GmbH haben einen Buchwert von 100 und einen Teilwert von 500. Die M-AG überträgt ihre Anteile an der X-GmbH unentgeltlich auf die Y-GmbH.

Die unentgeltliche Übertragung der X-GmbH-Anteile von der M-AG auf die Y-GmbH stellt eine verdeckte Einlage dar. Gemäß § 6 Abs. 6 Satz 2 EStG erhöhen sich bei der M-AG die Anschaffungskosten der Anteile an der Y-GmbH um den Teilwert der eingelegten X-GmbH-Anteile (500), so dass es zu einer Aufdeckung stiller Reserven i. H. v. 400 kommt. Dieser Gewinn ist gemäß § 8b Abs. 2 Satz 6 i. V. m. Satz 1 KStG steuerbefreit. ◀|

2.5 Ausnahmen von der Steuerbefreiung

Getreu dem Motto »Keine Regel ohne Ausnahme« wird die nach § 8b Abs. 2 Satz 1 und 3 KStG grundsätzlich bestehende Steuerfreiheit für bestimmte Fallkonstellationen gänzlich versagt bzw. betragsmäßig reduziert. So entfällt die Steuerbefreiung, wenn:

- zuvor eine steuerwirksame Teilwertabschreibung auf die betreffende Beteiligung vorgenommen worden ist und diese noch Bestand hat (§ 8b Abs. 2 Satz 4 KStG);
- zuvor stille Reserven steuerwirksam auf die betreffende Beteiligung übertragen worden sind (§ 8b Abs. 2 Satz 5 KStG).

Zu einer betragsmäßigen Reduzierung des von § 8b Abs. 2 KStG erfassten Gewinns kann es unter bestimmten Voraussetzungen hingegen bei der Veräußerung von Anteilen kommen, die im Zuge von Einbringungen nach § 20 UmwStG erlangt wurden, sowie bei der Veräußerung von Anteilen, die zuvor nach §§ 20, 21 UmwStG in Kapitalgesellschaften eingebracht worden waren.

2.5.1 Bestehen einer vorherigen steuerwirksamen Teilwertabschreibung

Gemäß § 8b Abs. 2 Satz 4 KStG scheidet die Steuerbefreiung für die Aufdeckung der in den Anteilen an Kapitalgesellschaften befindlichen stillen Reserven insoweit aus, als der betreffende Anteil zuvor steuerwirksam auf den niedrigeren

Teilwert abgeschrieben und diese Gewinnminderung nicht durch den Ansatz eines höheren Werts wieder ausgeglichen worden ist. Für diese Ausnahmeregelung ist mithin Zweierlei erforderlich:

Erstens muss sich die nach § 6 Abs. 1 Nr. 2 Satz 2 EStG vorgenommene Teilwertabschreibung einkommensmindernd ausgewirkt haben. Dies ist allerdings nur der Fall, wenn die Teilwertabschreibung bereits vor dem Systemwechsel zum Halbeinkünfte- bzw. Freistellungsverfahren nach § 8b KStG, im Regelfall also vor dem 01.01.2002 vorgenommen worden ist. Für Teilwertabschreibungen auf Kapitalgesellschaftsanteile nach diesem Zeitpunkt ordnet § 8b Abs. 3 Satz 3 KStG indes an, dass diese bei der Ermittlung des Einkommens der Kapitalgesellschaft nicht zu berücksichtigen sind. Derartige Teilwertabschreibungen entfalten mithin keine Steuerwirksamkeit und ziehen folglich bei späterer Kompensation durch Veräußerung der Anteile oder durch einen Ersatzrealisationstatbestand auch keinen Ausschluss der Steuerbefreiung nach sich. Und zweitens muss die steuerwirksame Teilwertabschreibung noch, zumindest zum Teil, Bestand haben. Sie darf also nicht durch Vornahme einer Zuschreibung gemäß § 6 Abs. 1 Nr. 2 Satz 3 i.V.m. Abs. 1 Nr. 1 Satz 4 EStG vor dem Zeitpunkt des Systemwechsels bereits wieder kompensiert worden sein.

Kompensation einer steuerwirksamen Teilwertabschreibung ...

Sind beide Tatbestandsvoraussetzungen erfüllt, so versagt § 8b Abs. 2 Satz 4 KStG die Steuerbefreiung für einen durch Veräußerung oder einen gleichgestellten Realisationsakt erzielten Gewinn insoweit, als die noch bestehende Teilwertabschreibung kompensiert wird. Dies fußt auf der nachvollziehbaren Überlegung, dass, wenn sich das Einkommen der Kapitalgesellschaft seinerzeit durch Vornahme einer Teilwertabschreibung steuerwirksam vermindert hat, die spätere Kompensation dieser Wertminderung sich nunmehr einkommenserhöhend auswirken soll.

... ist nicht steuerbefreit

BEISPIEL 73

Die X-GmbH, deren Wirtschaftsjahr dem Kalenderjahr entspricht, erwirbt 1995 Anteile an der X-AG für 100, welche sie 1996 infolge eines nachhaltigen Kursverfalls auf 20 abschreibt. Zum 31.12.2000 nimmt sie eine Zuschreibung auf 80 vor. Zum 31.12.2004 erfolgt eine weitere Zuschreibung auf 95. Am 01.06.2014 veräußert die X-GmbH die Anteile für 130. Da die Teilwertabschreibung in 1996 i.H.v. 80 ebenso wie die Wertaufholung zum 31.12.2000 i.H.v. 60 steuerwirksam war, verbleibt im Zeitpunkt des Systemwechsels zum Halbeinkünfteverfahren ein steuerwirksamer Betrag der Teilwertabschreibung i.H.v. 20. Die nach dem Systemwechsel erfolgende weitere Zuschreibung um 15 auf 95 stellt zwar einen der Veräußerung gleichgestellten Tatbestand der Realisierung stiller Reserven dar (§ 8b Abs. 2 Satz 3 KStG), allerdings greift die Steuerbefreiung nicht, da lediglich die vorherige steuerwirksame Teilwertabschreibung kompensiert wird. Dies gilt anteilig ebenfalls für die stillen Reserven, welche infolge der Veräußerung in 2014 zur Aufdeckung gelangen. Von dem Gesamtbetrag der stillen Reserven (35) sind 5 als Kompensation der früheren Teilwertabschreibung nicht steuerbefreit, während für die übrigen 30 die Steuerbefreiung des § 8b Abs. 2 Satz 1 KStG greift, wenn man einmal unterstellt, dass die Tatbestandsvoraussetzungen von § 8b Abs. 4 KStG nicht erfüllt sind. 5% dieser 30 gelten zudem als nichtabziehbare Betriebsausgaben gemäß § 8b Abs. 3 Satz 1 KStG. ◀|

Sollten in der Vergangenheit sowohl steuerwirksame als auch steuerunwirksame Teilwertabschreibungen derselben Beteiligung vorgenommen worden sein und kommt es nunmehr zu einem Realisationsakt i.S.v. § 8b Abs. 2 Satz 1 bzw. 3 KStG, so stellt sich immer dann, wenn nicht der Gesamtbetrag aller Teilwertabschreibun-

Reihenfolgeproblem

gen kompensiert wird, die Frage, in welcher Reihenfolge die Teilwertabschreibungen wieder rückgängig gemacht werden. Dies ist materiell bedeutsam, da die Steuerbefreiung bzw. deren Versagung unmittelbar damit korrespondiert: Während bei der Annahme, es würden zuerst die frühen steuerwirksamen und erst danach die späten steuerunwirksamen Teilwertabschreibungen aufgeholt (first in – first out), die Versagung der Steuerbefreiung nach § 8b Abs. 2 Satz 4 KStG ebenfalls zuerst und erst nach vollständiger Kompensation der steuerwirksamen Teilwertabschreibung die Steuerbefreiung nach § 8b Abs. 2 Satz 1 bzw. 3 KStG eingreifen würde, verhielte es sich bei Annahme einer entgegengesetzten Reihenfolge (last in – first out) umgekehrt und eine Steuerpflicht würde erst nach Kompensation der vorherigen steuerunwirksamen Teilwertabschreibungen eintreten. Mit Urteil v. 19.08.2009 (I R 2/09, BStBl. II 2010, 760) hat der BFH zugunsten der Steuerpflichtigen letztere Auffassung vertreten. Die Finanzverwaltung ist dieser Ansicht gefolgt (OFD Niedersachsen v. 11.04.2011, DStR 2011, 1274).

BEISPIEL 74

Die X-GmbH erwirbt 1995 Anteile an der X-AG für 100, welche sie in 1995 steuerwirksam auf 80 und in 2004 steuerunwirksam auf 50 abschreibt. In 2014 erfolgt eine Zuschreibung auf 90.

Durch die Zuschreibung erfolgt zuerst eine Kompensation der i.H.v. 30 steuerunwirksam vorgenommenen Wertminderung. In dieser Höhe ist der Buchgewinn steuerbefreit; § 8b Abs. 2 Satz 4 KStG greift nicht ein.

Die weitere Zuschreibung i.H.v. 10 kompensiert sodann z.T. die vormalige steuerwirksame Teilwertabschreibung. Diese 10 unterfallen § 8b Abs. 2 Satz 4 KStG und sind folglich steuerpflichtig. ◀|

2.5.2 Bestehen einer steuerwirksamen Übertragung stiller Reserven

Rechtfertigung fragwürdig

Nach § 8b Abs. 2 Satz 5 KStG wird die Steuerbefreiung auch insoweit versagt, als der Veräußerungsgewinn darauf beruht, dass der Buchwert der Anteile infolge der Übertragung stiller Reserven nach § 6b EStG oder vergleichbaren Vorschriften gemindert war. Dies beruht wohl auf Überlegung, dass, weil sich die vormalige Übertragung der stillen Reserven durch die Kompensation des zugrundeliegenden Veräußerungsgewinns steuermindernd ausgewirkt hatte, sich die Aufdeckung dieser stillen Reserven steuererhöhend auswirken müsse. Diese Einschränkung erscheint allerdings insoweit fraglich, als der Buchwertminderung die Übertragung cincs Gewinns aus der Veräußerung von Anteilen an einer Kapitalgesellschaft zu Grunde lag (vgl. RÖDDER/SCHUMACHER, DStR 2006, 1481, 1491), was bei den früher auch für Kapitalgesellschaften zulässigen Übertragungen stiller Reserven auf Kapitalgesellschaftsanteile nach § 6b EStG stets der Fall war. Folglich sind durch diesen Vorgang lediglich stille Reserven aus Anteilen an der einen Kapitalgesellschaft auf Anteile an einer anderen Kapitalgesellschaft verlagert worden. Da aber die Steuerbefreiung zur Anwendung käme, wenn die stillen Reserven bei heutiger Aufdeckung noch in den ursprünglichen Anteilen verhaftet wären, also seinerzeit keine Aufdeckung und Übertragung auf Anteile an anderen Kapitalgesellschaft stattgefunden hätte, erscheint es nicht sachgerecht, die Steuerbefreiung heute wegen eines vormaligen Transfers der stillen Reserven auf Anteile an einer anderen Kapitalgesellschaft zu versagen. Versteht man indes § 6b EStG als eine Regelung zur Stundung der durch die ursprüngliche Veräußerung auslösten Steuerlast, so erscheint der

Ausschluss von der Steuerbefreiung nach § 8b Abs. 2 Satz 5 KStG nachvollziehbar, da zum damaligen Zeitpunkt ebenfalls keine Steuerbefreiung gewährt worden wäre.

Zu beachten ist, dass nach der gegenwärtigen Rechtslage für Kapitalgesell-schaften keine Möglichkeit zur Übertragung stiller Reserven auf neu angeschaffte Anteile an Kapitalgesellschaften besteht, da § 6b Abs. 10 EStG für Kapitalgesell-schaften nicht gilt. Von § 8b Abs. 2 Satz 5 KStG sind daher nur noch die vorgenann-ten Altfälle betroffen.

Betrifft lediglich Altfälle

2.5.3 Veräußerung von Anteilen, die im Zusammenhang mit einer Einbringung zum Buch- oder Zwischenwert stehen

Da es im Zuge (ggf. partiell) steuerneutraler Einbringungen nach dem UmwStG grundsätzlich möglich ist, gezielt stille Reserven in den Anwendungsbereich des § 8b Abs. 2 KStG zu transferieren, hat der Gesetzgeber für bestimmte Fallkonstella-tionen entsprechende Abwehrregelungen kodifiziert. Dabei ist zu unterscheiden, ob es sich um die Veräußerung von Anteilen an einer Kapitalgesellschaft handelt, die durch Einbringung einer Sachgesamtheit in eine Kapitalgesellschaft entstanden sind, oder ob Anteile an Kapitalgesellschaften veräußert werden, die zuvor in eine Kapitalgesellschaft eingebracht worden sind.

2.5.3.1 Veräußerung von durch Einbringung erhaltenen Anteilen

Die durch § 8b Abs. 2 KStG gewährte Steuerbefreiung des bei einer Veräußerung von Anteilen an Kapitalgesellschaften erzielten Gewinns könnte zu folgender Gestal-tungsüberlegung verleiten: Will eine Kapitalgesellschaft einen Betrieb, Teilbetrieb oder Mitunternehmeranteil veräußern, so kann sie dies entweder unmittelbar tun und folglich einen steuerpflichtigen Veräußerungsgewinn erzielen, oder aber gemäß § 20 UmwStG die betreffende Sachgesamtheit zu Buchwerten in eine andere Kapitalgesell-schaft einbringen und anschließend die ihr im Gegenzug gewährten Anteile, deren Anschaffungskosten dem Buchwert des eingebrachten Betriebsvermögens entspre-chen, unter Inanspruchnahme von § 8b Abs. 2 KStG steuerfrei veräußern.

Gezielte Verlage-rung stiller Reserven

Da bei dieser Gestaltung offenkundig gezielt stille Reserven in den Bereich des § 8b Abs. 2 KStG hinein verlagert werden, hat der Gesetzgeber mit § 22 Abs. 1 i. V. m. § 23 Abs. 2 UmwStG eine entsprechende Missbrauchsabwehrregelung kodifiziert. Diese Regelungen ordnen zwar keine Aussetzung des § 8b Abs. 2 KStG an, bewirken jedoch im Ergebnis eine Reduzierung des von § 8b Abs. 2 KStG erfassten Veräuße-rungsgewinns, wobei sich das Ausmaß der Reduzierung mit zunehmendem zeitli-chen Abstand zwischen Einbringung und Veräußerung verringert. Im Einzelnen gilt Folgendes:

Missbrauchsabwehr-regelung

Ist die Einbringung durch eine Kapitalgesellschaft unter dem gemeinen Wert erfolgt und veräußert der Einbringende die im Gegenzug erhaltenen Kapitalgesell-schaftsanteile anschließend, so ist die Steuerfreistellung nach § 8b Abs. 2 KStG grundsätzlich anzuwenden. Allerdings ist insoweit, als die Veräußerung innerhalb von sieben Jahren nach dem Einbringungszeitpunkt erfolgt, vom Einbringenden rückwirkend ein sog. Einbringungsgewinn I zu versteuern. Zur Berechnung dieses Einbringungsgewinns I ist der gemeine Wert des eingebrachten Betriebsvermögens dem Wert gegenüberzustellen, mit dem die aufnehmende Kapitalgesellschaft das Betriebsvermögen angesetzt hat. Der sich danach ergebende Differenzbetrag ist

Nachträgliche Versteuerung des Einbringungsge-winns I bei zeitnaher Veräußerung der Anteile

sodann um jeweils ein Siebtel für jedes seit dem Einbringungszeitpunkt abgelaufene Zeitjahr zu vermindern. Der danach verbleibende Einbringungsgewinn I unterliegt nun bei der einbringenden Kapitalgesellschaft im Grundsatz nicht der Steuerbefreiung nach § 8b Abs. 2 KStG, was einleuchtet, da es sich ja um die Veräußerung eines Betriebs, Teilbetriebs oder Mitunternehmeranteils, nicht aber von Kapitalgesellschaftsanteilen handelt. Waren in der eingebrachten Sachgesamtheit allerdings Anteile an Kapitalgesellschaften enthalten, so gilt die Steuerfreistellung des § 8b Abs. 2 KStG insoweit, als der Einbringungsgewinn I auf diese Anteile entfällt (vgl. PATT in DPM, § 22 UmwStG Tz. 59 i. V. m. § 20 UmwStG Tz. 270).

Entsprechende Erhöhung der AK der erhaltenen Anteile — Als Reflex auf diese Versteuerung des Einbringungsgewinns I erhöhen sich gemäß § 22 Abs. 1 Satz 4 UmwStG die Anschaffungskosten der erhaltenen Anteile entsprechend, da es andernfalls zu einer doppelten steuerlichen Belastung (einmal im Einbringungsgewinn und ein zweites Mal bei Veräußerung der erhaltenen Anteile) kommen würde. Infolge dieser Erhöhung der Anschaffungskosten der Anteile verringert sich zugleich der von § 8b Abs. 2 KStG steuerfrei gestellte Veräußerungsgewinn (vgl. STANGL in R/H/vL, 2013, § 22 UmwStG Rz. 92).

BEISPIEL 75

Die X-GmbH bringt einen Teilbetrieb in die Y-GmbH zum Buchwert von 100 ein. Der gemeine Wert beträgt 800. Nach Ablauf von drei Jahren seit dem Einbringungszeitpunkt veräußert die X-GmbH ihre im Zuge der Einbringung erhaltenen Anteile an der Y-GmbH für 1.000.

Die Einbringung ist bei entsprechender Antragsstellung nach § 20 Abs. 2 Satz 2 UmwStG zunächst steuerneutral. Die Anschaffungskosten der Anteile an der Y-GmbH belaufen sich auf 100 (= Wert, mit dem die Y-GmbH das eingebrachte Betriebsvermögen angesetzt hat). Ohne die Missbrauchsabwehrregelungen ergäbe sich aus der Veräußerung der Anteile folglich ein steuerfreier Gewinn i. S. v. § 8b Abs. 2 KStG i. H. v. 900. Gemäß § 22 Abs. 1 UmwStG ergibt sich für den Einbringenden indes Folgendes:

Da die Veräußerung der Y-GmbH-Anteile innerhalb von sieben Jahren nach der Einbringung erfolgt, muss die X-GmbH rückwirkend einen Einbringungsgewinn I versteuern. Jedoch ist, da im Zeitpunkt der Veräußerung die Einbringung bereits drei Jahre zurückliegt, die Differenz zwischen dem gemeinen Wert des Betriebsvermögens im Einbringungszeitpunkt und den Anschaffungskosten der veräußerten Anteile nur mit 4/7 anzusetzen, formal: (800 ./. 100) × 4/7 = 400. Die Anschaffungskosten der Anteile an der Y-GmbH erhöhen sich um diese 400 auf nunmehr 500, woraufhin sich der nach § 8b Abs. 2 KStG steuerfreie Gewinn aus der Veräußerung der Anteile nur noch auf 500 (= Veräußerungspreis 1.000 ./. erhöhte Anschaffungskosten 500) beläuft. ◀|

Zudem Wertaufstockung der eingebrachten WG — Da durch die nachträgliche Besteuerung des Einbringungsgewinns I die stillen Reserven in den eingebrachten Wirtschaftsgütern nun bereits (partiell) vom Einbringenden versteuert worden sind, kann die aufnehmende Kapitalgesellschaft zur Vermeidung einer andernfalls drohenden Doppelbesteuerung gemäß § 23 Abs. 2 UmwStG unter bestimmten Voraussetzungen eine entsprechende Wertaufstockung des eingebrachten Betriebsvermögens vornehmen (vgl. hierzu RITZER in R/H/vL, 2013, § 23 UmwStG Rz. 59).

2.5.3.2 Veräußerung der eingebrachten Anteile

Der Gesetzgeber toleriert Steuergestaltungen nicht, die darauf abzielen, in Kapitalgesellschaftsanteilen enthaltene stille Reserven aus der diesbezüglich für natürliche Personen geltenden Besteuerungssystematik, mithin aus der partiellen Steuerbefreiung durch das Teileinkünfteverfahren oder aus dem Anwendungsbereich der Abgeltungssteuer, in den Anwendungsbereich des § 8b Abs. 2 KStG und damit in die vollständige Freistellung zu transferieren. Würde z. B. eine natürliche Person einen steuerverhafteten Kapitalgesellschaftsanteil unmittelbar veräußern, so wäre der Veräußerungsgewinn zum Teil steuerpflichtig bzw. würde dem Sondersteuersatz nach § 32d Abs. 1 EStG unterliegen. Würde sie stattdessen die Beteiligung zum Buchwert gegen Gewährung von Gesellschaftsrechten in eine andere Kapitalgesellschaft einbringen, so könnte anschließend die eingebrachte Beteiligung aus dieser Kapitalgesellschaft heraus unter Inanspruchnahme von § 8b Abs. 2 KStG steuerfrei veräußert werden. Angemerkt sei allerdings, dass bei Ausschüttung dieses Veräußerungsgewinns an den Anteilseigner ebenfalls eine einkommensteuerliche Belastung entstünde, folglich lediglich eine Steuerstundung erreicht werden kann. Mit § 22 Abs. 2 UmwStG hat der Gesetzgeber eine entsprechende Missbrauchsabwehrregelung kodifiziert.

§ 22 Abs. 2 UmwStG ordnet bei der Veräußerung von Anteilen, die zuvor nach § 20 Abs. 1 oder § 21 Abs. 1 UmwStG unter dem gemeinen Wert in eine Kapitalgesellschaft eingebracht worden sind, grundsätzlich die rückwirkende Besteuerung des sog. Einbringungsgewinns II auf Ebene des Einbringenden an, allerdings nur insoweit, als der Gewinn aus der Veräußerung der eingebrachten Anteile im Einbringungszeitpunkt nicht nach § 8b Abs. 2 KStG steuerfrei gewesen wäre. Letzteres trägt dem Missbrauchsabwehrgedanken der Vorschrift Rechnung, denn wenn bereits die Veräußerung der eingebrachten Anteile zum Einbringungszeitpunkt die Steuerfreiheit nach § 8b Abs. 2 KStG erlangt hätte, dann hätte sich diese Situation durch die Einbringung der Anteile in eine Kapitalgesellschaft nicht verbessert und folglich könnte auch keine missbräuchliche Gestaltung vorliegen. Getroffen von § 22 Abs. 2 UmwStG sind daher insbesondere Einbringungen von Kapitalgesellschaftsanteilen durch natürliche Personen, aber auch Einbringungen durch Kapitalgesellschaften selbst, wenn bei diesen die nun eingebrachten Anteile z. B. wegen der Ausnahmeregelung des § 8b Abs. 7 KStG nicht nach § 8b Abs. 2 KStG steuerfrei gewesen wären. Angemerkt sei, dass bei letzterer Überlegung § 8b Abs. 4 KStG keine Rolle spielt, da diese Regelung lediglich die Steuerfreistellung gemäß § 8b Abs. 1 KStG für Streubesitzdividenden, nicht aber für etwaige Veräußerungsgewinne i. S. v. § 8b Abs. 2 KStG versagt.

Bedenklich ist, dass es dem Wortlaut des § 22 Abs. 2 UmwStG nach nicht darauf ankommt, ob die aufnehmende Kapitalgesellschaft zur Inanspruchnahme von § 8b Abs. 2 KStG berechtigt ist oder nicht. Folglich kann es zur Auslösung eines Einbringungsgewinns II kommen, obwohl eine Statusverbesserung bezüglich der eingebrachten Anteile überhaupt nicht stattgefunden hat, wenn etwa sowohl die einbringende als auch die aufnehmende Kapitalgesellschaft von § 8b Abs. 7 KStG erfasst werden. Insofern ist eine überschießende Wirkung von § 22 Abs. 2 UmwStG zu konstatieren (vgl. STANGL in R/H/vL, 2013, § 22 UmwStG Rz. 141).

Zur Ermittlung dieses sog. Einbringungsgewinns II ist dabei dem gemeinen Wert der eingebrachten Anteile im Einbringungszeitpunkt der Wert, mit dem der Einbringende die erhaltenen Anteile angesetzt hat, gegenüberzustellen; der sich danach ergebende Differenzbetrag ist sodann um jeweils ein Siebtel für jedes seit dem Einbringungszeitpunkt abgelaufene Zeitjahr zu vermindern. Bei dem Einbrin-

Rückwirkende Versteuerung des Einbringungsgewinns

Gegebenenfalls überschießende Wirkung

Ermittlung und ...

gungsgewinn handelt es sich gemäß § 22 Abs. 2 Satz 1 UmwStG um einen Gewinn aus der Veräußerung von Anteilen, der beim Einbringenden nach allgemeinen Grundsätzen zu versteuern ist.

... Versteuerung des Einbringungsgewinns II

Sollte mithin eine Kapitalgesellschaft Anteile einbracht haben, die sachlich nicht zur Inanspruchnahme von § 8b Abs. 2 KStG berechtigten, und sich daher im Anwendungsbereich von § 22 Abs. 2 UmwStG befinden, so kann, weil die Einbringung eine Veräußerung eben dieser Anteile darstellt, für den Einbringungsgewinn II die Steuerbefreiung nach § 8b Abs. 2 KStG nicht beansprucht werden. Ist Einbringender eine natürliche Person, so ist auf den Einbringungsgewinn grundsätzlich das Teileinkünfteverfahren oder der Sondersteuersatz nach § 32d Abs. 1 EStG anzuwenden.

Folgewirkungen

Die Versteuerung des Einbringungsgewinns zeigt zudem zweierlei Folgewirkungen: Beim Einbringenden erhöhen sich gemäß § 22 Abs. 2 Satz 4 UmwStG die Anschaffungskosten der erhaltenen Anteile um den Einbringungsgewinn II, während bei der aufnehmenden Kapitalgesellschaft die Anschaffungskosten der eingebrachten Anteile gemäß § 23 Abs. 2 Satz 3 UmwStG aufzustocken sind. Deren eigener Veräußerungsgewinn und damit zugleich der unter § 8b Abs. 2 KStG fallende Betrag verringern sich folglich.

3 Laufende Betriebsausgaben und Substanzverluste i. V. m. Beteiligungserträgen

Grundsätzlich: korrespondierende Behandlung von Gewinnerhöhungen und -minderungen

Nach dem objektiven Nettoprinzip mindern Erwerbsaufwendungen (Betriebsausgaben bzw. Werbungskosten) die zu versteuernden Einkünfte (vgl. HEY in Tipke/Lang, 2013, § 8 Rz. 42). Daraus folgt zudem der grundsätzliche, in § 3c Abs. 1 EStG kodifizierte Rechtsgedanke, wonach sich Aufwendungen nur dann steuerlich auswirken sollen, wenn die korrespondierenden (Betriebs)einnahmen ebenfalls der Besteuerung unterliegen (vgl. VON BECKERATH in Kirchhof, 2014, EStG § 3c Rn. 1). Wendet man diesen Grundsatz auf die hier in Rede stehenden, steuerfreien Beteiligungserträge i. S. d. § 8b KStG an, so legt dies auf den ersten Blick die Schlussfolgerung nahe, dass auch etwaige mit diesen Beteiligungserträgen in Zusammenhang stehende Betriebsausgaben sowie durch Substanzverluste bewirkte Gewinnminderungen, z. B. infolge von Veräußerungsverlusten oder Teilwertabschreibungen, innerhalb der Gewinnermittlung nicht zu berücksichtigen seien. Im Grundsatz ist der Gesetzgeber bei der Ausgestaltung des § 8b KStG eben dieser Überlegung gefolgt:

Substanzverluste werden vom Abzug ausgeschlossen und auch laufende Betriebsausgaben werden als nicht abziehbar erklärt, allerdings wird bei Letzteren, unabhängig vom tatsächlichen Vorliegen solcher Aufwendungen, die Höhe des nicht abziehbaren Betrags auf 5 % der steuerfreien Beteiligungserträge pauschaliert. Dabei vermag insbesondere die Behandlung der laufenden Betriebsausgaben nicht zu überzeugen (siehe hierzu F II 3.1.1).

Bei der nachfolgenden Darstellung ist es erforderlich, zwischen der Behandlung von laufenden Beteiligungsaufwendungen einerseits sowie der Nichtberücksichtigung von Substanzverlusten andererseits zu unterscheiden.

3.1 Laufende Beteiligungsaufwendungen

3.1.1 Steuersystematische Vorüberlegungen

Wie ausgeführt, legt die Steuerfreiheit der Beteiligungserträge zunächst die Schlussfolgerung nahe, die mit diesen Erträgen in Zusammenhang stehenden Aufwendungen, z. B. Refinanzierungs- und Verwaltungskosten, innerhalb der Einkünfteermittlung als nicht abziehbar zu qualifizieren. Dieser grundsätzliche Rechtsgedanke des § 3c EStG vermag jedoch steuersystematisch nur insoweit zu überzeugen, als die korrespondierenden Erträge einer tatsächlichen Steuerbefreiung, verstanden als das Ausbleiben einer steuerlichen Belastung im *wirtschaftlichen* Sinne, unterlegen haben. Dies aber ist innerhalb der Systematik des § 8b KStG gerade nicht der Fall, sind doch die Beteiligungserträge auf Ebene der Ursprungskapitalgesellschaft bereits mit Körperschaftsteuer belastet worden. Die Regelungen des § 8b Abs. 1 bzw. Abs. 2 KStG stellen daher lediglich *technische* Steuerbefreiungen dar, um eine mehrfache Belastung desselben Ertrags mit Körperschaftsteuer zu verhindern; das Ausbleiben einer steuerlichen Belastung im wirtschaftlichen Sinne bewirken sie jedoch nicht.

§ 8b Abs. 1, 2 KStG sind lediglich technische Steuerbefreiungen

Wenn aber dem Teileinkünfteverfahren die einmalige, steuersubjektübergreifende Belastung mit Körperschaftsteuer systemimmanent ist, mithin auf Ebene der Körperschaften insgesamt *keine* Steuerbefreiung vorliegt, so muss (auch) auf Ebene der Körperschaften jedweder damit in Zusammenhang stehende Aufwand abziehbar sein, unabhängig davon, auf welcher Stufe der Beteiligungskette er entstanden ist. Es erscheint daher steuersystematisch nicht gerechtfertigt, wenn die mit den steuerlich vorbelasteten Beteiligungserträgen in Zusammenhang stehenden Beteiligungsaufwendungen als nichtabziehbar qualifiziert werden (vgl. SCHÖN, FR 2001, 381, 385).

Abzugsverbote steuersystematisch nicht gerechtfertigt

BEISPIEL 76

Unterstellt seien ein Ertrag von 200 und Zinsaufwendungen von 100. Stellt man der Fallkonstellation, dass Ertrag und Zinsaufwand bei ein und derselben Kapitalgesellschaft anfallen, das Vorliegen einer Beteiligungskette gegenüber, bei welcher der Ertrag bei der einen Kapitalgesellschaft, der dazugehörige Aufwand jedoch bei der anderen Kapitalgesellschaft anfällt, so ergibt sich Folgendes:

- Ertrag und Zinsaufwand bei ein und derselben Kapitalgesellschaft:
  Die X-GmbH ist fremdfinanziert. Sie erzielt einen Ertrag von 200 und trägt Zinsaufwendungen von 100. Durch den Abzug der Zinsaufwendungen ergeben sich für die X-GmbH und, da keine weiteren Körperschaftsteuersubjekte involviert sind, ebenso für die körperschaftsteuerliche Ebene insgesamt ein zutreffender Gewinn von 100 und eine dazu passende Steuerbelastung von 15.

- Ertrag bei der einen Kapitalgesellschaft, Aufwand bei der anderen Kapitalgesellschaft:
  Die X-GmbH ersetzt die Fremdfinanzierung durch eine Beteiligungsfinanzierung, indem sie die Z-GmbH als zusätzliche Gesellschafterin aufnimmt. Die Z-GmbH finanziert ihre Beteiligung durch Fremdkapital, woraus ihr ein Zinsaufwand von 100 erwächst. Da die X-GmbH keine Zinsaufwendungen mehr hat, ergeben sich auf ihrer Ebene nunmehr ein Gewinn von 200 und eine körperschaftsteuerliche Belastung von 30. Schüttet sie den verbleibenden Nachsteuergewinn von 170 an die Z-GmbH aus, so ist dieser Beteiligungsertrag für die Z-GmbH gemäß § 8b Abs. 1 KStG steuerfrei. Sind nun auf Ebene der Z-GmbH die mit diesem Beteiligungsertrag in Zusammenhang stehenden Zinsaufwendungen von 100 nichtabziehbar, so ergibt sich für die Z-GmbH ein steuerliches Ergebnis von Null. Obwohl der Gewinn auf der körperschaftsteuerlichen Ebene insgesamt nur 100

(Ertrag X-GmbH 200 – Aufwand Z-GmbH 100) beträgt, verbleibt insgesamt eine körperschaftsteuerliche Belastung i.H.v. 30. Ursächlich hierfür ist die Nichtberücksichtigung des Aufwands der Z-GmbH i.H.v. 100. Qualifiziert man diesen Zinsaufwand hingegen als abziehbare Betriebsausgabe, so erzielt die Z-GmbH einen Verlust von 100 und erhält idealtypisch eine Steuererstattung i.H.v. 15. Sodann stellt sich auf der körperschaftsteuerlichen Ebene insgesamt die zum Gewinn von 100 passende Steuerbelastung ein: KSt X-GmbH 30 – KSt-Erstattung Z-GmbH 15 = 15. Dies zeigt, dass nur bei vollständiger Berücksichtigung der Beteiligungsaufwendungen auch der nachgelagerten Stufen in einer Beteiligungskette ein steuersystematisch zutreffendes Ergebnis erreicht wird. ◀|

Verfehlte steuersubjektzentrierte Auffassung des Gesetzgebers ...

Die vorstehenden Ausführungen basieren auf einer durchgängig, d.h. sowohl die Einnahmen- als auch die Ausgabenseite umfassenden, steuersubjektübergreifenden Betrachtung. Während der Gesetzgeber dieser integrativen Sichtweise von Gesellschafts- und Gesellschaftersphäre zwar bezüglich der Einnahmenseite folgt, wie die durch § 8b KStG gewährten Steuerbefreiungen belegen, vertritt er bezüglich der Ausgabenseite eine streng steuersubjektzentrierte Auffassung (vgl. HERZIG, DB 2003, 1459), berücksichtigt er doch in der Frage der (Nicht-)Abziehbarkeit der Beteiligungsaufwendungen die steuerlichen Vorbelastungen auf den vorhergehenden Stufen der Beteiligungskette nicht und setzt folglich die lediglich formell wirkende Steuerbefreiung mit einer tatsächlichen Nichtbelastung im wirtschaftlichen Sinne gleich.

... ist nicht verfassungswidrig

Gleichwohl hat das BVerfG (v. 12.10.2010 – 1 BvL 12/07, DStR 2010, 2393) die Anknüpfung des Gesetzgebers an den Grundgedanken des § 3c EStG und die daraus im Grundsatz folgende Versagung der Berücksichtigung von Aufwendungen, die mit den steuerfrei gestellten Beteiligungserträgen in Zusammenhang stehen, als verfassungsgemäß beurteilt. So sei die prinzipielle Freistellung von wirtschaftlicher Doppel- oder Mehrfachbelastung durch § 8b KStG in erster Linie eine finanz- und wirtschaftspolitische Entscheidung des Gesetzgebers. Von Verfassungs wegen sei dieser jedoch nicht gehindert, für die Beantwortung der Frage, ob bei einem Unternehmen ein grundsätzlich steuerbarer Leistungszuwachs eingetreten ist, an die rechtliche Selbständigkeit der Kapitalgesellschaft anzuknüpfen. Letzteres bedeutet, dass es verfassungsgemäß ist, für die Frage der Abziehbarkeit der betreffenden Beteiligungsaufwendungen den Blick allein auf die die Ausschüttung empfangende bzw. den Veräußerungsgewinn erzielende Kapitalgesellschaft zu richten. Verengt man, dieser zwar nicht verfassungswidrigen, gleichwohl steuersystematisch verfehlten Auffassung folgend, seinen Blick auf das einzelne Steuersubjekt, so kommt man nicht umhin festzustellen, dass auf der Ebene des jeweiligen Empfängers die Beteiligungserträge steuerbefreit sind, woraus unweigerlich die Nichtabziehbarkeit der damit in Zusammenhang stehenden Aufwendungen folgt.

Pauschalierung der nichtabziehbaren Betriebsausgaben

Allerdings wendet der Gesetzgeber seine Schlussfolgerung, wonach die betreffenden Beteiligungsaufwendungen nicht zu berücksichtigen seien, nicht (mehr) auf die tatsächlich entstandenen Aufwendungen an, sondern fingiert vielmehr unabhängig von den Gegebenheiten des Einzelfalls sowohl für die nach § 8b Abs. 1 KStG als auch nach § 8b Abs. 2 KStG steuerfreien Beteiligungserträge das Vorliegen nichtabziehbarer Betriebsausgaben i.H.v. 5% des steuerfrei gestellten Betrags. Eine derartige Pauschalierung sei, so das BVerfG (v. 12.10.2010 – 1 BvL 12/07, DStR 2010, 2393) nicht verfassungswidrig, weil der Gesetzgeber damit seine Typisierungs- und Pauschalierungsbefugnis nicht überschritten habe. Gerechtfertigt sei dies, weil zum einen die Belastung durch die Pauschalierung gering sei, und zum anderen bei Zulassung des Nachweises tatsächlich geringerer Aufwendungen im Sinne einer Escape-Klausel sich durch ein zeitliches Entkoppeln von tatsächlichen Aufwendungen und Ausschüttungen bzw. Veräußerungsgewinnen unliebsame Gestaltungsmöglichkeiten für den Steuerpflichtigen ergeben würden. Offen gelassen hat das BVerfG allerdings die Frage, ob die Pauschalierung der nichtabziehbaren Betriebsausgaben auch bei Vorliegen einer Beteiligungskette in Anbetracht des sich sodann einstellenden »Kaskadeneffekts« (dazu sogleich) als verfassungsgemäß zu beurteilen ist.

3.1.2 Laufende Aufwendungen im Zusammenhang mit Bezügen i. S. v. § 8b Abs. 1 KStG

Wie ausgeführt, gelten gemäß § 8b Abs. 5 Satz 1 KStG 5 % der nach § 8b Abs. 1 KStG steuerfreien Bezüge pauschal als nichtabziehbare Betriebsausgaben. § 3c Abs. 1 EStG ist (insoweit) nicht anzuwenden. Dies bedeutet, dass unabhängig davon, ob und ggf. in welcher Höhe tatsächlich mit den steuerfreien Bezügen in Zusammenhang stehende Betriebsausgaben vorliegen, stets 5 % der steuerfreien Bezüge als nichtabziehbare Betriebsausgaben qualifiziert und dem Gewinn außerbilanziell wieder hinzugerechnet werden. Etwaig tatsächlich angefallene Betriebsausgaben sind vollständig abziehbar, so dass eine Zuordnung der einzelnen Betriebsausgaben zu den jeweiligen Beteiligungserträgen nicht erforderlich ist. Im Ergebnis reduziert § 8b Abs. 5 KStG die durch § 8b Abs. 1 KStG zuvor gewährte vollständige Steuerfreiheit mithin auf eine 95 %ige Befreiung, bei voller Abzugsfähigkeit etwaig tatsächlich entstandener Aufwendungen.

§ 8b Abs. 5 KStG erweist sich damit gegenüber § 3c EStG für den Steuerpflichtigen immer dann als vorteilhaft, wenn seine mit dem Beteiligungsertrag in Zusammenhang stehenden tatsächlichen Betriebsausgaben den sich bei Anwendung der 5 %-Regelung ergebenden Betrag übersteigen. Andernfalls, d. h. bei Vorliegen keiner bzw. nur geringer Beteiligungsaufwendungen, weil etwa die Beteiligung mit Eigenmitteln erworben wurde, also insbesondere keine Finanzierungskosten anfallen, wirkt die Regelung gegenüber § 3c EStG nachteilig. Nach Auffassung des BVerfG ist es verfassungsrechtlich allerdings nicht zu beanstanden, dass der Gesetzgeber § 8b Abs. 3 bzw. Abs. 5 KStG nicht mit einer Ausnahmeregelung im Sinne einer Escape-Klausel vorgesehen hat, die dem Steuerpflichtigen den Nachweis geringerer tatsächlicher Betriebsausgaben erlauben und nur diesen geringeren Betrag als Hinzurechnungsbetrag nicht abziehbarer Betriebsausgaben ansetzen würde (vgl. BVerfG v. 12. 10. 2010 – 1 BvL 12/07, DStR 2010, 2393).

(Randbemerkung rechts:) **Grundsatz**

(Randbemerkung rechts:) **Keine Nachweismöglichkeit tatsächlich geringerer Betriebsausgaben**

BEISPIEL 77

Die X-GmbH hält Anteile an der in Dortmund ansässigen Z-AG und erhält von dieser eine Dividende i. H. v. 1,0 Mio. €. Im Zusammenhang mit der Beteiligung sind der X-GmbH keine Betriebsausgaben entstanden.
Gemäß § 8b Abs. 1 KStG ist die Dividende steuerfrei. § 8b Abs. 5 KStG fingiert nichtabziehbare Betriebsausgaben i. H. v. $0,05 \times 1,0$ Mio. € = 50.000 €. Die X-GmbH erzielt mithin einen Gewinn i. H. v. 50.000 €, oder, anders gewendet, von dem Beteiligungsertrag i. H. v. 1,0 Mio. € sind lediglich 95 % steuerfrei. Würde nun § 3c Abs. 1 EStG anstatt § 8b Abs. 5 KStG gelten, so ergäbe sich ein steuerliches Ergebnis von null, da keine tatsächlichen

Betriebsausgaben vorlagen. Für die X-GmbH wirkt § 8b Abs. 5 KStG mithin gegenüber § 3c Abs. 1 EStG nachteilig, werden ihr doch 50.000 € als nicht abziehbare Betriebsausgaben hinzugerechnet, obwohl sie tatsächlich gar keine Betriebsausgaben hatte.

Abwandlung

Im Zusammenhang mit der Beteiligung sind der X-GmbH Refinanzierungskosten von 100.000 € entstanden.

Wie zuvor ist die Dividende steuerfrei und nach § 8b Abs. 5 KStG gelten $0,05 \times 1,0$ Mio. € als nichtabziehbare Betriebsausgaben. Wegen der tatsächlich entstandenen Betriebsausgaben i. H. v. 100.000 € weist die X-GmbH einen Verlust von ./. 50.000 € aus. Bei Anwendung von § 3c EStG hätte sich indes ein Ergebnis von Null ergeben, da die tatsächlichen Betriebsausgaben von 100.000 € nicht abziehbar gewesen wären. In dieser Fallkonstellation ist § 8b Abs. 5 KStG für die X-GmbH vorteilhaft, da per Saldo ein Betriebsausgabenabzug i. H. v. 50.000 € verbleibt.

Steuersystematisch zutreffend wäre es indes, im Grundfall ein steuerliches Ergebnis von Null und in der Abwandlung von ./. 100.000 € auszuweisen. ◄|

Kaskadeneffekt

Da infolge von § 8b Abs. 5 KStG auf jeder Beteiligungsstufe 5 % der erhaltenen Bezüge i. S. v. § 8b Abs. 1 KStG im Ergebnis als steuerpflichtig gelten, entsteht allerdings ein sog. Kaskadeneffekt: Auf jeder Stufe der Beteiligungskette werden 5 % des Beteiligungsertrags mit 15 % Körperschaftsteuer belegt, die Gewerbesteuer sei hier vernachlässigt, und nur der verbleibende Teil kann noch an die nachfolgende Gesellschaft ausgeschüttet werden. Entgegen den Grundprinzipien des Teileinkünfteverfahrens kommt es insoweit zu einer Mehrfachbelastung mit Körperschaftsteuer auf Kapitalgesellschaftsebene und folglich zu einer steuerlichen Diskriminierung mehrstufig aufgebauter Unternehmen. Ob diese Mehrfachbelastung noch verfassungsgemäß ist, hat das BVerfG (v. 12.10.2010 – 1 BvL 12/07, DStR 2010, 2393) explizit offen gelassen.

BEISPIEL 78

Bei einem vierstufigen Konzernaufbau (Mutter-, Tochter-, Enkel- und Urenkelgesellschaft) ergeben sich die Steuerbelastung sowie der zur Ausschüttung verbleibende Gewinn nach Steuern jeweils wie folgt. Unterstellt sei dabei ein Gewinn auf Ebene der Urenkelgesellschaft, welcher an die jeweils übergeordnete Gesellschaft ausgeschüttet wird.

	Steuerpflichtiger Gewinn	Körperschaftsteuer	Ausschüttung
Urenkelges.	100,00	$0,15 \times 100 = 15,00$	85,00
Enkelges.	$0,05 \times 85,00 = 4,25$	$0,15 \times 4,25 = 0,64$	85,00 ./. 0,63 = 84,36
Tochterges.	$0,05 \times 84,36 = 4,22$	$0,15 \times 4,22 = 0,63$	84,36 ./. 0,63 = 83,73
Mutterges.	$0,05 \times 83,73 = 4,19$	$0,15 \times 4,19 = 0,63$	83,73 ./. 0,63 = 83,10
Effektive Steuerbelastung		**16,90**	

Umfasst der Konzernaufbau gar 25 Stufen, so erhöht sich der effektive Körperschaftsteuersatz auf nahezu 30 % (zur allgemeinen Darstellung MAITERTH/WIRTH, DStR 2004, 433, 435). ◄|

Im Fall von Streubesitzdividenden unterbleibt gemäß § 8b Abs. 4 Satz 7 KStG die Hinzurechnung nicht abziehbarer Betriebsausgaben. Dies folgt aus der schlichten Überlegung, dass, wenn die Bezüge steuerpflichtig sind, sodann auch die Betriebsausgaben abziehbar sein müssen, folglich weder eine Hinzurechnung der tatsächlichen noch der über § 8b Abs. 5 KStG fingierten Betriebsausgaben gerechtfertigt wäre. Akzeptiert man die systemwidrige Steuerpflicht der Streubesitzdividenden nach § 8b Abs. 4 KStG, so ist die Abschaltung von § 8b Abs. 5 KStG als konsequent zu beurteilen (siehe F II 1.5.2). Dass durch § 8b Abs. 4 KStG im Vergleich zum vorstehend beschriebenen »kleinen« Kaskadeneffekt ein Kaskadeneffekt ungleich größeren Ausmaßes erzeugt werden kann, sei hier noch einmal betont (siehe auch F II 1.5.5).

Keine Anwendung von § 8b Abs. 5 KStG bei Streubesitzdividenden

3.1.3 Laufende Aufwendungen im Zusammenhang mit Beteiligungserträgen i. S. v. § 8b Abs. 2 KStG

3.1.3.1 5 % des jeweiligen Gewinns als nichtabziehbare Betriebsausgaben

Gemäß § 8b Abs. 3 Satz 1 KStG gelten 5 % vom jeweiligen Gewinn i. S. d. § 8b Abs. 2 KStG als nichtabziehbare Betriebsausgaben. Die Regelung erfasst dabei nicht nur Gewinne aus Anteilsveräußerungen, sondern ebenso Gewinne, welche aus den in § 8b Abs. 2 Satz 3 und 6 KStG genannten Vorgängen resultieren. Durch § 8b Abs. 3 Satz 1 KStG reduziert sich folglich die durch § 8b Abs. 2 KStG zuvor gewährte vollständige Steuerfreiheit des Gewinns auf eine 95 %ige Befreiung. § 3c Abs. 1 EStG ist insoweit nicht anzuwenden (§ 8b Abs. 3 Satz 2 KStG), was zur Folge hat, dass die tatsächlich entstandenen Aufwendungen uneingeschränkt abziehbar sind. Die pauschalierte Ermittlung der nichtabziehbaren Betriebsausgaben erfolgt dabei für den jeweiligen, d. h. für den einzelnen Realisierungsvorgang, so dass eine vorherige Saldierung von Gewinnen und Verlusten i. S. d. § 8b Abs. 2 KStG ausscheidet (vgl. FROTSCHER in Frotscher/Maas, § 8b KStG Rz. 249a).

Grundsatz

Da die über § 8b Abs. 2 KStG freigestellten Veräußerungsgewinne wirtschaftlich einer Totalausschüttung entsprechen, von dieser jedoch gemäß § 8b Abs. 5 KStG 5 % als nichtabziehbare Betriebsausgaben qualifiziert werden, ist es folgerichtig, diese Fiktion pauschal nichtabziehbarer Betriebsausgaben auch auf die Realisationstatbestände des § 8b Abs. 2 KStG anzuwenden. Andernfalls wäre es ohne weiteres möglich, das pauschale Betriebsausgabenabzugsverbot des § 8b Abs. 5 KStG durch Gewinnthesaurierung und anschließende Veräußerung der Beteiligung zu umgehen. Insoweit verhält sich der Gesetzgeber innerhalb des von ihm statuierten, verfassungsgemäßen, gleichwohl systemwidrigen Grundsatzes, nach welchem die mit den nach § 8b KStG steuerfreien Vermögensmehrungen in Zusammenhang stehenden Aufwendungen in pauschalierter Höhe nicht abziehbar sein sollen, konsequent.

Konsequent und verfassungsgemäß, aber systemwidrig

3.1.3.2 Behandlung der Veräußerungskosten

Aus der Fiktion des 8b Abs. 3 Satz 1 KStG folgt im Grundsatz, dass die Aufwandswirksamkeit sämtlicher tatsächlich angefallener Betriebsausgaben nicht durch deren punktgenaue außerbilanzielle Gewinnhinzurechnung, sondern vielmehr durch den pauschal ermittelten Hinzurechnungsbetrag kompensiert wird. Daraus ergibt sich zugleich, dass sich alle tatsächlich im Zusammenhang mit dem Veräußerungsgewinn angefallenen Aufwendungen einkommensmindernd auswirken.

Tatsächliche Aufwendungen im Grundsatz abziehbar

Durchbrechung bei den Veräußerungskosten

Während der Gesetzgeber dieser Überlegung im Grundsatz gefolgt ist, indem er in § 8b Abs. 3 Satz 2 KStG die Anwendung von § 3c EStG ausschließt und damit den Abzug der tatsächlichen Aufwendungen nicht untersagt, weicht er bezüglich der Veräußerungskosten davon ab, da gemäß § 8b Abs. 2 Satz 2 KStG die Veräußerungskosten bei der Ermittlung des steuerfrei zu stellenden Veräußerungsgewinns gewinnmindernd zu berücksichtigen sind (siehe hierzu F II 2.2). Dies bedeutet, dass die Veräußerungskosten, nachdem sie steuerbilanziell gewinnmindernd berücksichtigt worden sind, sich anschließend insoweit wieder einkommenserhöhend auswirken, als durch ihren Abzug bei der Ermittlung des steuerfreien Veräußerungsgewinns nur ein entsprechend verminderter Betrag nach § 8b Abs. 2 KStG steuerfrei gestellt wird. Begreift man diese Zuordnung der Veräußerungskosten zum steuerfreien Bereich als erste Nichtabziehbarkeit der Veräußerungskosten, so folgt im Wege der Hinzurechnung nach § 8 Abs. 3 Satz 1 KStG i. H. v. 5 % des steuerfreien Veräußerungsgewinns deren zweite, wenngleich nunmehr pauschalierte Nichtabziehbarkeit (vgl. GOSCH, 2009, § 8b KStG Rz. 283). Diese doppelte Nichtabziehbarkeit könnte man nun als Verstoß gegen das objektive Nettoprinzip werten, dabei ist allerdings zu beachten, dass die Veräußerungskosten, indem sie den steuerfreien Veräußerungsgewinn vermindern, zugleich die Bemessungsgrundlage zur Ermittlung des 5 %igen Hinzurechnungsbetrags verringern und insoweit dann doch eine, wenn auch nur geringfügige einkommensmindernde Wirkung entfalten. Mit Hinweis auf diese entlastende Wirkung i. H. v. 5 % der Veräußerungskosten hat das BVerfG (v. 12. 10. 2010 – 1 BvL 12/07, DStR 2010, 2393) einen Verstoß gegen das objektive Nettoprinzip verneint. Auch der BFH (v. 09. 04. 2014 – I R 52/12, DStR 2014, 1221) kommt zu diesem Ergebnis, wenngleich mit anderer Begründung: Zwar könne die doppelte Nichtabziehbarkeit der Veräußerungskosten in systematischer Hinsicht nicht vollkommen überzeugen, gleichwohl sei dadurch das Leistungsfähigkeitsprinzip nicht in unverhältnismäßiger Weise verletzt. Der Regelungswortlaut sei eindeutig und für eine telelogische einschränkende Auslegung bestehe keine Veranlassung, da das Ergebnis sich im Rahmen der hinnehmbaren gesetzgeberischen Gestaltungsfreiheit bewege.

BEISPIEL 79

Die X-GmbH veräußert Anteile an der Z-AG, welche mit 100 zu Buche stehen, für 200. Die Veräußerungskosten (z. B. Beratungskosten, Gebühren) betragen 10, so dass sich aus diesem Sachverhalt ein steuerbilanzieller Gewinn i. H. v. 90 ergibt. Gemäß § 8b Abs. 2 Satz 2 KStG ermittelt sich der steuerfrei zu stellende Veräußerungsgewinn wie folgt:

Veräußerungspreis	200
./. Veräußerungskosten	10
./. Buchwert	100
= Veräußerungsgewinn	90

Dieser Betrag ist außerbilanziell vom Gewinn abzuziehen. Von dem Veräußerungsgewinn gelten gemäß § 8b Abs. 3 Satz 1 KStG 5 % als nichtabziehbare Betriebsausgaben, mithin 90 × 0,05 = 4,5. Diese sind dem Gewinn außerbilanziell hinzuzurechnen. Ausgehend von einem steuerbilanziellen Gewinn von 90 ergibt sich folgendes Einkommen der X-GmbH:

Steuerbilanzieller Gewinn		90,0
./. steuerfrei gemäß § 8b Abs. 2 KStG	./.	90,0
+ nichtabziehbare Betriebsausgaben gemäß § 8b Abs. 3 Satz 1 KStG		4,5
= zu versteuerndes Einkommen		4,5

Würde man stattdessen die Veräußerungskosten bei der Ermittlung des steuerfrei zu stellenden Veräußerungsgewinns unberücksichtigt lassen, so ergäbe sich Folgendes:

Steuerbilanzieller Gewinn		90,0
./. steuerfrei gemäß § 8b Abs. 2 KStG	./.	100,0
+ nichtabziehbare Betriebsausgaben gemäß § 8b Abs. 3 Satz 1 KStG		5,0
= zu versteuerndes Einkommen	./.	5,0

Die Differenz zwischen den zu versteuernden Einkommen i. H. v. 9,5 erklärt sich daraus, dass im ersten Fall insgesamt 14,5 als nichtabziehbare Betriebsausgaben gelten, davon 10,0 über die Zuordnung der Veräußerungskosten zum steuerbefreiten Bereich und 4,5 über die pauschale Hinzurechnung, während dies im zweiten Fall lediglich 5,0 gemäß § 8b Abs. 3 Satz 1 KStG sind. ◀|

Umfang der Veräußerungskosten

Zu den Veräußerungskosten gehören alle Aufwendungen, die durch die Veräußerung veranlasst sind. Dabei ist zunächst und unmittelbar an etwaige Transaktionskosten (z. B. Gebühren und Beratungskosten) zu denken, allerdings wird der Begriff der Veräußerungskosten von Seiten der Rechtsprechung deutlich weiter gefasst (vgl. BFH v. 09.04.2014 – I R 52/12, DStR 2014, 1221; v. 12.03.2014 – I R 45/13, DStR 2014, 1219). So seien die Veräußerungskosten i. S. d. § 8b Abs. 2 Satz 2 KStG nicht danach abzugrenzen, ob sie in unmittelbarer sachlicher Beziehung zu dem Veräußerungsgeschäft stehen, sondern vielmehr komme es darauf an, ob ein Veranlassungszusammenhang zur Veräußerung bestehe. Abzustellen sei auf das »auslösende Moment« für die Entstehung der Aufwendungen und darauf, ob sie eine größere Nähe zur Veräußerung oder zum laufenden Gewinn aufwiesen. Dies hat beispielsweise zur Folge, dass bei Anteilsveräußerungen auch die Verluste aus der Veräußerung von Zertifikaten auf die entsprechenden Aktien infolge eines kompensatorischen Sicherungsgeschäfts als Veräußerungskosten zu beurteilen und damit im steuerfreien Bereich zu verorten sind (vgl. BFH v. 09.04.2014 – I R 52/12, DStR 2014, 1221; siehe auch OFD Nordrhein-Westfalen v. 31.07.2013, BeckVerw 276796). Anders indes hat der BFH bezüglich einer Tantiemezahlung an den anlässlich der Anteilsveräußerung ausscheidenden Geschäftsführer entschieden, da diese Zahlung eben nur anlässlich, nicht aber wegen der Anteilsveräußerung erfolgt sei. Vielmehr offenbare die Tantiemezahlung, weil sie in Anerkennung der über viele Jahre erbrachten Leistungen des Geschäftsführers getätigt worden sei, eine größere Nähe zum laufend erwirtschafteten Gewinn, so dass sie nicht den steuerfreien Veräußerungskosten zuzuordnen sei und sich folglich einkommensmindernd auswirke (vgl. BFH v. 12.03.2014 – I R 45/13, DStR 2014, 1219).

Vorgezogene bzw. nachträgliche Veräußerungskosten

Die Zuordnung der Veräußerungskosten zum steuerbefreiten Bereich erfolgt auch dann, wenn die betreffenden Aufwendungen in einem anderen Wirtschaftsjahr angefallen sind als demjenigen, in dem der Veräußerungsgewinn selbst entstanden ist. In diesem Fall sind die Veräußerungskosten bei der Ermittlung des Veräußerungsgewinns nach den Grundsätzen des § 8b Abs. 2 Satz 2 KStG im Wirtschaftsjahr der Veräußerung der Beteiligung zu berücksichtigen. Dies gilt allerdings nicht nur für die nach § 8b Abs. 2 KStG außerbilanziell vorzunehmende Einkommenskorrektur, sondern ebenso ist auch das steuerbilanzielle Ergebnis des Wirtschaftsjahres der Veräußerung selbst durch den Einbezug der in einem anderen Wirtschaftsjahr angefallenen Veräußerungskosten außerbilanziell zu korrigieren (vgl. BFH v. 12.03.2014 – I R 55/13, BFH/NV 2014, 1329; teilweise a.A. BMF v. 13.03.2008, BStBl. I 2008, 506; siehe auch F II 2.2).

3.2 Nichtberücksichtigung von Substanzverlusten der Anteile

3.2.1 Grundsätzliche Anwendungsfälle

Substanzverluste konkreter Anteile ... Gemäß § 8b Abs. 3 Satz 3 KStG sind Gewinnminderungen, die im Zusammenhang mit Beteiligungen an anderen Körperschaften stehen, bei der Ermittlung des Einkommens nicht zu berücksichtigen. Das Abzugsverbot gilt dabei grundsätzlich für jeden Realisationstatbestand i. S. v. § 8b Abs. 2 Satz 1 und 3 KStG, wenn dieser zu einem Verlust führt. Inhaltlich verbergen sich mithin hinter den von § 8b Abs. 3 Satz 3 KStG gemeinten Gewinnminderungen Substanzverluste der von § 8b Abs. 2 KStG erfassten Anteile selbst. Diese können insbesondere aus folgenden Sachverhalten resultieren:

- Vornahme einer Teilwertabschreibung;
- Veräußerung des Anteils zu einem Preis unterhalb des Buchwerts;
- Auflösung der Gesellschaft, an welcher die Anteile gehalten werden, wenn der erhaltene Liquidationserlös geringer ist als der Buchwert der Anteile;
- Herabsetzung des Nennkapitals der Kapitalgesellschaft, an welcher die Anteile gehalten werden, wenn der Rückzahlungsbetrag den Buchwert der Anteile unterschreitet.

Zu weiteren Fällen siehe BMF v. 28.04.2003, BStBl. I 2003, 292 Tz. 26. Zu Gewinnminderungen im Zusammenhang mit Darlehensforderungen siehe F III 1.

... nicht aber vergebliche Erwerbsaufwendungen Nicht von dem Abzugsverbot gemäß § 8b Abs. 3 Satz 3 KStG erfasst werden indes solche Gewinnminderungen, die nicht im Zusammenhang mit einem konkret vorhandenen Anteil i. S. v. § 8b Abs. 2 Satz 2 KStG stehen. Folglich verbleiben Kosten, die anlässlich des intendierten Erwerbs von Kapitalgesellschaftsanteilen anfallen, z. B. für eine Due-Diligence-Prüfung, jedenfalls dann als abziehbare Betriebsausgaben, wenn es schlussendlich nicht zum Erwerb der Anteile kommt (vgl. BFH v. 09.01.2013 – I R 72/11, BStBl. II 2013, 343).

3.2.2 Steuersystematische Einordnung

Kehrseite der Medaille der Steuerfreiheit Steuersystematisch basiert die Regelung des § 8b Abs. 3 Satz 3 KStG auf dem Grundgedanken, dass, wenn die Gewinne aus der Veräußerung der vorgenannten Beteiligungen gemäß § 8b Abs. 2 KStG das Einkommen nicht erhöhen, etwaige Verluste das Einkommen nicht mindern dürfen, und erscheint insoweit systemgerecht (vgl. GOSCH, 2009, § 8b KStG Rz. 261). Mitunter wird die Regelung daher schlicht als Kehrseite der Medaille der Steuerfreiheit der Veräußerungsgewinne bezeichnet (vgl. BIRK, StuW 2000, 328, 336).

An dieser Nichtberücksichtigung der Gewinnminderungen ist allerdings Zweierlei problematisch:

- Während die Nichtberücksichtigung der Gewinnminderungen zu 100 % gilt, beträgt die damit korrespondierende Steuerfreistellung etwaiger Veräußerungsgewinne wegen § 8b Abs. 3 Satz 1 KStG lediglich 95 %, so dass insoweit eine Ungleichbehandlung besteht (siehe hierzu F II 3.2.2.1).

- Zudem ist fraglich, ob die Nichtberücksichtigung der Gewinnminderungen auch dann noch gerechtfertigt ist, wenn nirgendwo auf der körperschaftsteuerlichen Ebene eine Berücksichtigung der Verluste erfolgt (siehe hierzu F II 3.2.2.2).

3.2.2.1 Ungleichbehandlung von Gewinnen und Verlusten

Da es an einer § 8b Abs. 3 Satz 1 KStG entsprechenden Regelung für Verluste fehlt, nach welcher 5 % des jeweiligen Verlusts als abziehbare Betriebsausgaben zu qualifizieren wären, woraufhin sich die Steuerunwirksamkeit des Verlusts auf 95 % reduzierte, ergibt sich eine im Gesetz angelegte Ungleichbehandlung von Gewinnen i. S. d. § 8b Abs. 2 KStG einerseits und Gewinnminderungen i. S. d. § 8b Abs. 3 Satz 3 KStG andererseits: Während die Gewinne im Ergebnis nur zu 95 % steuerbefreit sind, verbleiben Gewinnminderungen vollständig steuerunwirksam.

Dies zeigt sich insbesondere dann, wenn dem Realisationstatbestand i. S. d. § 8b Abs. 2 KStG eine nach § 8b Abs. 3 Satz 3 KStG steuerunwirksame Teilwertabschreibung vorausgegangen ist. Wird diese nun, beispielsweise durch Anteilsveräußerung oder infolge einer zwingenden Wertaufholung nach § 6 Abs. 1 Satz 1 Nr. 2 Satz 3 EStG, kompensiert, so ist zwar der aus diesem Vorgang resultierende Gewinn nach § 8b Abs. 2 KStG steuerfrei, allerdings gelten nach § 8b Abs. 3 Satz 1 KStG eben 5 % dieses Gewinns als nichtabziehbare Betriebsausgaben. Obwohl der Steuerpflichtige mit der Kompensation der Teilwertabschreibung lediglich wieder auf das ursprüngliche Niveau seiner wirtschaftlichen Leistungsfähigkeit zurückgekehrt ist, werden 5 % dieses Aufholbetrages der Besteuerung unterworfen. Dieser im Gesetz angelegte Automatismus ist mit dem Leistungsfähigkeitsprinzip unvereinbar, so dass zu Recht eine Kürzung der Bezugsgröße des § 8b Abs. 3 Satz 1 KStG um den Betrag der steuerunwirksamen Teilwertabschreibung gefordert wird (so KRÖNER in Ernst & Young, KStG, § 8b Rz. 139).

Überbesteuerung bei Kompensation steuerunwirksamer Teilwertabschreibungen

BEISPIEL 80

Die X-GmbH hat Anteile an der Z-AG für 100.000 € in 01 erworben. Zum 31.12.02 nimmt die X-GmbH wegen eines entsprechend gesunkenen Aktienkurses eine Teilwertabschreibung gemäß § 6 Abs. 1 Satz 1 Nr. 2 Satz 2 EStG vor und bewertet die Anteile nur noch mit 20.000 €. Als sich der Aktienkurs erholt, bewertet die X-GmbH die Anteile zum 31.12.04 wieder mit 100.000 €.

Gemäß § 8b Abs. 3 Satz 3 KStG ist die aus der Teilwertabschreibung resultierende Gewinnminderung in 02 i. H. v. 80.000 € bei der Ermittlung des Einkommens der X-GmbH nicht zu berücksichtigen. Ebenso bleibt der Zuschreibungsbetrag in 04 gemäß § 8b Abs. 2 Satz 3 KStG unberücksichtigt. Allerdings gelten 5 % dieses Betrags, mithin 4.000 €, gemäß § 8b Abs. 3 Satz 1 KStG als nichtabziehbare Betriebsausgaben, welche außerbilanziell dem Gewinn hinzuzurechnen sind. Die X-GmbH versteuert mithin ein fiktives Einkommen i. H. v. 4.000 €, obwohl realiter keine Mehrung ihrer wirtschaftlichen Leistungsfähigkeit eingetreten ist. ◀

Dieser Zuschreibungsfalle lässt sich freilich entgehen, indem man den im Zuge des BilMoG kreierten Wahlrechtsvorbehalt des § 5 Abs. 1 Satz 1 EStG nutzt, wonach es zulässig ist, in Ausübung eines steuerlichen Wahlrechts vom handelsrechtlichen

Verzicht auf Teilwertabschreibung angeraten

Wertansatz abzuweichen (vgl. HERZIG/BRIESEMEISTER, DB 2009, 976, 978). Konkret bedeutet dies, dass das bei Vorliegen einer voraussichtlich dauernden Wertminderung bestehende handelsrechtliche Abschreibungsgebot infolge des in § 6 Abs. 1 Nr. 2 Satz 2 EStG formulierten Wahlrechts steuerrechtlich nicht nachvollzogen werden muss (vgl. BMF v. 12.03.2010, BStBl. I 2010, 239 Tz. 15), die Abschreibung auf den niedrigeren Teilwert mithin unterlassen werden kann und sich damit die Frage einer nachfolgenden Wertaufholung nicht mehr stellt (aus steuersystematischer Sicht kritisch HENNRICHS, Ubg 2009, 533, 539).

3.2.2.2 Generelle Nichtberücksichtigung von Gewinnminderungen

Ggf. Konflikt mit dem Leistungsfähigkeitsprinzip

Auf den ersten Blick gerät die Nichtberücksichtigung von Gewinnminderungen gemäß § 8b Abs. 3 Satz 3 KStG zumindest dann in Konflikt mit dem Leistungsfähigkeitsprinzip, wenn für den Anteilseigner endgültige Vermögensverluste zu diagnostizieren sind. Zur Einhaltung des Leistungsfähigkeitsprinzips wird daher die Berücksichtigung derartiger Verluste gefordert (vgl. WATERMEYER in HHR, § 8b KStG Anm. 106 m.w.N.; zur möglichen technischen Umsetzung SPENGEL/SCHADEN, DStR 2003, 2192, 2200).

BEISPIEL 81

Die X-GmbH erwirbt Aktien der Z-AG für 100 und veräußert diese später für 10. Offenkundig hat sich die wirtschaftliche Leistungsfähigkeit der X-GmbH endgültig um 90 vermindert. Berücksichtigt man nun diese Minderung der Leistungsfähigkeit innerhalb der Gewinnermittlung nicht, so liegt ein Verstoß gegen das Leistungsfähigkeitsprinzip vor. Dieser wird nicht durch den Hinweis geheilt, dass etwaige Wertsteigerungen ebenfalls nicht der Besteuerung unterlegen hätten. ◀|

Idealtypisch systemimmanent im Teileinkünfteverfahren

Allerdings entspricht die Nichtberücksichtigung von Gewinnminderungen idealtypisch den Grundwertungen des Teileinkünfteverfahrens: Wenn Gewinne auf körperschaftsteuerlicher Ebene nur einmal der Besteuerung unterliegen, so sollen sich eben auch Verluste nur einmal auf dieser Ebene steuermindernd auswirken.

BEISPIEL 82

Die X-AG ist zu 100 % an der Z-GmbH beteiligt. Die Anschaffungskosten des Anteils betrugen 200. Die Z-GmbH erzielt in 2009 einen Verlust i.H.v. 100, welchen sie im Wege eines Verlustrücktrags steuerlich geltend macht. Die X-AG nimmt daraufhin eine Teilwertabschreibung vor und bewertet die Anteile an der Z-GmbH nur noch mit 115. Der Verlust i.H.v. 100 hat sich auf Ebene der Z-GmbH steuerlich ausgewirkt und zu einer Steuererstattung i.H.v. 15 geführt. Eine nochmalige Berücksichtigung dieses Verlusts durch eine steuerliche Berücksichtigung der sich infolge der Teilwertabschreibung auf die Anteile an der Z-GmbH bei der X-AG ergebenden Gewinnminderung wäre innerhalb des Teileinkünfteverfahrens nicht systemgerecht. ◀|

Auch ggf. überhaupt keine Berücksichtigung auf körperschaftsteuerlicher Ebene …

Fragwürdig bleibt allerdings der Fall, in dem auf Ebene der Körperschaft, an welcher die Anteile gehalten werden, eine Verlustberücksichtigung gar nicht möglich ist, da sich sodann die Verluste infolge der Nichtberücksichtigung der Gewinnminderungen auf Ebene der anteilshaltenden Kapitalgesellschaft auf körperschaftsteuerlicher Ebene überhaupt nicht auswirken.

BEISPIEL 83

Die X-AG ist zu 100% an der Z-GmbH beteiligt. Die Anschaffungskosten des Anteils betrugen 100. Infolge nachhaltiger Verluste wird die inzwischen vermögenslose Z-GmbH liquidiert. Da mangels vorheriger Gewinne ein Verlustrücktrag sowie wegen der Auflösung der Gesellschaft ein Verlustvortrag scheitern, wirken sich die Verluste auf Ebene der Z-GmbH nicht aus. Da auf Ebene der X-AG die infolge der Wertlosigkeit der Anteile an der Z-GmbH bewirkte Gewinnminderung von 100 gemäß § 8b Abs. 3 Satz 3 KStG unberücksichtigt bleibt, werden die Verluste der Z-GmbH körperschaftsteuerlich überhaupt nicht berücksichtigt. ◂|

Der BFH hat einen Verfassungsverstoß indes verneint: So sei die durchgängige und folgerichtige Korrespondenz zwischen steuerbefreiten Einnahmen einerseits und vom Abzugsverbot betroffenen Ausgaben andererseits unabhängig davon hinzunehmen, dass es in Einzelfällen zu überschießenden Wirkungen kommen könne. Das objektive Nettoprinzip als Ausdruck des Leistungsfähigkeitsprinzips werde dadurch nicht in unverhältnismäßiger Weise verletzt (vgl. BFH v. 13.10.2010 – I R 79/09, BFH/NV 2011, 521; v. 12.03.2014 – I R 87/12, DStR 2014, 1227).

... ist nicht verfassungswidrig

Zudem hat der BFH entschieden, dass der Ausschluss der Berücksichtigung von Gewinnminderungen gemäß § 8b Abs. 3 KStG nicht davon abhängig sei, dass die Kapitalgesellschaft in diesem oder einem anderen Veranlagungszeitraum tatsächlich Einnahmen oder Gewinne aus den betreffenden Anteilen oder aus deren Veräußerung erwirtschaftet habe. Die insoweit einschränkende Rechtsprechung zu § 3c Abs. 2 EStG a.F. sei auf Fälle des § 8b Abs. 3 KStG nicht übertragbar, da Letzterer lediglich einen Zusammenhang zwischen den Gewinnminderungen und den in Abs. 2 der Vorschrift genannten Anteilen selbst verlange, nicht jedoch das Vorhandensein von steuerfreien Einnahmen oder Gewinnen aus diesen voraussetze (vgl. BFH v. 13.10.2010 – I R 79/09, BFH/NV 2011, 521; v. 19.04.2011 – I B 166/10, BFH/NV 2011, 1399).

Gilt auch, wenn niemals steuerfreie Vermögensmehrungen erzielt wurden

4 Gewerbesteuerliche Auswirkungen

4.1 Beteiligungserträge i.S.v. § 8b Abs. 1 KStG

§ 8b KStG gilt über § 7 Satz 1 GewStG auch für die Gewerbesteuer. Gewerbesteuerlich ist der Gesetzgeber allerdings bestrebt, die Auswirkungen des Teileinkünfteverfahrens (§ 3 Nr. 40 EStG) und des Freistellungsverfahrens (§ 8b KStG) insoweit wieder zu neutralisieren, als sie gegenüber der Rechtslage vor der Einführung dieser Regelungen zu einer weitergehenden gewerbesteuerlichen Freistellung von Dividenden führen würden. Kennzeichen dieser vorherigen Rechtslage war es, dass Streubesitzdividenden in vollem Umfang der Gewerbesteuer unterlagen, während Schachteldividenden vollumfänglich über § 9 Nr. 2a und 7 GewStG gewerbesteuerbefreit waren. Da nach damaliger Rechtslage keine körperschaftsteuerliche Befreiung i.S.d. heutigen § 8b KStG existierte, waren die Dividenden in der Ausgangsgröße zur Ermittlung des Gewerbeertrags stets enthalten, und es war anschließend schlicht zu prüfen, ob nach gewerbesteuerlichen Reglungen eine Schachteldividende vorlag, die sodann gewerbesteuerlich gekürzt wurde.

Die gegenwärtige Rechtslage ist hingegen davon geprägt, dass die Bezüge i. S. v. § 8b Abs. 1 KStG regelmäßig im Ergebnis zu 95 % freigestellt sind, es sei denn, es liegt nach Körperschaftsteuerrecht eine Streubesitzdividende gemäß § 8b Abs. 4 KStG vor, was der Fall ist, wenn die Beteiligung zu Beginn des Kalenderjahres nicht mindestens 10 % betragen hat. Hätte sich der Gesetzgeber zu einer steuerartenübergreifenden gleichlautenden Definition von Streubesitz- und Schachteldividende durchgerungen, d. h. würde er auch gewerbesteuerlich die Grenze zwischen Streu- und Schachtelbeteiligung bei einer Quote von 10 % ziehen, so wäre, ausgehend von der Idee, dass gewerbesteuerlich Streubesitzdividenden im Gewerbeertrag enthalten sein sollen, Schachteldividenden indes nicht, insoweit die Anwendung gesonderter gewerbesteuerlicher Hinzurechnungs- bzw. Kürzungsvorschriften nicht erforderlich. Streubesitzdividenden wären wegen § 8b Abs. 4 KStG bereits im Gewinn enthalten, Schachteldividenden wären dies infolge der Freistellung durch § 8b Abs. 1 KStG nicht. Ärgerlicherweise hat sich der Gesetzgeber jedoch zu einer solchen übereinstimmenden Abgrenzung nicht durchringen können: Während das KStG von einer Schachteldividende bereits bei einer Beteiligung von mindestens 10 % ausgeht, ist dies gewerbesteuerlich gemäß § 9 Nr. 2a bzw. 7 GewStG im Grundsatz erst bei einer Beteiligungsquote von mindestens 15 % der Fall. Eine übereinstimmende Grenzziehung bei einer Beteiligungsquote von 10 % ergibt sich lediglich bei Beteiligungen an EU-/EWR-Kapitalgesellschaften (§ 9 Nr. 7 Satz 1 HS 2 GewStG) sowie in grenzüberschreitenden Fällen nach § 9 Nr. 8 GewStG, wenn das jeweilige DBA auf eine solche Beteiligungsquote abstellt (vgl. GREFE, DStZ 2013, 573, 576). Lässt man diese Fälle der Übereinstimmung einmal außen vor, so gilt, dass gewerbesteuerlich ggf. ein Korrekturbereich gegenüber den körperschaftsteuerlichen Wertungen verbleibt.

4.1.1 Streubesitzdividenden i. S. d. GewStG

Hinzurechnung nach § 8 Nr. 5 GewStG

Liegen nach gewerbesteuerlichem Verständnis Streubesitzdividenden vor, so sind gemäß § 8 Nr. 5 GewStG die nach § 8b Abs. 1 KStG steuerbefreiten Dividenden abzüglich der nach § 8b Abs. 5 KStG fingierten nichtabziehbaren Betriebsausgaben gewerbesteuerlich wieder hinzuzurechnen, soweit sie nicht abstrakt die Voraussetzungen des § 9 Nr. 2a oder 7 GewStG erfüllen (vgl. hierzu BFH v. 09.11.2011 – I B 62/11, BFH/NV 2012, 449). Letzteres ist der Fall, wenn, von den oben beschriebenen Sonderfällen einmal abgesehen, die Beteiligungsquote zu bzw. seit Beginn des Erhebungszeitraums mindestens 15 % beträgt. Ist dies der Fall, so ist eine Hinzurechnung nicht vorzunehmen, was einleuchtet, weil diese hinzugerechneten Beträge anschließend nach § 9 Nr. 2a bzw. Nr. 7 GewStG ohnehin wieder zu kürzen wären. Augenmerk ist zudem auf die in § 8 GewStG formulierte grundlegende Tatbestandsvoraussetzung zu richten, dass nur insoweit wieder hinzugerechnet wird, als die Beträge bei der Ermittlung des Gewinns abgesetzt worden sind. Zu einer Hinzurechnung kommt es folglich nur dann, wenn die Dividenden gemäß § 8b Abs. 1 i. V. m. Abs. 5 KStG zu 95 % steuerfrei gestellt worden sind, nach körperschaftsteuerlichem Verständnis mithin eine Schachtelbeteiligung vorliegt, zugleich jedoch nach gewerbesteuerlichem Verständnis eine Streubesitzbeteiligung gegeben ist, § 9 Nr. 2a bzw. Nr. 7 GewStG mithin nicht erfüllt ist. Dieses Szenario stellt sich ein, wenn die Beteiligungsquote mindestens 10 %, jedoch weniger als 15 % beträgt. Sodann wird im Ergebnis die 95 %ige körperschaftsteuerliche Freistellung gewerbesteuerlich aufgehoben und man erhält einen Gewerbeertrag, so wie er sich ohne § 8b KStG ergeben hätte. Etwaige mit den Beteiligungserträgen in Zusammenhang stehende tatsächliche Betriebsausgaben bleiben aufwandswirksam. Sollte es sich bei diesen Aufwendungen um Zinsaufwendungen handeln, so ist ggf. gemäß § 8 Nr. 1 Buchst. a GewStG eine partielle Hinzurechnung vorzunehmen.

Bei einer Quote von weniger als 10 % sind die Dividenden hingegen bei der Ermittlung des Gewinns nicht abgesetzt worden, weil § 8b Abs. 4 KStG die Steuerbefreiung nach § 8b Abs. 1 KStG abschaltet. Weil in diesem Fall die Dividenden noch im Gewinn enthalten sind, ist für eine gewerbesteuerliche Hinzurechnung kein Raum. Beträgt demgegenüber die Beteiligungsquote mindestens 15 %, so sind die Dividenden zwar zu 95 % (§ 8b Abs. 1 i.V.m. Abs. 5 KStG) nicht im Gewinn enthalten, eine gewerbesteuerliche Hinzurechnung unterbleibt jedoch auch in diesem Fall, weil die Voraussetzungen des § 9 Nr. 2a bzw. 7 GewStG erfüllt sind.

Unterbleibt, wenn § 8b Abs. 4 KStG gilt oder gewerbesteuerliche Schachtelbeteiligung vorliegt

BEISPIEL 84

Die X-GmbH ist zu 12 % an der Y-GmbH beteiligt und erhält von dieser in 05 eine Dividende i.H.v. 100.000 € ausgeschüttet. Im Zusammenhang mit der Beteiligung an der Y-GmbH sind der X-GmbH in 05 Zinsaufwendungen i.H.v. 10.000 € entstanden.

Es ergeben sich folgende Auswirkungen auf das körperschaft- und gewerbesteuerliche Ergebnis:

Erhaltene Dividende		100.000 €
Finanzierungsaufwendungen	./.	10.000 €
Steuerbilanzgewinn		**90.000 €**
Steuerfrei gemäß § 8b Abs. 1 KStG, § 8b Abs. 4 KStG greift nicht ein	./.	100.000 €
Nichtabziehbare Betriebsausgaben gemäß § 8b Abs. 5 KStG		5.000 €
Körperschaftsteuerliches Ergebnis	./.	5.000 €
Keine Hinzurechnung nach § 8 Nr. 1 Buchst. a GewStG, da hier die Summe der Hinzurechnungen i.S.v. § 8 Nr. 1 GewStG den Freibetrag von 100.000 € nicht übersteigt		–
Hinzurechnung § 8 Nr. 5 GewStG		95.000 €
Gewerbesteuerliches Ergebnis		**90.000 €**

Es zeigt sich, dass durch die gewerbesteuerliche Hinzurechnung nach § 8 Nr. 5 GewStG die Auswirkungen der Freistellung nach § 8b KStG neutralisiert worden sind und das gewerbesteuerliche Ergebnis mit dem Steuerbilanzgewinn vor Anwendung von § 8b KStG übereinstimmt.

Würde die Beteiligung der X-GmbH an der Y-GmbH hingegen weniger als 10 % betragen, so wäre gemäß § 8b Abs. 4 KStG die Steuerfreistellung nach § 8b Abs. 1 KStG und die Hinzurechnung nicht abziehbarer Betriebsausgaben gemäß § 8b Abs. 5 KStG nicht vorzunehmen. Das körperschaftsteuerliche Ergebnis betrüge sodann 90.000 €. Eine Hinzurechnung gemäß § 8 Nr. 5 GewStG wäre nicht vorzunehmen, weil keine Bezüge nach § 8b Abs. 1 KStG bei der Ermittlung des Gewinns abgesetzt worden wären. Das gewerbesteuerliche Ergebnis würde sodann ebenfalls 90.000 € betragen. ◄|

4.1.2 Schachteldividenden

Sind die Voraussetzungen des gewerbesteuerlichen Schachtelprivilegs erfüllt, so unterbleibt eine Hinzurechnung nach § 8 Nr. 5 GewStG, was gesetzessystematisch einleuchtet, da andernfalls ohnehin eine anschließende Kürzung nach § 9 Nr. 2a

Keine Hinzurechnung

oder Nr. 7 GewStG erfolgen würde. Zudem ist zu beachten, dass, weil in diesen Fällen auch nach körperschaftsteuerlichen Wertungen eine Schachtelbeteiligung vorliegt, 95 % der Dividenden wegen der Freistellung nach § 8b Abs. 1 i. V. m. Abs. 5 KStG bei der Ermittlung des Gewinns nicht angesetzt worden sind, so dass insoweit keine Kürzung nach § 9 Nr. 2a bzw. Nr. 7 GewStG vorzunehmen ist.

Keine Kürzung der nach § 8b Abs. 5 KStG nichtabziehbaren Betriebsausgaben

Allerdings stellt sich die Frage, ob nicht die noch im Gewinn enthaltenen, verbleibenden 5 % der Dividenden, welche nach § 8b Abs. 5 KStG als nichtabziehbare Betriebsausgaben qualifiziert worden sind, nunmehr nach § 9 Nr. 2a oder 7 GewStG zu kürzen sind. Diesbezüglich vertreten allerdings sowohl der Gesetzgeber in § 9 Nr. 2a Satz 4 bzw. Nr. 7 Satz 3 GewStG als auch der BFH (v. 10. 01. 2007 – I R 53/06, BStBl. II 2007, 585) die Auffassung, dass es sich bei diesen Beträgen eben nicht um nicht steuerbefreite Gewinnanteile, sondern vielmehr um (fiktive) Betriebsausgaben handele, woraufhin die gewerbesteuerlichen Kürzungsvorschriften nicht einschlägig seien.

Ggf. gewerbesteuerliche Doppelbelastung

Als Ergebnis ist festzuhalten, dass einerseits 5 % der Dividenden der Gewerbesteuer unterliegen, andererseits jedoch etwaig tatsächlich angefallene Aufwendungen (zunächst) aufwandswirksam verbleiben. Sollte bezüglich dieser tatsächlichen Aufwendungen allerdings eine Hinzurechnung nach § 8 Nr. 1 Buchst. a GewStG erfolgen, so kann eine partielle doppelte gewerbesteuerliche Belastung die Folge sein: Zum einen würden die nach § 9 Nr. 2a Satz 4 bzw. Nr. 7 Satz 3 GewStG als fiktive Betriebsausgaben nicht gekürzten Beträge der Gewerbesteuer unterliegen, zum anderen würden die nach § 8 Nr. 1 Buchst. a GewStG hinzugerechneten tatsächlichen Betriebsausgaben der Gewerbesteuer unterworfen (vgl. GROTHERR, BB 2001, 597, 602). Insoweit erscheint es geboten, in diesen Fällen von einer Hinzurechnung nach § 8 Nr. 1 GewStG abzusehen; u. E. könnte ein solcher Verzicht aus § 9 Nr. 2a Satz 3 HS 2 GewStG hergeleitet werden.

BEISPIEL 85

Die X-GmbH hält eine Schachtelbeteiligung an der Y-GmbH und bezieht von dieser in 05 eine Dividende i. H. v. 100.000 €. Im Zusammenhang mit der Beteiligung an der Y-GmbH sind der X-GmbH in 05 Zinsaufwendungen i. H. v. 10.000 € entstanden. Weitere Aufwendungen sind nicht angefallen.
Der Steuerbilanzgewinn von 90.000 € ist außerbilanziell gemäß § 8b Abs. 1 und Abs. 5 KStG durch eine Steuerfreistellung von 95.000 € auf ./. 5.000 € zu modifizieren.
Gewerbesteuerlich ist keine Kürzung nach § 9 Nr. 2a GewStG vorzunehmen, da der im Gewerbeertrag noch enthaltene Teil der Dividende (5.000 €) auf § 8b Abs. 5 KStG beruht. Unterstellt man, dass die X-GmbH den Hinzurechnungsfreibetrag nach § 8 Nr. 1 GewStG bereits ausgeschöpft hat, so ergibt sich zudem eine Hinzurechnung nach § 8 Nr. 1 Buchst. a GewStG i. H. v. 10.000 € × 0,25 = 2.500 € und der Gewerbeertrag erhöht sich auf ./. 2.500 €. Sodann aber zeigt sich, dass bezüglich der Beteiligung sowohl die sich nach § 8b Abs. 5 KStG ergebenden fiktiven Betriebsausgaben (5.000 €) als auch ein Viertel der tatsächlichen Betriebsausgaben (2.500 €) im Gewerbeertrag enthalten sind. Zutreffend wäre es daher, diesbezüglich auf eine Hinzurechnung nach § 8 Nr. 1 Buchst. a GewStG zu verzichten. ◀

4.1.3 Auswirkungen des Korrespondenzprinzips

Sollte wegen Verletzung des Korrespondenzprinzips nach § 8b Abs. 1 Satz 2 KStG die Steuerbefreiung nach § 8b Abs. 1 Satz 1 KStG versagt werden (siehe F II 1.4), so sind die nunmehr als steuerpflichtig erkannten Beträge vollumfänglich im Ausgangspunkt zur Ermittlung des Gewerbeertrags enthalten. Sind die Voraussetzungen von § 9 Nr. 2a bzw. 7 GewStG erfüllt, ist eine entsprechende Kürzung vorzunehmen, da das GewStG ein vergleichbares Korrespondenzprinzip nicht kennt (vgl. PUNG in DPM, § 8b KStG Tz. 79).

4.1.4 Zusammenfassung und steuersystematische Bewertung

Die vorstehenden Ausführungen zum Zusammenspiel von körperschaftsteuerlicher Freistellung einerseits und gewerbesteuerlicher Hinzurechnung bzw. Kürzung andererseits lassen sich tabellarisch wie folgt zusammenfassen. Dabei seien die Sonderfälle nach § 9 Nr. 7 Satz 1 HS 2 GewStG sowie nach § 9 Nr. 8 GewStG vernachlässigt, in denen es zu einer übereinstimmenden Abgrenzung von Streubesitz- und Schachteldividende nach KStG und GewStG kommen kann.

Beteiligungsquote	KStG	GewStG
< 10 %	nicht steuerfrei (§ 8b Abs. 4 KStG)	gewerbesteuerpflichtig keine Kürzung nach § 9 Nr. 2a bzw. Nr. 7 GewStG
≥ 10 % aber < 15 %	95 % steuerfrei (§ 8b Abs. 1 i. V. m. Abs. 5 KStG)	gewerbesteuerpflichtig Hinzurechnung nach § 8 Nr. 5 GewStG
≥ 15 %	95 % steuerfrei (§ 8b Abs. 1 i. V. m. Abs. 5 KStG)	95 % gewerbesteuerfrei keine Hinzurechnung nach § 8 Nr. 5 GewStG keine Kürzung der 5 % nicht abziehbaren BA i. S. v. § 8b Abs. 5 KStG (§ 9 Nr. 2a Satz 4 bzw. Nr. 7 Satz 3 GewStG)

Jenseits aller Detailüberlegungen zur (unterschiedlichen) Behandlung von Streubesitz- und Schachteldividenden in KStG und GewStG sei nicht vergessen, dass aus betriebswirtschaftlicher sowie steuersystematischer Perspektive die Nichtfreistellung der Streubesitzdividenden wegen der damit einhergehenden Doppel- bzw. Mehrfachbelastung ein und desselben Gewinns grundsätzlich nicht zu rechtfertigen ist (vgl. KESSLER/KNÖRZER, IStR 2008, 121). Dass der Gesetzgeber den Steuerpflichtigen im geltenden Recht einen solchen Kaskadeneffekt zumutet, ist sowohl bezüglich § 8b Abs. 4 KStG als auch bezüglich der Erhöhung der Schachtelgrenze im GewStG von vormals 10 % auf 15 % in erster Linie fiskalisch motiviert (vgl. F II 1.5.5 sowie BLÜMICH/GOSCH, § 9 GewStG, Rz. 168). Gleichwohl ist nach Auffassung des FG Schleswig-Holstein (v. 31.01.2013, EFG 2013, 538, nrk., Rev. eingelegt: Az. BFH I R 12/13) die gewerbesteuerliche Schachtelgrenze von 15 % nicht verfassungswidrig.

4.2 Beteiligungserträge i. S. v. § 8b Abs. 2 KStG

Im Unterschied zu den aus § 8b Abs. 1 KStG resultierenden Steuerbefreiungen erfasst die Hinzurechnungsvorschrift des § 8 Nr. 5 GewStG die nach § 8b Abs. 2 KStG steuerbefreiten Veräußerungsgewinne nicht (vgl. GÜROFF in Glanegger/Gü-

Keine Hinzurechnung bei der GewSt, aber …

roff, 2014, § 8 Nr. 5 GewStG Anm. 10), so dass die Steuerbefreiung auch ohne Vorliegen der Voraussetzungen des gewerbesteuerlichen Schachtelprivilegs bei der Ermittlung des Gewerbeertrags bestehen bleibt.

... auch keine Kürzung

Dies gilt für die Kürzungsvorschriften allerdings gleichermaßen. Sollte mithin der Gewinn aus der Veräußerung von Anteilen an einer Kapitalgesellschaft wegen der Versagung der Steuerbefreiung gemäß § 8b Abs. 2 Satz 4 KStG im Gewinn der Kapitalgesellschaft enthalten sein, so kann dieser nicht über § 9 Nr. 2a bzw. 7 GewStG gekürzt werden, da diese Regelungen vom Wortlaut her lediglich ausgeschüttete Gewinne, nicht aber veräußerungs- bzw. wertaufholungsbedingte Gewinnerhöhungen erfassen. Dies gilt nach Auffassung der Finanzverwaltung selbst dann, wenn es sich um eine Wertaufholung nach einer ausschüttungsbedingten Teilwertabschreibung handelt (vgl. OFD Düsseldorf 21.01.2004, FR 2004, 242).

Ggf. gewerbesteuerliche Doppelbelastung

Zu beachten ist, dass § 8b Abs. 3 KStG über § 7 Satz 1 GewStG auch für die Gewerbesteuer gilt, so dass 5 % des nach § 8b Abs. 2 KStG freigestellten Gewinns der Gewerbesteuer unterliegen. Sollten nun die mit dem Gewinn in Zusammenhang stehenden tatsächlichen Betriebsausgaben von § 8 Nr. 1 Buchst. a GewStG erfasst werden, so kann es insoweit auch hier, wie auch bei den Beteiligungserträgen nach § 8b Abs. 1 KStG, zu einer gewerbesteuerlichen Doppelbelastung kommen (vgl. WATERMEYER in HHR, § 8b KStG Anm. 103). Einerseits erfolgt eine partielle Hinzurechnung der tatsächlichen Finanzierungsaufwendungen über § 8 Nr. 1 Buchst. a GewStG, andererseits sind diese Aufwendungen bereits pauschaliert über § 8b Abs. 3 Satz 1 KStG im Gewerbeertrag enthalten.

III Weiterführende Fragestellungen

1 Gewinnminderungen im Zusammenhang mit gesellschaftsrechtlich veranlassten Darlehensforderungen

1.1 Überblick

Gestaltungsüberlegung zur Umgehung von § 8b Abs. 3 Satz 3 KStG

Die Ausführungen in Kapitel F II 3.2 haben gezeigt, dass wegen der grundsätzlichen Steuerfreiheit von Substanzgewinnen aus den von § 8b Abs. 2 KStG erfassten Anteilen im Gegenzug auch entsprechende Substanzverluste aus diesen Anteilen bei der Einkommensermittlung unberücksichtigt bleiben. Dies könnte zu Gestaltungen verleiten, die darauf abzielen, die vorstehende korrespondierende Nichtberücksichtigung von Substanzgewinnen und -verlusten zu durchbrechen und zu versuchen, einerseits die Steuerfreiheit möglicher Substanzgewinne zu erhalten, andererseits jedoch etwaige Substanzverluste (auch) im steuerpflichtigen Bereich entstehen zu lassen. Bis zu den durch das JStG 2008 angefügten § 8b Abs. 3 Sätze 4 bis 8 KStG war dies etwa durch die Gewährung eigenkapitalersetzender Darlehen möglich, da deren Wertminderungen nicht von dem Abzugsausschluss des § 8b Abs. 3 Satz 3 KStG erfasst wurden (vgl. BFH v. 14.01.2009 – I R 52/08, BStBl. II 2009, 674).

BEISPIEL 86

Die A-GmbH, einziger Gesellschafter ist A, ist zu 100 % an der X-GmbH beteiligt. Zudem gewährt sie der X-GmbH mehrere unverzinsliche Darlehen.

Unterstellt man eine wirtschaftlich positive Entwicklung der X-GmbH, so würde davon alleinig die A-GmbH als deren einziger Gesellschafter profitieren. Der Umstand, dass die A-GmbH, anstatt Kapitalerhöhungen vorzunehmen, lediglich Darlehen gewährt hat, würde sich hier nicht nachteilig auswirken, da die gesamte Wertsteigerung der Anteile an der X-GmbH ohnehin auf die A-GmbH entfällt. Für Gewinnausschüttungen seitens der X-GmbH bzw. für Gewinne aus der Veräußerung der Beteiligung selbst könnte die A-GmbH die Steuerfreiheit nach § 8b Abs. 1 bzw. Abs. 2 KStG beanspruchen.

Gerät die X-GmbH indes in wirtschaftliche Schwierigkeiten, so ist es vorstellbar, dass die A-GmbH zum einen eine Teilwertabschreibung auf die Beteiligung selbst vornimmt, zum anderen wird sie, wenn sich herausstellt, dass die X-GmbH die ihr gewährten Darlehen nicht mehr wird zurückzahlen können, zudem eine Abschreibung auf ihre Darlehensforderungen vornehmen. Während nun die durch die Abschreibung der Beteiligung an der X-GmbH bewirkte Gewinnminderung gemäß § 8b Abs. 3 Satz 3 KStG bei der Gewinnermittlung der A-GmbH nicht zu berücksichtigen ist, galt dies nach § 8b Abs. 3 KStG i.d.F. bis zur Änderung durch das JStG 2008 für Teilwertabschreibungen auf eigenkapitalersetzende Darlehen nicht, so dass der daraus resultierende Verlust das Einkommen der A-GmbH entsprechend verminderte. ◀|

Um derartigen Gestaltungen entgegenzuwirken, erklärt § 8b Abs. 3 Satz 4 KStG nunmehr auch solche Gewinnminderungen für die Einkommensermittlung als unbeachtlich, die mit Darlehensforderungen oder mit der Inanspruchnahme von Sicherheiten im Zusammenhang stehen, die von einem Gesellschafter gewährt werden, vorausgesetzt dieser ist oder war zu mehr als einem Viertel unmittelbar oder mittelbar an der betreffenden Kapitalgesellschaft beteiligt. Dies gilt darüber hinaus sowohl für Gewinnminderungen, die eine dem Gesellschafter nahe stehende Person aus einer Darlehensforderung gegenüber der Gesellschaft bzw. aus der Hingabe von Sicherheiten für ein Darlehen der Gesellschaft erleidet, als auch für solche Gewinnminderungen, die durch den Rückgriff eines Dritten auf den wesentlichen beteiligten Gesellschafter oder eine diesem nahe stehende Person auf Grund eines der Gesellschaft gewährten Darlehens entstehen (§ 8b Abs. 3 Satz 5 KStG). All dies gelangt jedoch dann nicht zur Anwendung, wenn der Nachweis gelingt, dass auch ein fremder Dritter bei sonst gleichen Umständen das Darlehen gewährt oder nicht zurückgefordert hätte (§ 8b Abs. 3 Satz 6 KStG). Gemäß § 8b Abs. 3 Satz 7 KStG gelten die Sätze 4 bis 6 entsprechend für Forderungen aus Rechtshandlungen, die einer Darlehensgewährung wirtschaftlich vergleichbar sind, so etwa die kapitalersetzende Nutzungsüberlassung eines Wirtschaftsguts (vgl. STRECK/BINNEWIES, 2014, § 8b KStG Anm. 89). Soweit sich die Teilwertabschreibung der Darlehensforderung nach den vorstehenden Grundsätzen nicht einkommensmindernd ausgewirkt hat, bleibt eine nachfolgend ggf. vorzunehmende Zuschreibung der Forderung bei der Ermittlung des Einkommens außer Ansatz (§ 8b Abs. 3 Satz 8 KStG).

Grundaussagen des § 8b Abs. 3 Satz 4 bis 8 KStG

FORTSETZUNG BEISPIEL 86

Wendete man die Regelungen des § 8b Abs. 3 Satz 4 ff. KStG auf Beispiel 86 an, so wäre mithin die Teilwertabschreibung auf die Darlehensforderung bei der Ermittlung des Einkommens der A-GmbH nicht zu berücksichtigen, da die A-GmbH unmittelbar wesentlich an der X-GmbH beteiligt ist und ein fremder Dritter der X-GmbH wohl kein unverzinsliches Darlehen gewährt hätte. ◀|

1.2 Tatbestandsvoraussetzungen im Einzelnen

1.2.1 Erfasste Gewinnminderungen

Teilwertabschreibung, Forderungsausfall

Zu einer Gewinnminderung i. S. v. § 8b Abs. 3 Satz 4 KStG kann es durch Vornahme einer Teilwertabschreibung auf die Darlehensforderung oder, wenn eine solche noch nicht erfolgt ist, durch einen Ausfall der Forderung im Fall der Insolvenz des Darlehensnehmers oder einen Forderungsverzicht i. H. d. nicht mehr werthaltigen Teils der Forderung kommen (vgl. PUNG in DPM, § 8b KStG Tz. 225).

Inanspruchnahme aus Sicherheiten

Hat die Kapitalgesellschaft indes selbst kein Darlehen gewährt, sondern vielmehr dem Gläubiger der darlehensnehmenden Kapitalgesellschaften Sicherheiten für das betreffende Darlehen hingegeben, so kann eine Gewinnminderung eintreten, wenn nachfolgend eine Inanspruchnahme aus diesen Sicherheiten erfolgt und sich die sodann entstehende Rückgriffsforderung gegenüber der darlehensnehmenden Gesellschaft als (teilweise) wertlos erweist.

> **BEISPIEL 87**
>
> Die M-GmbH ist zu 50 % an der T-GmbH beteiligt. Die T-GmbH nimmt bei der Z-Bank ein Darlehen über 100 auf, für welches die M-GmbH bürgt. Als die T-GmbH ihr Darlehen nicht zurückzahlen kann, nimmt die Z-Bank die M-GmbH i. H. v. 100 in Anspruch.
>
> Die M-GmbH passiviert eine entsprechende Bürgschaftsverbindlichkeit gegenüber der Z-Bank i. H. v. 100 und aktiviert zugleich wegen des nach § 774 BGB erfolgenden Forderungsübergangs in gleicher Höhe eine Bürgschaftsforderung gegenüber der T-GmbH. Da die T-GmbH zahlungsunfähig ist, nimmt die M-GmbH sodann eine Teilwertabschreibung auf die Bürgschaftsforderung i. H. v. 100 vor. Gemäß § 8b Abs. 3 Satz 4 KStG ist die daraus resultierende Gewinnminderung bei der Ermittlung des Einkommens der M-GmbH nicht zu berücksichtigen. ◄|

Wechselkursänderungen

Nach h. M. werden auch durch Wechselkursänderungen bewirkte Gewinnminderungen im Zusammenhang mit entsprechenden Darlehensforderungen von § 8b Abs. 3 Satz 4 ff. KStG erfasst (vgl. FROTSCHER in Frotscher/Maas, § 8b KStG Rz. 321; PUNG in DPM, § 8b KStG Tz. 225; a. A. WINHARD, IStR 2011, 237 ff.).

> **BEISPIEL 88**
>
> Die inländische D-AG gewährt ihrer 100 % igen Tochtergesellschaft US-Corp. ein langfristiges Darlehen in USD. Infolge eines Absinkens des Dollarkurses schreibt die D-AG die Forderung auf den niedrigeren TW ab. Ein Nachweis der Fremdüblichkeit der Darlehensgewährung gelingt nicht.
>
> Wendet man hier § 8b Abs. 3 Satz 4 ff. KStG an, so ist die durch die Teilwertabschreibung bewirkte Gewinnminderung unberücksichtigt zu lassen. ◄|

1.2.2 Bestehen einer wesentlichen Beteiligung

Beteiligung > 25 %, aber ...

§ 8b Abs. 3 Satz 4 KStG soll lediglich Gewinnminderungen aus gesellschaftsrechtlich veranlassten Darlehensgewährungen bzw. Gestellungen von Sicherheiten erfassen, wovon der Gesetzgeber nur dann ausgeht, wenn der betreffende Gesellschafter zu mehr als 25 % unmittelbar oder mittelbar am Grund- oder Stammkapital der Gesellschaft beteiligt ist (vgl. BT-Drs. 16/6290, 73).

> **BEISPIEL 89**
>
> Die M-GmbH ist zu 90 % an der T-GmbH beteiligt, welche wiederum zu 30 % an der E-GmbH beteiligt ist. Die M-GmbH gewährt der E-GmbH ein Darlehen.

Da die M-GmbH mittelbar zu 27 % an der E-GmbH beteiligt ist, würde die Gewinnminderung aus einer Teilwertabschreibung oder einem Ausfall der Forderung bei der Ermitt-
lung des Einkommens der M-GmbH nicht berücksichtigt werden. ◄|

Fraglich ist nun allerdings, zu welchem Zeitpunkt eine wesentliche Beteiligung des
Gesellschafters bestanden haben muss, um die Rechtsfolge des § 8b Abs. 3 Satz 4
KStG auszulösen. Nach dem Gesetzeswortlaut ist die betreffende Gewinnminderung
bei der Einkommensermittlung dann nicht zu berücksichtigen, wenn der Gesellschafter wesentlich beteiligt *ist* oder *war*. Demnach wären bei einer am Wortlaut
orientierten Auslegung die Tatbestandsvoraussetzungen des § 8b Abs. 3 Satz 4 KStG
bereits dann erfüllt, wenn der Gesellschafter in grauer Vorzeit einmal wesentlich
beteiligt war, im Zeitpunkt der Kreditgewährung und im Zeitpunkt des Eintritts der
Gewinnminderung dies jedoch nicht mehr war bzw. ist. Vergegenwärtigt man sich
indes, dass der Gesetzgeber mit der Regelung letztlich Gewinnminderungen aus
gesellschaftsrechtlich veranlassten Darlehen bzw. Gestellungen von Sicherheiten
treffen wollte, so erscheint eine teleologische Reduktion des Anwendungsbereichs
der Vorschrift dahingehend geboten, dass die wesentliche Beteiligung im Zeitpunkt
der Entscheidung über die Darlehenshingabe oder Sicherheitengestellung bzw. im
Zeitpunkt der Entscheidung, das Darlehen trotz Kündigungsmöglichkeit stehen-
zulassen, bestehen muss (vgl. zutreffend FROTSCHER in Frotscher/Maas, § 8b KStG
Rz. 308; WATERMEYER, GmbH-StB 2008, 81, 82). Mit Verweis auf den Wortlaut des
Gesetzes hat der BFH indes anders entschieden (v. 12.03.2014 – I R 87/12, DStR
2014, 1227 m. w. N.): Nach seiner Auffassung genüge es für § 8b Abs. 3 Satz 4 KStG,
dass der Gesellschafter, der das Darlehen oder die Sicherheit gewährt, zu irgendeinem Zeitpunkt während der Darlehenslaufzeit zu mehr als einem Viertel am
Grund- oder Stammkapital der Kapitalgesellschaft beteiligt ist oder war. Dabei
komme es, so der BFH, auf irgendwelche zeitlichen Beschränkungen nicht an,
beispielsweise auf den Zeitpunkt der Darlehensbegebung oder den Zeitpunkt des
Wertverfalls.

... zu welchem Zeitpunkt?

BEISPIEL 90

Die M-GmbH, die zu 24 % an der T-GmbH beteiligt ist, gewährt dieser im Jahr 01 ein nicht
fremdübliches Darlehen i. H. v. 100.000 € mit einer Laufzeit von 10 Jahren. In 02 stockt sie
ihre Beteiligung auf 50 % auf. In 03 verringert sie die Beteiligung auf 20 %. Als in 04 die
T-GmbH insolvent wird, nimmt die M-GmbH eine Teilwertabschreibung auf die noch
bestehende Beteiligung sowie auf das der T-GmbH gewährte Darlehen vor.
Gemäß § 8b Abs. 3 Satz 3 KStG ist die Gewinnminderung aus der Teilwertabschreibung der
Beteiligung ebenso wenig zu berücksichtigten wie diejenige aus der Teilwertabschreibung
des Darlehens. Letzteres folgt aus § 8b Abs. 3 Satz 4 KStG. Dem steht, zumindest wenn man
der Auffassung des BFH folgt, nicht entgegen, dass die T-GmbH weder zum Zeitpunkt der
Darlehensgewährung noch zum Zeitpunkt des Wertverfalls der Darlehensforderung wesentlich an der T-GmbH beteiligt war. Vielmehr genügt hierfür das vorübergehende Be-
stehen einer Beteiligung von über 25 % während der Laufzeit des Darlehens, hier in 02. ◄|

Mit dem durch § 8b Abs. 3 Satz 5 KStG angeordneten Einbezug von Darlehensgewährungen bzw. der Inanspruchnahme aus Sicherheiten durch dem Gesellschafter
nahe stehende Personen in den Anwendungsbereich des § 8b Abs. 3 Satz 4 KStG soll
möglichen Umgehungsgestaltungen entgegengewirkt werden, bei welchen die Darlehenshingabe bzw. die Sicherheitengestellung nicht durch den wesentlich betei-

Nahe stehende Personen

ligten Gesellschafter selbst, sondern durch eine ihm nahe stehende Person erfolgt. Der Begriff der nahe stehenden Personen ergibt sich dabei aus § 1 Abs. 2 AStG (siehe hierzu E III 3.2.3). Eine dem Anteilseigner nahe stehende Person ist beispielsweise gegeben, wenn diese Person zu mindestens einem Viertel (und damit i. S. d. Vorschrift wesentlich) unmittelbar oder mittelbar an dem Anteilseigner beteiligt oder wenn umgekehrt der Anteilseigner an dieser Person wesentlich beteiligt ist.

BEISPIEL 91

Die M-GmbH ist zu 25 % an der T-GmbH beteiligt, welche wiederum zu 26 % an der E-GmbH beteiligt ist. Die M-GmbH gewährt der E-GmbH ein Darlehen.

Die M-GmbH ist nahe stehende Person der T-GmbH i. S. v. § 8b Abs. 3 Satz 5 KStG i. V. m. § 1 Abs. 2 AStG, da sie zu mindestens 25 % an dieser beteiligt ist. Die T-GmbH wiederum ist wesentlich i. S. v. § 8b Abs. 3 Satz 4 KStG an der E-GmbH beteiligt, da ihre Beteiligungsquote mehr als 25 % beträgt. Die Darlehensgewährung der M-GmbH an die E-GmbH wird folglich von § 8b Abs. 3 Satz 4 KStG erfasst.

Ohne die Regelung über die Berücksichtigung von Darlehensgewährungen durch nahe stehende Personen wäre hier lediglich auf die mittelbare Beteiligung der M-GmbH an der E-GmbH abzustellen. Da diese jedoch nur 6,25 % beträgt, würde § 8b Abs. 3 Satz 4 KStG nicht eingreifen. ◄|

BEISPIEL 92

Die M-GmbH ist sowohl an der T1-GmbH als auch an der T2-GmbH zu 100 % beteiligt. Die T1-GmbH gewährt der T2-GmbH ein Darlehen. Nachfolgend nimmt die T1-GmbH eine Teilwertabschreibung auf ihre Darlehensforderung vor.

Da die M-GmbH sowohl an der T1-GmbH als auch an der T2-GmbH wesentlich beteiligt ist, sind beide Tochtergesellschaften nahe stehende Personen der M-GmbH. Der Gewinnminderung aus der Teilwertabschreibung der Forderung ist bei der Ermittlung des Einkommens der T1-GmbH gemäß § 8b Abs. 3 Satz 5 KStG nicht zu berücksichtigen. Fraglich ist allerdings, ob in diesem Fall nicht vorrangig die Regelungen zur verdeckten Gewinnausschüttung eingreifen (so PUNG in DPM, § 8b KStG Tz. 229; a.A. FROTSCHER in Frotscher/ Maas, § 8b KStG Rz. 300 f.). ◄|

Rückgriff eines Dritten auf Gesellschafter bzw. nahe stehende Person

Gemäß § 8b Abs. 3 Satz 5 HS 2 KStG sollen auch Gewinnminderungen, die sich aus dem Rückgriff eines Dritten auf den wesentlich beteiligten Gesellschafter oder auf eine diesem nahe stehende Person ergeben, bei der Einkommensermittlung nicht zu berücksichtigen sein. Ob ein eigenständiger Anwendungsbereich der Regelung besteht, erscheint allerdings fraglich: Bei Verwendung eines engen Rückgriffsbegriffs, wonach nur rechtlich durchsetzbare Rückgriffe von der Regelung erfasst würden, wäre die Regelung obsolet, da regelmäßig bereits ein Anwendungsfall von § 8b Abs. 3 Satz 4 KStG vorläge. Aber auch bei Verwendung eines weiten Rückgriffsbegriffs (dafür DÖTSCH/PUNG, DB 2007, 2669, 2670), welcher sowohl rechtlich als auch lediglich faktisch durchsetzbare Ansprüche umfasst, verbliebe letztlich kein Anwendungsbereich, da regelmäßig aufgrund der freiwilligen Leistung der wesentlich beteiligten Kapitalgesellschaft zugunsten der darlehensnehmenden Kapitalgesellschaft der Tatbestand einer verdeckten Einlage vorläge, welche, weil zu nachträglichen Anschaffungskosten auf die Beteiligung führend, ohnehin keine Gewinnminderung auslösen würde (vgl. FROTSCHER in Frotscher/Maas, § 8b KStG Rz. 317 f.).

1.2.3 Widerlegbarkeit der gesellschaftsrechtlichen Veranlassung durch Drittvergleich

Gemäß § 8b Abs. 3 Satz 6 KStG kann die Vermutung einer gesellschaftsrechtlichen Veranlassung der Darlehensgewährung bzw. Sicherheitengestellung widerlegt werden, wenn der Nachweis gelingt, dass ein fremder Dritter unter sonst gleichen Umständen das Darlehen zu vergleichbaren Bedingungen gewährt oder ein bestehendes Darlehen nicht zurückgefordert hätte. Gelingt dies, so wird angenommen, dass für die Darlehensgewährung nicht das zwischen Mutter- und Tochterkapitalgesellschaft bestehende Gesellschaftsrechtsverhältnis ausschlaggebend war, sondern es sich vielmehr um eine Darlehensgewährung im normalen Geschäftsverkehr handelt. Sodann greifen die Sätze § 8b Abs. 3 Satz 4 und 5 KStG der Vorschrift nicht ein und es kommt zu einer Berücksichtigung der betreffenden Gewinnminderungen bei der Einkommensermittlung. Nach Auffassung des Gesetzgebers (vgl. BR-Drs. 544/07, 95) ist eine Darlehensüberlassung insbesondere dann nicht als fremdüblich anzusehen, wenn das Darlehen

Kriterien der Fremdüblichkeit

- nicht verzinslich ist,
- verzinslich ist, aber keine Sicherheiten vereinbart wurden,
- verzinslich ist und Sicherheiten vereinbart wurden, aber das Darlehen bei Eintritt der Krise der Gesellschaft nicht zurückgefordert wird.

Im Schrifttum (vgl. NEUMANN/WATERMEYER, Ubg 2008, 748, 754 f.) wird insbesondere das Erfordernis einer Besicherung als Kriterium der Fremdüblichkeit kritisiert, da, wie der BFH im Kontext von § 8 Abs. 3 Satz 2 KStG ausführt, die Besicherung des Darlehensrückzahlungsanspruchs bereits in den Einflussnahmemöglichkeiten liege, die jedenfalls der beherrschende Gesellschafter auf seine Kapitalgesellschaft regelmäßig habe. Zudem sei zwischen Kapitalgesellschaften, die demselben Konzern angehörten, die Besicherung von Darlehensforderungen unüblich (vgl. BFH v. 21.12.1994 – I R 65/94, BFHE 176, 571; v. 29.10.1997 – I R 24/97, BStBl. II 1998, 573).

Unklar ist, ob sich bezüglich letzterer Überlegung aus dem zu § 1 AStG ergangenen BMF-Schreiben v. 29.03.2011 (BStBl. I 2011, 277) etwas ableiten lässt. Aufgrund des sog. Rückhalts im Konzern könnte danach auch die nicht besicherte Forderung innerhalb des Konzerns u.U. als fremdüblich einzustufen sein, was nach Auffassung der Finanzverwaltung allerdings zur Folge hätte, dass eben wegen dieses Rückhalts eine Teilwertabschreibung der Forderung nicht zulässig sei. Für § 8b Abs. 3 Satz 4 KStG bedeutete dies, dass über eine Gewinnkorrektur nicht mehr nachzudenken wäre, weil es bereits infolge der Versagung der Teilwertabschreibung an einer Gewinnminderung an sich fehlte (vgl. LOOKS/BIRMANS/PERSCH, DB 2011, 2110, 2112). Bei dieser Sichtweise käme es quasi bereits eine Stufe zuvor, mithin auf Ebene der Gewinnermittlung, zu einer Unterdrückung der Gewinnminderung und nicht erst außerbilanziell zu einer entsprechenden Korrektur. Gegen die Unzulässigkeit einer Teilwertabschreibung auf eine Darlehensforderung innerhalb des Konzerns wegen eines bestehenden Konzernrückhalts haben sich nun allerdings sowohl das FG Berlin-Brandenburg (v. 30.01.2013, DStRE 2013, 1494, nrk., Rev. eingelegt: Az. BFH I R 23/13) als auch das Schrifttum ausgesprochen (vgl. SCHMIDT, Beilage zu NWB 33/2011, 13 f.; PUNG in DPM, § 8b KStG Tz. 214), weil die Mutterkapitalgesellschaft durch den gewährten Konzernrückhalt im Ergebnis ihre eigene Forderung besichere. Ob daraus nun für § 8b Abs. 3 Satz 4 KStG zu folgern ist, dass eine

Auswirkungen des BMF-Schreibens zu § 1 AStG unklar

Teilwertabschreibung auf eine nicht besicherte Forderung im Konzern als zulässig anzusehen ist, zugleich jedoch aufgrund des bestehenden Konzernrückhalts der Nachweis der Fremdüblichkeit gemäß § 8b Abs. 3 Satz 6 KStG erbracht und damit die Gewinnminderung aus der vorherigen Teilwertabschreibung nicht nach § 8b Abs. 3 Satz 4 KStG zu korrigieren wäre, erscheint allerdings fraglich.

1.3 Rechtsfolgen

Keine Berücksichtigung der Gewinnminderungen

Rechtsfolge von § 8b Abs. 3 Satz 4 KStG ist, dass die jeweiligen bilanziellen Gewinnminderungen bei der Ermittlung des Einkommens nicht zu berücksichtigen, mithin außerhalb der Bilanz dem Einkommen der Kapitalgesellschaft hinzuzurechnen sind. Sollte die Darlehensgewährung bzw. die Sicherheitengestellung durch eine dem wesentlich beteiligten Gesellschafter nahe stehende Person erfolgen, so tritt die Rechtsfolge bei der nahe stehenden Person selbst ein, da es bei dieser aufgrund des jeweiligen Sachverhalts zu einer bilanziellen Gewinnminderung gekommen ist.

Kompensierende Zuschreibungen steuerfrei

Gemäß § 8b Abs. 3 Satz 8 KStG bleibt, soweit sich die Teilwertabschreibung der Darlehensforderung nach den vorstehenden Grundsätzen nicht einkommensmindernd ausgewirkt hat, eine nachfolgend ggf. vorzunehmende Zuschreibung der Forderung bei der Ermittlung des Einkommens ebenfalls außer Ansatz. Dabei ist zu beachten, dass § 8b Abs. 3 Satz 1 KStG diesbezüglich nicht gilt, so dass dieser Gewinn in vollem Umfang steuerfrei zu stellen ist (vgl. GROTHERR, IWB 2008, 119, 129).

Teleologische Extension geboten

Nach h.M. bedarf § 8b Abs. 3 Satz 8 KStG allerdings in zweierlei Hinsicht einer teleologischen Extension: Zum einen sind nicht nur Wertaufholungen vormals teilwertabgeschriebener Darlehensforderungen, sondern ebenso Gewinnerhöhungen, die im Zusammenhang mit einer Sicherheitengestellung oder mit einer der Darlehensgewährung vergleichbaren Rechtshandlung erfolgen, bei der Einkommensermittlung nicht zu berücksichtigen (vgl. NEUMANN/WATERMEYER, Ubg 2008, 748, 755).

BEISPIEL 93

Nimmt etwa in Beispiel 87 die M-GmbH eine Zuschreibung ihrer gegenüber der T-GmbH bestehenden Bürgschaftsforderung vor, so müsste auch die sich aus dieser Zuschreibung ergebende Gewinnerhöhung bei der Einkommensermittlung der M-GmbH unberücksichtigt bleiben. ◄|

Zum anderen sind nicht nur auf Zuschreibungen basierende Gewinnerhöhungen unberücksichtigt zu lassen, sondern es ist jedwede gewinnwirksame Realisation, beispielsweise durch Veräußerung der Forderung, bei der Einkommensermittlung in Abzug zu bringen (vgl. PUNG in DPM, § 8b KStG Tz. 242; NEUMANN/WATERMEYER, Ubg 2008, 748, 755 f.).

1.4 Steuersystematische Kritikpunkte

Aus steuersystematischer Perspektive ist auf zweierlei hinzuweisen:

Verstoß gegen eine korrespondierende Behandlung von Erträgen und Aufwendungen beim Gesellschafter?

Erstens ist zu bedenken, dass sich zwar etwaige Gewinnminderungen aus den Gesellschafterdarlehen infolge von § 8b Abs. 3 Satz 4 KStG nicht einkommensmindernd auswirken, die Darlehenszinsen jedoch gleichwohl der Besteuerung unterliegen. Insofern scheint die in § 8b KStG grundsätzlich angelegte Korrespondenz zwischen der Steuerfreiheit der Beteiligungserträge einerseits und der (typisierten)

Nichtberücksichtigung der damit in Zusammenhang stehendenden Gewinnminderungen andererseits aus den Fugen geraten zu sein (vgl. GOSCH in FS Herzig, 2010, 63, 76 f.; BLÜMICH/RENGERS, § 1 EStG Rz. 291). Zwar teilt der BFH (v. 12.03.2014 – I R 87/12, DStR 2014, 1227) diese systematischen Bedenken, erkennt darin jedoch keinen Verfassungsverstoß. Dies liege insbesondere daran, so der BFH, dass der Abzugsausschluss nach § 8b Abs. 3 Satz 4 KStG nicht mit der Steuerfreiheit nach § 8b Abs. 1 KStG, sondern lediglich mit der Steuerfreiheit nach § 8b Abs. 2 KStG korrespondiere. Im Kern scheint dieses Argument auf eine korrespondierende Behandlung von laufenden Beteiligungserträgen und -aufwendungen einerseits und von auf die Beteiligungssubstanz bezogenen Gewinnerhöhungen und Gewinnminderungen andererseits abzustellen, während ein »Diagonalvergleich« zwischen den einzelnen Elementen nicht durchgreift. Folgt man dieser Auffassung, so würde bezüglich der Darlehensforderung einiges dafür sprechen, innerhalb der substanzbezogenen Korrespondenz nicht nur die Kompensation vormaliger Teilwertabschreibungen nach § 8b Abs. 3 Satz 8 KStG, sondern auch tatsächliche Substanzgewinne in analoger Anwendung von § 8b Abs. 2 KStG steuerfrei zu stellen; man denke etwa an die Veräußerung bzw. Rückzahlung einer im Wert gestiegenen Fremdwährungsforderung.

Problematisch ist zudem, dass der Darlehensverzicht des Gesellschafters in Höhe des nicht werthaltigen Teils der Forderung auf Ebene der Kapitalgesellschaft zu einem steuerpflichtigen Ertrag führt (siehe D II 4.1), während auf Ebene des Gesellschafters, hier der darlehensgebenden Kapitalgesellschaft, § 8b Abs. 3 Satz 4 KStG u. U. eine korrespondierende Einkommensminderung verhindert. Der BFH (v. 12.03.2014 – I R 87/12, DStR 2014, 1227) hat auch diese überschießende Wirkung von § 8b Abs. 3 Satz 4 KStG indes als nicht verfassungswidrig beurteilt und verweist vielmehr, ebenso wie der Gesetzgeber (vgl. BR-Drs. 544/07, 95), auf die Möglichkeit eines Steuererlasses bei der darlehensnehmenden Kapitalgesellschaft aus Gründen sachlicher Billigkeit nach dem Sanierungserlass (BMF v. 27.02.2003, BStBl. I 2003, 240). Dabei ist allerdings nicht zu übersehen, dass Billigkeitsmaßnahmen nach dem Sanierungserlass erst nach der vorrangigen Verrechnung des Sanierungsgewinns mit den laufenden Verlusten, bestehenden Verlustvorträgen sowie einem Verlustrücktrag aus dem Folgejahr, wobei etwaige Ausgleichs- und Verrechnungsbeschränkungen nicht eingreifen, in Betracht zu ziehen sind (vgl. GRAGERT, NWB 2013, 2141, 2142).

Keine Korrespondenz von Gesellschafts- und Gesellschafterebene

2 Anwendung von § 8b Abs. 1 bis 5 KStG auf mittelbare Beteiligungen

2.1 Steuersystematische Vorüberlegungen

Gemäß § 8b Abs. 6 Satz 1 KStG gelten die Absätze 1 und 5 auch dann, wenn einer Kapitalgesellschaft derartige Bezüge, Gewinne und Gewinnminderungen lediglich mittelbar über ihre Beteiligung an einer Mitunternehmerschaft zuzurechnen sind. Die typische von § 8b Abs. 6 Satz 1 KStG erfasste Fallkonstellation ist dadurch gekennzeichnet, dass eine in- oder ausländische Kapitalgesellschaft an einer Gewinneinkünfte erzielenden Personengesellschaft mitunternehmerisch beteiligt ist, wobei

Kapitalgesellschaft ist über Mitunternehmerschaft mittelbar an Körperschaft beteiligt

diese Personengesellschaft ihrerseits Anteile an in- oder ausländischen Körperschaften hält, wie das nachfolgende Beispiel illustriert:

BEISPIEL 94

An einer Personengesellschaft sind die natürliche Person A, die inländische X-GmbH sowie die niederländische NL-BV beteiligt. Die Personengesellschaft wiederum ist an der inländischen D-AG sowie an der in Großbritannien ansässigen UK-Ltd. beteiligt.

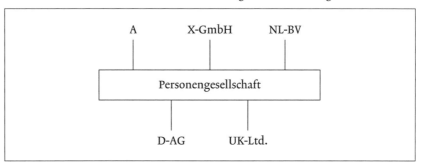

Mitunternehmerschaft unterbricht die Anwendung des TEV nicht, ...

Der Sinn und Zweck dieser Regelung erschließt sich aus der für die Mitunternehmerschaften zur Anwendung gelangenden Besteuerungssystematik: Zwar werden infolge der fehlenden Steuersubjekteigenschaft der Personengesellschaft selbst die von der Gesellschaft erzielten Einkünfte den Gesellschaftern anteilig als originäre eigene Einkünfte zugerechnet und bei diesen der Einkommen- bzw. Körperschaftsteuer unterworfen, gleichwohl erlangt die Personengesellschaft insoweit eine gewisse steuerrechtliche Verselbständigung, als zumindest die Einkünftequalifikation und -ermittlung auf Ebene der Gesellschaft erfolgt und erst in einem zweiten Schritt diese Einkünfte anteilig den Gesellschaftern zugerechnet werden (vgl. hierzu NIE-HUS/WILKE, Die Besteuerung der Personengesellschaften, 2013, 18 ff.). Die Personengesellschaft ist mithin Subjekt der Einkünfteerzielung und -ermittlung, nicht jedoch der Besteuerung selbst. Angesichts dieser partiellen Steuerrechtssubjektivität der Personengesellschaft könnte man nun in Fällen des mittelbaren Bezugs über eine Personengesellschaft ohne die Regelung des § 8b Abs. 6 Satz 1 KStG geneigt sein, die Anwendung von § 8b Abs. 1 bis 5 KStG mit dem Argument zu versagen, dass unmittelbar die Personengesellschaft, nicht aber die Kapitalgesellschaft die Einkünfte erzielt habe. Dies ist in Anbetracht der Tatsache, dass letztlich die Gesellschafter die Einkünfte zu versteuern haben, zwar wenig überzeugend, wurde allerdings von der Finanzverwaltung bezüglich § 8b Abs. 1 KStG a. F. durchaus so gesehen (vgl. FinMin Bayern 09.05.2000, DB 2000, 1305). Ob § 8b Abs. 6 Satz 1 KStG nun konstitutiv oder lediglich deklaratorisch wirkt, kann hier dahinstehen (vgl. hierzu WATERMEYER in HHR, § 8b KStG Anm. 202 m. w. N.); das Ergebnis jedenfalls ist steuersystematisch zutreffend: Für die Besteuerung kann es nicht darauf ankommen, ob die Kapitalgesellschaft die in § 8b Abs. 1 bis 5 KStG geregelten Sachverhalte unmittelbar (selbst) verwirklicht oder ihr lediglich das Ergebnis des jeweiligen Sachverhalts über ihre Beteiligung an einer Mitunternehmerschaft zugerechnet wird. Die Systematik des Teileinkünfteverfahrens und die Freistellung nach § 8b KStG müssen, um eine steuerliche Diskriminierung mittelbarer Beteiligungsstrukturen zu vermeiden, auch in letzterer Fallkonstellation durchgehalten werden. Für die auf die natürlichen Personen als Beteiligte an der Personengesellschaft entfallenden

Bezüge, Gewinne und Gewinnminderungen fehlt es im Übrigen an einer § 8b Abs. 6 Satz 1 KStG vergleichbaren Regelung. Hier geht der Gesetzgeber wohl davon aus, dass § 3 Nr. 40 EStG und § 3c Abs. 2 EStG als allgemeine bei der Gewinnermittlung zu beachtende Regelungen ohnehin zur Anwendung gelangen (WATERMEYER in HHR, § 8b KStG Anm. 202).

Ist die Kapitalgesellschaft mittelbar über eine vermögensverwaltende Personengesellschaft an anderen Körperschaften beteiligt, so ist zwar § 8b Abs. 6 Satz 1 KStG als solches nicht einschlägig, da diese Regelung nur bei Beteiligungen eingreift, die über Mitunternehmerschaften gehalten werden, gleichwohl ergibt sich aus der für vermögensverwaltende Personengesellschaften geltenden Besteuerungssystematik letztlich eine identische Rechtsfolge: So gilt zwar im Grundsatz auch die vermögensverwaltende Personengesellschaft, ebenso wie die Mitunternehmerschaft, als partielles Steuerrechtssubjekt, allerdings ist hier, im Unterschied zur Mitunternehmerschaft, bezüglich der Vermögensebene ein Durchgriff durch die Gesellschaft hindurch auf die einzelnen Gesellschafter zu verzeichnen. Die gesamthänderische Bindung des Vermögens wird dabei gedanklich aufgelöst und die zum Gesellschaftsvermögen zugehörigen Wirtschaftsgüter werden den Gesellschaftern nach Maßgabe ihrer Beteiligungsquote an der vermögensverwaltenden Personengesellschaft gemäß § 39 Abs. 2 Nr. 2 AO anteilig zugerechnet. Diese ideelle Bruchteilsbetrachtung setzt sich dabei gegenüber der grundsätzlich auf Ebene der Gesellschaft einheitlich vorzunehmenden Einkünfteermittlung immer dann durch, wenn der jeweilige gesetzliche Tatbestand an gesellschafterbezogene Merkmale anknüpft (vgl. STRAHL, KÖSDI 2001, 12 803 f.), was bezüglich der Anwendung des Teileinkünfte- bzw. Freistellungsverfahrens gegeben ist, da bei der steuerlichen Behandlung von Gewinnen und Verlusten aus Anteilsveräußerungen sowie Teilwertabschreibungen danach zu unterscheiden ist, ob es sich bei dem jeweiligen Gesellschafter um eine natürliche Person oder um eine Körperschaft handelt. Ebenso muss für die laufenden Beteiligungserträge und die damit in Zusammenhang stehenden Aufwendungen eine gesellschafterbezogene steuerliche Würdigung Platz greifen, da gemäß § 20 Abs. 5 Satz 2 EStG die Zurechnung der Erträge der Zurechnung der Beteiligung selbst folgt (vgl. WATERMEYER in HHR, § 8b KStG Anm. 203; BMF v. 28.04.2003, BStBl. I 2003, 292 Tz. 56).

... vermögensverwaltende Personengesellschaft auch nicht

2.2 Körperschaftsteuerliche Auswirkungen

Der Anwendungsbereich des § 8b Abs. 6 Satz 1 KStG ist zu Recht weit gefasst: Zum einen können die betreffenden Bezüge, Gewinne und Gewinnminderungen durch die laufenden Geschäfte der Mitunternehmerschaft realisiert werden und insoweit, wie sie der beteiligten Kapitalgesellschaft zugerechnet werden, gelangen die Regelungen des § 8b Abs. 1 bis 5 KStG zur Anwendung. Dabei kommt es nicht darauf an, ob sich die betreffenden Anteile im Gesamthandsvermögen der Personengesellschaft oder aber im Sonderbetriebsvermögen der Kapitalgesellschaft bei der Personengesellschaft befinden. Für den auf die natürlichen Personen entfallenden Anteil gilt § 3 Nr. 40 i.V.m. § 3c Abs. 2 EStG.

Gilt für laufende Bezüge, Gewinne und Gewinnminderungen der Mitunternehmerschaft ...

BEISPIEL 95

An der X-KG sind X zu 80 % und die X-GmbH zu 20 % beteiligt. Die X-KG hält Anteile an der inländischen D-AG.

In 2014 bezieht die X-KG eine Dividende von der D-AG i. H. v. 100. Im Zusammenhang mit der Dividende aus der D-AG sind der KG Betriebsausgaben i. H. v. 20 entstanden. In ihrer Gewinnermittlung hat die X-KG die vorstehenden Sachverhalte gewinnwirksam behandelt. Für eine zutreffende Besteuerung ist es erforderlich, die vorstehenden Sachverhalte nach Maßgabe der für den jeweiligen Gesellschafter einschlägigen Regelungen abzuarbeiten:

	KG	X (80 %)	X-GmbH (20 %)
Dividende D-AG	100,00	80,00	20,00
Betriebsausgaben	./. 20,00	./. 16,00	./. 4,00
Teileinkünfteverfahren, soweit natürliche Person beteiligt ist			
§ 3 Nr. 40 Buchst. d EStG	./. 32,00	./. 32,00	–
§ 3c Abs. 2 EStG	6,40	6,40	–
Freistellung nach § 8b KStG, soweit Kapital-gesellschaft beteiligt ist			
§ 8b Abs. 1 i. V. m. Abs. 6 KStG	./. 20,00	–	./. 20,00
§ 8b Abs. 5 i. V. m. Abs. 6 KStG	1,00	–	1,00
Gewinn insgesamt	**35,40**	**38,40**	**./. 3,00**

... sowie Gewinne und Verluste aus der Veräußerung des MU-Anteils, soweit auf Anteile an Körperschaften entfallend

Zum anderen kann die Kapitalgesellschaft selbst über ihren Mitunternehmeranteil verfügen, diesen mithin veräußern oder aufgeben. Insoweit nun, als das Ergebnis aus der Veräußerung oder Aufgabe des Mitunternehmeranteils auf im mitunternehmerischen Betriebsvermögen gehaltene Anteile an Körperschaften zurückzuführen ist, gelten ebenfalls die Regelungen des § 8b Abs. 1 bis 5 KStG. Folglich muss der insgesamt erzielte Verkaufspreis bzw. der stattdessen zu berücksichtigende Aufgabewert des Mitunternehmeranteils auf die Kapitalgesellschaftsanteile einerseits und die übrigen Wirtschaftsgüter einschließlich eines etwaigen Geschäftswerts andererseits aufgeteilt werden. Aufteilungsmaßstab dürfte dabei das Verhältnis der gemeinen Werte sein (vgl. KRÖNER in Ernst & Young, KStG, § 8b Rz. 239).

BEISPIEL 96 ▮▮

An der Z-KG ist die Z-GmbH zu 20 % beteiligt. Mit Wirkung vom 02. 01. 2014 veräußert die Z-GmbH ihren Mitunternehmeranteil und erzielt einen gemäß § 8 Abs. 1 KStG i. V. m. § 16 Abs. 2 EStG ermittelten Veräußerungsgewinn i. H. v. 100, welcher i. H. v. 40 durch Wertsteigerungen der im Gesellschaftsvermögen der Z-KG befindlichen Kapitalgesellschaftsanteile verursacht ist.

Gemäß § 8b Abs. 6 Satz 1 HS 2 KStG sind § 8b Abs. 2 und Abs. 3 KStG anzuwenden, soweit dieser Gewinn auf Kapitalgesellschaftsanteile entfällt, so dass im Einkommen der Z-GmbH im Ergebnis lediglich 62 erfasst werden (100 ./. 95 % von 40). ◀|

2.3 Gewerbesteuerliche Auswirkungen

TEV und § 8b KStG gelten auch bei der GewSt

Das Teileinkünfte- und das Freistellungsverfahren sind auch bei der Ermittlung der gewerbesteuerlichen Bemessungsgrundlage der Mitunternehmerschaft zu berücksichtigen. Gemäß § 7 Satz 4 GewStG sind die Regelungen des § 3 Nr. 40 EStG und § 3c EStG anzuwenden, soweit an der Mitunternehmerschaft natürliche Personen unmittelbar oder mittelbar über eine oder mehrere Personengesellschaften beteiligt sind; im Übrigen ist § 8b KStG anzuwenden. Zur Ermittlung des Gewerbeertrags der Mitunternehmerschaft kommt man also nicht umhin, auf die Gesellschafterebene »hinabzusteigen«, um herauszufinden, in welchem Umfang auf die von der Personengesellschaft erzielten Beteiligungserträge das Teileinkünfteverfahren bzw. das Freistellungsverfahren nach § 8b KStG anzuwenden ist.

Zur Ermittlung des Gewerbeertrags sind darüber hinaus bei Streubesitzdividenden Hinzurechnungen gemäß § 8 Nr. 5 GewStG vorzunehmen, es sei denn, wegen § 8b Abs. 4 KStG ist keine vorherige Freistellung erfolgt, während bei Schachteldividenden gemäß § 9 Nr. 2a bzw. 7 GewStG entsprechende Kürzungen zu berücksichtigen sind (siehe hierzu ausführlich F II 4).

Hinzurechnungen und Kürzungen

BEISPIEL 97

(In Anlehnung an OFD Chemnitz v. 18.07.2005, HaufeIndex 1385311)
An der AB-OHG sind A und die B-GmbH zu jeweils 50 % beteiligt. Die AB-OHG erhält in 2011 von der X-GmbH eine Gewinnausschüttung i. H. v. 2.000 €. Mit der Beteiligung stehen Betriebsausgaben i. H. v. 200 € in wirtschaftlichem Zusammenhang. Nachfolgend sei die gewerbesteuerliche Behandlung aufgezeigt, wenn es sich nach den Wertungen des GewStG um eine Streubesitzdividende oder um eine Schachteldividende handelt.
Bezüglich der Streubesitzdividende sei davon ausgegangen, dass nach der Wertung des KStG gleichwohl eine Schachteldividende vorliegt. Dies ist etwa der Fall, wenn die AB-OHG zu 12 % an der X-GmbH beteiligt ist und zudem die B-GmbH noch eine unmittelbare Beteiligung an der X-GmbH i. H. v. 5 % hält. Sodann ist zu unterscheiden: Die Frage, ob gewerbesteuerlich Streubesitz vorliegt, ist auf Ebene der AB-OHG zu beantworten und zu bejahen, weil deren Beteiligung an der X-GmbH weniger als 15 % beträgt. Für die Frage, ob körperschaftsteuerlich von Streubesitz auszugehen ist, muss hingegen auf die Ebene der B-GmbH abgestellt werden. Gemäß § 8b Abs. 4 Satz 4 KStG ist die von der AB-OHG gehaltene Beteiligung an der X-GmbH anteilig der B-GmbH als Mitunternehmerin zuzurechnen. Insoweit entfällt auf die B-GmbH durchgerechnet eine Beteiligung i. H. v. $0,5 \times 0,12 \times 100$ = 6 %. Diese Beteiligung gilt gemäß § 8b Abs. 4 Satz 5 KStG als unmittelbare Beteiligung und ist mit der tatsächlich bestehenden unmittelbaren Beteiligung i. H. v. 5 % zusammenzurechnen, welche die B-GmbH an der Z-GmbH hält, so dass sich insgesamt eine unmittelbare Beteiligung i. H. v. 11 % ergibt. Folglich greift § 8b Abs. 4 KStG nicht ein und etwaige auf die B-GmbH entfallende Gewinnausschüttungen seitens der X-GmbH sind zu 95 % steuerfrei zu stellen (siehe hierzu F II 1.5.4.2).
Handelt es sich nach gewerbesteuerlichen Wertungen hingegen um eine Schachtelbeteiligung, weil die AB-OHG zu mindestens 15 % an der X-GmbH beteiligt ist, so folgt daraus nicht automatisch, dass auch nach dem KStG für die B-GmbH eine Schachteldividende vorliegt. Beträgt etwa die Beteiligung der AB-OHG an der Z-GmbH 15 %, so ergäbe sich durchgerechnet eine Quote für die B-GmbH von nur 7,5 % und es läge körperschaftsteuerlich eine Streubesitzbeteiligung vor. Im vorliegenden Fall wäre auch körperschaftsteuerlich für die B-GmbH eine Schachtelbeteiligung erst dann gegeben, wenn entweder die AB-OHG mit mindestens 20 % an der X-GmbH beteiligt wäre, oder aber eine nebenher bestehende unmittelbare Beteiligung der B-GmbH an der X-GmbH in ausreichender Höhe bestünde. Davon sei bei der Darstellung der Schachteldividende ausgegangen.

		OHG		A		B-GmbH
Dividende		2.000		1.000		1.000
Betriebsausgaben	./.	200	./.	100	./.	100
§ 3 Nr. 40 Buchst. d EStG	./.	400	./.	400		–
§ 3c Abs. 2 EStG		40		40		–
§ 8b Abs. 6 i.V.m. § 8b Abs. 1 KStG	./.	1.000		–	./.	1.000
§ 8b Abs. 6 i.V.m. § 8b Abs. 5 KStG		50		–		50
Gewinn insgesamt		**490**		**540**	./.	**50**

Wenn Streubesitzdividende,						
dann § 8 Nr. 5 GewStG						
Hinzurechnung der nicht im Gewinn						
enthaltenen Dividende		1.400		400		1.000
abzgl. der nach § 3c Abs. 2 EStG bzw. § 8b						
Abs. 5 KStG nichtabziehbaren Betriebsaus-						
gaben	./.	90	./.	40	./.	50
Gewerbeertrag		**1.800**		**900**		**900**

Wenn Schachteldividende,						
dann § 9 Nr. 2a GewStG						
Die im Gewinn enthaltene anteilige Divi-						
dende (600), vermindert um die anteiligen,						
im Gewinn noch enthaltenen Aufwendun-						
gen (60), ist zu kürzen (§ 9 Nr. 2a Satz 1						
und 3 GewStG).	./.	540	./.	540		–
Gemäß § 9 Nr. 2a Satz 4 GewStG erfolgt						
keine Kürzung der nach § 8b Abs. 5 KStG						
im Gewinn enthaltenen nichtabziehbaren						
Betriebsausgaben (50).						
Gewerbeertrag	./.	**50**		**0**	./.	**50**

Festzuhalten ist, dass im Fall einer Streubesitzdividende durch § 8 Nr. 5 GewStG gewerbesteuerlich die Auswirkungen des Teileinkünfteverfahrens und des § 8b KStG kompensiert werden. Liegt hingegen eine Schachteldividende vor, so werden über die Kürzung nach § 9 Nr. 2a GewStG im Grundsatz sowohl die Dividenden als auch die damit in Zusammenhang stehenden Betriebsausgaben gewerbesteuerlich herausgerechnet, was eigentlich zu einem Gewerbeertrag von Null führen müsste. Dass sich dennoch ein Gewerbeertrag von ./. 50 einstellt, liegt daran, dass sich zum einen die tatsächlichen Betriebsausgaben gewerbesteuerlich auswirken, soweit sie ideell anteilig auf die B-GmbH entfallen (100), da es keinen Kürzungsbetrag gibt, den sie vermindern könnten, zum anderen keine Kürzung des nach § 8b Abs. 5 KStG im Gewinn enthaltenen Betrags (50) erfolgt. ◀|

§ 7 Satz 4 GewStG geht § 7 Satz 2 Nr. 2 GewStG vor

Vergegenwärtigt man sich noch einmal, dass gemäß § 8b Abs. 6 KStG die Regelungen der Abs. 1–5 ebenfalls auf den Gewinn oder Verlust aus der Veräußerung des Mitunternehmeranteils selbst anzuwenden sind, soweit dieser auf Anteile an Körperschaften entfällt, so offenbart sich eine Anwendungskonkurrenz zwischen § 7 Satz 2 Nr. 2 GewStG und § 7 Satz 4 GewStG: Während § 7 Satz 2 Nr. 2 GewStG den Gewinn, den eine Kapitalgesellschaft aus der Veräußerung bzw. Aufgabe ihres Mitunternehmeranteils erzielt, als zum Gewerbeertrag der Mitunternehmerschaft zugehörig erklärt, klammert im Gegenzug § 7 Satz 4 GewStG den Teil des Gewinns, der nach § 8b Abs. 2 i.V.m. Abs. 3 KStG freigestellt ist, wieder vom Gewerbeertrag aus. Sowohl die Finanzverwaltung (vgl. OFD Koblenz v. 22.12.2005, FR 2006, 193) als auch das Schrifttum (vgl. PRINZ/HICK, FR 2006, 168, 169) sehen diesbezüglich § 7 Satz 4 GewStG als vorrangig an: Soweit mithin der nach § 7 Satz 2 Nr. 2 GewStG erfasste Veräußerungsgewinn auf Beteiligungen an Kapitalgesellschaften entfällt, ist § 8b KStG bei der Ermittlung des Gewerbeertrags der Personengesellschaft anzuwenden.

BEISPIEL 98

Die Mitunternehmerschaft B-OHG hält eine Beteiligung an der C-GmbH. Die an der B-OHG beteiligte A-GmbH veräußert ihren Mitunternehmeranteil an X. In dem Gewinn aus der Veräußerung des Mitunternehmeranteils sind auch stille Reserven enthalten, die auf die Beteiligung der B-OHG an der C-GmbH entfallen.
Nach § 7 Satz 2 Nr. 2 GewStG gehört der Gewinn, den die A-GmbH aus der Veräußerung ihres Mitunternehmeranteils erzielt, zum Gewerbeertrag der B-OHG. Insoweit allerdings als dieser Veräußerungsgewinn auf den stillen Reserven aus der Beteiligung der B-OHG an der C-GmbH beruht, gilt auch gewerbesteuerlich die Freistellung nach § 8b Abs. 2 i.V.m. Abs. 3 KStG. ◂|

2.4 Verfahrensrechtliche Berücksichtigung

Verfahrensrechtlich ist umstritten, auf welche Art und Weise die sich aus § 3 Nr. 40 EStG, § 3c EStG sowie § 8b KStG ergebenden Auswirkungen innerhalb der einheitlichen und gesonderten Gewinnfeststellung der Personengesellschaft zu berücksichtigen sind:

- Nach der sog. Nettomethode werden die vorgenannten gesellschafterbezoge- **Nettomethode**
nen Steuerbefreiungen sowie die gegenläufigen Qualifizierungen nichtabziehbarer Betriebsausgaben und Hinzurechnungen von Gewinnminderungen bereits im Feststellungsverfahren der Personengesellschaft berücksichtigt. Dies setzt allerdings voraus, dass die jeweilige Rechtsform der einzelnen Gesellschafter bekannt ist, da andernfalls nicht zu entscheiden ist, inwieweit § 3 Nr. 40 EStG i.V.m. § 3c Abs. 2 EStG oder § 8b KStG anzuwenden ist.

- Nach der sog. Bruttomethode sind hingegen die genannten Regelungen bei der **Bruttomethode**
Gewinnfeststellung der Personengesellschaft nicht zu berücksichtigen; vielmehr sollen lediglich die den §§ 3 Nr. 40, 3c Abs. 2 EStG, 8b KStG unterliegenden Beträge nachrichtlich den betreffenden Gesellschaftern mitgeteilt werden, indem sie als andere Besteuerungsgrundlage i.S.d. § 180 Abs. 1 Nr. 2 Buchst. a AO bindend festgestellt werden. Erst auf der Gesellschafterebene ist sodann im jeweiligen Folgebescheid zu entscheiden, ob § 3 Nr. 40 EStG i.V.m. § 3c Abs. 2 EStG oder § 8b KStG einschlägig ist. Nach Auffassung des BFH (v. 18.07.2012 – X R 28/10, BStBl. II 2013, 444) ist eine solche Bruttofeststellung verfahrensrechtlich zulässig.

Zwar ist zuzugeben, dass bei mehrstöckigen Personengesellschaften die Anwendung **Nettomethode ist**
der Nettomethode durchaus mit Schwierigkeiten verbunden sein mag, da bekannt **vorzuziehen**
sein muss, ob an den jeweiligen Obergesellschaften unmittelbar oder mittelbar natürliche Personen oder Körperschaften beteiligt sind, gleichwohl ist sie aus zweierlei Gründen gegenüber der Bruttomethode zu präferieren (vgl. PUNG in DPM, § 8b KStG Tz. 414): Da wegen der Einbeziehung der Regelungen zur Freistellung von Beteiligungseinkünften in die Ermittlung des Gewerbeertrags der Personengesellschaft die jeweiligen Nettowerte ohnehin ermittelt werden müssen, leuchtet es nicht

ein, diese Ermittlung nicht bereits innerhalb der Gewinnfeststellung der Personengesellschaft vorzunehmen. Sollte zudem ein Anwendungsfall von § 15a EStG vorliegen, führt ohnehin kein Weg an der Nettomethode vorbei, da sodann der tatsächliche Gewinnanteil des betreffenden Gesellschafters bekannt sein muss; nachrichtliche Zusatzangaben helfen da nicht weiter. Indes wendet die Finanzverwaltung ab Veranlagungszeitraum 2004, soweit kein Anwendungsfall von § 15a EStG gegeben ist, die Bruttomethode an, und berücksichtigt § 3 Nr. 40, § 3c Abs. 2 EStG und § 8b KStG nicht im Feststellungsverfahren, sondern erst bei der Auswertung der Feststellung im Folgebescheid (vgl. OFD Erfurt v. 11.10.2004, HaufeIndex 1255855). Zur Ermittlung des Gewerbesteuermessbetrags ist eine entsprechende Nebenrechnung vorgesehen (vgl. OFD Chemnitz v. 18.07.2005, HaufeIndex 1385311).

3 Ausnahmeregelungen

3.1 Organgesellschaften

Gemäß § 15 Satz 1 Nr. 2 KStG ist § 8b Abs. 1 bis 6 KStG auf Ebene der Organgesellschaft nicht anzuwenden. Das Einkommen der Organgesellschaft ist vielmehr ohne Veränderungen dem Organträger zuzurechnen. Erst innerhalb dessen Einkommensermittlung sind die dem Teileinkünfteverfahren bzw. § 8b KStG unterliegenden Einkommensteile je nach Rechtsform des Organträgers selbst bzw. der an ihm beteiligten Gesellschafter nach § 8b KStG bzw. § 3 Nr. 40 EStG i.V.m. § 3c Abs. 2 EStG abzuarbeiten (siehe hierzu H III 4.2).

3.2 Beteiligungen in nicht kooperativen Staaten

Anwendbarkeit von § 8b Abs. 1, 2 KStG ggf. an erweiterte Pflichten geknüpft

§ 33 Abs. 1 Nr. 2 e) KStG enthält eine Ermächtigung, wonach die Bundesregierung durch Rechtsverordnung die Steuerbefreiung nach § 8b Abs. 1 Satz 1 und Abs. 2 Satz 1 KStG für Beteiligungen an Gesellschaften, deren Sitz oder Geschäftsleitung sich in einem Staat befindet, mit dem ein Auskunftsaustausch nach Art. 26 OECD-MA nicht besteht (sog. nicht kooperative Staaten), von erweiterten Mitwirkungs- und Nachweispflichten des Steuerpflichtigen abhängig machen kann (zur allgemeinen Kritik an der Regelung PUNG in DPM, § 8b KStG Tz. 3 m.w.N.). Die besonderen Nachweis- und Mitwirkungspflichten können sich auf die Angemessenheit der zwischen nahe stehenden Personen i.S.d. § 1 Abs. 2 AStG in ihren Geschäftsbeziehungen vereinbarten Bedingungen und die Bevollmächtigung der Finanzbehörde, im Namen des Steuerpflichtigen mögliche Auskunftsansprüche gegenüber den von der Finanzbehörde benannten Kreditinstituten außergerichtlich und gerichtlich geltend zu machen, erstrecken.

Derzeit kein Staat als nicht kooperativ eingestuft

Die Bundesregierung hat diese Ermächtigung in § 4 SteuerHBekV zwar ausgeübt, derzeit jedoch keinen Staat als nicht kooperativ eingestuft, so dass für die Steuerpflichtigen keine zusätzlichen Mitwirkungs- und Nachweisverpflichtungen i.S.v. § 33 Abs. 1 Nr. 2 e) KStG bestehen (vgl. BMF v. 05.01.2010, BStBl. I 2010, 19) und eine Anwendung von § 8b Abs. 1 Satz 1 und Abs. 2 Satz 1 KStG insoweit nicht verhindert wird.

3.3 Branchenbezogene Ausnahmeregelungen

Gemäß § 8b Abs. 7 und 8 KStG gelten die Regelungen des § 8b Abs. 1 bis 6 KStG für bestimmte Branchen, nämlich zum einen Kreditinstitute, Finanzdienstleistungsunternehmen und Finanzunternehmen in bestimmten Fällen sowie für Lebens- und Krankenversicherungsunternehmen grundsätzlich nicht.

3.3.1 Kurzfristiger Eigenhandel durch Kreditinstitute und Beteiligungsgesellschaften (§ 8b Abs. 7 KStG)

Die Vorschrift des § 8b Abs. 7 Satz 1 KStG nimmt Anteile, die für den kurzfristigen Eigenhandel bei Kreditinstituten und Finanzdienstleistungsinstituten vorgesehen sind, aus dem Anwendungsbereich der allgemeinen Regelungen zur Dividendenfreistellung und zur Veräußerungsgewinnbefreiung aus.

Der Sinn und Zweck von § 8b Abs. 7 KStG erschließt sich, wenn man sich **Sinn und Zweck** vergegenwärtigt, dass Banken und Finanzdienstleister ihre betreffenden Eigenhandelsgeschäfte typischerweise durch entsprechende Gegenpositionen absichern (müssen). Folglich waren die Institute bestrebt, im Gesetz letztlich eine integrierte Behandlung von Aktiengrund- und Sicherungsgeschäft zu verorten. Dies aber war nach der zunächst Gesetz gewordenen Fassung nicht der Fall: Einerseits waren nach § 8b KStG i. d. F. des StSenkG etwaige Gewinne aus der Veräußerung im Eigenhandel regelmäßig nicht steuerfrei, da ursprünglich für die Erlangung der Steuerfreiheit eine Behaltefrist von einem Jahr vorgesehen war. Andererseits unterlagen die Verluste aus den Gegengeschäften nach § 15 Abs. 4 Satz 3 EStG einer Verlustausgleichsbeschränkung, woraufhin im Ergebnis eine Verrechnung der gegenläufigen Ergebnisse aus den Absicherungsgeschäften mit den Ergebnissen aus den kurzfristigen und damit steuerpflichtigen Eigenhandelserfolgen nicht möglich gewesen wäre (vgl. GEHRMANN/HAUFE, SteuStud 2014, 83, 84). Diese Asymmetrie korrigierte der Gesetzgeber dahingehend, dass einerseits Gewinne, die Banken und Finanzdienstleister im Eigenhandel erzielen, nunmehr stets steuerpflichtig sind, andererseits in diesen Fällen gemäß § 15 Abs. 4 Satz 4 EStG auch die Verrechnungsbeschränkung des § 15 Abs. 4 Satz 3 EStG für Verluste aus den Gegengeschäften keine Anwendung findet (vgl. hierzu BT-Drs. 14/4626, 3; EBEL, FR 2014, 500, 501).

Im Ergebnis sind in den Fällen von § 8b Abs. 7 KStG somit Gewinne und **Rechtsfolgen** Verluste sowohl des Grund- als auch des Sicherungsgeschäfts Bestandteil der steuerlichen Bemessungsgrundlage und können miteinander ausgeglichen werden. Die von § 8b Abs. 7 KStG erfassten Beteiligungserträge sind folglich auch in der Ausgangsgröße zur Ermittlung des Gewerbertrags nach § 7 GewStG enthalten, so dass über etwaige Hinzurechnungen nach § 8 Nr. 5 GewStG nicht nachzudenken ist. Im Fall von Schachteldividenden erfolgt sodann deren Kürzung nach Maßgabe des § 9 Nr. 2a, Nr. 7 bzw. Nr. 8 GewStG.

Für Anteile, die nicht von § 8b Abs. 7 KStG erfasst werden, weil sie beispielsweise nicht für den kurzfristigen Eigenhandelserfolg erworben wurden, gilt hingegen weiterhin die Steuerbefreiung nach Maßgabe des § 8b Abs. 1 bis 6 KStG. Im Gegenzug können gemäß § 15 Abs. 4 Satz 5 EStG etwaige Verluste aus den betreffenden Sicherungsgeschäften auch nur mit Gewinnen aus gleichartigen Geschäften verrechnet werden (vgl. KRÖNER in Ernst & Young, KStG, § 8b Rz. 256).

Eigenhandel von Kreditinstituten

Zur Abgrenzung der von § 8b Abs. 7 KStG erfassten Bestände knüpft das Gesetz bei Instituten i.S.d. Kreditwesengesetzes an deren Zuordnung zu dem nach § 1 Abs. 1a KWG zu führenden Handelsbuch an (vgl. zum Begriff des Handelsbuchs PUNG in DPM, § 8b KStG Tz. 431 ff.). Soweit die Kreditinstitute von der Führung des Handelsbuchs befreit sind, gelten die Abgrenzungsgrundsätze analog.

Einbezug von Beteiligungsgesellschaften

Während § 8b Abs. 7 Satz 1 KStG den Eigenhandel von Kreditinstituten erfasst, erweitert § 8b Abs. 7 Satz 2 KStG die Nichtanwendbarkeit von § 8b Abs. 1 bis 6 KStG auf Anteile, die von Finanzunternehmen i.S.d. KWG mit dem Ziel der kurzfristigen Erzielung eines Eigenhandelserfolges erworben werden. Zu derartigen Finanzunternehmen gehören auch Holding- und Beteiligungsgesellschaften i.S.v. § 1 Abs. 3 Satz 1 Nr. 1 KWG, und der Begriff des Eigenhandelserfolgs umfasst den Erfolg aus jeglichem Umschlag von Anteilen i.S.v. § 8b Abs. 1 KStG – mithin auch von GmbH-Anteilen – auf eigene Rechnung auf »irgendeinem« Markt (vgl. BFH v. 14.01.2009 – I R 36/08, BStBl. II 2009, 671; v. 15.06.2009 – I B 46/09, BFH/NV 2009, 1843); insoweit ist der Anwendungsbereich der Regelung nicht zu unterschätzen.

Ziel eines kurzfristigen Eigenhandelserfolgs ...

§ 8b Abs. 7 KStG findet nur dann Anwendung, wenn der Anteilserwerb mit dem Ziel eines kurzfristigen Eigenhandelserfolgs vorgenommen worden ist. Kurzfristigkeit ist dabei gegeben, wenn die Anteile nicht dazu bestimmt sind, dauerhaft im Unternehmen der erwerbenden Kapitalgesellschaft zu verbleiben. Ein intendierter Eigenhandelserfolg setzt voraus, dass der Erwerber beabsichtigt, die Anteile mit Gewinn zu veräußern (vgl. BAUSCHATZ, DStZ 2009, 502). Aus dem Vorstehenden folgt, dass sich allein aus der bilanziellen Zuordnung der erworbenen Anteile zum Umlaufvermögen kein zwingender Rückschluss auf die tatbestandsmäßige Eigenhandelsabsicht ergibt. Zutreffend hat der BFH daher eine solche Zuordnung zwar als maßgebliches, nicht jedoch als alleiniges Indiz für das Vorliegen der erforderlichen Eigenhandelsabsicht gewertet (vgl. BFH v. 12.10.2011 – I R 4/11, BFH/NV 2012, 453; GOSCH, 2009, § 8b KStG Rz. 588 f.; a.A. BMF v. 25.07.2002, BStBl. I 2002, 712 unter C.II.).

BEISPIEL 99

Am 19.06.2011 erwarb die X-GmbH, deren Unternehmensgegenstand das Halten von Unternehmensbeteiligungen und die Verwaltung eigenen Vermögens ist, 46% der Anteile an der F-GmbH, mit dem Ziel, diese Anteile nach entsprechenden Kurssteigerungen zu veräußern. Die Anteile werden dem Umlaufvermögen zugeordnet. Am 15.08.2011 veräußert die X-GmbH die Anteile mit Gewinn.
Gemäß § 8b Abs. 7 KStG gilt die Veräußerungsgewinnbefreiung des § 8b Abs. 2 KStG im vorliegenden Fall nicht, da die X-GmbH ein Finanzunternehmen i.S.v. § 1 Abs. 3 Satz 1 Nr. 1 KWG ist und die Anteile an der F-GmbH zur kurzfristigen Erzielung eines Eigenhandelserfolgs erworben hatte. ◂|

... im Erwerbszeitpunkt

Hat im Erwerbszeitpunkt Eigenhandelsabsicht bestanden und waren zu diesem Zeitpunkt die Anteile dem Umlaufvermögen zugeordnet, so werden durch eine spätere, ggf. gerechtfertigte Umgliederung ins Anlagevermögen die betreffenden Anteile nicht dem Anwendungsbereich des § 8b Abs. 7 KStG entzogen, da es nach dem Wortlaut der Vorschrift alleinig auf die im Erwerbszeitpunkt bestehende Absicht ankommt (vgl. BFH v. 12.10.2011 – I R 4/11, BFH/NV 2012, 453 m.w.N.).

Gründung ≠ Erwerb

Nicht von § 8b Abs. 7 KStG erfasst wird indes die Veräußerung von Anteilen einer Gesellschaft, welche die veräußernde Kapitalgesellschaft zuvor selbst gegrün-

det hat, da in diesen Fällen das in § 8b Abs. 7 Satz 2 KStG genannte Tatbestandsmerkmal des Erwerbs nicht erfüllt ist (vgl. BFH v. 03.05.2006 – I R 100/05, BStBl. II
2007, 60). Demgegenüber unterfällt die Veräußerung zuvor gekaufter Anteile an
einer Vorratsgesellschaft, d.h. einer Gesellschaft, die bisher ohne eigene Geschäftstätigkeit geblieben ist, § 8b Abs. 7 KStG (vgl. BFH v. 12.10.2010 – I B 82/10, BFH/NV
2011, 69; hierzu LÖFFLER/HANSEN, DStR 2011, 558).

3.3.2 Lebens- und Krankenversicherungsunternehmen (§ 8b Abs. 8 KStG)

Gemäß § 8b Abs. 8 KStG sind die Absätze 1 bis 7 nicht anzuwenden auf Anteile, | **§ 8b Abs. 1 bis 7 KStG gelten nicht …**
die bei Lebens- und Krankenversicherungsunternehmen den Kapitalanlagen zuzu-
rechnen sind. Folglich sind bei den vorgenannten Unternehmen empfangene Gewinnausschüttungen sowie die aus der Veräußerung von Anteilen an Kapitalgesellschaften erzielten Gewinne nicht steuerbefreit, während im Gegenzug Teilwertabschreibungen, Veräußerungsverluste und laufende Betriebsausgaben abziehbar
sind.

Hintergrund der Ausnahmeregelungen (vgl. hierzu MÜTZLER, DB 2007, 1894, | **… bei Lebens- und Krankenversicherun-gen sowie …**
FROTSCHER in Frotscher/Maas, § 8b KStG Rz. 599) ist die bei den Versicherungs-
unternehmen bestehende Besonderheit, dass die Rückstellung für Beitragsrück-
erstattung (RfB) auf Basis des handelsrechtlichen Ergebnisses berechnet wird und
sich diese Rückstellungsbildung bzw. etwaige Beitragsrückerstattungen auch steuerbilanziell gewinnmindernd auswirken (§ 21 Abs. 1 Nr. 1 KStG). Da nun aber im
handelsrechtlichen Ergebnis auch die von § 8b KStG erfassten Dividenden und
Veräußerungsgewinne enthalten sind, wirken sich diese, insoweit als sie zu einer
entsprechend erhöhten RfB führen, gewinnmindernd aus. Würden die vorstehenden
Beteiligungserträge nun über § 8b Abs. 1 bzw. Abs. 2 KStG zudem steuerfrei gestellt,
so wirkten sie ein zweites Mal gewinnmindernd. Im Fall von Gewinnminderungen
(Veräußerungsverlusten bzw. Teilwertabschreibungen) ergäbe sich ein gegenläufiger
Effekt. Indem nun § 8b Abs. 1–7 KStG für Kranken- und Lebensversicherungen
nicht gilt, wird diese doppelte Gewinnauswirkung vermieden (aus steuersystematischer Perspektive kritisch GOSCH, 2009, § 8b KStG Rz. 610f.).

Für Pensionsfonds gelten die Sonderregelungen des § 8b Abs. 8 KStG entspre- | **… Pensionsfonds**
chend (§ 8b Abs. 8 Satz 5 KStG), was einsichtig ist, da auch bei diesen nach § 21
Abs. 1 Nr. 1 KStG die Regelungen über Beitragsrückerstattungen bzw. RfB anwendbar sind (vgl. FROTSCHER in Frotscher/Maas, § 8b KStG Rz. 610).

Die von § 8b Abs. 8 KStG erfassten Beteiligungserträge unterliegen nicht nur | **GewSt: keine Kürzung**
der Körperschaftsteuer, sondern ebenso der Gewerbesteuer, da sie in der Ausgangsgröße zur Ermittlung des Gewerbeertrags nach § 7 GewStG enthalten sind und § 9
Nr. 2a Satz 5, Nr. 7 Satz 8 sowie Nr. 8 Satz 4 GewStG eine Kürzung ausschließen.

3.3.3 Rückausnahme durch § 8b Abs. 9 KStG

Zu beachten ist, dass über die Regelungen des § 8b Abs. 7 und 8 KStG nicht nur
etwaige Veräußerungsgewinne, sondern ebenso die jeweiligen laufenden Beteiligungserträge voll steuerpflichtig sind, da § 8b Abs. 1 KStG gemäß § 8b Abs. 7
und 8 KStG ebenfalls nicht anzuwenden ist. Die Steuerpflicht der Bezüge i.S.d.
§ 8b Abs. 1 KStG konfliert allerdings mit Art. 4 Abs. 1 der Mutter-Tochter-Richtlinie der Europäischen Union. Nach dieser Vorschrift sind steuerliche Doppelbelas-

tungen von Gewinnen, die eine EU-Tochtergesellschaft an eine in einem anderen Mitgliedsstaat ansässige Muttergesellschaft ausschüttet, entweder durch Anwendung der Freistellungs- oder der Anrechnungsmethode im Ansässigkeitsstaat der Muttergesellschaft zu vermeiden. Um dem zu entsprechen, setzt § 8b Abs. 9 KStG in den Fällen des § 8b Abs. 7 und 8 KStG die Freistellung für Bezüge i.S.d. § 8b Abs. 1 KStG wieder in Kraft (vgl. STRECK/BINNEWIES, 2014, § 8b KStG Anm. 186). Insoweit lebt dann auch wieder die Regelung des § 8b Abs. 5 KStG auf, während es bei der Nichtanwendbarkeit insbesondere des Absatzes 2 verbleibt (vgl. PUNG in DPM, § 8b KStG Tz. 471).

4 Missbrauchsabwehrregelung zur Wertpapierleihe

4.1 Körperschaftsteuerliche Auswirkungen

Gestaltungsüberlegung zur Umgehung von § 8b Abs. 7 und Abs. 8 KStG

Ausweislich der Tatsache, dass es Steuerpflichtige gibt, deren Beteiligungserträge gemäß § 8b Abs. 4, 7 oder 8 KStG nicht steuerbefreit sind, andere Steuerpflichtige aber die Steuerbefreiung des § 8b Abs. 1 KStG in Anspruch nehmen können, erscheint es steuergestalterisch naheliegend, durch Vereinbarung einer Wertpapierleihe die betreffenden Anteile für den Zeitpunkt der Dividendenausschüttung auf einen zur Inanspruchnahme von § 8b Abs. 1 KStG Berechtigten zu übertragen, von diesem die Dividende steuerfrei vereinnahmen zu lassen und sodann die Anteile auf den ursprünglichen Eigentümer zurück zu übertragen. Zivilrechtlich handelt es sich bei den umgangssprachlich als Wertpapierleihe bezeichneten Geschäften um ein Sachdarlehen i.S.v. § 607 Abs. 1 BGB, so dass der Begriff des Wertpapierdarlehens treffender wäre. Zu einer Aufdeckung stiller Reserven kommt es dabei nicht, weil die beim Darlehensgeber anzusetzende Sachforderung auf Wertpapiere gleicher Art, Güte und Menge mit dem Buchwert der hingegebenen Wertpapiere zu bewerten ist. Bei Rückgabe der Wertpapiere ist die Sachforderung auszubuchen und die Wertpapiere treten wieder an deren Stelle (vgl. OFD Frankfurt/M. v. 19.11.2013, DB 2014, 454; BLÜMICH/KRUMM, § 5 EStG Rz. 1084f.)

Der steuerliche Vorteil dieser Konstruktion ist dabei nicht auf Ebene des ursprünglichen Eigentümers zu erblicken, da sich dieser die ihm entgangene Dividende von dem tatsächlichen Ausschüttungsempfänger ersetzen lassen wird und es für ihn letztlich keinen Unterschied macht, ob er die Dividende oder eben die Ausgleichszahlung steuerpflichtig vereinnahmt. Vielmehr ist dieses Verfahren für den Ausschüttungsempfänger von Vorteil, da er einerseits die Dividende steuerfrei vereinnahmt, andererseits jedoch die Ausgleichszahlung gewinnmindernd berücksichtigt, so dass sich per Saldo steuerlich ein Verlust und damit eine Minderung seiner Steuerlast einstellt. Zur Verdeutlichung diene das nachfolgende Beispiel (nach HAHNE, FR 2007, 819, 823):

BEISPIEL 100

Am 01.03.14 hat die von § 8b Abs. 7 bzw. 8 KStG betroffene Kapitalgesellschaft X-AG 100.000 Aktien der börsennotierten D-AG an die zur Inanspruchnahme von § 8b Abs. 1 KStG berechtigte Z-GmbH für drei Monate verliehen. Der Vertrag über die Wertpapierleihe sieht vor, dass die Z-GmbH an die X-AG eine Kompensationszahlung i. H. d. entgangenen Dividenden sowie ein Darlehensentgelt i. H. v. 25.000 € zu entrichten hat. Am 02.04.14 vereinnahmt die Z-GmbH eine Dividendenausschüttung i. H. v. insgesamt 500.000 € von der D-AG.

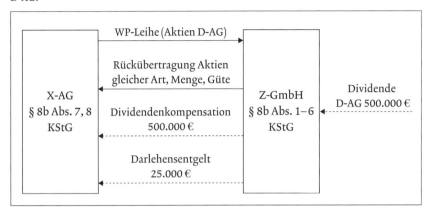

Steuerlich ergibt sich Folgendes:

Ermittlung des zu versteuernden Einkommens der Z-GmbH

bezogene Dividende D-AG		500.000 €
Ausgleichszahlung an X-AG	./.	500.000 €
Darlehensentgelt	./.	25.000 €
Verlust	./.	25.000 €
Steuerbefreiung gemäß § 8b Abs. 1 KStG	./.	500.000 €
nichtabziehbare Betriebsausgaben (§ 8b Abs. 5 KStG) = 0,05 × 500.000 €		25.000 €
zu versteuerndes Einkommen	./.	500.000 €

Durch die Wertpapierleihe erreicht die Z-GmbH folglich eine körperschaftsteuerliche Entlastung i. H. v. 0,15 × 500.000 € = 75.000 € und unter den Voraussetzungen des § 9 Nr. 2a bzw. Nr. 7 GewStG zudem eine gewerbesteuerliche Entlastung. Die steuerlichen Vorteile überwiegen die Kosten der Wertpapierleihe (hier: 25.000 € Darlehensentgelt). Die X-AG erzielt per Saldo einen Gewinn i. H. d. Darlehensentgelts (25.000 €). ◄|

Um dem vorstehenden Gestaltungsmodell die steuerliche Attraktivität zu nehmen, hat der Gesetzgeber in § 8b Abs. 10 Satz 1 KStG angeordnet, dass die Dividende zwar steuerfrei bleibt, die entleihende Kapitalgesellschaft jedoch die für die Wertpapierleihe geleisteten Entgelte, mithin das Darlehensentgelt und die Dividendenkompensationszahlung, nicht als Betriebsausgaben abziehen darf. Da insoweit eine Hinzurechnung tatsächlich entstandener Betriebsausgaben erfolgt, ist es einsichtig, dass § 8b Abs. 10 Satz 3 KStG die Anwendung von § 8b Abs. 3 Satz 1 und 2 KStG sowie von § 8b Abs. 5 KStG ausschließt, da es andernfalls zusätzlich zu einer Hinzurechnung fiktiver Betriebsausgaben kommen würde. Wendet man die vorstehenden Überlegungen auf das Beispiel 100 an, so ergibt sich Folgendes:

Gegenmaßnahme: Nichtabziehbarkeit der Betriebsausgaben

BEISPIEL 101

Ermittlung des zu versteuernden Einkommens Z-GmbH

bezogene Dividende		500.000 €
Ausgleichszahlung an X-AG	./.	500.000 €
Darlehensentgelt	./.	25.000 €
Verlust	./.	25.000 €
Steuerbefreiung gemäß § 8b Abs. 1 KStG	./.	500.000 €
nichtabziehbare Betriebsausgaben (§ 8b Abs. 10 KStG)		525.000 €
zu versteuerndes Einkommen		0 €

Die Hinzurechnung der nichtabziehbaren Betriebsausgaben neutralisiert die Auswirkungen der Wertpapierleihe auf das steuerliche Ergebnis der Z-GmbH. Steuersystematisch fragwürdig ist allerdings, dass die Qualifikation als nicht abziehbare Betriebsausgabe nicht nur die Dividendenkompensationszahlung, sondern auch das reine Darlehensentgelt erfasst (vgl. HÄUSELMANN, DStR 2007, 1379, 1382). Zugleich versteuert die X-AG die Dividendenkompensationszahlung i. H. v. 500.000 €, so als wenn sie die Dividende selbst bezogen hätte, und zudem das Darlehensentgelt i. H. v. 25.000 €. ◀|

Voraussetzung: Einnahmen oder Bezüge aus den überlassenen Anteilen

Gemäß § 8b Abs. 10 Satz 5 KStG gelten die vorstehenden einschränkenden Regelungen allerdings nur, wenn die entleihende Kapitalgesellschaft Einnahmen oder Bezüge aus den entliehenen Anteilen erzielt hat. Dies leuchtet ein, da nur in diesen Fällen die Vermutung einer entsprechenden Steuergestaltung gerechtfertigt erscheint. Gemäß § 8b Abs. 10 Satz 6 KStG gehören zu den Einnahmen und Bezügen aus den überlassenen Anteilen auch Entgelte, die die andere Kapitalgesellschaft dafür erhält, dass sie die entliehenen Wertpapiere weiterverleiht. Andernfalls wäre es möglich gewesen, die Rechtsfolgen des § 8b Abs. 10 KStG durch ein schlichtes Weiterverleihen der Wertpapiere zu umgehen, zumindest wenn man der von Teilen des Schrifttums vertretenen Auffassung folgen würde, dass Entgelte für eine Weiterverleihung der Wertpapiere keine Einnahmen i. S. v. § 8b Abs. 10 Satz 5 KStG darstellen (vgl. hierzu PUNG in DPM, § 8b KStG Tz. 501). Sodann aber würde weder die ursprüngliche Verleihung § 8b Abs. 10 KStG auslösen, noch erfolgte dies durch die Anschlussverleihung, da bei Letzterer Verleiher ja eine zur Inanspruchnahme von § 8b Abs. 1 KStG berechtigte Kapitalgesellschaft wäre. Durch § 8b Abs. 10 Satz 6 KStG sind derlei Gestaltungsüberlegungen nunmehr obsolet.

Gilt auch für Wertpapierpensionsgeschäfte

Das Betriebsausgabenabzugsverbot gilt gemäß § 8b Abs. 10 Satz 4 KStG auch im Fall echter Wertpapierpensionsgeschäfte i. S. v. § 340b Abs. 2 HGB. Diese unterscheiden sich von den Wertpapierdarlehen lediglich dadurch, dass das zivilrechtliche Geschäft kein Darlehen, sondern ein Kauf der Wertpapiere ist, wobei ebenso die Verpflichtung besteht, die Wertpapiere zu einem bestimmten Zeitpunkt zurückzuübertragen (vgl. FROTSCHER in Frotscher/Maas, § 8b KStG Rz. 641).

Keine Umgehungmöglichkeit durch Zwischenschaltung einer PersGes

Zu beachten ist, dass die Missbrauchsabwehrregelungen auch nicht durch Zwischenschaltung einer Personengesellschaft umgangen werden können. Gemäß § 8b Abs. 10 Satz 6 KStG gelten die Abwehrregelungen entsprechend, wenn die Anteile an eine Personengesellschaft oder von einer Personengesellschaft überlassen werden, an der die überlassende oder die entleihende Kapitalgesellschaft unmittelbar oder mittelbar über eine oder mehrere Personengesellschaften beteiligt ist. Für derartige Fälle verordnet § 8b Abs. 10 Satz 8 KStG einen Durchgriff auf die Kapitalgesellschaft als Gesellschafter der Personengesellschaft und fingiert eine unmittelbare Überlassung der Anteile an die Kapitalgesellschaft bzw. von der Kapitalgesellschaft. Dies gilt wohl auch dann, wenn an der jeweiligen Personengesellschaft noch weitere Gesellschafter vermögensmäßig beteiligt sind. Bezüglich des Anwendungsbereichs des § 8b Abs. 10 Satz 7 und 8 KStG wird eine teleologische Reduktion auf tatsächliche Missbrauchsfälle vertreten, also insbesondere auf solche Fälle, in denen die die überlassende Kapitalgesellschaft die Wertpapiere mit dem Ziel der Überlassung an eine andere Kapitalgesellschaft zunächst auf eine Personengesellschaft übertragen hat und/oder sich die entleihende Kapitalgesellschaft an einer Personengesellschaft beteiligt hat, welche anstelle der Kapitalgesellschaft die Wertpapiere entleihen soll (vgl. FROTSCHER in Frotscher/Maas, § 8b KStG Rz. 650). Ob die Finanzverwaltung bereit ist, dieser Einschränkung zu folgen, erscheint allerdings fraglich.

BEISPIEL 102

Die von § 8b Abs. 4, 7 oder Abs. 8 KStG betroffene T-AG ist an der T-GmbH & Co. KG als Kommanditistin zu 100 % vermögensmäßig beteiligt und überträgt auf diese gemäß § 6 Abs. 5 Satz 3 Nr. 1 EStG Aktien der D-AG zum Buchwert. Die KG verleiht die Aktien an die Z-GmbH & Co. KG, deren alleinige, zu 100 % vermögensmäßig beteiligte Kommanditistin die zur Inanspruchnahme von § 8b Abs. 1 KStG berechtigte Z-GmbH ist.

Gemäß § 8b Abs. 10 Satz 7 und 8 KStG ist im vorliegenden Fall eine steuerschädliche Überlassung der Aktien von der T-AG an die Z-GmbH i. S. v. § 8b Abs. 10 KStG anzunehmen. Rechtsfolgenseitig ergibt sich daraufhin Folgendes: Erhält die Z-GmbH & Co. KG Gewinnausschüttungen seitens der D-AG, so sind diese gemäß § 8b Abs. 1 KStG steuerfrei zu stellen, da sie aufgrund der Beteiligungsquote zu 100 % auf die zur Inanspruchnahme von § 8b Abs. 1 KStG berechtigte Z-GmbH entfallen. Zugleich werden die von der Z-GmbH & Co. KG geleistete Dividendenkompensationszahlung sowie das Darlehensentgelt vollständig als nicht abziehbar qualifiziert. Fraglich ist allerdings, ob Letzteres auch gilt, wenn die Z-GmbH nicht zu 100 % an der entleihenden Personengesellschaft beteiligt ist (für eine vollständige Erfassung unabhängig von der Beteiligungsquote GOSCH, 2009, § 8b KStG Rz. 665; a.A. BLÜMICH/RENGERS, § 8b KStG Rz. 521 m. w. N.). ◀|

Gemäß § 8b Abs. 10 Satz 9 KStG n. F. gelten die Sätze 1 bis 8 entsprechend, wenn Anteile, die die Voraussetzungen des Abs. 7 erfüllen, von einer Personengesellschaft überlassen werden. Diese Erweiterung des Anwendungsbereichs von § 8b Abs. 10 KStG gilt erstmals für Anteile, die nach dem 31.12.2013 überlassen werden. Hintergrund ist, dass die vorstehend beschriebenen Regelungen des § 8b Abs. 10 Satz 7 und 8 KStG nicht eingreifen, wenn an der verleihenden Personengesellschaft ausschließlich natürliche Personen beteiligt sind, da es in diesem Fall an einer überlassenden Kapitalgesellschaft fehlt (vgl. HAISCH/HELIOS/NIEDLING, DB 2013, 1444, 1446). Allerdings bestand auch in diesem Fall ein entsprechendes Gestaltungspotential, da § 3 Nr. 40 Satz 3 EStG das Teileinkünfteverfahren für Anteile i. S. d. § 8b Abs. 7 KStG suspendiert, so dass es insoweit reizvoll war, derlei Anteile an eine zur Inanspruchnahme von § 8b Abs. 1 KStG berechtigte Kapitalgesellschaft zu verleihen. Konnte diese, wegen der bisherigen Nichtanwendbarkeit von § 8b Abs. 10 KStG, die Dividendenkompensationszahlung sowie das Darlehensentgelt als Betriebsausgaben abziehen, so ergaben sich die in Beispiel 100 beschriebenen Effekte. Diesen Gestaltungsspielraum hat der Gesetzgeber durch § 8b Abs. 10 Satz 9 KStG n. F. nunmehr geschlossen.

Gilt auch bei Überlassung durch Personengesellschaft ohne Beteiligung einer Kapitalgesellschaft

4.2 **Gewerbesteuerliche Auswirkungen**

Die Regelungen des § 8b Abs. 10 KStG gelten über § 7 Satz 1 GewStG auch für die Gewerbesteuer. Im Fall von Streubesitzdividenden ist dabei § 8 Nr. 5 GewStG zu beachten, wonach eine Hinzurechnung der nach § 8b Abs. 1 KStG steuerbefreiten Dividenden vorzunehmen ist, wobei sich der Hinzurechnungsbetrag allerdings um die nach § 8b Abs. 10 KStG als nicht abziehbar qualifizierten Betriebsausgaben vermindert. Übersteigen diese die steuerbefreiten Dividenden, so ergibt sich ein negativer Hinzurechnungsbetrag (vgl. GÜROFF in Glanegger/Güroff, 2014, § 8 Nr. 5 GewStG Anm. 3; a.A. BLÜMICH/HOFMEISTER, § 8 GewStG Rz. 586). Das Darlehensentgelt ist nach Maßgabe des § 8 Nr. 1 GewStG hinzuzurechnen.

BEISPIEL 103

Liegen Streubesitzdividenden vor, so ergibt sich ausgehend von Beispiel 101 Folgendes:

Gewinn i.S.v. § 7 Satz 1 GewStG		0 €
Hinzurechnung gemäß § 8 Nr. 1 Buchst. a GewStG		
(unter Vernachlässigung des Hinzurechnungsfreibetrags) 25.000 € × 0,25		6.250 €
Hinzurechnung gemäß § 8 Nr. 5 GewStG		
steuerbefreite Dividende 500.000 € abzgl. nichtabziehbare		
Betriebsausgaben i.S.v. § 8b Abs. 10 KStG 525.000 €	./.	25.000 €
Gewerbeverlust	./.	18.750 €

Denkt man sich die Hinzurechnung nach § 8 Nr. 1 Buchst. a GewStG einmal hinweg, so ergäbe sich ein Gewerbeverlust i.H.v. ./. 25.000 €. Dies zeigt, dass, wenn man einen negativen Zurechnungsbetrag für zulässig erachtet, gewerbesteuerlich im Ergebnis dem Einwand abgeholfen wird, dass durch § 8b Abs. 10 KStG nicht nur die Dividendenkompensationszahlung, sondern auch das Darlehensentgelt als nicht abziehbar qualifiziert wird. ◂|

Im Fall von Schachteldividenden ergibt sich über § 9 Nr. 2a bzw. Nr. 7 GewStG kein Kürzungsbetrag, da die Dividenden bei der Ermittlung des Gewinns wegen der Steuerbefreiung nach § 8b Abs. 1 KStG nicht angesetzt worden sind.

5 **Verhältnis von § 8b Abs. 1 KStG zum Internationalen Schachtelprivileg**

Gegebenenfalls Existenz einer »zweiten« Steuerfreistellung

Sollten die aus einer ausländischen Tochtergesellschaft entstammenden Beteiligungseinkünfte infolge eines DBA mit Freistellungsmethode im Inland nicht der Besteuerung unterliegen (hierzu SCHAUMBURG, Internationales Steuerrecht, 2011, 771 f.), so tritt neben die ohnehin schon bestehende Steuerbefreiung nach § 8b Abs. 1 Satz 1 KStG eine »zweite«, abkommensrechtlich begründete Befreiung. Zwar sind beide Vorschriften im Kern auf eine Steuerfreistellung der Dividenden gerichtet, im Detail bestehen jedoch sowohl in den Tatbestandsvoraussetzungen als auch in den Rechtsfolgen Unterschiede:

Unterschiedliche Tatbestandsvoraussetzungen und ...

Hinsichtlich der Tatbestandsvoraussetzungen der beiden unterschiedlichen Anspruchsgrundlagen auf eine Steuerfreistellung der Dividenden ist festzuhalten, dass der Anwendungsbereich von § 8b Abs. 1 Satz 1 KStG weiter und grundlegender ist als derjenige einer abkommensrechtlichen Freistellung. Während die DBA-Freistellung zumeist an das Vorliegen einer Mindestbeteiligung geknüpft ist, die regelmäßig zwischen 10 % und 25 % beträgt (vgl. SCHAUMBURG, Internationales Steuerrecht, 2011, 865) und Aktivitätsvorbehalte gelten, wird der Anwendungsbereich von § 8b Abs. 1 Satz 1 KStG lediglich punktuell eingeschränkt. Derlei punktuelle Nichtanwendbarkeiten von § 8b Abs. 1 Satz 1 KStG können sich etwa aus dem materiellen Korrespondenzprinzip, den branchenspezifischen Ausnahmeregelungen gemäß § 8b Abs. 7 und Abs. 8 KStG sowie neuerdings aus § 8b Abs. 4 KStG ergeben, wonach nunmehr auch nach nationalem Recht für die Freistellung eine Mindestbeteiligungsquote von 10 % erforderlich ist.

Rechtsfolgenseitig gilt, dass sowohl § 8b Abs. 1 Satz 1 KStG als auch das Abkommensrecht zunächst eine vollständige Freistellung der Dividenden bewirken, so dass es auf den ersten Blick unerheblich scheint, aus welcher Vorschrift man dieses Ergebnis herleitet. Materiell bedeutende Unterschiede ergeben sich jedoch infolge der (Nicht-)Berücksichtigung der mit den Bezügen in Zusammenhang stehenden Aufwendungen: Während sich die Steuerbefreiung nach § 8b Abs. 1 Satz 1 KStG durch die Schachtelstrafe des § 8b Abs. 5 KStG im Ergebnis auf eine 95 %-Freistellung reduziert, wobei die tatsächlichen Aufwendungen im Zusammenhang mit der Beteiligung abziehbar bleiben, gilt § 8b Abs. 5 KStG im Fall der abkommensrechtlichen Freistellung nicht und es kommt zu einem Wiederaufleben von § 3c Abs. 1 EStG (vgl. GOSCH, 2009, § 8b KStG Rz. 483; BFH v. 22.02.2006 – I R 30/05, BFH/NV 2006, 1659), woraufhin der tatsächliche Beteiligungsaufwand bis zur Höhe der im Veranlagungszeitraum vereinnahmten DBA-befreiten Dividenden nicht abziehbar ist (vgl. LORENZ, IStR 2009, 437, 441).

> ... unterschiedliche Rechtsfolgen von § 8b Abs. 1 KStG und DBA-Freistellung

Die Wege aus dieser Tatbestands- und Rechtsfolgenkonkurrenz sind umstritten: In dem zur Gewerbesteuer ergangenen Urteil v. 23.06.2010 (I R 71/09, BStBl. II 2011, 129) ist der BFH zu der Auffassung gelangt, dass die vorgenannten Konkurrenzen regelmäßig zu Lasten des DBA-Schachtelprivilegs aufzulösen seien. Diese Erkenntnis fußt auf der von GOSCH im Schrifttum vertretenen Auffassung, dass die Freistellung nach § 8b Abs. 1 KStG der Abkommensfreistellung stets vorgehe, da sie, weil § 8b Abs. 5 KStG in diesen Vergleich nicht einzubeziehen sei, sowohl in ihren tatbestandlichen Voraussetzungen als auch in ihrer Regelungsreichweite jedenfalls nicht hinter dem DBA zurückbleibe (so GOSCH in FS Herzig, 2010, 63, 86 f.). Nur dann, wenn § 8b Abs. 1 KStG aufgrund einer besonderen gesetzlichen Anordnung unanwendbar sei (z.B. wegen § 8b Abs. 7 KStG), lebe das Abkommensprivileg wieder auf und gelange zur Anwendung (vgl. BFH v. 14.01.2009 – I R 47/08, BStBl. II 2011, 131 zur Organschaft).

> Vorrangigkeit von § 8b Abs. 1 i.V.m. Abs. 5 KStG ...

Angemerkt sei, dass bei einer Nichtanwendbarkeit von § 8b Abs. 1 Satz 1 KStG zumindest in zwei Fällen allerdings auch die abkommensrechtliche Freistellung leerlaufen wird:

- Sollte die Freistellung nach § 8b Abs. 1 Satz 1 KStG infolge des materiellen Korrespondenzprinzips gemäß § 8b Abs. 1 Satz 2 KStG zu versagen sein, so wird die auferstandene abkommensrechtliche Freistellung vom Gesetzgeber umgehend wieder »einkassiert«, indem er die für die Steuerfreistellung geforderte Korrespondenz durch § 8b Abs. 1 Satz 3 KStG auch auf den Fall einer solchen Freistellung erstreckt (siehe hierzu F II 1.4.2).

- Im Fall der Nichtfreistellung einer Streubesitzdividende gemäß § 8b Abs. 4 KStG wird regelmäßig auch die für die Freistellung nach dem jeweiligen DBA erforderliche Beteiligungsquote nicht erfüllt sein, so dass es weder nach der einen noch nach der anderen Norm zu einer Freistellung kommen wird (zu möglichen Divergenzen siehe KESSLER/DIETRICH, DStR 2012, 2101, 2104f.).

Anders indes war es im oben erwähnten Fall zur Gewerbesteuer, in dem eine deutsche Mutterkapitalgesellschaft eine Gewinnausschüttung von einer polnischen Tochterkapitalgesellschaft bezogen hatte. Hier war fraglich, ob vorrangig die Freistellung gemäß § 8b Abs. 1 KStG oder vielmehr die sich aus dem DBA-Polen ergebende Freistellung anzuwenden sei. Nach Auffassung des BFH (v. 23.06.2010 – I R 71/09, BStBl. II 2011, 129) schlägt zwar § 8b Abs. 1 Satz 1 KStG auf § 7 Satz 1 GewStG durch, woraufhin für die Anwendung einer parallel bestehenden DBA-Freistellung weder Raum noch Bedarf ist. Allerdings waren im entschiedenen Fall die Voraussetzungen von § 9 Nr. 7 GewStG nicht erfüllt, so dass die vorherige Freistellung durch die Hinzurechnung nach § 8 Nr. 5 GewStG neutralisiert wurde. Dies führe, so der BFH, zu einem Wiederaufleben der zunächst suspendierten DBA-Freistellung, die sodann eine definitive Wirkung entfalte, da § 8 Nr. 5 GewStG für abkommensrechtlich freigestellte Dividenden eine Hinzurechnung nicht vorsehe.

... oder vielmehr Günstigerprüfung? Andererseits wird eine völkerrechtsfreundliche Auflösung des Konkurrenzverhältnisses befürwortet, wonach der Steuerpflichtige die für ihn günstigere Freistellungstechnik wählen könnte (vgl. HAGEBÖKE, IStR 2009, 473; LORENZ, IStR 2009, 437). Dabei sei die sich aus dem Zusammenspiel von § 8b Abs. 1 Satz 1 und Abs. 5 KStG ergebende Freistellungswirkung mit der sich aus einer integralen Zusammenbetrachtung des DBA-Schachtelprivilegs i. V. m. dem Abzugsverbot nach § 3c Abs. 1 EStG zu vergleichen (vgl. STANGL/HAGEBÖKE, Ubg 2010, 651, 654).

Aus steuersystematischer Perspektive ist u. E. allerdings die Nichtabziehbarkeit der mit den freigestellten Dividenden in Zusammenhang stehenden Aufwendungen ohnehin nicht gerechtfertigt, da es sich lediglich um eine technische, nicht aber materielle Freistellung handelt, haben doch die zur Ausschüttung gelangten Beträge zuvor auf Ebene der ausschüttenden Kapitalgesellschaft der Besteuerung unterlegen. Dies gilt unabhängig davon, ob die Nichtabziehbarkeit nun typisiert über § 8b Abs. 5 KStG bewirkt wird (vgl. hierzu F II 3.1.1) oder über § 3c Abs. 1 EStG die tatsächlichen Aufwendungen vom Abzug ausgeschlossen werden (vgl. hierzu KESSLER/DIETRICH, IStR 2010, 696, 698). Würde man in Bezug auf die beim Empfänger freigestellten Dividenden richtigerweise weder § 8b Abs. 5 KStG noch § 3c Abs. 1 EStG anwenden, so wäre die vorstehend beschriebene Anwendungskonkurrenz zwischen einer DBA-Freistellung und einer Freistellung nach § 8b Abs. 1 KStG zwar nicht vollständig bedeutungslos, jedoch weitestgehend entspannt.

G Verlustberücksichtigung

Für Kapitalgesellschaften gelten über § 8 Abs. 1 KStG sowohl die allgemeinen einkommensteuerrechtlichen Grundsätze zum Verlustausgleich (§ 2 Abs. 3 EStG) und Verlustabzug (§ 10d EStG) als auch spezielle Normen zur Verlustberücksichtigung, wie etwa §§ 2a, 15 Abs. 4, 15a und 15b EStG. Letztere seien in der nachfolgenden Darstellung vernachlässigt.

I Verlustausgleich gemäß § 2 Abs. 3 EStG

Da unbeschränkt steuerpflichtige Kapitalgesellschaften gemäß § 8 Abs. 2 KStG stets gewerbliche Einkünfte erzielen, besteht sowohl für den vertikalen als auch, weil die Kapitalgesellschaft im Grundsatz nur über *einen* Gewerbebetrieb verfügt, für den horizontalen Verlustausgleich nach § 2 Abs. 3 EStG kein Anwendungsbereich. Anders gewendet, bei Kapitalgesellschaften stellen die Einkünfte aus Gewerbebetrieb zugleich den Gesamtbetrag der Einkünfte dar (vgl. KNOBBE-KEUK, Bilanz- und Unternehmenssteuerrecht, 1993, 596). Zu einem horizontalen Verlustausgleich kann es gleichwohl bei Beteiligung der Kapitalgesellschaft an einer Personengesellschaft kommen, ist doch der ihr aus dieser Beteiligung zuzurechnende Ergebnisanteil nach Maßgabe des § 2 Abs. 3 EStG mit dem Ergebnisanteil aus dem eigenen Gewerbebetrieb der Kapitalgesellschaft zusammenzuführen.

Im Grundsatz kein Verlustausgleich, da nur eine Einkunftsart und ein Gewerbebetrieb

II Verlustabzug gemäß § 10d EStG und § 10a GewStG

§ 10d EStG ermöglicht aus Gründen der Steuergerechtigkeit eine Durchbrechung der Abschnittsbesteuerung (vgl. SCHMIDT/HEINICKE, 2014, § 10d EStG Rz. 1) und gewährt zum einen die Möglichkeit eines sowohl zeitlich als auch betragsmäßig beschränkten Verlustrücktrags, zum anderen die Möglichkeit eines zeitlich unbegrenzten Verlustvortrags.

Durchbrechung der Abschnittsbesteuerung

Gemäß § 10d Abs. 1 EStG können negative Einkünfte, die bei der Ermittlung des Gesamtbetrags der Einkünfte nicht gemäß § 2 Abs. 3 EStG ausgeglichen werden, bis zu einem Betrag von 1 Mio. € (bis 2012: 511.500 €) vom Gesamtbetrag der Einkünfte des unmittelbar vorangegangenen Veranlagungszeitraums im Wege des Verlustrücktrags abgezogen werden. Dabei ist die im Gesetz getroffene Anordnung, dieser Abzug müsse vorrangig vor Sonderausgaben, außergewöhnlichen Belastungen und sonstigen Abzugsbeträgen erfolgen, für Kapitalgesellschaften bedeutungslos, da derlei Sachverhalte bei Kapitalgesellschaften mangels privater Sphäre nicht auftreten können.

Verlustrücktrag bis 1 Mio. €

Wahlrecht zum Verzicht für Kapitalgesellschaften i. d. R. bedeutungslos

Gemäß § 10d Abs. 1 Satz 5 und 6 EStG kann die Kapitalgesellschaft auf die Vornahme des Verlustrücktrags zugunsten eines Verlustvortrags verzichten. In Anbetracht des proportionalen KSt-Tarifs dürfte sich ein derartiger Verzicht lediglich dann empfehlen, wenn der KSt-Satz der Veranlagungszeiträume, in welche der Verlustvortrag erfolgen würde, höher ist als derjenige des dem Verlustentstehungsjahr vorhergehenden Veranlagungszeitraums. Da diese Situation angesichts zahlreicher Absenkungen des KSt-Satzes in der Vergangenheit, von der Erhöhung von 25 % auf 26,5 % für den Veranlagungszeitraum 2003 einmal abgesehen, nicht gegeben war, dürfte bereits aus diesem Grund ein Verzicht auf den Verlustrücktrag für Kapitalgesellschaften ausscheiden. Gegen einen derartigen Verzicht spricht zudem, dass sich die Steuerentlastung bei einem anstelle des Rücktrags vorgenommenen Verlustvortrags erst später manifestieren würde (Zinseffekt); eine Wirkung, welche durch die sog. Mindestbesteuerung (dazu sogleich) noch verstärkt wird.

Verlustvortrag, aber Mindestbesteuerung bei der KSt und ...

Verbleibt nach Anwendung des § 10d Abs. 1 EStG ein Verlust, so ist dieser nach Maßgabe des § 10d Abs. 2 EStG im Wege des Verlustvortrags zu berücksichtigen. Allerdings ist dabei die Verlustberücksichtigung durch die ab dem Veranlagungszeitraum 2004 geltende Mindestbesteuerung betragsmäßig begrenzt. So dürfen die verbliebenen negativen Einkünfte in den folgenden Veranlagungszeiträumen nur bis zu einem Gesamtbetrag der Einkünfte von 1 Mio. € unbeschränkt, darüber hinaus jedoch nur bis zu 60 % des 1 Mio. € übersteigenden Gesamtbetrags der Einkünfte des jeweiligen Veranlagungszeitraums, in den der Verlustvortrag erfolgt, abgezogen werden. Mit anderen Worten, in dem jeweiligen Veranlagungszeitraum, in den die negativen Einkünfte vorgetragen werden, verbleiben auf jeden Fall 40 % des um 1 Mio. € geminderten Gesamtbetrags der Einkünfte als zu versteuerndes Einkommen der Kapitalgesellschaft. Zwar bedeutet die vorstehende Begrenzung nicht, dass die insoweit zunächst nicht berücksichtigten Verluste steuerlich verfallen, gleichwohl wird durch die Mindestbesteuerung die steuerentlastende Wirkung des Verlustvortrags zeitlich gestreckt.

... ebenso bei der GewSt

Für die Gewerbesteuer ist die Verlustberücksichtigung in § 10a GewStG geregelt. Während es einen § 10d Abs. 1 EStG vergleichbaren Verlustrücktrag gewerbesteuerlich nicht gibt, entspricht die Regelung zum Verlustvortrag der Systematik des § 10d Abs. 2 EStG. Folglich ist der maßgebende Gewerbeertrag, mithin der nach den Vorschriften des EStG und KStG ermittelte, um etwaige Hinzurechnungen und Kürzungen nach §§ 8, 9 GewStG modifizierte Gewinn bis zu einem Betrag von 1 Mio. € um bisher nicht ausgeglichene Fehlbeträge vorangegangener Erhebungszeiträume zu kürzen; darüber hinaus jedoch nur bis zu 60 % des 1 Mio. € übersteigenden Gewerbeertrags.

BEISPIEL 104

Die in 04 neu gegründete X-GmbH erzielt in 04 einen Gesamtbetrag der Einkünfte von + 2.000.000 €, in 05 von ./. 5.000.000 € und in 06 von + 3.000.000 €. Gewerbesteuerliche Hinzurechnungen und Kürzungen sind nicht vorzunehmen, so dass der Gewerbeertrag dem Gesamtbetrag der Einkünfte des jeweiligen Erhebungszeitraums entspricht.

Körperschaftsteuerrechtlich ist ein Verlustrücktrag i. H. v. 1.000.000 € aus dem Veranlagungszeitraum 05 nach 04 vorzunehmen, so dass sich für 04 ein zu versteuerndes Einkommen von 1.000.000 € ergibt. Für den Verlustvortrag verbleibt mithin ein Betrag von

4.000.000 €. Ein Verlustvortrag nach 06 erfolgt i. H. v. 1.000.000 € + 0,6 × (3.000.000 € ./. 1.000.000 €) = 2.200.000 €, woraufhin sich in 06 der bisherige Gesamtbetrag der Einkünfte von 3.000.000 € auf ein zu versteuerndes Einkommen von 800.000 € vermindert. Es ist ein verbleibender Verlustvortrag i. H. v. 1.800.000 € (= 5.000.000 € ./. 1.000.000 € ./. 2.200.000 €) gesondert festzustellen.

Da gewerbesteuerrechtlich ein Verlustrücktrag nicht vorzunehmen ist, bleibt der Gewerbeertrag des Erhebungszeitraums 04 unverändert. Der Gewerbeertrag des Erhebungszeitraums 06 vermindert sich ebenso wie bei der Körperschaftsteuer um 2.200.000 € auf 800.000 €. Zudem ist ein verbleibender vortragsfähiger Fehlbetrag i. H. v. 2.800.000 € gesondert festzustellen.

Die vorstehenden Ergebnisse lassen sich zusammengefasst wie folgt darstellen:

VZ / EHZ	GdE / GewE	Bemessungsgrundlage	
		KSt	GewSt
04	2.000.000 €	1.000.000 €	2.000.000 €
05	./. 5.000.000 €	–	–
06	3.000.000 €	800.000 €	800.000 €
Summe	0 €	1.800.000 €	2.800.000 €

$$\downarrow \qquad\qquad \downarrow$$

Verlustvortrag 1.800.000 €	Fehlbetrag 2.800.000 €

Vereinbarkeit mit dem Leistungsfähigkeitsprinzip fraglich

Bereits im vorstehenden Beispiel erscheint eine Vereinbarkeit der Mindestbesteuerung mit dem Grundsatz der Besteuerung nach der wirtschaftlichen Leistungsfähigkeit äußerst fragwürdig (für die Verfassungswidrigkeit ausführlich LANG/ENGLISCH, StuW 2005, 3, 5 ff.): Obwohl die Kapitalgesellschaft rechnerisch in den Perioden 04 bis 06 insgesamt ein Ergebnis von 0 € erzielt hat (was, wenn man den durch Vornahme eines Betriebsvermögensvergleichs ermittelten Gewinn als Indikator wirtschaftlicher Leistungsfähigkeit begreift, darauf schließen lässt, dass eine Zunahme der wirtschaftlichen Leistungsfähigkeit der Kapitalgesellschaft nicht erfolgt ist), wird für die Zwecke der Besteuerung eine positive Bemessungsgrundlage von insgesamt 1,8 Mio. € (körperschaftsteuerrechtlich) bzw. 2,8 Mio. € (gewerbesteuerrechtlich) unterstellt, wobei die jeweilige Differenz zum rechnerischen Einkommen als Verlustvortrag bzw. vortragsfähiger Fehlbetrag verbleibt. Während in dieser Fallkonstellation die Kapitalgesellschaft noch Trost darin suchen kann, dass wenigstens in der Totalperiode eine vollständige Berücksichtigung der Verluste erfolgen würde (so beschwichtigend ALTFELDER, DB 2001, 350, 354), ist im Fall der Liquidation ein endgültiger Verlust des Verlustvortrags zu verzeichnen (insoweit eine teleologische Reduktion des § 10d Abs. 2 EStG fordernd FISCHER, FR 2007, 281).

FORTSETZUNG BEISPIEL 104 ▰▰▰

Wird die Kapitalgesellschaft zum 02.01.07 liquidiert und erzielt sie keinen Abwicklungsgewinn, so geht sowohl der körperschaftsteuerliche (1.800.000 €) als auch der gewerbesteuerliche (2.800.000 €) Verlustvortrag unter. Im vorliegenden Fall erscheint dies insbesondere
deswegen ungerechtfertigt, weil die Kapitalgesellschaft mit ihrem positiven Einkommen
aus 04 und 06 ein rechnerisches Verlustausgleichspotential i. H. v. 5 Mio. € geschaffen hatte,
so dass ohne die Restriktionen des § 10d EStG bzw § 10a GewStG überhaupt kein Verlust-
vortrag bestanden hätte. ◂|

BFH: § 10d EStG und § 10a GewStG grundsätzlich verfassungsgemäß

Nach Auffassung des BFH (v. 22.08.2012 – I R 9/11, BStBl. II 2013, 512) bestehen
indes grundsätzlich insoweit keine Zweifel an der Verfassungsmäßigkeit einer Verlustausgleichsbeschränkung nach § 10d EStG, als der Verlustausgleich nicht versagt,
sondern lediglich zeitlich gestreckt werde. Es genüge, so der BFH, wenn die Verluste
überhaupt, sei es auch in einem anderen Veranlagungszeitraum, steuerlich berücksichtigt würden. Gegen dieses Urteil ist Verfassungsbeschwerde eingelegt worden
(Az. BVerfG 2 BvR 2998/12). Zudem hat der IV. Senat des BFH (v. 20.09.2012 – IV R
36/10, BStBl. II 2013, 498) die Beschränkung der Verrechnung von vortragsfähigen
Gewerbeverlusten gemäß § 10a GewStG als verfassungsgemäß beurteilt. Dies gelte
nach Auffassung des BFH auch, soweit es wegen der Begrenzung zu einem endgültig
nicht mehr verrechenbaren Verlust komme, da derlei Härten im Einzelfall durch
Billigkeitsmaßnahmen vermieden werden könnten. Ein eine solche Maßnahme
rechtfertigender Härtefall liege allerdings nicht vor, wenn der Steuerpflichtige den
Untergang des Verlustvortrags in Kenntnis dieser Rechtsfolge durch sein eigenes
Verhalten verursacht habe (vgl. BFH v. 20.09.2012 – IV R 29/10, BStBl. II 2013, 505).

Bei Definitiveffekten aber möglicherweise verfassungswidrig

Allerdings hat es der BFH mit Beschluss v. 26.08.2010 (I B 49/10, BStBl. II
2011, 826) in einem AdV–Verfahren als ernstlich zweifelhaft angesehen, ob die
Mindestbesteuerung des § 10d Abs. 2 EStG verfassungsrechtlichen Anforderungen
auch dann noch standhält, wenn eine Verlustverrechnung in späteren Veranlagungszeiträumen aus rechtlichen, ggf. auch aus tatsächlichen Gründen endgültig ausgeschlossen ist, es folglich zu einer Definitivbelastung kommt. Im vom BFH entschiedenen Fall wurde durch einen Anteilserwerb i. S. v. § 8c KStG ein Untergang der
noch nicht genutzten Verluste bewirkt (siehe hierzu G III 3). Zwar sei, wie bereits
ausgeführt, eine zeitliche Streckung der Verlustberücksichtigung verfassungsrechtlich nicht zu beanstanden, allerdings könnte die Grenze zur Verfassungswidrigkeit
überschritten sein, wenn infolge eines inneren Sachzusammenhangs § 10d Abs. 2
EStG letztlich die Wirkung zukomme, den Verlustabzug gänzlich auszuschließen,
nicht genutzte Verluste mithin definitiv würden.

BMF gewährt AdV

Daraufhin hat sich die Finanzverwaltung mit Schreiben v. 19.10.2011 (BStBl. I
2011, 974) dazu entschlossen, Aussetzung der Vollziehung in den Fällen zu gewäh-
ren, in denen es aufgrund des Zusammenwirkens von § 10d Abs. 2 EStG bzw. § 10a
GewStG und eines tatsächlichen oder rechtlichen Grundes zu einem endgültigen
Ausschluss einer Verlustnutzungsmöglichkeit kommt, so etwa infolge der Liquida-
tion einer Körperschaft, von Verschmelzungen (§ 12 Abs. 3 i. V. m. § 4 Abs. 2 Satz 2
UmwStG) sowie eines schädlichen Anteilserwerbs nach § 8c KStG. Zu den konkreten
Auswirkungen im Zusammenhang mit § 8c KStG siehe G III 6.3.

FORTSETZUNG BEISPIEL 104

Wird die Kapitalgesellschaft zum 02.01.07 liquidiert und erzielt sie keinen Abwicklungsgewinn, so könnte die Körperschaftsteuer auf 1.800.000 € und die Gewerbesteuer auf 2.800.000 € von der Vollziehung ausgesetzt werden, da diese Steuerbeträge aus der Mindestbesteuerung des § 10d Abs. 2 EStG bzw. § 10a GewStG resultieren. ◀|

Festzuhalten ist, dass die zeitliche Streckung der Verlustberücksichtigung im Fall der Liquidation das unerwünschte Szenario intensiviert, über einen Verlustvortrag zu verfügen, welcher bei Untergang des Körperschaftsteuersubjekts ggf. steuerlich ungenutzt verfällt. Und natürlich können selbst bei einer verfassungskonformen Auslegung des § 10d Abs. 2 EStG bzw. § 10a GewStG ungenutzte Verluste bestehen, wenn etwa die Kapitalgesellschaft in der Totalperiode schlicht mehr Verluste als Gewinne erzielt hat, die sodann im Fall der Beendigung der Kapitalgesellschaft steuerlich ungenutzt untergehen würden. Mit dem sog. Mantelkauf, d.h. der Veräußerung des Rechtskleides einer verlustbehafteten, ansonsten jedoch vermögens- und geschäftslosen Kapitalgesellschaft, wird versucht, diese unerwünschte Konsequenz zu verhindern.

III Einschränkung der Verlustberücksichtigung gemäß § 8c KStG

1 Steuerliche Attraktivität des Mantelkaufs

Man stelle sich einen Steuerpflichtigen vor, der sein Unternehmen in der Rechtsform der Kapitalgesellschaft betreiben möchte, und dabei vor der Wahl steht, entweder eine neue Gesellschaft zu gründen oder stattdessen (alle) Anteile an einer bestehenden Kapitalgesellschaft zu erwerben und diese sodann für seinen beabsichtigten Unternehmenszweck umzugestalten. Während seine Kapitalgesellschaft bei Neugründung mit einem Ergebnis von Null starten würde, mithin jedwedes von ihr erzielte positive Einkommen eine unmittelbare Steuerbelastung auslösen würde, könnte der Erwerb der Anteile an einer bestehenden vermögenslosen Gesellschaft insoweit lukrativ erscheinen, als diese über Verlustvorträge verfügt, welche fortan etwaige positive Gesamtbeträge der Einkünfte der auf neuer Geschäftsgrundlage betriebenen Gesellschaft vermindern würden. Für den Veräußernden folgt daraus, dass seine, an einer immerhin vermögenslosen Kapitalgesellschaft gehaltenen Anteile zumindest i.H.d. diskontierten Steuervorteils werthaltig sind, während im Fall der Liquidation der Kapitalgesellschaft deren Verlustvorträge, von der Saldierung mit einem etwaigen Abwicklungsgewinn einmal abgesehen, untergehen und damit ihren wirtschaftlichen Wert einbüßen würden.

Mantelkauf soll Untergang der Verlustvorträge verhindern

BEISPIEL 105

X gründet in 04 mit einem Eigenkapital von 100.000 € die X-GmbH, deren Geschäftszweck die Entwicklung eines neuen Verfahrens zur Entsalzung von Meerwasser ist. Als sich noch in 04 herausstellt, dass ihre Forschungsbemühungen erfolglos verlaufen und zudem ihr Anlagevermögen durch einen Hochwasserschaden wertlos geworden ist, stellt die X-GmbH ihre wirtschaftliche Tätigkeit ein. Infolge des Untergangs des Anlagevermögens sowie der nicht aktivierungsfähigen Forschungsaufwendungen ermittelt sie für 04 einen Verlust i. H. v. 100.000 €. Da ein Verlustrücktrag wegen der Gründung in 04 ausscheidet, ergibt sich ein entsprechender Verlustvortrag. Anstatt die Gesellschaft zu liquidieren, veräußert X die Anteile an der X-GmbH an Z, welcher die Gesellschaft auf neuer Geschäftsgrundlage fortführt. Bereits in 05 ergibt sich für die Gesellschaft ein zu versteuerndes Einkommen und ebenso ein Gewerbeertrag von 100.000 €, was, für sich genommen zu einer (idealtypischen) Steuerbelastung von insgesamt 29.825 € (vgl. MONTAG in Tipke/Lang, 2013, § 13 Rz. 21), führen würde. Indes belaufen sich infolge der Berücksichtigung des Verlustvortrags das zu versteuernde Einkommen, der Gewerbeertrag und folglich auch die Steuerbelastung der X-GmbH auf null. ◀|

Um den Handel mit »GmbH-Mänteln« und vortragsfähigen Verlusten zu unterbinden, hatte der Gesetzgeber die Regelung des § 8 Abs. 4 KStG a. F. ins Feld geführt. Mit dem UntStRefG 2008 hat er diese Vorschrift durch § 8c KStG ersetzt; eine Regelung, die seitdem mehrfach geändert worden und aus steuersystematischer Perspektive in höchstem Maße kritikwürdig ist.

2 Rechtsentwicklung: Von § 8 Abs. 4 KStG zu § 8c KStG

**Alte Rechtslage:
§ 8 Abs. 4 KStG a. F.**

Gemäß § 8 Abs. 4 Satz 1 KStG a. F. war bei Kapitalgesellschaften die Vornahme eines Verlustabzugs nach § 10d EStG nur dann zulässig, wenn die betreffende Kapitalgesellschaft nicht nur rechtlich, sondern auch wirtschaftlich mit derjenigen Gesellschaft identisch war, die den Verlust ursprünglich erlitten hatte. Ein Verlust der wirtschaftlichen Identität war nach § 8 Abs. 4 Satz 2 KStG a. F. immer dann anzunehmen, wenn mehr als die Hälfte der Anteile an einer Kapitalgesellschaft übertragen wurde *und* die Gesellschaft ihren Geschäftsbetrieb mit überwiegend neuem Betriebsvermögen fortführte oder wieder aufnahm. Unter den Voraussetzungen einer sog. Sanierungsklausel (§ 8 Abs. 4 Satz 3 KStG a. F.) war die Zuführung neuen Betriebsvermögens allerdings unschädlich. Diagnostizierte man nun anhand der vorstehenden Kriterien einen Verlust der wirtschaftlichen Identität der Kapitalgesellschaft, so konnten die von der »alten« Kapitalgesellschaft erzielten Verluste nicht mehr von der »neuen« Kapitalgesellschaft geltend gemacht werden; es kam mithin zu einem Verlust des Verlustvortrags. Erkennbar war es damit Sinn und Zweck von § 8 Abs. 4 KStG a. F., einer als missbräuchlich angesehenen Gestaltung zur Ausnutzung steuerrechtlicher Verluste im Wege des Mantelkaufs entgegenzuwirken (vgl. BFH v. 14.03.2006, BStBl. II 2007, 602).

**Charakter als
Missbrauchsabwehr-
regelung**

Neben zahlreichen Streitfragen im Detail, die hier vernachlässigt seien, war bezüglich § 8 Abs. 4 KStG a. F. insbesondere fraglich, welcher sachliche bzw. zeitliche Zusammenhang zwischen dem Anteilseignerwechsel einerseits und der Zuführung des neuen Betriebsvermögens andererseits für die Annahme eines Verlusts der wirtschaftlichen Identität bestehen muss. Dabei ist allerdings nicht zu verkennen, dass insbesondere das Erfordernis eines sachlichen Zusammenhangs zwischen der Anteilsübertragung und der Zuführung neuen Betriebsvermögens für die Qualifikation des § 8 Abs. 4 KStG als Missbrauchsabwehrregelung entscheidend war, wurde hierdurch doch versucht, den Verlustuntergang nach § 8 Abs. 4 KStG a.F. nicht bereits bei jedweder Anteilsübertragung > 50 % auszulösen, sondern diese Rechtsfolge vielmehr auf solche Fälle zu beschränken, die der typischen Ausgestaltung und Zielsetzung eines Mantelkaufs entsprachen. Eben diese Reduktion des Anwendungsbereichs von § 8 Abs. 4 KStG a. F. erreichte man durch das zusätzliche Tatbestandsmerkmal, dass im Zusammenhang mit der Anteilsübertragung überwiegend neues Betriebsvermögen zugeführt worden sein müsse.

Gleichwohl hat der Gesetzgeber mit Verweis auf die aus diesem Zusammenspiel der Tatbestandsmerkmale resultierenden Rechtsanwendungsschwierigkeiten mit dem UntStRefG 2008 den § 8 Abs. 4 KStG a.F. durch die deutlich weitreichendere Regelung des § 8c KStG ersetzt. Dabei ist das streitanfällige Tatbestandsmerkmal »Zuführung von neuem Betriebsvermögen« aufgegeben worden und es genügt nunmehr alleinig ein qualifizierter Anteilseignerwechsel, um die Rechtsfolge eines (ggf. quotalen) Verlustuntergangs auszulösen. Laut Gesetzesbegründung diene dies der Vereinfachung der Rechtsanwendung (vgl. BT-Drs. 16/4841, 75), was vordergründig angesichts der zahlreichen Streitfragen zu § 8 Abs. 4 KStG a. F. einer gewissen Plausibilität nicht entbehrt, allerdings ist zu bedenken, dass der Hinweis auf eine einfachere Rechtsanwendung den materiellen Gehalt einer Regelung, von Vereinfachungszwecknormen einmal abgesehen, nicht per se zu rechtfertigen vermag (zur steuersystematischen Einordnung von § 8c KStG siehe G III 6).

Neue Rechtslage: § 8c KStG

3 Grundaussagen von § 8c KStG

Wesentliches Tatbestandsmerkmal von § 8c KStG ist das Vorliegen eines qualifizierten Anteilseignerwechsels. Rechtsfolgenseitig arbeitet die Vorschrift sodann zweistufig:

- Werden mehr als 25 %, jedoch nicht mehr als 50 % der Beteiligung an einer verlustbehafteten Kapitalgesellschaft innerhalb eines Zeitraums von fünf Jahren auf einen Erwerber oder eine diesem nahe stehende Personen übertragen, so versagt § 8c Abs. 1 Satz 1 KStG der betreffenden Kapitalgesellschaft insoweit, d.h. quotal entsprechend, die Abziehbarkeit ihrer bis zu diesem Zeitpunkt noch nicht ausgeglichenen oder abgezogenen Verluste.

  Quotale bzw. ...

- Werden innerhalb von fünf Jahren mehr als 50 % der Beteiligung auf einen Erwerber oder diesem nahe stehende Personen übertragen, so verschärft § 8c Abs. 1 Satz 2 KStG die vorstehende Rechtsfolge dahingehend, dass nunmehr die bis dahin noch nicht genutzten Verluste der Kapitalgesellschaft in vollem Umfang als nicht mehr abziehbar qualifiziert werden.

  ... vollständige Nichtabziehbarkeit der nicht genutzten Verluste

BEISPIEL 106

Die X-GmbH, einziger Gesellschafter ist X, verfügt zum 31. 12. 10 über einen Verlustvortrag i. H. v. 1 Mio. €. Am 2. 1. 11 veräußert X a) 30 % bzw. b) 70 % seines GmbH-Anteils an Y. Im VZ 11 erzielt die X-GmbH einen Gesamtbetrag der Einkünfte von 1 Mio. €.

In Sachverhalt a) ist gemäß § 8c Abs. 1 Satz 1 KStG infolge der Veräußerung von 30 % des GmbH-Anteils an Y der Verlustvortrag der X-GmbH quotal entsprechend, mithin i. H. v. 30 % nicht mehr nutzbar. Im VZ 11 vermindert sich der Gesamtbetrag der Einkünfte der X-GmbH mithin nur um den verbleibenden Verlustvortrag von 700 T€ auf ein zu versteuerndes Einkommen von 300 T€.

Da in Sachverhalt b) mehr als 50 % des GmbH-Anteils auf einen Erwerber übertragen werden, geht gemäß § 8c Abs. 1 Satz 2 KStG der Verlustvortrag der X-GmbH vollständig verloren. Der Gesamtbetrag der Einkünfte des VZ 11 vermindert sich nicht und das zu versteuernde Einkommen des VZ 11 der X-GmbH beträgt folglich 1 Mio. €. ◀|

Einschränkende Klauseln

Nachdem sich der Gesetzgeber harscher Kritik sowie dem Vorwurf ausgesetzt sah, dass es sich bei § 8c KStG um eine vorwiegend fiskalisch motivierte reine Verlustvernichtungsvorschrift handele, die zudem krisenverschärfend wirke (vgl. BREUNINGER/SCHADE, Ubg 2008, 261; SUCHANEK in HHR, § 8c KStG Anm. 3), ist die Norm mit der sog. Stille-Reserven-Klausel, der Konzernklausel sowie der Sanierungsklausel um drei Regelungen ergänzt worden, die in bestimmten Fällen einen nach der Grundregel des § 8c KStG eigentlich eintretenden Verlustuntergang abwehren:

Konzernklausel

- Die Konzernklausel (§ 8c Abs. 1 Satz 5 KStG) qualifiziert Beteiligungserwerbe innerhalb eines Konzerns dann als unschädlich, wenn die Verluste der betreffenden Kapitalgesellschaft rechnerisch nach wie vor auf den Übertragenden entfallen, ihm jedoch nur auf einem anderen Pfad innerhalb des Konzerns zugerechnet werden (siehe hierzu G III 4.3.1).

Stille-Reserven-Regel

- Die Stille-Reserven-Regel (§ 8c Abs. 1 Satz 6 ff. KStG) basiert auf der Grundüberlegung, dass insoweit, als bei der betreffenden Kapitalgesellschaft stille Reserven bestehen, der Verlustuntergang infolge eines schädlichen Anteilserwerbs unterbleibt, da ja die Kapitalgesellschaft in diesem Ausmaß die Verluste durch ein rechtzeitiges Aufdecken der stillen Reserven ohnehin hätte nutzen können (siehe hierzu G III 5.3).

Sanierungsklausel

- Die Sanierungsklausel (§ 8c Abs. 1a KStG) schließlich erklärt Beteiligungserwerbe für die Anwendung von § 8c Abs. 1 KStG dann als unbeachtlich, wenn diese zum Zwecke der Sanierung des Geschäftsbetriebs einer Kapitalgesellschaft erfolgt sind. Bezüglich dieser Regelung ist allerdings unklar, ob sie wegen eines von der EU-Kommission angenommenen Verstoßes gegen das Gemeinschaftsrecht überhaupt jemals Wirksamkeit erlangen wird (siehe hierzu G III 4.3.2).

Die nachfolgende Abbildung fasst noch einmal zusammen:

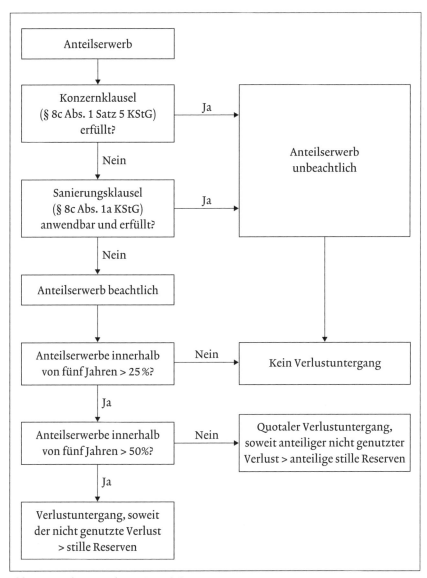

Abb. 9: Grundsystematik von § 8c KStG

4 Verluste und Erwerbe i. S. v. § 8c KStG

4.1 Von § 8c KStG erfasste Verluste

Dem Gesetzeswortlaut nach gilt § 8c KStG für alle bis zum schädlichen Beteiligungserwerb nicht ausgeglichenen oder abgezogenen negativen Einkünfte, welche zusammenfassend als nicht genutzte Verluste bezeichnet werden. Dies bedeutet,

Zeitpunkt des schädlichen Beteiligungserwerbs entscheidend

dass nicht nur die zum Ende des vorangegangenen Veranlagungszeitraums existenten nicht genutzten Verluste von § 8c KStG erfasst werden, sondern auch die unterjährig bis zum Zeitpunkt des schädlichen Beteiligungserwerbs entstandenen negativen Einkünfte der Kapitalgesellschaft davon betroffen sind (vgl. SUCHANEK in HHR, § 8c KStG Anm. 32).

Verlustvortrag ist ...

Wesentlicher Bestandteil der nicht genutzten Verluste i.S.v. § 8c KStG ist ein zum Schluss des vorangegangenen Veranlagungszeitraums für die Kapitalgesellschaft nach § 10d Abs. 4 EStG festgestellter verbleibender Verlustvortrag.

... um unterjährige Gewinne zu vermindern

Fraglich ist nun allerdings, was im Fall eines unterjährigen Beteiligungserwerbs passiert, wenn die Kapitalgesellschaft im laufenden Wirtschaftsjahr bis zum Zeitpunkt des schädlichen Beteiligungserwerbs einen Gewinn erzielt hat. Vergegenwärtigt man sich, dass es sich bei diesem Gewinn ja um ein Ergebnis handelt, welches noch von der »alten« Kapitalgesellschaft erwirtschaftet worden ist, so erscheint es unmittelbar einsichtig, den bestehenden Verlustvortrag noch mit diesem Gewinn zu verrechnen und nur einen danach etwaig noch verbleibenden Verlustvortrag (partiell) untergehen zu lassen (so BFH v. 30.11.2011 – I R 14/11, BStBl. II 2012, 360). Hatte die Finanzverwaltung im bisherigen Schreiben zu § 8c KStG noch die gegenteilige Auffassung vertreten (vgl. BMF v. 04.07.2008, BStBl. I 2008, 736 Tz. 31 Satz 2), so gibt sie in der noch in der Diskussion befindlichen Neufassung des Schreibens (BMF v. 15.04.2014, nachfolgend als Entwurfsschreiben bezeichnet) zunächst vor, dem Urteil des BFH zu folgen (vgl. Entwurfsschreiben Tz. 31). Allerdings, so die Finanzverwaltung, komme eine Verrechnung von unterjährigen Gewinnen mit den nicht genutzten Verlusten nur insoweit in Betracht, als die vor dem schädlichen Beteiligungserwerb erzielten Gewinne die nach diesem Zeitpunkt ggf. angefallenen Verluste dieses Wirtschaftsjahres übersteigen. Dieser Einschränkung ist u.E. nicht zu folgen, da schlicht kein Grund erkennbar ist, weshalb zunächst ein Ausgleich der unterjährigen Gewinne mit etwaigen nach dem Zeitpunkt der Anteilsübertragung entstehenden Verlusten desselben Wirtschaftsjahres erfolgen soll. Letztere hat erkennbar die »neue« Kapitalgesellschaft erlitten, so dass ein Aufzehren dieser Verluste durch Gewinne der »alten« Kapitalgesellschaft nicht gerechtfertigt ist (vgl. SCHNEIDER/SOMMER, FR 2014, 537 f.; RÖDDER, Ubg 2014, 317, 324). Vielmehr wären diese Gewinne vorrangig mit den nicht genutzten Verlusten der »alten« Kapitalgesellschaft zu verrechnen.

BEISPIEL 107

Einziger Gesellschafter der X-GmbH ist X. Das Wirtschaftsjahr der X-GmbH entspricht dem Kalenderjahr. Zum 31.12.10 ist für die X-GmbH ein Verlustvortrag gemäß § 10d Abs. 4 EStG i.H.v. 900.000 € festgestellt worden. Am 01.08.11 veräußert X 60% seines GmbH-Anteils an Y. Aus dem auf diesen Zeitpunkt vorgenommenen Zwischenabschluss ergibt sich für den Zeitraum vom 01.01.11 bis zum 31.07.11 ein Gewinn i.H.v. 600.000 €. In der Zeit vom 01.08.11 bis zum 31.12.11 erleidet die X-GmbH einen Verlust i.H.v. 600.000 €.
Da Y am 01.08.11 mehr als 50% der Anteile an der X-GmbH erworben hat, ist zu diesem Zeitpunkt ein schädlicher Beteiligungserwerb i.S.v. § 8c Abs. 1 Satz 2 KStG gegeben, woraufhin alle bis zu diesem Zeitpunkt nicht genutzten Verluste der X-GmbH untergehen. Nach zutreffender Auffassung ermitteln sich die zu diesem Zeitpunkt bestehenden nicht genutzten Verluste wie folgt:
Der bestehende Verlustvortrag (900.000 €) ist mit dem bis zum Zeitpunkt des Beteiligungserwerbs erzielten Gewinn (600.000 €) zu verrechnen und vermindert sich daraufhin auf 300.000 €. In dieser Höhe bestehen am 01.08.2011 ungenutzte Verluste, die infolge des

Anteilserwerbs durch Y untergehen. Der für das Wirtschaftsjahr 11 zu berücksichtigende Gewinn der X-GmbH für vermindert sich infolge der Verlustverrechnung auf 0 €. Der in der Zeit nach dem Beteiligungserwerb erwirtschaftete Verlust der X-GmbH i.H.v. 600.000 € mündet in einen zum 31.12.11 festzustellenden Verlustvortrag in selbiger Höhe.

Nach verfehlter Auffassung der Finanzverwaltung wäre zunächst eine Saldierung des Gewinns bis zum Beteiligungserwerb mit danach in diesem Wirtschaftsjahr erlittenen Verlusten vorzunehmen. Für eine Berücksichtigung des bestehenden Verlustvortrags verbliebe kein Betrag mehr. Der Verlustvortrag ginge vollständig verloren und die X-GmbH verliert, im Vergleich zu vorherigen Lösung, eine Verlustnutzung i.H.v. 600.000 €. ◄|

Zudem will die Finanzverwaltung das Vorstehende nur in den Grenzen der Mindestbesteuerung nach § 10d EStG zulassen (vgl. Entwurfsschreiben Tz. 31a mit Beispiel; kritisch SCHNEIDER/SOMMER, FR 2014, 537f.; RÖDDER, Ubg 2014, 317, 324; vermittelnd RITZER/STANGL, DStR 2014, 977, 979f.)

Wie bereits angedeutet, zählen auch die bis zum Zeitpunkt des schädlichen Beteiligungserwerbs erlittenen unterjährigen Verluste grundsätzlich zu den nicht genutzten Verlusten i.S.v. § 8c KStG, es sei denn, es gelingt der Kapitalgesellschaft diese Verluste quasi unmittelbar vor dem Eingreifen von § 8c KStG zu nutzen. Hierfür sind zwei Möglichkeiten in Betracht zu ziehen:

Bei unterjährigen Verlusten …

- Zum einen ist es vorstellbar, dass die Kapitalgesellschaft bis zum Zeitpunkt des Beteiligungserwerbs einen Verlust, in dem nach diesem Zeitpunkt verbleibenden Restwirtschaftsjahr jedoch einen Gewinn erzielt, woraufhin man auf den Gedanken kommen könnte, einen Verlustausgleich dieser beiden Werte vorzunehmen und nur einen danach verbleibenden Verlust den Rechtsfolgen des § 8c KStG zu unterwerfen. Dies vermag indes nicht zu überzeugen (insoweit zutreffend BMF v. 04.07.2008, BStBl. I 2008, 736 Tz. 30), da es sich bei dem bis zum Zeitpunkt des Beteiligungserwerbs erlittenen Verlust um einen der »alten« Kapitalgesellschaft handelt, während der nach diesem Zeitpunkt erzielte Gewinn durch die »neue« Kapitalgesellschaft erwirtschaftet worden ist. Eine Berücksichtigung von Verlusten der »alten« durch die »neue« Kapitalgesellschaft soll aber durch § 8c KStG gerade ausgeschlossen werden.

… kein Verlustausgleich, aber …

- Zum anderen ist zu erwägen, ob ein bis zum Zeitpunkt des schädlichen Beteiligungserwerbs erlittener Verlust im Wege des Verlustrücktrags noch von der »alten« Kapitalgesellschaft genutzt werden kann. Dies erscheint steuersystematisch gerechtfertigt, da es Sinn und Zweck von § 8c KStG ist, die Saldierung von Verlusten der »alten« Kapitalgesellschaft mit Gewinnen der »neuen« Kapitalgesellschaft (partiell) zu unterbinden, mit einem Verlustrücktrag aber gerade der Gesamtbetrag der Einkünfte der »alten« Kapitalgesellschaft durch Verluste der »alten« Kapitalgesellschaft gemindert würde. Nach Auffassung der Finanzverwaltung soll ein Verlustrücktrag der unterjährig erlittenen Verluste indes ausgeschlossen sein (vgl. BMF v. 04.07.2008, BStBl. I 2008, 736 Tz. 30; a.A. zu Recht SUCHANEK in HHR, § 8c KStG Anm. 32).

… Verlustrücktrag

Will man in den vorgenannten Fällen trotz der ablehnenden Haltung der Finanzverwaltung ein steuersystematisch zutreffendes Ergebnis erlangen, so ist die Bildung eines Rumpfwirtschaftsjahres, welche allerdings nach § 7 Abs. 4 Satz 3 KStG nur im Einvernehmen mit der Finanzverwaltung erfolgen kann, unmittelbar vor dem Zeitpunkt des schädlichen Anteilserwerbs zu erwägen (vgl. SISTERMANN/BRINKMANN, BB 2008, 1928, 1935). Sodann verfügte die Kapitalgesellschaft je nach Sach-

Gestaltungsmöglichkeit Rumpfwirtschaftsjahr

verhalt entweder unstreitig über einen Gewinn, mit welchem ein bestehender Verlustvortrag noch verrechnet werden könnte, oder über einen Verlust, welcher als Verlustrücktrag geltend gemacht werden könnte. In beiden Fällen würde insoweit der Betrag der von § 8c KStG getroffenen nicht genutzten Verluste verringert.

Verrechenbare Verluste i. S. v. § 15a EStG

Nach Auffassung der Finanzverwaltung gilt § 8c KStG nun allerdings nicht nur für die vorgenannten nicht genutzten Verluste, sondern erfasst auch solche Verluste, welche sich aufgrund von §§ 2a, 15 Abs. 4, 15a und 15b EStG bis zum Zeitpunkt des Beteiligungserwerbs noch nicht einkommensmindernd ausgewirkt haben (vgl. BMF v. 04. 07. 2008, BStBl. I 2008, 736 Tz. 2). Dabei erscheint insbesondere der Einbezug der nach § 15a EStG lediglich verrechenbaren Verluste aus einer Kommanditbeteiligung der Kapitalgesellschaft steuersystematisch fragwürdig, handelt es sich dabei doch um Verluste, deren steuerliche Berücksichtigung bis zum Zeitpunkt der tatsächlichen wirtschaftlichen Belastung des Kommanditisten hinausgeschoben ist, welche im Regelfall dann eintritt, wenn dem Kommanditisten aus seiner KG-Beteiligung zukünftig Gewinne zugerechnet werden (vgl. NIEHUS/WILKE, Die Besteuerung der Personengesellschaften, 2013, 304 f.). Werden diese Gewinne aber von der »neuen« Kapitalgesellschaft erzielt, so erscheint eine Versagung der Verlustverrechnung unzutreffend, handelt es sich doch um Verluste, die auch tatsächlich eine wirtschaftliche Belastung dieser »neuen« Kapitalgesellschaft darstellen. Unterwirft man indes derartige Verluste der Regelung des § 8c KStG, so wird damit der »neuen« Kapitalgesellschaft im Ergebnis die Nutzung eigener Verluste versagt (kritisch auch ZERWAS/FRÖHLICH, DStR 2007, 1933, 1937 f.; GOSCH/ROSER, 2009, § 8c KStG Rz. 14; a.A. SUCHANEK/HERBST, FR 2007, 863, 869).

4.2 Von § 8c KStG erfasste Erwerbe

4.2.1 Grundsätzliche Vorbemerkungen

Perspektive des Erwerbers entscheidend

Erwerber i. S. v. § 8c KStG kann eine natürliche Person, eine Körperschaft oder eine Personengesellschaft sein. Die Ermittlung der steuerschädlichen Übertragungsquote erfolgt dabei aus der Perspektive des Erwerbers, so dass für die Frage, ob ein steuerschädlicher Anteilserwerb vorliegt, jeweils nur Anteilsübertragungen auf diesen einen Erwerber, diesem nahe stehende Personen oder auf Personen, die zu einer Gruppe von Erwerbern mit gleichgerichteten Interessen gehören, zu berücksichtigen sind. Die Perspektive des Veräußerers ist dabei irrelevant; es ist mithin unerheblich, ob die Anteile eines oder mehrerer Veräußerer erworben werden.

Erwerb uno actu oder in mehreren Schritten

Auch spielt es keine Rolle, ob der Anteilserwerb *uno actu* oder in mehreren Tranchen erfolgt; entscheidend ist alleinig, dass innerhalb von fünf Jahren durch den betreffenden Erwerber bzw. die Erwerbergruppe mehr als 25 % bzw. 50 % der Anteile erworben werden. Daraus ergibt sich im Umkehrschluss, dass § 8c KStG bei Erwerben von jeweils bis zu 25 % bzw. 50 % durch *verschiedene* Erwerber nicht eingreift, es sei denn, bei diesen handelt es sich um eine Erwerbergruppe mit gleichgerichteten Interessen (dazu unten mehr).

BEISPIEL 108

An der X-GmbH sind A, B, C und D zu je 25 % beteiligt. Veräußert A seinen Anteil an W, B an X, C an Y und D an Z, so liegt keine schädliche Anteilsübertragung vor, da jeweils nur 25 % der Anteile auf einen Erwerber übertragen worden sind.

Anders hingegen, wenn alleinig Z die Anteile von A, B, C und D erwirbt. Zwar hat er von jedem Altgesellschafter nur 25 % der Kapitalgesellschaftsanteile erworben, allerdings summieren sich die einzelnen Erwerbe zu 100 % der Anteile, so dass die in § 8c Abs. 1 Satz 2 KStG normierte Erwerbsquote von 50 % übertroffen wird. ◄|

§ 8c KStG gilt auch für Anteilserwerbe über die Börse. Infolge der Ermittlung der schädlichen Übertragungsquote beim Erwerber ist die Anwendung von § 8c KStG auf börsennotierte Kapitalgesellschaften mit Streubesitz praktisch jedoch ausgeschlossen, es sei denn, ein einzelner Finanzinvestor erwirbt innerhalb des Fünfjahreszeitraums insgesamt mehr als 25 % der Anteile (vgl. BEUSSER, DB 2007, 1549, 1550). Der Zwischenerwerb der Anteile der emittierenden Kapitalgesellschaft durch eine Emissionsbank im Rahmen eines Börsengangs stellt allerdings keinen Anteilserwerb i.S.v. § 8c KStG dar (vgl. BMF v. 04.07.2008, BStBl. I 2008, 736 Tz. 6; WILD/SUSTMANN/PAPKE, DStR 2008, 851).

Geltung auch bei Erwerben über die Börse

Entscheidend ist, dass es durch den Anteilserwerb (auch) zu einem Übergang des wirtschaftlichen Eigentums kommt (vgl. BMF v. 04.07.2008, BStBl. I 2008, 736 Tz. 6.; SISTERMANN/BRINKMANN, DStR 2008, 897, 898). Dies hat zur Folge, dass die Übertragung auf einen Treuhänder z.B. im Wege einer Sicherungsabtretung keinen Erwerb i.S.v. § 8c KStG darstellt, da der Sicherungsnehmer zwar zivilrechtlicher Eigentümer geworden ist, gemäß § 39 Abs. 2 Nr. 1 Satz 2 AO das wirtschaftliche Eigentum jedoch beim Sicherungsgeber verbleibt.

Übergang des wirtschaftlichen Eigentums ausschlaggebend

4.2.2 Erwerbe durch nahe stehende Personen

Um nicht in den Anwendungsbereich von § 8c KStG zu gelangen, könnte ein potentieller Erwerber die Neigung verspüren, seinen Anteilserwerb nicht ausschließlich selbst vorzunehmen, sondern vielmehr einen Teil der gewünschten Anteile in seinem Interesse durch eine oder mehrere ihm nahe stehende Personen erwerben zu lassen.

Erwerbe über nahe stehende Personen rechnen mit

BEISPIEL 109 ▬▬▬▬▬▬▬▬▬▬▬▬▬▬▬▬

X möchte 30 % der Anteile an der verlustbehafteten Z-GmbH erwerben. Um § 8c KStG zu entgehen, erwirbt X lediglich 20 % der Anteile, während sein Sohn S 10 % der Anteile erwirbt. Begreift man hier den S als nahe stehende Person des X, so hätten X und die ihm nahe stehende Person S insgesamt 30 % der Anteile an der Z-GmbH erworben. Es läge mithin ein schädlicher Erwerb i.S.v. § 8c Abs. 1 Satz 1 KStG vor und die die nicht genutzten Verluste der Z-GmbH würden zu 30 % untergehen. Angesichts dieser Rechtsfolge hätte X auch gleich die 30 % der Anteile selbst kaufen können. ◄|

Fraglich ist nun allerdings, in welchen Fällen eine Person als nahe stehende Person i.S.v. § 8c KStG einzuordnen ist. Da sich in § 8c KStG kein Verweis auf § 1 Abs. 2 AStG findet, welcher eine diesbezügliche Definition enthält, soll die Abgrenzung anhand der Rechtsprechung zur verdeckten Gewinnausschüttung vorzunehmen sein (vgl. BMF v. 04.07.2008, BStBl. I 2008, 736 Tz. 25). Beziehungen, die ein Nahestehen begründen, können dabei nach Auffassung der Finanzverwaltung familienrechtlicher, gesellschaftsrechtlicher, schuldrechtlicher oder auch rein tatsächlicher Art sein (siehe hierzu D I 2.3.2). Allerdings erscheint es zu weitgehend, bereits aufgrund des Vorliegens einer familiären Verbindung auf den Erwerb durch eine nahe stehende Person zu schließen. Dies dürfte nicht nur mit der Lebenswirklichkeit

Wer ist nahe stehende Person?

kollidieren, schließlich erwerben auch Familienmitglieder mitunter in eigenem Interesse Anteile, sondern stellte zugleich einen Verstoß gegen den in Art. 6 GG kodifizierten Schutz von Ehe und Familie dar (vgl. SUCHANEK in HHR, § 8c KStG Anm. 26 m. w. N.; a.A. DÖTSCH in DPM, § 8c KStG Tz. 64).

Mehrheitlich beherrschte KapGes ist nahe stehend

Erwerbe durch eine Kapitalgesellschaft, an der der eigentliche Erwerber mehrheitlich beteiligt ist, sind grundsätzlich als Erwerb durch eine nahe stehende Person zu beurteilen. Dies hat zur Folge, dass dem eigentlichen Erwerber nicht etwa der durchgerechnete, sondern vielmehr der gesamte Erwerb durch die von ihm beherrschte Kapitalgesellschaft zuzurechnen ist (vgl. FROTSCHER in Frotscher/Maas, § 8c KStG Rz. 53 ff.).

BEISPIEL 110

Einzelunternehmer V möchte gern einen beherrschenden Einfluss auf die verlustbehaftete X-GmbH erlangen, um deren Vertriebswege fortan für den Absatz seiner Produkte nutzen zu können. Um nicht in den Anwendungsbereich von § 8c Abs. 1 Satz 2 KStG zu geraten, erwirbt V einen Anteil von 48 % an der X-GmbH, während die V-GmbH, an der V zu 60 % beteiligt ist, einen Anteil i. H. v. 3 % erwirbt.

Im vorliegenden Fall kann davon ausgegangen werden, dass die V-GmbH die Anteile an der X-GmbH im wirtschaftlichen Interesse des V erworben hat. Indem er mehrheitlich an der V-GmbH beteiligt ist, erlangt er über seinen eigenen Anteil und den Anteil der V-GmbH an der X-GmbH einen beherrschenden Einfluss auf die X-GmbH. Der Erwerb der V-GmbH ist folglich V zuzurechnen, so dass die steuerschädliche Beteiligungsquote des § 8c Abs. 1 Satz 2 KStG überschritten wird (48 % + 3 % = 51 %). Würde man stattdessen V nur seine unmittelbare Beteiligung sowie die sich über seine Beteiligung an der V-GmbH ergebende mittelbare Beteiligung an der X-GmbH zurechnen (60 % × 3 % = 1,8 %), so ergäbe sich nur eine Beteiligungsquote von insgesamt 49,8 % und die Beteiligungsquote i. S. v. § 8c Abs. 1 Satz 2 KStG wäre nicht überschritten. ◀|

Nachfolgende Veräußerung durch die nahe stehende Person

Sollten nach den vorstehenden Grundsätzen Erwerbe durch nahe stehende Personen dem eigentlichen Erwerber zugerechnet worden sein, mithin so getan werden, als hätte dieser die Anteile selbst erworben, so ist zu erwägen, eine etwaig nachfolgende tatsächliche Übertragung der Anteile von der nahe stehenden Person auf diesen Erwerber nicht als schädliche Übertragung i. S. v. § 8c KStG zu werten (so LENZ, Ubg 2008, 24, 27). Dies ist u. E. zutreffend, da wegen der vorherigen Zurechnung des ursprünglichen Erwerbs zum eigentlichen Erwerber nunmehr quasi ein Erwerb »von sich selbst« vorliegt. Die vorgenannte Einschränkung gilt indes nicht bei einer nachfolgenden Übertragung von dem ursprünglich eigentlichen Erwerber auf die nahe stehende Person.

Sollte ein »eigentlicher« Erwerber, dem sodann die Erwerbe der anderen Erwerber als nahestehende Personen zugerechnet werden, nicht auszumachen sein, ist nicht die Regelung über nahe stehende Personen, sondern die über eine »Gruppe von Erwerbern« anzuwenden (vgl. FROTSCHER in Frotscher/Maas, § 8c KStG Rz. 49).

4.2.3 Erwerbe durch eine Erwerbergruppe

Erwerbe durch Personen mit gleichgerichteten Interessen

Zur Vermeidung von Umgehungsgestaltungen (sog. Quartettkonstellationen) hat der Gesetzgeber in § 8c Abs. 1 Satz 3 KStG eine Gruppe von Erwerbern mit gleichgerichteten Interessen einem (einzigen) Erwerber gleichgesetzt. Nach Auffassung des BMF ist von einer Erwerbergruppe mit gleichgerichteten Interessen regelmäßig dann auszugehen, wenn eine Abstimmung zwischen den Erwerbern stattgefunden hat, wobei kein Vertrag vorliegen muss. Dabei müssen die gleichgerichteten Interessen noch nicht einmal auf den Erhalt des Verlustvortrags der Kapitalgesellschaft, deren Anteile erworben wurden, gerichtet sein, sondern es soll bereits ausreichen, wenn mehrere Erwerber zur einheitlichen Willensbildung zusammenwirken oder die Gesellschaft gemeinsam beherrschen (vgl. BMF v. 04.07.2008, BStBl. I 2008, 736 Tz. 27). Im Schrifttum wird diese weite Auslegung von § 8c Abs. 1 Satz 3 KStG zu Recht als zu weitgehend und zu unbestimmt kritisiert, da sie insbesondere den durch § 8c KStG beabsichtigten Vereinfachungsaspekt konterkariere (vgl. VAN LISHAUT, FR 2008, 789, 799; DÖTSCH/PUNG, DB 2008, 1703, 1708). In der Gesetzesbegründung (vgl. BT-Drs. 16/5377, 18) findet sich zu § 8c Abs. 1 Satz 3 KStG folgendes Beispiel (zu weiteren Indizien gleichgerichteter Interessen FROTSCHER in Frotscher/Maas, § 8c KStG Rz. 86h).

BEISPIEL 111

W, X, Y und Z erwerben jeweils 25% der Anteile an der verlustbehafteten X-GmbH. Anschließend bringen sie jeweils einen Betrieb bzw. Teilbetrieb in die X-GmbH ein und ordnen die Geschäftsführung sowie die Gewinnbeteiligung an der eingebrachten Sachgesamtheit jeweils dem Einbringenden zu.
In diesem Fall ist es nachvollziehbar, von gleichgerichteten Interessen der Erwerber auszugehen. Die vier Erwerber sind folglich zu einer Erwerbergruppe zusammenzufassen. Zwar sind nicht mehr als 25% der Anteile auf jeweils eine Person übertragen worden, infolge der Zusammenfassung zu einer Erwerbergruppe liegt allerdings ein schädlicher Erwerb i.S.v. § 8c Abs. 1 Satz 2 KStG i.H.v. 100% durch diese vor. Im vorliegenden Fall erscheint diese Wertung auch deswegen zutreffend, weil der Erwerb erkennbar auf die Ausnutzung des Verlustvortrags der X-GmbH für die jeweils eingebrachten Betriebe bzw. Teilbetriebe gerichtet war. ◄|

Ob nachfolgende Erwerbe innerhalb der jeweiligen Erwerbergruppe steuerschädlich sind, ist umstritten: Vergegenwärtigt man sich, dass die Erwerbergruppe nach § 8c Abs. 1 Satz 3 KStG als *ein* Erwerber gilt, so erscheint es gerechtfertigt, nachfolgende Anteilsübertragungen innerhalb dieses einen Erwerbers als unschädlich anzusehen (so FROTSCHER in Frotscher/Maas, § 8c KStG Rz. 86b m.w.N.; REITSAM in B/F/F/K, 2007, § 8c KStG Rn. 30.). Die hiergegen vorgebrachte Gegenmeinung berief sich seinerzeit auf den Umstand, dass § 8c KStG keine Konzernklausel enthielte, welche es ermöglichen würde, Veräußerungen innerhalb des Konzerns (bzw. hier innerhalb der Erwerbergruppe) für die Anwendung des § 8c KStG auszublenden (vgl. MÖHLENBROCK in RÖDDER/MÖHLENBROCK, Ubg 2008, 595, 602; DÖTSCH/PUNG, DB 2008, 1703, 1707). Dieser Argumentation ist mit Einführung der Konzernklausel im Grundsatz der Boden entzogen, wenngleich der Wortlaut des § 8c Abs. 1 Satz 5 KStG für Erwerbe innerhalb der Erwerbergruppe nicht so recht passt; der dahinter stehende Grundgedanke dürfte sich u.E. jedoch als tragend erweisen.

Nachfolgende Erwerbe innerhalb der Erwerbergruppe

4.2.4 Erwerbe durch eine Personengesellschaft

Sollte der Anteil durch eine Personengesellschaft erworben werden, so ist zwischen Gewinneinkünfte erzielenden Personengesellschaften (Mitunternehmerschaften) einerseits und vermögensverwaltenden Personengesellschaften andererseits zu unterscheiden:

**Mitunternehmer-
schaft**

Bei Mitunternehmerschaften soll dabei offenkundig die Gesellschaft selbst als Erwerber i. S. v. § 8c KStG gelten (vgl. BMF v. 04. 07. 2008, BStBl. I 2008, 736 Tz. 24), woraufhin eine gedankliche Zurechnung des erworbenen Anteils auf die Gesellschafter nicht erfolgt. Folglich gelten auch Veräußerungen aus dem Gesamthandsvermögen der Gesellschaft auf einen ihrer Gesellschafter im vollem Umfang als eine »neue« Übertragung i. S. v. § 8c KStG, d. h. es erfolgt keine Berücksichtigung der bereits zuvor bestehenden ideellen anteiligen Beteiligung des betreffenden Mitunternehmers an der Kapitalgesellschaft. Dies ergibt sich letztlich aus der auch steuerrechtlich bis zu einem gewissen Maße anzuerkennenden rechtlichen Verselbständigung der Personengesellschaft gegenüber ihren Gesellschaftern, wonach eben fremdübliche Veräußerungen zwischen einer Gewinneinkünfte erzielenden Personengesellschaft und ihren Gesellschaftern steuerlich so behandelt werden, als wäre das Geschäft tatsächlich mit einem fremden Dritten abgeschlossen worden, was dann wohl auch für § 8c KStG gelten muss (vgl. hierzu NIEHUS/WILKE, Die Besteuerung der Personengesellschaften, 2013, 186 ff.).

**Vermögensverwal-
tende Personen-
gesellschaft**

Bei vermögensverwaltenden Personengesellschaften ist indes gemäß § 39 Abs. 2 Nr. 2 AO die erworbene Beteiligung im Sinne einer ideellen Bruchteilsbetrachtung anteilig den Gesellschaftern zuzurechnen (vgl. BMF v. 04.07.2008, BStBl. I 2008, 736 Tz. 24). Für die Ermittlung der Erwerbsquote dürfte u. E. jedoch gemäß § 8c Abs. 1 Satz 3 KStG eine Zusammenrechnung der jeweiligen Bruchteile erfolgen, da die Gesellschafter unstreitig eine Gruppe von Erwerbern mit gleichgerichteten Interessen darstellt (ebenso FROTSCHER in Frotscher/Maas, § 8c KStG Rz. 87b). Angesichts des Umstands, dass zunächst der von der Personengesellschaft vorgenommene Erwerb anteilig den Gesellschaftern zugerechnet, diese fingierten Einzelerwerbe sodann jedoch wieder zu einem Erwerb zusammengefasst werden, fragt man sich beiläufig nach den materiellen Auswirkungen dieses Vorgehens. Für die Ermittlung der ursprünglichen Erwerbsquote ist es jedenfalls belanglos, ob man die Personengesellschaft selbst als Erwerber oder aber die Gesellschafter als Erwerbergruppe ansieht.

BEISPIEL 112

An der vermögensverwaltenden X-KG sind A zu 50 %, B und C zu je 25 % beteiligt. In 01 erwirbt die X-KG 100 % der Anteile an der verlustbehafteten Z-GmbH.
Infolge der Bruchteilsbetrachtung sind bei Erwerb durch die X-KG in 01 die Anteile an der Z-GmbH A, B und C ihrer Beteiligungsquote an der X-KG entsprechend zuzurechnen. Insoweit läge, da ideell eine Anteilsübertragung auf A im Umfang von 50 % unterstellt wird, eine steuerschädliche Anteilsübertragung i. S. v. § 8c Abs. 1 Satz 1 KStG vor, woraufhin der Verlustvortrag der Z-GmbH quotal (hier zu 50 %) untergehen würde. Gemäß § 8c Abs. 1 Satz 3 KStG gelten allerdings die Gesellschafter der X-KG als eine Erwerbergruppe mit gleichgerichteten Interessen und damit als ein Erwerber, so dass gemäß § 8c Abs. 1 Satz 2 KStG ein vollständiger Verlustuntergang bei der Z-GmbH die Folge ist. Zu diesem Ergebnis gelangte man auch, wenn man die X-KG als solche bereits als einen Erwerber beurteilen würde. ◄

Die anteilige Zurechnung der erworbenen Beteiligung auf die Gesellschafter erlangt jedoch Bedeutung, wenn nachfolgend die vermögensverwaltende Personengesellschaft den Kapitalgesellschaftsanteil auf einen ihrer Gesellschafter überträgt. Über § 39 Abs. 2 Nr. 2 AO liegt sodann nur i. H. d. zuvor den anderen Gesellschaftern zugerechneten Anteile eine Übertragung i. S. v. § 8c KStG vor. Sollte man allerdings mit der hier vertretenen Auffassung (siehe G III 4.2.3) nachfolgende Transaktionen innerhalb der Erwerbergruppe nicht als neue Erwerbe i. S. v. § 8c KStG werten, so wären derlei Übertragungen ohnehin unbeachtlich. Betrachtete man hingegen die vermögensverwaltende Personengesellschaft selbst als einen Erwerber, so läge insgesamt eine Übertragung i. S. v. § 8c KStG vor.

FORTSETZUNG BEISPIEL 112

Nachdem die Z-GmbH in den Folgejahren weitere Verluste angehäuft hat, veräußert die X-KG in 03 ihre gesamte Beteiligung an der Z-GmbH an A.

Aus der Bruchteilsbetrachtung folgt, dass nur im Umfang von 50 % (Veräußerung der ideell B bzw. C zugerechneten Anteile an A) eine steuerschädliche Übertragung vorliegt, während bezüglich der übrigen Anteile eine solche nicht besteht, da diese Anteile bereits zuvor dem A ideell zugerechnet worden waren; die tatsächliche zivilrechtliche Übertragung ist insoweit irrelevant. Rechtsfolge ist, dass die Verluste der Z-GmbH (nur) quotal untergehen. Betrachtete man diese nachfolgende Übertragung innerhalb des ursprünglichen Erwerberkreises dagegen als unbeachtlich, so erfolgte kein Verlustuntergang bei der Z-GmbH. Würde man hingegen die X-KG selbst als einen vorherigen Erwerber betrachten, die nunmehr ihre Anteile veräußert, so läge für A ein Beteiligungserwerb im Umfang von 100 % vor. Auf Ebene der Z-GmbH würden die nicht genutzten Verluste daraufhin vollständig untergehen. ◀|

4.2.5 Entgeltliche und unentgeltliche Erwerbe

Als Erwerbe i. S. v. § 8c KStG gelten sowohl entgeltliche als auch unentgeltliche Vorgänge. Überträgt etwa ein Mitunternehmer aus seinem Betriebsvermögen einen Kapitalgesellschaftsanteil unentgeltlich nach § 6 Abs. 5 Satz 3 Nr. 1 EStG in das Gesellschaftsvermögen einer Mitunternehmerschaft, so stellt dies einen von § 8c KStG erfassten Anteilserwerb durch die Mitunternehmerschaft dar. Privilegiert werden indes Anteilserwerbe natürlicher Personen durch Erbfall (einschließlich einer ggf. nachfolgenden voll unentgeltlichen Erbauseinandersetzung) sowie im Wege der unentgeltlichen vorweggenommenen Erbfolge; diese werden nicht von § 8c KStG erfasst (vgl. BMF v. 04.07.2008, BStBl. I 2008, 736 Tz. 4).

Erwerbe i. S. v. § 8c KStG

4.2.6 Mittelbare Erwerbe

In § 8c Abs. 1 Satz 1 bzw. Satz 2 KStG ist ausdrücklich angeordnet, dass nicht nur unmittelbare, sondern auch mittelbare Erwerbe zu berücksichtigen sind. Letzteres ist beispielsweise dann gegeben, wenn nicht ein Anteil an der verlustbehafteten Kapitalgesellschaft selbst, sondern stattdessen ein Anteil an einem an dieser Gesellschaft beteiligten Rechtsträger erworben wird, wobei es sich dabei um eine Kapital- oder Personengesellschaft handeln kann. Für § 8c KStG ist sodann die auf die Verlustgesellschaft durchgerechnete Beteiligungsquote bzw. Stimmrechtsquote maßgeblich (vgl. BMF v. 04.07.2008, BStBl. I 2008, 736 Tz. 12). Zur Ermittlung der gesamten Erwerbsquote i. S. v. § 8c KStG sind unmittelbare und mittelbare Erwerbe an einer Kapitalgesellschaft zusammenzurechnen (vgl. MÖHLENBROCK in Rödder/Möhlenbrock, Ubg 2008, 595, 597). Darüber hinaus ist zu beachten, dass ein Verlustuntergang infolge der Berücksichtigung eines mittelbaren Erwerbs an einer Kapitalgesellschaft ggf. neben einen Verlustuntergang an der diese Beteiligung vermittelnden Kapitalgesellschaft treten kann.

Mittelbare Erwerbe sind ebenfalls zu berücksichtigen

BEISPIEL 113

An der verlustbehafteten X-GmbH sind die T-GmbH zu 80 % sowie B zu 20 % beteiligt. Alleingesellschafter der T-GmbH ist T. Z erwirbt von T 40 % des Anteils an der T-GmbH.

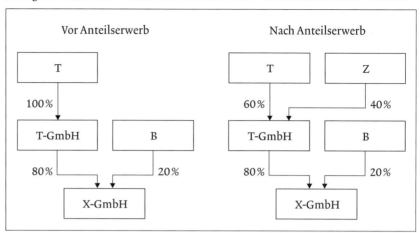

Z erwirbt mittelbar 32 % der Anteile an der X-GmbH, da ihm 40 % des 80 %-Anteils der T-GmbH an der X-GmbH zuzurechnen sind. Es liegt mithin eine steuerschädliche Übertragung nach § 8c Abs. 1 Satz 1 KStG vor und die nicht genutzten Verluste der X-GmbH gehen zu 32 % unter.

Abwandlung 1:
Z erwirbt zudem den Anteil des B an der X-GmbH.
Zwar ist der unmittelbare Erwerb des X-GmbH-Anteils von B für sich betrachtet steuerunschädlich, da jedoch mittelbare und unmittelbare Erwerbe zusammenzurechnen sind, liegt nunmehr insgesamt ein nach § 8c Abs. 1 Satz 2 KStG steuerschädlicher Erwerb durch Z i. H. v. 32 % + 20 % = 52 % vor, so dass der Verlust der X-GmbH vollständig untergeht.

Abwandlung 2:
Auch die T-GmbH verfügt über einen Verlustvortrag.
Infolge des unmittelbaren Anteilserwerbs durch Z geht der Verlustvortrag der T-GmbH mit einer Quote von 40 % unter. Daneben verliert infolge der Berücksichtigung des mittelbaren Erwerbs von Z an der X-GmbH diese ihren Verlustvortrag mit einer Quote von 32 % bzw. vollständig (Abwandlung 1). ◀|

Auswirkungen im Konzern

Die Berücksichtigung mittelbarer Erwerbe hat im Fall eines Konzerns mit durchgehenden 100 %-igen Beteiligungen zur Folge, dass ein schädlicher Anteilseignerwechsel bei der Spitzeneinheit zum (ggf. partiellen) Wegfall sämtlicher Verlustvorträge aller Tochtergesellschaften führt. Auch die Konzernklausel ändert daran nichts (siehe hierzu G III 4.3.1).

4.2.7 Erwerb von Kapitalanteilen, Beteiligungsrechten und Stimmrechten

§ 8c KStG umfasst neben dem Erwerb von Kapitalanteilen auch den Erwerb von Mitgliedschafts- und Beteiligungsrechten sowie von Stimmrechten und – wohl als eine Art Auffangtatbestand – vergleichbare Sachverhalte.

Anteile mit und ohne Stimmrecht

Bezüglich der Ermittlung der Erwerbsquote ist für Kapitalgesellschaften im Grundsatz auf die jeweiligen Anteile am Grund- bzw. Stammkapital abzustellen, was auf den ersten Blick unproblematisch erscheint. Dabei soll es nach Auffassung der Finanzverwaltung nicht darauf ankommen, ob damit zugleich ein Erwerb von Stimmrechten einhergeht oder aber stimmrechtslose Anteile erworben werden. Gegen den Einbezug stimmrechtsloser Anteile wird vorgebracht, dass durch diese in Ermangelung eines Stimmrechts keinerlei Einfluss auf die Geschicke der Gesellschaft genommen werden könne, so dass deren wirtschaftliche Identität insoweit auch keinerlei Änderung erfahre (vgl. KUSSMAUL/RICHTER/TCHERVENIACHKI, GmbHR 2008, 1009, 1011 f.). Nach a.A. komme es im Kontext des § 8c KStG indes nicht auf die Möglichkeit einer Einflussnahme auf die Geschicke der Gesellschaft an, sondern vielmehr gehe es lediglich um die Teilhabe an den nicht genutzten Verlusten der Gesellschaft. Eine solche Teilhabe werde aber auch durch stimmrechtslose Anteile vermittelt (vgl. FROTSCHER in Frotscher/Maas, § 8c KStG Rz. 20).

Lässt man derlei Einwendungen einmal außen vor, so stellt sich, wenn sowohl Anteile mit Stimmrecht (Stammaktien) als auch Anteile ohne Stimmrecht (stimmrechtslose Vorzugsaktien) bestehen, die Frage, welche Bezugsgröße denn für die Ermittlung der (jeweiligen) Erwerbsquote heranzuziehen und welche Quote anschließend i.S.v. § 8c KStG zu verwenden ist. Nach Auffassung der Finanzverwaltung soll dabei im Regelfall bezüglich der Stammaktien nur auf das stimmberechtigte Kapital abzustellen sein, während für die stimmrechtslosen Vorzugsaktien das gesamte Grundkapital als Bezugsgröße dienen soll. Von den ggf. unterschiedlich hohen Quoten soll sodann diejenige Verwendung finden, welche die weitestgehende Anwendung von § 8c KStG erlaubt; eine Addition von Quoten mit unterschiedlicher Bezugsgröße soll nicht erfolgen (vgl. BMF v. 04.07.2008, BStBl. I 2008, 736 Tz. 6, 8). Da allerdings der Anteilserwerb einerseits und der Erwerb von Stimmrechten andererseits alternative Tatbestandsvoraussetzungen darstellen, erscheint es vielmehr zutreffend, für die Ermittlung der Erwerbsquote das Grundkapital sowohl für die Übertragung der Stamm- als auch der Vorzugsaktien als Bezugsgröße zu verwenden, während für die Ermittlung der Quote der erworbenen Stimmrechte als Bezugsgröße auf die gesamten Stimmrechte abzustellen ist (vgl. FROTSCHER in Frotscher/Maas, § 8c KStG Rz. 67a); es gilt mithin:

$$\text{Erwerbsquote Anteile} = \frac{\text{erworbene Anteile mit Stimmrecht} + \text{erworbene Anteile ohne Stimmrecht}}{\text{Anzahl aller Anteile}} \times 100$$

$$\text{Erwerbsquote Stimmrechte} = \frac{\text{erworbene Stimmrechte}}{\text{Anzahl aller Stimmrechte}} \times 100$$

BEISPIEL 114

Das Grundkapital der X-AG ist in 70 Stammaktien und 30 stimmrechtslose Vorzugsaktien zerlegt. Z erwirbt
a) alle Vorzugsaktien
b) 21 Stammaktien
c) 10 Vorzugsaktien und 16 Stammaktien.

Nach der hier vertretenen Auffassung ergeben sich folgende Erwerbsquoten, wobei jeweils die höhere i. S. v. § 8c KStG zu verwenden ist:

	Erwerbsquote Anteile	Erwerbsquote Stimmrechte
a)	**30/100 × 100 = 30 %**	0/70 × 100 = 0 %
b)	21/100 × 100 = 21 %	**21/70 × 100 = 30 %**
c)	**(10 + 16) / 100 × 100 = 26 %**	16/70 × 100 = 22,86 %

Nicht ganz widerspruchsfrei gelangt die Finanzverwaltung (vgl. BMF v. 04.07.2008, BStBl. I 2008, 736 Tz. 8) wohl auch zu diesem Ergebnis (kritisch hierzu KUSSMAUL/RICHTER/TCHERVENIACHKI, GmbHR 2008, 1009, 1011 f.). ◄|

Mehrstimmrechts-anteile

Eine von der Anteilsübertragung isolierte Übertragung von Stimmrechten ist infolge des Abspaltungsverbots, wonach Mitgliedschaftsrechte nicht von der Mitgliedschaft getrennt werden können (vgl. SCHMIDT, Gesellschaftsrecht, 2002, 560 f.), weder bei der AG noch bei der GmbH zulässig. Bei einer GmbH ist es allerdings zulässig, Anteile mit einem überproportionalen Stimmrecht zu versehen (vgl. ROTH in Altmeppen/Roth, 2012, § 47 GmbHG Rn. 24), so dass in diesem Fall das Kriterium der Stimmrechtsübertragung für § 8c KStG Bedeutung erlangen kann, da, wie ausgeführt, dasjenige Kriterium zur Anwendung gelangt, welches die weitestgehende Anwendung von § 8c KStG ermöglicht. Bei einer AG sind gemäß § 12 Abs. 2 AktG Mehrstimmrechte allerdings unzulässig.

Eigene Anteile

Der Erwerb eigener Anteile stellt unmittelbar keinen schädlichen Erwerb i. S. v. § 8c KStG dar, da der Kapitalgesellschaft aus ihren Anteilen »an sich selbst« keine Mitgliedschaftsrechte, mithin weder Stimm- noch Vermögensrechte, zustehen (vgl. § 71b AktG; SCHMIDT, Gesellschaftsrecht, 2002, 1147). Folglich kann der Erwerb eigener Anteile weder zu einem Übergang von Anteilen am Grund- bzw. Stammkapital noch zu einem Übergang von Stimmrechten führen (vgl. FROTSCHER in Frotscher/Maas, § 8c KStG Rz. 23). Da diese Mitgliedschaftsrechte ruhen (vgl. OECHSLER in MüKo AktG, 2008, § 71b Rn. 8), folglich vorübergehend im Nichts verschwinden, sind sie allerdings auch bei der Ermittlung der Beteiligungsquote der übrigen Gesellschafter nicht mehr mitzurechnen; vielmehr ist diese nun in Bezug auf das um die eigenen Anteile gekürzte Grund- bzw. Stammkapital zu beziehen. Dies kann zu einem dem schädlichen Beteiligungserwerb vergleichbaren Sachverhalt i. S. v. § 8c Abs. 1 Satz 1 bzw. Satz 2 KStG führen, sei es allein oder infolge der Zusammenrechnung mit einem zuvor unschädlichen Anteilserwerb (vgl. BMF v. 04.07.2008, BStBl. I 2008, 736 Tz. 7; FROTSCHER in Frotscher/Maas, § 8c KStG Rz. 56 mit teleologischer Reduktion im Fall des Zwischenerwerbs).

BEISPIEL 115 ▬▬▬▬▬▬▬▬▬▬▬▬

Am 02.01.01 hat A 25 % der Anteile an der X-GmbH erworben. Ein Jahr später erwirbt die X-GmbH von einem anderen Gesellschafter 60 % der Anteile als eigene Anteile.
Der Anteilserwerb durch A am 02.01.01 ist unschädlich i. S. v. § 8c KStG, da er nicht mehr als 25 % erworben hat. Durch den Erwerb der eigenen Anteile seitens der X-GmbH erhöht sich die Beteiligungsquote des A allerdings auf 62,5 % (25/40), so dass A nunmehr innerhalb von fünf Jahren mehr als 50 % der Anteile erworben hat, woraufhin die nicht genutzten Verluste der X-GmbH gemäß § 8c Abs. 1 KStG vollständig untergehen. ◄|

Von § 8c KStG erfasst wird auch der Erwerb von Genussrechten, wenn mit diesen das **Genussrechte** Recht auf Beteiligung am Gewinn und am Liquidationserlös der Kapitalgesellschaft verbunden ist. Ob man dies als einen »vergleichbaren Sachverhalt« (so BMF v. 04.07.2008, BStBl. I 2008, 736 Tz. 7) oder als Erwerb eines Beteiligungsrechts (so FROTSCHER in Frotscher/Maas, § 8c KStG Rz. 21) begreift, mag hier dahinstehen. Zwar verkörpern die Genussrechte zivilrechtlich lediglich einen schuldrechtlichen Anspruch gegenüber der Kapitalgesellschaft und begründen keine gesellschaftsrechtlich geprägten Mitgliedschaftsrechte, werden steuerrechtlich jedoch gemäß § 8 Abs. 3 Satz 2 KStG wie eine Beteiligung am gezeichneten Kapital behandelt, so dass es zutreffend erscheint, den Erwerb von Genussrechten unter § 8c KStG zu fassen. Gegen diesen Einbezug lässt sich gleichwohl einwenden, dass mangels Stimmrecht kein Einfluss auf die Gesellschaft möglich sei und damit auch keine Veränderung deren wirtschaftlicher Identität herbeigeführt werden könne (so ZERWAS/FRÖHLICH, DStR 2007, 1933). Fasst man den Erwerb von Genussrechten unter § 8c KStG, so ist allerdings unklar, wie derlei Erwerbe bei der Ermittlung der Erwerbsquote zu berücksichtigen sind (vgl. KUSSMAUL/RICHTER/TCHERVENIACHKI, GmbHR 2008, 1009, 1012).

Die Begründung einer atypisch stillen Beteiligung am Handelsgewerbe einer **Atypisch stille** Kapitalgesellschaft nach §§ 230 ff. HGB stellt keinen von § 8c KStG erfassten Sach **Gesellschaft** verhalt dar, da dies steuerrechtlich eben nicht wie eine Beteiligung an der Kapitalgesellschaft selbst behandelt wird. Vielmehr ist die atypisch stille Gesellschaft eine als partielles Steuerrechtssubjekt neben die Kapitalgesellschaft tretende Mitunternehmerschaft; auf diese aber findet § 8c KStG naturgemäß keine Anwendung (vgl. SUCHANEK in HHR, § 8c KStG Anm. 30).

4.2.8 Kapitalerhöhungen und Umwandlungen

Gemäß § 8c Abs. 1 Satz 4 KStG stehen Kapitalerhöhungen, soweit sie zu einer **Disquotale Kapital-** Veränderung der Beteiligungsquoten am Kapital der Gesellschaft führen (disquotale **erhöhungen** Kapitalerhöhungen), einer Anteilsübertragung gleich. Es ist davon auszugehen, dass auch Kapitalerhöhungen, die lediglich zu einer Veränderung der mittelbaren Beteiligungsquote führen, einzubeziehen sind (vgl. ZERWAS/FRÖHLICH, DStR 2007, 1933, 1935).

BEISPIEL 116

(in Anlehnung an ZERWAS/FRÖHLICH, DStR 2007, 1933, 1935)
An der inländischen verlustbehafteten X-GmbH ist zu 100% eine englische UK-Limited beteiligt. Gesellschafter der UK-Limited sind A mit 90% und B mit 10%. Das Stammkapital der UK-Limited beträgt 50 T£ und wird Anfang 2014 auf 100 T£ erhöht, wobei diese Kapitalerhöhung alleinig von B getragen wird.
Infolge der disquotalen Kapitalerhöhung haben sich sowohl die unmittelbaren Beteiligungsverhältnisse an der UK-Limited als auch die mittelbaren Beteiligungsverhältnisse an der X-GmbH verändert. So hat sich die Beteiligungsquote des A von 90% auf 45% vermindert, während sich die Quote des B von 10% auf 55% erhöht hat.

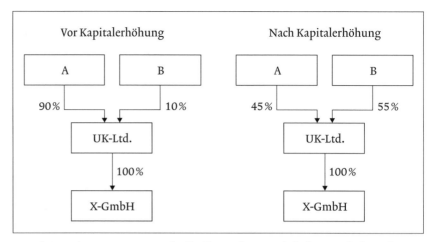

Gemäß § 8c Abs. 1 Satz 4 KStG gilt die disquotale Kapitalerhöhung auf Ebene der UK-Limited als schädliche Anteilsübertragung i. H. v. 45 % auf Ebene der X-GmbH. Der Verlustvortrag der X-GmbH geht quotal entsprechend unter. ◀|

Umwandlungen

Ebenso können unter das UmwStG fallende gesellschaftsrechtliche Umstrukturierungen (Verschmelzung, Spaltung, Einbringung) einen Anwendungsfall von § 8c KStG darstellen, wenn sie mit einem unmittelbaren oder mittelbaren Anteilserwerb an der verlustbehafteten Gesellschaft verbunden sind (vgl. BMF v. 04.07.2008, BStBl. I 2008, 736 Tz. 7, 11). Bei konzerninternen Umstrukturierungen ist die sog. Konzernklausel gemäß § 8c Abs. 1 Satz 5 KStG zu beachten; hierzu sogleich.

4.3 Unschädliche bzw. unbeachtliche Erwerbe

4.3.1 Konzernklausel

4.3.1.1 Steuersystematische Rechtfertigung einer Konzernklausel

Konzernklausel

Bereits die Erkenntnis, dass eine mittelbare Anteilsübertragung die Rechtsfolge des § 8c KStG auszulösen vermag, auch wenn die unmittelbaren Beteiligungsquoten unverändert geblieben sind, legt den Umkehrschluss nahe, dass eine Veränderung der unmittelbaren Beteiligungsquoten dann nicht zu einem Anwendungsfall von § 8c KStG führen darf, wenn das mittelbare Beteiligungsverhältnis unverändert geblieben ist. In seiner Urfassung enthielt § 8c KStG eine dies ermöglichende Konzernklausel allerdings nicht, da der Gesetzgeber der Auffassung war, dass ein derartiges Unterfangen zu verwaltungsaufwendig und zu gestaltungsanfällig sei (vgl. BT-Drs. 16/4841, 76; BMF v. 04.07.2008, BStBl. I 2008, 736 Tz. 11). Folglich verhinderte auch ein Gleichbleiben der mittelbaren Beteiligungsverhältnisse auf einer vorgelagerten Konzernstufe die Anwendung von § 8c KStG nicht, so dass sich bereits ein bloßes Umhängen von Beteiligungen im Konzern als steuerschädlich erweisen konnte.

BEISPIEL 117

An der verlustbehafteten V-GmbH ist zu 100 % die T-AG beteiligt. Alleiniger Gesellschafter der T-AG ist T. Daneben besteht die H-GmbH, deren alleiniger Gesellschafter ebenfalls T ist. Die T-AG veräußert ihren Anteil an der V-GmbH an die H-GmbH.

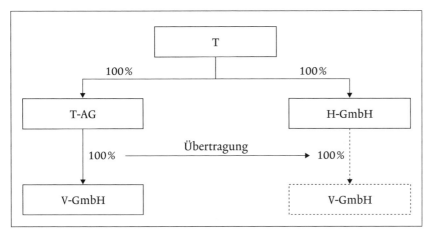

Obwohl sich infolge der Anteilsveräußerung lediglich der »Weg« verändert hat, auf welchem die Beteiligung an der V-GmbH mittelbar T zuzurechnen ist, war das Umhängen der Beteiligung an der V-GmbH als schädliche Anteilsübertragung i. S. v. § 8c KStG a. F. zu werten und ein Untergang der nicht genutzten Verluste bei der V-GmbH die Folge. ◄|

Bedenklich war dabei auch, dass in derartigen Fällen ein Untergang der nicht genutzten Verluste mit dem Sinn und Zweck des § 8c KStG nicht so recht zu vereinbaren war, wollte dieser doch eigentlich diejenigen Fälle erfassen, in denen ein Steuerpflichtiger nur deswegen Anteile an einer Kapitalgesellschaft erwirbt, weil er an deren Verlusten »interessiert« ist. Im vorliegenden Fall ist ein solches Bestreben des T indes nicht auszumachen, ist er doch sowohl vor als auch nach dem Anteilserwerb wirtschaftlich mit den Verlusten der V-GmbH belastet; verändert hat sich lediglich sein Beteiligungspfad zu dieser Gesellschaft. Anders gewendet, unabhängig davon, auf welchem Pfad T an der V-GmbH beteiligt ist, hat er stets die Möglichkeit, die in dieser Gesellschaft gespeicherten ungenutzten Verluste durch die Verlagerung von Ertragspotential innerhalb des Konzerns wirtschaftlich zu nutzen (vgl. EISGRUBER/SCHADEN, Ubg 2010, 73, 76). Praktische Folge des Fehlens einer Konzernklausel in § 8c KStG a. F. war, dass Unternehmen betriebswirtschaftlich notwendige Umstrukturierungen unterließen, um nutzbare Verluste innerhalb des Konzerns nicht zu verlieren (vgl. HASSA/GOSMANN, DB 2010, 1198).

Um in dieser misslichen Situation Abhilfe zu schaffen, hat der Gesetzgeber durch das WaBeschG mit § 8c Abs. 1 Satz 5 KStG eine Konzernklausel eingefügt, die erstmalig für Erwerbe nach dem 31. 12. 2009 gilt. Nach dieser Regelung liegt ein schädlicher Beteiligungserwerb nicht vor, wenn an dem übertragenden und an dem übernehmenden Rechtsträger dieselbe Person zu jeweils 100 % mittelbar oder unmittelbar beteiligt ist. Im Entwurfsschreiben zu § 8c KStG vom 15. 04. 2014 hat sich die Verwaltung zur Anwendung der Konzernklausel nunmehr erstmalig geäußert.

Einführung einer Konzernklausel mit dem WaBeschG

4.3.1.2 Grundfall zur Konzernklausel

Dem Wortlaut nach erfordert § 8c Abs. 1 Satz 5 KStG mindestens einen dreistufigen Konzernaufbau und die Existenz von vier Personen (vgl. SUCHANEK in HHR, § 8c KStG Anm. 45; HASSA/GOSMANN, DB 2010, 1198). Die Finanzverwal-

Tatbestandsvoraussetzungen

tung unterscheidet zutreffenderweise bezüglich der Anwendung von § 8c KStG drei Ebenen (vgl. Entwurfsschreiben Tz. 39):

1. eine Person, die an dem übertragenden und an dem übernehmenden Rechtsträger zu 100% unmittelbar oder mittelbar beteiligt ist (Zurechnungsebene);
2. einen übertragenden Rechtsträger und einen übernehmenden Rechtsträger (Handlungsebene);
3. eine verlustbehaftete Kapitalgesellschaft, deren Anteile übertragen werden und für deren Verluste die Anwendbarkeit von § 8c KStG zu prüfen ist (Ebene der Verlustgesellschaft).

FORTSETZUNG BEISPIEL 117

In Beispiel 117 sind die Tatbestandsvoraussetzungen von § 8c Abs. 1 Satz 5 KStG unstreitig erfüllt:

1. T ist am übertragenden Rechtsträger T-AG zu 100% und an dem übernehmenden Rechtsträger H-GmbH ebenfalls zu 100% beteiligt.
2. Übertragender Rechtsträger ist die T-AG, übernehmender Rechtsträger ist die H-GmbH.
3. Es werden die Anteile an der verlustbehafteten V-GmbH übertragen.

Dies hat zur Folge, dass der eigentlich gemäß § 8c Abs. 1 Satz 2 KStG schädliche Beteiligungserwerb über § 8c Abs. 1 Satz 5 KStG nunmehr als unschädlich qualifiziert wird und die Verluste der V-GmbH nicht untergehen. ◀|

4.3.1.3 Beteiligung derselben Person

Dieselbe Person muss beteiligt sein

Dem Wortlaut nach findet die Konzernklausel nur Anwendung, wenn *dieselbe* Person unmittelbar oder mittelbar an dem übertragenden und dem übernehmenden Rechtsträger beteiligt ist. Diese auf den ersten Blick harmlos erscheinende Formulierung erweist sich bei näherem Hinsehen insoweit als problematisch, als es sich dabei bei wörtlicher Auslegung um eine *einzelne* Rechtsperson, beispielsweise um eine Kapitalgesellschaft bzw. eine natürliche Person handeln muss. Bei diesem Verständnis wären allerdings Transaktionen durch die Konzernmutter selbst nicht von der Konzernklausel erfasst, wenn an dieser mehrere Personen beteiligt sind. Auch hier wird mit guten Gründen im Wege einer teleologischen Extension eine entsprechende Anwendung von § 8c Abs. 1 Satz 5 KStG gefordert (vgl. SUCHANEK in HHR, § 8c KStG Anm. 48; a.A. DÖTSCH in DPM, § 8c KStG Tz. 59e mit Verweis auf den eindeutigen Gesetzeswortlaut).

BEISPIEL 118

Die Anteile an der Konzernmutter M-AG befinden sich im Streubesitz. Die M-AG ist zu jeweils 100% an ihren Töchtern T1-GmbH und T2-GmbH beteiligt, wobei die T1-GmbH zu 100% an der verlustbehafteten V-GmbH beteiligt ist. Die M-AG veräußert ihre Beteiligung an der T1-GmbH an die T2-GmbH.

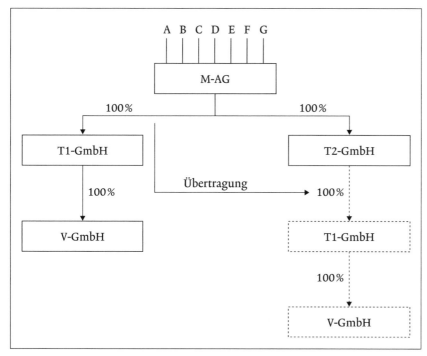

Da an dem übertragenden Rechtsträger (M-AG) und an dem übernehmenden Rechtsträger (T2-GmbH) nicht zu 100% unmittelbar oder mittelbar dieselbe (einzelne) Person beteiligt ist, wäre dem Wortlaut nach § 8c Abs. 1 Satz 5 KStG nicht anwendbar, was allerdings nicht gerechtfertigt erscheint, da die Verluste der V-GmbH unverändert wirtschaftlich von den Anteilseignern der M-AG getragen werden.

Zudem: Würde nicht die Konzernmutter übertragen, sondern erfolgte die Übertragung auf einer nachgelagerten Konzernstufe, indem beispielsweise die T1-GmbH ihre Beteiligung an der V-GmbH an die T2-GmbH veräußert, so wäre § 8c Abs. 1 Satz 5 KStG erfüllt, da die M-AG jeweils zu 100% an der T1-GmbH und der T2-GmbH beteiligt ist. Umso weniger leuchtet es ein, dass im Grundfall die Konzernklausel nicht anwendbar sein soll (vgl. EISGRUBER/SCHADEN, Ubg 2010, 73, 78, Beispiel 3). ◄|

Unklar ist auch, ob Personengesellschaften dabei als eine Person i.S.d. § 8c Abs. 1 Satz 5 KStG anzusehen oder vielmehr transparent zu beurteilen sind. Letzteres hätte zur Folge, dass, wenn man von dem Fall einer Personengesellschaft, an welcher ein Gesellschafter vermögensmäßig zu 100% beteiligt ist, einmal absieht, die Existenz einer Personengesellschaft auf einer übergeordneten Konzernstufe regelmäßig der Anwendung von § 8c Abs. 1 Satz 5 KStG entgegenstehen würde. U.E. ist diesbezüglich zwischen einer Gewinneinkünfte erzielenden Personengesellschaft (Mitunternehmerschaft) und einer vermögensverwaltenden Personengesellschaft zu unterscheiden: Während Erstere wegen ihrer auch steuerrechtlichen Verselbständigung als »eine« Person i.S.d. Konzernklausel zu beurteilen ist, werden Letztere steuerrechtlich grundsätzlich transparent behandelt, so dass nicht die Gesellschaft, sondern vielmehr deren Gesellschafter und damit mehrere Personen als Beteiligte i.S.v. § 8c Abs. 1 Satz 5 KStG anzusehen sind (gl. A. DÖTSCH in DPM, § 8c KStG Tz. 59d m.w.N.). Ob man diese zunächst einzelnen Personen sodann, weil sie nach § 8c

Ist eine PersGes »eine« Person?

Abs. 1 Satz 3 KStG regelmäßig als eine Erwerbergruppe mit gleichgerichteten Interessen zu beurteilen sein werden (siehe G III 4.2.4), über diese Regelung dann doch wieder als eine Person betrachten kann, sei hier nicht diskutiert. Losgelöst von derlei Überlegungen vertritt die Finanzverwaltung indes die Auffassung, dass eine Personengesellschaft nicht dieselbe eine Person i.S.d. § 8c Absatz 1 Satz 5 KStG sein könne (vgl. Entwurfsschreiben Tz. 41), wohl unabhängig davon, ob es sich um eine Mitunternehmerschaft oder um eine vermögensverwaltende Personengesellschaft handelt. Wenn man den Fall, dass alle Anteile an der Personengesellschaft unmittelbar oder mittelbar einer Person zuzurechnen sind (vgl. ADRIAN/WEILER, BB 2014, 1303, 1307), einmal ausklammert, so folgt aus diesem Durchgriff auf die Gesellschafterebene, dass die Konzernklausel bei Beteiligung einer Personengesellschaft an dem übertragenden und dem übernehmenden Rechtsträger regelmäßig nicht erfüllt sein wird (kritisch NEUMANN, GmbHR 2014, 673, 677; RITZER/STANGL, DStR 2014, 977, 981).

100%-Beteiligung erforderlich

Kritikwürdig erscheint auch der Umstand, dass dieselbe Person zu 100% an dem übertragenden und an dem übernehmenden Rechtsträger beteiligt sein muss, wird diese Anforderung doch in vielen Fällen zu einer Versagung der Konzernklausel führen. Zwar ist diese Ausschließlichkeit durch den Sinn und Zweck von § 8c KStG gedeckt, Verluste nicht auf Außenstehende übergehen zu lassen, gleichwohl erscheint die Forderung nach Einführung einer Bagatellgrenze nicht unberechtigt (vgl. HERZIG/BOHN, DStR 2009, 2341, 2343; weitergehend FEY/NEYER, StuB 2010, 47, 49f.); de lege lata besteht insoweit allerdings wohl kein Spielraum (vgl. HASSA/GOSMANN, DB 2010, 1198, 1200).

BEISPIEL 119

Die M-AG ist an der T1-GmbH zu 100% und an der T2-GmbH zu 90% beteiligt; weiterer Gesellschafter der T2-GmbH ist die Z-GmbH. Die T1-GmbH veräußert ihre Anteile an der verlustbehafteten V-GmbH an die T2-GmbH.

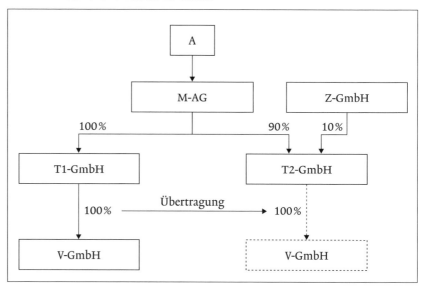

Da die M-AG zwar zu 100% an der T1-GmbH, jedoch nur zu 90% an dem übernehmenden Rechtsträger T2-GmbH beteiligt ist, greift die Konzernklausel nicht ein und die Verluste der V-GmbH gehen verloren. ◀|

Bei der Ermittlung der Beteiligungsquote sind richtigerweise unmittelbare und mittelbare Beteiligungsquoten zusammenzurechnen (vgl. Entwurfsschreiben Tz. 40). Wäre im vorstehenden Beispiel die M-AG etwa auch noch zu 100% an der Z-GmbH beteiligt, so würde sie durch die Zusammenrechnung ihrer unmittelbaren Beteiligung an der T2-GmbH (90%) und ihrer über die Z-GmbH gehaltenen mittelbaren Beteiligung an der T2-GmbH (10%) insgesamt eine Beteiligung von 100% erreichen, so dass die Übertragung der V-GmbH von der T1-GmbH auf die T2-GmbH nicht (mehr) als schädlicher Beteiligungserwerb anzusehen wäre.

Zusammenrechnung von unmittelbarer und mittelbarer Beteiligung

Das Erfordernis der 100%-Beteiligung bezieht sich alleinig auf die Beteiligung an dem übernehmenden und dem übertragenden Rechtsträger. Es ist mithin nicht erforderlich, dass auch der übertragende und übernehmende Rechtsträger zu 100% an der verlustbehafteten Gesellschaft beteiligt sind (ebenso Entwurfsschreiben Tz. 44), wenngleich dies aus Vereinfachungsgründen in den hier skizzierten Fällen so ist. Diesbezüglich ist nur entscheidend, dass der übernehmende Rechtsträger mehr als 25% bzw. mehr als 50% der verlustbehafteten Gesellschaft erwirbt, damit überhaupt ein schädlicher Beteiligungserwerb gegeben ist, der dann ggf. über die Konzernklausel in einen unschädlichen Beteiligungserwerb verwandelt werden kann.

100% Beteiligung an der Verlustgesellschaft nicht notwendig

4.3.1.4 Übernehmender und übertragender Rechtsträger

Nach Auffassung der Finanzverwaltung (vgl. Entwurfsschreiben Tz. 45) sind die Begriffe »übertragender Rechtsträger« und »übernehmender Rechtsträger« normspezifisch i.S.v. § 8c KStG, nicht aber im umwandlungssteuerrechtlichen Sinne zu verstehen. Dies bedeutet, dass als »übertragender Rechtsträger« der Rechtsträger anzusehen ist, der die Anteile an der Verlustgesellschaft vor der Anteilsübertragung hält, während als »übernehmender Rechtsträger« derjenige Rechtsträger gilt, der die Anteile nach der Anteilsübertragung hält.

Dieses Begriffsverständnis bewirkt jedoch, dass Umstrukturierungen, die nach dem Sinn und Zweck der Konzernklausel eigentlich von ihr erfasst werden müssten, nunmehr ausgeschlossen werden, wie das nachfolgende Beispiel der Abwärtsverschmelzung zeigt:

Problem Abwärtsverschmelzung

BEISPIEL 120

An der verlustbehafteten V-GmbH ist zu 100% die T-GmbH beteiligt. Alleiniger Gesellschafter der T-GmbH ist die M-AG. An der M-AG sind mehrere Personen beteiligt. Die T-GmbH wird abwärts auf die V-GmbH verschmolzen.

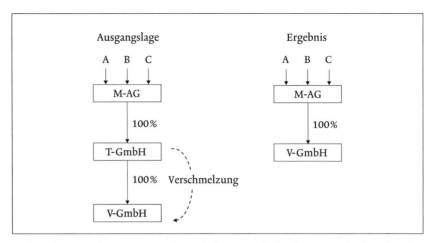

Nach Auffassung der Finanzverwaltung (vgl. Entwurfsschreiben Tz. 45) gilt Folgendes: Übertragender Rechtsträger (derjenige, der die Anteile an der Verlustgesellschaft hält) ist die T-GmbH. Übernehmender Rechtsträger (derjenige, der fortan die Anteile an der Verlustgesellschaft hält), ist die M-AG. Folglich sind die Voraussetzungen der Konzernklausel nicht erfüllt, da an dem übertragenden und an dem übernehmenden Rechtsträger nicht dieselbe eine Person beteiligt ist. ◀|

Erkennbar ist dieses Ergebnis mit dem Sinn und Zweck der Konzernklausel nicht vereinbar, wird doch auch nach dieser Verkürzung der Beteiligungskette der Verlust der V-GmbH unverändert der M-AG zugerechnet (kritisch ebenso ADRIAN/WEILER, BB 2014, 1303, 1307 f.; RÖDDER, Ubg 2014, 317, 321). Angemerkt sei zudem zweierlei: Erstens wäre die Konzernklausel wohl erfüllt, wenn an der M-AG nur eine Person beteiligt wäre. Und zweitens wäre sie es ebenso, wenn man den Begriff des »übernehmenden Rechtsträgers« i. S. d. UmwStG verstehen würde. Dies wäre die V-GmbH und sodann wäre die M-AG sowohl am übertragenden als auch am übernehmenden Rechtsträger zu 100 % beteiligt. Für eine solche am Sinn und Zweck der Konzernklausel orientierte Auslegung spricht auch, dass das FG Berlin-Brandenburg in seiner Entscheidung zu § 8c KStG i. d. F. vor Einfügung der Konzernklausel zu der Auffassung gelangt ist, dass der Fall einer verhältniswahrenden Verkürzung der Beteiligungskette im Wege der teleologischen Reduktion aus dem Anwendungsbereich des § 8c KStG herauszunehmen sei (vgl. FG Berlin-Brandenburg v. 18. 10. 2011, DStRE 2012, 1189, nrk.). Das anhängige Revisionsverfahren (Az. BFH I R 79/11) ist bis zur Entscheidung des BVerfG über die Verfassungsmäßigkeit von § 8c KStG durch das BVerfG (2 BvL 6/11) ausgesetzt (siehe hierzu G III 6.2). Folgt man dieser Auffassung, so kann sich bei Geltung der Konzernklausel nichts anderes ergeben.

Problem Aufwärts-
verschmelzung

Bei einer Aufwärtsverschmelzung der verlustbehafteten Gesellschaft auf eine andere Konzerngesellschaft würden deren Verluste zwar nicht nach § 8c KStG untergehen, weil keine Anteile an der Verlustgesellschaft übertragen werden, gleichwohl aber würden die Verluste nach § 12 Abs. 3 i. V. m. § 4 Abs. 2 Satz 2 UmwStG nicht auf die übernehmende Kapitalgesellschaft übergehen (vgl. SCHEUNEMANN/ DENNISEN/BEHRENS, BB 2010, 21, 26).

Überlegt man, wer in persönlicher Hinsicht übertragender bzw. übernehmender Rechtsträger sein kann, so fällt auf, dass an dem jeweiligen Rechtsträger eine Beteiligung zu 100 % bestehen muss, so dass dem Wortlaut nach zunächst nur Gesellschaften, mithin inländische Körperschaften i.S.v. § 1 Abs. 1 Nr. 1 bis 3 KStG und vergleichbare ausländische Körperschaften sowie Personengesellschaften in Frage kommen, weil an natürlichen Personen eben keine Beteiligung bestehen kann. Bei Personengesellschaften wird sich dies wegen des Erfordernisses einer 100 %-igen Beteiligung auf die Rechtsform einer GmbH & Co. KG reduzieren, an welcher der Kommanditist zu 100 % vermögensmäßig beteiligt ist (vgl. DÖTSCH in DPM, § 8c KStG Tz. 59d). Die wohl h.M. will § 8c Abs. 1 Satz 5 KStG allerdings im Wege einer teleologischen Extension auch bei der Übertragung bzw. Übernahme der Anteile an der verlustbehafteten Kapitalgesellschaft durch eine natürliche Person anwenden (vgl. SUCHANEK in HHR, § 8c KStG Anm. 48 m.w.N.; a.A. DÖTSCH in DPM, § 8c KStG Tz. 59d).

> **Was ist, wenn keine Beteiligung am jeweiligen Rechtsträger bestehen kann?**

BEISPIEL 121

(nach EISGRUBER/SCHADEN, Ubg 2010, 73, 79, Beispiel 7).
Herr T, der jeweils zu 100 % an der verlustbehafteten V-GmbH sowie der H-GmbH beteiligt ist, veräußert seine Anteile an der V-GmbH an die H-GmbH.

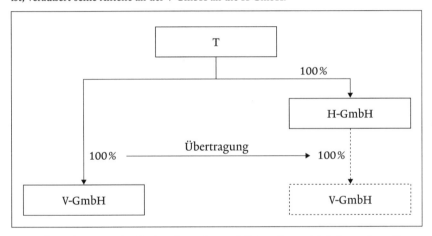

Da an dem übertragenden Rechtsträger, der natürlichen Person T, keine weitere Person beteiligt ist (und auch nicht sein kann), ist § 8c Abs. 1 Satz 5 KStG dem Wortlaut nach nicht anwendbar. Gleichwohl erscheint eine Anwendung der Konzernklausel gerechtfertigt, da eine Verlagerung der Verluste auf Außenstehende nicht erfolgt, sondern diese weiterhin wirtschaftlich T zuzurechnen sind. ◀|

4.3.1.5 **Rechtsfolgen der Konzernklausel**

Sind die Tatbestandsvoraussetzungen der Konzernklausel erfüllt, so ergibt sich rechtsfolgenseitig, dass ein schädlicher Beteiligungserwerb nicht vorliegt und folglich die nicht genutzten Verluste der betreffenden Kapitalgesellschaft aufgrund dieses Erwerbs nicht untergehen.

> **Kein schädlicher Beteiligungserwerb und ...**

Da mit einem schädlichen Beteiligungserwerb i.S.v. § 8c KStG ein Anteilserwerb von mehr als 25 % bzw. mehr als 50 % gemeint ist, könnte man nun zu der Schlussfolgerung kommen, dass nur dann, wenn nach Maßgabe dieser Quoten ein

> **... auch kein Zählerwerb**

zunächst schädlicher Beteiligungserwerb anzunehmen ist, dieser nunmehr durch die Konzernklausel als »nicht vorliegend« eingestuft wird. Fraglich ist allerdings, ob diese Nichtbeachtung des Beteiligungserwerbs auch dann gilt, wenn der konkrete Beteiligungserwerb ohnehin kein schädlicher ist, weil nicht mehr als 25 % der Anteile übertragen worden sind. Die Frage der (Nicht-)Beachtung dieses (zunächst) unschädlichen Beteiligungserwerbs erlangt Relevanz, wenn nur durch die Zusammenrechnung mehrerer Erwerbe innerhalb des Fünf-Jahres-Zeitraums die Grenze von 25 % bzw. 50 % überschritten wird. Die Finanzverwaltung vertritt hier zutreffend die Auffassung, dass solche Zählerwerbe innerhalb des Fünf-Jahres-Zeitraums, die die Voraussetzungen der Konzernklausel erfüllen, bei der Ermittlung der schädlichen Beteiligungsquote nicht mitgerechnet werden (vgl. Entwurfsschreiben Tz. 48; NEUMANN, GmbHR 2014, 673, 678 f.).

4.3.2 Sanierungsklausel – oder doch nicht?

Ursprünglich keine Sanierungsklausel, stattdessen …

Vergegenwärtigt man sich noch einmal, dass § 8c KStG im Grundsatz bei einem Anteilserwerb von mehr als 25 % bzw. mehr als 50 % an einer verlustbehafteten Kapitalgesellschaft zu einem steuerlichen Untergang deren nicht genutzter Verluste führt, so zeigt sich, dass dieser Erwerb steuerrechtlich quasi »bestraft« wird. Nun mag ein solcher Anteilserwerb ohnehin nur bedingt attraktiv sein, schließlich hat die betreffende Zielgesellschaft ja in der Vergangenheit vorwiegend Verluste erzielt, durch § 8c KStG wird er jedoch zusätzlich verbösert, was zur Folge haben kann, dass potentielle Investoren auf ein Engagement in dieser Gesellschaft getrost verzichten. Dies bedeutet aber zugleich, dass Unternehmen, die aus welchen Gründen auch immer in die Krise geraten sind, nur unter erschwerten Bedingungen neue Kapitalgeber zur Bewältigung der Krisensituation akquirieren können. § 8 Abs. 4 Satz 3 KStG a. F. sah für derlei Fälle eine sog. Sanierungsklausel vor, nach welcher in Sanierungsfällen ggf. keine Qualifikation der nicht genutzten Verluste als nichtabziehbar erfolgte. Eine vergleichbare Regelung fand sich in der ursprünglichen Fassung von § 8c KStG nicht, stattdessen verwiesen Gesetzgeber und Finanzverwaltung (vgl. BMF v. 04.07.2008, BStBl. I 2008, 736 Tz. 34) auf die Anwendbarkeit des Sanierungserlasses (BMF v. 27.03.2003, BStBl. I 2003, 240).

… Verweis auf den Sanierungserlass

Dieser ermöglicht es grundsätzlich, einen etwaigen Sanierungsgewinn auch mit solchen Verlusten zu verrechnen, die aufgrund von Ausgleichs- bzw. Verrechnungsbeschränkungen, wie beispielsweise der Mindestbesteuerung gemäß 10d EStG, hierfür eigentlich nicht zur Verfügung stünden. Dies gilt allerdings nicht für nicht genutzte Verluste der Kapitalgesellschaft, die infolge eines vorherigen Anteilseignerwechsels als nicht mehr abziehbar qualifiziert worden sind; vielmehr sind diese nicht genutzten Verluste unwiederbringlich verloren. Nach dem Sanierungserlass kann allerdings die Steuer auf einen verbleibenden Sanierungsgewinn erlassen werden (vgl. BEUSSER, DB 2007, 1549, 1551). Angemerkt sei, dass die Rechtmäßigkeit des Sanierungserlasses durchaus umstritten und diese Frage noch nicht abschließend beantwortet ist (vgl. BODE in Kirchhoff, 2014, EStG § 4 Rn. 256). Dies mag hier letztlich dahinstehen, wurde doch der Verweis auf die mögliche Anwendbarkeit des Sanierungserlasses allenthalben ohnehin als unzureichend bewertet, da er letztlich keine planungssichere Grundlage für angedachte Sanierungsmaßnahmen darstellt (vgl. EILERS/BÜHRING, DStR 2009, 137, 138 f.). Auch kann durch eine Anwendung des Sanierungserlasses lediglich ein durch Sanierungsmaßnahmen (z. B. einen Forderungsverzicht) bewirkter Ertrag steuerfrei gestellt werden, während andere sanierungsgeeignete Maßnahmen, z. B. über Kapitalerhöhungen bewirkte Eigenkapitalzuführungen, bei Überschreiten der steuerschädlichen Erwerbsquote weiterhin mit einer (ggf. partiellen) Versagung des Verlustabzugs bestraft werden (vgl. SISTERMANN/BRINKMANN, BB 2008, 1928, 1935).

Als nun im Zuge der Finanzmarktkrise zahlreiche Fälle sanierungsbedürftiger Unternehmen auftraten, besann sich der Gesetzgeber und kreierte in mehreren Schritten eine in § 8c Abs. 1a KStG beheimatete Sanierungsklausel. Auf die Darstellung der Evolutionsgeschichte dieser Regelung sei hier verzichtet, allerdings zur allgemeinen Ernüchterung vorweggenommen, dass sie derzeit ohnehin nicht anwendbar ist, da die EU-Kommission § 8c Abs. 1a KStG rückwirkend als eine mit dem Binnenmarkt nicht zu vereinbarende und daher rechtswidrige Beihilfe beurteilt hat (zu den Auswirkungen sogleich). Da in dieser Angelegenheit das letzte Wort noch nicht gesprochen ist, sei die Regelung in ihren Grundzügen gleichwohl kurz beschrieben:

Nach § 8c Abs. 1a Satz 1 KStG ist ein Beteiligungserwerb, der zum Zweck der Sanierung des Geschäftsbetriebs der Kapitalgesellschaft erfolgt, kein schädlicher Beteiligungserwerb i. S. v. § 8c Abs. 1 KStG, folglich nicht geeignet, einen Untergang der nicht genutzten Verluste auszulösen. Unter einer Sanierung versteht der Gesetzgeber dabei eine Maßnahme, die darauf gerichtet ist, die Zahlungsunfähigkeit oder die Überschuldung zu verhindern und zugleich die wesentlichen Betriebsstrukturen zu erhalten (§ 8c Abs. 1a Satz 2 KStG). Die Tatbestandsvoraussetzung des Erhalts wesentlicher Betriebsstrukturen macht der Gesetzgeber an der alternativen Erfüllung dreier Kriterien fest (vgl. hierzu SISTERMANN/BRINKMANN, DStR 2009, 1453, 1455f.; FEY/NEYER, DB 2009, 1368, 1372f.):

- Die Kapitalgesellschaft hat mit den Arbeitnehmervertretern eine Betriebsvereinbarung, die eine Arbeitsplatzregelung enthält, abgeschlossen und befolgt diese *oder*
- die Summe der maßgebenden jährlichen Lohnsumme der Kapitalgesellschaft unterschreitet innerhalb von fünf Jahren nach dem Beteiligungserwerb 400 % der Ausgangslohnsumme nicht, was übersetzt bedeutet, dass die jährliche durchschnittliche Lohnsumme in den fünf Jahren nach dem Beteiligungserwerb um nicht mehr als 20 % der Ausgangslohnsumme abgesenkt werden darf *oder*
- der Kapitalgesellschaft wird durch Einlagen wesentliches Betriebsvermögen zugeführt, was erfüllt ist, wenn die Kapitalgesellschaft innerhalb von zwölf Monaten nach dem Beteiligungserwerb neues Betriebsvermögen im Umfang von mindestens 25 % des in der Steuerbilanz zum Schluss des vorangegangenen Wirtschaftsjahres enthaltenen Aktivvermögens erhält.

Die Sanierungsklausel findet allerdings dann keine Anwendung, wenn (vermeintlich) erkennbar ist, dass lediglich der Erwerb des Mantels einer unternehmenslosen Kapitalgesellschaft vorliegt. Nach § 8c Abs. 1a Satz 4 KStG vermutet der Gesetzgeber dies, wenn die Kapitalgesellschaft ihren Geschäftsbetrieb im Zeitpunkt des Beteiligungserwerbs im Wesentlichen eingestellt hat oder innerhalb von fünf Jahren nach dem Beteiligungserwerb ein Branchenwechsel erfolgt.

**EU-Kommission:
Sanierungsklausel
verstößt gegen
Gemeinschaftsrecht**

Ob es sich bei der Sanierungsklausel um eine überzeugende Konstruktion handelt, braucht hier nicht untersucht zu werden, da sie, wie bereits angedeutet, derzeit ohnehin nicht anwendbar ist: Mit Beschluss vom 26.01.2011 (DB 2011, 2069) hat die EU-Kommission festgestellt, dass die Sanierungsklausel des § 8c Abs. 1a KStG eine Beihilferegelung i.S.v. Art. 107 Abs. 1 AEUV darstelle, die rechtswidrig gewährt worden und mit dem Binnenmarkt nicht vereinbar sei. Die Kommission beanstandete insbesondere, dass durch § 8c Abs. 1a KStG im Fall des Beteiligungserwerbs an einer überschuldeten oder zahlungsunfähigen Kapitalgesellschaft dieser ein Vorteil gegenüber nicht krisenbehafteten Kapitalgesellschaften erwachse, bei denen es zu einem Beteiligungserwerb kommt, da erstere ihre nicht genutzten Verluste weiterhin nutzen könnten, während letztere diese verlören. Bei ihrer Prüfung hat die Kommission als Referenzsystem auf die sich aus § 10d EStG i.V.m. § 8c Abs. 1 KStG ergebende Systematik der (Nicht)Verlustberücksichtigung abgestellt, und sodann § 8c Abs. 1a KStG als nicht gerechtfertigte Ausnahme von diesem Referenzsystem verstanden. Etwas anderes ergibt sich freilich, wenn man stattdessen die grundsätzliche Möglichkeit einer interperiodischen Verlustberücksichtigung nach § 10d EStG als systematischen Ausgangspunkt begreift, welcher durch § 8c Abs. 1 KStG ausnahmsweise und systemwidrig verlassen werde. Bei dieser Sichtweise wäre § 8c Abs. 1a KStG gerechtfertigt, da der Regelung als Rückausnahme eine (partiell) systemwiederherstellende Wirkung zukomme (vgl. DRÜEN, DStR 2011, 289, 291). Schlussendlich hat die EU-Kommission Deutschland aufgegeben, die bereits gewährten Beihilfen zurückzufordern, mithin die Steuerminderzahlungen, die sich aus der Anwendung von § 8c Abs. 1a KStG ergeben hatten, nachzufordern, etwaig erteilte verbindliche Auskünfte aufzuheben und fortan keine weiteren Beihilfen mehr zu gewähren, folglich § 8c Abs. 1a KStG nicht mehr anzuwenden.

Und nun?

Zur Umsetzung hat sich die Finanzverwaltung mit einem allerdings nicht veröffentlichten Schreiben v. 04.03.2011 »geäußert« (hierzu instruktiv LANG, SteuK 2011, 135). Am 07.04.2011 hat die Bundesregierung beim Gericht der Europäischen Union Nichtigkeitsklage gegen den vorgenannten Beschluss der Kommission erhoben (Rechtssache T-205/11; zudem sind weitere Klagen von Unternehmen anhängig), die das EuG mit Beschluss vom 18.12.2012 (DStR 2013, 132) allerdings aufgrund des nicht fristgemäßen Eingangs als unzulässig zurückgewiesen hat. Die gegen diesen Beschluss gerichtete Klage der Bundesrepublik Deutschland hat der EuGH mit Beschluss vom 03.07.2014 nunmehr endgültig zurückgewiesen (EUGH – C-102/13 P) Insofern wird den anhängigen Klagen einzelner Unternehmen eine verstärkte Bedeutung zukommen.

Inhaltlich sei bezüglich der Problematik, ob die Sanierungsklausel eine unzulässige Beihilfe darstellt, noch auf zweierlei hingewiesen:

**EuGH zum
Referenzsystem**

In seinem Urteil v. 18.07.2013 hat der EuGH in der finnischen Rs. *P Oy* grundsätzliche Überlegungen zu der Frage angestellt, ob einer Regelung, die trotz eines eigentlich schädlichen Anteilseignerwechsels die fortbestehende Abzugsfähigkeit der bisher nicht genutzten Verluste erlaubt, Beihilfecharakter beizumessen sei. Dabei ging es insbesondere um die Frage, welche steuerlichen Regelungen letztlich in das Bezugssystem, das »normale« System, zur Beurteilung der verlusterhaltenden Regelung einzubeziehen seien. Die Auswirkungen dieses Urteils auf die Sanierungsklausel sind im Schrifttum allerdings umstritten: Einerseits wird daraus die Schlussfolgerung gezogen, die Sanierungsklausel des § 8c KStG stelle keine unzulässige

Beihilfe dar (vgl. HACKEMANN/SYDOW, IStR 2013, 786, 790), andererseits wird vertreten, dass der EuGH mit dem Urteil als mögliches Referenzsystem das Verbot des Verlustabzugs bei Anteilseignerwechseln zu begreifen scheine und von daher grundsätzlich dem die Sanierungsklausel ablehnenden Ansatz der Kommission folgen würde (vgl. ISMER/KARCH, IStR 2014, 130, 134). Insoweit bleibt die weitere Entwicklung abzuwarten.

Nach Auffassung des FG Münster (AdV-Beschluss v. 01.08.2011, DStR 2011, 1507) sei ernstlich zweifelhaft, dass die Kommissionsentscheidung dem Unionsrecht entspreche, so dass dem Steuerpflichtigen vorläufiger Rechtsschutz und damit Aussetzung der Vollziehung zu gewähren sei. Dies insbesondere auch deswegen, weil durch die Erhebung der aus einer Nichtanwendung von § 8c Abs. 1a KStG resultierenden Mehrsteuern eine Vernichtung der wirtschaftlichen Existenz bewirkt würde. Im vorliegenden Fall hat das FG Münster die Aussetzung der Vollziehung allerdings mit einer zeitlichen Befristung versehen; nach Ablauf dieser Frist sei die Existenzgefährdung erneut zu prüfen. Die Finanzverwaltung will demgegenüber zwar etwaige Rechtsbehelfsverfahren bis zur Entscheidung des Europäischen Gerichts ruhen lassen, Aussetzung der Vollziehung gleichwohl nicht gewähren (vgl. OFD Magdeburg v. 28.09.2011, DStR 2011, 2253). Die Reaktion der Finanzverwaltung auf den ablehnenden Beschluss des EUGH vom 03.07.2014 bleibt abzuwarten.

FG Münster befürwortet AdV

Der Gesetzgeber hat die Sanierungsklausel derweil nicht aufgehoben, sondern vielmehr durch die Regelung des § 34 Abs. 7c Satz 3 und 4 KStG suspendiert. Danach ist § 8c Abs. 1a KStG nur anzuwenden, wenn

Anwendbarkeit von § 8c Abs. 1a KStG suspendiert

1. eine rechtskräftige Entscheidung des Europäischen Gerichts oder des Gerichtshofs der Europäischen Union den Beschluss der Europäischen Kommission vom 26.01.2011 für nichtig erklärt und feststellt, dass es sich bei § 8c Abs. 1a KStG nicht um eine staatliche Beihilfe i.S.v. Art. 107 Abs. 1 AEUV handelt (§ 34 Abs. 7c Satz 3 Nr. 1 KStG) oder

2. die Kommission beschließen sollte, dass es sich bei § 8c Abs. 1a KStG um keine Beihilfe bzw. um eine mit dem gemeinsamen Markt vereinbare Beihilfe handelt (§ 34 Abs. 7c Satz 3 Nr. 2 KStG) und mit dem Beschluss weder die Aufhebung noch die Änderung des § 8c Abs. 1a KStG gefordert wird.

Sollte eine dieser Bedingungen erfüllt sein, so lebt die Anwendbarkeit von § 8c Abs. 1a KStG wieder auf und die Regelung ist auch rückwirkend anzuwenden, soweit die Steuerbescheide noch keine Bestandskraft erlangt haben. Darüber hinaus besteht in § 34 Abs. 7c Satz 3 Nr. 3 KStG eine Anwendungsregelung für bestimmte Altfälle, die hier vernachlässigt sei.

5 Rechtsfolge: (Partielle) Nichtabziehbarkeit der nicht genutzten Verluste, soweit stille Reserven nicht ausreichen

Kommt es nun trotz der vorstehend beschriebenen Konzernklausel und der Sanierungsklausel, wenn sie denn Rechtsgültigkeit erlangen sollte, zu einem schädlichen Beteiligungserwerb, hält § 8c KStG für die betreffende Kapitalgesellschaft zwei Eskalationsstufen bereit, die allerdings durch die sog. Stille-Reserven-Klausel entschärft werden:

Zwei Eskalationsstufen inklusive Entschärfung

- So sind bei einem Beteiligungserwerb von mehr als 25 % innerhalb von fünf Jahren gemäß § 8c Abs. 1 Satz 1 KStG die bis zu diesem Zeitpunkt nicht ausgeglichenen oder abgezogenen negativen Einkünfte der Kapitalgesellschaft insoweit, d. h. der Erwerbsquote entsprechend, nicht mehr abziehbar (siehe G III 5.1).
- Wird innerhalb eines Zeitraums von fünf Jahren die Grenze von 50 % überschritten, so führt dies gemäß § 8c Abs. 1 Satz 2 KStG zu einer vollständigen Versagung der Verlustberücksichtigung der bis zu diesem Zeitpunkt nicht genutzten Verluste (siehe G III 5.2).
- All dies findet jedoch insoweit gemäß § 8c Abs. 1 Satz 6 KStG nicht statt, als der zunächst als nicht abziehbar qualifizierte Verlustanteil bzw. Verlust die (anteiligen) stillen Reserven der betreffenden Kapitalgesellschaft nicht übersteigt (siehe G III 5.3).

Erwerbe in mehreren Schritten
Erfolgt der Anteilserwerb in mehreren Schritten, so tritt die Beschränkung der Verlustberücksichtigung erst zu dem Zeitpunkt ein, in dem bei Zusammennahme der einzelnen Übertragungen auf den jeweiligen Erwerber die schädliche Grenze (25 % bzw. 50 %) innerhalb eines Zeitraums von fünf Jahren erstmals überschritten wird. Dieser Fünf-Jahres-Zeitraum ist taggenau nach § 108 Abs. 1 AO i. V. m. §§ 187, 188 BGB zu bestimmen. Da für den Fristbeginn ein Ereignis – nämlich der erste Anteilserwerb – maßgebend ist, ist der Tag der Anschaffung bei der Berechnung der Frist nicht einzubeziehen.

BEISPIEL 122

Die in 01 errichtete X-GmbH, deren Wirtschaftsjahr dem Kalenderjahr entspricht, verfügt zum 31.12.02 über einen Verlustvortrag i. H. v. 200.000 €. In den folgenden Wirtschaftsjahren erzielt die X-GmbH weder Gewinne noch Verluste. Am 02.01.03 veräußert der alleinige Gesellschafter X 10 % der Anteile an Z. Am 02.01.04 erwirbt Z weitere 30 % der Anteile und am 02.01.05 weitere 20 %.

Infolge des Anteilserwerbs am 02.01.03 i. H. v. 10 % ist die Schwelle des § 8c Abs. 1 Satz 1 KStG nicht überschritten, so dass der Verlustvortrag der X-GmbH unverändert bleibt. Durch den Anteilserwerb am 02.01.04 i. H. v. weiteren 30 % hat Z nun innerhalb der letzten fünf Jahre insgesamt 40 % der Anteile der X-GmbH erworben. Deren nicht genutzte Verluste gehen daraufhin zu 40 % unter, so dass der verbleibende Verlustvortrag zum 31.12.04 auf 120.000 € festzustellen ist. Durch den Erwerb von weiteren 20 % am 02.01.05 hat Z innerhalb von fünf Jahren mehr als 50 % der Anteile erworben; gemäß § 8c Abs. 1 Satz 2 KStG geht der zu diesem Zeitpunkt noch bestehende Verlustvortrag der X-GmbH daraufhin vollständig verloren. ◄|

5.1 **Erwerbe > 25 % aber < 50 %**

Sanktionsverbrauch bei Überschreiten der 25 %-Grenze
Wie ausgeführt, werden, sobald innerhalb eines Zeitraums von fünf Jahren, beginnend mit dem ersten Erwerb, die Schwelle von 25 % überschritten wird, die bis dahin nicht genutzten Verluste der Kapitalgesellschaft quotal entsprechend als nicht mehr abziehbar qualifiziert. Nun fragt man sich unweigerlich, was denn passiert, wenn der betreffende Erwerber anschließend weitere Anteile an dieser Kapitalgesellschaft erwirbt, mit diesen und den ursprünglichen Anteilserwerben zusammen jedoch noch nicht die 50 %-Grenze überschreitet, also beispielsweise zunächst 30 % der Anteile erwirbt, was einen Verlustuntergang i. H. v. 30 % zur Folge hat, und dann noch weitere 3 % erwirbt. Denkbar wäre es natürlich, aus jedwedem weiteren Erwerb innerhalb von fünf Jahren seit dem ersten Erwerb einen weiteren quotalen Verlustuntergang resultieren zu lassen, im Beispiel also weitere 3 % der nicht genutzten

Verluste dem Untergang zu weihen, gleichwohl haben sich Gesetzgeber und Finanz-verwaltung zu einem anderen Vorgehen entschlossen: Ist einmal die Schwelle von 25 % überschritten, so beginnt bezüglich § 8c Abs. 1 Satz 1 KStG mit dem nächsten Anteilserwerb durch den betreffenden Erwerber bzw. Erwerberkreis ein neuer Fünf-Jahres-Zeitraum. Dies bedeutet, dass einmal im Rahmen von § 8c Abs. 1 Satz 1 KStG berücksichtigte Anteilserwerbe nicht Anlass einer weiteren Kürzung nach § 8c Abs. 1 Satz 1 KStG in späteren Veranlagungszeiträumen sein können (vgl. BT-Drs. 16/4841, 76). Das Überschreiten der 25 %-Grenze bewirkt mithin bezüglich § 8c Abs. 1 Satz 1 KStG einen sog. Sanktionsverbrauch (vgl. REITSAM in B/F/F/K, 2007, § 8c KStG Rn. 76). Für die Zwecke des § 8c Abs. 1 Satz 2 KStG sind diese Anteilserwerbe allerdings zu berücksichtigen (dazu sogleich).

BEISPIEL 123

X erwirbt Anteile an der verlustbehafteten Z-GmbH wie folgt:

31.12.01	31.12.03	31.12.05	31.12.06
20 %	6 %	20 %	3 %

Der erste Fünf-Jahres-Zeitraum beginnt, ausgelöst durch den Erwerb am 31.12.01, am 01.01.02; rechnerisches Fristende ist der 31.12.06. Mit dem Erwerb am 31.12.03 wird die 25 %-Grenze überschritten, der Verlustvortrag der Z-GmbH geht insoweit unter. Es tritt ein Sanktionsverbrauch ein, so dass die Anteilserwerbe am 31.12.05 bzw. 31.12.06, obwohl innerhalb von fünf Jahren nach dem ersten Erwerb erfolgend, unschädlich sind. Vielmehr beginnt mit dem Erwerb am 31.12.05 ein neuer Fünf-Jahres-Zeitraum bezüglich § 8c Abs. 1 Satz 1 KStG. Da innerhalb dieses Zeitraums lediglich 23 % der Anteile von X erworben werden, gehen keine weiteren Verluste der Z-GmbH verloren.

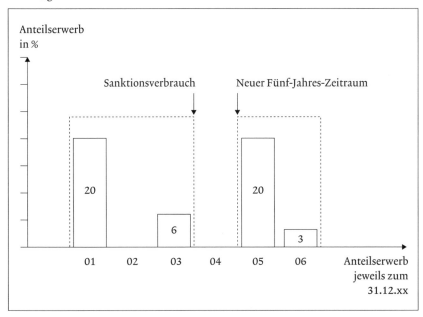

Aus dem Vorstehenden ergibt sich, dass es vorteilhaft sein kann, eine von vornherein geplante Anteilsübertragung in mehrere Teilanteilsübertragungen aufzuteilen, um

Gesplittete Anteils-übertragungen

auf diese Weise den Verlust der nicht genutzten Verluste möglichst gering zu halten. Würde im obigen Beispiel die Anteilsübertragung nicht in Teilschritten, sondern *uno actu* im Umfang von 49 % erfolgen, so würde die GmbH von ihrem Verlustvortrag nicht nur 26 %, sondern vielmehr 49 % einbüßen. Um derartigen Gestaltungsüberlegen entgegenzuwirken, soll nach Auffassung der Finanzverwaltung eine Mehrzahl von Erwerben als ein Erwerb gelten, wenn diesen ein Gesamtplan zugrunde liegt (vgl. BMF v. 04.07.2008, BStBl. I 2008, 736 Tz. 19; kritisch POHL, GmbHR 2009, 132). Das Bestehen eines solchen schädlichen Gesamtplans vermutet die Finanzverwaltung dabei widerlegbar, wenn die Erwerbe innerhalb eines Jahres erfolgen, wobei nicht zu übersehen ist, dass auch andere Kriterien, wie etwa eine von vornherein bestehende vertragliche Vereinbarung zur Übertragung der Anteile in mehreren Schritten, die Existenz eines Gesamtplans belegen können (vgl. POHL, GmbHR 2009, 132, 133).

FORTSETZUNG BEISPIEL 123

Angenommen, X werden bereits bei Erwerb der ersten Tranche am 31.12.01 die nachfolgenden Anteilserwerbe vertraglich zugesichert, so dürften nach Auffassung der Finanzverwaltung die einzelnen Erwerbe als *ein* Erwerb im Umfang von 49 % gelten und die Z-GmbH würde 49 % ihres Verlustvortrags verlieren. Fraglich ist allerdings, ob dabei die Verluste im Zeitpunkt des erstmaligen Überschreitens der Schädlichkeitsgrenze (31.12.03) oder aber diejenigen im jeweiligen Zeitpunkt des nachfolgenden tatsächlichen Anteilserwerbs bestehenden nicht genutzten Verluste (31.12.06) getroffen werden. ◀|

5.2 Erwerbe > 50 %

Vollständiger Verlustuntergang

Die Rechtsfolge des § 8c Abs. 1 Satz 2 KStG, also ein vollständiger Untergang der bis zum Zeitpunkt der Anteilsübertragung nicht genutzten Verluste tritt ein, wenn innerhalb eines Fünf-Jahres-Zeitraums mehr als 50 % der Anteile auf einen Erwerber oder Erwerberkreis übertragen werden. Erfolgt der Erwerb in einem Erwerbsvorgang, so liegt das Ergebnis gewissermaßen auf der Hand.

BEISPIEL 124

X ist alleiniger Gesellschafter der X-GmbH, die über einen Verlustvortrag von 100.000 € verfügt. S erwirbt 60 % der Anteile von X.
Gemäß § 8c Abs. 1 Satz 2 KStG verliert die X-GmbH den Verlustvortrag vollständig, da mehr als 50 % der Anteile innerhalb von fünf Jahren auf einen Erwerber übertragen worden sind. ◀|

Gestaffelte Anteilserwerbe

Erfolgen mehrere Anteilserwerbe durch einen Erwerber, die für sich genommen jeweils die kritische Grenze von 50 % unterschreiten, so gilt zunächst einmal, dass die innerhalb eines Zeitraums von fünf Jahren liegenden Erwerbe zusammenzurechnen sind. Sodann ist zu unterscheiden:
- Kommt es infolge der Erwerbe nicht nur zu einem Überschreiten der 25 %-Schwelle, sondern vielmehr unmittelbar der 50 %-Schwelle, so tritt die Rechtsfolge des § 8c Abs. 1 Satz 2 KStG zu diesem Zeitpunkt ein. Mit dem nächsten Erwerb würde sodann ein neuer Fünf-Jahres-Zeitraum beginnen.
- Wird indes zunächst nur die 25 %-Schwelle überschritten und erst nachfolgend die 50 %-Schwelle, so gilt Folgendes: Zum einen werden quotal entsprechend die Verluste als nicht mehr abziehbar qualifiziert, die im Zeitpunkt des schädlichen Anteilserwerbs nach § 8c Abs. 1 Satz 1 KStG vorhanden waren, zum anderen erfolgt ein vollständiger Verlustuntergang der im Zeitpunkt des schädlichen

Anteilserwerbs nach § 8c Abs. 1 Satz 2 KStG vorhandenen nicht genutzten Verluste. Betroffen sind mithin stets die im Zeitpunkt des jeweiligen schädlichen Anteilserwerbs noch vorhandenen nicht genutzten Verluste (vgl. BMF v. 04.07.2008, BStBl. I 2008, 736 Tz. 30; SUCHANEK in HHR, § 8c KStG Anm. 36).

BEISPIEL 125

X erwirbt Anteile an der verlustbehafteten Z-GmbH wie folgt:

31.12.01	31.12.03	31.12.05	31.12.06
20%	6%	20%	6%

Zum 31.12.03 verfügt die Z-GmbH über einen Verlustvortrag von 100.000 €. Bis zum 31.12.06 ist ein weiterer Verlustvortrag i.H.v. 200.000 € hinzugekommen.

Der Fünf-Jahres-Zeitraum beginnt, ausgelöst durch den Erwerb am 31.12.01, am 01.01.02; rechnerisches Fristende ist der 31.12.06. Mit dem Erwerb am 31.12.03 wird die 25%-Grenze überschritten, der Verlustvortrag der Z-GmbH geht quotal entsprechend unter, so dass die Z-GmbH nur noch über einen Verlustvortrag i.H.v. 100.000 € ./. 0,26 × 100.000 € = 74.000 € verfügt.

Mit dem Erwerb am 31.12.06 wird innerhalb des Fünf-Jahres-Zeitraums die 50%-Schwelle überschritten, woraufhin die zu diesem Zeitpunkt bestehenden nicht genutzten Verluste der Z-GmbH als nicht abziehbar qualifiziert werden, mithin 274.000 € (= 74.000 € nicht genutzte Verluste am 31.12.03 zzgl. des danach entstandenen Verlustvortrags von 200.000 €). Dass mit den Erwerben am 31.12.05 und 31.12.06 zusammen genommen zudem ein schädlicher Erwerb i.S.v. § 8c Abs. 1 Satz 1 KStG vorliegt, wirkt sich nicht aus.

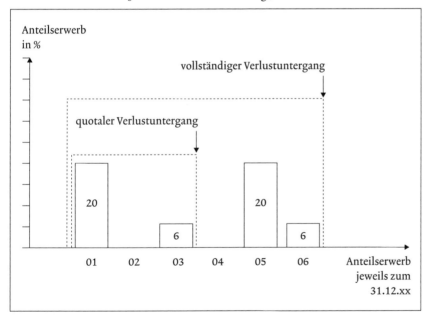

BEISPIEL 126

Wie zuvor, allerdings erfolgt der letzte Erwerb nicht am 31.12.06, sondern am 31.12.07. Wie im vorhergehenden Beispiel beginnt der Fünf-Jahres-Zeitraum am 01.01.02; rechnerisches Fristende ist der 31.12.06. Mit dem Erwerb am 31.12.03 wird die 25%-Grenze überschritten, der Verlustvortrag der Z-GmbH geht quotal entsprechend unter, so dass die Z-GmbH nur noch über einen Verlustvortrag i. H. v. 74.000 € verfügt; zugleich endet der Fünf-Jahres-Zeitraum bezgl. § 8c Abs. 1 Satz 1 KStG. Da bis zum 31.12.06 lediglich weitere 20 % der Anteile erworben werden, übersteigt die Erwerbsquote innerhalb des Fünf-Jahres-Zeitraums seit dem ersten Erwerb nicht 50 %, so dass keine weitere Sanktion ausgelöst wird. Mit dem Erwerb am 31.12.05 beginnt allerdings ein neuer Fünf-Jahres-Zeitraum bezgl. § 8c Abs. 1 Satz 1 KStG. Da mit dem Erwerb am 31.12.07 innerhalb dieses Zeitraums die Erwerbsquote 25 % übersteigt, werden 26 % der zu diesem Zeitpunkt bestehenden nicht genutzten Verluste als nicht mehr abziehbar qualifiziert, hier 274.000 € × 0,26 = 71.240 €.

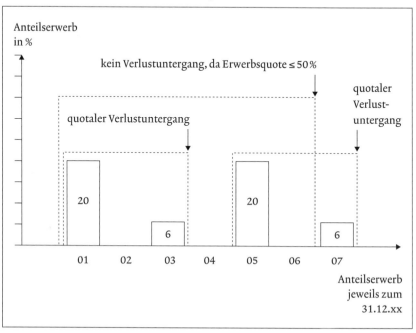

Abzug zwischen-zeitlicher Anteils-veräußerungen?

Bei gestaffelten Erwerben ist zudem zu überlegen, ob bei der Bemessung der Beteiligungsquote lediglich die einzelnen Erwerbe zu summieren, zwischenzeitliche Anteilsveräußerungen dabei jedoch außer Acht zu lassen sind, oder ob vielmehr auf eine Saldobetrachtung abzustellen ist, wobei Erwerbe die Quote erhöhen und Veräußerungen diese vermindern. Ersteres hätte zur Folge, dass ein schädlicher Beteiligungserwerb auch dann anzunehmen wäre, wenn zwar innerhalb von fünf Jahren mehr als 25 % bzw. mehr als 50 % erworben werden, jedoch tatsächlich die betreffende Beteiligungsquote aufgrund von zwischenzeitlichen Anteilsveräußerungen niemals überschritten worden ist. Demgegenüber läge nach der letzteren Auffassung ein schädlicher Anteilserwerb nur dann vor, wenn der Erwerber durch seine Anteilserwerbe innerhalb von fünf Jahren tatsächlich auch einmal mehr als 25 % bzw. 50 % der Anteile besitzt. Nach u. E. zutreffender Auffassung des FG Niedersachsen ist letzterer Auffassung zu folgen, da nur im Fall eines tatsächlichen Anteilsbesitzes von mehr als 25 % bzw. mehr als 50 % eine Änderung der wirtschaftlichen Identität der Kapitalgesellschaft durch das wirtschaftliche Engagement eines anderen Anteilseigners vorliegt. Eine solche Änderung der wirtschaftlichen Identität der Gesellschaft sei aber grundlegende Tatbestandsvoraussetzung von § 8c KStG (vgl. FG Niedersachsen v. 13.09.2012, EFG 2012, 2311, nrk., Rev. eingelegt: Az. BFH I R 75/12).

Nach Auffassung der Finanzverwaltung sind bei der Ermittlung der Erwerbsquote bereits solche Anteilserwerbe zu berücksichtigen, die zu Zeitpunkten erfolgen, in denen die Kapitalgesellschaft noch nicht verlustbehaftet ist (vgl. BMF v. 04.07.2008, BStBl. I 2008, 736 Tz. 17). Dies erscheint allerdings angesichts des gegen den Erwerb von Verlustmänteln gerichteten Normzwecks des § 8c KStG wenig überzeugend. Vielmehr wäre es im Wege einer teleologischen Reduktion zutreffend, nur solche Anteilserwerbe bei der Bemessung der Schädlichkeitsquote zu berücksichtigen, die in Zeitpunkten erfolgen, in denen die Kapitalgesellschaft auch tatsächlich über nicht genutzte Verluste verfügt, da nur derlei Erwerbe auf die Erlangung eines Verlustmantels gerichtet sein können (vgl. SUCHANEK in HHR, § 8c KStG Anm. 21 m.w.N.).

Nach Auffassung der Finanzverwaltung (vgl. BMF v. 04.07.2008, BStBl. I 2008, 736 Tz. 22) und Teilen des Schrifttums (vgl. etwa LENZ, Ubg 2008, 24, 28; LANG, DStZ 2007, 652, 659f.; a.A. SUCHANEK in HHR, § 8c KStG Anm. 23; REITSAM in B/F/F/K, 2007, § 8c KStG Rn. 80f.) soll auch die mehrfache Übertragung des nämlichen Anteils steuerschädlich sein können, soweit sie je Erwerber die kritische(n) Beteiligungsgrenze(n) übersteigt. Gegen diese Sichtweise ist nichts einzuwenden, wenn in der Übertragungskette jeweils die 50%-Schwelle überschritten wird. Sodann gehen die zum jeweiligen Erwerbszeitpunkt bestehenden nicht genutzten Verluste vollständig unter, so dass bei einem nachfolgenden steuerschädlichen Erwerb des nämlichen Anteils lediglich die nach dem vorherigen Erwerb neu entstandenen Verluste betroffen sein können. Wird allerdings bei den einzelnen Erwerben des nämlichen Anteils jeweils nur die 25%-Schwelle überschritten, so würde dies nach der vorstehenden Auffassung jeweils erneut einen quotalen Verlustuntergang der ursprünglich bestehenden nicht genutzten Verluste auslösen und diese würden mit zunehmender Umschlagshäufigkeit der Anteile sukzessive aufgezehrt.

Anteilserwerbe an verlustfreien Gesellschaften

Mehrfache Erwerbe des nämlichen Anteils

BEISPIEL 127

X ist alleiniger Gesellschafter der X-GmbH, die über einen Verlustvortrag von 100.000 € verfügt. In 01 erwirbt T 30% der Anteile. Kurze Zeit später erwirbt Y den Anteil des T. Der erste Erwerb (T von X) führt unstreitig zu einem Verlustuntergang i.H.v. 0,3 × 100.000 € = 30.000 € und es verbliebe ein Verlustvortrag i.H.v. 70.000 €. Der nachfolgende Erwerb (Y von T) würde einen weiteren quotalen Verlust des zum Erwerbszeitpunkt noch bestehenden Verlustvortrags bewirken, mithin 0,3 × 70.000 € = 21.000 € und der Verlustvortrag reduzierte sich auf 49.000 €. Nach Durchlaufen dieser Erwerbskette stünde man etwas konsterniert vor dem Ergebnis, dass zwar lediglich ein 30%-Anteil von X über T zu Y gelangt ist, gleichwohl 51% des Verlustvortrags der X-GmbH als nicht mehr abziehbar qualifiziert werden. ◀|

Wollte man derartige Verwerfungen verhindern, so müsste man die von § 8c KStG bewirkte – steuersystematisch verfehlte – Durchbrechung des Trennungsprinzips konsequent durchhalten und folglich eine gesellschafterbezogene Verlustfeststellung auf Ebene der Kapitalgesellschaft durchführen (vgl. REITSAM in B/F/F/K, 2007, § 8c KStG Rn. 80); ob sich dies wird durchsetzen lassen, erscheint allerdings zweifelhaft.

FORTSETZUNG BEISPIEL 127

Im vorstehenden Beispiel bedeutete dies, dass vor der ersten Übertragung gedanklich 100% der nicht genutzten Verluste X zuzuordnen wären. Mit der Anteilsübertragung auf T würden sodann 30 % dieser nicht genutzten Verluste untergehen. Die verbleibenden nicht genutzten Verluste blieben weiterhin X zugeordnet, so dass auf den Anteil des T keine nicht genutzten Verluste entfielen. Veräußert nun T seinen verlustfreien Anteil an Y, kann daraus kein weiterer Verlustuntergang resultieren. Untergehen könnten indes Verlustvorträge, die aus der Zeitspanne resultieren, in der T Gesellschafter der X-GmbH war. ◄|

5.3 Stille-Reserven-Regel

5.3.1 Grundaussage und Grundidee

Gilt ab VZ 2010

Mit dem WaBeschG hat der Gesetzgeber die sog. Stille-Reserven-Regel in § 8c Abs. 1 Satz 6 ff. KStG eingeführt, welche er sodann mit dem JStG 2010 modifiziert und um eine Missbrauchsabwehrregelung ergänzt hat. Die Stille-Reserven-Regelung gilt ab dem Veranlagungszeitraum 2010, bei einem dem Kalenderjahr entsprechenden Wirtschaftsjahr mithin für Beteiligungserwerbe nach dem 31.12.2009.

Grundaussage: Stille Reserven erhalten den Verlust, da …

Grundaussage der Stille-Reserven-Regel ist, dass ein nach den Grundregeln von § 8c Abs. 1 KStG eigentlich als nicht abziehbar qualifizierter Verlust doch abgezogen werden kann, soweit er bei einem schädlichen Beteiligungserwerb

- i.S.v. Satz 1, also bei einer Erwerbsquote > 25 % und ≤ 50 %, die anteiligen stillen Reserven
- i.S.v. Satz 2, also bei einer Erwerbsquote > 50 %, die gesamten stillen Reserven des inländischen steuerpflichtigen Betriebsvermögens der betreffenden Kapitalgesellschaft nicht übersteigt. Es ist mithin zu fragen, ob der nach § 8c Abs. 1 Satz 1 bzw. Satz 2 KStG nicht abziehbare Verlust größer ist als die (anteiligen) im Inland steuerpflichtigen Reserven. Wenn ja, dann ist (nur) der positive Differenzbetrag nicht abziehbar, wenn nein, dann ist der gesamte nicht abziehbare Verlust doch abziehbar. Vorhandene stille Reserven vermögen also insoweit die nicht genutzten Verluste vor ihrem eigentlich angeordneten Untergang zu bewahren. Hinzugefügt sei, dass die Stille-Reserven-Regel auf etwaige Zählerwerbe, mithin solche Beteiligungserwerbe, die für sich genommen unschädlich i.S.v. § 8c KStG wären, weil sie nicht mehr als 25 % bzw. nicht mehr als 50 % betragen, die jedoch bei der Ermittlung der insgesamt erworbenen Beteiligungsquote innerhalb des Fünf-Jahres-Zeitraums mitzählen, keine Anwendung findet (vgl. NEUMANN, GmbHR 2014, 673, 679). Dies ergibt sich nicht zuletzt aus dem Gesetzeswortlaut, wonach eben zunächst einmal ein nicht abziehbarer Verlust nach der Grundregel des § 8c KStG vorliegen muss, der sodann durch das Vorhandensein stiller Reserven gerettet werden kann.

… die KapGes insoweit eigenes Verlustnutzungspotential hat

Die hinter dieser Regelung stehende plausible Grundidee ist, dass, soweit stille Reserven im Betriebsvermögen der Verlustkapitalgesellschaft vorhanden sind, die Kapitalgesellschaft jederzeit durch aus der Hebung der stillen Reserven erzielte Gewinne eine Nutzung der bisher ungenutzten Verluste herbeiführen könnte. Diese tatsächliche Realisierung der stillen Reserven unmittelbar vor dem schädlichen Anteilseignerwechsel wird der Kapitalgesellschaft nun erspart, indem eben i.H.d. (anteiligen) stillen Reserven »*[ein] nicht abziehbarer nicht genutzter Verlust […] abgezogen werden [kann]*«, so wörtlich § 8c Abs. 1 Satz 6 KStG.

Rechtsfolge von § 8c Abs. 1 Satz 1 bzw. 2 KStG wird eingeschränkt

Diese sprachlich durchaus misslungene Formulierung meint nicht etwa, dass dieser Verlust nun plötzlich frei von allen Grundregeln der Verlustberücksichtigung abziehbar geworden wäre, sondern vielmehr wird insoweit lediglich die von § 8c

Abs. 1 Satz 1 bzw. Satz 2 KStG angeordnete Rechtsfolge des Nichtabziehbarseins eingeschränkt bzw. zurückgedreht (pointiert EISGRUBER/SCHADEN, Ubg 2010, 73, 74f.). Angemerkt sei zudem, dass der Umstand, dass bei einer tatsächlichen Aufdeckung der stillen Reserven eine Verlustnutzung nur innerhalb der Grenzen des § 10d EStG möglich wäre, in § 8c Abs. 1 Satz 6 KStG zu Gunsten der Steuerpflichtigen unberücksichtigt geblieben ist (vgl. NEUMANN in FS Streck, 2011, 103, 113).

BEISPIEL 128

Die V-GmbH verfügt über nicht genutzte Verluste von 100 und im Inland steuerpflichtige stille Reserven von 70. Z erwirbt 60%, alternativ 30% der Anteile an der V-GmbH.

Im Grundfall werden gemäß § 8c Abs. 1 Satz 2 KStG zunächst die nicht genutzten Verluste vollständig als nicht abziehbar qualifiziert, da ein schädlicher Beteiligungserwerb von mehr als 50% vorliegt. Nach § 8c Abs. 1 Satz 6 KStG wird dies jedoch wegen der vorhandenen stillen Reserven von 70 insoweit eingeschränkt, so dass schlussendlich nur Verluste i.H.d. übersteigenden Differenz von 30 untergehen.

In der Abwandlung werden nach § 8c Abs. 1 Satz 1 KStG zunächst der Erwerbsquote entsprechend 30% der nicht genutzten Verluste als nicht abziehbar eingeordnet. Sodann wird diese Rechtsfolge i.H.d. anteiligen stillen Reserven, mithin $0,3 \times 70 = 21$ wieder eingeschränkt, und nur der übersteigende Differenzbetrag markiert die tatsächlich nicht abziehbaren Verluste, hier 9. ◀|

5.3.2 Ermittlung der stillen Reserven

5.3.2.1 Grundfall (§ 8c Abs. 1 Satz 7 KStG)

Fraglich ist nun, auf welche Art und Weise man den in Beispiel 128 einfach vorgegebenen Betrag der stillen Reserven in praxi errechnet. Gemäß § 8c Abs. 1 Satz 7 KStG ist hierzu das in der Steuerbilanz der betreffenden Kapitalgesellschaft ausgewiesene (anteilige) Eigenkapital mit dem gemeinen Wert der auf dieses Eigenkapital entfallenden Anteile zu vergleichen. Gemeint ist damit, dass

Unterschiedsbetrag zwischen EK lt. StB und gemeinem Wert der Anteile

- bei einem Anteilserwerb i.S.v. § 8c Abs. 1 Satz 1 KStG, d.h. bei einer Erwerbsquote > 25% und ≤ 50%, das quotal entsprechende Eigenkapital dem gemeinen Wert der übertragenen Anteile gegenübergestellt wird;
- bei einem Anteilserwerb i.S.v. § 8c Abs. 1 Satz 2 KStG, d.h. bei einer Erwerbsquote > 50%, das gesamte Eigenkapital mit dem gemeinen Wert aller Anteile, d.h. nicht nur der übertragenen Anteile, zu vergleichen ist.

Ergibt sich dabei ein negativer Unterschiedsbetrag, was der Fall ist, wenn der verwendete Eigenkapitalbetrag kleiner als der gemeine Wert der auf dieses Eigenkapital entfallenden Anteile ist, so bestehen in Höhe dieses Unterschiedsbetrages stille Reserven. Ist der Unterschiedsbetrag hingegen positiv oder Null, so ist davon auszugehen, dass im Betriebsvermögen der Kapitalgesellschaft keine stillen Reserven vorhanden sind (vgl. SUCHANEK in HHR, § 8c KStG Anm. 60, 63).

Bleibt noch die Frage zu beantworten, wie der gemeine Wert der Anteile zu ermitteln ist. Gemeint ist damit der gemeine Wert i.S.v. § 9 Abs. 2 i.V.m. § 11 Abs. 2 BewG, welcher im einfachen Fall der Anteilsveräußerung schlicht und ergreifend dem gezahlten Kaufpreis entspricht. Bei einer Erwerbsquote > 50% jedoch < 100% ist der gemeine Wert für alle Anteile aus dem für die erworbenen Anteile gezahlten Kaufpreis hochzurechnen (vgl. BIEN/WAGNER, BB 2009, 2627, 2631). Da es im Fall des unentgeltlichen Anteilserwerbs naturgemäß an einem Kaufpreis fehlt, ist zu-

Ermittlung des gemeinen Werts der Anteile

mindest in diesen Fällen der gemeine Wert der Anteile aus einer Unternehmensbewertung abzuleiten (weitergehend SUCHANEK in HHR, § 8c KStG Anm. 62).

Beschränkung auf die im Inland steuerpflichtigen stillen Reserven

Materiell bedeutsam ist die in § 8c Abs. 1 Satz 6 KStG und noch einmal in Satz 7 der Vorschrift enthaltene Einschränkung, dass für die Verschonungsregelung nur diejenigen stillen Reserven zu berücksichtigen sind, die im Inland auch steuerpflichtig sind. Folglich ist der zuvor errechnete Betrag der stillen Reserven noch um die im Inland nicht der Besteuerung unterliegenden stillen Reserven zu bereinigen, und nur der verbleibende Betrag taugt anschließend zur Verlustrettung. Zu nennen sind hier insbesondere stille Reserven in Anteilen an Kapitalgesellschaften und stille Reserven, die einer Auslandsbetriebstätte zuzurechnen sind.

§ 8b Abs. 2 KStG

Da die Gewinne aus der Veräußerung von Anteilen an Kapitalgesellschaften gemäß § 8b Abs. 2 KStG bei der Ermittlung des Einkommens nicht zu berücksichtigen sind, scheint es auf den ersten Blick angezeigt, die in diesen Anteilen enthaltenen stillen Reserven bei der Ermittlung der stillen Reserven i. S. v. § 8c Abs. 1 Satz 7 KStG nicht zu berücksichtigen (vgl. BMF-Entwurfsschreiben Tz. 52). Hiergegen ist allerdings zweierlei einzuwenden: Erstens handelt es sich bei § 8b Abs. 2 KStG lediglich um eine technische, jedoch keine wirtschaftliche Steuerbefreiung (siehe hierzu F II 2.1 und F II 3.1.1), so dass eine Herausnahme der in diesen Anteilen befindlichen stillen Reserven aus dem Betrag der stillen Reserven i.S.d. Verschonungsregelung an sich ungerechtfertigt ist (überzeugend SUCHANEK in HHR, § 8c KStG Anm. 57). Lässt man diesen grundlegenden Einwand einmal beiseite, so ist zweitens zu bedenken, dass über § 8b Abs. 3 Satz 1 KStG die Steuerbefreiung nach § 8b Abs. 2 KStG ja auf eine 95 %ige Freistellung reduziert wird, so dass unter diesem Gesichtspunkt auch nur insoweit eine Herausnahme der in diesen Anteilen enthaltenen stillen Reserven aus den stillen Reserven i. S. v. § 8c Abs. 1 Satz 6 KStG gerechtfertigt erscheint (so BIEN/WAGNER, BB 2009, 2627, 2631; a.A. DÖTSCH in DPM, § 8c KStG Tz. 76n; BMF-Entwurfsschreiben Tz. 52).

§ 8b Abs. 7, 8 KStG; § 22 Abs. 1 UmwStG

Unstreitig ist hingegen, dass stille Reserven in Anteilen an Kapitalgesellschaften bei der Ermittlung der stillen Reserven i. S. v. § 8c Abs. 1 Satz 7 KStG mitzählen, wenn für die diese Anteile haltende Kapitalgesellschaft die Steuerfreistellung nach § 8b Abs. 2 KStG wegen § 8b Abs. 7 bzw. Abs. 8 KStG keine Anwendung findet (vgl. DÖTSCH in DPM, § 8c KStG Tz. 76n; BMF-Entwurfsschreiben Tz. 53). Warum Selbiges nicht auch für sperrfristbehaftete Anteile i. S. d. § 22 Abs. 1 UmwStG gelten soll, deren Veräußerung innerhalb der Sperrfrist zur Auslösung eines Einbringungsgewinns I führen kann (siehe hierzu F II 2.5.3.1), überzeugt indes nicht (so aber DÖTSCH in DPM, § 8c KStG Tz. 76n; BMF-Entwurfsschreiben Tz. 52), handelt es sich hierbei doch um während der Sperrfrist steuerpflichtige stille Reserven (vgl. RITZER/STANGL, DStR 2014, 977, 985). Dass diese ausweislich der Systematik von § 22 Abs. 1 UmwStG Jahr für Jahr um ein Siebtel abschmelzen, steht dem u. E. nicht entgegen.

DBA-Freistellung

Stille Reserven in einer ausländischen Betriebstätte einer im Inland unbeschränkt steuerpflichtigen Kapitalgesellschaft sind aus der Summe der stillen Reserven i. S. v. § 8c Abs. 1 Satz 7 KStG auszuscheiden, wenn der Gewinn aus der Veräußerung der der ausländischen Betriebstätte zugerechneten Wirtschaftsgüter über ein Freistellungs-DBA im Inland nicht der Besteuerung unterliegt. Im Umkehrschluss ergibt sich, dass stille Reserven, die von einem Anrechnungs-DBA bzw. § 34c EStG erfasst werden, den Betrag der stillen Reserven i. S. v. § 8c Abs. 1 Satz 6 KStG nicht vermindern, da sie im Inland steuerpflichtig sind (vgl. NEUMANN, GmbHR 2014, 673, 681).

BEISPIEL 129

Die V-GmbH verfügt über ein steuerbilanzielles Eigenkapital von 200 sowie über nicht genutzte Verluste von 300. X erwirbt einen Anteil von 30 % an der V-GmbH für 120, alternativ einen Anteil von 60 % für 240. Die V-GmbH verfügt über eine in einem Staat, mit dem ein Freistellungs-DBA besteht, belegene Betriebstätte, deren Wirtschaftsgüter stille Reserven i. H. v. 10 enthalten.

Im Grundfall werden infolge des Anteilserwerbs von 30 % quotal entsprechend 30 % der nicht genutzten Verluste, mithin $0,3 \times 300 = 90$, als nicht abziehbar gemäß § 8c Abs. 1 Satz 1 KStG qualifiziert. Für die Verschonungsregelung des § 8c Abs. 1 Satz 6 KStG ist nunmehr das anteilige steuerbilanzielle Eigenkapital ($0,3 \times 200 = 60$) dem gemeinen Wert der übertragenen Anteile (120) gegenüberzustellen, woraus sich ein Wert von -60 ergibt. Diese 60 stellen die auf diese Anteile entfallenden stillen Reserven dar. Nunmehr sind aus diesen stillen Reserven noch mit gleicher Quote die im Inland steuerfreien stillen Reserven zu eliminieren, folglich $0,3 \times 10 = 3$, so dass schlussendlich im Inland steuerpflichtige stille Reserven i. H. v. 57 verbleiben. Der ursprünglich nicht abziehbare Verlust von 90 reduziert sich um diesen Wert auf einen Betrag von 33. Diese 33 sind nun der infolge des Anteilserwerbs tatsächlich untergehende Verlust, während die 57 der Nichtabziehbarkeit entgehen.

In der Abwandlung wird zunächst infolge des Anteilserwerbs von 60 % der gesamte nicht genutzte Verlust als nicht abziehbar eingeordnet. Gemäß § 8c Abs. 1 Satz 6 KStG ist nunmehr das gesamte Eigenkapital (200) mit dem gemeinen Wert aller Anteile zu vergleichen. Da lediglich der Kaufpreis für 60 % der Anteile bekannt ist (240), wird man diesen hochrechnen und folglich für 100 % der Anteile zu einem Wert von 400 gelangen. Die Höhe der stillen Reserven beträgt daraufhin 200, wovon noch die im Inland steuerfreien stillen Reserven (10) abzuziehen sind, so dass ein Wert von 190 verbleibt. Von dem nicht abziehbaren Verlust gelten daraufhin wieder 190 als abziehbar, während 110 nicht abziehbar bleiben und damit steuerlich ungenutzt verfallen. ◀

Besteht ein Organschaftsverhältnis, so sprechen gute Gründe dafür, die in den Wirtschaftsgütern der Organgesellschaft befindlichen stillen Reserven innerhalb der Ermittlung der stillen Reserven i. S. v. § 8c Abs. 1 Satz 7 KStG des Organträgers zu berücksichtigen (vgl. etwa SCHNITGER/ROMETZKI, Ubg 2013, 1, 3 f.; EISGRUBER/SCHADEN, Ubg 2010, 73, 84; a. A. Dötsch in DPM, § 8c KStG Tz. 76m). Dies fußt auf der Überlegung, dass, wenn man vororganschaftliche Verluste einmal ausklammert, auf Ebene der Organgesellschaft während des Bestehens der Organschaft infolge des Gewinnabführungsvertrages keine Verlustvorträge entstehen können, so dass insoweit die auf Ebene der Organgesellschaft vorhandenen stillen Reserven zu einer Rettung von Verlusten der Organgesellschaft nicht benötigt werden. Da nun aber die Verluste der Organgesellschaft im Wege der Verlustübernahme auf die Ebene des Organträgers transferiert worden sind, wäre es angezeigt, auf dessen Ebene die bei der Organgesellschaft vorhandenen stillen Reserven zu berücksichtigen. Dem könnte man nun auf den ersten Blick entgegenhalten, dass sich idealtypisch die bei der Organgesellschaft vorhandenen stillen Reserven in den Anteilen des Organträgers an der Organgesellschaft widerspiegeln müssten, so dass insoweit auch beim Organträger ein entsprechendes Verlustrettungspotential vorhanden sei. Diesem Einwand steht allerdings entgegen, dass die in diesen Anteilen enthaltenen stillen Reserven wegen ihrer über § 8b Abs. 2 KStG grundsätzlich bestehenden Steuerfreiheit bei der Bemessung der stillen Reserven i. S. v. § 8c Abs. 1

Berücksichtigung stiller Reserven der OG beim OT?

Satz 7 KStG gerade nicht zu berücksichtigen sind. Im Ergebnis ist daher festzuhalten, dass durch die Systematik der Organschaftsbesteuerung einerseits und die Ermittlungssystematik der stillen Reserven gemäß § 8c Abs. 1 Satz 7 KStG andererseits eine Ebenentrennung von Verlusten und stillen Reserven innerhalb der Organschaft erfolgt, die letztlich dazu führt, dass die Steuerpflichtigen das tun müssen, was durch die Stille-Reserven-Regel eigentlich verhindert werden sollte: Die Organgesellschaft muss ihre stillen Reserven vor dem Anteilseignerwechsel auf Ebene des Organträgers realisieren, um sodann über die Gewinnzurechnung zum Organträger dessen bis dato nicht genutzte Verluste steuerlich zu verwerten. Die Finanzverwaltung vertritt gleichwohl die Auffassung, dass stille Reserven im Betriebsvermögen der Organgesellschaft beim Organträger nicht zu berücksichtigen seien (BMF-Entwurfsschreiben Tz. 61; zustimmend NEUMANN, GmbHR 2014, 673, 681), die h.M. beurteilt dies indes anders (vgl. SCHNEIDER/SOMMER, FR 2014, 537, 543 f.; RITZER/STANGL, DStR 2014, 977, 985 f.; ADRIAN/WEILER, BB 2014, 1303, 1311).

5.3.2.2 Sonderregelung bei negativem Eigenkapital (§ 8c Abs. 1 Satz 8 KStG)

Gemeiner Wert des BV als Vergleichsgröße

Für den Fall, dass das Eigenkapital der Kapitalgesellschaft negativ sein sollte, hält § 8c Abs. 1 Satz 8 KStG eine eigenständige Regelung zur Ermittlung der stillen Reserven bereit, welche im Unterschied zu Satz 7 die jeweilige Eigenkapitalziffer nicht mehr dem gemeinen Wert der Anteile, sondern vielmehr dem auf dieses Eigenkapital entfallenden gemeinen Wert des Betriebsvermögens gegenüberstellt.

Sinn und Zweck dieser Regelung ist es, zu verhindern, dass es letztlich durch die Stille-Reserven-Klausel zu einer Ermöglichung des Mantelkaufs in den Fällen kommt, in denen das Eigenkapital der Kapitalgesellschaft, deren Anteile erworben werden, negativ ist. Wendete man in diesen Fällen die grundsätzliche Rechenvorschrift zur Ermittlung der stillen Reserven des § 8c Abs. 1 Satz 7 KStG an, so wären beispielsweise bei einem Kaufpreis der Anteile i.H.v. 0 € stets stille Reserven i.H.d. negativen (anteiligen) Eigenkapitals das Resultat und in dieser Höhe blieben etwaige nicht genutzte Verluste abziehbar. Zur Verdeutlichung diene das nachfolgende

BEISPIEL 130

(in Anlehnung an SUCHANEK/JANSEN, GmbHR 2011, 174, 176)
Die verlustbehaftete V-GmbH weist ein Stammkapital von 100.000 €, eine Verbindlichkeit gegenüber ihrem einzigen Gesellschafter V von 100.000 € und einen bilanziellen Verlustvortrag von 200.000 € auf, so dass ihr steuerbilanzielles Eigenkapital ./. 100.000 € beträgt. Zugleich verfügt sie über nicht genutzte Verluste i.S.v. § 8c KStG i.H.v. 200.000 €. V hält die Anteile in seinem Privatvermögen. Erhält der Erwerber E nun die Anteile an der V-GmbH für 0 € und die aus Sicht des V wertlose Forderung gegenüber der V-GmbH für 1 € übertragen, so ergäbe sich ohne die Sonderregelung des § 8c Abs. 1 Satz 8 KStG Folgendes:
Gemäß § 8c Abs. 1 Satz 7 KStG ermitteln sich die stillen Reserven als Unterschiedsbetrag zwischen dem Eigenkapital (./. 100.000 €) und dem gemeinen Wert der Anteile, hier aus dem Kaufpreis abgeleitet (0 €), so dass die Existenz stiller Reserven i.H.v. 100.000 € anzunehmen ist. Folglich gehen nicht die gesamten nicht genutzten Verluste nach § 8c Abs. 1 Satz 2 KStG unter, sondern 100.000 € bleiben über die Verschonungsregelung erhalten. ◀|

Ob die vorstehende Gestaltung bei Einbeziehung aller Steuereffekte tatsächlich lohnt, kann hier dahinstehen (vgl. hierzu DÖTSCH in DPM, § 8c KStG Tz. 76i;

SUCHANEK/JANSEN, GmbHR 2011, 174, 176 f.; EISGRUBER/SCHADEN, Ubg 2010, 73, 76). Zumindest der Gesetzgeber schien davon überzeugt und hat sich für diese Fallkonstellation die Rechenregel des § 8c Abs. 1 Satz 8 KStG ausgedacht, wonach beim Erwerb von Anteilen an einer Kapitalgesellschaft mit negativem Eigenkapital nicht mehr der gemeine Wert der Anteile, sondern vielmehr der gemeine Wert des Betriebsvermögens der Kapitalgesellschaft als Vergleichsgröße fungiert. Im vorliegenden Fall ergibt sich daraufhin Folgendes:

BEISPIEL 131

Gemäß § 8c Abs. 1 Satz 8 KStG ermitteln sich die stillen Reserven als Unterschiedsbetrag zwischen dem Eigenkapital (./. 100.000 €) und dem gemeinen Wert des Betriebsvermögens, welcher hier auf den ersten Blick dem Wert des negativen Eigenkapitals entspricht, folglich ebenfalls ./. 100.000 € beträgt (kritisch SUCHANEK/JANSEN, GmbHR 2011, 174, 177). Der Unterschiedsbetrag ergibt sich daher wie folgt: ./. 100.000 € ./. (./. 100.000 €) = 0 €. Danach sind keine stillen Reserven vorhanden und die nicht genutzten Verluste der V-GmbH gehen gemäß § 8c Abs. 1 Satz 2 KStG vollständig verloren. ◀|

Abschließend sei noch überlegt, ob ein klassischer Mantelkauf nicht auch bereits bei einem Eigenkapital von 0 € Platz greifen kann, da für diese Konstellation ja nicht die Sonderregelung des § 8c Abs. 1 Satz 8 KStG, sondern vielmehr unverändert die Grundregel des § 8c Abs. 1 Satz 7 KStG gilt. Hierzu muss man sich zunächst noch einmal vergegenwärtigen, dass für einen gedachten Erwerber aller Anteile die nicht genutzten Verluste der Kapitalgesellschaft vor einer Anwendung von § 8c KStG werthaltig sind, da sie eine spätere idealtypische Steuerersparnis i. H. v. 30 % dieses Betrages ermöglichen. Der potentielle Erwerber wäre also durchaus bereit, für die Gesamtheit der Anteile an einer vermögenslosen Kapitalgesellschaft mit nicht genutzten Verlusten einen Grenzpreis in Höhe dieser zu erwartenden Steuerersparnis zu entrichten. Dies hätte zur Folge, dass zunächst über § 8c Abs. 1 Satz 2 KStG die nicht genutzten Verluste vollständig als nicht abziehbar eingestuft würden. Da sich allerdings nach der Regelung zur Ermittlung der stillen Reserven in § 8c Abs. 1 Satz 7 KStG in diesem Fall durch den Vergleich der Eigenkapitalziffer (Null) mit dem Kaufpreis stille Reserven i. H. d. Kaufpreises ergäben, bliebe der Verlust i. H. d. Kaufpreises erhalten. Jedoch reduzierte sich damit auch die spätere idealtypische Steuerersparnis auf eben 30 % des dergestalt verminderten Betrags der nicht genutzten Verluste, woraufhin sich im Gleichschritt der Kaufpreis verminderte, den der potentielle Erwerber zu entrichten bereit wäre. Denkt man diese Abwärtsspirale zu Ende, so zeigt sich, dass bei einem Eigenkapital von Null die nicht genutzten Verluste für einen gedachten Erwerber über § 8c Abs. 1 Satz 1 bzw. 2 KStG vollständig entwertet werden und auch wertlos bleiben, weil sie über die Regelung des § 8c Abs. 1 Satz 6 KStG nicht vor dem Untergang bewahrt werden können (ebenso WAGNER, DB 2010, 2751, 2753).

Eigenkapital von Null

BEISPIEL 132

Die verlustbehaftete V-GmbH weist ein Stammkapital von 100.000 € und einen bilanziellen Verlustvortrag von ebenfalls 100.000 € auf, so dass ihr steuerbilanzielles Eigenkapital 0 € beträgt. Zugleich verfügt sie über nicht genutzte Verluste i. S. v. § 8c KStG i. H. v. 100.000 €. Zahlt der Erwerber E nun 30.000 € für alle Anteile an der V-GmbH, so ergibt sich aus dem Zusammenspiel von § 8c Abs. 1 Satz 2 und Satz 6 f. KStG Folgendes:

Es bestehen betragsmäßig stille Reserven i. H. v. von 30.000 € (= Eigenkapital von 0 € ./. gemeiner Wert der Anteile 30.000 €), woraufhin von dem nach § 8c Abs. 1 Satz 2 KStG als nicht abziehbar beurteilten Verlust von 100.000 € ein Betrag von 30.000 € wieder abziehbar wird. Für diese nicht genutzten Verluste bietet E nun aber nicht mehr 30.000 €, sondern nur noch 30 % von 30.000 € = 9.000 € und das Spiel beginnt von Neuem: Nach der nächsten Runde bleiben nur noch nicht genutzte Verluste von 9.000 € und E reduziert sein Kaufpreisangebot auf 30 % von 9.000 €. Nach einigen weiteren Runden bietet E schließlich nichts mehr. ◀|

5.3.2.3 Keine Berücksichtigung rückwirkender Betriebsvermögens- zuführungen

Gemäß § 8c Abs. 1 Satz 9 KStG ist bei der Ermittlung der stillen Reserven nur das Betriebsvermögen zu berücksichtigen, welches der Kapitalgesellschaft ohne steuerrechtliche Rückwirkung, insbesondere ohne Anwendung von § 2 Abs. 1 UmwStG, zuzurechnen ist. Dies bedeutet, dass für die Anwendung der Regelungen des § 8c Abs. 1 Satz 7 bzw. 8 KStG das im Zeitpunkt des Anteilserwerbs tatsächlich vorhandene Betriebsvermögen nicht durch nach diesem Zeitpunkt stattfindende Umwandlungsvorgänge erhöht werden kann.

BEISPIEL 133

(in Anlehnung an SUCHANEK in HHR, § 8c KStG Anm. 69)
Die V-GmbH verfügt über nicht genutzte Verluste i. H. v. 200 sowie ein negatives Eigenkapital von -100. Stille Reserven sind nicht vorhanden. Am 01.04.2011 werden infolge eines schädlichen Anteilserwerbs die Verluste von 200 gemäß § 8c Abs. 1 Satz 2 KStG als nicht abziehbar qualifiziert. Alleiniger Anteilseigner der V-GmbH sowie der nebenher bestehenden Z-GmbH ist die M-AG. Die Z-GmbH verfügt über stille Reserven von 200 und ein steuerbilanzielles Eigenkapital von 50. Die M-AG beschließt die Z-GmbH auf die V-GmbH rückwirkend zum 31.12.2010 unter Wahl des Buchwertansatzes zu verschmelzen.
Würde man, entgegen § 8c Abs. 1 Satz 9 KStG, die Auswirkungen der Verschmelzung auf das Betriebsvermögen der V-GmbH bei der Anwendung von § 8c Abs. 1 Satz 8 KStG berücksichtigen, so ermittelten sich die stillen Reserven wie folgt: Die Eigenkapitalziffer würde um Wert des Eigenkapitals der Z-GmbH von ./. 100 um 50 auf ./. 50 ansteigen, während sich der gemeine Wert des Betriebsvermögens von ./. 100 um 250 auf 150 erhöhen würde, so dass stille Reserven von ./. 50 ./. 150 = ./. 200 errechnet würden. Zur Erinnerung: Infolge der Unterschiedsbetrachtung steht ein negativer Betrag für das Vorhandensein stiller Reserven. Durch den Transfer stiller Reserven im Wege der rückwirkenden Verschmelzung wäre es folglich gelungen, den Verlustuntergang über § 8c Abs. 1 Satz 6 KStG wegen entsprechend vorhandener stiller Reserven zu vermeiden. § 8c Abs. 1 Satz 9 KStG schiebt dem einen Riegel vor, indem das durch die Verschmelzung übergegangene Betriebsvermögen nicht zu berücksichtigen ist. Folglich bleibt es bei dem ursprünglichen Untergang der nicht genutzten Verluste. ◀|

5.4 Geltung auch für Gewerbeverlust und Zinsvortrag

5.4.1 Auswirkungen auf den gewerbesteuerlichen Fehlbetrag

Auswirkungen auf den gewerbesteuerlichen Fehlbetrag bei ...

Die für den Bereich der Körperschaftsteuer statuierte Beschränkung der Verlustberücksichtigung wirkt sich auch gewerbesteuerlich aus. Dabei ist es naheliegend, dass es zum Untergang eines gewerbesteuerlichen Fehlbetrags bei der betreffenden Kapitalgesellschaft selbst kommen kann. Etwas überraschend ergeben sich jedoch auch Auswirkungen auf den Fehlbetrag einer Personengesellschaft, an welcher die betreffende Kapitalgesellschaft beteiligt ist:

Gemäß § 10a Satz 10 HS 1 GewStG ist § 8c KStG auf die gewerbesteuerlichen Fehlbeträge einer Kapitalgesellschaft entsprechend anzuwenden. Folglich verliert im Fall eines steuerschädlichen Anteilserwerbs die betreffende Kapitalgesellschaft nicht nur (quotal) ihren körperschaftsteuerlich noch nicht genutzten Verlust, sondern (quotal) ebenso ihren etwaig bestehenden gewerbesteuerlichen Fehlbetrag.

... Kapitalgesell-
schaften und ...

Gemäß § 10a Satz 10 HS 2 GewStG gilt dies zudem für den Fehlbetrag einer Mitunternehmerschaft, soweit dieser einer Kapitalgesellschaft unmittelbar oder mittelbar über eine oder mehrere Personengesellschaften zuzurechnen ist. Letzteres soll verhindern, dass eine Kapitalgesellschaft ihren gewerbesteuerlichen Fehlbetrag durch Einbringung ihres Betriebs nach § 24 UmwStG in eine Personengesellschaft auf diese verlagert und damit von einem etwaigen Anteilseignerwechsel auf Ebene der Kapitalgesellschaft abschottet (vgl. hierzu HOFFMANN, DStR 2009, 257). Nach Auffassung der Finanzverwaltung (FinMin Nordrhein-Westfalen v. 27.01.2012, DStR 2012, 908; zu Recht kritisch SUCHANEK, FR 2012, 296) soll ein solcher Übergang des gewerbesteuerlichen Fehlbetrags bei Einbringungen durch eine Kapitalgesellschaft zwar nicht mehr möglich sein, allerdings gilt die Vorschrift des § 10a Satz 10 HS 2 GewStG ja grundsätzlich und ist nicht an das Vorliegen einer vorherigen Gestaltung im vorstehenden Sinne geknüpft (vgl. WARNKE, EStB 2009, 65, 70; ausführlich mit Beispielen SCHÖNEBORN, NWB 2011, 366).

... diesen nach-
geordneten Per-
sonengesellschaften

BEISPIEL 134

An der X-GmbH & Co. KG sind X und die X-GmbH jeweils hälftig beteiligt. Alleiniger Gesellschafter der X-GmbH ist X. Die X-GmbH & Co. KG verfügt über einen gewerbesteuerlichen Verlustvortrag i.H.v. 100, die X-GmbH selbst über einen solchen von 200. X veräußert 30 % seines GmbH-Anteils an Z.

Gemäß § 10a Satz 10 HS 1 GewStG gehen auf Ebene der X-GmbH 30 % ihres gewerbesteuerlichen Verlustvortrags verloren. Zugleich verliert gemäß § 10a Satz 10 HS 2 GewStG die X-GmbH & Co. KG ihren gewerbesteuerlichen Verlustvortrag hier nach Maßgabe des § 8c Abs. 1 Satz 1 KStG insoweit, als dieser der X-GmbH zuzurechnen ist. Da die X-GmbH zu 50 % an der KG beteiligt ist und Z 30 % des GmbH-Anteils von X erworben hat, geht der gewerbesteuerliche Verlustvortrag der KG i.H.v. $100 \times 0{,}5 \times 0{,}3 = 15$ unter. ◀|

5.4.2 Auswirkungen auf den Zinsvortrag

Gemäß § 8a Abs. 1 Satz 3 KStG gilt § 8c KStG für einen etwaigen Zinsvortrag nach § 4h Abs. 1 Satz 2 EStG entsprechend. Kommt es mithin zu einem (quotalen) Verlustuntergang gemäß § 8c KStG, so ist ein zu diesem Zeitpunkt bestehender Zinsvortrag der Kapitalgesellschaft insoweit ebenfalls nicht mehr nutzbar.

§ 8c KStG zerstört
auch Zinsvortrag

Ist nun ein Fall gegeben, in welchem die Stille-Reserven-Regel des § 8c Abs. 1 Satz 6 KStG eingreift und die nicht genutzten Verluste vor dem Untergang bewahrt, so würde man vermuten, dass damit zugleich der ebenfalls vom Untergang bedrohte Zinsvortrag gerettet sei. Indes hat der Gesetzgeber die wohltuenden Auswirkungen der Stille-Reserven-Regel insoweit eingeschränkt, als die nach § 8c Abs. 1 Satz 7 KStG errechneten stillen Reserven für die Rettung des Zinsvortrags nur zu berücksichtigen sind, soweit sie die nach § 8c Abs. 1 Satz 6 KStG wieder abziehbar gewordenen Verluste übersteigen. Dies bedeutet, dass stille Reserven vorrangig den nicht genutzten Verlusten zuzuordnen sind und erst nachrangig einem Zinsvortrag (vgl.

Auswirkungen
der Stille-Reserven-
Regel

PRINZ in HHR, § 8a KStG Anm. 14). So recht einleuchten vermag diese Stufenlösung des Gesetzgebers allerdings nicht, vermögen die aus einer gedachten Realisierung der stillen Reserven erzielten Gewinne doch sowohl eine Nutzung der bisher nicht genutzten Verluste als auch zugleich eine Erhöhung des EBITDA zu bewirken, welches sodann zur Nutzung des Zinsvortrags taugen würde. Bezüglich des Erhalts des Zinsvortrags aus der gedachten Erhöhung des EBITDA infolge des Vorhandenseins stiller Reserven wäre einschränkend hinzuzufügen, dass dies eigentlich nur i.H.v. 30% der stillen Reserven zulässig sein müsste, da bei tatsächlicher Realisierung der stillen Reserven auch nur i.H.v. 30% des dadurch erhöhten EBITDA Zinsabzugspotential generiert würde. Verwirrend ist zudem, dass in § 8a Abs. 1 Satz 3 KStG nur auf die nach § 8c Abs. 1 Satz 7 KStG, nicht aber auf die nach § 8c Abs. 1 Satz 8 KStG ermittelten stillen Reserven Bezug genommen wird (zu möglichen Schlussfolgerungen WAGNER, DB 2010, 2751, 2756).

Nachgeordnete Personengesellschaft

Gemäß § 4h Abs. 5 Satz 3 EStG ist § 8c KStG auf den Zinsvortrag einer Personengesellschaft entsprechend anzuwenden, soweit an dieser unmittelbar oder mittelbar eine Kapitalgesellschaft als Mitunternehmer beteiligt ist. Diese Regelung basiert auf der verfehlten Auffassung des Gesetzgebers, eine Kapitalgesellschaft könne im Wege der Einbringung nach § 24 UmwStG Zinsvorträge auf eine Personengesellschaft verlagern und damit von einem auf Ebene der Kapitalgesellschaft erfolgenden Anteilseignerwechsel abschotten. Wie dies gelingen sollte, ist allerdings rätselhaft, da gemäß § 24 Abs. 6 i.V.m. § 20 Abs. 9 UmwStG bei derlei Einbringungen der Zinsvortrag nicht auf die aufnehmende Mitunternehmerschaft übergeht, sondern im Grundsatz untergeht (vgl. SUCHANEK, Ubg 2009, 178).

Einschränkung der Stille-Reserven-Regel fehlt

Verwirrend ist auch, dass sich in § 4h Abs. 5 Satz 3 EStG keine § 8a Abs. 1 Satz 3 KStG entsprechende Anordnung zu einer einschränkenden Anwendung der Stille-Reserven-Regel findet, wonach durch die stillen Reserven zunächst die nicht genutzten Verluste und erst dann der Zinsvortrag gerettet werden soll (vgl. WAGNER, DB 2010, 2751, 2756). Warum allerdings stille Reserven auf Ebene der an der Personengesellschaft beteiligten Kapitalgesellschaft überhaupt zur Rettung eines vom Untergang bedrohten Zinsvortrags der Personengesellschaft taugen sollen, erscheint ohnehin kaum nachvollziehbar, was gleichwohl insoweit nicht verwundert, als die Zerstörung des Zinsvortrags der Personengesellschaft durch einen Anteilseignerwechsel auf Ebene der beteiligten Kapitalgesellschaft ebenso wenig einleuchtet.

Keine Auswirkungen auf EBITDA-Vortrag

Da sich weder in § 8a Abs. 1 Satz 3 KStG noch in § 4h Abs. 5 Satz 3 EStG ein Verweis darauf findet, dass § 8c KStG auch auf einen EBITDA-Vortrag entsprechend anwendbar sei, bleiben sowohl der EBITDA-Vortrag der Kapitalgesellschaft selbst als auch ein EBITDA-Vortrag einer ihr nachgeordneten Personengesellschaft durch § 8c KStG unbeeinträchtigt (vgl. HICK in HHR, § 4h EStG Anm. 117; PRINZ in HHR, § 8a KStG Anm. 15).

6 Steuersystematische Beurteilung von § 8c KStG

6.1 Allgemeine Verlustvernichtungsregelung oder Missbrauchsnorm?

Im Unterschied zu § 8 Abs. 4 KStG a. F. war § 8c KStG in seiner ursprünglichen Fassung nicht als Missbrauchsabwehrregelung, sondern vielmehr als eine allgemeine Regelung zu charakterisieren, welche für Kapitalgesellschaften und vergleichbare Rechtssubjekte zu einer über § 10d EStG hinausgehenden Einschränkung der Verlustberücksichtigung führte (vgl. RÖDDER, Beihefter zu DStR 2007, Heft 40, 12; differenzierend VAN LISHAUT, FR 2008, 789). Während die in § 8 Abs. 4 KStG a. F. formulierten Tatbestandsvoraussetzungen durchaus als idealtypische Kriterien eines Mantelkaufs verstanden werden konnten, war dies für § 8c KStG angesichts der tatbestandlichen Reduzierung auf das Vorliegen eines qualifizierten Anteilseignerwechsels nicht der Fall. Gleichwohl bemühte der Gesetzgeber zur Rechtfertigung von § 8c KStG das altbekannte Argumentationsmuster, wonach es ein Wechsel der wirtschaftlichen Identität rechtfertige, die in früherer Zeit erwirtschafteten Verluste als nicht abziehbar zu qualifizieren, soweit ihr Abzug steuerlich dem neuen wirtschaftlichen Engagement zugutekommen würde. Allerdings war der Gesetzgeber der nicht überzeugenden Auffassung, dass ein derartiger steuerschädlicher Wechsel der wirtschaftlichen Identität bereits durch das wirtschaftliche Engagement eines anderen Anteilseigners oder Anteilseignerkreises bewirkt werde (vgl. BT-Drs. 16/4841, 76). Im Ergebnis hatte der Gesetzgeber mit der Erstfassung von § 8c KStG eine Vorschrift kreiert, welche zu Recht als reine »Verlustvernichtungsvorschrift« charakterisiert wurde (so BREUNINGER/SCHADE, Ubg 2008, 261) und sich dem Vorwurf ausgesetzt sah, in erster Linie fiskalisch motiviert zu sein (vgl. ERNST, IFSt-Schrift Nr. 470, 2011, 105).

§ 8c KStG ursprünglich keine Missbrauchsabwehrregelung

Ob sich an dieser Beurteilung des Charakters von § 8c KStG nach Einführung der Konzernklausel, der Stille-Reserven-Regel sowie der Sanierungsklausel, welche den Anwendungsbereich bzw. die Tragweite der Regelung begrenzen, etwas geändert hat, ist umstritten:

Nunmehr ggf. gewandelter Charakter

So wird einerseits § 8c KStG nach wie vor eine überschießende Wirkung attestiert, insbesondere weil die Sanierungsklausel des § 8c Abs. 1a KStG wegen gemeinschaftsrechtlicher Bedenken der EU-Kommission (derzeit) nicht zur Anwendung kommt (vgl. ERNST, IFSt-Schrift Nr. 470, 2011, 65). Deutlich erkennbar wird diese zu weite Ausrichtung der Norm, wenn man sich etwa einen außerhalb des Konzerns stehenden Investor vorstellt, der sich mit dem Ziel der Unternehmenssanierung an einer verlustbehafteten, über keinerlei stille Reserven verfügenden Kapitalgesellschaft beteiligt. Da in diesem Fall weder die Konzernklausel noch die Stille-Reserven-Regel eingreift, gehen mit krisenverschärfender Wirkung die nicht genutzten Verluste der betreffenden Kapitalgesellschaft verloren, obwohl ein von Missbrauchsabsicht getragener Erwerb der Anteile schlechterdings nicht zu erkennen ist. Sollte es bei der Nichtanwendbarkeit der Sanierungsklausel bleiben, so wird sich der Gesetzgeber fragen müssen, ob ein derart krisenverschärfendes Steuerrecht tatsächlich gewollt ist.

Einerseits überschießende Wirkung, ...

Nach a.A. handelt es sich bei § 8c KStG nach Einführung der Konzernklausel sowie der Regelung über den Erhalt der Verluste bei Existenz stiller Reserven wieder um eine spezialgesetzliche Missbrauchsvorschrift, weil beide Regelungen sicher-

... andererseits durch Ausnahmeregelungen gefundene Systematik

stellten, dass es nicht mehr zu einer ungerechtfertigten Nutzung der nicht genutzten Verluste komme könne (so SUCHANEK in HHR, § 8c KStG Anm. 3). Nach EISGRU-BER/SCHADEN (Ubg 2010, 73, 76 f.) lasse die Kombination des Grundtatbestands mit den beiden Ausnahmeregelungen in ihrer Gesamtwirkung eine Gesetzessyste-matik entstehen, die einen neuen Telos des § 8c KStG begründe: Sinn und Zweck der Regelung sei es folglich, einen Verlustuntergang in den Fällen zu bewirken, in denen die ungenutzten Verluste durch die Anteilsübertragung einen wirtschaftlichen Wert erlangten, der ihnen ohne die Übertragung nicht beizumessen wäre.

Verstoß gegen Trennungsprinzip

Unabhängig davon, welchen Charakter man § 8c KStG beimisst, sieht sich § 8c KStG dem Vorwurf eines Verstoßes gegen das die Besteuerung der Kapitalgesell-schaften prägende Trennungsprinzip ausgesetzt. Dabei folgt aus der eigenen Steuer-rechtssubjektivität der Kapitalgesellschaft, dass eine Zurechnung der von der Gesell-schaft erzielten Verluste auf die Gesellschafter nicht erfolgt, sondern sich diese Verluste nur auf Ebene der Gesellschaft selbst auswirken. § 8c KStG verstößt nun gegen diesen Grundsatz insoweit, als die Frage, ob die Kapitalgesellschaft ihre Verluste berücksichtigen darf, in Abhängigkeit von der Veränderung ihres Gesell-schafterbestands beantwortet wird (vgl. HEY in Tipke/Lang, 2013, § 11 Rz. 58 ff.). Folglich werden bezüglich dieser Fragestellung die Verluste gedanklich den einzel-nen Anteilen zugerechnet; für die tatsächliche Berücksichtigung bzw. Nichtberück-sichtigung der Verluste kehrt man sodann allerdings – nunmehr wieder dem Tren-nungsprinzip folgend – auf die Ebene der Kapitalgesellschaft zurück. Allein dieses Hin- und Herspringen zwischen den Besteuerungsebenen erweist sich in steuer-systematischer Hinsicht als kritikwürdig. Wie am Beispiel der mehrmaligen Über-tragung des nämlichen Anteils gezeigt wurde, vermag der Gesetzgeber jedoch nicht einmal seinen bewusst (vgl. VAN LISHAUT, FR 2008, 789, 790) mit § 8c KStG begangenen Systembruch innerhalb der Regelung selbst durchzuhalten und steigert die steuerlichen Rechtsfolgen damit ins Absurde (siehe hierzu G III 5.2).

Verstoß gegen ob-jektives Nettoprin-zip und Leistungs-fähigkeitsprinzip

Sowohl der Verlustausgleich als auch der Verlustabzug sind Ausprägungen des objektiven Nettoprinzips, wonach es steuersystematisch geboten ist, dass Verluste – früher oder später – die steuerliche Bemessungsgrundlage vermindern (vgl. HEY in Tipke/Lang, 2013, § 8 Rz. 60 ff.). Wird nun der Kapitalgesellschaft mit § 8c KStG die Berücksichtigung *ihrer* Verluste untersagt, so unterstellt der Gesetzgeber damit eine alleinig durch einen schlichten Wechsel ihrer Anteilseigner bewirkte Zunahme der wirtschaftlichen Leistungsfähigkeit der Kapitalgesellschaft, welche realiter nicht vorliegt. Es ist mithin zu konstatieren, dass § 8c KStG gegen das objektive Netto-prinzip und damit gegen das Prinzip der Besteuerung nach der wirtschaftlichen Leistungsfähigkeit verstößt (vgl. ZERWAS/FRÖHLICH, DStR 2007, 1933, 1935 f.; RÖDDER in Rödder/Möhlenbrock, Ubg 2008, 595).

6.2 Konträre FG-Rechtsprechung zur Frage der Verfassungswidrigkeit

Urfassung ist nach Auffassung des FG Hamburg verfas-sungswidrig

Das FG Hamburg (v. 04.04.2011, EFG 2011, 1460) hat § 8c KStG in der Fassung vor Einführung von Konzernklausel, Stille-Reserven-Regel und Sanierungsklausel für den Fall einer nicht mehr als 50 % betragenden Erwerbsquote als verfassungs-widrig beurteilt und diese Frage dem BVerfG zur Entscheidung vorgelegt (Az. BVerfG: 2 BvL 6/11). Nach Auffassung des FG sei § 8c KStG mit dem allgemeinen

Gleichheitsgrundsatz des Art 3 Abs. 1 GG nicht vereinbar, da die Regelung Kapital-gesellschaften mit Anteilseignerwechsel gegenüber solchen ohne Anteilseignerwech-sel benachteilige. Zwar sei es dem Gesetzgeber gestattet, den Verlustabzug grund-sätzlich zu beschränken, allerdings dürfe er dabei nicht ohne sachliche Rechtfer-tigungsgründe von seiner einmal getroffenen Belastungsentscheidung abweichen. Diese sei bei Kapitalgesellschaften durch das Trennungsprinzip und die Erfassung einer originären Leistungsfähigkeit der Kapitalgesellschaft geprägt; sachliche Recht-fertigungsgründe durch § 8c KStG davon abzuweichen, seien indes nicht erkennbar. Im Anschluss daran hat das FG Münster (v. 01.08.2011, DStR 2011, 1507) in einem AdV–Verfahren ernsthafte Zweifel an der Verfassungsmäßigkeit von § 8c KStG auch für den Fall einer über 50 % liegenden Erwerbsquote geäußert.

Demgegenüber ist das FG Sachsen (v. 16.03.2011, EFG 2011, 1457, nrk., Rev. eingelegt: Az. BFH I R 31/11, ausgesetzt bis zur Entscheidung des BVerfG in dem Verfahren 2 BvL 6/11) in einem erstaunlich knapp begründeten Urteil zu der Auf-fassung gelangt, § 8c KStG sei im Hinblick auf den weiten Gestaltungsspielraum des Gesetzgebers und dessen Befugnis zur Typisierung verfassungskonform. **FG Sachsen ist a.A.**

U.E. ist der Auffassung des FG Hamburg zu folgen (ebenso KESSLER/HINZ, DB 2011, 1771). Ob diese Einschätzung für die gegenwärtige Fassung des § 8c KStG ebenso gilt, hängt im Wesentlichen davon ab, ob man der Auffassung Folge leistet, durch die Konzernklausel und die Stille-Reserven-Regel sei es gelungen, § 8c KStG von einer reinen Verlustvernichtungsvorschrift in eine Missbrauchsabwehrreglung zu verwandeln. **Zur aktuellen Rechtslage noch kei-ne Rechtsprechung**

Nach Auffassung der Finanzverwaltung (vgl. FinMin Schleswig-Holstein v. 28.06.2012, DStR 2012, 1607) ruhen sowohl die gegen § 8c Abs. 1 Satz 1 KStG (schädlicher Beteiligungserwerb bis 50 %) als auch die gegen § 8c Abs. 1 Satz 2 KStG (schädlicher Beteiligungserwerb von mehr als 50 %) gerichteten Rechtsbehelfs-verfahren im Hinblick auf das beim BVerfG anhängige Verfahren 2 BvL 6/11. Aus-setzung der Vollziehung sei jedoch nur in den Fällen des § 8c Abs. 1 Satz 1 KStG zu gewähren, und auch dann nur, wenn der Antragsteller ein berechtigtes Interesse hierfür nachweist, z.B. durch ein andernfalls bestehendes Insolvenzrisiko. Dem-gegenüber seien in den Fällen des § 8c Abs. 1 Satz 2 KStG Anträge auf Aussetzung der Vollziehung abzulehnen. Diese Zweiteilung hinsichtlich der Aussetzung der Vollziehung, welche die Finanzverwaltung wohl aus der jeweiligen Fallkonstellation ableitet, die das FG Hamburg einerseits (Beteiligungserwerb unter 50 %) und das FG Sachsen andererseits (Beteiligungserwerb > 50 %) zu entscheiden hatte, vermag u.E. auch wegen des entgegenstehenden Beschlusses des FG Münster (v. 01.08.2011, DStR 2011, 1507) nicht zu überzeugen. **Reaktion der Finanzverwaltung**

6.3 Zusammenspiel von § 10d EStG und § 8c KStG

In negativer Hinsicht bemerkenswert ist zudem das Zusammenspiel von § 10d Abs. 2 EStG und § 8c KStG: So bewirkt die in § 10d Abs. 2 EStG angeordnete Mindestbesteuerung, dass trotz Bestehens eines hinreichend großen Verlustvortrags in jedem Fall 40 % des um 1 Mio. € geminderten Gesamtbetrags der Einkünfte der Kapitalgesellschaft besteuert werden. Indem die Verlustberücksichtigung zeitlich gestreckt wird, verwendet der Gesetzgeber folglich nicht mehr die reale, sondern vielmehr eine fiktive, oder besser: eine ihm genehme wirtschaftliche Leistungsfähig- **Aufstau nach § 10d EStG erhöht Unter-gangspotential** keit als Besteuerungsgrundlage. § 10d EStG bewirkt damit tendenziell einen Aufstau der Verluste und erhöht infolgedessen systemwidrig das Volumen der ggf. von § 8c KStG erfassten Verlustvorträge (vgl. HEY, BB 2007, 1303, 1306).

Endgültiger Untergang dieser aufgestauten Verluste ggf. verfassungswidrig

Mit Beschluss v. 26.08.2010 hat der BFH (I B 49/10, BStBl. II 2011, 826) es als zweifelhaft beurteilt, ob die Mindestbesteuerung des § 10d EStG auch dann noch verfassungsgemäß sei, wenn die Verlustverrechnung in späteren Veranlagungszeiträumen wegen § 8c KStG endgültig ausgeschlossen ist (hierzu auch G II). Die Finanzverwaltung gewährt zwar mit Schreiben vom 19.10.2011 (DStR 2011, 2050) Aussetzung der Vollziehung, dies allerdings nur insoweit, als es die Auswirkungen des Zusammenspiels der Mindestbesteuerung mit § 8c KStG betrifft. Für den durch § 8c KStG bewirkten endgültigen Untergang der nicht infolge der Mindestbesteuerung nicht genutzten Verluste wird indes keine Aussetzung der Vollziehung gewährt (kritisch SISTERMANN/BRINKMANN, DStR 2011, 2230).

BEISPIEL 135

Die Y-GmbH, die über einen hinreichend hohen Verlustvortrag verfügt, hat im Veranlagungszeitraum 10 von dem Gesamtbetrag der Einkünfte i.H.v. 4.000.000 € einen Verlustabzug nach § 10d Abs. 2 Satz 1 EStG i.H.v. 2.800.000 € vorgenommen (1.000.000 € Sockelbetrag sowie darüber hinaus 60 % des nach Abzug des Sockelbetrags verbleibenden Gesamtbetrags der Einkünfte, also 60 % von 3.000.000 €). In 10 ergibt sich folglich wegen der Mindestbesteuerung ein zu versteuerndes Einkommen von 1.200.000 €. Zum 01.01.11 werden 40 % der Anteile an der Y-GmbH veräußert, woraufhin der Tatbestand des § 8c Abs. 1 Satz 1 KStG erfüllt ist, folglich 40 % der nicht genutzten Verluste untergehen.

Unterstellt, der verbleibende Verlustabzug zum 31.12.11 betrage 1.000.000 €, so ist festzuhalten, dass dieser Betrag vollständig wegen § 10d EStG noch nicht genutzt werden konnte. Anders gewendet, ohne die Einschränkungen des § 10d EStG wäre auch dieser Betrag bereits in 10 berücksichtigt worden. AdV ist nach Auffassung der Verwaltung nunmehr i.H.d. nach § 8c Abs. 1 Satz 1 KStG untergegangenen Teilbetrags zu gewähren, folglich 40 % von 1.000.000 € = 400.000 € und dies für den Veranlagungszeitraum 10; d.h. 600.000 € bleiben weiterhin durch die Mindestbesteuerung in der Verlustberücksichtigung gehemmt.

Betrüge der verbleibende Verlustabzug zum 31.12.11 indes 4.000.000 €, so wären darin 1.200.000 € infolge der Mindestbesteuerung enthalten. AdV ist folglich nach Auffassung der Verwaltung nur auf 40 % (Erwerbsquote i.S.v. § 8c Abs. 1 Satz 1 KStG) von 1.200.000 € zu gewähren, während 40 % von 2.800.000 € untergehen. ◂|

H Organschaft

I Einführung, Überblick

Anders als im Bereich der handelsrechtlichen Konzernrechnungslegung existiert im deutschen Steuerrecht keine geschlossene Konzeption zur Besteuerung verbundener Unternehmen; vielmehr unterliegen rechtlich selbständige Unternehmen grundsätzlich auch dann einer individuellen Besteuerung, wenn sie sich zu einem Konzern zusammengeschlossen haben. Durch das Rechtsinstitut der Organschaft wird der Konzernbildung im Steuerrecht jedoch zumindest ansatzweise für einzelne Steuerarten Rechnung getragen.

Kein Konzernsteuerrecht

Umsatzsteuerrechtlich existiert das Rechtsinstitut der Organschaft bereits seit 1934, gewerbesteuerlich seit 1936. Grundgedanke der Organschaft ist die Eingliederung einer zivil- und steuerrechtlich selbständigen Kapitalgesellschaft in ein anderes gewerbliches Unternehmen beliebiger Rechtsform, und zwar derart, dass die Kapitalgesellschaft wirtschaftlich betrachtet ihre Selbständigkeit verliert und lediglich einen unselbständigen Teil, eben ein Organ eines einheitlichen Gesamtunternehmens bildet (so z.B. BFH v. 17.02.1972 – IV R 17/68, BStBl. II 1972, 582, mit der Rechtsfolge, dass eine zweimalige gewerbesteuerliche Erfassung derselben Erträge im Fall der Organschaft auszuschließen ist). Das als Organkreis bezeichnete Gesamtgebilde wird dabei jedoch kein eigenständiges, neben die beteiligten Unternehmen tretendes Steuersubjekt und unterliegt auch keiner eigenen Steuerpflicht. Vielmehr wird das von der abhängigen Kapitalgesellschaft (sog. Organgesellschaft) erzielte Steuersubstrat dem herrschenden Unternehmen (sog. Organträger) zugerechnet, welches sodann sowohl das selbst erzielte als auch das von der Organgesellschaft zugerechnete Steuersubstrat der Besteuerung unterwerfen muss.

Grundlagen Organlehre

Organschaftsrechtliche Regelungen finden sich im Körperschaft-, Gewerbe-, Umsatz- und im Grunderwerbsteuerrecht.

Kapitalgesellschaft als Organ

Die Voraussetzungen des Vorliegens eines Organschaftsverhältnisses regeln dabei die jeweiligen Einzelsteuergesetze. In allen Bereichen wird jedoch gleichermaßen eine Organgesellschaft (OG) in der Rechtsform einer Kapitalgesellschaft vorausgesetzt, während der Organträger (OT) eine beliebige Rechtsform annehmen, also natürliche Person, Personengesellschaft oder Kapitalgesellschaft sein kann.

Im Bereich des Ertragsteuerrechts wurden mittlerweile die Voraussetzungen für die körperschaftsteuerliche und gewerbesteuerliche Organschaft harmonisiert, so dass eine körperschaftsteuerliche Organschaft unmittelbar eine gewerbesteuerliche Organschaft nach sich zieht. Während im Bereich der gewerbe- und körperschaftsteuerlichen Organschaft eine finanzielle Eingliederung in den Organträger ausreicht, erfordert die umsatzsteuerliche Organschaft neben der finanziellen weiterhin eine wirtschaftliche und organisatorische Eingliederung. Der im Bereich der ertragsteuerlichen Organschaft zusätzlich geforderte Gewinnabführungsvertrag ist dagegen im Bereich der umsatzsteuerlichen Organschaft entbehrlich.

Identische Voraussetzungen bei KSt und GewSt

Bei Vorliegen der Voraussetzungen kein Wahlrecht

Liegen die Voraussetzungen einer Organschaft vor, treten die daran geknüpften Rechtsfolgen zwingend ein; Wahlrechte bestehen insoweit nicht. Gleichwohl lässt sich insbesondere im Bereich der ertragsteuerlichen Organschaft aufgrund der Notwendigkeit eines Gewinnabführungsvertrags das Vorliegen eines Organschaftsverhältnisses steuern.

KStG: Zurechnung des Einkommens der OG zum OT

Im Falle einer körperschaftsteuerlichen Organschaft wird das von der Organgesellschaft erzielte Einkommen dem Organträger zugerechnet und bei diesem je nach Rechtsform der Körperschaft- oder Einkommensteuer unterworfen. Gleichwohl bleibt die Organgesellschaft in persönlicher Hinsicht weiterhin unbeschränkt körperschaftsteuerpflichtig. Beide Unternehmen ermitteln ihr zu versteuerndes Einkommen unabhängig voneinander nach Maßgabe der getrennt zu erstellenden Einzelabschlüsse. Anders als im Fall der Konzernrechnungslegung werden hierdurch insbesondere Zwischengewinne nicht eliminiert.

Vorteil: Verlustverrechnung

Der Hauptvorteil einer körperschaftsteuerlichen Organschaft liegt in der Möglichkeit eines steuerlichen Verlustausgleichs zwischen Organträger und Organgesellschaft. Weitere materielle Vorteile bestehen ggf. in der Vermeidung der Zinsschrankenregelung und des § 8b Abs. 5 KStG im Verhältnis der Gesellschaften zueinander, der Vermeidung eines Kapitalertragsteuerabzugs sowie der Möglichkeit, eine etwaige Steuerfreiheit bestimmter Erträge der Organgesellschaft bis zur Ebene des Organträgers bestehen zu lassen.

Verlustübernahme

Der Nachteil liegt aus Sicht des Organträgers insbesondere in der durch den Ergebnisabführungsvertrag verursachten Verlustübernahmeverpflichtung.

GewSt: OG gilt als Betriebstätte des OT

Im Bereich der Gewerbesteuer hat das Vorliegen eines Organschaftsverhältnisses zur Folge, dass die Organgesellschaft als Betriebstätte des Organträgers gilt. Auch hier ist der Gewerbeertrag der Organgesellschaft gesondert zu ermitteln und anschließend demjenigen des Organträgers hinzuzurechnen. Sind Organträger und Organgesellschaft in verschiedenen Gemeinden ansässig, erfolgt eine Zerlegung des auf Basis des gemeinsamen Gewerbeertrags festgestellten Messbetrags auf die einzelnen Gemeinden. Bei natürlichen Personen als Organträgern bewirkt die Organschaft die Möglichkeit der Anrechnung der durch die Organgesellschaft verursachten Gewerbesteuer auf die Einkommensteuer gemäß § 35 EStG.

Annäherung an Einheitsunternehmen

Bei Vorliegen einer ertragsteuerlichen Organschaft nähert sich die steuerliche Behandlung damit im Ergebnis weitgehend einem Besteuerungszustand an, der im Falle eines Einheitsunternehmens eintreten würde. Insbesondere führt die ertragsteuerliche Organschaft zu einem Verlustausgleich zwischen den beteiligten Unternehmen, was ohne Vorliegen eines Organschaftsverhältnisses aufgrund des im Bereich der Kapitalgesellschaften herrschenden Prinzips der Trennung von Gesellschaft und Gesellschafter nicht möglich wäre.

USt: OG übt keine selbständige Tätigkeit aus

Umsatzsteuerrechtlich übt eine finanziell, wirtschaftlich und organisatorisch in ein anderes Unternehmen eingegliederte Kapitalgesellschaft keine selbständige Tätigkeit aus und besitzt damit keine eigene Unternehmereigenschaft. Die von der Organgesellschaft ausgeführten Umsätze werden infolgedessen dem Organträger zugerechnet. Hierbei sind jedoch Leistungsbeziehungen zwischen dem Organträger und der Organgesellschaft auszuscheiden, da diese als sog. Innenumsätze innerhalb des Organkreises nicht steuerbar sind. Im Folgenden wird auf Voraussetzungen und Rechtsfolgen der umsatzsteuerlichen Organschaft nicht weiter eingegangen.

Der Gesetzgeber hatte das deutsche Organschaftsrecht zunächst auf inländische Strukturen beschränkt; so erforderte das Vorliegen einer Organgesellschaft eine Kapitalgesellschaft mit Sitz und Geschäftsleitung im Inland, und der Organträger musste im Grundsatz ein gewerbliches Unternehmen mit Geschäftsleitung im Inland sein.

Beschränkung auf Inlandsfälle …

Die mit der Beschränkung der mit einer Organschaft verbundenen Vorteile auf reine Inlandsfälle einhergehende Verletzung europarechtlicher Grundfreiheiten und abkommensrechtlicher Diskriminierungsverbote hat in den letzten Jahren zu einer lebhaften Diskussion der Zulässigkeit bzw. Notwendigkeit von Organschaften »über die Grenze« geführt, die sich u. a. in einer Reihe von Verfahren vor dem EuGH und dem BFH niedergeschlagen haben. Sowohl von Seiten der Finanzverwaltung als auch des Gesetzgebers sind erste Anzeichen einer Öffnung erkennbar; das Rechtsinstitut der Organschaft ist daher als im Umbruch zu bezeichnen.

… ist EU- und DBA-rechtlich unzulässig und bewirkt Umbruch

Zwar haben sich Bestrebungen zur Ablösung der Organschaft bisheriger Prägung durch ein modernes, den europa- und abkommensrechtlichen Erfordernissen entsprechendes Gruppenbesteuerungssystem aus fiskalischen Gründen bisher nicht durchsetzen können; insbesondere der notwendige Inlandsbezug der beteiligten Rechtsträger wurde aber im Zuge der sog. »kleinen« Organschaftsreform durch das Gesetz zur Änderung und Vereinfachung der Unternehmensbesteuerung und des steuerlichen Reisekostenrechts vom 20.02.2013 (BGBl. I 2013, 285) gelockert. Als Organgesellschaft kann nunmehr jede Kapitalgesellschaft qualifizieren, die ihren Sitz in einem EU- oder EWR-Land und ihre Geschäftsführung im Inland hat. Beim Organträger wird neben der weiterhin geforderten Gewerblichkeit lediglich vorausgesetzt, dass die Beteiligung an der Organgesellschaft einer inländischen Betriebstätte des Organträgers zuzurechnen ist und das von der Organgesellschaft zugerechnete Einkommen im Rahmen dieser Betriebstätte im Inland besteuert wird.

»Kleine« Organschaftsreform schafft …

Gleichwohl hat der Gesetzgeber diese Liberalisierung der Tatbestandsvoraussetzungen so austariert, dass im Ergebnis keine gravierenden Änderungen im Vergleich zur vorherigen Rechtslage eintreten. Die Zulassung doppelt ansässiger EU/EWR-Kapitalgesellschaften mit inländischer Geschäftsleitung als Organgesellschaften schafft keine Erleichterung, weil der Abschluss eines Ergebnisabführungsvertrags derartigen Gesellschaften nach dem Gesellschaftsrecht ihres Gründungsstaats bis auf wenige Ausnahmen nicht möglich ist. Auch die Umstellung der Organträgervoraussetzungen von der Geschäftsführung und damit der DBA-rechtlichen Ansässigkeit im Inland hin zur steuerpflichtigen inländischen Betriebstätte ist eher als Reaktion auf eine fiskalfeindliche Rechtsprechung und als Absicherung der bisherigen Grundlinien denn als Liberalisierung des Organschaftsrechts zu interpretieren. Zwar sind nunmehr zur Vermeidung von Verstößen gegen abkommensrechtliche Diskriminierungsverbote ausdrücklich auch nicht im Inland ansässige Organträger zulässig; die Besteuerung wird aber durch das Erfordernis einer inländischen Betriebstätte abgesichert. Ähnliches war nach § 18 KStG im Ergebnis auch im bisherigen Recht bereits möglich, soweit ein ausländischer Organträger über eine inländische Zweigniederlassung verfügte und der Ergebnisabführungsvertrag unter der Firma dieser Zweigniederlassung abgeschlossen wurde.

… diesbezüglich nur wenig Erleichterung, …

Positiv zu werten sind gleichwohl die Teile der »kleinen« Organschaftsreform, die sich jenseits der europa- und DBA-rechtlichen Debatte den Problemen der praktischen Handhabung einzelner Tatbestandsvoraussetzungen widmen, etwa

… erhöht aber in einigen Bereichen die Rechtssicherheit

bzgl. der Ausgestaltung des Ergebnisabführungsvertrags für Organgesellschaften, die nicht unmittelbar dem Aktiengesetz unterliegen, oder hinsichtlich der tatsächlichen Durchführung des Ergebnisabführungsvertrags bei handelsrechtlichen Bilanzierungsfehlern und damit der Höhe nach unrichtiger Gewinnabführung bzw. Verlustübernahme. Hier hat der Gesetzgeber versucht, die in Finanzverwaltung und Rechtsprechung teils sehr restriktive und für die Unternehmen stets risikobehaftete Auslegungspraxis zu entschärfen.

Einheitliche und gesonderte Feststellung

Ebenfalls im Zuge der »kleinen« Reform wurde eingeführt, dass eine Reihe von Besteuerungsgrundlagen, insbesondere das dem Organträger zuzurechnende Einkommen und die von der Organgesellschaft getragene und beim Organträger anzurechnende Kapitalertragsteuer, gegenüber dem Organträger und der Organgesellschaft einheitlich und gesondert festgestellt werden (§ 14 Abs. 5 KStG). Hierdurch wird vermieden, dass hierüber auf Organträger- und Organgesellschaftsebene jeweils getrennt entschieden wird. Änderungen auf der Ebene der Organgesellschaft kommt damit zukünftig stets eine Bindungswirkung für den Organträger zu. Zuständig ist das Finanzamt der Organgesellschaft, das damit auch über das Vorliegen der organschaftlichen Voraussetzungen entscheidet (vgl. DÖTSCH/PUNG, DB 2013, 305, 313 f.). Gewerbesteuerlich ist eine entsprechende Regelung entbehrlich, da Korrekturen wegen der Betriebsstättenfiktion der Organgesellschaft auch bisher bereits über § 35b GewStG möglich sind (vgl. BENECKE/SCHNITGER, IStR 2013, 143, 157).

Im Folgenden werden die Grundlagen des derzeitigen Organschaftsrechts auf der Basis der aktuellen Rechtslage, d.h. unter Berücksichtigung der »kleinen« Organschaftsreform durch das Gesetz zur Änderung und Vereinfachung der Unternehmensbesteuerung und des steuerlichen Reisekostenrechts vom 20.02.2013 (BGBl. I 2013, 285) dargelegt. Dort, wo es erforderlich erscheint, werden zudem die Rechtsentwicklung und die Grundlinien der Diskussion *de lege ferenda* erörtert.

II Voraussetzungen der ertragsteuerlichen Organschaft

1 Organträger

1.1 Einheitliches gewerbliches Unternehmen

Einheitliches gewerbliches Unternehmen

Nach § 14 Abs. 1 Satz 1 KStG muss der Organträger, in den die Organgesellschaft eingegliedert ist, ein einheitliches Unternehmen sein, das zur Sicherstellung der gewerbesteuerlichen Erfassung zudem gewerblich i. S. v. § 2 Abs. 1, 2 GewStG ist. Damit kommen als Organträger in Frage:
- Jede natürliche Person, die einen Gewerbebetrieb unterhält, zu deren Betriebsvermögen die Beteiligung an der Organgesellschaft gehört;
- jede Kapitalgesellschaft oder andere gewerbliche Körperschaft;
- jede gewerblich tätige Personengesellschaft.

Anders als nach § 14 Abs. 1 Satz 1 KStG a. F. ist es nach der »kleinen« Organschaftsreform nicht mehr erforderlich, dass sich die Geschäftsleitung des Organträgers im Inland befindet; insofern wird auch keine unbeschränkte Einkommen- oder Körperschaftsteuerpflicht mehr gefordert. Die notwendige Anbindung an das inländische Steuerrecht erfolgt vielmehr über die erforderliche Zurechnung der Beteiligung an der Organgesellschaft sowie des von dieser erzielten Einkommens zu einer inländischen Betriebstätte des Organträgers (siehe hierzu ausführlich JESSE, FR 2013, 629, 632 ff.).

»Kleine« Organschaftsreform: Zuordnung zu steuerpflichtiger inländischer BS anstelle inländischer Geschäftsleitung

Bei rein inländischen Konstellationen, wenn also Organträger und Organgesellschaft Sitz und Geschäftsleitung im Inland haben und lediglich über inländische Betriebstätten verfügen, bewirkt diese Neuausrichtung keinerlei Änderungen.

Voraussetzung ist in jedem Fall ein gewerbliches Unternehmen. Eine natürliche Person als Anteilseigner einer Kapitalgesellschaft kann daher nur dann als Organträger fungieren, wenn die Beteiligung zum Betriebsvermögen eines von ihr betriebenen Gewerbebetriebs zählt.

Natürliche Person als OT

Ist eine Kapitalgesellschaft steuerbefreit nach § 5 KStG, § 3 GewStG, kann sie gleichwohl Organträger sein, wenn die Beteiligung an der Organgesellschaft zum Betriebsvermögen eines steuerpflichtigen wirtschaftlichen Geschäftsbetriebs gehört. Auch kann eine grundsätzlich steuerpflichtige, jedoch sachlich von der GewSt befreite Kapitalgesellschaft Organträgerin im Rahmen einer gewerbesteuerlichen Organschaft sein. Allerdings ist der der Organträgerin zugerechnete Gewerbeertrag bei ihr nicht steuerfrei, soweit die Organgesellschaft nicht selbst von der Gewerbesteuer befreit ist (vgl. BFH v. 10.03.2010 – I R 41/09, BStBl. II 2011, 181).

Steuerbefreite Gesellschaft als OT

Bei inländischen OT-Kapitalgesellschaften erübrigt sich das Erfordernis einer eigengewerblichen Tätigkeit in tatsächlicher Hinsicht, da bei ihnen gemäß § 8 Abs. 2 KStG alle Einkünfte als Einkünfte aus Gewerbebetrieb zu behandeln sind. Auch im Fall einer lediglich vermögensverwaltend tätigen, unbeschränkt steuerpflichtigen Kapitalgesellschaft gilt daher das Erfordernis der Gewerblichkeit als erfüllt. Dies gilt nach der Aufgabe der Sitztheorie auch für nach ausländischem Recht gegründete Kapitalgesellschaften mit Geschäftsleitung im Inland (vgl. BFH v. 29.01.2003 – I R 6/99, BStBl. II 2004, 1043).

Bei inländischen KapGes Tätigkeit irrelevant

Im Fall einer Personengesellschaft reicht dagegen eine gewerbliche Prägung i. S. v. § 15 Abs. 3 Nr. 2 EStG für eine Qualifikation als Organträger nicht aus. Erforderlich ist vielmehr eine eigengewerbliche Tätigkeit, die nach Auffassung der Finanzverwaltung zudem nicht nur geringfügig sein darf (vgl. BMF v. 10.11.2005, BStBl. I 2005, 1038, Tz. 17). Hiervon ist u. E. zumindest dann auszugehen, wenn die gewerbliche Tätigkeit ausreicht, um eine Abfärbung auf die übrigen Einkünfte der Personengesellschaft nach § 15 Abs. 3 Nr. 1 EStG zu bewirken. Allerdings soll die Beteiligung einer vermögensverwaltenden Personengesellschaft an einer gewerblich tätigen Personengesellschaft nicht ausreichen, obwohl eine solche gemäß § 15 Abs. 3 Nr. 1 EStG zur vollumfänglichen Gewerblichkeit führt (vgl. BMF v. 10.11.2005, BStBl. I 2005, 1038, Tz. 20). Die Gewerblichkeit einer Besitzpersonengesellschaft aufgrund einer klassischen Betriebsaufspaltung hält dagegen auch die Finanzverwaltung für hinreichend (vgl. BMF v. 10.11.2005, BStBl. I 2005, 1038, Tz. 16).

PersGes: gewerbliche Tätigkeit ...

Nicht erforderlich ist indes, dass der Organträger bereits zu Beginn des Wirtschaftsjahrs der Organgesellschaft gewerblich tätig ist. Vielmehr reicht es aus, wenn die Gewerblichkeit zum Zeitpunkt der Gewinnabführung vorliegt; Letztere vollzieht

... zum Zeitpunkt der Gewinnabführung erforderlich

sich sowohl handels- als auch steuerrechtlich am Ende des Wirtschaftsjahres (vgl. BFH v. 24.07.2013 – I R 40/12, BStBl. II 2014, 272, gegen BMF v. 10.11.2005, BStBl. I 2005, 1038, Tz. 21). Aus dem gleichen Gedanken heraus können einem Gesellschafter einer Organträger-Personengesellschaft keine Einkünfte aus der Gewinnabführung zugerechnet werden, wenn er bereits vor Ende des Wirtschaftsjahres der Organgesellschaft zivilrechtlich wirksam aus der Organträger-Personengesellschaft ausgeschieden ist (vgl. BFH v. 28.02.2013 – IV R 50/09, BStBl. II 2013, 494).

Holding-PersGes

Im Fall einer Holdingpersonengesellschaft setzt die Anerkennung als Organträger die Qualifizierung als geschäftsleitende Holding voraus (vgl. BMF v. 10.11.2005, BStBl. I 2005, 1038, Tz. 18), was nach Auffassung des BFH bereits dann gegeben ist, wenn der Organträger entgeltlich die einheitliche Leitung über zumindest zwei Organgesellschaften übernimmt (vgl. BFH v. 25.07.1995 – VIII R 54/93, BStBl. II 1995, 794). Das Vorliegen einer lediglich vermögensverwaltenden Holding reicht dagegen nicht aus (vgl. hierzu auch HOSFELD-GUBER in Keßler, Handbuch des GmbH-Konzerns, 2004, 197). Zu Detailfragen bzgl. Organträger-Personengesellschaften vgl. auch BÄUML, FR 2013, 1121.

1.2 Ausländisches Unternehmen als Organträger

Zuvor: Zweigniederlassung i. S. v. § 18 KStG notwendig

Nach bisherigem Recht konnte ein ausländisches gewerbliches Unternehmen nach dem Willen des Gesetzgebers nur unter den Voraussetzungen des § 18 KStG a. F. Organträger sein. Hierfür war es erforderlich, dass dieses Unternehmen eine im Handelsregister eingetragene inländische Zweigniederlassung unterhielt, zu deren Betriebsvermögen der Anteil an der Organgesellschaft gehörte und unter deren Firma der Gewinnabführungsvertrag mit der Organgesellschaft abgeschlossen wurde. Ausländischen Unternehmen ohne inländische Zweigniederlassung war damit der Zugang zur deutschen Organschaft de lege lata verwehrt.

BFH: ggf. auch ausländisches Unternehmen ohne Inlandsbezug als OT denkbar

Nach Auffassung des BFH konnte dagegen ein ausländisches Unternehmen ohne inländische Zweigniederlassung und – abgesehen von der Beteiligung an der Organgesellschaft – auch ohne jede andere Inlandsanbindung die Funktion eines Organträgers innehaben, wenn sich ansonsten ein Verstoß gegen das abkommensrechtliche Gesellschafterdiskriminierungsverbot aus Art. 24 Abs. 5 OECD-MA ergab (vgl. BFH v. 09.02.2011 – I R 54, 55/10, BStBl. II 2012, 106, zur gewerbesteuerlichen Organschaft für Erhebungszeiträume vor 2002) und dieses Verbot mangels ausdrücklichen Vorbehalts auch für die Gruppenbesteuerung zu beachten war, wie z. B. im Fall des DBA-Großbritannien (zu den Rechtsfolgen vgl. STÖBER, BB 2011, 1943).

Art. 24 Abs. 5 OECD-MA sieht vor, dass ein Unternehmen eines Vertragsstaats nicht lediglich deshalb steuerlich schlechtergestellt werden darf, weil seine Gesellschafter nicht in demselben Staat ansässig sind. Daher könne einem Gesellschafter die Organträgereigenschaft im Ansässigkeitsstaat des Unternehmens nach Auffassung des BFH nicht mit der Begründung verwehrt werden, dass bei diesem ansässigkeitsbegründende Merkmale des Art. 4 OECD-MA, insbesondere eine inländische Geschäftsleitung, nicht vorliegen.

Im Ergebnis drohte Keinmalbesteuerung

Bei Bestehen eines Gewinnabführungsvertrags wären im Ergebnis also – bei Vorliegen auch der übrigen Organschaftsvoraussetzungen – selbst ohne inländische Zweigniederlassung sowohl eine körperschaftsteuerliche als auch eine gewerbesteuerliche Organschaft zu bejahen, wenn der Organträger Sitz und Geschäftsleitung in einem anderen Staat hat, mit dem ein entsprechendes DBA besteht (zu möglichen Einwänden gegen dieses Ergebnis vgl. BENECKE/SCHNITGER, IStR 2013, 143, 152). Geht man nun davon aus, dass auch keine Betriebstätte des Organträgers in Deutschland vorliegt (vgl. KOTYRBA, BB 2011, 1382, 1383; differenzierend FROTSCHER, IStR 2011, 697, 700), eine solche aber für eine inländische Besteuerung notwendig ist (verneinend LÜDICKE, IStR 2011, 740, 742; STÖBER, BB 2011, 1943, 1946), würden Einkommen und Gewerbeertrag der Organgesellschaft keinerlei inländischen (und zumeist wohl auch keiner ausländischen) Besteuerung unterworfen. Dieses Ergebnis hat der BFH bzgl. der in Rede stehenden Gewerbesteuer ausdrücklich zugunsten einer abkommensrechtlich zweifelsfreien Entscheidung hingenommen (vgl. BFH v. 09.02.2011 – I R 54, 55/10, BStBl. 2012, 106, Tz. 21). Erwartungsgemäß hat die Finanzverwaltung die zitierte BFH-Entscheidung mit dem Bann eines Nichtanwendungserlasses belegt (vgl. BMF v. 27.12.2011, BStBl. I 2012, 119).

Um einerseits das Diskriminierungsverbot des Art. 24 Abs. 5 OECD-MA nicht zu verletzen, zugleich aber der Gefahr eines gänzlichen Verlustes des Besteuerungsrechts zu begegnen, macht der Gesetzgeber die Organträgereignung nunmehr nicht mehr an abkommensrechtlichen Ansässigkeitskriterien fest, sichert aber zugleich das inländische Besteuerungsrecht über das Erfordernis einer inländischen Betriebstätte ab, der die Beteiligung an der Organgesellschaft über die gesamte Dauer der Organschaft zuzurechnen sein muss und deren Einkünfte einschließlich des von der Organgesellschaft zugerechneten Einkommens sowohl nach nationalem Recht als auch nach Abkommensrecht der inländischen Besteuerung unterliegen müssen.

»Kleine« Organschaftsreform ab VZ 2012: für alle OT inländische BS anstatt abkommensrechtlicher Ansässigkeit

Ab VZ 2012 ist ein inländischer Verwaltungssitz zur Anerkennung der Organschaft also grundsätzlich nicht mehr erforderlich; entsprechend konnte auch die diesen Verwaltungssitz bisher ersetzende Sonderregelung für ausländische Organträger in § 18 KStG a.F. ersatzlos gestrichen werden (vgl. BENECKE/SCHNITGER, IStR 2013, 143,152).

Bisherige Sonderregelung in § 18 KStG a.F. damit gegenstandslos

So nachvollziehbar und begrüßenswert der Verzicht des Gesetzgebers auf das abkommensrechtlich problematische Kriterium der inländischen Geschäftsleitung und auf das formal anspruchsvolle Vorliegen einer inländischen Zweigniederlassung ist, so streitanfällig dürfte in der Praxis die Voraussetzung sein, dass die Beteiligung an der Organgesellschaft einer inländischen Betriebstätte zuzuordnen ist.

1.3 Zurechnung zu inländischer Betriebstätte des Organträgers

Nach § 14 Abs. 1 Satz 1 Nr. 2 Satz 4 KStG muss die Beteiligung an der Organgesellschaft über die gesamte Dauer der Organschaft einer inländischen Betriebstätte i.S.v. § 12 AO des Organträgers zuzuordnen sein, wodurch das deutsche Besteuerungsrecht abgesichert werden soll (vgl. BENECKE/SCHNITGER, IStR 2013, 143, 153). Flankiert wird dies durch § 14 Abs. 1 Satz 1 Nr. 2 Satz 6 KStG, wonach das von der Organgesellschaft zugerechnete Einkommen derjenigen inländischen Betriebstätte zuzurechnen ist, der auch die Beteiligung an der Organgesellschaft zuzuordnen ist, sowie von § 14 Abs. 1 Satz 1 Nr. 2 Satz 7 KStG, der fordert, dass das zugerechnete Einkommen der Organgesellschaft sowohl nach innerstaatlichem Recht als auch – im Fall des Bestehens eines DBA – nach dem anzuwendenden DBA der inländischen Besteuerung unterliegt. Letzteres macht im Ergebnis neben den An-

Absicherung des inländischen Besteuerungsrechts

forderungen des § 12 AO eine qualifizierte, d. h. nach Art. 5 OECD-MA auch abkommensrechtlich anerkannte inländische Betriebstätte erforderlich (vgl. zu den praktischen Auswirkungen JESSE, FR 2013, 629, 633).

Konkrete Zuordnungskriterien fehlen

Neben der bloßen Frage nach der Existenz einer inländischen Betriebstätte kann sich insbesondere die Frage nach der Zuordnung der Beteiligung an der Organgesellschaft zu dieser Betriebstätte als problematisch erweisen, da das Gesetz zu konkreten Kriterien der Zuordnung schweigt. Unkritisch sind dabei reine Inlandsfälle, bei denen keine ausländischen Betriebsstäten existieren. Auch ohne eigentliche Betriebstättenstrukturen ist i. d. R. zumindest das Vorliegen einer Betriebsleitungsbetriebstätte zu unterstellen, der auch die Beteiligung an der Organgesellschaft zuzurechnen ist (vgl. JESSE, FR 2013, 629, 634). Dagegen ist die Zuordnung der Beteiligung von entscheidender Bedeutung bei in- und ausländischen Organträgern, die sowohl inländische als auch ausländische Betriebstätten unterhalten (vgl. JESSE, FR 2013, 629, 635).

Zurechnung i. d. R. zum Stammhaus

Nach der Rechtsprechung des BFH (vgl. z. B. BFH v. 19. 12. 2007 – I R 66/06, BStBl. II 2008, 510) und der Auffassung der Finanzverwaltung (vgl. BMF v. 24. 12. 1999, BStBl. I 1999, 1076, Tz. 2.4) ist eine Beteiligung i. d. R. dem Stammhaus wegen dessen Zentralfunktion zuzurechnen, es sei denn, die Beteiligung dient der Tätigkeit einer anderen, ggf. ausländischen Betriebstätte, weil sie von dieser tatsächlich genutzt wird bzw. zu deren Betriebsergebnis beiträgt (vgl. JESSE, FR 2013, 629, 634 m. w. N.).

Gewillkürtes Betriebsvermögen der inländischen Betriebstätte möglich?

Auf dieser Basis wird bei beschränkt steuerpflichtigen Organträgern eine Zuordnung der Beteiligung an der Organgesellschaft zu einer inländischen Betriebstätte häufig nur schwer zu erreichen sein. Zwar hält die Finanzverwaltung diesbezüglich grundsätzlich auch die Bildung von insoweit gewillkürtem Betriebsvermögen der inländischen Betriebstätte für möglich (vgl. OFD Karlsruhe v. 16. 01. 2014, FR 2014, 434; ebenso SCHIRMER, FR 2013, 605, 607); zur Klärung der Frage, ob das dem Organträger zugerechnete Einkommen der Organgesellschaft auch aus abkommensrechtlicher Sicht im Inland zu versteuern ist, sei aber auf die tatsächliche funktionale Zuordnung der Beteiligung zur inländischen DBA-Betriebstätte abzustellen, was der Bildung von gewillkürtem Betriebsvermögen zuwiderläuft. Insbesondere könne bei Organträger-Personengesellschaften mit ausländischen Mitunternehmern die Zuordnung der Beteiligung zur inländischen DBA-Mitunternehmer-Betriebstätte nicht von vornherein unterstellt werden; vielmehr sei diese Frage der funktionalen Zuordnung durch das veranlagende Finanzamt in jedem Einzelfall zu prüfen und ggf. der zuständigen OFD vorzulegen.

Bei funktionaler Zuordnung u. U. Zurechnung zu ausländischer Betriebstätte

Im Fall inländischer Organträger mit in- und ausländischen Betriebstätten können insbesondere dann Probleme auftreten, wenn die Beteiligung an der Organgesellschaft abweichend vom Grundsatz der Zurechnung zum Stammhaus funktional einer ausländischen Betriebstätte zuzuordnen ist. Nach bisherigem Recht kam es bei inländischen Organträgern auf die Zuordnung der Beteiligung zum Stammhaus oder zu einer anderweitigen, ggf. auch ausländischen Betriebstätte nicht an; nunmehr macht dagegen ggf. die Zurechnung der Beteiligung zu einer ausländischen Betriebstätte die Organschaft unmöglich (vgl. DÖTSCH/PUNG, DB 2013, 305, 308).

Die deutsche M-AG produziert in einer ausländischen Betriebstätte Elektrogeräte und vertreibt diese über die inländische T-GmbH, deren Anteile sie zu 100% hält.
Die T-GmbH dient in funktionaler Hinsicht überwiegend der ausländischen Betriebstätte, da sie deren Produkte verwertet und somit zu deren Betriebsergebnis beiträgt. Würde eine Zurechnung der Beteiligung an der T-GmbH zum inländischen Stammhaus der M-AG nicht gelingen, könnte keine Organschaft zwischen der M-AG und der T-GmbH begründet werden. Dies war nach bisherigem Recht anders, da es auf die Zuordnung der Beteiligung zu einer inländischen Betriebstätte nicht ankam. ◄|

Bei mittelbaren Beteiligungen (zur Zulässigkeit und insbesondere zur Frage der finanziellen Eingliederung siehe H II 3.2) muss die Beteiligung an der Zwischengesellschaft der inländischen Betriebstätte zuzuordnen sein. Eine solche Gestaltung bietet sich an, wenn eine unmittelbar vom Organträger gehaltene Beteiligung keiner inländischen Betriebstätte zugerechnet werden kann (vgl. BENECKE/SCHNITGER, IStR 2013, 143, 154).

Gegebenenfalls Ausweg über mittelbare Beteiligung

Anders als im Grundfall werden die Anteile an der T-GmbH von der inländischen Z-GmbH gehalten, deren Anteile die M-AG besitzt.
Nach § 14 Abs. 1 Satz 2 Nr. 7 KStG müssen die Anteile an der vermittelnden Gesellschaft, also diejenigen an der Z-GmbH, einer inländischen Betriebstätte der M-AG zuzuordnen sein. Dies dürfte leichter gelingen, da mangels operativer Tätigkeit der Zwischengesellschaft ein funktionaler Zusammenhang zwischen der Beteiligung an ihr und der ausländischen Betriebstätte nicht gegeben sein dürfte. ◄|

2 Organgesellschaft

Nach der bisherigen Rechtslage kamen als Organgesellschaft nach §§ 14 Abs. 1 Satz 1, 17 KStG a. F. nur Kapitalgesellschaften in der Rechtsform der Europäischen Gesellschaft, AG, KGaA oder GmbH in Betracht, die im Gegensatz zum Organträger sowohl ihren Satzungssitz als auch ihre Geschäftsleitung im Inland haben mussten.

Bisher: grds. inländische Kapitalgesellschaft

Die gegen diesen sog. doppelten Inlandsbezug vorgebrachten Bedenken bzgl. der Niederlassungsfreiheit (vgl. WINTER/MARX, DStR 2011, 1101; HEURUNG/ENGEL/THIEDEMANN, FR 2011, 212, 215 m. w. N.) führten letztlich zur Einleitung eines Vertragsverletzungsverfahrens durch die Europäische Kommission. Danach werden Gesellschaften mit Geschäftsleitung im Inland und Satzungssitz in einem anderen EU/EWR-Staat (sog. doppelt ansässige Gesellschaften) gegenüber Gesellschaften mit Sitz und Geschäftsleitung im Inland diskriminiert, weil ersteren der Vorteil der Zurechnung des Einkommens zum Organträger verwehrt würde (vgl. KOLBE, StuB 2011, 495, 496).

Doppelter Inlandsbezug verstieß gegen Niederlassungsfreiheit

Nachdem zunächst nur die Finanzverwaltung auf den Beschluss der Europäischen Kommission reagierte und im Erlasswege auch Gesellschaften mit Geschäftsleitung im Inland, jedoch Satzungssitz in einem EU- oder EWR-Staat als Organgesellschaften zuließ (vgl. BMF v. 28.03.2011, BStBl. I 2011, 300), erhob die Europäische Kommission Klage vor dem EuGH, da eine durch Gesetz verursachte Vertragsverletzung nicht durch bloße Verwaltungsanweisung geheilt werden könne.

Zunächst BMF: Aufgabe des doppelten Inlandsbezugs bei EU/EWR-KapGes als OG

»Kleine« Organschaftsreform hebt doppelten Inlandsbezug auf

Durch das Gesetz zur Änderung und Vereinfachung der Unternehmensbesteuerung und des steuerlichen Reisekostenrechts vom 20.02.2013 (BGBl I 2013, 285) wurde der doppelte Inlandsbezug schließlich ausdrücklich für alle noch nicht bestandskräftig veranlagten Fälle aufgehoben. Nach § 14 Abs. 1 Satz 1 KStG kann nunmehr auch eine Kapitalgesellschaft mit Geschäftsleitung im Inland und Sitz in einem EU/EWR-Staat, z. B. eine nach englischem Recht gegründete Limited (Ltd.), als Organgesellschaft qualifizieren (vgl. DÖTSCH/PUNG, DB 2013, 305). Zu prüfen bleibt damit insbesondere die Qualifizierung der nach ausländischem Recht gegründeten Gesellschaft als Kapitalgesellschaft im Wege des Typenvergleichs (siehe hierzu B I 3).

GAV mit ausländischer OG?

Bei genauerem Hinsehen zeigt sich jedoch, dass Kapitalgesellschaften ausländischen Rechts auch weiterhin kaum als Organgesellschaft in Frage kommen, da sich der nach wie vor notwendige Abschluss eines Gewinnabführungsvertrags vielfach als problematisch erweist: Dessen Zulässigkeit müsste sich nach dem Gesellschaftsrecht des Gründungsstaats der Organgesellschaft richten, ist den meisten Rechtsordnungen im EU/EWR-Raum jedoch fremd. Weitgehend unklar ist zudem, ob und ggf. unter welchen (ggf. auch formalen) Voraussetzungen ein nach ausländischem Recht geschlossener (grenzüberschreitender) Vertrag nach § 14 KStG ausreichend wäre und wie er inhaltlich, insbesondere in Bezug auf die Bemessung der Gewinnabführung auszugestalten wäre (vgl. hierzu DÖTSCH/PUNG, DB 2013, 305, 306 sowie WINTER/MARX, DStR 2011, 1101, 1104, jeweils m. w. N.). Die Finanzverwaltung erkennt jedenfalls bis auf Weiteres schuldrechtliche Vereinbarungen außerhalb des § 291 AktG nicht an (vgl. OFD Karlsruhe v. 16.01.2014, FR 2014, 434).

Praktisch untaugliche Lösung

In den allermeisten Fällen wird daher trotz der geänderten Rechtslage eine Organschaft mit einer Kapitalgesellschaft ausländischen Rechts scheitern. Kaum nachvollziehbar ist, dass der Gesetzgeber auf der einen Seite Organgesellschaften ausländischen Rechts bzgl. des geforderten Inlandsbezugs entgegenkommt, zugleich aber daneben bestehende, unüberwindliche Hürden zu deren Einbindung in einen Organkreis unverändert bestehen lässt (vgl. DÖTSCH/PUNG, DB 2013, 305, 306). Hier drängt sich der Eindruck einer »Salamitaktik« auf, indem der Gesetzgeber dem europarechtlichen Änderungsdruck nur insoweit nachzugeben bereit ist, als es sich derzeit nicht vermeiden lässt, auch wenn hierdurch in der Sache selbst Stillstand eintritt.

Inländische KapGes mit ausländischer Geschäftsleitung weiterhin ausgeschlossen

Dessen ungeachtet bleibt weiterhin unklar, warum Gesellschaften mit Satzungssitz im Inland und Geschäftsleitung im Ausland auch zukünftig von der Qualifikation als Organgesellschaften ausgeschlossen bleiben (vgl. FROTSCHER in Frotscher/Maas, § 14 KStG Rz. 191).

Drittstaaten-KapGes als OG?

Die Zulässigkeit von Organgesellschaften mit Satzungssitz in Drittstaaten lässt sich zwar mangels EU/EWR-Bezug nicht auf die Niederlassungsfreiheit stützen; u. U. ergibt sich diese jedoch aus abkommensrechtlichen Diskriminierungsverboten i. S. d. Art. 24 Abs. 1, 5 OECD-Musterabkommen. Hier bleibt die weitere Entwicklung abzuwarten.

3 Finanzielle Eingliederung

3.1 Unmittelbare Beteiligung

Dem Organträger muss nach § 14 Abs. 1 Nr. 1 Satz 1 KStG von Beginn des Wirtschaftsjahres an grundsätzlich unmittelbar die Stimmrechtsmehrheit bei der Organgesellschaft zustehen. Soweit für Gesellschafterbeschlüsse nach der Satzung der Organgesellschaft eine einfache Mehrheit nicht ausreicht, muss der Organträger zur Erreichung einer finanziellen Eingliederung über die in der Satzung vereinbarte qualifizierte Stimmrechtsmehrheit verfügen. Unmittelbare Stimmrechte i.S.d. § 14 KStG liegen nur vor, wenn sie dem Organträger aus einer direkten, ihm wirtschaftlich zuzurechnenden Beteiligung an der Organgesellschaft erwachsen. Dies hat zur Folge, dass faktische Stimmrechte, wie sie z.B. über Stimmrechtsbindungsverträge oder Vollmachten bestehen können, bei der Berechnung der Stimmrechtsquote des Organträgers außer Acht zu lassen sind. Soweit die Organgesellschaft über eigene Anteile verfügt, sind diese bei der Berechnung der Stimmrechtsquote des Organträgers aus der Summe aller Anteile auszuscheiden.

Stimmrechts-mehrheit

3.2 Mittelbare Beteiligung

Nach § 14 Abs. 1 Nr. 1 Satz 2 KStG sind für die Prüfung der finanziellen Eingliederung auch mittelbare Beteiligungen zu berücksichtigen, wenn dem Organträger an der die Beteiligung vermittelnden Gesellschaft die Mehrheit der Stimmrechte zusteht. Dabei muss die zwischengeschaltete Gesellschaft weder selbst Organgesellschaft noch Kapitalgesellschaft sein; vielmehr kann es sich z.B. auch um Mitunternehmerschaften handeln, wobei grundsätzlich auch ausländische Gesellschaften denkbar sind.

Stimmrechtsmehr-heit an Zwischen-gesellschaft

Seit der »kleinen« Organschaftsreform ist es erforderlich, dass die Beteiligung an der Zwischengesellschaft einer inländischen Betriebstätte des Organträgers zuzuordnen ist. Ist die Zwischengesellschaft eine Mitunternehmerschaft, ist insoweit erforderlich, dass die Beteiligung an der Organgesellschaft zu einer inländischen Betriebstätte dieser Personengesellschaft zählt (vgl. JESSE, FR 2013, 629, 635).

Zuordnung der Beteiligung an der Zwischengesell-schaft zu inl. BS erforderlich

Strittig ist allerdings die Berechnung der zu berücksichtigenden Stimmrechtsquote bei Bestehen einer mittelbaren Beteiligung. Nach Auffassung der Finanzverwaltung sind mittelbare Beteiligungen nur insoweit zu berücksichtigen, als es dem Anteil des Organträgers an der zwischengeschalteten Gesellschaft entspricht (R 57 KStR zum Fall einer zwischengeschalteten Personengesellschaft). Im Gegensatz dazu hält es die Literatur (vgl. FROTSCHER in Frotscher/Maas, § 14 KStG Rz. 237 m.w.N.) u.E. zutreffend für geboten, die gesamte der vermittelnden Gesellschaft zuzurechnende Quote auch dem Organträger zuzurechnen, da dieser wegen der im Gesetz geforderten Mehrheitsbeteiligung an der zwischengeschalteten Gesellschaft im Ergebnis auch deren gesamten Stimmrechte auszuüben in der Lage ist.

Berechnung der Stimmrechtsquote strittig

BEISPIEL 137

Die OT-AG ist mit 30% an der OG-GmbH beteiligt. Sie hält zudem 60% der Anteile an der Z-GmbH, die ihrerseits mit 30% an der OG-GmbH beteiligt ist. Die Beteiligungsquoten entsprechen den Stimmrechtsanteilen. Fraglich ist, ob die OG-GmbH finanziell in die OT-AG eingegliedert ist.

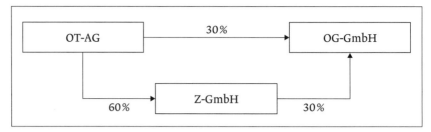

LÖSUNG Berücksichtigt man die mittelbare Beteiligung nur i.H.d. »durchgerechneten« Quote, belaufen sich die Stimmrechte der OT-AG auf lediglich 48% (= unmittelbar 30% zzgl. mittelbar 60% von 30%), so dass eine finanzielle Eingliederung zu verneinen wäre. Dagegen liegt ein Stimmrechtsanteil von 60% vor, wenn man die Beteiligungsquote der Z-GmbH der OT-AG in voller Höhe zurechnet, was wegen der Beherrschung der Z-GmbH folgerichtig wäre. Eine finanzielle Eingliederung ist daher u.E. zu bejahen. ◀|

3.3 Finanzielle Eingliederung in Personengesellschaften

Beteiligung im Gesamthandsvermögen

Ist OT eine Personengesellschaft, muss die finanzielle Eingliederung der Organgesellschaft gemäß § 14 Abs. 1 Nr. 2 KStG im Verhältnis zur OT-Gesellschaft selbst vorliegen; nicht ausreichend ist es daher, wenn die Stimmrechte den Gesellschaftern der Personengesellschaft zuzurechnen sind. Daher dürfen sich die Anteile an der Organgesellschaft im Fall einer OT-Personengesellschaft nicht (lediglich) im Sonderbetriebsvermögen der Gesellschafter befinden, sondern müssen zum Gesamthandsvermögen der Personengesellschaft zählen (vgl. BMF v. 10.11.2005, BStBl. I 2005, 1038, Tz. 13).

Keine »Mehrmütterorganschaft« mehr möglich

Dies geht einher mit der Forderung des Gesetzgebers, dass die finanzielle Eingliederung im Verhältnis zu einem einzigen Unternehmen vorliegen muss. Mithin ist eine finanzielle Eingliederung in mehrere, nur bei Zusammenrechnung ihrer Stimmrechtsquoten mehrheitlich beteiligte Unternehmen, die sich lediglich zum Zwecke einer einheitlichen Willensbildung zu einer OT-GbR zusammenfinden (sog. Mehrmütterorganschaft), nicht mehr möglich (vgl. BMF v. 10.11.2005, BStBl. I 2005, 1038, Tz. 6ff.).

4 Ergebnisabführungsvertrag

Neben der finanziellen Eingliederung ist nach § 14 Abs. 1 Nr. 3 KStG zur Anerkennung eines Organschaftsverhältnisses im Ertragsteuerrecht ein für mindestens fünf Jahre zivilrechtlich wirksam abgeschlossener Ergebnisabführungsvertrag erforderlich, der auch tatsächlich vollumfänglich durchgeführt werden muss. Dieses Erfordernis ist aufgrund seiner Streitanfälligkeit einerseits Einfallstor für eine in der Vergangenheit teilweise zu formalistische Prüfung der Finanzverwaltung, andererseits aber auch Zankapfel der europarechtlichen Diskussion zur Organschaft, da die nunmehr zugelassenen Organgesellschaften ausländischen Rechts einen solchen Vertrag regelmäßig nicht abschließen können.

4.1 Zivilrechtliche Wirksamkeit

Bei einer Organgesellschaft in der Rechtsform einer AG oder KGaA handelt es sich bei dem Ergebnisabführungsvertrag um einen Vertrag i.S.v. § 291 Abs. 1 AktG, für dessen wirksamen Abschluss die Vorschriften der §§ 293–294 AktG zu berücksichtigen sind. Der Vertrag bedarf insbesondere der Schriftform (§ 293 Abs. 2 AktG) und der notariell beurkundeten Zustimmung durch die Hauptversammlung der Organgesellschaft mit 3/4-Mehrheit (§§ 293 Abs. 1 Satz 1, 130 Abs. 1 AktG). Ist der Organträger ebenfalls eine Kapitalgesellschaft, bedarf der Vertrag zudem auch der Zustimmung dessen Gesellschafterversammlung (§ 293 Abs. 2 AktG). Soweit außenstehende Gesellschafter existieren, muss der Vertrag nach § 304 AktG für diese zwingend eine auf deren Anteil am Grundkapital bezogene wiederkehrende Ausgleichszahlung vorsehen. Wirksamkeit erlangt der Vertrag mit Eintragung in das Handelsregister der Organgesellschaft; dies gilt auch für Änderungen des Vertrags (vgl. BFH v. 22.10.2008 – I R 66/07, BStBl. II 2008, 972). Lediglich im Fall eingegliederter Organgesellschaften i.S.v. § 319 AktG reicht bereits der Abschluss eines schriftlichen Vertrags aus.

AG, KGaA als OG: §§ 291 ff. AktG

Für den Fall einer OG-GmbH existieren keine den oben genannten Normen des Aktienrechts entsprechende Vorschriften. Nach der Rechtsprechung des BGH können auch GmbH bei Einhalten gewisser Formvorschriften zivilrechtlich wirksame Ergebnisabführungsverträge abschließen, wobei der Vertrag insbesondere die Geltung der aktienrechtlichen Vorschriften ausdrücklich vorsehen muss (vgl. BGH v. 24.10.1988 – II ZB 7/88, NJW 1989, 295). Darüber hinaus gelten die folgenden Mindestanforderungen:

GmbH als OG

- Existenz eines schriftlichen Vertrags;
- Notariell beurkundete Zustimmung der Gesellschaftsversammlung der Organgesellschaft mit 3/4-Mehrheit;
- Eintragung in das für die Organgesellschaft zuständige Handelsregister.

Fehlt eine Vereinbarung von Ausgleichszahlungen an außenstehende Gesellschafter der OG-GmbH, führt dies jedoch anders als bei der OG-AG oder OG-KGaA nicht zur Nichtigkeit des Vertrags.

Existieren im Organkreis nach ausländischem Recht gegründete, sog. doppelt ansässige Organgesellschaften (zur Zulässigkeit siehe H II 2), die nach dem Gesellschaftsrecht ihres Gründungsstaats keine einem Ergebnisabführungsvertrag deutschen Rechts vergleichbaren Unternehmensverträge abschließen können, ist eine Organschaft im Ergebnis ausgeschlossen, was überwiegend als gemeinschaftsrechtlich unzulässige Diskriminierung angesehen wird.

Ersatz des EAV bei doppelt ansässiger OG?

4.2 Beginn und Mindestlaufzeit

Die Rechtsfolgen der ertragsteuerlichen Organschaft treten erstmals für das Kalenderjahr ein, in dem das Wirtschaftsjahr endet, in dem der Gewinnabführungsvertrag erstmals wirksam wird. Letzteres ist regelmäßig erst mit Eintragung in das Handelsregister der Fall. Insbesondere in Fällen, in denen die Eintragung erst gegen Ende eines Wirtschaftsjahres beantragt wird, besteht daher das Risiko, dass der Vertrag erst nach Ende des Wirtschaftsjahrs eingetragen wird und die Rechtsfolgen infolgedessen erst ein Jahr später als gewünscht eintreten. Lediglich im Ausnahme-

Beginn im Jahr der zivilrechtlichen Wirksamkeit

fall der eingegliederten Gesellschaft i. S. v. § 319 AktG wird der Vertrag bereits wirksam, wenn er in Schriftform vorliegt.

Fünf-Jahres-Zeitraum

Der Vertrag muss gemäß § 14 Abs. 1 Nr. 3 Satz 1 KStG ausdrücklich über einen Zeitraum von mindestens fünf Jahren abgeschlossen werden. Nach Auffassung der Finanzverwaltung beginnt der Fünf-Jahres-Zeitraum mit dem Anfang des Wirtschaftsjahrs, für das die Rechtsfolgen des Vertrags erstmals eintreten, R 60 Abs. 2 KStR. Diese Auffassung kann ggf. auch bei einem eigentlich über fünf Zeitjahre abgeschlossenen Vertrag dazu führen, dass die Voraussetzungen eines ertragsteuerlichen Organschaftsverhältnisses nicht vorliegen.

BEISPIEL 138

Ein Gewinnabführungsvertrag wird zwischen zwei bereits seit Jahren bestehenden Gesellschaften am 25.10.01 für die Zeit vom 01.01.01 bis zum 31.12.05 abgeschlossen mit dem Ziel, bereits ab dem Wirtschaftsjahr (= Kalenderjahr) 01 eine ertragsteuerliche Organschaft zu begründen. Die Eintragung in das Handelsregister erfolgt jedoch erst am 10.01.02, so dass der Vertrag im Wirtschaftsjahr 01 nicht wirksam wird. Beginn des Ergebnisabführungsvertrags i. S. v. § 14 Abs. 1 Nr. 3 Satz 1 KStG ist der 01.01.02. Wegen der Befristung des Vertrags bis zum 31.12.05 scheitert die Anerkennung der Organschaft am nicht vorliegenden Fünf-Jahres-Zeitraum. Dies gilt selbst dann, wenn der Vertrag bereits in 01 tatsächlich durchgeführt wird. ◂|

Zeitjahre maßgebend

Nach Auffassung des BFH ist bei der Frage, ob der Vertrag über fünf Jahre abgeschlossen wurde, nicht von Wirtschaftsjahren, sondern von Zeitjahren auszugehen (vgl. BFH v. 12.01.2011 – I R 3/10, BStBl. II 2011, 727). Daher muss der Vertrag im Ergebnis in sechs Wirtschaftsjahren Wirkung entfalten, wenn er in einem Rumpfwirtschaftsjahr geschlossen wird.

BEISPIEL 139

Zwischen der am 01.10.01 gegründeten O-GmbH (Wirtschaftsjahr = Kalenderjahr) und ihrer Muttergesellschaft wird am 15.10.01 mit Wirkung vom 01.10.01 ein EAV abgeschlossen. Die Eintragung in das Handelsregister erfolgt am 15.11.01, so dass der Vertrag im Rumpfwirtschaftsjahr 01 wirksam wird. Der Vertrag endet mit Ablauf des 31.12.05. Beginn des Ergebnisabführungsvertrags i. S. v. § 14 Abs. 1 Nr. 3 Satz 1 KStG ist der 01.10.01. Wegen der Befristung des Vertrags bis zum 31.12.05 scheitert die Anerkennung der Organschaft, da er keine fünf Zeitjahre umfasst. Dass die Ergebnisse von fünf Wirtschaftsjahren abgeführt werden, ändert hieran nichts. ◂|

I. d. R. keine Heilung einer zu kurzen Mindestlaufzeit

Wird der Vertrag versehentlich über einen kürzeren Zeitraum abgeschlossen, kann dies nicht durch eine nachträgliche Ergänzungsvereinbarung geheilt werden (vgl. BFH v. 28.11.2007 – I R 94/06, BFH/NV 2008, 1270). Im Fall eines Versehens des Notars kommt allerdings ggf. ein notariell beurkundeter Nachtragsvermerk in Betracht (vgl. NODOUSHANI, DStR 2009, 620, 622).

Verlängerung möglich

Wird der Vertrag dagegen zunächst über eine Laufzeit von mindestens fünf Jahren abgeschlossen und auch durchgeführt, kann eine sich unmittelbar an diese Laufzeit anschließende Verlängerung auch von kürzerer Dauer sein.

Vorzeitige Kündigung ex tunc schädlich

Die vorzeitige Kündigung des Vertrags führt dazu, dass die Organschaft rückwirkend nicht anerkannt wird mit der Folge, dass die Gesellschaften von Beginn an so besteuert werden, als wenn keine Organschaft bestanden hätte. Die Gewinnabführungen werden dabei steuerlich als verdeckte Gewinnausschüttungen qualifiziert, da ein ordnungsgemäßer Ausschüttungsbeschluss naturgemäß nicht vorliegt (vgl. BFH v. 17.10.2007 – I R 39/06, BFH/NV 2008, 614; v. 05.07.1990 – I B 38/90, BFH/NV 1991, 121). Dementsprechend ist bei Verlustübernahme eine verdeckte Einlage anzunehmen. Vorstehendes gilt allerdings nicht, wenn die Kündigung aus wichtigem Grund erfolgt (vgl. hierzu H II 4.6).

4.3 Umfang der Gewinnabführung und Zulässigkeit der Rücklagenbildung

Die nach § 14 Abs. 1 Satz 1 KStG notwendige Abführung des »ganzen« Gewinns macht es erforderlich, dass der Gewinnabführungsvertrag die höchste handelsrechtlich zulässige Abführung vorsieht. Im Fall einer AG oder KGaA ergibt sich dieser Betrag aus § 301 AktG:

Maximal zulässige Abführung erforderlich

	Jahresüberschuss vor Gewinnabführung
./.	Verlustvortrag aus vorvertraglicher Zeit
./.	Zuführung zur gesetzlichen Rücklage
./.	nach § 268 Abs. 8 HGB n.F. ausschüttungsgesperrte Beträge
+	Auflösung in vertraglicher Zeit gebildeter Rücklagen

Höchstbetrag der Gewinnabführung

Nach Inkrafttreten des BilMoG ist insbesondere die in § 268 Abs. 8 HGB kodifizierte Ausschüttungssperre zu beachten. Nach dieser Vorschrift dürfen Gewinne nur ausgeschüttet werden dürfen, wenn die verbleibenden frei verfügbaren Rücklagen, zuzüglich eines Gewinnvortrags und abzüglich eines Verlustvortrags, mindestens dem Ansatz der folgenden Posten entsprechen:

Ausschüttungssperre in § 268 Abs. 8 HGB n.F.

- selbstgeschaffene immaterielle Vermögensgegenstände des Anlagevermögens abzgl. der mit diesen zusammenhängenden passiven latenten Steuern,
- Vermögensgegenstände i.S.d. § 246 Abs. 2 Satz 2 HGB, soweit sie die Anschaffungskosten übersteigen abzgl. der mit diesen zusammenhängenden passiven latenten Steuern,
- aktive latente Steuern, soweit sie die passiven latenten Steuern übersteigen.

Diese Ausschüttungssperre gilt in gleicher Weise für die höchstmögliche Gewinnabführung nach § 301 AktG und ist daher bei der Abfassung und Durchführung von Ergebnisabführungsverträgen zu beachten, um die Anerkennung der Organschaft nicht zu gefährden.

Eine Änderung bestehender Verträge ist im Fall eines dynamischen Verweises auf § 301 AktG nicht erforderlich. Wurde stattdessen der bisherige Wortlaut des § 301 AktG a.F. im Ergebnisabführungsvertrag wiedergegeben, ist diese Klausel, da mit dem aktuellen Wortlaut des § 301 AktG nicht vereinbar, grundsätzlich unwirksam. Zwar gilt dies bei Bestehen einer salvatorischer Klausel nicht für den Vertrag im Übrigen; eine Anerkennung für Zwecke der Organschaft kann dann gleichwohl nicht erfolgen (vgl. KIEKER/VOLLMER, DStR 2009, 842, 843).

Änderung bisheriger Verträge?

Ist die Organgesellschaft eine GmbH, fordert § 17 KStG mangels Regelung im GmbHG eine der aktienrechtlichen Regelung entsprechende Gewinnabführung, wobei jedoch eine Zuführung zur gesetzlichen Rücklage ausscheidet, da das GmbHG eine solche nicht vorsieht. Der Vertrag kann direkt auf § 301 AktG Bezug nehmen; ausreichend ist es aber auch, wenn sich die tatsächliche Durchführung an dieser Vorschrift orientiert. Eine Anpassung bestehender Verträge an die durch das BilMoG

GmbH als OG

eingeführte Ausschüttungssperre ist daher auch hier nicht zwingend erforderlich, wenn die Ausschüttungssperre des § 268 Abs. 8 HGB zukünftig bei der Bemessung der Gewinnabführung beachtet wird (vgl. KIEKER/VOLLMER, DStR 2009, 842, 843).

Vorvertragliche Rücklagen der OG

Gemäß § 301 AktG können zum Schutz von Minderheitsgesellschaftern in vorvertraglicher Zeit gebildete Rücklagen nicht abgeführt, sondern nur ausgeschüttet werden. Gleiches gilt für vorvertragliche Gewinnvorträge (R 60 Abs. 4 KStR). Eine anderweitige Handhabung führt regelmäßig zur Nichtanerkennung der Organschaft. Zu Ausnahmen, insbesondere auch im Fall eingegliederter Organgesellschaften i. S. v. § 319 AktG, siehe DÖTSCH in Herzig, Organschaft, 2003, 106 ff.

Bildung von Gewinnrücklagen

Während der Geltung des Gewinnabführungsvertrags zulässigerweise gebildete Gewinnrücklagen sind nicht Bestandteil der Gewinnabführung. Ihre Bildung ist hinsichtlich der Anerkennung des Organschaftsverhältnisses unschädlich, soweit es sich um gesetzliche Rücklagen handelt. Die Bildung satzungsmäßiger oder anderer Gewinnrücklagen ist jedoch für die Anerkennung des Organschaftsverhältnisses nach § 14 Abs. 1 Nr. 4 KStG grundsätzlich nur dann unschädlich, wenn dies bei vernünftiger kaufmännischer Beurteilung begründet ist. Werden in vertraglicher Zeit gebildete, für das Organschaftsverhältnis unschädliche Gewinnrücklagen aufgelöst, sind sie als Teil des Gewinns abzuführen.

Bildung von Kapitalrücklagen

Kapitalrücklagen können während der Vertragszeit ohne Einschränkung gebildet werden. Anders als Gewinnrücklagen können sie aber auch dann, wenn sie in vertraglicher Zeit gebildet wurden, im Fall ihrer Auflösung nicht abgeführt, sondern nur ausgeschüttet werden (vgl. BFH v. 08.08.2001 – I R 25/00, BStBl. II 2003, 923). Dieser Sichtweise hat sich durch die Veröffentlichung im BStBl. wohl auch die Finanzverwaltung angeschlossen.

Bildung stiller Reserven

Die sich für offene Rücklagen ergebenden Einschränkungen sind nicht zu übertragen auf die Bildung stiller Rücklagen, auch dann nicht, wenn diese in Form sog. steuerfreier Rücklagen bzw. Sonderposten mit Rücklageanteil (etwa nach §§ 6b EStG, 273 HGB a. F.) auftreten. Deren Bildung und Auflösung ist Bestandteil der bilanziellen Gewinnermittlung auf der Ebene der Organgesellschaft und berührt die organschaftsrechtliche Einordnung nicht. Werden in vorvertraglicher Zeit gebildete steuerfreie Rücklagen bzw. Sonderposten mit Rücklageanteil aufgelöst, ist der daraus resultierende Ertrag Teil der Gewinnabführung im Jahr der Auflösung.

Übergangsregelung

Im Rahmen des BilMoG wurde die Möglichkeit geschaffen, solche Passivposten, deren Bildung nach Inkrafttreten des BilMoG nicht mehr zulässig sind (z. B. Aufwandsrückstellungen, Sonderposten mit Rücklageanteil), entweder beizubehalten oder aufzulösen. Im Falle ihrer Auflösung können die Beträge direkt in die Gewinnrücklagen eingestellt werden. Dasselbe gilt für Wertaufholungen bei zuvor außerplanmäßigen Abschreibungen, wenn diese Abschreibungsmöglichkeit nicht mehr besteht, sowie (mit umgekehrtem Vorzeichen) bei aktivischen Rechnungsabgrenzungsposten auf Zölle und Verbrauchsteuern bzw. auf die USt bereits erhaltener Anzahlungen. U. E. ist eine solche Rücklagenbildung für das Organschaftsverhältnis unschädlich, liegt doch hierin gar keine Verwendung des Jahresergebnisses für die Bildung von Rücklagen; vielmehr werden hierbei bestimmte Beträge ohne Gewinnauswirkung, quasi »an der GuV vorbei«, thesauriert. Insofern kann hierin auch keine schädliche Verwendung von Gewinn gesehen werden, da ja bereits die Entstehung eines solchen vermieden wird (gl. A. im Ergebnis WEHRHEIM/RUPP, DStR 2008, 1977, 1981).

4.4 Pflicht zur Verlustübernahme

Die Gewinnabführung korrespondiert mit der Verpflichtung des Organträgers zur Übernahme des Verlustes der Organgesellschaft. Nach § 302 Abs. 1 AktG muss der Organträger jeden während der Vertragslaufzeit entstehenden Verlust ausgleichen, soweit er nicht bereits durch Auflösung von in vertraglicher Zeit gebildeten Rücklagen ausgeglichen wird.

AG, KGaA: § 302 Abs. 1 AktG

Im Fall einer GmbH als Organgesellschaft, für welche die aktienrechtlichen Vorschriften über Unternehmensverträge keine unmittelbare Gültigkeit haben, verlangte § 17 Satz 2 Nr. 2 KStG a. F. bisher, dass der Ergebnisabführungsvertrag eine dem § 302 AktG entsprechende Verlustübernahmeverpflichtung enthält. Dieses Erfordernis stellte bislang eine der größten Gefahrenquellen für die Anerkennung eines ertragsteuerlichen Organschaftsverhältnisses dar (vgl. STANGL/BRÜHL, DB 2013, 538).

GmbH: § 17 KStG fordert entsprechende Anwendung von § 302 AktG

Fraglich war u. a., auf welche Regelungsbereiche des § 302 AktG sich die Notwendigkeit einer entsprechenden Vertragsklausel erstreckte. Diskutiert wurde auch, ob ein bloßer Verweis auf § 302 AktG ausreichte oder dessen Inhalt im Vertrag im Wortlaut oder inhaltlich entsprechend enthalten sein musste. Zudem wurde § 302 AktG im Zeitverlauf geändert, was bei Übernahme des Wortlauts in den Vertrag die Frage nach der Notwendigkeit einer entsprechenden (zeitnahen?) Anpassung aufwarf. Im Fall eines Verweises war zudem unklar, ob dieser auf die Vorschrift zum Zeitpunkt des Vertragsschlusses oder auf die jeweils gültige Fassung (dynamischer Verweis) Bezug nehmen musste.

Umfang und Art der Bezugnahme auf § 302 AktG streitanfällig

Im Ergebnis hielt es der BFH für ausreichend, wenn der Gewinnabführungsvertrag einen Verlustausgleich »entsprechend § 302 AktG« vorsah, da in diesem Fall der gesamte Regelungsinhalt des § 302 AktG Gegenstand des Gewinnabführungsvertrags wurde (vgl. BFH v. 28. 07. 2010 – I B 27/10, BStBl. II 2010, 932; BMF v. 19. 10. 2010, BStBl. I 2010, 836). Dagegen reichte der Bezug auf nur einzelne, aber nicht alle Absätze des § 302 AktG nicht aus (vgl. BFH v. 22. 12. 2010 – I B 83/10, BFH/NV 2011, 528); lediglich der Einbezug von § 302 Abs. 2 AktG zur Verlustübernahme bei Betriebsverpachtung oder -überlassung war unnötig, da diese Regelung in Organschaftsfällen keine Rolle spielt.

BFH: Entweder Verweis auf § 302 AktG insgesamt …

Enthielt der Gewinnabführungsvertrag keinen ausdrücklichen Verweis auf § 302 AktG, musste der Vertrag neben einer § 302 Abs. 1 AktG entsprechenden Verlustübernahmepflicht auch ein ausdrückliches Verzichtsverbot entsprechend § 302 Abs. 3 AktG (vgl. BFH v. 03. 03. 2010 – I R 68/09, BFH/NV 2010, 1132) und für nach 2006 abgeschlossene Verträge (vgl. BMF v. 16. 12. 2005, BStBl. I 2006, 12) auch eine § 302 Abs. 4 AktG entsprechende Verjährungsregelung (vgl. BFH v. 28. 07. 2010 – I B 27/10, BStBl. II 2010, 932) enthalten, um den Erfordernissen des § 17 Satz 2 Nr. 2 KStG a. F. gerecht zu werden.

… oder entsprechende Ausformulierung im GAV

Um die fortwährenden Diskussionen um Art und Umfang der Bezugnahme auf § 302 AktG zu beenden, hat der Gesetzgeber im Zuge der »kleinen« Organschaftsreform in § 17 KStG für nach dem 25. 02. 2013 abgeschlossene oder geänderte Verträge das unbedingte Erfordernis eines dynamischen Verweises auf § 302 AktG aufgenommen. Empfohlen wird eine mehr oder weniger exakte Übernahme des Gesetzeswortlauts in den Vertrag, z. B. wie folgt: »Für die Verlustübernahme gelten die Vorschriften des § 302 AktG in seiner jeweils gültigen Fassung.« Zusätzlich zum Verweis

»Kleine« Organschaftsreform: für Neuverträge dynamischer Verweis erforderlich

im Vertrag enthaltene Zusätze, welche die Inhalte des § 302 AktG ganz oder teilweise wiederholen, stehen nach Ansicht der Finanzverwaltung einer Anerkennung des Vertrags nicht im Wege, wenn sie den Verweis nicht in Frage stellen (vgl. OFD Karlsruhe v. 16.01.2014, FR 2014, 434; vgl. zur Zulässigkeit unterschiedlich weiter Formulierungen auch MAYER/WIESE, DStR 2013, 629).

Grundsätzlich gilt die Neuregelung nur für Verträge, die nach dem 25.02.2013 abgeschlossen oder – aus welchem Grund auch immer – geändert werden. Für zuvor abgeschlossene Altverträge stellt sich gleichwohl die Frage, inwieweit für sie eine (faktische) Anpassungsverpflichtung besteht.

Übergangsvorschrift für bisher unzureichende Altverträge

Für vor dem 26.02.2013 abgeschlossene Verträge, die den oben dargestellten Anforderungen des § 17 Satz 2 Nr. 2 a.F. KStG nicht genügten, wurde eine zu begrüßende Übergangsregelung geschaffen. Danach reichen derartige Altverträge aus für Veranlagungszeiträume, die vor dem 31.12.2014 enden, sofern sie bis zum 31.12.2014 an die neuen Voraussetzungen angepasst werden und die Verlustübernahme entsprechend § 302 AktG tatsächlich erfolgt (§ 34 Abs. 10b Satz 3 KStG bzw. § 17 Abs. 2 KStG i.d.F. des Kroatien-AnpG). Wird die Organschaft vor dem 01.01.2015 beendet, ist bei tatsächlicher Verlustübernahme eine Anpassung des Vertrags gänzlich unnötig.

Bei bisher hinreichendem Verweis in Altverträgen keine Änderung notwendig

Für Altverträge, die den bisherigen Anforderungen des § 17 Satz 2 Nr. 2 KStG genügten, gibt es keine Übergangsregelung, was an sich nicht verwundert, ist doch die Neuregelung für Altverträge gar nicht anwendbar. Bisher hinreichende Verträge können also, soweit sie nicht aus anderen Gründen geändert werden (müssen), grundsätzlich zeitlich unbegrenzt bestehen bleiben (vgl. GRAW, Ubg 2013, 373, 374 m.w.N.; gl.A. OFD Karlsruhe v. 16.01.2014, FR 2014, 434). Anders als es die Finanzverwaltung glauben macht, handelt es sich hierbei u.E. nicht um eine Billigkeitsregelung. Wegen des Wortlauts der Übergangsregelung ist allerdings nicht klar, ob der Vertrag auch unverändert bestehen bleiben kann, wenn er lediglich den Wortlaut des § 302 AktG enthielt, nicht aber einen ausdrücklichen Verweis auf die Norm (vgl. hierzu GRAW, Ubg 2013, 373, 374 sowie MAYER/WIESE, DStR 2013, 629, 631f.). Zumindest in diesen Fällen erscheint es angeraten, den Vertrag zur Vermeidung von Streitigkeiten an die neue Rechtslage anzupassen.

Im Ergebnis sollen durch die Rechtsänderung einerseits nicht hinreichende Formulierungen für die Vergangenheit geheilt werden können und andererseits für zukünftige Zeiträume klare und eindeutige Vorgaben gesetzt werden (vgl. STANGL/BRÜHL, DB 2013, 538, 539). Auch die Verlautbarungen aus der Finanzverwaltung folgen im Ergebnis dieser Leitlinie, auch wenn im Detail noch Zweifel auszuräumen sind.

Vorvertragliche Verluste der OG

Vorvertragliche Verluste der Organgesellschaft sind vorrangig aus den in vertraglicher Zeit erzielten Gewinnen der Organgesellschaft zu tilgen. Aus steuerlicher Sicht ist hierin eine Einlage des Organträgers in die Organgesellschaft zu sehen (vgl. R 60 Abs. 5 Nr. 1 KStR). Zu Besonderheiten bei eingegliederten Organgesellschaften siehe DÖTSCH in Herzig, Organschaft, 2003, 110.

Der sich aus einem Gewinnabführungsvertrag ergebende Anspruch der Organgesellschaft auf Ausgleich eines Jahresfehlbetrags entsteht grundsätzlich am Bilanzstichtag der beherrschten Gesellschaft und wird mit seiner Entstehung fällig. Er ist daher von diesem Zeitpunkt an nach den §§ 352, 353 HGB zu verzinsen. Erfolgt keine Verzinsung, ist dies für das Vorliegen der Organschaft unschädlich, liegt doch in der unterlassenen Verzinsung eine verdeckte Gewinnausschüttung der Organgesellschaft an den Organträger, welche im Rahmen des Organschaftsverhältnisses lediglich als vorweggenommene Gewinnabführung verstanden wird (vgl. BMF v. 15. 10. 2007, BStBl. I 2007, 765).

4.5 Tatsächliche Durchführung

Ein zivilrechtlich wirksamer und über einen ausreichenden Zeitraum abgeschlossener Gewinnabführungsvertrag wird steuerrechtlich nur anerkannt, wenn er auch über die gesamte Vertragsdauer durchgeführt wird.

Dies erfordert die tatsächliche Abführung des Gewinns bzw. die Übernahme des Verlustes der Organgesellschaft in der vertraglich bzw. gesetzlich vorgesehenen Form. Hierzu ist zunächst ein Ausweis als Forderung bzw. Verbindlichkeit gegen verbundene Unternehmen vorzunehmen, woraus sich bei der Organgesellschaft regelmäßig ein Jahresüberschuss von 0 € ergibt. Grundsätzlich muss eine entsprechende Zahlung in angemessener Zeit nachfolgen; diese kann aber ggf. auch durch eine verzinsliche Darlehensvereinbarung ersetzt werden. Im Fall eines nachfolgenden Verzichts gilt der Vertrag jedoch als nicht durchgeführt.

Tatsächlicher Verlustausgleich

Grundsätzlich ist die Gewinnabführung bzw. Verlustübernahme in Höhe des sich bei ordnungsmäßiger Bilanzierung ergebenden objektiv »richtigen« handelsrechtlichen Jahresergebnisses vorzunehmen (vgl. BGH v. 14. 02. 2005 – II ZR 361/02, GmbHR 2005, 628). Jede Abweichung nach oben oder unten birgt daher die Gefahr, dass der Vertrag als nicht durchgeführt gilt und die Organschaft infolgedessen nicht anerkannt wird (vgl. z. B. DÖTSCH/PUNG, DB 2013, 305, 308).

Objektiv »richtiges« Jahresergebnis maßgeblich

Auch jede zu hohe Gewinnabführung, etwa aufgrund einer »vergessenen« Berücksichtigung vororganschaftlicher Verluste oder bei Außerachtlassen der durch das BilMoG eingefügten Abführungssperren, kann im Grundsatz dazu führen, dass der Vertrag als nicht durchgeführt gilt (vgl. BFH v. 21. 10. 2010 – IV R 21/07, BFH/NV 2011, 151).

Zu hohe Gewinnabführung

Eine Nichtanerkennung droht insbesondere auch im Fall fehlerhafter Bilanzansätze in der Handelsbilanz, etwa aufgrund unzutreffend oder nicht gebildeter Rückstellungen oder bei falschen Abschreibungsbeträgen. Ein wirksamer Jahresabschluss ist allerdings nur dann fehlerhaft und damit die Anerkennung der Organschaft gefährdet, wenn der Kaufmann den Gesetzesverstoß spätestens zum Zeitpunkt der Feststellung bei pflichtgemäßer und gewissenhafter Prüfung hätte erkennen können (sog. subjektiver Fehlerbegriff).

Subjektiv fehlerhafte Bilanzansätze grds. schädlich

In der bisherigen Praxis konnten die Rechtsfolgen einer wegen Fehlerhaftigkeit des Jahresabschlusses unrichtigen Ergebnisabführung und damit die (ggf. auch rückwirkende) Nichtanerkennung der Organschaft i. d. R. nur durch rückwirkende Änderung bzw. Korrektur der handelsrechtlichen Abschlüsse verhindert werden. Zeitversetzte Fehlerkorrekturen in laufender Rechnung, die handelsrechtlich grundsätzlich möglich sind, sofern dem weder materielle Folgewirkungen noch Informationsbedürfnisse entgegenstehen (vgl. IDW RS HFA 6, FN-IDW 5/2007, 265), waren bisher für eine steuerliche Anerkennung der Vertragsdurchführung nicht ausreichend.

Bisher Heilung nur durch Rückwärtsberichtigung möglich

Im Zuge der »kleinen« Organschaftsreform hat der Gesetzgeber nun für alle noch nicht bestandskräftig veranlagten Fälle dieses Problem zu beseitigen versucht, indem nunmehr unter den folgenden Voraussetzungen auch im Fall einer erst in

»Kleine« Organschaftsreform: fiktive Durchführung des EAV, wenn …

laufender Rechnung vorgenommenen Korrektur der Ergebnisabführungsvertrag als durchgeführt gilt:

... JA wirksam ist, ...

Zunächst muss der Jahresabschluss wirksam festgestellt sein; er darf also nicht nichtig sein, wobei aber ggf. eine Heilung nach § 256 Abs. 6 AktG möglich ist.

... der Fehler nicht hätte erkannt werden müssen, ...

Zweitens greift die Regelung nur dann, wenn die Fehlerhaftigkeit bei der Erstellung des Jahresabschlusses unter der Anwendung der Sorgfalt eines gewissenhaften Kaufmanns nicht hätte erkannt werden müssen. Dies gilt im Wege einer unwiderleglichen gesetzlichen Vermutung immer dann als gegeben, wenn ein uneingeschränkter Bestätigungsvermerk bzgl. der Prüfung des Einzel- oder Konzernabschlusses, ein uneingeschränkter Bestätigungsvermerk nach einer freiwilligen Prüfung des Jahresabschlusses oder die Bescheinigung eines Steuerberaters oder Wirtschaftsprüfers über die Erstellung des Jahresabschlusses mit umfassenden Beurteilungen vorliegt. Testate von vereidigten Buchprüfern stehen denjenigen von Steuerberatern und Wirtschaftsprüfern gleich. Eingeschränkte Testate reichen aber ebenso wie Bescheinigungen über eine bloße prüferische Durchsicht nicht aus.

... der Fehler im ersten JA nach Beanstandung durch FinVerw berichtigt wird

Schließlich muss ein von der Finanzverwaltung beanstandeter Fehler spätestens in dem nächsten nach dem Zeitpunkt der Beanstandung aufzustellenden Jahresabschluss der Organgesellschaft und des Organträgers korrigiert und das Ergebnis abgeführt bzw. ausgeglichen werden. Unter Beanstandung ist wohl i.d.R. die Bekanntgabe des BP-Berichts zu verstehen, und für die Frage, welcher der nächste danach aufzustellende Jahresabschluss ist, ist richtigerweise auf den nächstfolgenden Bilanzstichtag abzustellen (vgl. OFD Karlsruhe v. 16.01.2014, FR 2014, 434). Fraglich ist, ob die Korrektur im nächsten Jahresabschluss zum Einhalten der Frist des § 14 Abs. 1 Satz 1 Nr. 3 Satz 4 KStG auch dann erforderlich ist, wenn bzgl. des Vorliegens eines Bilanzierungsfehlers Uneinigkeit mit der Finanzverwaltung besteht.

Unklar war zunächst auch, ob auch Verstöße, die nicht fehlerhafte Bilanzansätze bei Vermögensgegenständen oder Schulden darstellen, i.S.d. § 14 Abs. 1 Satz 1 Nr. 3 Satz 4, 5 KStG qualifizieren. Nach Auffassung der Finanzverwaltung ist dies zumindest bei den folgenden, praktisch bedeutsamen Verstößen gegen gesellschaftsrechtliche Vorschriften der Fall (vgl. OFD Karlsruhe v. 16.01.2014, FR 2014, 434):

- unterbliebener Ausgleich vororganschaftlicher Verluste nach § 301 AktG,
- Nichtbeachtung handelsrechtlicher Ausschüttungssperren i.s.v. § 268 Abs. 8 HGB,
- unzulässige Abführung vorvertraglich gebildeter Gewinn- oder Kapitalrücklagen bei einer nicht eingegliederten Organgesellschaft,
- unzulässige Abführung einer in organschaftlicher Zeit gebildeten Kapitalrücklage.

Nicht als Bilanzierungsfehler in der Handelsbilanz qualifiziert jedoch eine nach § 14 Abs. 1 Satz 1 Nr. 4 KStG unzulässige Bildung einer Gewinnrücklage, denn diese Bildung ist handelsrechtlich zulässig.

Sind die Voraussetzungen des § 14 Abs. 1 Satz 1 Nr. 3 Satz 4, 5 KStG nicht gegeben, bleibt zur Sicherstellung der Durchführung des Vertrags wie bisher nur die Rückwärtsberichtigung des handelsrechtlichen Abschlusses bis zur Fehlerquelle. Zu weiteren Einzelheiten der »Durchführungsfiktion« vgl. auch SCHNEIDER/SOMMER, GmbHR 2013, 22. Das folgende Schaubild fasst noch einmal zusammen.

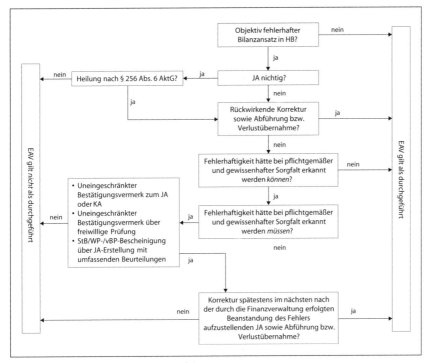

Abb. 10: Durchführung des Ergebnisabführungsvertrags

4.6 Folgen der Nichtdurchführung oder Beendigung des Vertrags

Rechtsfolge der Nichtdurchführung des Gewinnabführungsvertrags ist, dass das Organschaftsverhältnis ex tunc, also von Beginn an nicht anerkannt wird, wenn der Vertrag noch nicht fünf volle Jahre durchgeführt wurde. Siehe hierzu auch H II 4.2.

< 5 Jahre: Aberkennung ex tunc

Wurde der Vertrag dagegen bereits fünf Jahre durchgeführt, ist er erst ab dem Jahr der erstmaligen Nichtdurchführung (ex nunc) als unwirksam anzusehen, so dass das Organschaftsverhältnis erst mit dem Beginn dieses Jahres endet. Die erneute Begründung einer Organschaft setzt den Abschluss und die Durchführung eines erneuten Vertrags mit mindestens fünfjähriger Laufzeit voraus.

> 5 Jahre: Aberkennung ex nunc

Die Folgen einer Kündigung oder Aufhebung des Vertrags entsprechen grundsätzlich denen der Nichtdurchführung, allerdings ist eine Beendigung des Vertrags innerhalb der ersten fünf Jahre bzgl. der zurückliegenden Jahre unschädlich, wenn ein wichtiger Grund die Kündigung oder Aufhebung rechtfertigt (§ 14 Abs. 1 Nr. 3 Satz 2 KStG). Ein wichtiger Grund wird von der Finanzverwaltung insbesondere in der Veräußerung oder Einbringung der Organbeteiligung durch den Organträger, der Verschmelzung, der Spaltung oder der Liquidation des Organträgers oder der Organgesellschaft gesehen (vgl. R 60 Abs. 6 Satz 2 KStR).

Kündigung: Aberkennung ex nunc, wenn aus wichtigem Grund

Nach Auffassung des FG Niedersachsen liegt ein »wichtiger Grund« i.S.d. § 14 Abs. 1 Satz 1 Nr. 3 Satz 2 KStG insbesondere dann vor, wenn nicht vorhersehbare Vertragsstörungen eingetreten sind, die so gewichtig sind, dass sie zivilrechtlich ein Lösen vom EAV auch gegen den Willen des Vertragspartners rechtfertigen. Entgegen

Verkauf innerhalb des Konzerns reicht nicht aus

der Auffassung der Finanzverwaltung in R 60 Abs. 6 Satz 2 KStR sei aber allein der Verkauf einer Organgesellschaft innerhalb des Konzerns kein »wichtiger Grund« für die Beendigung der Organschaft, denn ansonsten wäre die Mindestdauer des EAV innerhalb eines Konzerns dem Belieben der beteiligten Gesellschafter überlassen (vgl. FG Niedersachsen v. 10.05.2012, nrk., Rev. eingelegt: Az. BFH I R 45/12).

Wirtschaftliche Schwierigkeiten i.d.R. kein wichtiger Grund

Wirtschaftliche Schwierigkeiten der Organgesellschaft stellen grundsätzlich ebenfalls keinen wichtigen Grund für die vorzeitige Beendigung eines Ergebnisabführungsvertrags dar, wobei die Bedrohung der wirtschaftlichen Existenz des gesamten Konzerns eine Ausnahme hiervon bilden könnte (vgl. FG Berlin-Brandenburg v. 19.10.2011, EFG 2012, 443, rkr.). Endet ein auf mindestens fünf Jahre abgeschlossener Gewinnabführungsvertrag durch Zeitablauf, endet das Organschaftsverhältnis mit dem Beginn des Jahres, für das der Vertrag entfällt.

III Rechtsfolgen der körperschaftsteuerlichen Organschaft

1 Grundsatz

Bei Vorliegen der Voraussetzungen einer körperschaftsteuerlichen Organschaft ist das Einkommen der Organgesellschaft dem Organträger zuzurechnen. Da Organträger und Organgesellschaft weiterhin selbständige Steuerrechtssubjekte sind, sind die jeweiligen Einkommen zunächst unabhängig voneinander zu ermitteln, wobei die organschaftsrechtlichen Besonderheiten der §§ 15, 16 KStG zu beachten sind. Anschließend ist das Einkommen der Organgesellschaft dem Organträger zuzurechnen und bei diesem der Einkommen- oder Körperschaftsteuer zu unterwerfen.

2 Einkommensermittlung bei der Organgesellschaft

Abweichungen bei der Einkommensermittlung

Die Einkommensermittlung für die Organgesellschaft entspricht zwar grundsätzlich derjenigen einer »normalen« Kapitalgesellschaft; gegenüber dem allgemeinen Schema zur Ermittlung des zu versteuernden Einkommens einer Kapitalgesellschaft (vgl. C I) sind aber insbesondere die folgenden Besonderheiten zu beachten:
- Der in der Gewinn- und Verlustrechnung erfasste Aufwand aus der Gewinnabführung bzw. der Ertrag aus der Verlustübernahme ist außerbilanziell zu korrigieren.
- Erzielt die Organgesellschaft Erträge aus Beteiligungen, sind die Regelungen zu deren Steuerfreistellung (§ 8b KStG, § 4 Abs. 6 UmwStG) gemäß § 15 Satz 1 Nr. 2 KStG auf der Ebene der Organgesellschaft nicht anzuwenden (sog. Bruttomethode). Erst beim Organträger erfolgt eine (je nach Rechtsform des Organträgers volle oder teilweise) Freistellung der im zugerechneten Einkommen enthaltenen Beteiligungserträge sowie ggf. eine Korrektur damit in Zusammenhang stehender Betriebsausgaben.

- Im Fall von Ausgleichszahlungen an Minderheitsgesellschafter hat die Organgesellschaft gemäß § 16 KStG ihr Einkommen i. H. v. 20/17 der zu leistenden Ausgleichszahlungen insoweit selbst zu versteuern. Aufgrund des Steuersatzes von 15 % verbleibt hierbei nach KSt der für die Ausgleichszahlung erforderliche Betrag.
- Verdeckte Gewinnausschüttungen an den Organträger gelten als vorweggenommene Gewinnabführung. Sie sind dem zuzurechnenden Einkommen außerbilanziell hinzuzurechnen. Verdeckte Gewinnausschüttungen an außenstehende Gesellschafter sind wie Ausgleichszahlungen zu behandeln.
- Verlustvorträge aus vororganschaftlicher Zeit können während des Bestehens des Organschaftsverhältnisses nicht nach § 10d EStG abgezogen werden. Verlustvorträge während des Bestehens der Organschaft sind wegen der Verlustausgleichsverpflichtung des Organträgers nicht möglich.
- Nachvertragliche Verluste i. S. v. § 10d EStG können nicht in die vertragliche Zeit zurückgetragen werden.

Es ergibt sich folgendes vereinfachtes Schema zur Ermittlung des dem Organträger zuzurechnenden Einkommens:

Ermittlungsschema Organgesellschaft

Handelsrechtlicher Jahresüberschuss der OG (regelmäßig 0 €)
+/./. Korrekturen aufgrund steuerrechtlicher Bilanzierungs-/Bewertungsvorschriften

= **Steuerbilanzergebnis**
+/./. nichtabziehbare Aufwendungen/steuerfreie Erträge
(ohne Berücksichtigung der §§ 8b KStG, 4 Abs. 6 UmwStG, vgl. § 15 Satz 1 Nr. 2 KStG)
+/./. Verdeckte Gewinnausschüttungen/verdeckte Einlagen
+/./. Gewinnabführung an/Verlustausgleich durch OT
+ Ausgleichszahlungen an außenstehende Gesellschafter

= **Einkommen der OG**
./. Ausgleichszahlung/vGA an außenstehende Gesellschafter ⎫ eigenes
./. KSt auf Ausgleichszahlung (= 3/17 der Ausgleichszahlung) ⎭ z. v. E. der OG

= **dem OT zuzurechnendes Einkommen**

BEISPIEL 140

Die OT-GmbH ist zu 80 % an der OG-GmbH beteiligt. Aufgrund eines Gewinnabführungsvertrags liegt ein ertragsteuerliches Organschaftsverhältnis vor. Die verbleibenden Anteile der OG-GmbH werden von X im Privatvermögen gehalten.
Die OG-GmbH hält eine 10 %ige Beteiligung an der Y-GmbH, von der sie in 01 eine Ausschüttung von 20.000 € bezog. Die bei Auszahlung einbehaltene Kapitalertragsteuer von 25 % = 5.000 € erfasste die OG-GmbH als Aufwand. Für das Jahr 01 erhält der Minderheitsgesellschafter X eine Ausgleichszahlung i. H. v. 34.000 €. Die OT-GmbH vermietet der OG-GmbH ein Grundstück zu einem jährlichen Mietzins von 60.000 €. Angemessen wäre lediglich eine Miete i. H. v. 20.000 €. Die OG-GmbH hat zur Durchführung von Erweiterungsinvestitionen eine Rücklage i. H. v. 50.000 € gebildet. Die OT-GmbH hat infolgedessen nach § 14 Abs. 4 KStG einen Ausgleichsposten i. H. v. 80 % von 50.000 € zu aktivieren (siehe hierzu H III 4.1.2). Den die Rücklagenbildung übersteigenden Teil des Jahresüberschusses hat die OG-GmbH aufgrund des Gewinnabführungsvertrags an die OT-GmbH abgeführt.

Die Gewinn- und Verlustrechnungen für das Jahr 01 zeigen folgendes Bild:

GuV der OG-GmbH (€)

Umsatzerlöse		1.600.000
Dividende von Y-GmbH	+	20.000
Zuführung KSt-Rückstellung	./.	6.000
KapESt Dividende Y-GmbH	./.	5.000
Ausgleichszahlung an X	./.	34.000
Mietzahlung an OT-GmbH	./.	60.000
Sonstige Aufwendungen	./.	1.175.000
Gewinnabführung an OT	./.	290.000
Jahresüberschuss		**50.000**

GuV der OT-GmbH (€)

Umsatzerlöse		3.000.000
Gewinnabführung von OG	+	290.000
Bildung Ausgleichsposten	+	40.000
KSt-VZ	./.	140.000
Zuführung KSt-Rückstellung	./.	2.900
Sonst. Aufwendungen	./.	2.340.000
Jahresüberschuss		**847.100**

Das Einkommen der OG-GmbH ergibt sich wie folgt:

Jahresüberschuss			50.000
Dividende Y-GmbH: nach § 15 KStG keine Anwendung von § 8b KStG!			./.
zzgl. KSt, KapESt (§ 10 Nr. 2 KStG)		+	11.000
zzgl. vGA wegen Mietzahlung an OT-GmbH (§ 8 Abs. 3 KStG)		+	40.000
zzgl. Ausgleichszahlung an X		+	34.000
zzgl. Gewinnabführung an OT-GmbH		+	290.000
ergibt			425.000
Ausgleichszahlung an X	34.000		
zzgl. 3/17 darauf zu leistende KSt	6.000		
eigenes zu versteuerndes Einkommen der OG-GmbH	**40.000**	./.	40.000
der OT-GmbH zuzurechnendes Einkommen			**385.000**

Zur Ermittlung des Einkommens der OT-GmbH siehe Fortsetzung des Beispiels im nächsten Abschnitt. ◀|

3 Einkommensermittlung beim Organträger

OT-Kapitalgesellschaft

Handelt es sich bei dem Organträger um eine Kapitalgesellschaft, ergeben sich insbesondere die folgenden Abweichungen gegenüber dem Grundschema zur Einkommensermittlung:

- Der in der Gewinn- und Verlustrechnung erfasste Ertrag aus der Gewinnabführung bzw. der Aufwand aus der Verlustübernahme ist außerbilanziell zu korrigieren. Stattdessen ist das zuzurechnende Einkommen der Organgesellschaft zu erfassen.
- Aufwendungen und Erträge, die sich aus der Bildung oder Auflösung von Ausgleichsposten wegen Mehr- oder Minderabführungen ergeben (siehe hierzu unten H III 4.1.2), sind außerbilanziell zu korrigieren.

- Sind in dem zugerechneten Einkommen der Organgesellschaft Erträge aus Beteiligungen enthalten, sind beim Organträger die für derartige Erträge einschlägigen Regelungen zur Anwendung zu bringen: Ist der Organträger eine Körperschaft, sind die Beteiligungserträge regelmäßig nach § 8b KStG zu 95 % steuerfrei zu stellen. Handelt es sich beim Organträger um eine natürliche Person, kommen die §§ 3 Nr. 40, 3c Abs. 2 EStG zur Anwendung.
- Verdeckte Gewinnausschüttungen, die der Organträger von der Organgesellschaft erhalten hat und die das bilanzielle Ergebnis des Organträgers erhöht haben, sind zur Vermeidung einer doppelten Erfassung außerbilanziell zu kürzen, da sie bereits im zugerechneten Einkommen enthalten sind.

Es ergibt sich folgendes vereinfachtes Ermittlungsschema:

Ermittlungsschema Organträger

Handelsrechtlicher Jahresüberschuss

+/./. Korrekturen aufgrund steuerrechtlicher Bilanzierungs-/Bewertungsvorschriften

= **Steuerbilanzergebnis**

+/./. nichtabziehbare Aufwendungen/steuerfreie Erträge

+/./. Verdeckte Gewinnausschüttungen/verdeckte Einlagen

+/./. Aufwand aus Verlustübernahme bei OG/Ertrag aus Gewinnabführung der OG

+/./. Aufwand/Ertrag aus der Auflösung oder Bildung von Ausgleichsposten

= **Eigenes Einkommen des OT**

+/./. **dem OT zuzurechnendes Einkommen der OG**

Korrekturen nach § 8b KStG, 3 Nr. 40, 3c Abs. 2 EStG, 4 Abs. 7 UmwStG aufgrund von Beteiligungserträgen der OG

= **vom OT zu versteuerndes Einkommen**

FORTSETZUNG BEISPIEL 140

Das zu versteuernde Einkommen der OT-GmbH ergibt sich wie folgt (in €):

Jahresüberschuss		847.100
abzgl. Gewinnabführung von OG-GmbH	./.	290.000
abzgl. Mietertrag i. H. d. vGA, gilt als Vorabgewinnabführung	./.	40.000
abzgl. Ertrag aus der Bildung des Ausgleichspostens	./.	40.000
zzgl. KSt-Aufwand (VZ und Zuführung zur Rückstellung)	+	142.900
zzgl. von OG-GmbH zuzurechnendes Einkommen	+	385.000
abzgl. Dividende Y-GmbH (§ 8b Abs. 1 i. V. m. § 15 KStG)	./.	20.000
zzgl. 5 % der steuerfreien Dividende (§ 8b Abs. 5 i. V. m. § 15 KStG)	+	1.000
zu versteuerndes Einkommen der OT-GmbH		**986.000**
tarifliche KSt (§ 23 KStG)		147.900
abzgl. KSt-VZ	./.	140.000
abzgl. KapESt auf Dividende Y-GmbH-VZ, § 19 Abs. 5 KStG	./.	5.000
KSt-Rückstellung (vgl. GuV der OT-GmbH)		**2.900**

4 Sonderprobleme

4.1 Mehr- und Minderabführungen

Gewinnabführung ≠ Steuerbilanzergebnis

Der handelsrechtlich abzuführende Gewinn kann ggf. erheblich vom Steuerbilanzergebnis der Organgesellschaft abweichen. Dabei wird als Minderabführung der Fall bezeichnet, in dem die handelsrechtliche Gewinnabführung das Steuerbilanzergebnis der Organgesellschaft unterschreitet, während im umgekehrten Fall eine Mehrabführung vorliegt. Infolge solcher Differenzen werden sich auch das an den Organträger abgeführte Ergebnis und das ihm zuzurechnende Einkommen unterscheiden.

Die Gründe für diese Abweichungen können darin liegen, dass

- die Organgesellschaft handelsrechtlich zulässigerweise Gewinnrücklagen bildet bzw. bereits gebildete Rücklagen auflöst und daher nicht den gesamten bzw. mehr als den bilanziell ermittelten Jahresüberschuss abführt;
- handelsrechtlich vororganschaftliche Verlustvorträge der Organgesellschaft die Abführung vermindern, während die steuerlichen vororganschaftlichen Verlustvorträge i.S.d. § 10d EStG in organschaftlicher Zeit nicht genutzt werden können;
- aufgrund vom Handelsrecht abweichenden steuerlichen Bilanzierungs- und Bewertungsvorschriften das Ergebnis der handelsrechtlichen Gewinn- und Verlustrechnung nicht dem steuerlichen Gewinn entspricht, sowie
- bei der Organgesellschaft zur Ermittlung des dem Organträger zuzurechnenden Einkommens außerbilanzielle Korrekturen vorzunehmen sind (steuerfreie Erträge, nichtabziehbare Betriebsausgaben).

Die steuerlichen Auswirkungen derartiger Abweichungen sind zunächst danach zu unterscheiden, ob sie während des Bestehens des Organschaftsverhältnisses oder vororganschaftlich verursacht sind.

4.1.1 Vororganschaftlich verursachte Differenzen

Rücklagen, Differenzen zwischen Handels- und Steuerbilanz

Eine vororganschaftliche Verursachung von Differenzen zwischen Handels- und Steuerbilanzergebnis kann z.B. darin bestehen, dass die Organgesellschaft Rücklagen, die sie bereits vor dem Beginn des Organschaftsverhältnisses gebildet hatte, in organschaftlicher Zeit auflöst, oder dass wegen des Erfordernisses des Ausgleichs vororganschaftlich verursachter Verlustvorträge der in organschaftlicher Zeit erzielte Gewinn handelsrechtlich nicht abgeführt werden darf. Denkbar sind auch bereits aus vororganschaftlicher Zeit bestehende Differenzen zwischen Handels- und Steuerbilanz der Organgesellschaft, die sich in organschaftlicher Zeit auflösen. So führt z.B eine vororganschaftlich gebildete Drohverlustrückstellung ggf. zu einer Mehrabführung gegenüber dem zuzurechnenden Einkommen, wenn die Verluste erst in organschaftlicher Zeit realisiert werden und sich steuerlich mangels Vorliegens einer Rückstellung nunmehr gewinn- und damit einkommensmindernd auswirken.

Gewinnausschüttungen bzw. Einlagen

In diesem Sinne vororganschaftlich verursachte Differenzen sind steuerlich gemäß § 14 Abs. 3 KStG im Fall der Mehrabführung als Gewinnausschüttungen der Organgesellschaft an den Organträger anzusehen (vgl. DÖTSCH in DPM, § 14

KStG Tz. 443 ff.). Dies gilt auch bei Minderverlustübernahmen, d. h. wenn die Organgesellschaft handelsrechtlich einen geringeren Verlust erlitten hat als ihr steuerrechtlich zuzurechnen war. Ein tatsächlicher Vermögenstransfer an den Organträger ist hier für die Annahme einer Gewinnausschüttung nicht erforderlich; vielmehr ist unter einer Mehrabführung die absolute rechnerische Differenz aufgrund eines höheren handelsrechtlichen Jahresergebnisses zu verstehen (vgl. BFH v. 06.06.2013 – I R 38/11, BFH/NV 2013, 1730). Die Behandlung der Gewinnausschüttung folgt beim Organträger allgemeinen Vorschriften, insbesondere §§ 8b KStG, 3 Nr. 40, 3c Abs. 2 EStG. Neben die Organschaft tritt in diesen Fällen also die »normale« Dividendenbesteuerung.

Eine Minderabführung ist als Einlage des Organträgers in die Organgesellschaft anzusehen, die bei der Organgesellschaft als Zugang auf dem steuerlichen Einlagekonto erfasst wird (siehe hierzu J III 2.2.1). Beim Organträger erhöht sich entsprechend der Beteiligungsbuchwert in der Steuerbilanz (vgl. DÖTSCH in DPM, § 14 KStG Tz. 444).

4.1.2 In organschaftlicher Zeit verursachte Differenzen

Liegen die Gründe für eine Abweichung zwischen Gewinnabführung und Einkommenszurechnung in organschaftlicher Zeit, ist auf der Ebene des Organträgers insbesondere im Hinblick auf eine nachfolgende Veräußerung der Anteile an der Organgesellschaft sicherzustellen, dass es weder zu einer Doppel- noch zu einer Nichterfassung des insgesamt im Organkreis erzielten Einkommens kommt.

Drohende Doppelbesteuerung ...

Von besonderer Bedeutung sind dabei Fälle, in denen sich eine Minderabführung aufgrund der Bildung von Gewinnrücklagen bei der Organgesellschaft ergibt. Da die Rücklagenzuführung eine Verminderung der handelsrechtlichen Gewinnabführung bewirkt, ist eine Wertsteigerung der Anteile an der Organgesellschaft die Folge, so dass der Organträger im Fall einer späteren Veräußerung der Anteile einen Gewinn realisiert, obwohl ihm im Jahr der Rücklagenbildung bereits das volle Einkommen der Organgesellschaft, einschließlich des der Rücklage zugeführten Betrags, zugerechnet wurde. Zwar ist dieser Veräußerungsgewinn im Fall einer OT-Kapitalgesellschaft nach § 8b Abs. 2 KStG steuerfrei, jedoch ergibt sich aufgrund von § 8b Abs. 3 Satz 3 KStG zumindest eine körperschaftsteuerliche Belastung auf 5 % dieses Gewinns, und im Fall einer natürlichen Person als Organträger unterliegt der Gewinn nach § 3 Nr. 40 EStG zu 60 % der Besteuerung.

... insbesondere bei Rücklagenbildung

BEISPIEL 141

Die OT-AG ist zu 100 % an der OG-GmbH beteiligt. Handelsrechtlicher Jahresüberschuss und Steuerbilanzgewinn der OG-GmbH betragen vor Gewinnabführung 200.000 €; dieser Betrag entspricht auch dem zu versteuernden Einkommen der OG-GmbH, das der OT-AG zugerechnet wird. Die OG-GmbH hat zulässigerweise eine Gewinnrücklage i. H. v. 30.000 € gebildet und führt infolgedessen nur 170.000 € an die OT-AG ab. Infolge der Rücklagenbildung hat sich der Wert der Anteile an der OG-GmbH um 30.000 € erhöht.
Es liegt eine Minderabführung i. S. v. § 14 Abs. 4 Satz 6 KStG vor, da das Steuerbilanzergebnis der OG-GmbH (200.000 €) den abgeführten Betrag (170.000 €) um 30.000 € übersteigt. Realisiert die OT-AG nun später die durch die Rücklagenbildung bewirkte Wertsteigerung der Anteile an der OG-GmbH i. H. v. 30.000 € durch Veräußerung, so entsteht bei der OT-AG ein Veräußerungsgewinn. Der Betrag der Rücklagenbildung wird daher bei der OT-AG zweimal der Besteuerung unterworfen (wenn auch im Veräußerungsfall aufgrund

von § 8b Abs. 2, 3 KStG im Ergebnis nur zu 5 %), nämlich einmal durch Zurechnung des Einkommens der OG und ein zweites Mal bei Veräußerung der Anteile. ◄|

Vermeidung durch Bildung von Ausgleichsposten

Um diese (partielle) Doppelbesteuerung zu vermeiden, ist beim Organträger im Jahr der Rücklagenbildung einkommensneutral ein steuerlicher Ausgleichsposten zu aktivieren (vgl. hierzu auch Beispiel 140), der bei Veräußerung der Beteiligung aufgelöst wird, wobei sich im Ergebnis der nach §§ 3 Nr. 40, 3c Abs. 2 EStG bzw. § 8b KStG (teilweise) steuerfreie Veräußerungsgewinn verändert. Diese zunächst nur auf Verwaltungsanweisungen beruhende und in der Literatur nicht unumstrittene Vorgehensweise wurde durch den Gesetzgeber im Zuge des JStG 2008 in § 14 Abs. 4 KStG gesetzlich verankert.

FORTSETZUNG BEISPIEL 141

LÖSUNG In der Steuerbilanz der OT-AG ist ein aktiver Ausgleichsposten zu bilden (Buchungssatz: Ausgleichsposten an Ertrag). Die Bildung des Ausgleichspostens ist gleichwohl steuerneutral, da dieser Ertrag bei der Einkommensermittlung außerbilanziell zu kürzen ist.

Realisiert die OT-AG die durch die Rücklagenbildung bewirkte Wertsteigerung der Anteile an der OG-GmbH i. H. v. 30.000 € durch Veräußerung, so ist der Ausgleichsposten aufwandswirksam auszubuchen, wodurch der Veräußerungsgewinn kompensiert wird. Andernfalls wäre ein doppelte steuerliche Erfassung der Wertsteigerung bzw. Rücklagenbildung die Folge: Zum einen aufgrund der vollständigen Einkommenszurechnung des Einkommens der OG-GmbH bei der OT-AG, zum anderen aufgrund der (wenngleich lediglich partiellen) Besteuerung des Veräußerungsgewinns. ◄|

Rechtsnatur des Ausgleichspostens umstritten

Die Rechtsnatur des Ausgleichsposten war und ist höchst umstritten (vgl. ausführlich DÖTSCH in DPM, § 14 KStG Tz. 485): Während er in weiten Teilen der Literatur als Zusatz- oder Korrekturposten zum Beteiligungsbuchwert aufgefasst wird, der ggf. auch im Fall einer späteren Teilwertabschreibung zu berücksichtigen sei (vgl. BAREIS, FR 2008, 649, 655;), wird dies insbesondere von WASSERMEYER abgelehnt, der vor Einführung von § 14 Abs. 4 KStG im Übrigen bereits den bilanziellen Ansatz für unzulässig hielt (vgl. WASSERMEYER in Herzig, Organschaft, 2003, 217; vgl. auch BFH v. 24. 07. 1996 – I R 41/93, BStBl. II 1996, 614). Dieser Auffassung folgt zur Rechtslage vor Ergehen des JStG 2008 auch der BFH (v. 07. 02. 2007 – I R 5/05, BStBl. II 2007, 796; Nichtanwendungserlass: BMF v. 05. 10. 2007, BStBl. I 2007, 743). Vertreten wird schließlich die Auffassung, der Ausgleichsposten sei lediglich eine Bilanzierungshilfe im Sinne eines »steuerbilanziellen Merkpostens« mit dem einzigen Ziel, eine Doppel- bzw. Nichterfassung im Fall der Veräußerung der Beteiligung und bei gleichgestellten Vorgängen zu verhindern (vgl. FROTSCHER in Frotscher/Maas, § 14 KStG Rz. 847). Diese Auffassung vertritt auch der BFH in seiner jüngsten Entscheidung zu dieser Frage (vgl. BFH v. 29. 08. 2012 – I R 65/11, BStBl. II 2013, 555). Die Auffassung der Finanzverwaltung erscheint kryptisch: Einerseits soll der Posten den steuerlichen Wertansatz der Beteiligung unberührt lassen (R 63 Abs. 1, 2 KStR); gleichwohl teile er im Falle der Veräußerung das Schicksal der Beteiligung (vgl. BMF v. 26. 08. 2003, BStBl. I 2003, 437, Tz. 43). Diese Auffassung zielt wohl darauf ab, in den Fällen einer Kompensation der Mehr- oder Minderabführung noch in organschaftlicher Zeit eine einkommensneutrale Auflösung des Ausgleichspostens zu ermöglichen, was bei einer Erfassung als Teil des Beteiligungsbuchwerts ggf. schwer begründbar wäre.

Einiges hätte dafür gesprochen, anstelle der Bildung eines Ausgleichspostens eine direkte Korrektur des Beteiligungsbuchwerts anzuordnen, denn bei der Organgesellschaft ist der Betrag der Rücklagenbildung gemäß § 27 Abs. 6 KStG dem steuerlichen Einlagekonto zuzuführen; diese Vorgehensweise entspricht im Ergebnis einer Abführung des Rücklagenbetrags an den Organträger mit anschließender Rückführung an die Organgesellschaft in Form einer den Beteiligungsbuchwert erhöhenden Einlage (siehe Beispiel 151 in J III 2.2.1). Würde man nun diese Systematik nicht nur bei der Organgesellschaft, sondern auch auf der Ebene des Organträgers anwenden, wäre es nur folgerichtig, anstatt der Aktivierung eines Ausgleichspostens den Buchwert der Beteiligung an der Organgesellschaft entsprechend zu erhöhen bzw. im Fall einer Mehrabführung zu vermindern (sog. Einlagenlösung). Stattdessen hat jedoch der Gesetzgeber die bisherige Vorgehensweise der Finanzverwaltung übernommen und die Bildung eines vom Beteiligungsbuchwert zu unterscheidenden Ausgleichspostens angeordnet (vgl. WISCHMANN in HHR, § 14 KStG Anm. J 07–4). Grundsätzlich wirkt die Ausgleichspostenmethode in materieller Hinsicht nicht anders als die beschriebene Einlagenlösung, da der Ausgleichsposten bei Veräußerung der Beteiligung an der Organgesellschaft das Schicksal des Beteiligungsbuchwerts teilt.

Zu unterschiedlichen Ergebnissen kommen die beiden Methoden aber bei Mehrabführungen, wenn diese den Buchwert der Beteiligung an der Organgesellschaft übersteigen. Solche Mehrabführungen, denen keine Minderabführungen in organschaftlicher Zeit vorangegangen sind, können in erster Linie in Umwandlungsfällen entstehen, wenn bei der Organgesellschaft aufgrund von Umwandlungsvorgängen handelsrechtlich stille Reserven mit der Folge eines abzuführenden Gewinns aufgedeckt werden, steuerlich dagegen weiterhin zu Buchwerten bilanziert wird. In diesen Fällen wäre bei Anwendung der sog. Einlagen- bzw. hier eher Einlagenrückzahlungslösung die vorzunehmende Verminderung des Beteiligungsbuchwerts naturgemäß nur bis zu dessen Höhe möglich; darüber hinaus gehende Mehrabführungen werden sofort steuerpflichtig. Bei Anwendung der Ausgleichspostenmethode kann dagegen die Bildung des passiven Ausgleichspostens auch höher ausfallen als der bisherige Beteiligungsbuchwert. In diesen Fällen bewirkt die Ausgleichspostenmethode also eine entsprechende Steuerstundung bis zur Anteilsveräußerung, die im Fall der Einlagenlösung nicht möglich wäre (vgl. DÖTSCH, Ubg 2008, 117, 123 f.). Gleichwohl qualifiziert die Finanzverwaltung allerdings solche außerorganschaftlich verursachten Mehr-/Minderabführungen wohl unabhängig vom konkreten Verursachungszeitpunkt als vororganschaftlich und will daher die Rechtsfolgen des § 14 Abs. 3 KStG eintreten lassen (vgl. OFD Münster v. 09.12.2010, HaufeIndex 2667271; vgl. hierzu auch FROTSCHER in Frotscher/Maas, § 14 KStG Rz. 1001 ff.).

Die Auflösung des Ausgleichspostens erfolgt grundsätzlich bei Veräußerung der Beteiligung an der Organgesellschaft. Im Fall eines passiven Ausgleichspostens hatte der BFH indes gegen eine einkommenserhöhende Auflösung passiver Ausgleichsposten entschieden, weil es dafür an einer ausdrücklichen gesetzlichen Regelung mangele (vgl. BFH v. 07.02.2007 – I R 5/05, BStBl. II 2007, 796). Hierin lag der eigentliche Grund für die Einführung von § 14 Abs. 4 KStG, wird doch dadurch die bisherige Auffassung der Finanzverwaltung gesetzlich fixiert und zugleich das vom BFH bemängelte Fehlen einer gesetzlichen Grundlage für die erfolgswirksame Auflösung des Ausgleichspostens beseitigt. Zudem werden in § 14 Abs. 4 Satz 5

KStG folgende Ersatztatbestände geregelt, bei deren Vorliegen der Ausgleichsposten auch ohne eine Veräußerung erfolgswirksam aufzulösen ist: Die Umwandlung der Organgesellschaft in eine Personengesellschaft oder natürliche Person, die verdeckte Einlage der Beteiligung an der Organgesellschaft und die Auflösung der Organgesellschaft.

Erfolgsneutrale Auflösung bei Abführung der Rücklage

Löst sich die Abweichung zwischen Gewinnabführung und Steuerbilanzgewinn der Organgesellschaft noch in organschaftlicher Zeit auf, z.B. weil eine in organschaftlicher Zeit gebildete Rücklage in einem Folgejahr aufgelöst und an den Organträger abgeführt wird, ist der Ausgleichsposten einkommensneutral aufzulösen, denn in diesem Fall wird die Minderabführung bei Bildung der Rücklage durch eine Mehrabführung im Jahr der Rücklagenauflösung kompensiert (vgl. hierzu auch DÖTSCH in DPM, § 14 KStG Tz. 506).

Beendigung der Organschaft

Wird die Organschaft beendet, ohne dass zugleich die Beteiligung veräußert wird, etwa durch Beendigung des Ergebnisabführungsvertrags, bleibt der Ausgleichsposten nach Auffassung der Finanzverwaltung weiterhin bestehen. Die einkommenswirksame Auflösung erfolgt i.d.R. auch in diesem Fall erst bei Anteilsveräußerung (R 63 Abs. 3 KStR).

Ggf. nur anteilige Bildung ...

Sind neben dem Organträger noch außenstehende Gesellschafter an der Organgesellschaft beteiligt, ist der Ausgleichsposten nach § 14 Abs. 4 Satz 1 KStG nur i.H.d. Anteilsquote des Organträgers zu bilden. Auch insoweit wurde die Auffassung der Finanzverwaltung im Gesetz verankert (vgl. BMF v. 26.08.2003, BStBl. I 2003, 337, Rn. 43; R 63 Abs. 1 Satz 3 KStR). Dies erscheint auf den ersten Blick sachgerecht, da der vom Organträger realisierbare Veräußerungsgewinn nur seinem Anteil an der gebildeten Gewinnrücklage entsprechen wird.

... ist u. E. nicht sachgerecht

Berücksichtigt man allerdings, dass der Organträger bereits den gesamten Betrag der Rücklage (einschließlich des auf den Minderheitsgesellschafter entfallenden Betrags) im Jahr ihrer Bildung versteuert hat, unterschreitet die dem Organträger insgesamt zugeflossene Vermögensmehrung auch unter Berücksichtigung des Veräußerungsgewinns das ihm insgesamt zuzurechnende Einkommen. Zum Ausgleich wäre es daher u. E. sachgerecht, wenn bei Veräußerung ein Veräußerungsverlust i.H.d. auf den außenstehenden Gesellschafter entfallenden Rücklagenbetrags entstünde, was bei Bildung eines 100%igen Ausgleichspostens der Fall wäre. Gleiches gilt, wenn die Rücklage erst nach Beendigung des Organschaftsverhältnisses aufgelöst und ausgeschüttet würde, da der Organträger im Rahmen der Ausschüttung auch hier nur den auf seine Beteiligung entfallenden Teil der Rücklage bekäme. In diesem Fall wäre zu erwägen, den in vollem Umfang gebildeten Ausgleichsposten insoweit, als er auf die Beteiligungsquote der Minderheitsgesellschafter entfällt, bei Beendigung des Organschaftsverhältnisses einkommensmindernd aufzulösen, da bereits zu diesem Zeitpunkt feststeht, dass dieser Teil der gebildeten Rücklage dem (vormaligen) Organträger nunmehr nicht mehr zufließen wird.

Erfolgt die Auflösung der Rücklage dagegen noch in organschaftlicher Zeit und wird der Betrag der Rücklage dem entsprechend zu 100% an der Organträger abgeführt, ist die Höhe des Ausgleichspostens regelmäßig bedeutungslos, da sich sowohl seine Bildung als auch seine Auflösung einkommensneutral vollzieht. Zur vorstehenden Kritik an der nur anteiligen Bildung des Ausgleichspostens vgl. ausführlich FROTSCHER in Frotscher/Maas, § 14 KStG Rz. 854 ff.; DÖTSCH in DPM, § 14 KStG Tz. 513 ff.)

Beruht die Mehr- oder Minderabführung nicht auf der Bildung von Gewinnrücklagen, sondern auf vom Handelsrecht abweichenden steuerlichen Bilanzierungs- und Bewertungsvorschriften, ist ebenfalls ein (ggf. anteiliger) besonderer Ausgleichsposten zu bilanzieren. Wie im Fall der Rücklagenbildung ist auch dieser Posten bei einem Ausgleich der Differenzen in organschaftlicher Zeit einkommensneutral, im Fall der Veräußerung der Beteiligung dagegen erfolgswirksam aufzulösen.

Differenzen wegen abweichender steuerlicher Bilanzierungs- und Bewertungsvorschriften

BEISPIEL 142

Die OT-AG ist zu 100 % an der OG-GmbH beteiligt (Anschaffungskosten der Anteile: 1.000.000 €). Der handelsrechtliche Jahresüberschuss der OG-GmbH beträgt in 01 200.000 €. Die OG-GmbH hat in 01 zulässigerweise selbsterstellte immaterielle Vermögensgegenstände nach § 248 Abs. 2 HGB i. H. v. 30.000 € aktiviert, deren Nutzungsdauer 4 Jahre beträgt. Wegen der nach § 5 Abs. 2 EStG fehlenden Aktivierungsmöglichkeit in der Steuerbilanz der OG-GmbH beträgt das der OT-AG zuzurechnende Einkommen der OG-GmbH 170.000 €. In den Jahren 02 und 03 beträgt das steuerliche Ergebnis 0 €, der handelsrechtliche Jahresfehlbetrag vor Verlustübernahme wegen der zusätzlichen planmäßigen Abschreibung jedoch ./. 7.500 €. In 03 veräußert die OT-AG die Anteile an der OG GmbH für 985.000 €.

LÖSUNG In 01 liegt eine Mehrabführung vor, da das der OT-AG zugerechnete Einkommen der OG-GmbH (170.000 €) den abgeführten Betrag (200.000 €; die §§ 268 HGB, 301 AktG mögen einer Abführung auch des durch die Aktivierung nach § 248 Abs. 2 HGB entstandenen Teils des Jahresüberschusses z. B. wegen bereits bestehender ausreichender Gewinnrücklagen nicht entgegenstehen) um 30.000 € unterschreitet. In der Steuerbilanz der OT-AG ist ein passiver Ausgleichsposten von 30.000 € zu bilden (Buchungssatz: Aufwand an Ausgleichsposten). Die Bildung des Ausgleichspostens ist steuerneutral, da der Aufwand bei der Einkommensermittlung außerbilanziell hinzuzurechnen ist.

In den beiden Folgejahren ergibt sich eine Minderabführung i. H. v. jährlich 7.500 €. Infolgedessen ist der Ausgleichsposten korrespondierend, jedoch im Ergebnis einkommensneutral um 7.500 € p. a. aufzulösen.

Wie die nachfolgende Tabelle zeigt, beläuft sich die kumulierte tatsächliche Vermögensänderung im Veräußerungszeitpunkt auf 170.000 €, während die steuerliche Einkommensänderung lediglich 155.000 € beträgt. Um zu verhindern, dass es i. H. d. Differenz zu einer (allerdings lediglich partiellen) Nichtbesteuerung kommt, ist der noch verbliebene Ausgleichsposten i. H. v. 15.000 € nunmehr nach § 14 Abs. 4 Satz 3 KStG erfolgswirksam aufzulösen. Handelsrechtliche Vermögensänderung und steuerrechtliches Einkommen entsprechen sich somit.

	Handelsrechtliche Vermögensänderung		Steuerrechtliche Einkommensänderung	
Jahr 01		200.000 €		170.000 €
Jahr 02	./.	7.500 €		0 €
Jahr 03	./.	7.500 €		0 €
Veräußerungsverlust	./.	15.000 €	./.	15.000 €
Summe		170.000 €		155.000 €
Auflösung verbleibender AP		–		15.000 €
Ergebnis		170.000 €		170.000 €

Differenzen aufgrund außerbilanzieller Korrekturen

Dagegen führen Differenzen, die auf nichtabziehbaren Betriebsausgaben oder steuerfreien Erträgen beruhen und sich daher in späteren Jahren nicht ausgleichen können, nicht zum Ansatz eines Ausgleichspostens. Dies ergibt sich einerseits aus dem Begriff der Mehr- bzw. Minderabführungen gemäß § 14 Abs. 4 Satz 6 KStG, wonach nicht etwa Differenzen zwischen Gewinnabführung und zugerechnetem Einkommen, sondern solche zwischen Gewinnabführung und Steuerbilanzgewinn vorliegen müssen. Eine solche ist bei lediglich außerbilanziellen Korrekturen aber nicht gegeben. Die Bildung eines Ausgleichspostens verbietet sich u.E. in diesen Fällen auch bereits aus systematischen Gründen, da außerbilanzielle Korrekturen gerade keine systemwidrige Doppelerfassung nach sich ziehen (vgl. FROTSCHER in Frotscher/Maas, § 14 KStG Rz. 800f.; DÖTSCH in DPM, § 14 KStG Tz. 499).

Kein Ausgleichsposten aufgrund Auszahlung des KSt-Guthabens

Aus denselben Gründen ist ebenfalls kein passiver Ausgleichsposten für Mehrabführungen zu bilden, deren Ursache in der Auszahlung des KSt-Guthabens an die Organgesellschaft liegt. Zwar erhöhen die Auszahlungen aufgrund der Steuerfreiheit nach § 37 Abs. 7 KStG nicht das dem Organträger zuzurechnende Einkommen der Organgesellschaft, sind aber gleichwohl Bestandteil der handelsrechtlichen Gewinnabführung. Diese Mehrabführung führt weder zu einem passiven Ausgleichsposten beim Organträger noch zu einer Verminderung des steuerlichen Einlagekontos bei der Organgesellschaft, da Ursache der Abweichung zwischen Gewinnabführung und Einkommenszurechnung eine außerbilanzielle Korrektur ist; eine für die Bildung eines Ausgleichspostens notwendige Abweichung zwischen Gewinnabführung und Steuerbilanzgewinn liegt hier ebenso wenig vor wie eine vororganschaftlich verursachte Mehrabführung i.S.v. § 14 Abs. 3 KStG (vgl. FÖRSTER/FELCHNER, DStR 2006, 1725, 1728).

Außerbilanzielle Kompensation bilanzieller Differenzen

Ein Ausgleichsposten ist auch dann nicht zu bilden, wenn zwar eine Differenz zwischen handelsrechtlichem Jahresüberschuss und Steuerbilanzgewinn vorliegt, diese jedoch durch außerbilanzielle Korrekturen kompensiert wird.

BEISPIEL 143
Zwischen der OT-AG und der OG-GmbH besteht ein steuerlich anerkanntes Organschaftsverhältnis. Die OG-GmbH ist Kommanditistin der E-KG. Im Jahr 01 sinkt das steuerliche Kapitalkonto i.S.v. § 15a EStG der OG-GmbH bei der E-KG aufgrund von Verlusten i.H.v. 1,6 Mio. € von zuvor 100.000 € auf ./. 1,5 Mio. € ab; in der Steuerbilanz der OG-GmbH sinkt der spiegelbildlich bilanzierte Ansatz der KG-Beteiligung entsprechend auf -1,5 Mio. € ab; der Verlust laut Steuerbilanz beläuft sich auf ./. 1,6 Mio. €. Zugleich wird dieser Verlust jedoch i.H.v. 1,5 Mio. € als lediglich verrechenbar festgestellt. Handelsrechtlich wird der bisherige Beteiligungsansatz von 100.000 € lediglich auf den Wert von 0 € abgeschrieben, so dass der handelsrechtliche Jahresfehlbetrag ./. 100.000 € beträgt.
Grundsätzlich besteht eine Differenz zwischen Handels- und Steuerbilanzgewinn von 1,5 Mio. €, was nach § 14 Abs. 4 EStG ggf. eine Mehrabführung und damit die Bildung eines passivischen Ausgleichsposten bewirken könnte. Da aber wegen der Qualifizierung der Verluste als lediglich verrechenbar i.S.v. § 15a EStG und der damit verbundenen außerbilanziellen Erhöhung das zugerechnete Einkommen dem handelsrechtlichen Jahresüberschuss entspricht (jeweils ./. 100.000 €), liegt nach Auffassung des BFH keine Mehrabführung i.S.v. § 14 Abs. 4 KStG vor (vgl. BFH v. 29.08.2012 – I R 56/11, BStBl. II 2013, 555). ◄|

4.2 **Beteiligungserträge der Organgesellschaft**

Keine Anwendung von § 8b KStG bei der OG

Zur systemkonformen Besteuerung von Beteiligungserträgen der Organgesellschaft sind nach § 15 KStG die Regelungen des § 8b KStG bei der Ermittlung des dem

Organträger zuzurechnenden Einkommens nicht anzuwenden. Die Beteiligungs-erträge verbleiben vielmehr zunächst ungekürzt im zuzurechnenden Einkommen (sog. Bruttomethode); erst auf der Ebene des Organträgers ist dann je nach dessen Rechtsform darüber zu entscheiden, ob sie nach Maßgabe des § 3 Nr. 40 EStG teil-weise oder aber nach § 8b Abs. 1 KStG gänzlich steuerfrei zu stellen sind. Gleiches gilt hinsichtlich der mit den Beteiligungserträgen in Zusammenhang stehen Auf-wendungen der Organgesellschaft: Auch diese bleiben bei der Ermittlung des zu-zurechnenden Einkommens zunächst berücksichtigt; erst beim Organträger ergibt sich je nach dessen Rechtsform, ob sie nach § 3c Abs. 2 EStG teilweise nicht zu berücksichtigen sind oder ob der hinzuzurechnende Betrag nach § 8b Abs. 3 bzw. 5 KStG pauschal mit 5 % der Beteiligungserträge anzusetzen ist. Die Bruttomethode gilt in gleicher Weise für Übernahmegewinne i.S.v. § 4 Abs. 4 UmwStG sowie für nach § 7 UmwStG zuzurechnende Einkünfte.

Innerhalb einer Beteiligungskette von Kapitalgesellschaften bewirkt die Brut-tomethode, dass bezüglich der Auswirkungen der §§ 3 Nr. 40, 3c EStG, 8b KStG die Ebene der Organgesellschaft quasi »übersprungen« und damit die im Falle einer Ausschüttung an die Muttergesellschaft ohne Organschaft zusätzlich eintretende 5 %ige Erfassung der Beteiligungserträge nach § 8b Abs. 3, 5 KStG auf dieser Ebene verhindert wird. **Ebene der OG wird »übersprungen«**

Erhält die Organgesellschaft Gewinnausschüttungen aus ausländischen Betei-ligungen, die bei ihr ohne Vorliegen eines Organschaftsverhältnisses nach einem DBA steuerfrei bleiben würden (sog. internationales Schachtelprivileg), ist diese Freistellung bei der Ermittlung des dem Organträger zuzurechnenden Einkommens nach § 15 Satz 2 KStG nicht anzuwenden, denn andernfalls könnten diese Ausschüt-tungen von einer natürlichen Person als Organträger steuerfrei vereinnahmt werden. Ist der Organträger eine Kapitalgesellschaft, erfolgt die Steuerfreistellung auf dessen Ebene gemäß § 8b Abs. 1 KStG. Im Ergebnis entspricht damit die Behandlung ausländischer Schachteldividenden derjenigen von Inlandsdividenden. **Keine DBA-Frei-stellung für auslän-dische Dividenden bei der OG**

Ist die Organgesellschaft ein Lebens- oder Krankenversicherungsunternehmen, bei dem die Beteiligungserträge bereits nach § 8b Abs. 8 KStG nicht steuerbefreit sind, stellt sich die Frage der Anwendung des § 8b Abs. 1 – 6 KStG beim Organträger. Nach § 15 Satz 1 Nr. 1 Satz 3 KStG ist in diesem Fall auf der Ebene des Organträgers § 15 Satz 1 Nr. 1 Satz 2 KStG nicht anzuwenden; die Beteiligungserträge der OG werden also in diesem Fall beim OT nicht steuerfrei sein. Die Eigenschaft der OG als Lebens- oder Krankenversicherungsunternehmen haftet den der OT zugerechneten Beteiligungserträgen quasi weiterhin an. **Qualifikation der OG LV/KV-Unternehmen gilt auch für OT**

Unklar ist dagegen der Fall, in dem zwar nicht die OG, jedoch der OT ein Lebens- oder Krankenversicherungsunternehmen ist. In diesem Fall stellt sich die Frage, ob für Beteiligungserträge der OG auf der Ebene des OT § 8b Abs. 1 – 6 KStG angewendet werden kann. Im Schrifttum wird für die Trennung der Beteiligungs-erträge beim OT in eigene und solche aus der Einkommenszurechnung votiert, mit der Folge, dass letztere einer Steuerfreistellung nach § 8b KStG zugänglich sind (vgl. HEURUNG/SEIDEL, BB 2009, 472, 474 m.w.N.) **Umgekehrter Fall unklar**

Zur Anwendung von § 8b Abs. 4 KStG n.F. in Organschaftsfällen vgl. F II 1.5.4.4.

4.3 **Verlustbehandlung**

Hauptvorteil der Organschaft

Ein wesentlicher Vorteil der Organschaft besteht darin, die steuerlichen Ergebnisse zweier Unternehmen miteinander saldieren zu können. Insbesondere sollen in organschaftlicher Zeit entstandene Verluste der Organgesellschaft auf der Ebene des Organträgers Berücksichtigung finden können, was aufgrund dessen Verlustausgleichsverpflichtung auch sachgerecht ist. Aber auch im umgekehrten Fall (Gewinn in der Organgesellschaft, Verlust beim Organträger) bewirkt das Organschaftsverhältnis einen entsprechenden Ausgleich, der ansonsten nicht bzw. nicht vollständig gelänge. Ohne Organschaft müsste in diesem Fall der Gewinn der Organgesellschaft durch Ausschüttung an den Organträger transferiert werden, was allerdings aufgrund der Steuerfreistellung nach § 8b KStG gerade keine steuerliche Wirkung entfaltet. Hier kann durch Begründung eines Organschaftsverhältnisses die Besteuerung des Gewinns auf der Ebene der Organgesellschaft verhindert werden.

Vororganschaftliche Verluste der OG jedoch eingefroren

Eingeschränkt ist die Verlustnutzung jedoch für vororganschaftlich verursachte Verluste der Organgesellschaft, denn diese können gemäß § 15 Satz 1 Nr. 1 KStG weder direkt beim Organträger berücksichtigt noch bei der Ermittlung des diesem zuzurechnenden Einkommens abgesetzt werden. Derartige Verlustvorträge werden quasi »eingefroren« und können erst nach Beendigung der Organschaft bei der Organgesellschaft wieder Berücksichtigung finden. Gleiches gilt für sonstige vorvertraglich verursachte, aber steuerlich noch nicht wirksam gewordene Verluste, z.B. solche nach §§ 2a, 15 Abs. 4, 15a oder 15b EStG.

Folge ist Minderabführung

Das Außerachtlassen vorvertraglich verursachter Verlustvorträge ist insofern problematisch, als handelsrechtlich bestehende Verlustvorträge der Organgesellschaft zunächst mit Gewinnen auszugleichen sind, mithin zu einer Verminderung des abzuführenden Gewinns führen. Steuerlich ist also das ungeschmälerte in organschaftlicher Zeit erzielte Ergebnis vom Organträger zu versteuern, obwohl ihm nur der um die Verlustvorträge geminderte Gewinn tatsächlich zufließt. Zur Behandlung der resultierenden Minderabführung siehe unter H III 4.1.1.

Verlustvorträge des OT berücksichtigungsfähig

Dagegen sind Verlustvorträge des Organträgers ohne weitere Beschränkung berücksichtigungsfähig. Auch ist ein Rücktrag von in organschaftlicher Zeit entstandenen Verlusten des Organträgers in vororganschaftliche Veranlagungszeiträume möglich, und zwar selbst dann, wenn dieser Verlustrücktrag auf der Zurechnung eines negativen Einkommens der Organgesellschaft beruht.

Nachorganschaftliche Verluste

Entstehen nach Beendigung der Organschaft bei der (vormaligen) Organgesellschaft Verluste, können diese nicht in organschaftliche Zeit zurückgetragen und damit nicht rückwirkend dem Organträger zugerechnet werden. Dies ist wegen der nach dem Ende des Gewinnabführungsvertrags zugleich wegfallenden Verlustausgleichsverpflichtung auch nur folgerichtig. Dagegen können nachvertraglich entstehende Verluste des Organträgers nach § 10d EStG in organschaftliche Veranlagungszeiträume zurückgetragen werden.

Missglückte Regelung zur Verhinderung von Double-dip-Gestaltungen ...

Bereits vor der »kleinen« Organschaftsreform existierte mit § 14 Abs. 1 Satz 1 Nr. 5 KStG a.F. eine Vorschrift, die verhindern sollte, dass Verluste eines doppelt ansässigen Organträgers in mehreren Staaten in ein Gruppenbesteuerungssystem einbezogen wurde. Diese Regelung war komplett missglückt, hinsichtlich ihres Anwendungsbereichs vollkommen unklar und wurde auch von der Finanzverwaltung offensichtlich ignoriert (vgl. DÖTSCH/PUNG, DB 2013, 305, 312).

Wegen der Aufgabe des doppelten Inlandsbezugs bei der Organgesellschaft hielt der Gesetzgeber nunmehr grundsätzlich auch bci Organgesellschaften Double-dip-Gestaltungen für möglich; zu deren Vermeidung wurde § 14 Abs. 1 Satz 1 Nr. 5 KStG nunmehr auch auf Verluste von Organgesellschaften ausgedehnt. Negative Einkünfte des Organträgers oder der Organgesellschaft bleiben danach bei der inländischen Besteuerung unberücksichtigt, soweit sie in einem anderen Staat, bei wem auch immer, steuerlich berücksichtigt werden.

... nun auch auf Verluste der OG ...

Beschränkte sich die bisherige Regelung auf die Versagung der Verlustnutzung in mehreren Gruppenbesteuerungssystemen, gilt die Neufassung für jedwede Verluste von Organgesellschaft und Organträger, soweit sie im Ausland bei der Besteuerung in irgendeiner Weise Berücksichtigung finden. Hat der Organträger oder die Organgesellschaft z. B. Verluste in einer ausländischen Betriebstätte erzielt, die sich in einem Staat befindet, mit dem entweder kein DBA abgeschlossen wurde oder eines, das für Einkünfte ausländischer Betriebstätten die Anrechnungsmethode vorsieht, kann der Verlust im Inland nicht berücksichtigt werden. Dieses Ergebnis ist jedoch sachlich nicht gerechtfertigt: Ohne Organschaft wäre der in der ausländischen Betriebstätte erzielte Verlust dort i. d. R. nur im Wege eines Verlustvortrags von zukünftigen Gewinnen abziehbar; in Deutschland könnte der Verlust bei Vorliegen entsprechender anderer Einkünfte zwar sofort steuermindernd genutzt werden, dafür sind dann aber die zukünftigen ausländischen Gewinne in Deutschland zu versteuern, eben weil im Inland der ausländische Betriebstättenverlust bereits im Jahr seiner Entstehung verwertet wurde.

... und bei jedweder Verlustnutzung im Ausland anwendbar

In der Literatur wird für diese Fälle, in denen es im Ergebnis nicht zu einer doppelten Verlustnutzung kommt, u. E. zu Recht eine teleologische Reduktion des Anwendungsbereichs von § 14 Abs. 1 Satz 1 Nr. 5 KStG gefordert (vgl. BENECKE/ SCHNITGER, IStR 2013, 143, 148; kritisch insoweit auch DÖTSCH/PUNG, DB 2013, 305, 312 f.). Zu weiteren Zweifelsfragen bzgl. § 14 Abs. 1 Satz 1 Nr. 5 KStG vgl. auch WAGNER/LIEKENBROCK, Ubg 2013, 133 sowie POLATZKY/SEITNER, Ubg 2013, 285.

Teleologische Reduktion erforderlich

IV Rechtsfolgen der gewerbesteuerlichen Organschaft

1 Überblick, Systematik

Liegen die Voraussetzungen einer körperschaftsteuerlichen Organschaft vor, besteht zugleich auch gewerbesteuerlich ein Organschaftsverhältnis. Nach § 2 Satz 2 GewStG gilt die Organgesellschaft dabei als Betriebstätte des Organträgers. Jedoch behalten auch hier beide Gesellschaften insoweit ihre gewerbesteuerliche Selbständigkeit, als sie weiterhin Gewerbebetriebe i. S. d. GewStG bleiben und jeweils getrennt voneinander ihren Gewerbeertrag auf der Basis ihrer jeweiligen Steuerbilanzergebnisse ermitteln. Erst danach erfolgt die Zurechnung des (ggf. zur Vermeidung von Doppelbe- bzw. -entlastungen bereinigten) Gewerbeertrags der Organgesellschaft zu demjenigen des Organträgers. Anders als bei der körperschaftsteuerlichen Organschaft (siehe hierzu H III 2) erfolgt auch im Falle von Ausgleichzahlungen an Minderheitsgesellschafter die Zurechnung des gesamten Gewerbeertrags auf den

Einheitliche Voraussetzungen im Ertragsteuerrecht

Organträger. Die Festsetzung eines Gewerbesteuermessbetrags erfolgt während des Bestehens des Organschaftsverhältnisses lediglich gegenüber dem Organträger, der auch alleiniger Steuerschuldner ist, wobei allerdings die Organgesellschaft gemäß § 73 AO für diese Steuer haftet.

Die nachfolgende Übersicht (in Anlehnung an HOSFELD-GUBER in Keßler, Handbuch des GmbH-Konzerns, 2004, 261) verdeutlicht die grundlegende Vorgehensweise:

Abb. 11: Gewerbesteuerliche Organschaft – Überblick

2 Hinzurechnungen und Kürzungen im Organkreis

Keine Hinzurechnungen für Finanzierungsentgelte innerhalb des Organkreises

Zur Vermeidung ungerechtfertigter Doppelbelastungen sind Hinzurechnungen und Kürzungen i. S. d. §§ 8, 9 GewStG insoweit nicht vorzunehmen, als es sich um organkreisinterne Leistungsbeziehungen handelt. Hauptanwendungsfall ist hier die Hinzurechnung von Entgelten nach § 8 Nr. 1 GewStG gegenüber anderen Unternehmen innerhalb des Organkreises: Derartige Hinzurechnungen unterbleiben, wenn die betreffenden Beträge im Gewerbeertrag des jeweils anderen Unternehmens innerhalb des Organkreises enthalten sind (R 7.1 Abs. 5 Satz 3 GewStR).

BEISPIEL 144 ▨▨

Zwischen der OT-AG und der OG-GmbH besteht ein steuerlich anerkanntes Organschaftsverhältnis. Die OT-AG gewährt der OG-GmbH ein Darlehen über 2 Mio. €, das mit 8 % jährlich angemessen zu verzinsen ist.

Der Zinsaufwand i. H. v. 160.000 € mindert den steuerlichen Gewinn der OG-GmbH. Ohne Bestehen eines Organschaftsverhältnisses wäre dieser Zinsaufwand bei der Ermittlung des Gewerbeertrags der OG-GmbH gemäß § 8 Nr. 1 GewStG insoweit, als der Freibetrag von 100.000 € überschritten ist, zu 25 % hinzuzurechnen. Aufgrund des Organschaftsverhältnisses unterbleibt hier jedoch diese Hinzurechnung, da der eigene Gewerbeertrag der OT-AG diese Zinsen bereits als eigene Betriebseinnahmen enthält. ◀|

3 Beteiligungserträge der Organgesellschaft

Wie bei der körperschaftsteuerlichen Organschaft ist auch gewerbesteuerlich im Fall von Beteiligungserträgen auf der Ebene der Organgesellschaft die sog. Bruttomethode anzuwenden (vgl. H III 4.2). Daher sind sowohl Dividendenerträge als auch Gewinne aus der Veräußerung von Anteilen an Kapitalgesellschaften im einkommen- bzw. körperschaftsteuerlichen Gewinn als der Ausgangsgröße zur Ermittlung des Gewerbeertrags nach § 7 GewStG in vollem Umfang enthalten.

Bruttomethode auch bei der GewSt

Allerdings erfolgt im Rahmen der gewerbesteuerlichen Modifikationen nach § 9 Nr. 2a GewStG regelmäßig bereits bei der Ermittlung des Gewerbeertrags der Organgesellschaft eine entsprechende Kürzung der Beteiligungserträge, so dass sich anders als im Bereich der Körperschaftsteuer insoweit die Anwendung von § 8b KStG oder § 3 Nr. 40 EStG auf der Ebene des Organträgers erübrigt. Dies gilt jedoch nur für Dividenden aus Anteilen, welche die Voraussetzungen des gewerbesteuerlichen Schachtelprivilegs in § 9 Nr. 2a GewStG erfüllen.

Entweder Kürzung aufgrund des Schachtelprivilegs …

Sind diese Voraussetzungen nicht erfüllt oder handelt es sich um Gewinne aus der Veräußerung von Beteiligungen, erfolgt auf der Ebene des Organträgers eine entsprechende Nachholung der Anwendung der §§ 8b KStG, 3 Nr. 40 i. V. m. 3c Abs. 2 EStG (vgl. im Einzelnen FinMin Brandenburg v. 29.07.2005, HaufeIndex 1407928). Im Fall einer OT-Personengesellschaft können auch beide Vorschriften zugleich Anwendung finden, wenn an der Personengesellschaft sowohl Kapitalgesellschaften als auch natürliche Personen beteiligt sind, § 7 Satz 4 GewStG (vgl. hierzu auch OFD München v. 09.02.2005, HaufeIndex 1339392).

… oder Anwendung des TEV beim OT

4 Gewerbeverluste gemäß § 10a GewStG

Wie im Körperschaftsteuerrecht sind auch bei der gewerbesteuerlichen Organschaft vororganschaftliche Verlustvorträge der Organgesellschaft gemäß § 10a Satz 3 GewStG während des Bestehens der Organschaft eingefroren (vgl. auch BMF v. 10.11.2005, BStBl. I 2005, 1038, Tz. 25).

Vororganschaftliche Verluste der OG

Soweit beim Organträger Verlustvorträge aus vororganschaftlicher Zeit existieren, können diese während des Bestehens der Organschaft sowohl von dessen eigenem positiven Gewerbeertrag als auch von dem der Organgesellschaft abgezogen werden (DRÜEN in Blümich, § 10a GewStG, Rz. 94).

Vororganschaftliche Verluste des OT

Vortrag organ-schaftlicher Verluste nur beim OT

In organschaftlicher Zeit entstandene Verlustvorträge der Organgesellschaft können, soweit sie während des Bestehens des Organschaftsverhältnisses nicht verbraucht werden, auch nach Beendigung der Organschaft nur vom Organträger geltend gemacht werden (H 10a.4 »Organschaftliche Verluste« GewStH).

5 Freibetrag nach § 11 GewStG

Verhältnisse des OT maßgebend

Für die Gewährung des Freibetrags gemäß § 11 Abs. 1 Satz 3 Nr. 1 GewStG sind lediglich die Verhältnisse auf der Ebene des Organträgers entscheidend, d. h. der Freibetrag wird für den gesamten im Organkreis erzielten Gewerbeertrag gewährt, wenn der Organträger eine Personengesellschaft oder eine natürliche Person ist. Er kommt damit auch demjenigen Teil des gemeinsamen Gewerbeertrags zugute, der von der Organgesellschaft erzielt wird, obwohl es sich bei ihr um eine Kapitalgesellschaft handelt.

BEISPIEL 145

(in Anlehnung aus HOSFELD-GUBER in Keßler, Handbuch des GmbH-Konzerns, 2004, 195) Zwischen der OT-KG und der OG-GmbH besteht ein anerkanntes ertragsteuerliches Organschaftsverhältnis. Der maßgebende Gewerbeertrag gem. § 10 GewStG der OT-KG beträgt 4.000 €, derjenige der Tochtergesellschaft 100.000 €, der Hebesatz der Gemeinde 400 %. Es ergeben sich folgende Belastungen:

	GewSt – Belastung ohne Organschaft		GewSt – Belastung mit Organschaft
	OT-KG	OG-GmbH	Organkreis
Gewerbeertrag	4.000 €	100.000 €	104.000 €
./. Freibetrag	4.000 €	–	24.500 €
verbleiben	0 €	100.000 €	79.500 €
Messbetrag		3.500 €	2.782 €
x Hebesatz		14.000 €	11.128 €
GewSt insgesamt		**14.000 €**	**11.128 €**

In diesem Fall ergibt sich aufgrund der Organschaft eine um 2.872 € niedrigere Gewerbesteuerbelastung. ◄|

6 Zerlegung

Arbeitslöhne maßgebend

Befinden sich die (übrigen) Betriebstätten des Organträgers und die Organgesellschaft in verschiedenen Gemeinden, so erfolgt die Zerlegung des für den gesamten Organkreis einheitlich festgestellten Gewerbesteuermessbetrags nach § 28 ff. GewStG, von Sonderfällen abgesehen, nach dem Verhältnis der jeweiligen Arbeitslöhne.

Vor- und Nachteile möglich

Hierbei können sich gegenüber einer Situation ohne Organschaft Auswirkungen ergeben, wenn der Anteil der bei der Organgesellschaft erzielten Arbeitslöhne an den gesamten Arbeitslöhnen im Organkreis sich vom Anteil des zuzurechnenden Gewerbeertrags am gesamten Gewerbeertrag unterscheidet. Ob es sich dabei um einen Vor- oder Nachteil handelt, hängt von der Höhe der gewerbesteuerlichen Hebesätze ab: Ergibt sich aufgrund der Berücksichtigung der Organgesellschaft als Betriebsstätte des Organträgers, dass nunmehr ein größerer Anteil des gemeinsamen Gewerbeertrags auf eine Gemeinde mit niedrigem Hebesatz entfällt, als dies ohne Organschaftsverhältnis der Fall wäre, bewirkt die Organschaft eine gewerbesteuerliche Entlastung, während im umgekehrten Fall eine höhere Belastung eintritt.

BEISPIEL 146

(in Anlehnung an URBAHNS, INF 2001, 581, 584)
Zwischen der OT-AG und der OG-GmbH besteht ein steuerlich anerkanntes Organschaftsverhältnis. Die Arbeitslöhne beider Unternehmen belaufen sich auf 200.000 €. Der Hebesatz der Gemeinde, in der die OT-AG ihre Betriebsstätte unterhält, beträgt 450 %, derjenige der OG-GmbH 300 %. Ohne Berücksichtigung der Organschaft beläuft sich der Gewerbeertrag der OT-AG auf 400.000 €, derjenige der OG-GmbH auf 100.000 €. Aufgrund der gewerbesteuerlichen Organschaft ergibt sich ein Vorteil i. H. v. 7.875 €, wie die folgende Berechnung zeigt:

	OT-AG	OG-GmbH	gesamt
Gewerbesteuerhebesatz	450 %	300 %	
Arbeitslöhne	200.000 €	200.000 €	
ohne Organschaft			
Gewerbeertrag	400.000 €	100.000 €	
GewSt-Messbetrag	14.000 €	3.500 €	
Gewerbesteuer	63.000 €	10.500 €	73.500 €
mit Organschaft			
Gewerbeertrag vor GewSt	500.000 €		
Messbetrag	17.500 €		
Zerlegungsanteile	8.750 €	8.750 €	
Gewerbesteuer	39.375 €	26.250 €	65.625 €
Vorteil			**7.875 €**

I Tarif, Festsetzung und Zahlung der Körperschaftsteuer

I Einheitlicher Körperschaftsteuersatz

Die Körperschaftsteuer betrug gemäß § 23 Abs. 1 KStG nach Abschaffung des Anrechnungsverfahrens zunächst 25 % des zu versteuernden Einkommens und wurde ab dem Veranlagungszeitraum 2008 auf 15 % abgesenkt. Im Gegensatz zum ESt-Tarif ist der KSt-Tarif als linearer Steuersatz ausgestaltet. Er gilt für alle Kapitalgesellschaften gleichermaßen und unabhängig davon, ob die Gewinne einbehalten oder ausgeschüttet werden. Das KStG sieht auch für beschränkt Steuerpflichtige keinen besonderen Steuersatz vor; ggf. hat jedoch ein etwaiger Quellensteuerabzug abgeltende Wirkung.

§ 23 KStG: Steuersatz 15 %

II Entstehung und Festsetzung der Körperschaftsteuer

Der Steueranspruch des Fiskus entsteht gemäß § 38 AO, sobald der Tatbestand verwirklicht ist, an den das jeweilige Einzelsteuergesetz die Leistungspflicht knüpft. Dies ist nach § 30 KStG für die veranlagte KSt mit Ablauf des Veranlagungszeitraums der Fall. Für Vorauszahlungen entsteht die KSt regelmäßig mit Beginn des Kalendervierteljahrs, in dem die Vorauszahlungen zu entrichten sind. Erzielt die Kapitalgesellschaft steuerabzugspflichtige Einkünfte, entsteht die KSt insoweit mit Zufluss der Einkünfte.

Entstehung des KSt-Anspruchs

Gemäß § 25 Abs. 3 EStG, der nach § 31 Abs. 1 KStG auch für die Körperschaftsteuer gilt, hat die Kapitalgesellschaft für jeden abgelaufenen Veranlagungszeitraum eine KSt-Erklärung abzugeben. Das Finanzamt ermittelt daraufhin die festzusetzende KSt und setzt diese durch Steuerbescheid fest.

Festsetzung i.d.R. durch Steuerbescheid

III Ermittlung der Körperschaftsteuer-Abschlusszahlung bzw. Erstattung

Nach § 36 Abs. 2 EStG i.V.m. § 31 KStG werden auf die festgesetzte Jahressteuer die von der Kapitalgesellschaft geleisteten KSt-Vorauszahlungen sowie im Wege des Steuerabzugs erhobene Beträge (z.B. Kapitalertragsteuer beim Bezug von Gewinnausschüttungen einer anderen Kapitalgesellschaft) angerechnet. Ist dieser Saldo positiv, so muss die Kapitalgesellschaft eine entsprechende KSt-Abschlusszahlung leisten, ist er negativ, so erhält sie eine entsprechende KSt-Erstattung.

Anzurechnende Beträge

	Tarifliche KSt = 15 % des zu versteuernden Einkommens
./.	Anrechnung ausländischer Steuern

=	festzusetzende KSt
./.	KSt-Vorauszahlungen (§ 31 Abs. 1 KStG, § 36 Abs. 2 Nr. 1 EStG)
./.	anrechenbare Kapitalertragsteuer (§ 31 Abs. 1 KStG, § 36 Abs. 2 Nr. 2 EStG)

=	KSt-Abschlusszahlung bzw. KSt-Erstattung

I. H. d. voraussichtlichen Abschlusszahlung ist eine Rückstellung in Handels- und Steuerbilanz zu passivieren. Ein Erstattungsanspruch wird als Forderung aktiviert. Zur Behandlung der Steueraufwendungen bei der Einkommensermittlung siehe C IV 2.2.

J Untergliederung des bilanziellen Eigenkapitals für steuerliche Zwecke

I Sinn und Zweck

Das Eigenkapital der Kapitalgesellschaft setzt sich grundsätzlich aus den Einlagen der Gesellschafter einerseits sowie den von der Gesellschaft einbehaltenen Gewinnen andererseits zusammen. Kehrt die Gesellschaft nun Eigenkapitalbeträge an die Anteilseigner aus, so muss für diese erkennbar sein, ob bzw. inwieweit es sich dabei um eine Ausschüttung bis dato thesaurierter Gewinne oder aber um eine Einlagenrückgewähr handelt. Während die Gewinnausschüttung zu steuerbaren Einnahmen i. S. v. § 20 Abs. 1 Nr. 1 EStG führt, stellt die Rückgewähr vorheriger (verdeckter oder offener) Einlagen eine Vermögensumschichtung dar, die als solche, ebenso wie die entgegengerichtete Einlage, nicht der Ertragsbesteuerung unterliegt. Allerdings vermindern sich im Fall der Einlagenrückgewähr, quasi als Reflex dieser Vermögensverlagerung auf die Ebene des Anteilseigners, die (steuerlichen) Anschaffungskosten der Kapitalgesellschaftsanteile entsprechend; übersteigt der Betrag der Einlagenrückgewähr die Anschaffungskosten, ergibt sich ein (ggf. steuerbarer) Veräußerungsgewinn für den Anteilseigner. Kurzum: Damit auf Ebene der Anteilseigner eine zutreffende steuerliche Behandlung der Auskehrungen der Kapitalgesellschaft Platz greifen kann, ist es erforderlich, auf Ebene der Kapitalgesellschaft zum einen das Eigenkapital danach zu unterteilen, ob es durch (verdeckte oder offene) Einlagen seitens der Anteilseigner oder durch einbehaltene Gewinne entstanden ist, zum anderen muss eine Annahme darüber getroffen werden, welche der vorgenannten Teile des Eigenkapitals für eine Auskehrung als verwendet gelten (sog. Verwendungsreihenfolge). Diese steuerliche Unterteilung des Eigenkapitals ist mithin in erster Linie für die Anteilseigner von Relevanz; für die Kapitalgesellschaft ist sie allerdings insoweit von Bedeutung als sie bei der Auskehrung solcher Beträge, die beim Anteilseigner zu Kapitalerträgen i. S. v. § 20 Abs. 1 Nr. 1 EStG führen, zum Einbehalt von Kapitalertragsteuer gemäß § 43 Abs. 1 Nr. 1 i. V. m. § 44 Abs. 1 EStG verpflichtet ist (hierzu auch BFH v. 06. 10. 2009 – I R 24/08, BFH/NV 2010, 248).

Unterteilung der Auskehrungen in Gewinnausschüttungen und Einlagenrückgewähr erforderlich

Die nachfolgende Abbildung fasst noch einmal zusammen:

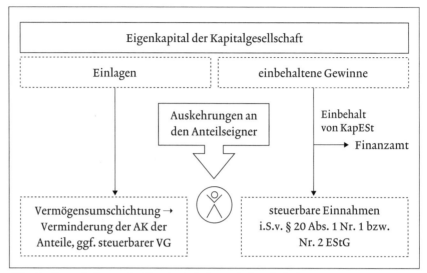

Abb. 12: Untergliederung des Eigenkapitals der Kapitalgesellschaft

BEISPIEL 147

X ist alleiniger Gesellschafter der X-GmbH und hat eine offene Einlage i.H.v. 50.000 € geleistet. In 01 erzielt die X-GmbH einen Nachsteuergewinn i.H.v. 42.500 € (= z.v.E. 50.000 € ./. 7.500 € KSt, wenn man weitere steuerliche Belastungen einmal vernachlässigt). Kehrt die Gesellschaft nun beispielsweise 45.000 € an X aus, so muss dieser erkennen können, ob und in welchem Umfang es sich dabei um eine Gewinnausschüttung (steuerbar!) oder eine Einlagenrückgewähr (nicht steuerbar!) handelt. ◀|

Handelsrechtliche Eigenkapitalunterteilung hilft nicht weiter

Auf den ersten Blick könnte man geneigt sein, die in das steuerliche Eigenkapital geleisteten Einlagen einfach aus der handelsbilanziellen Gliederung des Eigenkapitals herauslesen zu wollen, indem man die in den Positionen Grundkapital bzw. Stammkapital und Kapitalrücklage verzeichneten Beträge zusammenrechnet. Indes werden der handels- und steuerrechtliche Eigenkapitalausweis diesbezüglich regelmäßig voneinander abweichen, beispielsweise weil (hierzu und zu weiteren Ursachen siehe DÖTSCH in DPM, § 27 KStG Tz. 34):

- verdeckte Einlagen zwar steuerrechtlich dem Eigenkapital zugerechnet werden, handelsrechtlich jedoch ertragswirksam behandelt werden (können) und folglich den Jahresüberschuss bzw. die Gewinnrücklagen erhöhen, was zur Folge hat, dass der auf Einlagen zurückzuführende Teil des steuerrechtlichen Eigenkapitals insoweit den handelsbilanziellen Betrag übersteigt;
- eine Kapitalerhöhung aus Gesellschaftsmitteln handelsrechtlich aus Gewinnrücklagen gespeist werden kann, während steuerrechtlich hierfür gemäß § 28 Abs. 1 Satz 1 KStG die von den Gesellschaftern nicht in das Nennkapital geleisteten Einlagen als verwendet gelten (siehe hierzu K I), was zur Folge hat, dass insoweit steuerbilanziell die Summe aus Nennkapital und sonstigen Einlagen kleiner ist als die Summe aus den handelsrechtlichen Werten Grund- bzw. Stammkapital und Kapitalrücklage.

Folgte man nun trotz der vorstehenden Differenzen steuerrechtlich der handelsrechtlichen Zurechnung, so wäre eine systemwidrige Besteuerung des Anteilseigners die Folge, weil, je nachdem welcher Effekt überwiegt, möglicherweise eine Einlagenrückgewähr beim Anteilseigner als steuerbarer Beteiligungsertrag oder aber eine Auskehrung vorheriger Gewinne als nicht steuerbare Einlagenrückgewähr gewertet würde. An einer eigenständigen steuerrechtlichen Untergliederung des Eigenkapitals führt mithin kein Weg vorbei.

BEISPIEL 148

Der handelsbilanzielle Jahresüberschuss der X-GmbH beträgt 100. Bei dessen Ermittlung ist ein Forderungsverzicht des alleinigen Gesellschafters X i.H.v. 20 ertragswirksam berücksichtigt worden. Steuerlich liegt insoweit eine verdeckte Einlage von X vor. Die steuerliche Vermögensmehrung der X-GmbH setzt sich somit aus dem zu versteuernden Einkommen i.H.v. 80 und der verdeckten Einlage i.H.v. 20 zusammen.

Schüttet die X-GmbH nunmehr den Jahresüberschuss von 100 an X aus, so stellt sich dies handelsrechtlich als reine Gewinnverwendung dar, da Stammkapital und Kapitalrücklage nicht tangiert sind. Steuerrechtlich hingegen liegt i.H.v. 80 eine für den Anteilseigner steuerbare Gewinnausschüttung und i.H.v. 20 eine nicht steuerbare Rückgewähr der verdeckten Einlage vor. Um diese von der handelsrechtlichen Einordnung abweichende steuerliche Qualifikation der Ausschüttung erkennen zu können, ist eine entsprechende steuerliche Nebenrechnung erforderlich. ◂|

II Komponenten des steuerlichen Eigenkapitals und Verwendungsfiktionen

Die folgenden Komponenten des Eigenkapitals gilt es, für die Zwecke der Besteuerung zu unterscheiden:

- gezeichnetes Kapital,
- steuerliches Einlagekonto,
- ausschüttbarer Gewinn.

Unter dem gezeichneten Kapital, im KStG mitunter auch als Nennkapital bezeichnet, ist das Grundkapital einer AG bzw. das Stammkapital einer GmbH zu verstehen. Das Nennkapital steht, von dem Fall einer Kapitalherabsetzung bzw. der Liquidation einmal abgesehen, für Leistungen an die Anteilseigner nicht zur Verfügung. *(Gezeichnetes Kapital)*

Kommt es zu einer Rückgewähr des gezeichneten Kapitals, beispielsweise im Fall der Liquidation oder Kapitalherabsetzung, so stellt dies für den Anteilseigner grundsätzlich keine steuerbare Vermögensmehrung i.S.v. § 20 Abs. 1 Nr. 2 EStG dar. Die Rückzahlung gilt jedoch gemäß § 28 Abs. 2 Satz 2 KStG insoweit als Gewinnausschüttung, als das gezeichnete Kapital zuvor durch Umwandlung von Gewinnrücklagen entstanden ist; derartige Gewinnausschüttungen stellen Bezüge i.S.d. § 20 Abs. 1 Nr. 2 Satz 2 EStG dar. Dieser Teil des Nennkapitals ist gemäß § 28 Abs. 1 Satz 3 KStG getrennt auszuweisen und gesondert festzustellen (sog. Sonderausweis). Dieser gesonderte Ausweis ist erforderlich, um zu gewährleisten, dass die von der Kapitalgesellschaft zunächst einbehaltenen Gewinne im Fall ihrer Auskehrung an die Anteilseigner auch dann noch als steuerbare Gewinnausschüttungen *(In Nennkapital umgewandelte Gewinnrücklagen sind zu separieren)* erkannt werden, wenn sie auf Ebene der Kapitalgesellschaft anlässlich einer Kapital-erhöhung aus Gesellschaftsmitteln zwischenzeitlich in Grund- bzw. Stammkapital umgewandelt worden waren. Wäre diese Identifizierung nicht möglich, so würde, da man sodann von einer nicht steuerbaren Einlagenrückgewähr ausginge, die vorgesehene Besteuerung auf Ebene des Anteilseigners, sei es bei natürlichen Personen nach dem Teileinkünfteverfahren bzw. durch die Abgeltungsteuer, sei es bei Kapitalgesellschaften durch die Freistellung nach § 8b Abs. 1 i.V.m. Abs. 5 KStG, insoweit ausfallen und die ausgekehrten Gewinne hätten schlussendlich nur auf Ebene der ausschüttenden Kapitalgesellschaft der Besteuerung unterlegen. § 28 Abs. 2 Satz 2 KStG i.V.m. § 20 Abs. 1 Nr. 2 Satz 2 EStG sorgt daher für die auch in diesem Fall systematisch notwendige Nachbelastung auf Anteilseignerebene.

Steuerliches Einlagekonto

Um zu verhindern, dass eine etwaige Einlagenrückgewähr beim Anteilseigner als eine steuerbare Gewinnausschüttung angesehen wird, müssen gemäß § 27 Abs. 1 Satz 1 KStG zudem die von den Gesellschaftern nicht in das Nennkapital geleisteten (offenen und verdeckten) Einlagen auf einem besonderen Konto, dem sog. steuerlichen Einlagekonto erfasst werden (vgl. BFH v. 06.10.2009 – I R 24/08, BFH/NV 2010, 248). Bei dem Einlagekonto handelt es sich allerdings nicht um ein Konto im buchhalterischen Sinne, sondern vielmehr um eine neben der Buchführung bestehende steuerliche Sonderrechnung (vgl. GOSCH/HEGER, 2009, § 27 KStG Rz. 12). Gelten nun bei etwaigen Auskehrungen Beträge des steuerlichen Einlagekontos als verwendet und wird dies entsprechend bescheinigt, so ist für die Anteilseigner erkennbar, dass insoweit eine Kapitalrückgewähr vorliegt. Die zurückgewährten Bezüge rechnen gemäß § 20 Abs. 1 Nr. 1 Satz 3 EStG nicht zu den Einnahmen i.S.d. § 20 Abs. 1 Nr. 1 Satz 1 bzw. Nr. 2 EStG, sondern wirken sich vielmehr auf der Vermögensebene aus, indem sie die Anschaffungskosten der Kapitalgesellschaftsanteile vermindern und damit einen ggf. steuerbaren (späteren) Veräußerungsgewinn erhöhen. Da nun sowohl die im steuerlichen Einlagekonto als auch die im Nennkapital, mit Ausnahme des Sonderausweises, geführten Beträge Eigenkapitalteile darstellen, die bei Auskehrung für den Anteilseigner zu nicht steuerbaren Zuflüssen führen, erscheint eine Trennung in Nennkapital einerseits und steuerliches Einlagekonto andererseits gesetzessystematisch allerdings überflüssig (vgl. DÖTSCH in DPM, § 27 KStG Tz. 17).

Ausschüttbarer Gewinn

Vermindert man das gesamte steuerbilanzielle Eigenkapital der Gesellschaft um die im Nennkapital sowie im steuerlichen Einlagekonto verzeichneten Beträge, so verbleibt eine Restgröße, die als sog. ausschüttbarer Gewinn bezeichnet wird (§ 27 Abs. 1 Satz 5 KStG). Insoweit als der ausschüttbare Gewinn für die Ausschüttung verwendet gilt, führt dies bei den Ausschüttungsempfängern zu steuerbaren Bezügen i.S.v. § 20 Abs. 1 Nr. 1 EStG.

Die nachfolgende Abbildung fasst zusammen:

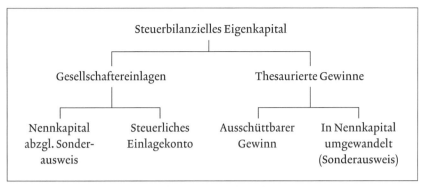

Abb. 13: Komponenten des steuerbilanziellen Eigenkapitals

Festzuhalten ist, dass es materiell bedeutsam ist, ob die Kapitalgesellschaft Gewinne an ihre Anteilseigner ausschüttet oder stattdessen vorherige Einlagen der Gesellschafter zurückgewährt. Da nun im Eigenkapital der Gesellschaft i.d.R. beide Komponenten enthalten sind, Gesellschaftereinlagen einerseits, thesaurierte Gewinne andererseits, muss, um auf Gesellschafterebene die richtigen steuerlichen Konsequenzen ziehen zu können, im Fall einer Auskehrung an die Gesellschafter eine Annahme darüber getroffen werden, welche Eigenkapitalkomponente zuerst als für die Ausschüttung verwendet gilt. Die diesbezüglich vom Gesetzgeber installierten Verwendungsfiktionen sind, wenn man bestimmte Sonderfälle einmal ausklammert (hierzu J III 2.2.2.1.2), wie folgt zu skizzieren:

Erfordernis einer Verwendungsfiktion

Bei Leistungen der Kapitalgesellschaft an ihre Anteilseigner gilt grundsätzlich der ausschüttbare Gewinn als vorrangig verwendet, es sei denn, es liegt eine Nennkapitalrückzahlung vor. Eine Verminderung des steuerlichen Einlagekontos und folglich eine Einlagenrückgewähr ist nur insoweit anzunehmen, als die Leistung den ausschüttbaren Gewinn übersteigt (§ 27 Abs. 1 Satz 3 KStG). Siehe hierzu J III 2.2.2.1.

Leistungen der Kapitalgesellschaft

Im Fall von Nennkapitalrückzahlungen fingiert der Gesetzgeber, dass ein etwaiger Sonderausweis vorrangig für die Rückzahlung verwendet werde. Da insoweit die Kapitalrückzahlung eine Auskehrung vormals thesaurierter und sodann in Nennkapital umgewandelter Gewinne darstellt, gilt sie als Gewinnausschüttung und führt auf Anteilseignerebene folgerichtig zur Annahme von Bezügen i.S.v. § 20 Abs. 1 Nr. 2 EStG. Lediglich ein den Sonderausweis übersteigender Betrag stellt eine nicht steuerbare Einlagenrückgewähr dar. Siehe hierzu K II 3.1.2.

Nennkapitalrückzahlungen

Beide Fiktionen führen dabei zu einer aus fiskalischer Sicht für den Gesetzgeber vorteilhaften Verwendungsreihenfolge, gelten doch stets die thesaurierten Gewinne als vorrangig verwendet, während die nicht zu Bezügen i.S.v. § 20 Abs. 1 Nr. 1 bzw. Nr. 2 EStG führende, sondern sich lediglich auf der Vermögensebene auswirkende Rückgewähr von Einlagen demgegenüber zurückstehen muss.

III Steuerliches Einlagekonto

1 Zur Führung berechtigte/verpflichtete Kapitalgesellschaften

Rechtslage vor SEStEG: nur unbeschränkt steuerpflichtige Kapitalgesellschaften

Gemäß § 27 Abs. 1 KStG sind unbeschränkt steuerpflichtige Kapitalgesellschaften verpflichtet, aber eben auch berechtigt, ein steuerliches Einlagekonto zu führen, was die Finanzverwaltung vor Inkrafttreten des SEStEG zu dem Umkehrschluss veranlasste, dass beschränkt steuerpflichtige Kapitalgesellschaften und ebenso Kapitalgesellschaften ohne Steuerpflicht in Deutschland kein steuerliches Einlagekonto zu führen hätten (vgl. BMF v. 04.06.2003, BStBl. I 2003, 366 Tz. 3). Anteilseigner derartiger Kapitalgesellschaften konnten sich folglich auf § 20 Abs. 1 Nr. 1 Satz 3 EStG, wonach Ausschüttungen, für die Beträge des steuerlichen Eigenkapitals als verwendet gelten, nicht steuerbar sind, nicht berufen und waren folglich gegenüber den an einer unbeschränkt steuerpflichtigen Kapitalgesellschaft Beteiligten erkennbar benachteiligt. Diese Benachteiligung bestand selbst dann, wenn man mit dem BFH (v. 14.10.1992 – I R 1/91, BStBl. II 1993, 189; v. 20.10.2010 – I R 117/08, BFH/NV 2011, 669) die Frage, ob für die Anteilseigner einer nicht unbeschränkt steuerpflichtigen Kapitalgesellschaft eine nicht steuerbare Einlagenrückgewähr vorliegt, nach Maßgabe des jeweiligen ausländischen Handelsrechts beantwortete, da die handelsrechtliche Eigenkapitalzuordnung eben nicht (immer) mit der steuerrechtlichen übereinstimmt.

Ausdehnung auf in EU-Mitgliedsstaaten unbeschränkt steuerpflichtige KapGes

Da die vorstehend beschriebene Rechtslage europarechtlich schwerlich mit der Niederlassungs- und Kapitalverkehrsfreiheit in Einklang zu bringen war (vgl. FÖRSTER/VAN LISHAUT, FR 2002, 1205, 1207 Fn. 5), hat der Gesetzgeber mit dem SEStEG den Anwendungsbereich der Regelungen zum steuerlichen Einlagekonto auf Kapitalgesellschaften ausgedehnt, die in einem anderen EU-Mitgliedsstaat der unbeschränkten Steuerpflicht unterliegen (§ 27 Abs. 8 KStG); dabei kann es sich auch um Drittstaaten-Kapitalgesellschaften handeln, wenn diese in einem Mitgliedsstaat der EU unbeschränkt steuerpflichtig sind (vgl. SEDEMUND, IStR 2009, 579). Trotz dieser Besonderheit seien die von § 27 Abs. 8 KStG erfassten Kapitalgesellschaften nachfolgend vereinfacht als EU-Kapitalgesellschaften, die nicht unter § 27 Abs. 8 KStG fallenden Kapitalgesellschaften als Drittstaaten-Kapitalgesellschaften bezeichnet. Festzuhalten ist, dass ab dem Veranlagungszeitraum 2006 EU-Kapitalgesellschaften eine steuerlich als solche (an)erkannte Einlagenrückgewähr gegenüber ihren Anteilseigner erbringen können.

(Zu) hohe Anforderungen an den Nachweis

Diese Einlagenrückgewähr ist gemäß § 27 Abs. 8 Satz 2 KStG in entsprechender Anwendung des § 27 Abs. 1 bis 6 KStG und der §§ 28, 29 KStG zu ermitteln und wird auf Antrag der Kapitalgesellschaft gesondert festgestellt. Erfolgt dies nicht, so gelten gemäß § 27 Abs. 8 Satz 9 KStG die Leistungen als Gewinnausschüttung, die beim Anteilseigner zu Bezügen i. S. d. § 20 Abs. 1 Nr. 1 EStG führt. Umstritten ist allerdings, auf welchem Wege der Nachweis, dass Beträge des steuerlichen Einlagekontos als verwendet gelten, zu führen ist, heißt es in § 27 Abs. 8 Satz 7 KStG doch lediglich, die für die Berechnung der Einlagenrückgewähr erforderlichen Umstände seien im Antrag darzulegen. Hierzu wird von Seiten des BZSt vertreten, dass u. a. die Entwicklung und der Nachweis der verschiedenen Bestandteile des Eigenkapitals nach

deutschem KStG ab dem Zeitpunkt, ab dem Einlagen erbracht wurden, deren Rückzahlung geltend gemacht wird, frühestens seit dem 01.01.1977 von der betreffenden Kapitalgesellschaft zu erbringen seien. Erkennbar dürfte es insbesondere geringfügig beteiligten inländischen Gesellschaftern, im Konzern mag dies anders sein,
nicht gelingen, die auskehrende Kapitalgesellschaft zur Erfüllung derlei aufwendi-
ger Nachweispflichten zu bewegen, woraufhin gemäß § 27 Abs. 8 Satz 9 KStG zum
Nachteil des Anteilseigners regelmäßig das Vorliegen einer Gewinnausschüttung
anzunehmen wäre (vgl. SEDEMUND, IStR 2009, 579, 582 f.; SPILKER/PESCHKE,
DStR 2011, 385, 387). Wegen dieses angesichts der hohen Nachweisanforderungen
vielfach vorprogrammierten Scheiterns des Nachweises einer realiter vorliegenden
Einlagenrückgewähr (vgl. auch DÖTSCH/PUNG, DB 2006, 2648, 2653) wird u. E. mit
guten Gründen die Auffassung vertreten, dass § 27 Abs. 8 KStG mit der Kapitalverkehrsfreiheit (Art. 63 Abs. 1 AEUV) und der Niederlassungsfreiheit (Art. 49 AEUV)
sowohl europarechtliche Grundfreiheiten als auch wegen eines Verstoßes gegen das
Leistungsfähigkeitsprinzip den Gleichheitsgrundsatz nach Art. 3 Abs. 1 GG verletze
(vgl. SPILKER/PESCHKE, DStR 2011, 385, 388 f.). Es wird daher gefordert, dass trotz
der formalen Existenz von § 27 Abs. 8 KStG in diesen Fällen hilfsweise nach wie vor
der Nachweis des Vorliegens einer Kapitalrückzahlung über das ausländische Han-
dels- und Gesellschaftsrecht möglich sein müsste (vgl. GRAF, NZG 2011, 379, 381).
Dabei ist allerdings nicht zu verkennen, dass dies auch zu einer Bevorteilung gegenüber dem Inlandsfall führen kann, da die von § 27 Abs. 1 Satz 3 KStG postulierte
Verwendungsreihenfolge nicht eingehalten werden müsste und beispielsweise ein
Direktzugriff auf die Kapitalrücklage möglich wäre. Insgesamt ist die Situation als
verfahren und unbefriedigend zu beurteilen.

Nicht von § 27 Abs. 8 KStG erfasst werden indes Kapitalgesellschaften, die **EWR- und Dritt-**
nicht in einem anderen EU-Mitgliedsstaat der unbeschränkten Steuerpflicht unter- **staaten-KapGes**
liegen. Während für EWR-Kapitalgesellschaften eine analoge Anwendung von § 27
Abs. 8 KStG gefordert wird (vgl. DÖTSCH in DPM, § 27 KStG Tz. 266 m. w. N.), wird
bezüglich der Auskehrungen von Drittstaaten-Kapitalgesellschaften einerseits die
Auffassung vertreten, dass eine steuerneutrale Einlagenrückgewähr außerhalb echter Nennkapitalrückzahlungen nunmehr, d. h. nach Einführung des § 27 Abs. 8
KStG, nicht mehr möglich sei (vgl. DÖTSCH in DPM, § 27 KStG Tz. 67b), während
andererseits argumentiert wird, dass diesbezüglich die bisherige Rechtslage weiter-
gelte, mithin nach wie vor der Nachweis einer Einlagenrückgewähr über das ausländische Handels- und Gesellschaftsrecht möglich sein müsse; Letzteres folge einerseits aus der Gesetzesbegründung selbst sowie aus der auch in Drittstaatenkonstel-
lationen geltenden Kapitalverkehrsfreiheit (so SPILKER/PESCHKE, DStR 2011, 385,
390 f.; GRAF, NZG 2011, 379, 381; HÄBERER, DStZ 2010, 840, 846 f.).

BEISPIEL 149
(in Anlehnung an GRAF, NZG 2011, 379, 381)
Der in Deutschland steuerpflichtige A gründet in einem Drittstaat eine Kapitalgesellschaft
und stattet diese über das Grund- bzw. Stammkapital hinaus mit zusätzlichem Eigenkapital
aus, welches bilanziell in der Kapitalrücklage ausgewiesen wird. Noch vor Aufnahme der
Geschäftstätigkeit stellt die Kapitalgesellschaft fest, dass sie das zusätzliche Kapital doch
nicht benötigt und zahlt dieses an A zurück.
Obwohl in diesem Fall unbestreitbar eine Einlagenrückgewähr vorliegt, wären bei Nicht-
anerkenntnis eines mit Verweis auf das ausländische Handels- und Gesellschaftsrecht ge-

führten Nachweises für A steuerbare Einnahmen nach § 20 Abs. 1 Nr. 1 EStG anzunehmen. Steuersystematisch überzeugend ist dies in der Tat nicht. Demgegenüber würde im reinen Inlandsfall wegen einer Inanspruchnahme des sodann geführten Einlagekontos eine nichtsteuerbare Einlagenrückgewähr bescheinigt werden. ◀|

FG bestätigt Kritik

Mit Urteil v. 12.06.2013 ist das FG Nürnberg (DStRE 2014, 600, nrk., Rev. eingelegt: Az. BFH VIII R 47/13) den vorstehend beschriebenen Kritikpunkten gefolgt und hat ausgeführt, dass

- die Anforderung, wonach die Anteilseigner ausländischer Kapitalgesellschaften aus Drittstaaten Nachweise zu erbringen hätten, dass Leistungen aus einem steuerlichen Einlagekonto finanziert worden seien, zu einer nicht gerechtfertigten Beschränkung der Kapitalverkehrsfreiheit führen würde;
- es insbesondere Kleinanlegern kaum möglich wäre, von Konzerngesellschaften eine dem deutschen Steuerrecht folgende Steuerbescheinigung über eine Einlagenrückgewähr zu erhalten;
- aus dem Fehlen einer eindeutigen Regelung für Drittstaaten-Gesellschaften nicht geschlossen werden könne, dass eine steuerneutrale Leistung einer in einem Drittstaat ansässigen Gesellschaft an ihre inländischen Anteilseigner aufgrund von § 27 Abs. 8 KStG nicht mehr möglich sein solle. Vielmehr könne in diesen Fällen der Nachweis nicht steuerbarer Kapitalrückzahlungen nach wie vor durch Rückgriff auf das maßgebliche ausländische Handels- und Gesellschaftsrecht nachgewiesen werden.

Auf die Entscheidung im Revisionsverfahren darf man gespannt sein.

2 Entwicklung des Einlagekontos

Gesonderte Feststellung

Gemäß § 27 Abs. 1 Satz 2 KStG ist das steuerliche Einlagenkonto ausgehend vom Bestand am Ende des vorangegangenen Wirtschaftsjahres um die jeweiligen Zu- und Abgänge des laufenden Wirtschaftsjahres auf den Bestand zum Ende des laufenden Wirtschaftsjahres fortzuschreiben. Der auf diese Weise ermittelte Bestand des steuerlichen Einlagekontos wird gesondert festgestellt (§ 27 Abs. 2 Satz 1 KStG). Der Feststellungsbescheid ist sodann Grundlagenbescheid für den Bescheid über die gesonderte Feststellung zum folgenden Feststellungszeitpunkt. Dies bedeutet, dass

- die festgestellten Bestände ohne Überprüfung für den nachfolgenden Feststellungszeitpunkt zu verwenden sind und
- gemäß § 175 Abs. 1 Satz 1 Nr. 1 AO die Änderung eines Feststellungsbescheids entsprechende Änderungen der nachfolgenden Feststellungsbescheide nach sich zieht.

2.1 Anfangsbestand

In den Fällen, in denen die Kapitalgesellschaft erstmalig mit der Führung des Einlagekontos beginnt, muss, gewissermaßen zur Initialisierung, der Anfangsbestand des steuerlichen Einlagekontos ermittelt werden. Lässt man bestimmte Sonderfälle einmal außer vor (siehe hierzu GOSCH/HEGER, 2009, § 27 KStG Rz. 37), so sind mit der Begründung einer unbeschränkten Körperschaftsteuerpflicht einer bisher nicht bzw. nur beschränkt steuerpflichtigen Kapitalgesellschaft sowie der Neugründung einer Kapitalgesellschaft diesbezüglich zwei unterschiedliche Szenarien zu unterscheiden:

Gemäß § 27 Abs. 2 Satz 3 KStG ist bei Eintritt in die unbeschränkte Steuerpflicht, etwa in Folge der Verlegung des Verwaltungssitzes ins Inland, der in diesem Zeitpunkt vorhandene Betrag der nicht in das Nennkapital geleisteten Einlagen gesondert festzustellen. Im Unterschied zur Rechtslage vor dem SEStEG, hier ignorierte die Finanzverwaltung die im Ausland erbrachten Einlagen und unterstellte einen Anfangsbestand des steuerlichen Einlagekontos von Null (vgl. BMF v. 04.06.2003, BStBl. I 2003, 366 Tz. 5), werden nunmehr auch die zuvor im Ausland geleisteten Einlagen bei der Ermittlung des steuerlichen Einlagekontos berücksichtigt. Dabei wird das steuerliche Einlagekonto auf den Betrag festgestellt, der sich ergeben hätte, wenn die Gesellschaft von Beginn an unbeschränkt steuerpflichtig gewesen wäre, was mitunter allerdings unpraktikabel bzw. unmöglich sein dürfte (vgl. hierzu BERNINGHAUS in HHR, § 27 KStG Anm. 91; BLUMENBERG/LECHNER, BB-Special Nr. 8, 2006, 25, 33). Dieser Betrag gilt sodann als Bestand des steuerlichen Einlagekontos am Ende des vorangegangenen Wirtschaftsjahrs (§ 27 Abs. 2 Satz 3 HS 2 KStG). Durch die Fiktion eines bereits zum Ende des vorangegangenen Wirtschaftsjahres bestehenden Einlagekontos wird erreicht, dass dieses auch bereits für Leistungen an die Anteilseigner im Jahr der Begründung der unbeschränkten Steuerpflicht zur Verfügung steht (vgl. GOSCH/HEGER, 2009, § 27 KStG Rz. 36); andernfalls würden jedwede Leistungen an die Anteilseigner im Erstjahr unweigerlich als steuerbarer Bezug i.S.v. § 20 Abs. 1 Nr. 1 EStG gewertet werden.

Anfangsbestand bei Eintritt in die unbeschränkte Steuerpflicht und …

Wird eine Kapitalgesellschaft neu gegründet, so gilt als Anfangsbestand des steuerlichen Einlagekontos das in der Eröffnungsbilanz auszuweisende Eigenkapital, soweit es das Grund- oder Stammkapital übersteigt (vgl. BMF v. 04.06.2003, BStBl. I 2003, 366 Tz. 6), was einleuchtet, da aus einbehaltenen Gewinnen hervorgegangenes Eigenkapital noch nicht vorhanden sein kann, so dass es sich bei diesen Mehrbeträgen zwingend um zusätzliche Einlagen der Gesellschafter handeln muss. Nach wohl h.M. gilt die Fiktion des § 27 Abs. 2 Satz 3 KStG auch für Neugründungen, so dass dieser gesondert festgestellte Betrag als Bestand des Einlagekontos am Ende des vorangegangenen Wirtschaftsjahrs gilt und damit zur Finanzierung von Leistungen an die Anteilseigner bereits im Jahr der Gründung zur Verfügung steht (vgl. GOSCH/HEGER, 2009, § 27 KStG Rz. 36 mit Verweis auf die Gesetzesbegründung; BERNINGHAUS in HHR, § 27 KStG Anm. 91; zweifelnd DÖTSCH in DPM, § 27 KStG Tz. 123).

… bei Gründung

BEISPIEL 150

A gründet am 02.01.2011 die A-GmbH, deren Wirtschaftsjahr dem Kalenderjahr entspricht. A leistet eine Einlage in das Stammkapital von 100 und eine zusätzliche Einlage i.H.v. 50, die in der Kapitalrücklage ausgewiesen wird. Als die A-GmbH feststellt, dass ihr Kapitalbedarf tatsächlich niedriger ist, kehrt sie noch in 2011 an A 10 aus.

Das in der Eröffnungsbilanz der A-GmbH auszuweisende Eigenkapital beträgt insgesamt 150, wobei der das Stammkapital von 100 übersteigende Betrag i.H.v. von 50 der Bestand des steuerlichen Einlagekontos ist. Wendet man nun noch die Fiktion von § 27 Abs. 2 Satz 3 KStG an, so gilt dieser Bestand als Bestand des steuerlichen Einlagekontos zum 31.12.2010. Da ein ausschüttbarer Gewinn zum 31.12.2010 nicht besteht, gilt für die an A ausgezahlten 10 das Einlagekonto als verwendet. Es handelt sich mithin um eine für A nicht steuerbare Einlagenrückgewähr (§ 20 Abs. 1 Satz 1 Nr. 1 Satz 3 EStG). ◂|

2.2 Fortschreibung des steuerlichen Einlagekontos

Ausgehend von dem Anfangsbestand sind sodann die weiteren Zugänge sowie etwaige Abgänge auf dem steuerlichen Einlagekonto zu erfassen.

Einlagekonto verändert sich (erst) bei Zu- bzw. Abfluss

Nach Auffassung von Finanzverwaltung und Rechtsprechung erfolgt die Erhöhung des Einlagekontos erst im Zeitpunkt des tatsächlichen Zuflusses (vgl. BMF v. 04.06.2003, BStBl. I 2003, 366 Tz. 26; BFH v. 29.05.1996 – I R 118/93, BStBl. II 1997, 92; v. 31.03.2004 – I R 72/03, BFH/NV 2004, 1423, kritisch DÖTSCH in DPM, § 27 KStG Tz. 41), während in der (Steuer)Bilanz die Einlagen bereits bei Einforderung auszuweisen sind und folglich das steuerbilanzielle Eigenkapital erhöhen. Daraus folgt im Umkehrschluss, dass etwaige Verminderungen des Einlagekontos auch erst im Abflusszeitpunkt und nicht bereits bei bilanzieller Erfassung der Leistungsverpflichtung zu berücksichtigen sind (vgl. SCHLAGHECK, StuB 2004, 1010, 1012; BFH v. 09.06.2010 – I R 43/09, BFH/NV 2010, 2117). Insofern hinkt die Veränderung des Einlagekontos der Zu- bzw. Abnahme des steuerbilanziellen Eigenkapitals ggf. hinterher. Da nun zur Ermittlung derjenigen Größe, die steuerrechtlich als ausschüttbarer Gewinn gilt, u.a. der Bestand des Einlagekontos vom Eigenkapital lt. Steuerbilanz abzuziehen ist (siehe J III 2.2.2.4), bewirkt die in zeitlicher Hinsicht divergierende Fortschreibung von steuerbilanziellem Eigenkapital und steuerlichem Einlagekonto, dass etwa die eingeforderten, aber noch nicht geleisteten Einlagen zu einer Erhöhung des ausschüttbaren Gewinns führen. Würde man allerdings die Begründung einer Einlageforderung bereits für eine entsprechende Erhöhung des Einlagekontos als ausreichend betrachten, so bliebe zwar richtigerweise der ausschüttbare Gewinn unverändert, gleichwohl könnte hierdurch, obwohl ggf. tatsächlich gar keine Einlageabsicht besteht, gezielt das Einlagekonto erhöht werden, woraufhin Leistungen an die Gesellschafter, die den ausschüttbaren Gewinn übersteigen als aus dem Einlagekonto finanziert gelten würden. Beim Anteilseigner wären folglich insoweit nicht steuerbare Bezüge anzunehmen, während es sich ohne diese Konstruktion in vollem Umfang um steuerbare Bezüge handeln würde.

2.2.1 Erhöhungen

Offene und verdeckte Einlagen

Eine Erhöhung des Bestands des steuerlichen Einlagekontos erfolgt insbesondere durch offene, nicht in das Nennkapital geleistete Einlagen der Gesellschafter, die handelsrechtlich in der Kapitalrücklage auszuweisen sind, so etwa durch

- das Aufgabegeld bei der Ausgabe neuer Anteile (§ 272 Abs. 2 Nr. 1 HGB);
- etwaige Zuzahlungen der Gesellschafter gegen Gewährung eines gesellschaftsrechtlichen Vorzugs für ihre Anteile, z.B. bei Vorzugsaktien (§ 272 Abs. 2 Nr. 3 HGB);
- andere Zuzahlungen, z.B. Nachschüsse der Gesellschafter (§ 272 Abs. 2 Nr. 4 HGB);
- verdeckte Einlagen (siehe D II), so etwa bei einem gesellschaftsrechtlich veranlassten Forderungsverzicht.

FORTSETZUNG BEISPIEL 150 ▰▰▰▰▰▰▰▰▰▰▰▰▰▰▰▰▰

In Beispiel 148 ist das steuerliche Einlagekonto um den Betrag der verdeckten Einlage i.H.v. 20 zu erhöhen. ◀|

Eine Erhöhung des Einlagekontos erfolgt auch bei der Veräußerung eigener Anteile, da steuerrechtlich insoweit nicht von einem Veräußerungsvorgang, sondern vielmehr von einer Erhöhung des Nennkapitals auszugehen ist. Dabei ergeben sich in Höhe des Nennbetrags der eigenen Anteile keine Auswirkungen auf den Bestand des steuerlichen Einlagekontos. Ein den Nennbetrag übersteigender Betrag erhöht indes, wie ein »normales« Agio bei einer Kapitalerhöhung auch, den Bestand des steuerlichen Einlagekontos (vgl. BMF v. 27.11.2013, BStBl. I 2013, 1615, Rn. 13) (zu den Auswirkungen des Erwerbs eigener Anteile auf das Einlagekonto siehe J III 2.2.2.1.2). **Veräußerung eigener Anteile**

Bei einer Organschaft erhöht sich gemäß § 27 Abs. 6 KStG das steuerliche Einlagekonto der Organgesellschaft bei etwaigen Minderabführungen an den Organträger, wenn diese ihre Ursache in organschaftlicher Zeit haben (siehe hierzu H III 4.1.2). Dabei wird fingiert, die Organgesellschaft habe zunächst ihren vollen steuerlichen Gewinn an den Organträger abgeführt und anschließend habe dieser den sich gegenüber dem Betrag der geringeren tatsächlichen Gewinnabführung ergebenden Differenzbetrag wieder in die Organgesellschaft eingelegt (vgl. DÖTSCH in DPM, § 27 KStG Tz. 233). **Minderabführungen, die in organschaftlicher oder …**

BEISPIEL 151

Die Organgesellschaft X-GmbH hat in 2011 einen Jahresüberschuss vor Gewinnabführung (= dem Organträger zuzurechnendes Einkommen) i. H. v. 300.000 € erzielt, von welchem sie 100.000 € in eine Gewinnrücklage einstellt. An den Organträger Y-AG wird folglich nur ein Betrag i. H. v. 200.000 € abgeführt.
Steuerlich wird das Einkommen der X-GmbH i. H. v. 300.000 € der Y-AG zugerechnet und von dieser versteuert. Sodann wird eine Einlage von der Y-AG bei der X-GmbH i. H. v. 100.000 € angenommen, welche zu einer entsprechenden Erhöhung des steuerlichen Einlagekontos bei der X-GmbH führt.

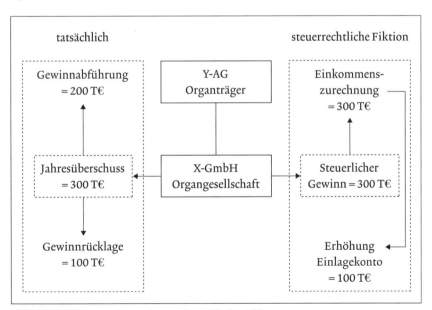

Abb. 14: Erhöhung des Einlagekontos durch Minderabführungen

... vororganschaftlicher Zeit verursacht sind

Gemäß § 14 Abs. 3 Satz 2 KStG gelten auch solche Minderabführungen, die ihre Ursache in vororganschaftlicher Zeit haben, als Einlage des Organträgers in die Organgesellschaft. Auch derartige Minderabführungen bewirken folglich eine Erhöhung des steuerlichen Einlagekontos bei der Organgesellschaft.

Weitere Erhöhungen

Darüber hinaus können Erhöhungen des steuerlichen Einlagekontos u. a. resultieren aus:

- Rückzahlungen verdeckter Gewinnausschüttungen (siehe D I 2.1);
- Vermögenszugängen aus einer Verschmelzung oder Spaltung (§ 29 Abs. 2 bzw. Abs. 3 KStG);
- Herabsetzungen des Nennkapitals, soweit diese nicht mit einem etwaigen Sonderausweis zu verrechnen sind (§ 28 Abs. 2 Satz 1 KStG); siehe hierzu K II 3.1.2;
- Zuführungen von Genussrechtskapital, wenn dieses eigenkapitalähnlich ausgestaltet ist, mithin mit dem Genussrecht eine Beteiligung am Gewinn und am Liquidationserlös der Kapitalgesellschaft verbunden ist (vgl. DÖTSCH in DPM, § 27 KStG Tz. 35; siehe auch § 8 Abs. 3 Satz 2 KStG).

Keine Erhöhung durch fiktive Einlagen

Demgegenüber wirken sich fiktive Einlagen i. S. v. § 4 Abs. 1 Satz 8 HS 2 EStG, zu denen es etwa beim Eintritt in die unbeschränkte Steuerpflicht oder bei der Verlagerung einzelner Wirtschaftsgüter aus einer ausländischen Betriebstätte einer Inlands-Kapitalgesellschaft kommen kann, nicht auf das Einlagekonto aus. Angesichts der unterschiedlichen Zielsetzungen der Vorschriften – Herausnahme der nicht steuerverstrickten stillen Reserven aus der inländischen Ertragsbesteuerung durch § 4 Abs. 1 Satz 8 EStG einerseits, Trennung von Einlagenrückgewähr und Gewinnausschüttung und zwar unabhängig davon, ob die Gewinne im Inland oder Ausland angefallen sind, andererseits (vgl. auch OFD Münster v. 04.11.2011, DB 2011, 2461) – erscheint dies gerechtfertigt.

2.2.2 Minderungen

Leistungen und anderweitige Verwendungen

Das steuerliche Einlagekonto kann durch Leistungen der Kapitalgesellschaft an ihre Gesellschafter, aber auch durch anderweitige Verwendungen vermindert werden. Während der erste Fall dadurch gekennzeichnet ist, dass die Gesellschafter Zuwendungen, z. B. Gewinnausschüttungen, von »ihrer« Kapitalgesellschaft erhalten, zeichnet sich der zweite Fall dadurch aus, dass keine Auskehrungen an die Gesellschafter erfolgen, sondern lediglich eine Umschichtung auf der Gesellschaftsebene stattfindet, so z. B. bei Vornahme einer Kapitalerhöhung aus Gesellschaftsmitteln.

Grundsätzlich kein Negativausweis

Der Bestand des steuerlichen Einlagekontos kann grundsätzlich nicht negativ werden, sieht doch § 27 Abs. 1 Satz 4 KStG vor, dass Leistungen i. S. d. § 27 KStG nicht zu einem Negativausweis des Einlagekontos führen dürfen (vgl. BFH v. 09.06.2010 – I R 43/09, BFH/NV 2010, 2117). Einzige Ausnahme dabei sind in organschaftlicher Zeit verursachte Mehrabführungen gemäß § 27 Abs. 6 KStG (dazu unten). Auch § 28 Abs. 1 KStG verwendet lediglich den positiven Bestand des Einlagekontos für eine Kapitalerhöhung, so dass sich auch insoweit kein negativer Ausweis ergeben kann.

2.2.2.1 Minderungen durch Leistungen

Der Begriff der Leistung bestimmt sich nach § 27 Abs. 1 Satz 3 KStG unabhängig von der jeweiligen handelsrechtlichen Einordnung als Einlagenrückgewähr oder Gewinnausschüttung. Dies hat zur Folge, dass grundsätzlich jedwede Zuwendung der Kapitalgesellschaft an ihre Gesellschafter die Verwendungsfiktion des § 27 Abs. 1 Satz 3 KStG »durchlaufen« muss und folglich nur dann zu einer Verminderung des Einlagekontos führt, wenn und soweit sie den ausschüttbaren Gewinn übersteigt.

Begriff der Leistung unabhängig von handelsrechtlicher Einordnung

Ein Direktzugriff, d. h. eine vom ausschüttbaren Gewinn unabhängige, unmittelbare Verminderung des steuerlichen Einlagekontos der handelsrechtlichen Einordnung als Einlagenrückgewähr entsprechend, ist mithin bei Leistungen an die Gesellschafter grundsätzlich nicht zulässig (vgl. SCHÖNHERR/LEMAITRE, GmbHR 2006, 561, 567). Nur bei einer Rückzahlung von Nennkapital sowie bei in organschaftlicher Zeit verursachten Mehrabführungen der Organgesellschaft an den Organträger ist weiterhin ein Direktzugriff zulässig; hier existieren mit § 28 Abs. 2 KStG bzw. § 27 Abs. 6 KStG eigenständige, dies ermöglichende Regelungen (siehe J III 2.2.2.1.2).

Grundsätzlich kein Direktzugriff

Nachfolgend sei zunächst danach unterschieden, ob es sich um der Verwendungsfiktion unterliegende Leistungen handelt, oder ob ausnahmsweise Leistungen außerhalb der Verwendungsfiktion gegeben sind. Die Verwendungsfiktion selbst wird sodann in Abschnitt J III 2.2.2.4 erläutert.

2.2.2.1.1 Der Verwendungsfiktion gemäß § 27 Abs. 1 Satz 3 KStG unterliegende Leistungen

Inhaltlich handelt es sich bei den der Verwendungsfiktion unterliegenden Leistungen der Kapitalgesellschaft insbesondere um Auskehrungen, die ihre Ursache im Gesellschaftsverhältnis haben (vgl. BMF v. 04.06.2003, BStBl. I 2003, 366 Tz. 11), mithin um offene Gewinnausschüttungen, Vorabausschüttungen und verdeckte Gewinnausschüttungen.

oGA, vGA und Vorabausschüttungen

Gemäß § 14 Abs. 3 Satz 1 KStG gelten zudem Mehrabführungen, die ihre Ursache in vororganschaftlicher Zeit haben, als Gewinnausschüttungen der Organgesellschaft an den Organträger. Dies ist einsichtig, da in diesem Fall die Organgesellschaft offenkundig vor Begründung der Organschaft steuerliche Mehrgewinne erzielt und versteuert hat, welche nunmehr während des Bestehens der Organschaft auch handelsrechtlich zum Ausweis gelangen und sodann infolge des Gewinnabführungsvertrags unmittelbar an den Organträger abgeführt werden. Da mithin eine Gewinnausschüttung vormals einbehaltener (steuerlicher) Gewinne erfolgt, ist das steuerliche Einlagekonto nach Maßgabe der Verwendungsfiktion des § 27 Abs. 1 Satz 3 KStG zu mindern.

Mehrabführungen, die in vororganschaftlicher Zeit verursacht sind

Wie erwähnt, unterliegen der Verwendungsfiktion auch solche Verwendungen, die sich handelsrechtlich als Rückzahlung ganz bestimmter Einlagebeträge darstellen:

Dies gilt z. B. für die Erfüllung bzw. das Wiederaufleben einer Darlehensverpflichtung gegenüber den Gesellschaftern nach vorausgegangenem Forderungsverzicht gegen Besserungsversprechen. Während sich hier der ursprüngliche Verzicht des Gesellschafters auf die ihm zustehende Forderung als Einlage und damit als Erhöhung des steuerlichen Einlagekontos darstellt, ist die nach Beendigung der

Wiederaufleben einer Darlehensverpflichtung nach Forderungsverzicht

Krise erfolgende Rückzahlung *dieses* Betrages steuerrechtlich nicht mehr unmittelbar eine nicht steuerbare Einlagenrückgewähr, sondern erst dann, wenn sich nach »Durchlaufen« der Verwendungsfiktion herausstellen sollte, dass insoweit kein ausschüttbarer Gewinn vorhanden war. Da es sich der Sache nach bei Rückzahlung der vormals eingelegten Darlehensforderung aber gerade nicht um eine Ausschüttung, sondern erkennbar um eine Einlagenrückgewähr handelt, wird einerseits die vorstehende, diesen Umstand ignorierende steuerrechtliche Qualifikation im Schrifttum kritisiert und insoweit ein Direktzugriff auf das steuerliche Eigenkapital befürwortet, andererseits jedoch mit Verweis auf den insoweit eindeutigen Gesetzeswortlaut ein solcher Direktzugriff verneint (zum Streitstand siehe BERNINGHAUS in HHR, § 27 KStG Anm. 41).

Rückzahlung von Nachschüssen

Auch die Rückzahlung von Nachschüssen der Anteilseigner i.S.d. § 26 GmbHG, die nicht zur Deckung eines Verlustes an Stammkapital erforderlich sind (§ 30 Abs. 2 GmbHG), gilt als Leistung i.S.d. § 27 Abs. 1 Satz 3 KStG und muss demzufolge die Verwendungsfiktion durchlaufen. Handelsrechtlich handelt es sich hierbei um eine Rückzahlung aus der Kapitalrücklage (§ 272 Abs. 2 Nr. 4 HGB), während dies steuerrechtlich bei Vorhandensein eines entsprechenden ausschüttbaren Gewinns zu steuerbaren Bezügen i.S.v. § 20 Abs. 1 Nr. 1 EStG führt.

2.2.2.1.2 Leistungen außerhalb der Verwendungsfiktion gemäß § 27 Abs. 1 Satz 3 KStG

In den nachfolgenden Fällen der Verminderung des Einlagekontos greift die Verwendungsfiktion des § 27 Abs. 1 Satz 3 KStG nicht ein; vielmehr bestehen jeweils eigenständige Regelungen, die einen unmittelbaren Zugriff auf das steuerliche Einlagekonto gewährleisten:

Mehrabführungen, die in organschaftlicher Zeit verursacht sind

Gemäß § 27 Abs. 6 KStG sind bei einer Organschaft Mehrabführungen der Organgesellschaft an den Organträger, die z.B. infolge der Auflösung von zuvor aus dem Jahresüberschuss gebildeten Rücklagen auftreten können, vom steuerlichen Einlagekonto abzuziehen, wenn diese ihre Ursache in organschaftlicher Zeit haben (siehe hierzu H III 4.1.2 sowie § 14 Abs. 4 Satz 6 KStG). Da der jeweilige Betrag bei der Bildung der Rücklage zwar eine Minderabführung bewirkte, steuerrechtlich gleichwohl dem Organträger zugerechnet, von diesem versteuert und sodann (so die Fiktion) als Einlage wieder der Organgesellschaft zurückgewährt wurde, ist es konsequent, die nunmehr aus der Auflösung der Rücklage resultierende handelsrechtliche Mehrabführung als Einlagenrückgewähr und folglich als Verminderung des steuerlichen Einlagekontos zu begreifen. Die organschaftlichen Mehrabführungen mindern das Einlagekonto dabei direkt, was bedeutet, dass sie stets als Einlagenrückgewähr gelten und nicht erst über den »Umweg« der Verwendungsreihenfolge des § 27 Abs. 1 Satz 3 KStG zu einer solchen werden können.

BEISPIEL 152

Löst in Beispiel 150 die X-GmbH in 2012 die Rücklage auf, so resultiert daraus eine Mehrabführung, da der tatsächliche abgeführte Betrag insoweit den Betrag übersteigt, der als Einkommen der Y-AG zugerechnet wird.

Da die Mehrabführung (hier: 100.000 €) bereits in 2011 dem Organträger als Einkommen zugerechnet und von diesem versteuert worden ist, muss gewährleistet sein, dass dieser Betrag auf Ebene des Organträgers als Einlagenrückgewähr erkannt wird. Dies wird erreicht, indem auf Ebene der Organgesellschaft die Mehrabführung direkt als Verminderung des Einlagekontos qualifiziert wird. ◀|

Zu beachten ist, dass der Direktabzug organschaftlicher Mehrabführungen auch zu einem Negativausweis des steuerlichen Einlagekontos führen kann, da gemäß § 27 Abs. 1 Satz 4 KStG die Aussage, dass durch Leistungen der Kapitalgesellschaft das Einlagekonto nicht negativ werden könne, für organschaftliche Mehrabführungen i. S. d. § 27 Abs. 6 KStG nicht gilt. Praktisch kann dieser Fall z. B. auftreten, wenn die aus einer Minderabführung resultierende Erhöhung des Einlagekontos für die sich aus der nachfolgenden Mehrabführung ergebende Verminderung nicht mehr zur Verfügung steht, weil sie inzwischen durch andere Maßnahmen verbraucht worden ist.

Negativausweis insoweit zulässig

BEISPIEL 153

So hat sich in Beispiel 151 das steuerliche Einlagekonto der X-GmbH infolge der aus einer Rücklagenbildung resultierenden Minderabführung um 100.000 € erhöht. Kommt es nun noch vor der Rücklagenauflösung aus anderen Gründen zu Mehrabführungen i. H. v. z. B. 20.000 €, weil etwa die X-GmbH ein Gebäude steuerlich »schneller« abschreibt als sie dies handelsrechtlich tut und folglich der handelsrechtliche Gewinnausweis zunächst höher ausfällt, so vermindert sich das Einlagekonto um diese 20.000 € auf 80.000 €. Löst nunmehr die X-GmbH die Rücklage i. H. v. 100.000 € auf, so resultiert daraus eine weitere Mehrabführung, die zu einer Verminderung des Einlagekontos von 80.000 € um 100.000 € auf ./. 20.000 € führt. Dieser Negativbestand wird durch die zukünftigen Minderabführungen ausgeglichen, die dann eintreten werden, wenn steuerlich das Gebäude bereits abgeschrieben ist, handelsrechtlich jedoch noch Abschreibungen vorzunehmen sind. ◀|

Zu einem Direktzugriff auf das steuerliche Einlagekonto kann es zudem bei der Rückzahlung von Nennkapital gemäß § 28 Abs. 2 KStG kommen. Im Fall der Kapitalherabsetzung ist dabei zunächst ein etwaiger Sonderausweis zu vermindern und der den Sonderausweis übersteigende Betrag ist sodann dem Einlagekonto hinzuzurechnen. Die Kapitalrückzahlung selbst ist anschließend aufzuteilen: Soweit der Sonderausweis gemindert worden ist, gilt sie als Gewinnausschüttung, während der den Sonderausweis übersteigende Betrag unmittelbar vom Einlagekonto abzuziehen ist und folglich eine nicht steuerbare Einlagenrückgewähr darstellt. Insofern enthält § 28 Abs. 2 KStG eine eigene Verwendungsfiktion, welche bewirkt, dass im Fall einer Kapitalherabsetzung vorrangig die vormals in Nennkapital umgewandelten thesaurierten Gewinne (Sonderausweis) als für die Kapitalherabsetzung verwendet gelten (siehe hierzu K II 3.1.2.1). Aus fiskalischer Sicht ist diese Verwendungsreihenfolge ebenso vorteilhaft wie die des § 27 Abs. 1 Satz 3 KStG.

Kapitalherabsetzung

Der unmittelbare Zugriff auf das Einlagekonto im Fall der Kapitalherabsetzung ermöglicht letztlich auch einen Direktzugriff auf Einlagen, die in der Kapitalrücklage ausgewiesen sind, vorausgesetzt die Auskehrung dieser Einlagen wird als Kapitalherabsetzung »verkleidet«, indem zunächst eine Kapitalerhöhung und anschließend eine entsprechende Kapitalherabsetzung durchgeführt wird (vgl. DÖTSCH/PUNG, DB 2006, 2648, 2651).

BEISPIEL 154

Die X-GmbH verfügt über eine Kapitalrücklage i. H. v. 100. Das steuerliche Einlagekonto weist ebenfalls einen Bestand i. H. v. 100 auf. Darüber hinaus ist ein ausschüttbarer Gewinn i. H. v. 70 vorhanden. Will die X-GmbH ihren Gesellschaftern nunmehr die Kapitalrücklage, weil nicht mehr benötigt, zurückgewähren, so kann dies auf zweierlei Art und Weise geschehen:

1. Die X-GmbH nimmt eine Ausschüttung i. H. v. 100 vor. Nach § 27 Abs. 1 Satz 3 KStG gelten hierfür der ausschüttbare Gewinn i. H. v. 70 sowie das steuerliche Einlagekonto i. H. v. 30 als verwendet. Für die Gesellschafter bedeutet dies steuerbare Bezüge i. S. v. § 20 Abs. 1 Nr. 1 Satz 1 EStG i. H. v. 70 und eine nicht steuerbare Einlagenrückgewähr i. H. v. 30.

2. Die GmbH nimmt eine Kapitalerhöhung aus Gesellschaftsmitteln und anschließend eine Kapitalherabsetzung jeweils i. H. v. 100 vor. Gemäß § 28 Abs. 1 Satz 1 KStG gilt für die Kapitalerhöhung vorrangig das steuerliche Einlagekonto als verwendet, welches sich daraufhin auf Null vermindert. Die anschließende Rückzahlung des Nennkapitals im Zuge einer Kapitalherabsetzung bewirkt in einem ersten Schritt die Erhöhung des Einlagekontos um 100 und in einem zweiten Schritt die Verminderung des Einlagekontos um den ausgezahlten Betrag (hier: ebenfalls 100). Da für die Bezüge nunmehr ausschließlich Beträge des Einlagekontos als verwendet gelten, ist für die Gesellschafter in voller Höhe eine nicht steuerbare Einlagenrückgewähr gegeben (§ 20 Abs. 1 Nr. 1 Satz 3 EStG). ◀|

Erwerb eigener Anteile als Kapitalherabsetzung

Gemäß § 272 Abs. 1a HGB wird handelsbilanziell der Erwerb eigener Anteile unabhängig davon, ob die Anteile zur Einziehung oder zur Weiterveräußerung erworben wurden, wie eine Kapitalherabsetzung behandelt. Nach Auffassung der Finanzverwaltung (vgl. BMF v. 27. 11. 2013, BStBl. I 2013, 1615, Rn. 9) soll diese handelsrechtliche Einordnung auf der Kapitalgesellschaftsebene ebenso gelten, was zur Folge hat, dass sowohl der Erwerb als auch die ggf. nachfolgende Veräußerung der eigenen Anteile alleinig im Eigenkapital abzubilden sind (vgl. MAYER/WAGNER, DStR 2014, 571, 573; siehe zur Kapitalherabsetzung K II 3.1.3).

2.2.2.2 Minderungen durch anderweitige Verwendungen

Auch ohne Leistungen an die Anteilseigner kann es zu einer Minderung des steuerlichen Einlagekontos kommen, wenn sich die Struktur des Eigenkapitals aus anderen Gründen verändert.

Kapitalerhöhung aus Gesellschaftsmitteln

So tritt eine Verminderung des steuerlichen Einlagekontos gemäß § 28 Abs. 1 KStG bei Vornahme einer Kapitalerhöhung aus Gesellschaftsmitteln ein. Dabei werden handelsrechtlich Gewinn- und/oder Kapitalrücklagen in Stammkapital bzw. gezeichnetes Kapital umgewandelt. Das Steuerrecht arbeitet diesbezüglich, unabhängig von der handelsrechtlichen Einordnung, mit der Annahme, dass der positive Bestand des steuerlichen Einlagekontos als vor den sonstigen Rücklagen für die Kapitalerhöhung verwendet gilt, was eine unmittelbare und vorrangige Verminderung des steuerlichen Einlagekontos zur Folge hat (siehe hierzu K I 2.1.2.2).

Saldierung mit Sonderausweis

Gemäß § 28 Abs. 3 KStG vermindert sich das Einlagekonto um einen bestehenden Sonderausweis zum Schluss des Wirtschaftsjahres und der Sonderausweis verringert sich entsprechend. Im Gegenzug erhöht sich der ausschüttbare Gewinn und nachfolgende Ausschüttungen führen beim Anteilseigner zu steuerbaren Einkünften nach § 20 Abs. 1 Nr. 1 EStG. Siehe hierzu auch K I 2.1.2.2.

Umwandlungsvorgänge

Darüber hinaus kann es infolge von Umwandlungsvorgängen zu einer Verminderung des Einlagenkontos kommen. So vermindern etwa Vermögensabgänge infolge einer Abspaltung oder Abspaltung gemäß § 29 Abs. 3 KStG das steuerliche Einlagekonto insoweit, als der Betrag des Einlagekontos der übertragenden Kapitalgesellschaft der übernehmenden Körperschaft zuzuordnen ist. Auf die Darstellung dieser Sachverhalte sei hier verzichtet.

2.2.2.3 Zusammenfassung

Die nachfolgende Tabelle fasst noch einmal zusammen:

Minderungen des steuerlichen Einlagekontos durch		
Leistungen		anderweitige Verwendungen
mit Verwendungsfiktion gemäß § 27 Abs. 1 Satz 3 KStG	außerhalb der Verwendungsfiktion gemäß § 27 Abs. 1 Satz 3 KStG (Direktzugriff)	
• offene Gewinnausschüttungen • verdeckte Gewinnausschüttungen • Vorabausschüttungen • Rückzahlung von Nachschusskapital • Wiederaufleben einer Darlehensverpflichtung gegenüber Gesellschafter nach Forderungsverzicht (strittig) • Über den Nennkapitalanteil hinausgehender Teil des Kaufpreises beim Erwerb eigener Anteile (siehe K II 3.1.3)	• Mehrabführungen, die in organschaftlicher Zeit verursacht sind • Rückzahlung von Nennkapital, soweit größer als Sonderausweis, • Nennkapitalanteil bei Erwerb eigener Anteile	• Kapitalerhöhung aus Gesellschaftsmitteln • Vermögensabgänge bei Ab- bzw. Aufspaltungen • Saldierung mit Sonderausweis

2.2.2.4 Verwendungsfiktion gemäß § 27 Abs. 1 Satz 3 KStG

Ausschüttbarer Gewinn gilt als vorrangig verwendet

Wie bereits ausgeführt, ergibt sich gemäß § 27 Abs. 1 Satz 3 KStG eine Verringerung des Bestands des steuerlichen Einlagekontos (und damit eine Qualifikation als Einlagenrückgewähr) durch die betreffenden Leistungen der Kapitalgesellschaft nur insoweit, als sie den auf den Schluss der vorangegangenen Wirtschaftsjahres ermittelten ausschüttbaren Gewinn übersteigen. Nach dieser Verwendungsfiktion gilt mithin der ausschüttbare Gewinn als vorrangig verwendet, was insoweit auf Seiten des Ausschüttungsempfängers zu steuerbaren Bezügen i.S.d. § 20 Abs. 1 Nr. 1 EStG führt, und erst nachrangig, d.h., wenn der ausschüttbare Gewinn »verbraucht« ist, wird für den Empfänger eine sich lediglich auf der Vermögensebene auswirkende Einlagenrückgewähr angenommen.

Ausschüttbarer Gewinn

Als ausschüttbarer Gewinn gilt dabei gemäß § 27 Abs. 1 Satz 5 KStG das um das gezeichnete Kapital geminderte in der Steuerbilanz der Gesellschaft ausgewiesene Eigenkapital abzüglich des Bestands des steuerlichen Einlagekontos, mithin:

Eigenkapital lt. Steuerbilanz
./. Gezeichnetes Kapital (Nennkapital)
./. (positiver) Bestand des steuerlichen Einlagekontos

= Ausschüttbarer Gewinn (wenn negativ, dann Ansatz mit 0)

Sinn und Zweck dieser Rechnung ist es mithin, zu ermitteln, welcher Betrag über das Nennkapital und das Einlagekonto hinaus für Leistungen an die Anteilseigner zur Verfügung steht. Bezüglich der eingehenden Rechengrößen ist Folgendes zu beachten:

Eigenkapital lt. Steuerbilanz

Maßgeblich ist das sich aus der Steuerbilanz der Kapitalgesellschaft ergebende Eigenkapital. Nicht zum Eigenkapital gehören diejenigen auf der Passivseite der Steuerbilanz ausgewiesenen Posten, die aufgrund steuerrechtlicher Vorschriften erst bei ihrer Auflösung zu versteuern sind, so z.B. Rücklagen gemäß § 6b EStG oder R 6.6. EStR (vgl. BMF v. 04.06.2003, BStBl. I 2003, 366 Tz. 17). Für Rückstellungen und Verbindlichkeiten gilt, dass sie auch dann dem Fremdkapital zuzurechnen sind, wenn sie auf außerhalb der Steuerbilanz zu korrigierenden verdeckten Gewinnausschüttungen i.S.d. § 8 Abs. 3 Satz 2 KStG beruhen (BMF v. 04.06.2003, BStBl. I 2003, 366 Tz. 16). Die aus der außerbilanziellen Hinzurechnung der vGA, z.B. wegen einer steuerlich nicht anzuerkennenden Pensionsrückstellung, resultierende Erhöhung des zu versteuernden Einkommens der Kapitalgesellschaft führt mithin nicht zu einer entsprechenden Erhöhung des ausschüttbaren Gewinns, so dass bei Abfluss der verdeckten Gewinnausschüttung der Bestand des steuerlichen Einlagekontos als verwendet gilt (vgl. FÖRSTER/VAN LISHAUT, FR 2002, 1205, 1210 Fn. 25; FROTSCHER in Frotscher/Maas, § 27 KStG Rz. 39).

BEISPIEL 155

Das Nennkapital der X-GmbH beträgt 50; das steuerliche Einlagekonto weist einen Bestand von 500 aus. Ein ausschüttbarer Gewinn zum Schluss des Wirtschaftsjahres 01 besteht nicht. Die X-GmbH weist für 02 einen Steuerbilanzgewinn i.H.v. 0 aus. Bei dessen Ermittlung hat sie die Bildung einer Pensionsrückstellung i.H.v. 200 zugunsten ihres geschäftsführenden Gesellschafters X berücksichtigt. Ist die Pensionszusage steuerlich nicht anzuerkennen, weil z.B. nicht erdienbar (siehe hierzu D I 4.5.5), so liegt insoweit eine verdeckte Gewinnausschüttung vor. Das zu versteuernde Einkommen der X-GmbH beläuft sich für 02 mithin auf 200. In 03 kommt es zu einem Abfluss der vGA infolge von Pensionszahlungen an X i.H.v. 40. Da die Pensionsrückstellung zwar das Eigenkapital der X-GmbH lt. Steuerbilanz, nicht aber das Einkommen vermindert, beträgt der ausschüttbare Gewinn zum 31.12.02 unverändert 0, obwohl die X-GmbH in 02 ein Einkommen i.H.v. 200 versteuert hat. Für den Abfluss der verdeckten Gewinnausschüttung gilt folglich das steuerliche Einlagekonto als verwendet. Obwohl realiter eine Auskehrung des von der X-GmbH versteuerten Einkommens aus 02 gegeben ist, liegen bei X keine steuerbaren Bezüge i.S.v. § 20 Abs. 1 Nr. 1 EStG vor, sondern es wird eine Einlagenrückgewähr angenommen. ◀|

Gezeichnetes Kapital

Das gezeichnete Kapital ist nach Auffassung der Finanzverwaltung aus Vereinfachungsgründen auch dann mit dem Nominalbetrag anzusetzen, wenn es (noch) nicht vollständig eingezahlt wurde. Dies gilt unabhängig davon, ob ausstehende Einlagen ganz oder teilweise eingefordert sind und ob der ausstehende, nicht eingeforderte Teil in der Steuerbilanz offen vom Nennkapital abgesetzt ist (vgl. BMF v. 04.06.2003, BStBl. I 2003, 366 Tz. 19f.). Zu beachten ist, dass Letzteres nach § 272 Abs. 1 Satz 3 HGB i.d.F. des BilMoG fortan die alleinig zulässige Ausweissystematik im Fall nicht eingeforderter Einlagen ist. Diese Ausweissystematik bewirkt aber, dass nur die tatsächlich erbrachten und die eingeforderten Einlagen das steuerbilanzielle Eigenkapital ausbilden, während das um den Betrag der noch nicht eingeforderten Einlagen höhere Nominalkapital steuerbilanziell nicht in Erscheinung tritt. Es erscheint daher bei der Ermittlung des ausschüttbaren Gewinns wenig überzeugend, nunmehr von diesem (geringen) steuerbilanziellen Eigenkapital den (hohen) Nominalbetrag des gezeichneten Kapitals in Abzug zu bringen (so aber »vereinfachend« BMF v. 04.06.2003, BStBl. I 2003, 366 Tz. 20, kritisch FRANZ, GmbHR 2003, 818, 821; vermittelnd JÄGER/LANG, Körperschaftsteuer, 2009, 731).

Der Bestand des steuerlichen Einlagekontos ist bei der Ermittlung des ausschüttbaren Gewinns abzuziehen. Sollte das Einlagekonto ausnahmsweise einen negativen Bestand ausweisen, was wegen § 27 Abs. 1 Satz 4 KStG im Grundsatz ausgeschlossen, im Fall von in organschaftlicher Zeit verursachten Mehrabführungen (§ 27 Abs. 6 KStG) jedoch vorstellbar ist, so ist es mit Null anzusetzen.

**Steuerliches
Einlagekonto**

Die Wirkungsweise der Verwendungsfiktion sei am nachfolgenden Beispiel erläutert:

BEISPIEL 156

Die X-GmbH verfügt zum 31.12.01 handelsrechtlich über ein gezeichnetes Kapital (Stammkapital) von 50 und eine Kapitalrücklage von 60. Im Wirtschaftsjahr 01 erzielt sie einen Handelsbilanzgewinn von 100; das Eigenkapital in der Handelsbilanz zum 31.12.01 beträgt daher 210.
Der steuerbilanzielle Gewinn beläuft sich in 01 lediglich auf 50, weil die X-GmbH ein Gebäude steuerlich über eine kürzere Nutzungsdauer als handelsrechtlich abschreibt. Das steuerliche Einlagekonto weist einen Bestand von 60 (= Kapitalrücklage) auf. Das Eigenkapital lt. Steuerbilanz zum 31.12.01 beträgt folglich 160.
In 02 schüttet die X-GmbH den Handelsbilanzgewinn des Jahres 01 i.H.v. 100 an die Anteilseigner aus.
Der ausschüttbare Gewinn zum 31.12.01 ergibt sich wie folgt:

Eigenkapital lt. Steuerbilanz	160
./. Gezeichnetes Kapital (Stammkapital)	50
./. Bestand des steuerlichen Einlagekontos	60
= Ausschüttbarer Gewinn	50

Für die Ausschüttung von 100 gelten steuerlich der ausschüttbare Gewinn i.H.v. 50 sowie das steuerliche Einlagekonto ebenfalls i.H.v. 50 als verwendet. Die Anteilseigner beziehen mithin steuerbare Bezüge i.S.v. § 20 Abs. 1 Nr. 1 EStG sowie eine Einlagenrückgewähr i.H.v. jeweils 50. Das steuerliche Einlagekonto zum 31.12.02 beträgt 10 (= 60 ./. 50).
In 02 erzielt die X-GmbH einen handelsbilanziellen Gewinn von 50 und einen steuerbilanziellen Gewinn von 100. Das Eigenkapital lt. Steuerbilanz beträgt unverändert 160, da sich die in 02 vorgenommene Ausschüttung und der steuerbilanzielle Gewinn des Jahres 02 kompensieren. Steuerlich ergibt sich zum 31.12.02 folgender ausschüttbarer Gewinn:

Eigenkapital lt. Steuerbilanz	160
./. Gezeichnetes Kapital (Nennkapital)	50
./. Bestand des steuerlichen Einlagekontos	10
= Ausschüttbarer Gewinn	100

Handelsrechtlich erfolgt in 03 eine Gewinnausschüttung i.H.v. 50 sowie eine Rückgewähr der Kapitalrücklage i.H.v. 50.
Steuerrechtlich wird die Leistung von 100 insgesamt aus dem ausschüttbaren Gewinn »finanziert«. Der Bestand des steuerlichen Einlagekontos bleibt unverändert. Die Anteilseigner beziehen, obwohl handelsrechtlich eine Gewinnausschüttung von 50 und eine Rückgewähr der Kapitalrücklage i.H.v. 50 vorliegen, aus steuerlicher Sicht zur Gänze steuerbare Bezüge i.S.v. § 20 Abs. 1 Nr. 1 EStG. Dies ist insofern stimmig, als im Vorjahr der gegenteilige Effekt eingetreten war: Dort wurde trotz handelsrechtlicher Gewinnausschüttung von 100 steuerlich eine Einlagenrückgewähr i.H.v. 50 angenommen. ◀|

Gewinnausschüttung auch insoweit, als Leistung > ausschüttbarer Gewinn + Einlagekonto

Sollte die Leistung der Kapitalgesellschaft höher sein als die Summe von ausschüttbarem Gewinn und dem Bestand des Einlagekontos, so gilt, angesichts des grundsätzlichen Verbots eines Negativausweises des Einlagekontos gemäß § 27 Abs. 1 Satz 4 KStG, der übersteigende Betrag ebenfalls als steuerbarer Bezug i. S. v. § 20 Abs. 1 Nr. 1 EStG. Zwar ist steuerlich insoweit noch kein ausschüttbarer Gewinn vorhanden, gleichwohl muss handelsrechtlich eine entsprechende Ausschüttungsmasse bestehen, da andernfalls eine Ausschüttung nicht erfolgen könnte. Dies ist beispielsweise der Fall, wenn es handelsrechtlich zu einem früheren Gewinnausweis als steuerrechtlich kommt (vgl. FÖRSTER/VAN LISHAUT, FR 2002, 1205, 1210; FROTSCHER in Frotscher/Maas, § 27 KStG Rz. 32, 34).

BEISPIEL 157

Wie Beispiel 156, allerdings betragen der handelsbilanzielle Gewinn in 01 und die Ausschüttung in 02 jeweils 120.
Von dieser Ausschüttung gelten die »ersten« 50 als Bezug i. S. v. § 20 Abs. 1 Nr. 1 EStG, da der ausschüttbare Gewinn 50 beträgt. Die nächsten 60 sind steuerlich als Einlagenrückgewähr anzusehen, da sich der Bestand des Einlagekontos auf 60 beläuft. Die übersteigenden 10 sind nicht vom Einlagekonto abzuziehen und gelten daher ebenfalls als Bezug i. s. d. § 20 Abs. 1 Nr. 1 EStG, obwohl steuerlich insoweit (noch) kein ausschüttbarer Gewinn ermittelt wurde. ◄

Negativer ausschüttbarer Gewinn → Ansatz von Null

Sollte die Ermittlung des ausschüttbaren Gewinns einen negativen Wert ergeben, was etwa der Fall sein kann, wenn infolge von Verlusten in der Vergangenheit das steuerbilanzielle Eigenkapital entsprechend vermindert ist, so ist der ausschüttbare Gewinn mit Null anzusetzen. Etwaige Leistungen gelten mithin unmittelbar als Einlagenrückgewähr, wenn und soweit das Einlagekonto einen entsprechenden Bestand aufweist.

Bestände zum Ende des vorangegangenen WJ sind zu verwenden

Gemäß § 27 Abs. 1 Satz 3 KStG ist bezüglich der Frage, ob eine Einlagenrückgewähr vorliegt, zu prüfen, ob die Leistungen der Kapitalgesellschaft den auf den Schluss des vorangegangenen Wirtschaftsjahrs ermittelten ausschüttbaren Gewinn übersteigen. Tun sie dies und weist das Einlagekonto einen entsprechenden Betrag aus, so gelten die den ausschüttbaren Gewinn übersteigenden Beträge als Einlagenrückgewähr. Fraglich ist nun allerdings, ob bei dieser Prüfung auch unterjährige Veränderungen des steuerbilanziellen Eigenkapitals durch bis dahin erzielte Gewinne bzw. des Einlagekontos durch unterjährige Zu- und Abgänge zu berücksichtigen sind, oder für beide Größen vielmehr die auf den Schluss des vorangegangenen Wirtschaftsjahrs ermittelten Werte verwendet werden. Letzteres entspricht der Auffassung der Finanzverwaltung (vgl. BMF v. 04. 06. 2003, BStBl. I 2003, 366 Tz. 15). Durch dieses Abstellen auf Vergangenheitsdaten können sich allerdings gewisse Friktionen ergeben, die letztlich darin begründet liegen, dass etwaige Zugänge, sei es, dass sich durch Einlagen der Bestand des Einlagekontos erhöht, sei es, dass sich der ausschüttbare Gewinn durch den Gewinn des laufenden Jahres erhöht, jeweils erst zum Ende des betreffenden Wirtschaftsjahres berücksichtigt werden und folglich für eine Einlagenrückgewähr bzw. Gewinnausschüttung im Jahr ihrer Zuführung selbst nicht zur Verfügung stehen.

Gewinnausschüttung wird ggf. nicht erkannt

Da in die Ermittlung des ausschüttbaren Gewinns für das gegenwärtige Jahr der Wert des steuerbilanziellen Eigenkapitals zum Ende des vorangegangenen Wirtschaftsjahres eingeht, was bedeutet, dass der Gewinn des laufenden Jahres den ausschüttbaren Gewinn dieses Jahres nicht erhöht, besteht die Gefahr, dass Gewinnausschüttungen nicht als solche erkannt werden: Sollte etwa zum Ende des vorangegangenen Jahres zwar kein ausschüttbarer Gewinn, gleichwohl jedoch ein genügend hoher Bestand im steuerlichen Einlagekonto vorhanden sein, so gelten im Folgejahr vorgenommene Vorabausschüttungen stets als Einlagenrückgewähr, und zwar selbst dann, wenn in diesem Jahr ein entsprechender Gewinn erzielt wird (vgl. PICKHARDT-POREMBA, StuB 2003, 964, 968). Nach Auffassung des BFH (v. 19.05.2010, BFH/NV 2010, 1886) ist es ausweislich des Gesetzeswortlauts indes zutreffend, allein auf den ausschüttbaren Gewinn zum Schluss des vorangegangenen Wirtschaftsjahres abzustellen, wenngleich dies, wie gezeigt, mitunter zu Problemen führen kann.

Umgekehrt kann es dazu kommen, dass eine Einlagenrückgewähr nicht als solche, sondern vielmehr als Gewinnausschüttung qualifiziert wird. Wenn laufende Zugänge zum Einlagekonto erst zum Ende des jeweiligen Wirtschaftsjahrs zu berücksichtigen sind und folglich den Betrag, der für eine Einlagenrückgewähr im Jahr der Einlage selbst zur Verfügung steht, nicht erhöhen, so ist es vorstellbar, dass bei den Leistungen der Kapitalgesellschaft, die den ausschüttbaren Gewinn übersteigen, das steuerliche Einlagekonto für eine Finanzierung dieser Leistungen nicht ausreicht. Dies hat zur Folge, dass der übersteigende Betrag steuerlich als Gewinnausschüttung qualifiziert wird, obwohl tatsächlich eine Rückgewähr unterjährig geleisteter Einlagen gegeben ist (kritisch VOSSKUHL/KLEMKE, DB 2010, 2696). Dabei ist zu beachten, dass § 27 Abs. 1 Satz 3 KStG dem Wortlaut nach zwar keinen Hinweis darauf enthält, dass das am Schluss des vorangegangenen Wirtschaftsjahres bestehende steuerliche Einlagekonto zu verwenden sei, gleichwohl hat der BFH (v. 30.01.2013 – I R 35/11, BStBl. II 2013, 516) die Auffassung der Finanzverwaltung bestätigt und unterjährige Zuführungen zum Einlagekonto bei der Frage, ob in demselben Jahr erbrachten Leistungen der Kapitalgesellschaft als Einlagenrückgewähr zu qualifizieren sind, unberücksichtigt gelassen. Der BFH begründet seine strenge Vorjahresbetrachtung mit folgender Überlegung: Weil der ausschüttbare Gewinn gemäß § 27 Abs. 1 Satz 3 KStG auf den Schluss des vorangegangenen Wirtschaftsjahres zu ermitteln sei und als ausschüttbarer Gewinn nach § 27 Abs. 1 Satz 5 KStG das um das gezeichnete Kapital geminderte in der Steuerbilanz ausgewiesene Eigenkapital abzüglich des Bestands des steuerlichen Einlagekontos gelte, folge eine Vorjahresbetrachtung auch in Bezug auf den Bestand des steuerlichen Einlagekontos. Folglich könne dem Bestand des steuerlichen Einlagekontos als reine Berechnungsgröße zur Ermittlung des ausschüttbaren Gewinns kein anderer Zeitpunkt zugrunde gelegt werden als derjenige bei der Ermittlung des ausschüttbaren Gewinns, und dies sei eben der Schluss des vorangegangenen Wirtschaftsjahres. Der BFH übersieht dabei allerdings, wie SIEGEL (DStZ 2013, 739, 741) nachgewiesen hat, dass die Rechenregel des § 27 Abs. 1 Satz 5 KStG, wonach sich der ausschüttbare Gewinn als Restgröße von steuerbilanziellem Eigenkapital abzüglich gezeichnetem Kapital abzüglich des Bestands des steuerlichen Einlagekontos ergibt, zeitlos gilt, da sich das steuerbilanzielle Eigenkapital und das steuerliche Einlagekonto durch Kapitalmaßnahmen stets gleichermaßen verändern. Dies aber hat zur Folge, dass der ausschüttbare Gewinn durch (unterjährige) Einlagen unverändert bleibt, woraufhin eine Bezugnahme auf den Stand des Einlagekontos zum Ende des vorangegangenen Wirtschaftsjahres zur Ermittlung des ausschüttbaren Gewinns nicht erforderlich ist. Das vorstehende BFH-Urteil überzeugt u.E. daher nicht.

Einlagenrückgewähr wird ggf. nicht erkannt

BEISPIEL 158

Die seit Jahren bestehende X-GmbH hat zum 31.12.01 ein steuerbilanzielles Eigenkapital von 100, ein gezeichnetes Kapital von 100 und ein steuerliches Einlagekonto von 0. Der ausschüttbare Gewinn zum 31.12.01 ermittelt sich nach der Rechenregel des § 27 Abs. 1 Satz 5 KStG zu 100 – 100 – 0 = 0. Im Februar 02 leisten die Gesellschafter eine Einlage in die Kapitalrücklage i.H.v. 100. Im Juni 02 kommt es zu einer verdeckten Gewinnausschüttung i.H.v. 60.

Verwendet man zur Ermittlung der steuerlichen Konsequenzen den ausschüttbaren Gewinn sowie den Stand des Einlagekontos zum 31.12.01, so ist die verdeckte Gewinnausschüttung im Juni 02 nicht als Verwendung des Einlagekontos zu qualifizieren, da dieses sodann negativ würde. Folglich wird unterstellt, es läge keine Einlagenrückgewähr vor und auf Ebene des Anteilseigners sind Bezüge i.S.v. § 20 Abs. 1 Nr. 1 EStG anzunehmen. Dieses Ergebnis überzeugt allerdings nicht, da realiter ja gerade keine vorherigen Gewinne ausgekehrt, sondern vielmehr ein Teil der unterjährigen Einlage zurückgewährt worden ist. Würde man indes auf den Stand des Einlagekontos nach unterjähriger Einlage abstellen, so betrüge, weil sich nicht nur das Einlagekonto, sondern zugleich auch das steuerbilanzielle Eigenkapital erhöht hätte, der ausschüttbare Gewinn unverändert 0, jetzt ermittelt aus 200 ./. 100 ./. 100 = 0. Allerdings würde nunmehr gemäß § 27 Abs. 1 Satz 3 KStG das Einlagekonto i.H.v. 60 als verwendet gelten und beim Anteilseigner wäre ein nicht steuerbarer Zufluss anzunehmen. ◄|

Bei Gründung § 27 Abs. 2 Satz 3 KStG

Das Abstellen auf die Bestände zum Ende des vorangegangenen Wirtschaftsjahrs zeitigte bei Gründungen regelmäßig die Folge, dass Leistungen im Gründungsjahr, etwa Vorabausschüttungen oder verdeckte Gewinnausschüttungen, stets als Gewinnausschüttung zu behandeln waren, weil ein steuerliches Einlagekonto zum Ende der vorangegangenen Wirtschaftsjahres nicht vorhanden war. Mit § 27 Abs. 2 Satz 3 KStG hat der Gesetzgeber diese Problematik entschärft, ist doch nunmehr bei Eintritt in die unbeschränkte Steuerpflicht, was den Gründungsfall einschließt, der zu diesem Zeitpunkt vorhandene Bestand der nicht in das Nennkapital geleisteten Einlagen gesondert festzustellen und als Bestand des Einlagekontos zum Ende des vorangegangenen Wirtschaftsjahres anzusehen (siehe hierzu auch J III 2.1).

Addition aller Leistungen

Aus dem Umstand, dass auch die Abgänge des laufenden Jahres bei der Ermittlung des für Leistungen in diesem Jahr noch verbleibenden verwendbaren Bestandes des Einlagekontos unberücksichtigt bleiben, das Einlagekonto mithin nicht sukzessive geleert wird, folgt die Notwendigkeit, alle Leistungen eines Wirtschaftsjahres zusammenzufassen und die sich danach ergebende Verwendung des steuerlichen Einlagekontos den einzelnen Leistungen anteilig zuzuordnen (vgl. BMF v. 04.06.2003, BStBl. I 2003, 366 Tz. 12), was etwa von Bedeutung ist, wenn die jeweiligen Leistungen unterschiedlichen Gesellschaftern zugewendet worden sind.

BEISPIEL 159

Die X-GmbH, deren Wirtschaftsjahr dem Kalenderjahr entspricht, verfügt zum 31.12.2011 über folgende Bestände:

Eigenkapital lt. Steuerbilanz	200
Gezeichnetes Kapital	50
Steuerliches Einlagekonto	100

Im Wirtschaftsjahr 2012 erfolgt am 01.04. eine offene Gewinnausschüttung i.H.v. 40 sowie am 01.10. eine verdeckte Gewinnausschüttung i.H.v. 20. Beide Gewinnausschüttungen sind in 2012 abgeflossen.

Der ausschüttbare Gewinn zum 31.12.2011 ermittelt sich wie folgt:

Eigenkapital lt. Steuerbilanz	200
./. Gezeichnetes Kapital (Nennkapital)	50
./. Bestand des steuerlichen Einlagekontos	100
= Ausschüttbarer Gewinn	50

Da die Summe der in 2012 gewährten Leistungen (oGA 40 + vGA 20 = 60) den ausschüttbaren Gewinn um 10 übersteigt, mindert sich der Bestand des steuerlichen Einlagekontos entsprechend. Folglich liegen i. H. v. insgesamt 50 bei den Ausschüttungsempfängern steuerbare Bezüge i. S. v. § 20 Abs. 1 Nr. 1 EStG und i. H. v. insgesamt 10 eine Rückgewähr von Einlagen vor. Da nun die Verwendung des Einlagekontos den einzelnen Leistungen anteilig zuzuordnen ist, gelten jeweils 10/60 der offenen sowie der verdeckten Gewinnausschüttung als Einlagenrückgewähr, mithin:

	Betrag	Gewinnausschüttung 5/6	Einlagenrückgewähr 1/6
oGA	40	33,33	6,67
vGA	20	16,67	3,33
Summe	60	50	10

2.3 Bescheinigung und Verwendungsfestschreibung

Damit die Anteilseigner erkennen können, ob es sich bei Leistungen der Kapitalgesellschaft um steuerbare Bezüge i. S. v. § 20 Abs. 1 Nr. 1 EStG oder aber um eine Rückgewähr von Einlagen handelt, ist die Kapitalgesellschaft gemäß § 27 Abs. 3 KStG verpflichtet, ihren Anteilseignern die Verwendung des steuerlichen Einlagekontos entsprechend ihrem Anteil an der Gesamtleistung zu bescheinigen. Keine Bescheinigung ist allerdings bei der Rückzahlung von Nennkapital nach einer Kapitalherabsetzung für den das steuerliche Einlagekonto unmittelbar mindernden Betrag auszustellen (vgl. BMF v. 04.06.2003, BStBl. I 2003, 366 Tz. 23). **Bescheinigung über die Verwendung des Einlagekontos**

Sollte sich nun im Nachhinein herausstellen, z. B. infolge einer Betriebsprüfung, dass eigentlich eine andere als die bereits bescheinigte Verwendung zutreffend wäre, so ist fraglich, ob die bisher bescheinigte Verwendung des Einlagekontos unverändert bestehen bleibt oder aber korrigiert werden kann. Dabei ist zu beachten, dass insbesondere bei Publikumskapitalgesellschaften eine Korrektur der an die Anteilseigner im Regelfall unter Zwischenschaltung eines Kreditinstituts (§ 27 Abs. 4 KStG) ausgegebenen Bescheinigungen nicht durchführbar wäre. Würde man nun einseitig auf Ebene der Kapitalgesellschaft eine Korrektur der für die Leistung als verwendet bescheinigten Beträge des Einlagekontos zulassen, so wären divergierende steuerliche Qualifikationen auf Ebene der Kapitalgesellschaft einerseits und der Anteilseignerebene andererseits bezüglich dieser Leistungen die Folge. Insofern erscheint die durch eine sog. Verwendungsfestschreibung des Einlagekontos bewirkte Beibehaltung einer unzutreffenden, jedoch auf Gesellschafts- und Gesellschafterebene korrespondierenden Verwendung als das kleinere Übel. Nach § 27 Abs. 5 KStG ist bezüglich der Verwendungsfestschreibung allerdings danach zu unterscheiden, ob die Verwendung des Einlagekontos zu niedrig oder zu hoch bescheinigt worden ist (vgl. hierzu DÖTSCH/PUNG, DB 2006, 2648, 2652 ff.). **Verwendungsfestschreibung gemäß § 27 Abs. 5 KStG**

2.3.1 Minderung des Einlagekontos ist zu niedrig bescheinigt

Verwendungsfest-schreibung bewirkt ...

Ist für eine Leistung der Kapitalgesellschaft die Minderung des Einlagekontos zu niedrig bescheinigt worden, so gilt die Verwendungsfestschreibung und die der Bescheinigung zugrunde gelegte, zu niedrige Verwendung des Einlagekontos bleibt unverändert. Gemäß § 27 Abs. 5 Satz 2 KStG gilt eine Einlagenrückgewähr i. H. v. 0 € als bescheinigt, wenn bis zum Tag der erstmaligen Feststellung des Einlagekontos zum Schluss des Wirtschaftsjahres, in dem die Leistung erbracht worden ist, keine Bescheinigung erteilt worden ist. In den vorgenannten Fällen (zu niedrige Bescheinigung bzw. gar keine Bescheinigung) ist eine Berichtigung bzw. erstmalige Ausstellung von Steuerbescheinigungen nicht zulässig (§ 27 Abs. 5 Satz 3 KStG).

... für die Kapital-gesellschaft Ver-pflichtung zum Kapitalertrag-steuereinbehalt ...

Dies bedeutet, dass auf Ebene der Kapitalgesellschaft der (zu hohe) Bestand des steuerlichen Einlagekontos nicht mehr korrigiert werden kann. Daran ändert sich auch nichts, wenn der Feststellungsbescheid über das steuerliche Einlagekonto noch unter dem Vorbehalt der Nachprüfung stehen sollte (vgl. Schleswig-Holsteinisches FG v. 28.11.2013, DStRE 2014, 798, nrk., Rev. eingelegt: Az. BFH I R 3/14). In materieller Hinsicht hat dies zur Folge, dass, weil die tatsächlich vorliegende Rückgewähr von Einlagen nicht als solche erkannt worden ist, nunmehr von einer entsprechend hohen Verwendung des ausschüttbaren Gewinns ausgegangen wird. Kommt aber dieser Teil der Ausschüttung im Kleid des ausschüttbaren Gewinns daher, so ist auch insoweit die Kapitalgesellschaft zum Kapitalertragsteuereinbehalt verpflichtet (vgl. Schleswig-Holsteinisches FG v. 28.11.2013, DStRE 2014, 798, nrk., Rev. eingelegt: Az. BFH I R 3/14). Eine abweichende Festsetzung der Kapitalertragsteuer aus Billigkeitsgründen ist angesichts der Regelungen in § 27 Abs. 5 Satz 1 und 2 KStG nicht möglich (vgl. FG Mecklenburg-Vorpommern v. 12.09.2013, EFG 2014, 936, nrk., Rev. eingelegt: Az. BFH I R 70/13). Auch ist § 27 Abs. 5 Satz 2 KStG einer teleologischen Reduktion nicht zugänglich (vgl. FG Berlin-Brandenburg v. 09.04.2013, DStRE 2014, 216, nrk., Rev. eingelegt: Az. BFH I R 31/13).

... für die Anteils-eigner zu hohe steuerbare Bezüge

Für die Anteilseigner bleibt es dabei, dass sie die ihnen (zu niedrig) bescheinigte Einlagenrückgewähr und damit einhergehend die zu hohe Verwendung des ausschüttbaren Gewinns für ihre Besteuerung zugrunde zu legen haben. Durch die Verwendungsfestschreibung auf Ebene der Kapitalgesellschaft einerseits und die Nichtkorrektur der Bescheinigung für den Anteilseigner andererseits wird mithin eine korrespondierende Behandlung der Leistungen auf Gesellschafts- und Gesellschafterebene gewährleistet. Zu beachten ist allerdings, dass die Anteilseigner i. H. d. Differenzbetrags zwischen der tatsächlichen Einlagenrückgewähr und der zu niedrig bescheinigten Einlagenrückgewähr Bezüge i. S. v. § 20 Abs. 1 Nr. 1 EStG versteuern, obwohl auch insoweit eigentlich eine nicht steuerbare Rückgewähr von Einlagen gegeben ist. Infolge der zu niedrigen Verwendung des Einlagekontos zum heutigen Zeitpunkt steht allerdings ein entsprechend höherer Betrag für zukünftige Verwendungen zur Verfügung, so dass die Anteilseigner trotz der heutigen Annahme zu hoher steuerbarer Bezüge i. S. d. § 20 Abs. 1 Nr. 1 EStG keinen endgültigen Nachteil erleiden, da sie zukünftig einen entsprechend höheren Betrag als Einlagenrückgewähr bescheinigt erhalten werden.

Gilt auch bei nach-träglich festgestell-ter vGA

Nach Auffassung der Finanzverwaltung (vgl. OFD Münster v. 27.11.2009, DStR 2010, 225) ist ein Anwendungsfall von § 27 Abs. 5 Satz 2 KStG auch bei einer nachträglich im Rahmen einer Betriebsprüfung festgestellten verdeckten Gewinnausschüttung gegeben, so dass es infolge der Nichtbescheinigung, die ja als »Null-bescheinigung« gilt, insoweit nicht zu einer Verwendung des Einlagekontos kommen kann, selbst wenn die betreffende Kapitalgesellschaft in ausreichendem Umfang über Einlagekontobestände verfügt. Dieses etwas unglückliche Zusammentreffen einer nachträglich erkannten verdeckten Gewinnausschüttung mit einer bereits erfolgten Verwendungsfestschreibung gemäß § 27 Abs. 5 Sätze 1 bis 3 KStG dürfte der Regelfall sein, woraufhin verdeckte Gewinnausschüttungen beim Anteilseigner wohl nur in Ausnahmefällen in eine nicht steuerbare Einlagenrückgewähr münden werden. Nach Auffassung von DÖTSCH (in DPM, § 27 KStG Tz. 214) sei es in diesem Fall gerechtfertigt, im Wege sachlicher Billigkeit von der Verwendungsfestschreibung abzusehen, da sich das Ergebnis nicht mit dem Regelungssinn des § 27 Abs. 1 KStG decke. Die vorstehend erwähnten FG-Entscheidungen konnten diese Frage indes offenlassen, da die zu entscheidenden Sachverhalte anders gelagert waren.

BEISPIEL 160

(nach OFD Münster v. 27.11.2009, DStR 2010, 225)
Für die A-GmbH wurde zum 31.12.2009 ein steuerliches Einlagekonto i.H.v. 185 festgestellt. Zu diesem Zeitpunkt beträgt der ausschüttbare Gewinn der A-GmbH 0 €. Der erstmalige Bescheid über die Feststellung des steuerlichen Einlagekontos zum 31.12.2010 wurde am 25.09.2011 bekannt gegeben. Bis zu diesem Zeitpunkt hat die A-GmbH für in 2010 abgeflossene Gewinnausschüttungen keine Steuerbescheinigungen mit einer Verwendung des steuerlichen Einlagekontos erteilt. Bei einer Betriebsprüfung im Dezember 2011 wird eine in 2010 abgeflossene verdeckte Gewinnausschüttung i.H.v. 50 festgestellt.
Gemäß § 27 Abs. 5 Satz 2 KStG gilt eine Verwendung des Einlagekontos für die in 2010 erbrachten Leistungen als i.H.v. 0 € bescheinigt. Da eine Korrektur bzw. erstmalige Ausstellung gemäß § 27 Abs. 5 Satz 3 KStG nicht zulässig ist, kommt es nach § 27 Abs. 5 Satz 1 KStG zu einer Verwendungsfestschreibung, woraufhin der Anteilseigner aus der von der A-GmbH in 2010 empfangenen vGA einen Ertrag i.S.d. § 20 Abs. 1 Nr. 1 EStG erzielt. Dies gilt auch, obwohl in dem vorliegenden Fall ein ausschüttbarer Gewinn von 0 € vorhanden ist und folglich nach der Regelung des § 27 Abs. 1 KStG die vGA eigentlich zu 100% aus dem steuerlichen Einlagekonto finanziert würde. Das Einlagekonto der A-GmbH zum 31.12.2010 bleibt insoweit unverändert. ◀|

2.3.2 Minderung des Einlagekontos ist zu hoch bescheinigt

Im Fall einer zu hohen Bescheinigung der Verwendung des Einlagekontos verneint der Gesetzgeber eine Verwendungsfestschreibung, was zur Folge hat, dass auf Ebene der Kapitalgesellschaft das Einlagekonto stets nur um den zutreffenden (geringeren) Betrag, nicht aber um den zu hoch bescheinigten Betrag zu vermindern ist. Die weiteren Rechtsfolgen ergeben sich sodann in Abhängigkeit davon, ob die Kapitalgesellschaft die Steuerbescheinigung gegenüber dem Anteilseigner korrigiert, im Unterschied zum Fall einer zu niedrigen bescheinigten Verwendung darf sie dies hier, oder aber davon, aus welchen Gründen auch immer, absieht. *Keine Verwendungsfestschreibung*

Erfolgt eine Berichtigung, so hat der Anteilseigner die korrigierte Bescheinigung zu verwenden, woraufhin sich die Verwendung des Einlagekontos auf Gesellschaftsebene und die Qualifizierung als Einlagenrückgewähr auf Gesellschafterebene wieder entsprechen. *Mit Berichtigung*

Erfolgt indes keine Korrektur, so kommt es im Ergebnis zu divergierenden Qualifikationen auf Gesellschafts- und Gesellschafterebene: Während der Gesellschafter einen zu hohen Betrag als Einlagenrückgewähr interpretiert, wertet die *Drohender Steuerausfall, wenn keine Berichtigung, daher ...*

Kapitalgesellschaft lediglich den zutreffenden Betrag als Verminderung des Einlagekontos und geht i.H.d. Differenz zur bescheinigten Verminderung des Einlagekontos eben nicht mehr von einer Einlagenrückgewähr, sondern vielmehr von einer Verwendung des ausschüttbaren Gewinns aus. Aus dieser Divergenz, Einlagenrückgewähr für den Anteilseigner, Gewinnausschüttung für die Kapitalgesellschaft, resultiert nun für den Fiskus die Gefahr eines endgültigen Steuerausfalls, da der vorgenannte Differenzbetrag nach wie vor im Einlagekonto ausgewiesen ist und damit dessen spätere Verwendung für Leistungen auf Ebene des Anteilseigners quasi ein zweites Mal als Einlagenrückgewähr, nicht aber, wie es zutreffend wäre, einmal als steuerbarer Bezug i.S.v. § 20 Abs. 1 Nr. 1 EStG interpretiert würde.

... Kapitalertrag-steuerhaftung für Kapitalgesellschaft

Um diesem Steuerausfall idealtypisch entgegenzuwirken, belegt der Gesetzgeber die Kapitalgesellschaft mit einer Kapitalertragsteuerhaftung für den unzutreffend als Einlagenrückgewähr bescheinigten Betrag (§ 27 Abs. 5 Satz 4 KStG). Entrichtet nun die Kapitalgesellschaft die Kapitalertragsteuer für den Anteilseigner, so steht ihr ein entsprechender Rückforderungsanspruch gegen diesen zu. Verzichtet sie auf diese Rückforderung, so stellt dies eine (zusätzliche) verdeckte Gewinnausschüttung dar, welche ebenfalls mit Kapitalertragsteuer zu belegen ist. Der Betrag der vGA ist als Leistung der Kapitalgesellschaft i.S.v. § 27 Abs. 1 Satz 3 KStG zu bescheinigen (vgl. DÖTSCH in DPM, § 27 KStG Tz. 220).

BEISPIEL 161

Die X-AG hat ihrem Anteilseigner X eine um 100 zu hohe Einlagenrückgewähr bescheinigt. Eine Korrektur der Bescheinigung ist nicht erfolgt.
Gemäß § 27 Abs. 5 Satz 4 KStG i.V.m. §§ 43 Abs. 1 Satz 1 Nr. 1, 43a Abs. 1 Satz 1 Nr. 1 EStG wird der X-AG die auf diesen Betrag entfallende Kapitalertragsteuer auferlegt, mithin $100 \times 0{,}25 = 25$. Fordert die X-AG die für den X entrichtete Kapitalertragsteuer nicht zurück, so liegt eine vGA i.H.v. 25 vor, welche ebenfalls mit 25 % Kapitalertragsteuer zu belegen ist, folglich: $0{,}25 \times 25 = 8{,}33$. Insgesamt führt die X-AG mithin Kapitalertragsteuer i.H.v. 33,33 ab. Im Ergebnis wird mithin die Situation fingiert, als habe X eine auf Ebene der X-AG als solche erkannte Gewinnausschüttung i.H.v. 133,33 erhalten, wäre doch auch in diesem Fall eine Belastung mit Kapitalertragsteuer i.H.v. $0{,}25 \times 133{,}33 = 33{,}33$ die Folge gewesen. ◄

Auswirkungen für den Anteilseigner

Von den vorstehend beschriebenen Abläufen merkt der Anteilseigner nichts. Aus steuersystematischer Perspektive ist diese Unkenntnis des Anteilseigners vertretbar, wird doch idealtypisch diejenige steuerliche Belastung erzeugt, die sich auf Anteilseignerebene eingestellt hätte, wenn die Gewinnausschüttung in zutreffender Höhe bescheinigt worden wäre. Unterliegt der Anteilseigner mit seinen Kapitalerträgen dem Sondersteuersatz des § 32d Abs. 1 EStG i.H.v. 25 %, so stimmen Kapitalertragsteuersatz und sein Einkommensteuersatz überein und die einbehaltene Kapitalertragsteuer hätte ohnehin abgeltende Wirkung gehabt. Die Möglichkeit einer Günstigerprüfung nach § 32d Abs. 6 EStG steht dem Anteilseigner im hier beschriebenen Fall allerdings nicht zur Verfügung, da er ja nach wie vor von einer Einlagenrückgewähr ausgeht. Müsste der Anteilseigner seine Kapitalerträge nach § 32a EStG versteuern, so wären nach dem Teileinkünfteverfahren 40 % der Bezüge steuerbefreit. Bezogen auf den steuerpflichtigen Teil der Bezüge (60 %) entspricht die auf den steuerpflichtigen und steuerfreien Teil der Bezüge zu erhebende Kapitalertragsteuer von 25 % einem Steuersatz von 41,67 %.

K Kapitalerhöhung und Kapitalherabsetzung

Sowohl bei der Kapitalerhöhung als auch bei der Kapitalherabsetzung handelt es sich um Maßnahmen zur Änderung des Grund- bzw. Stammkapitals. Dabei ist zwischen effektiven und nominellen Kapitalveränderungsmaßnahmen zu unterscheiden: Während es bei einer effektiven Kapitalerhöhung bzw. -herabsetzung darum geht, der Gesellschaft tatsächlich neues Eigenkapital zuzuführen bzw. ihr ein solches zu entziehen, erfolgt durch eine nominelle Maßnahme lediglich eine bilanzielle Umschichtung innerhalb des Eigenkapitals der Kapitalgesellschaft.

Maßnahmen zur Anpassung des gezeichneten Kapitals

I Kapitalerhöhung

1 Grundlagen

Bei einer Kapitalerhöhung erhöht die Kapitalgesellschaft ihr Grund- bzw. Stammkapital infolge eines satzungsändernden Beschlusses der Gesellschafter (§ 182 AktG, § 55 Abs. 1 GmbHG). Wirksamkeit erlangt die Kapitalerhöhung mit der Eintragung im Handelsregister (§ 189 AktG, § 54 Abs. 3 GmbHG).

Sinn und Zweck einer effektiven Kapitalerhöhung ist es, der Gesellschaft durch die bisherigen oder auch durch neue Gesellschafter zusätzliches Eigenkapital zuzuführen. Finanzwirtschaftlich handelt es sich folglich um einen Vorgang der Außenfinanzierung. Gesellschaftsrechtlich existieren für die AG dabei mit der ordentlichen, der bedingten sowie der genehmigten Kapitalerhöhung drei unterschiedliche Formen, die sich hinsichtlich ihrer grundsätzlichen steuerlichen Auswirkungen jedoch nicht unterscheiden. Nach § 55a GmbHG i.d.F. des MoMiG ist nunmehr auch bei der GmbH eine genehmigte Kapitalerhöhung zulässig.

Effektive Kapitalerhöhung

Kennzeichen einer Kapitalerhöhung aus Gesellschaftsmitteln ist es indes, dass der Gesellschaft kein neues Kapital zugeführt, sondern lediglich vorhandene Kapital- und/oder Gewinnrücklagen in Grund- bzw. Stammkapital umgewandelt werden. Bilanziell erfolgt dabei ein Passivtausch: die betreffenden Rücklagen vermindern sich und das Grund- bzw. Stammkapital erhöht sich entsprechend. Die Kapitalerhöhung aus Gesellschaftsmitteln verändert mithin nur den Nennwert des gezeichneten Kapitals; sie wirkt folglich lediglich nominell. Zu den finanzwirtschaftlichen Motiven einer Kapitalerhöhung aus Gesellschaftsmitteln siehe DRUKARCZYK, Finanzierung, 2008, 367.

Kapitalerhöhung aus Gesellschaftsmitteln

2 Steuerliche Konsequenzen

Bezüglich der steuerlichen Auswirkungen einer Kapitalerhöhung ist zwischen der Ebene der Gesellschaft und der Ebene der Anteilseigner zu unterscheiden.

2.1 Ebene der Kapitalgesellschaft

2.1.1 Keine Auswirkungen auf das Einkommen der Gesellschaft

Weder die effektive Kapitalerhöhung noch die Kapitalerhöhung aus Gesellschaftsmitteln wirken sich auf das Einkommen der Kapitalgesellschaft aus.

Keine Vermögensmehrung bzw. …

Im Fall der Kapitalerhöhung aus Gesellschaftsmitteln liegt dies auf der Hand, da die schlichte Umwandlung von Rücklagen in gezeichnetes Kapital ohnehin keine Vermögensmehrung bei der Kapitalgesellschaft bewirkt.

… gesellschaftsrechtlich veranlasste Vermögensmehrung

Im Unterschied hierzu erhöht sich im Fall einer effektiven Kapitalerhöhung deren Vermögen zwar infolge einer Bar- bzw. Sacheinlage durch die Gesellschafter, jedoch basiert diese Vermögensmehrung auf einem gesellschaftsrechtlichen Vorgang und zeitigt daher keinerlei Auswirkungen auf den Gewinn der Gesellschaft. Dies gilt unabhängig davon, ob der Gesellschafter eine Bar- bzw. Sacheinlage leistet. Buchhalterisch erfasst die Kapitalgesellschaft die Bar- oder Sacheinlage des Gesellschafters als entsprechenden Zugang auf der Aktivseite (Bank, Kasse bzw. übertragenes Wirtschaftsgut) und erhöht auf der Passivseite das gezeichnete Kapital um den Nennwert der Kapitalerhöhung; haben die Gesellschafter für die Übernahme der neuen Anteile mehr als deren Nennwert gezahlt, so bucht die Kapitalgesellschaft dieses sog. Aufgeld oder Agio in die Kapitalrücklage (§ 272 Abs. 2 Nr. 1 HGB). Bereits diese buchhalterische Behandlung gewährleistet auf Ebene der Gesellschaft die Erfolgsneutralität des Vorgangs; eine gemäß § 4 Abs. 1 Satz 1 EStG angeordnete Kürzung um die Einlagen ist insoweit nicht mehr erforderlich.

BEISPIEL 162

Die Bilanz der X-AG gestaltet sich wie folgt:

Aktiva		Bilanz X-AG in T€	Passiva
Diverse Aktiva	100	Gezeichnetes Kapital	100
Bank	100	Rücklagen	50
		Verbindlichkeiten	50
	200		200

Die X-AG hat bis dato 100.000 Aktien zum Nennwert von je 1 € begeben und nimmt eine Erhöhung des gezeichneten Kapitals um 50 T€ vor. Hierzu emittiert sie weitere 50.000 Aktien mit einem Nennwert von jeweils 1 €; der Emissionskurs der neuen Aktien beträgt 3 €. Die X-AG bucht:
Bank 150 T€ an Gezeichnetes Kapital 50 T€ und Kapitalrücklage 100 T€. ◀|

Keine anteilige verdeckte Einlage, sondern insgesamt tauschähnlicher Vorgang bei Sacheinbringung

Bei einer durch Erbringung einer Sacheinlage erfolgenden Kapitalerhöhung ist zu beachten, dass diese nach Auffassung des BFH insgesamt als ein entgeltliches, weil tauschähnliches Geschäft zu beurteilen ist. Dies gilt auch dann, wenn der Wert der Sacheinlage den Betrag des zu übernehmenden Stammkapitals übersteigt und dieser Differenzbetrag gemäß § 272 Abs. 2 Nr. 1 HGB in die Kapitalrücklage einzustellen ist. Auch insoweit scheidet die Annahme einer nach § 6 Abs. 1 Nr. 5 EStG zu bewertenden verdeckten Einlage aus; vielmehr ist das betreffende Wirtschaftsgut auf Ebene der Kapitalgesellschaft mit dem gemeinen Wert anzusetzen (vgl. BFH v. 24.04.2007 – I R 35/05, BStBl. II 2008, 253).

Für die aufnehmende Kapitalgesellschaft resultiert daraus eine gegenüber einer Bewertung nach § 6 Abs. 1 Nr. 5 EStG entsprechend höhere AfA-Bemessungsgrundlage. Zudem findet die im Fall der Einlage ggf. zu einer Verminderung der AfA-Bemessungsgrundlage führende Regelung des § 7 Abs. 1 Satz 5 EStG keine Anwendung, weil eine Einlage nicht – auch nicht anteilig – vorliegt.

Auswirkungen für KapGes

Bezüglich der bei der Kapitalerhöhung anfallenden Kosten gilt das Veranlassungsprinzip. Dies bedeutet, dass jeder an der Kapitalerhöhung Beteiligte, mithin Gesellschaft und Gesellschafter, diejenigen Kosten zu tragen hat, die durch seine Person veranlasst worden sind. Folglich hat die Kapitalgesellschaft all die Kosten zu tragen, die auf die eigentliche Kapitalerhöhung entfallen, so etwa die Kosten für die Beurkundung des Kapitalerhöhungsbeschlusses und die Anmeldung zum Handelsregister, die Kosten der Eintragung im Handelsregister und der öffentlichen Bekanntmachung der Eintragung, während die Gesellschafter für diejenigen Kosten einstehen müssen, die in ihrer Sphäre entstanden sind, so etwa die Kosten der Beurkundung der Übernahmeerklärung der neuen Anteile nach § 55 Abs. 1 GmbHG. Übernimmt die Kapitalgesellschaft auch diese gesellschafterbezogenen Kosten, so liegt insoweit eine vGA vor (vgl. BFH v. 19.01.2000 – I R 24/99, BStBl. II 2000, 546).

Kosten der Kapitalerhöhung ggf. vGA

2.1.2 Auswirkungen auf das steuerliche Einlagekonto

2.1.2.1 Effektive Kapitalerhöhung

Sollten die Gesellschafter bei einer effektiven Kapitalerhöhung eine den Nennwert der Erhöhung des gezeichneten Kapitals übersteigende Einlage leisten, so handelt es sich bei diesem sog. Aufgeld bzw. Agio um eine Einlage, die nicht in das Nennkapital geleistet worden ist. Dieser Betrag ist gemäß § 27 Abs. 1 Satz 1 KStG auf dem steuerlichen Einlagekonto auszuweisen.

Agio erhöht Einlagekonto

FORTSETZUNG BEISPIEL 162
In Beispiel 162 erhöht sich das steuerliche Einlagekonto der X-AG um 100 T€. ◄|

Als effektive Kapitalerhöhung ist auch die Weiterveräußerung eigener Anteile zu begreifen. Da deren Erwerb, auch wenn die Anteile zur Weiterveräußerung erworben wurden, als Kapitalherabsetzung gilt, stellt nun folgerichtig deren Weiterveräußerung eine entsprechende Kapitalerhöhung dar, bei der der Kapitalgesellschaft in Höhe des Veräußerungspreises liquide Mittel zufließen. Diese Kapitalerhöhung zeitigt nun die gleichen Folgen, wie die »normale« effektive Kapitalerhöhung auch: In Höhe des Nennbetrags ist das Nennkapital wieder zu erhöhen ist, so dass insoweit dessen bei Erwerb vorgenommene Verminderung kompensiert wird, und ein darüber hinausgehender Betrag erhöht, wie jedes Agio, unmittelbar und vollständig das Einlagekonto.

Gilt auch bei Weiterveräußerung eigener Anteile

Letzteres hat allerdings zur Folge, dass insoweit die Konsequenzen des vorherigen Erwerbs nicht (zwingend) wieder ausgeglichen werden (vgl. SCHIFFERS, GmbHR 2014, 79,82), denn beim Erwerb der eigenen Anteile ist der über den Nennkapitalanteil hinausgehende Teil des Kaufpreises vorrangig vom ausschüttbaren Gewinn abzuziehen, und nur insoweit, als dieser nicht ausreichen sollte,

Asymmetrie bei Weiterveräußerung eigener Anteile

kommt es zu einer Verminderung des Einlagekontos. Im Ergebnis scheint es daher möglich, durch Erwerb und Veräußerung eigener Anteile Beträge aus dem ausschüttbaren Gewinn in das steuerliche Einlagekonto umzuschichten, was sich bei nachfolgenden Ausschüttungen an die Anteilseigner positiv auswirken würde.

2.1.2.2 Kapitalerhöhung aus Gesellschaftsmitteln

Vorrangige Verwendung des Bestands des Einlagekontos

Gemäß § 28 Abs. 1 Satz 1 KStG gilt bei einer Kapitalerhöhung aus Gesellschaftsmitteln der positive Bestand des steuerlichen Einlagekontos als vor den sonstigen Rücklagen umgewandelt. Maßgeblich ist dabei der Betrag des steuerlichen Einlagekontos, der sich ohne die Kapitalerhöhung für den Schluss dieses Wirtschaftsjahrs ergeben würde. Das steuerliche Einlagekonto vermindert sich entsprechend. Unter den sonstigen Rücklagen sind all jene Vermögensmehrungen der Kapitalgesellschaft zu verstehen, die nicht aus Einlagen der Gesellschafter stammen, so insbesondere der laufende Gewinn sowie etwaig gebildete Gewinnrücklagen.

Umwandlung sonstiger Rücklagen führt zu Sonderausweis

Sollte nun die Kapitalerhöhung aus Gesellschaftsmitteln den Bestand des Einlagekontos übersteigen, so gelten insoweit die sonstigen Rücklagen als für die Kapitalerhöhung verwendet. Dabei ist es wichtig, diese aus den sonstigen Rücklagen gespeisten Beträge innerhalb des Nennkapitals für die Zwecke des Steuerrechts zu separieren, da andernfalls im Fall einer späteren Nennkapitalrückzahlung nicht mehr erkennbar wäre, dass es sich bei diesen Beträgen »in Wahrheit« um thesaurierte Gewinne der Gesellschaft handelt, deren Auskehrung an die Anteilseigner bei diesen zwingend zu steuerbaren Bezügen i. S. v. § 20 Abs. 1 Nr. 2 EStG führen muss und nicht etwa als eine sich lediglich auf der Vermögensebene auswirkende Einlagenrückgewähr angesehen werden darf. Für eben diese Kennzeichnung sorgt der sog. Sonderausweis, in welchem die betreffenden Beträge des Nennkapitals getrennt auszuweisen und gesondert festzustellen sind (§ 28 Abs. 1 Satz 3 KStG); siehe hierzu auch J II.

Verwendungsreihenfolge ist fiskalisch und technisch motiviert ...

Die vom Gesetzgeber vorgeschriebene Verwendungsreihenfolge für eine Kapitalerhöhung, zuerst Einlagekonto, dann sonstige Rücklagen, erklärt sich aus zweierlei Gründen: Zum einen wird durch eine lediglich nachrangige Umwandlung der sonstigen Rücklagen der ausschüttbare Gewinn zu Lasten des steuerlichen Einlagekontos geschont. Der ausschüttbare Gewinn aber gilt als vorrangig für Ausschüttungen verwendet und soweit dies der Fall ist, resultieren daraus auf Anteilseignerebene steuerbare Bezüge i. S. v. § 20 Abs. 1 Nr. 1 EStG, was bei einer Verwendung der Beträge des Einlagekontos eben gerade nicht der Fall wäre (§ 20 Abs. 1 Nr. 1 Satz 3 EStG). Insofern ist ein fiskalisches Interesse des Gesetzgebers an der durch § 28 Abs. 1 Satz 1 KStG vorgezeichneten Verwendungsreihenfolge nicht von der Hand zu weisen. Zum anderen wird durch diese Verwendungsreihenfolge die aufwendige Bildung und Fortführung eines Sonderausweises soweit wie möglich vermieden, kommt es doch zur Entstehung bzw. Erhöhung eines Sonderausweises erst dann, wenn das steuerliche Einlagekonto »leergeräumt« ist.

... und ebenso Saldierung des Sonderausweises mit dem Einlagekonto

In diesem Sinne arbeitet auch § 28 Abs. 3 KStG, wonach sich ein bestehender Sonderausweis zum Schluss des Wirtschaftsjahres um den positiven Bestand des Einlagekontos zu diesem Stichtag vermindert und sich der Bestand des Einlagekontos entsprechend verringert, woraufhin sich der ausschüttbare Gewinn im Gegenzug erhöht. Die Regelung dient dazu, einen Sonderausweis, wenn er denn anlässlich der Kapitalerhöhung aus Gesellschaftsmitteln schon nicht zu vermeiden war, sobald als möglich wieder zu eliminieren und, ganz nebenbei, die Relation ausschüttbarer Gewinn – Einlagekonto wieder zugunsten des Fiskus zu verschieben.

BEISPIEL 163

Zum 31.12.2011 verfügt die X-GmbH über ein steuerbilanzielles Eigenkapital von 200. In 2011 hat sie eine Kapitalerhöhung aus Gesellschaftsmitteln i.H.v. 70 beschlossen, die zu 50 aus der Kapitalrücklage und zu 20 aus den Gewinnrücklagen gespeist werden soll. Vor Berücksichtigung dieser Kapitalerhöhung betragen zum 31.12.2011 das Nennkapital 50 und das steuerliche Einlagekonto 50, so dass sich zu diesem Zeitpunkt ein ausschüttbarer Gewinn von 100 ergibt. In 2012 leistet der Gesellschafter X eine verdeckte Einlage i.H.v. 20.

2011

Für die Überlegung, welche Beträge, unabhängig von der handelsrechtlich gewünschten anteiligen Verwendung von Kapitalrücklage und Gewinnrücklagen, steuerlich für die Kapitalerhöhung als verwendet gelten, ist gemäß § 28 Abs. 1 Satz 2 KStG auf den Bestand des Einlagekontos vor Berücksichtigung der Kapitalerhöhung zum 31.12.2011 abzustellen; mithin 50. Gemäß § 28 Abs. 1 Satz 1 KStG setzt sich die Kapitalerhöhung daraufhin aus folgenden Komponenten zusammen:

Bestand Einlagekonto vor Rücklagenumwandlung	50
Sonstige Rücklagen	20
Kapitalerhöhung	70

Folglich beträgt das Nennkapital nunmehr 120, das Einlagekonto vermindert sich auf 0 und der sich als Restgröße ergebende ausschüttbare Gewinn reduziert sich auf 80 (= steuerbilanzielles Eigenkapital 200 abzgl. Nennkapital 120 abzgl. Einlagekonto 0), was einleuchtet, da ja 20 als für die Kapitalerhöhung verwendet gelten. Zum 31.12.2011 beträgt der Sonderausweis gemäß § 28 Abs. 1 Satz 3 KStG 20.

2012

Die verdeckte Einlage in 2012 i.H.v. 20 führt zum 31.12.2012 zu einer Erhöhung des Einlagekontos von 0 auf 20. Gemäß § 28 Abs. 3 KStG ist zu diesem Zeitpunkt der nach wie vor bestehende Sonderausweis i.H.v. 20 um den positiven Bestand des Einlagekontos zu vermindern (hier auf 0) und zugleich verringert sich das zuvor um 20 erhöhte Einlagekonto wieder auf 0. Zum 31.12.2012 ergibt sich folglich ein ausschüttbarer Gewinn von 100 (Differenz zwischen dem steuerbilanziellen Eigenkapital von 220 und dem Nennkapital von 120).

Die nachfolgende Übersicht verdeutlicht das Geschehen noch einmal:

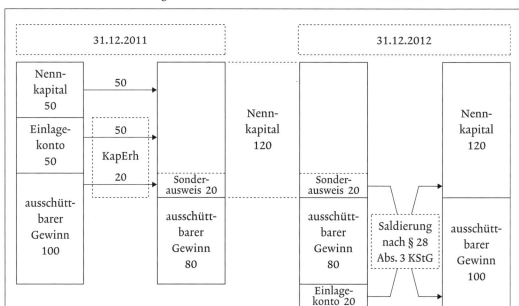

2.2 Ebene der Anteilseigner

2.2.1 Bei einer effektiven Kapitalerhöhung

Im Fall einer Kapitalerhöhung gegen Einlagen erhöhen sich für den Anteilseigner die Anschaffungskosten seiner Beteiligung entsprechend.

Erwerb von Bezugsrechten

Ist zum Erwerb der aus der Kapitalerhöhung hervorgegangenen neuen Anteile ein Bezugsrecht erforderlich und wird dieses entgeltlich erworben, so erhöhen die Anschaffungskosten des Bezugsrechts die Anschaffungskosten der unter Hingabe des Bezugsrechts erworbenen Anteile.

Ausübung des originären Bezugsrechts ist keine Veräußerung

Steht dem Gesellschafter das Bezugsrecht infolge seiner bereits bestehenden Beteiligung zu, so stellt die Ausübung des Bezugsrechts keine Veräußerung dar. Dies gilt unabhängig davon, ob die Anteile, die das Recht zum Bezug der neuen Anteile vermittelt haben, nach § 17 EStG oder nach § 20 Abs. 2 EStG steuerverhaftet sind oder sich in einem Betriebsvermögen befinden (vgl. zu Anteilen i.S.v. § 17 EStG sowie im Betriebsvermögen befindlichen Anteilen OFD Niedersachsen v. 18.09.2013, BeckVerw 276599; zu Anteilen i.S.v. § 20 Abs. 2 EStG BMF v. 09.10.2012, BStBl. I 2012, 953 Rz. 110).

Anschaffungskosten der neuen Anteile

Etwas überraschend ist bezüglich der Ermittlung der Anschaffungskosten der neuen Anteile jedoch zu differenzieren (kritisch MEILICKE, DB 2009, 476, 478): So bestimmt sich bei Anteilen i.S.v. § 17 EStG sowie bei zu einem Betriebsvermögen gehörenden Anteilen der Anschaffungspreis der neuen Anteile nach dem Einzahlungsbetrag zuzüglich der nach der Gesamtwertmethode ermittelten Anschaffungskosten des Bezugsrechts; die Anschaffungskosten der Altanteile vermindern sich entsprechend (vgl. SCHMIDT/WEBER-GRELLET, 2014, § 17 EStG Rz. 157, 180;

RICHTER in HHR, § 6 EStG Anm. 1109). Handelt es sich indes um nach § 20 Abs. 2 EStG steuerverhaftete Anteile, so werden gemäß § 20 Abs. 4a Satz 4 EStG für die dem Anteilseigner zugeteilten Bezugsrechte Anschaffungskosten i. H. v. von 0 € angesetzt. Dies hat zur Folge, dass der Einsatz dieser mit 0 € bewerteten Bezugsrechte die Anschaffungskosten der jungen Anteile nicht erhöht und sich zugleich die Anschaffungskosten der Altanteile trotz Abspaltung der Bezugsrechte, eben weil diese mit 0 € bewertet worden sind, nicht vermindern (vgl. BMF v. 09.10.2012, BStBl. I 2012, 953 Rz. 110; zu der damit eintretenden Wertverzerrung zwischen alten und jungen Aktien MEILICKE, DB 2010, 753, 754).

Zu beachten ist, dass es im Fall einer Sacheinlage zu einer ggf. steuerbaren Aufdeckung stiller Reserven kommt. Überträgt etwa der Gesellschafter ein Wirtschaftsgut aus seinem Betriebsvermögen gegen Gewährung zusätzlicher Gesellschaftsrechte auf die Kapitalgesellschaft, so erhöhen sich gemäß § 6 Abs. 6 Satz 1 EStG die Anschaffungskosten der Beteiligung um den gemeinen Wert des hingegebenen Wirtschaftsguts. Im abgebenden Betriebsvermögen gelangen folglich die stillen Reserven des übertragenen Wirtschaftsguts zur Aufdeckung (Buchungssatz: Anschaffungskosten Beteiligung an Buchwert Wirtschaftsgut und Ertrag). Eine § 6 Abs. 5 Satz 3 EStG vergleichbare Regelung, die bei Mitunternehmerschaften im Grundsatz eine steuerneutrale Übertragung zwischen Gesellschafter und Gesellschaft ermöglicht, gibt es angesichts des zwischen Kapitalgesellschaft und Gesellschafter herrschenden Trennungsprinzips nicht. So ist selbst im Fall einer Betriebsaufspaltung eine steuerneutrale Übertragung auf die Betriebskapitalgesellschaft nicht (mehr) möglich (vgl. hierzu NIEHUS/WILKE, Die Besteuerung der Personengesellschaften, 2013, 372 ff.). Zu einer Aufdeckung stiller Reserven kommt es freilich auch dann, wenn der Gesellschafter ein Wirtschaftsgut seines Privatvermögens auf die Kapitalgesellschaft gegen Gewährung von Gesellschaftsrechten überträgt, da der tauschähnliche Vorgang als Veräußerung i. S. d. §§ 17, 20 Abs. 2, 23 EStG anzusehen ist. Veräußerungsgewinn ist dabei der Betrag, um den der Wert der erlangten Geschäftsanteile die Anschaffungskosten der hingetauschten Wirtschaftsgüter übersteigt (vgl. BFH v. 07.07.1992 – VIII R 54/88, BStBl. II 1993, 331). Sollte der Gesellschafter indes statt einzelner Wirtschaftsgüter einen Betrieb, Teilbetrieb oder Mitunternehmeranteil im Zuge der Kapitalerhöhung auf die Kapitalgesellschaft übertragen, so ist insoweit § 20 UmwStG einschlägig. Nach dieser Vorschrift steht der aufnehmenden Kapitalgesellschaft ggf. das Wahlrecht zu, das eingebrachte Betriebsvermögen zum Buchwert, gemeinen Wert oder einem dazwischen befindlichen Wert anzusetzen. Diesbezüglich sei auf die einschlägige Literatur zum Umwandlungssteuerrecht verwiesen.

Aufdeckung stiller Reserven bei Sacheinlage

2.2.2 Bei einer Kapitalerhöhung aus Gesellschaftsmitteln

Erfolgt eine Kapitalerhöhung aus Gesellschaftsmitteln, so gehört gemäß § 1 KapErhStG der Wert der neuen Anteilsrechte bei den Anteilseignern nicht zu den Einkünften i. S. d. § 2 Abs. 1 EStG. Dies ist unmittelbar einsichtig, da das Vermögen der Anteilseigner infolge der Kapitalerhöhung nicht zunimmt, sondern lediglich eine Umschichtung dergestalt erfolgt, dass neben die bisherigen Anteilsrechte neue Anteilsrechte treten. Eine Doppelmaßnahme, nach welcher die Kapitalgesellschaft die umzuwandelnden Rücklagen zunächst ausschüttet, die Anteilseigner den Aus-

Keine Einkünfte durch Erhalt neuer Anteilsrechte

schüttungsbetrag versteuern (soweit hierfür nicht Beträge des Einlagekontos als verwendet gelten) und anschließend aus versteuertem Einkommen die Kapitalerhöhungsbeträge einzahlen, wird folglich nicht unterstellt (vgl. JÄGER/LANG, Körperschaftsteuer, 2009, 866). Vielmehr wird zutreffend davon ausgegangen, dass die Kapitalerhöhung alleinig innerhalb der Sphäre der Kapitalgesellschaft erfolgt.

Ggf. Aufteilung der Anschaffungskosten auf alte und junge Anteile erforderlich

Allerdings ist zu beachten, dass infolge der Kapitalerhöhung auf Anteilseignerebene nunmehr zweierlei Anteilsrechte, die bisherigen sowie die jungen Anteilsrechte, vorhanden sind, wobei den Altgesellschaftern für die Gewährung der jungen Anteilsrechte keinerlei Anschaffungskosten entstanden sind. Bei einer GmbH kann dabei die Kapitalerhöhung durch die Bildung neuer Geschäftsanteile oder aber durch die Erhöhung des Nennbetrags der bereits bestehenden Geschäftsanteile erfolgen (§ 57h GmbHG). Ebenso kann eine AG mit Stückaktien ihr Grundkapital ohne Ausgabe neuer Aktien erhöhen (§ 207 Abs. 2 Satz 2 AktG); der rechnerische Nennbetrag der Stückaktien erhöht sich dabei entsprechend. Verfügt die AG hingegen über Nennbetragsaktien, so sind entsprechend neue Aktien auszugeben und es kommt zu einer Substanzabspaltung der jungen Aktien aus den alten Aktien (vgl. BFH v. 25.02.2009 – IX R 26/08, BStBl. II 2009, 658). Auf Ebene des Anteilseigners ist folglich eine Aufteilung der Anschaffungskosten der alten Anteile auf die nach der Kapitalerhöhung insgesamt existenten Anteile erforderlich, da wirtschaftlich der Gesellschafter die Freianteile bereits mit dem Kauf der Altanteile angeschafft hat (vgl. BFH v. 25.02.2009 – IX R 26/08, BStBl. II 2009, 658) und andernfalls Altanteile mit historischen Anschaffungskosten und Neuanteile mit Anschaffungskosten von Null vorhanden wären. Gemäß § 3 KapErhStG sind dabei die bisherigen Anschaffungskosten bzw. ist der bisherige Buchwert der Altanteile auf diese und die neuen Anteile nach dem Verhältnis der Anteile am Nennkapital zu verteilen. Werden keine neuen Anteile ausgegeben, sondern vielmehr die (rechnerischen) Nennbeträge erhöht, so entfällt die vorgenannte Aufteilung der Anschaffungskosten (vgl. SCHWAIGER in Beck GmbH-HB, 2009, § 7 Rz. 63).

II Kapitalherabsetzung

Die Kapitalherabsetzung stellt das Gegenstück zur Kapitalerhöhung dar. Verkehrt man mithin die Motive für die Vornahme einer Kapitalerhöhung ins Gegenteil, so sind die wesentlichen Anlässe für eine Kapitalherabsetzung schnell gefunden:

Kapitalrückgewähr bzw. Verzicht auf Einlagen

Während es bei einer effektiven Kapitalerhöhung darum geht, der Gesellschaft neues Kapital zuzuführen, ist es Sinn und Zweck einer effektiven Kapitalherabsetzung, von der Gesellschaft nicht mehr benötigtes Kapital an die Gesellschafter zurückzugewähren. Von einer effektiven Kapitalherabsetzung spricht man deshalb, weil es dabei zu einem tatsächlichen Vermögenstransfer von der Gesellschaft an die Gesellschafter kommt. Letztlich die gleiche Wirkung ergibt sich, wenn die Kapitalherabsetzung beschlossen wird, um die Gesellschafter von der Verpflichtung zur Leistung ursprünglich beschlossener Einlagen freizustellen. Auch hier geht der Gesellschaft effektives Vermögen verloren, da sie auf eine entsprechende Einlage durch die Gesellschafter verzichtet.

Der Betrag der Kapitalherabsetzung muss nicht unmittelbar an die Anteilseigner ausgekehrt werden, sondern kann, komplementär zur Kapitalerhöhung aus Gesellschaftsmitteln, in die Kapitalrücklage eingestellt werden (§ 272 Abs. 2 Nr. 4 HGB). Die Kapitalrücklage kann anschließend zum Ausgleich eines Jahresfehlbetrags oder zu Gunsten eines Bilanzgewinns aufgelöst und ausgeschüttet werden. Ist Letzteres der Fall, so ist ebenfalls eine effektive Kapitalherabsetzung (quasi auf Raten) gegeben.

Einstellung in die Kapitalrücklage

Zudem, und dies ist in der Praxis der bedeutendere Fall, kann durch eine Kapitalherabsetzung das Grund- oder Stammkapital an das Reinvermögen der Gesellschaft nach eingetretenen Verlusten angepasst werden (vgl. SCHMIDT, Gesellschaftsrecht, 2002, 907). Da sich hierbei die Kapitalherabsetzung auf eine reine buchmäßige Herabsetzung des Grund- oder Stammkapitals ohne nachfolgenden Vermögensabfluss beschränkt, wird dies als nominelle Kapitalherabsetzung bezeichnet.

Buchmäßiger Verlustausgleich

1 Gesellschaftsrechtliche Grundlagen

Gesellschaftsrechtlich stehen der Kapitalgesellschaft mit der ordentlichen Kapitalherabsetzung, der vereinfachten Kapitalherabsetzung sowie der Einziehung von Anteilen unterschiedliche Ausgestaltungen zur Vornahme einer Kapitalherabsetzung zur Verfügung:

Formen der Kapitalherabsetzung

Die ordentliche Kapitalherabsetzung (§§ 222 ff. AktG, § 58 GmbHG) kann sowohl für den lediglich bilanziellen Ausgleich eines Jahresfehlbetrags als auch für eine Kapitalrückgewähr an die Gesellschafter beschlossen werden. Wegen des mit der Kapitalherabsetzung ggf. einhergehenden Vermögenstransfers von der Gesellschaft auf die Gesellschafter darf die Kapitalherabsetzung nur unter Beachtung der Gläubigerschutzvorschriften (§ 225 AktG: Sicherheitsleistung, Sperrfrist für Auszahlungen; § 58 Abs. 1 Nr. 3 GmbHG: Sperrjahr) erfolgen. In technischer Hinsicht ist bei einer AG der Nennbetrag je Aktie entsprechend herabzusetzen bzw., wenn andernfalls der (rechnerische) Mindestnennbetrag von 1 € je Aktien unterschritten würde, eine Zusammenlegung von Aktien vorzunehmen. Die Kapitalherabsetzung wird mit Eintragung des Herabsetzungsbeschlusses in das Handelsregister wirksam (§ 224 AktG, § 54 Abs. 3 GmbHG).

Ordentliche Kapitalherabsetzung

Die vereinfachte Kapitalherabsetzung (§§ 229 ff. AktG; §§ 58a bis 58f GmbHG) ist nur zum bilanziellen Ausgleich von Verlusten sowie, in begrenztem Umfang, zur Einstellung von Beträgen in die Kapitalrücklage zulässig (vgl. HOHMUTH, GmbHR 2009, 349, 359). Da sie nicht darauf gerichtet ist, Gesellschaftsvermögen an die Gesellschafter zurückzugewähren, besteht keine Verpflichtung zur Sicherheitsleistung gegenüber den Gläubigern und damit eine wesentliche Erleichterung gegenüber der ordentlichen Kapitalherabsetzung (vgl. KRIEGER in Münchener Handbuch des Gesellschaftsrechts, Band 4, 2007, § 61 Rz. 1), woraus sich der Begriff der vereinfachten Kapitalherabsetzung erklärt. Aktiengesellschaften dürfen eine vereinfachte Kapitalherabsetzung allerdings erst dann vornehmen, wenn der Teil der gesetzlichen Rücklage und der Kapitalrücklage, der über 10 % des nach der Herabsetzung verbleibenden Grundkapitals hinausgeht, sowie die übrigen Gewinnrück-

Vereinfachte Kapitalherabsetzung

lagen und ein etwaig bestehender Gewinnvortrag bereits aufgelöst, mithin insoweit bereits zur Verlustabdeckung verwendet worden sind (§ 229 Abs. 2 AktG). Für die GmbH enthält § 58a Abs. 2 GmbHG analoge Voraussetzungen. Beträge aus der vereinfachten Kapitalherabsetzung können in die Kapitalrücklage eingestellt werden, soweit bei Aktiengesellschaften die Summe aus Kapitalrücklage und gesetzlicher Rücklage 10 % des herabgesetzten Grundkapitals (§ 231 AktG) bzw. bei GmbH die Kapitalrücklage 10 % des herabgesetzten Stammkapitals noch nicht erreicht hat (zum Sinn und Zweck dieser Begrenzung siehe OECHSLER in MüKo AktG, 2011, § 231 Rn. 1 f.). Die im Zuge der vereinfachten Kapitalherabsetzung in die Kapitalrücklage eingestellten Beträge unterliegen den regulären Verwendungsrestriktionen des § 150 AktG, welche Gewinnausschüttungen an die Anteilseigner zu Lasten der Kapitalrücklage ausschließen. Für die GmbH ergibt sich aus § 58b Abs. 3 GmbHG für die in die Kapitalrücklage eingestellte Beträge eine Ausschüttungssperre von fünf Jahren.

Kapitalschnitt

Die vereinfachte Kapitalherabsetzung wird häufig mit einer gleichzeitigen effektiven Kapitalerhöhung verbunden (sog. Kapitalschnitt). Diese Kombination von nomineller Kapitalherabsetzung und effektiver Kapitalerhöhung gewährleistet, dass die bisher eingetretenen Verluste von den bisherigen Anteilsinhabern, nicht aber von den Inhabern der neuen Anteile getragen werden (vgl. SCHMIDT, Gesellschaftsrecht, 2002, 898) und somit künftige Gewinne ausschüttungsfähig werden, da sie nicht zum Ausgleich eines Verlustvortrags benötigt werden.

Einziehung von Anteilen bei AG …

Mit der Einziehung von Anteilen (§§ 237 AktG ff.) verfügt die AG über eine weitere Möglichkeit zur Vornahme einer Kapitalherabsetzung. Neben den übrigen mit einer Kapitalherabsetzung angestrebten Zwecken der Sanierung oder Kapitalrückzahlung können mit der Einziehung insbesondere bei personalistischen AGs auch gezielt unliebsame Aktionäre aus dem Gesellschafterkreis entfernt werden, mithin die Beseitigung des konkret betroffenen Mitgliedsrechts beabsichtigt sein (vgl. LUTTER in Kölner Kommentar zum Aktiengesetz, 1995, § 237 AktG Anm. 13). Erwirbt die AG die für die Einziehung vorgesehenen Anteile entgeltlich von den betreffenden Aktionären, so gelten die für die ordentliche Kapitalherabsetzung vorgesehenen Gläubigerschutzregelungen entsprechend (§ 237 Abs. 2 AktG), da es auch hier zu einem unmittelbaren Vermögenstransfer von der Gesellschaft auf die Gesellschafter kommt. Die vorgenannten Gläubigerschutzvorschriften brauchen hingegen nicht beachtet zu werden, wenn Aktien, auf die der Nennbetrag bzw. ein höherer Ausgabebetrag voll geleistet ist, unentgeltlich der AG zur Verfügung gestellt werden oder diese zu Lasten des Bilanzgewinns oder der freien Gewinnrücklage eingezogen werden (vereinfachtes Einziehungsverfahren nach § 237 Abs. 3 AktG). Zwar ist auch bei letzterer Gestaltung ein Vermögensabfluss bei der Gesellschaft erfolgt, gleichwohl hätten diese Beträge, weil eben ein Bilanzgewinn bzw. freie Gewinnrücklagen verfügbar waren, im Wege der Gewinnausschüttung ohnehin auf die Ebene der Gesellschafter transferiert werden können, so dass die Interessen der Gläubiger insoweit nicht beeinträchtigt werden. Um nun zu verhindern, dass der sich aus der Herabsetzung des Grundkapitals ergebende Buchgewinn für Ausschüttungszwecke verwendet wird, ist gemäß § 237 Abs. 5 AktG der Herabsetzungsbetrag in die Kapitalrücklage einzustellen; insoweit wird die Vermögensbindung vom Grundkapital auf die Kapitalrücklage verlagert (vgl. LUTTER in Kölner Kommentar zum Aktiengesetz, 1995, § 237 AktG Anm. 112).

Für die GmbH ist die Einziehung von Geschäftsanteilen möglich, soweit dies im Gesellschaftsvertrag geregelt ist (§ 34 GmbHG). Zu beachten ist dabei, dass die Abfindung des betreffenden Gesellschafters nicht zu einer Verminderung des Stammkapitals führen (§ 34 Abs. 3 i.V.m. § 30 Abs. 1 GmbHG) und folglich nur aus frei verfügbaren Rücklagen geleistet werden darf (vgl. FASTRICH in Baumbach/ Hueck, 2013, § 34 GmbHG Rn. 39). Im Ergebnis gilt nichts anderes, wenn zuvor erworbene eigene Anteile von der GmbH eingezogen werden sollen, darf sie doch gemäß § 33 Abs. 2 Satz 1 GmbHG eigene Anteile nur erwerben, sofern sie im Zeitpunkt des Erwerbs eine Rücklage i.H.d. Aufwendungen für den Erwerb bilden könnte, ohne das Stammkapital oder nach dem Gesellschaftsvertrag gebundene Rücklagen zu vermindern. Vernachlässigt man Letztere einmal, da in der Praxis eher unüblich, so bedeutet dies, dass der Erwerb eigener Anteile nur dann zulässig ist, wenn über das Stammkapital hinausgehendes Reinvermögen vorhanden ist (vgl. MAUL in Beck GmbH-HB, 2009, § 13 Rz. 24).

... und GmbH

Im Unterschied zur Einziehung bei einer AG geht die Einziehung bei einer GmbH nicht automatisch mit einer Kapitalherabsetzung einher, so dass deren Stammkapital durch die Einziehung von Geschäftsanteilen keine Veränderung erfährt. Da sich infolge der Einziehung eines oder mehrerer Geschäftsanteile die Summe der Nennbeträge der Geschäftsanteile verringert hat, besteht fortan eine gegen § 5 Abs. 3 Satz 2 GmbHG verstoßende Diskrepanz zwischen Stammkapitalziffer einerseits und der Summe der Nennbeträge der Geschäftsanteile andererseits; Abhilfe könnte diesbezüglich durch eine mit der Einziehung gesondert zu beschließende Kapitalherabsetzung schaffen (vgl. CARL, DStZ 2008, 710, 711; HOHAGE, DB 2009, 1033, 1035).

Einziehung bei GmbH nicht zwingend Kapitalherabsetzung

2 Bilanzielle Darstellung

Soll durch eine ordentliche Kapitalherabsetzung eine Kapitalrückgewähr an die Gesellschafter bewirkt werden, so ist im Zeitpunkt der Wirksamkeit der Kapitalherabsetzung (Eintragung des Beschlusses in das Handelsregister) das Grund- oder Stammkapital zu vermindern und eine entsprechende Ausschüttungsverbindlichkeit gegenüber den Gesellschaftern zu passivieren.

Kapitalrückgewähr durch ordentliche Kapitalherabsetzung oder ...

BEISPIEL 164
Die X-GmbH beschließt im Wege einer ordentlichen Kapitalherabsetzung nicht mehr benötigtes Kapital i.H.v. 100.000 € an ihre Gesellschafter zurückzugewähren. Die Eintragung der Kapitalherabsetzung im Handelsregister ist am 10.02.2011 erfolgt.
Am 10.02.2011 ist das Stammkapital der X-GmbH um 100.000 € zu vermindern und eine Ausschüttungsverbindlichkeit i.H.v. 100.000 € gegenüber den Gesellschaftern auszuweisen. Soll der Betrag aus der Kapitalherabsetzung nicht (unmittelbar) ausgeschüttet werden, so ist eine entsprechende Einstellung in die Kapitalrücklage vorzunehmen (§ 272 Abs. 2 Nr. 4 HGB). ◄|

Hat eine AG oder eine GmbH eigene Anteile erworben, so richtet sich für beide Rechtsformen die bilanzielle Darstellung unabhängig davon, ob die Anteile zum Zwecke der Einziehung oder anderen Zwecken (z.B. zur Weiterveräußerung) erworben wurden, nach § 272 Abs. 1a HGB. Danach dürfen die erworbenen Anteile nicht

... durch Einziehung von Anteilen

aktiviert werden, sondern vielmehr ist der Nennbetrag bzw. der rechnerische Wert der eigenen Anteile in der Vorspalte offen von dem Bilanzposten Gezeichnetes Kapital als Kapitalrückzahlung abzusetzen und der den Nennbetrag bzw. den rechnerischen Wert übersteigende Kaufpreis mit den frei verfügbaren Rücklagen zu verrechnen (§ 272 Abs. 1a Satz 1 und 2 HGB). Unter frei verfügbaren Rücklagen sind dabei alle Beträge der Kapitalrücklage und Gewinnrücklagen zu verstehen, die nicht nach gesetzlichen oder satzungsmäßigen Vorschriften zweckgebunden bzw. gegen eine Ausschüttung gesperrt sind (vgl. REINER in MüKo HGB, 2013, § 272 Rn. 19). Weitergehende Anschaffungskosten (z. B. Provisionen) stellen unmittelbaren betrieblichen Aufwand dar (§ 272 Abs. 1a Satz 3 HGB).

Bei Vollzug der Einziehung ist indes zwischen AG und GmbH zu unterscheiden:

Bilanzielle Auswirkungen bei AG ... Für die AG ist der in der Vorspalte als Kapitalrückzahlung ausgewiesene Betrag zu Lasten des Gezeichneten Kapitals aufzulösen. Im Fall des vereinfachten Einziehungsverfahrens ist stattdessen der in der Vorspalte ausgewiesene Betrag zu Lasten des Bilanzgewinns, der Gewinnrücklagen und/oder eines Gewinnvortrags auszubuchen und sodann die Kapitalherabsetzung durch Umbuchung aus dem Gezeichneten Kapital in die Kapitalrücklage vorzunehmen (vgl. hierzu sowie zum nachfolgenden Beispiel: GÜNTHER/MUCHE/WHITE, WPg 1998, 574, 579; SCHMIDBAUER, DStR 2002, 187, 188 f.).

BEISPIEL 165

Die Bilanz der X-AG gestaltet sich wie folgt:

Aktiva	Bilanz X-AG vor Erwerb in Mio. €		Passiva
Bank	200	Gezeichnetes Kapital	155
		Kapitalrücklage	30
		Gewinnrücklage	15
	200		200

Die X-AG erwirbt eigene Aktien für 15 Mio. € mit einem Nennwert von 5 Mio. € mit dem Ziel, anschließend eine Kapitalherabsetzung im Wege des vereinfachten Einziehungsverfahrens vorzunehmen. Liegt zwischen dem Erwerb und der Durchführung der Einziehung ein Bilanzstichtag, so ist zu diesem wie folgt zu bilanzieren:

Aktiva	Bilanz X-AG nach Erwerb in Mio. €			Passiva
Bank	185	Gezeichnetes Kapital	155	
		./. Kapitalrückzahlung	5	150
		Kapitalrücklage		30
		Gewinnrücklage		5
	185			185

Nach Vornahme der Kapitalherabsetzung (Buchungssätze: Gewinnrücklage an Kapitalrückzahlung 5 sowie Gezeichnetes Kapital an Kapitalrücklage 5) stellt sich die Bilanz wie folgt dar:

Aktiva	Bilanz X-AG nach Kapitalherabsetzung in Mio. €		Passiva
Bank	185	Gezeichnetes Kapital	150
		Kapitalrücklage	35
		Gewinnrücklage	0
	185		185

Erwirbt eine GmbH eigene Geschäftsanteile und zieht sie diese anschließend ein, so **... und GmbH** bewirkt dies, wie ausgeführt, nicht automatisch eine Kapitalherabsetzung. Da das Stammkapital somit unverändert bleibt, wird man hier die in der Vorspalte zunächst vorgenommene Korrektur des Stammkapitals nunmehr zu Lasten der frei verfügbaren Rücklagen ausbuchen, die ja vorhanden sein müssen, da ansonsten gemäß § 33 Abs. 2 Satz 1 GmbHG der Erwerb der eigenen Anteile nicht zulässig gewesen wäre. Sollte indes zugleich eine Kapitalherabsetzung beschlossen werden, so vermindert sich das Stammkapital endgültig um den bisher in der Vorspalte ausgewiesenen Korrekturposten.

Erfolgt eine Kapitalherabsetzung, um einen buchmäßigen Verlustausgleich **Buchmäßiger** herbeizuführen, so vermindert sich das Grund- bzw. Stammkapital der Gesellschaft **Verlustausgleich** zugunsten des Jahresfehlbetrags bzw. Verlustvortrags. In der GuV-Rechnung ist gemäß § 240 Satz 1 AktG (für die GmbH analog) der Buchertrag aus der Kapitalherabsetzung gesondert auszuweisen.

BEISPIEL 166

Die Bilanz der X-GmbH gestaltet sich wie folgt:

Aktiva	Bilanz X-GmbH T€			Passiva
Diverse Aktiva	200	Stammkapital		100
		Jahresfehlbetrag	./.	70
		Diverse Passiva		170
	200			200

Vor der Aufnahme neuer Gesellschafter beschließt die X-GmbH eine Kapitalherabsetzung zum Ausgleich des Jahresfehlbetrags. Die Bilanz gestaltet sich sodann wie folgt:

Aktiva	Bilanz X-GmbH nach Kapitalherabsetzung in T€		Passiva
Diverse Aktiva	200	Stammkapital	30
		Jahresfehlbetrag	0
		Diverse Passiva	170
	200		200

3 Steuerliche Konsequenzen

Wie bei der Kapitalerhöhung ist auch im Fall der Kapitalherabsetzung bezüglich der steuerlichen Auswirkungen zwischen der Ebene der Kapitalgesellschaft und der Ebene der Gesellschafter zu differenzieren.

3.1 Ebene der Kapitalgesellschaft

3.1.1 Keine Auswirkungen auf das Einkommen der Gesellschaft

Vermögenstransfer causa societatis bzw. bloßer Passivtausch

Weder die effektive noch die nominelle Kapitalherabsetzung wirken sich auf das Einkommen der Kapitalgesellschaft aus: So kommt es im Fall der effektiven Kapitalherabsetzung zu einem durch das Gesellschaftsverhältnis veranlassten und damit für das Einkommen der Gesellschaft irrelevanten Vermögenstransfer von der Gesellschaft auf den Gesellschafter, während die nominelle Kapitalherabsetzung ohnehin nur eine buchhalterische Umschichtung innerhalb der einzelnen Positionen des Eigenkapitals der Gesellschaft darstellt und damit per se einkommensunerheblich ist. Auf welchem Wege die Kapitalherabsetzung dabei erfolgt, ob mithin eine ordentliche oder vereinfachte Kapitalherabsetzung oder aber eine Kapitalherabsetzung durch die Einziehung von Anteilen vorliegt, ist dabei im Grundsatz unerheblich.

Auch Anteilseinziehung als Vorgang auf der Vermögensebene

Im Fall der Anteilseinziehung ist zu beachten, dass bezüglich des Erwerbs eigener Anteile steuerrechtlich nicht (mehr) danach unterschieden wird, ob diese zur Weiterveräußerung oder zur Einziehung erworben wurden. In beiden Fällen sind die eigenen Anteile nicht zu aktivieren, sondern vielmehr ist von einer Kapitalherabsetzung auszugehen. Dabei ist der (rechnerische) Nennbetrag der erworbenen eigenen Anteile offen von dem Posten »Gezeichnetes Kapital« abzusetzen, und in Höhe des Unterschiedsbetrags zwischen dem (rechnerischen) Nennbetrag und den Anschaffungskosten der eigenen Anteile sind die frei verfügbaren Rücklagen zu vermindern. Während dieser Kapitalherabsetzung bei anschließender Weiterveräußerung der Anteile eine entgegengerichtete Kapitalerhöhung nachfolgt, wird im Fall der Einziehung der Anteile die Kapitalherabsetzung definitiv.

Auf Ebene der Kapitalgesellschaft sind mit der Kapitalherabsetzung keinerlei Einkommenswirkungen verbunden (vgl. BMF v. 27.11.2013, BStBl. I 2013, 1615 Rn. 16). Alles andere wäre auch erstaunlich: So wie die Erbringung von Einlagen zwar das Vermögen der Kapitalgesellschaft, nicht aber deren Einkommen erhöht, vermindert im Gegenzug die Einlagenrückgewähr das Vermögen, nicht aber das Einkommen der Gesellschaft. Etwaige Aufwendungen im Zusammenhang mit dem Erwerb der eigenen Anteile sind als Betriebsausgaben abziehbar (vgl. BMF v. 27.11.2013, BStBl. I 2013, 1615 Rn. 18). Dies ist folgerichtig, da die eigenen Anteile nicht aktiviert werden, so dass eine Berücksichtigung dieser Aufwendungen als Anschaffungsnebenkosten ausscheidet. Damit ist zugleich klar, dass etwaige Abzugsbeschränkungen, die sich andernfalls möglicherweise aus § 8b Abs. 3 KStG ergeben könnten, nicht in Betracht zu ziehen sind (vgl. BLUMENBERG/LECHNER, DB 2014, 141, 145).

3.1.2 Ordentliche Kapitalherabsetzung

3.1.2.1 Auswirkungen auf den Sonderausweis und das steuerliche Einlagekonto

Sonderausweis wird zu ausschüttbarem Gewinn

Wie bereits ausgeführt ist der Teil des Nennkapitals, der aus der Umwandlung vormaliger Gewinnrücklagen hervorgegangen ist, gemäß § 28 Abs. 1 Satz 3 KStG als sog. Sonderausweis gesondert festzustellen (siehe hierzu J II). § 28 Abs. 2 Satz 1 KStG ordnet nun für den Fall der Kapitalherabsetzung an, dass zunächst der zum Schluss des vorangegangenen Wirtschaftsjahres bestehende Sonderausweis zu vermindern ist. Für sich betrachtet bedeutet dies, dass insoweit der Sonderausweis wieder in einen ausschüttbaren Gewinn zurückverwandelt wird.

Sollte nun der Betrag der Kapitalherabsetzung allerdings höher als der Sonderausweis sein, so ist im Grundsatz dieser Mehrbetrag dem steuerlichen Einlagekonto gutzuschreiben, was einleuchtet, da es sich bei diesem Betrag ja um Einlagen der Gesellschafter handelt, die, soweit sie sich noch auf Ebene der Gesellschaft befinden, auch weiterhin als solche »markiert« sein müssen, damit diese, wenn sie irgendwann einmal als für Ausschüttungen verwendet gelten, beim Anteilseigner auch als Kapitalrückgewähr erkannt werden. Von daher ist es naheliegend, den über den Sonderausweis hinausgehenden Kapitalherabsetzungsbetrag über das Einlagekonto zu schleusen: Folglich erhöht dieser Differenzbetrag den Bestand des Einlagekontos zum Schluss des Wirtschaftsjahrs, in dem die Kapitalherabsetzung wirksam wird. Diese Erhöhung ist unabhängig davon vorzunehmen, ob der Kapitalherabsetzungsbetrag anschließend an die Anteilseigner ausgekehrt oder aber der Kapitalrücklage zugeführt wird (vgl. BMF v. 04.06.2003, BStBl. I 2003, 366 Rz. 38).

Übersteigender Betrag erhöht Einlagekonto

3.1.2.2 Kapitalherabsetzung mit Kapitalrückzahlung

Kommt es nun im Zuge einer Kapitalherabsetzung zu einer Rückzahlung des Nennkapitals, so führt dies gemäß § 28 Abs. 2 Satz 2 KStG auf Anteilseignerebene insoweit zu steuerbaren Bezügen i. S. v. § 20 Abs. 1 Nr. 2 Satz 2 EStG, als nach § 28 Abs. 2 Satz 1 KStG der Sonderausweis zu mindern war, während die Rückgewähr des den Sonderausweis übersteigenden Betrags vom positiven Bestand des Einlagekontos abzuziehen ist, mithin insoweit auf Ebene der Anteilseigner nicht steuerbare Bezüge zu verzeichnen sind. Diese Unterscheidung ist systemgerecht, da es sich bei der Verwendung des Sonderausweises im Ergebnis um die Auskehrung vormals thesaurierter Gewinne handelt, welche allerdings nunmehr nicht als Gewinnausschüttung, sondern vielmehr im Kleid einer Kapitalherabsetzung daherkommen. Demgegenüber handelt es sich bei dem den Sonderausweis übersteigenden Betrag um eine Einlagenrückgewähr. Angesichts dieser unterschiedlichen Konsequenzen auf Anteilseignerebene ist zu bemerken, dass der Gesetzgeber (wieder einmal) eine profiskalische Verwendungsfiktion angeordnet hat, indem zuerst der Sonderausweis als für die Kapitalherabsetzung verwendet gilt und erst wenn dieser verbraucht ist, eine Rückgewähr vormaliger Einlagen unterstellt wird.

Vorrangige Verwendung des Sonderausweises

Festzuhalten ist zudem, dass bezüglich des übersteigenden Betrags ein Direktzugriff auf das Einlagekonto außerhalb der Verwendungsfiktion des § 27 Abs. 1 Satz 3 KStG erfolgt. Dies gilt allerdings nur insoweit, als die Mittelauskehrung im Beschluss über die Kapitalherabsetzung bereits vorgesehen war. Ist hingegen die Kapitalherabsetzung mit der Einstellung des Herabsetzungsbetrags in die Kapitalrücklage abgeschlossen, so stellt eine Auszahlung an die Anteilseigner aufgrund eines später gefassten Auszahlungsbeschlusses keine nach § 28 Abs. 2 KStG begünstigte Rückzahlung von Stammkapital dar. Ein Direktzugriff auf das Einlagekonto ist in diesem Fall nicht mehr möglich, sondern vielmehr ist die allgemeine Verwendungsfiktion des § 27 Abs. 1 Satz 3 KStG anzuwenden (vgl. FG Berlin-Brandenburg v. 09.04.2013, DStRE 2014, 216, nrk., Rev. eingelegt: Az. BFH I R 31/13; JÄGER/ LANG, Körperschaftsteuer, 2009, 873 f.). Soweit danach der ausschüttbare Gewinn

Direktzugriff auf das Einlagekonto

als verwendet gilt, resultieren daraus steuerbare Einkünfte gemäß § 20 Abs. 1 Nr. 2 EStG und für die Kapitalgesellschaft entsteht die Verpflichtung zum Einbehalt von Kapitalertragsteuer.

Die nachfolgende Abbildung stellt die Zusammenhänge unter der Annahme, dass der gesamte Betrag der Kapitalherabsetzung unmittelbar an die Anteilseigner ausgezahlt wird, noch einmal dar:

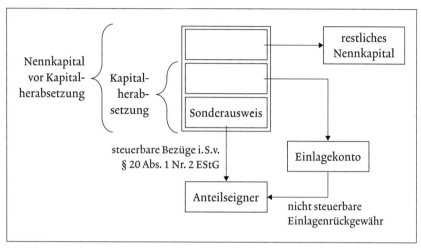

Abb. 13: Kapitalherabsetzung

Ausstehende Einlagen, Einziehung von Anteilen

Sollte der Kapitalherabsetzungsbetrag auf zum Zeitpunkt des Kapitalherabsetzungsbeschlusses ausstehende Einlagen entfallen und dadurch die Einzahlungsverpflichtung der Anteilseigner aufgehoben werden, unterbleibt gemäß § 28 Abs. 2 Satz 1 HS 2 KStG insoweit eine Hinzurechnung des Herabsetzungsbetrages zum Bestand des steuerlichen Einlagekontos.

BEISPIEL 167

(In Anlehnung an BMF v. 04.06.2003, BStBl. I 2003, 366 Rz. 40)
Die X-GmbH weist zum 31.12.2010 ein Nennkapital i.H.v. 200 aus, wobei 20 noch nicht eingezahlt sind. Zudem ist infolge einer früheren Kapitalerhöhung aus Gesellschaftsmitteln ein Sonderausweis i.H.v. 50 festgestellt. Das steuerliche Einlagekonto beträgt 0. In 2011 beschließt die X-GmbH eine Kapitalherabsetzung i.H.v. 100, welche noch in 2011 im Handelsregister eingetragen wird. Von dem Herabsetzungsbetrag werden 70 an die Anteilseigner ausgezahlt, während 10 der Kapitalrücklage zugeführt werden. I. H. v. 20 verzichtet die Gesellschaft auf die Einzahlung der noch ausstehenden Einlagen.
Zunächst ist ausgehend von dem Betrag der Kapitalherabsetzung unter Berücksichtigung der Verringerung des Sonderausweises sowie des Verzichts auf die Einzahlung der noch ausstehenden Einlagen der Zugang zum steuerlichen Einlagekonto zu ermitteln. Sodann ist die tatsächliche Rückzahlung des Nennkapitals an die Anteilseigner (70) darzustellen, welche sich primär aus der Verringerung des Sonderausweises speist und darüber hinaus zu einer Verringerung des Einlagekontos führt. Die Zuführung zur Kapitalrücklage i.H.v. 10 bewirkt eine entsprechende Erhöhung des Einlagekontos.

	Vorspalte	steuerliches Einlagekonto	Sonderausweis
Anfangsbestand		0	50
Betrag der Kapitalherabsetzung	100		
abzgl. Verringerung des Sonderausweises	./. 50		./. 50
abzgl. ausstehende Einlagen auf das Nennkapital	./. 20		
Zugang zum steuerlichen Einlagekonto	30	+ 30	
Zwischenstand		+ 30	0
Rückzahlung Nennkapital	70		
abzgl. Verringerung Sonderausweis	./. 50		
Minderung des steuerlichen Einlagekontos	20	./. 20	
Schlussbestände		10	0

Eine Bescheinigung nach § 27 Abs. 3 KStG, dass die Beträge aus dem steuerlichen Einlagekonto entstammen und daher als Kapitalrückzahlung zu behandeln sind, erhält der Anteilseigner allerdings nicht (vgl. BMF v. 04.06.2003, BStBl. I 2003, 366 Rz. 23), kann er doch davon ausgehen, dass die Kapitalrückzahlung als solche grundsätzlich nicht steuerbar ist. Über eine aus einer Verwendung des Sonderausweises resultierende Steuerbarkeit der Auskehrung wird der Anteilseigner durch die damit einhergehende Kapitalertragsteuerbescheinigung informiert (vgl. FROTSCHER in Frotscher/Maas, § 28 KStG Rz. 46; kritisch DÖTSCH in DPM, § 27 KStG Tz. 271).

Keine Bescheinigung nach § 27 Abs. 3 KStG

§ 28 Abs. 2 Satz 4 KStG ordnet an, dass, soweit der positive Bestand des Einlagekontos für den Abzug des den Sonderausweis übersteigenden Betrags nicht ausreicht, die Nennkapitalrückzahlung als Gewinnausschüttung gilt, die beim Anteilseigner zu Bezügen i.S.v. § 20 Abs. 1 Nr. 2 EStG führt. Auf den ersten Blick scheint es sich dabei um eine Regelung ohne rechten Anwendungsbereich zu handeln, da ja zunächst das Einlagenkonto nach § 28 Abs. 2 Satz 2 KStG um den den Sonderausweis übersteigenden Betrag erhöht wird, so dass anschließend stets ein ausreichender positiver Betrag im Einlagekonto für die nachfolgende Verminderung nach § 28 Abs. 2 Satz 3 KStG vorhanden sein müsste. Dies gilt allerdings nur dann, wenn das Einlagekonto vor der Kapitalherabsetzung bereits einen positiven Bestand aufweist. Bei einem negativen Ausgangsbestand des Einlagekontos, was infolge von in organschaftlicher Zeit verursachten Mehrabführungen gemäß § 27 Abs. 6 KStG der Fall sein kann, wird hingegen der Erhöhungsbetrag nach § 28 Abs. 2 Satz 2 KStG zu keinem bzw. zu einem zu geringen positiven Bestand des Einlagekontos führen. Insoweit greift die Gewinnausschüttungsfiktion des § 28 Abs. 2 Satz 4 KStG ein und qualifiziert die Kapitalrückzahlung für den Anteilseigner als steuerbaren Bezug i.S.v. 20 Abs. 1 Nr. 2 EStG (vgl. DÖTSCH in DPM, § 28 KStG Tz. 64a)

Sonderfall bei vorherigem negativem Einlagekonto

3.1.2.3 Kapitalherabsetzung ohne Kapitalrückzahlung

Da es bei einer vereinfachten Kapitalherabsetzung nicht zu einer Rückzahlung an die Anteilseigner kommt, sondern der Betrag der Kapitalherabsetzung lediglich bilanziell zum Ausgleich von Verlusten bzw. zur Einstellung in die Kapitalrücklage verwendet wird, ist in diesem Fall lediglich § 28 Abs. 2 Satz 1 KStG anzuwenden: Vorrangig ist der Sonderausweis zu vermindern, wodurch der Minderungsbetrag wieder zu einem ausschüttbaren Gewinn i.S.v. § 27 Abs. 1 Satz 5 KStG wird, und sodann ist das Einlagekonto um den den Sonderausweis übersteigenden Kapital-

Lediglich Anwendung von § 28 Abs. 2 Satz 1 KStG

herabsetzungsbetrag zu erhöhen. Da keine Auszahlung an die Anteilseigner erfolgt, tritt im Zusammenhang mit der vereinfachten Kapitalherabsetzung keine Verminderung des Einlagekontos ein und die Regelungen des § 28 Abs. 2 Satz 2 bis 4 KStG gelangen nicht zur Anwendung (vgl. KÖSTER in HHR, § 28 KStG Anm. 24).

3.1.3 Kapitalherabsetzung durch Einziehung von Anteilen

Erwerb der Anteile als Kapitalherabsetzung

Nach Auffassung der Finanzverwaltung (vgl. BMF v. 27.11.2013, BStBl. I 2013, 1615 Rn. 9) stellt sich der Erwerb eigener Anteile als Kapitalherabsetzung dar. Wie bei einer »normalen« Kapitalherabsetzung auch, wird dabei der Nennbetrag der erworbenen Anteile über das Einlagekonto geschleust, d. h. gemäß § 28 Abs. 2 KStG kommt es zunächst zu einer Erhöhung und sodann zu einer betragsgleichen Verminderung des Einlagekontos. Insoweit verändert sich das Einlagekonto letztlich nicht.

Ausklammerung Sonderausweis

Bemerkenswert ist allerdings, dass die Finanzverwaltung hier die Auffassung vertritt, ein etwaiger Sonderausweis sei dabei unberücksichtigt zu lassen, ordnet doch § 28 Abs. 2 Satz 1 KStG vielmehr das genaue Gegenteil an, nämlich, dass als erstes ein etwaiger Sonderausweis zu vermindern sei. Erinnert man sich, dass im Sonderausweis in Nennkapital umgewandelte Gewinne notiert sind, die bei Auskehrung an den Anteilseigner bei diesem als steuerbare Gewinnausschüttung erkannt werden sollen, so ahnt man, warum die Finanzverwaltung hier den Sonderausweis gern konservieren möchte. Da der Erwerb eigener Anteile durch die Kapitalgesellschaft beim veräußernden Anteilseigner als »normales« Veräußerungsgeschäft angesehen wird, folglich auch nicht insoweit, als der Sonderausweis als verwendet gelten würde, als Gewinnausschüttung behandelt wird, würde die intendierte steuerliche Wirkung des Sonderausweises auf Anteilseignerebene letztlich verpuffen (vgl. auch DÖTSCH in DPM, § 28 KStG Tz. 51e).

Einseitige Zurechnung zum ausschüttbaren Gewinn

Unabhängig davon soll der über die Rückzahlung des herabgesetzten Nennkapitals hinausgehende Betrag nun nach Auffassung der Finanzverwaltung eine Leistung der Gesellschaft an den veräußernden Anteilseigner darstellen, die nach den Grundsätzen der Verwendungsreihenfolge zu einer Minderung des steuerlichen Einlagekontos führt, soweit sie den maßgebenden ausschüttbaren Gewinn übersteigt. Diese vorrangige Verminderung des ausschüttbaren Gewinns und der erst nachfolgende Zugriff auf das steuerliche Einlagekonto erscheint u. E. steuersystematisch indes fragwürdig, da hierdurch der ausschüttbare Gewinn primär den erworbenen Anteilen zugerechnet wird, was zur Folge haben dürfte, dass für die verbleibenden Gesellschafter überproportional weniger ausschüttbarer Gewinn zur Verfügung steht, woraufhin bei nachfolgenden Ausschüttungen schneller auf das Einlagekonto zugegriffen, der Besteuerungszeitpunkt somit tendenziell nach hinten verschoben wird. Wenn man sich vergegenwärtigt, dass sich zum einen durch die oben skizzierte bilanzielle Behandlung des Erwerbs eigener Anteile das steuerbilanzielle Eigenkapital der Gesellschaft an sich verringert, zum anderen die einzelnen Positionen des steuerbilanziellen Eigenkapitals ja nicht einzelnen Anteilen zuzurechnen sind, sondern vielmehr auf die Gesamtheit der Anteile entfallen, so wäre es u. E. steuersystematisch zutreffend, die von FÖRSTER/VAN LISHAUT (FR 2002, 1205, 1216) zur vorherigen Rechtslage bezüglich des Anteilserwerbs zur Einziehung entwickelte Regel generell anzuwenden, wonach das Einlagekonto um den auf den betreffenden Gesellschaftsanteil entfallenden Teil des aus Einlagen hervorgegangenen Kapitals zu kürzen ist, soweit dies nicht beim Nennkapital geschieht.

Weil der Vorgang auf Ebene des Anteilseigners eine Veräußerung darstellt, ist Kapitalertragsteuer auch auf den Teil der Leistung, der das steuerliche Einlagekonto nicht nach § 27 Abs. 1 Satz 3 oder § 28 Abs. 2 Satz 3 KStG mindert, nicht einzubehalten und abzuführen (vgl. BMF v. 27.11.2013, BStBl. I 2013, 1615 Rn. 11).

Kein Einbehalt von Kapitalertragsteuer

3.2 Ebene der Anteilseigner

Auf Anteilseignerebene ergeben sich nur insoweit steuerliche Konsequenzen, als es im Zuge der Kapitalherabsetzung unmittelbar zu Auskehrungen an den Anteilseigner kommt. Insoweit jedoch, als der Betrag der Kapitalherabsetzung auf der Ebene der Kapitalgesellschaft verbleibt, weil etwa eine Einstellung in die Kapitalrücklage oder ein buchmäßiger Verlustausgleich erfolgt ist und die Anteilseignerebene folglich nicht tangiert wird, bleibt die Kapitalherabsetzung für die Anteilseigner steuerlich folgenlos.

Konsequenzen nur bei Auskehrung

3.2.1 Ordentliche Kapitalherabsetzung

Kommt es im Zuge einer ordentlichen Kapitalherabsetzung zu Auskehrungen an die Anteilseigner, so sind mit der steuerlichen Behandlung der Kapitalherabsetzung auf Ebene der Kapitalgesellschaft die steuerlichen Konsequenzen auf Anteilseignerseite bereits vorgezeichnet, oder deutlicher: Das Aufzeichnen des Sonderausweises, die Annahme einer Verwendungsfiktion (auch) bei der Kapitalherabsetzung sowie das ggf. erforderliche Durchschleusen des Herabsetzungsbetrages durch das steuerliche Einlagekonto erfolgt ja allein deswegen, um etwaige Auskehrungen an die Anteilseigner bei diesen zutreffend besteuern zu können; entweder als Bezüge i.S.v. § 20 Abs. 1 Nr. 2 EStG oder aber als Vorgang auf der Vermögensebene, welcher u.U. zu einem (steuerbaren) Veräußerungsverlust bzw. -gewinn führen kann. Im Einzelnen gilt Folgendes:

Steuerliche Behandlung ist vorgezeichnet

Soweit für die Rückzahlung des Nennkapitals der Sonderausweis zu mindern ist, gilt dies als Gewinnausschüttung, die gemäß § 28 Abs. 2 Satz 2 HS 1 KStG beim Anteilseigner zu Bezügen i.S.d. § 20 Abs. 1 Nr. 2 EStG führt. Handelt es sich beim Anteilseigner um eine natürliche Person, so erzielt diese Einkünfte aus Kapitalvermögen, es sei denn über § 20 Abs. 8 EStG erfolgt eine Zuordnung zu einer anderen Einkunftsart, so beispielsweise zu der entsprechenden Gewinneinkunftsart, wenn die Anteile einem Betriebsvermögen zugehörig sind. Während bei den Einkünften aus Kapitalvermögen im Grundsatz der Abgeltungsteuersatz i.H.v. 25% nach § 32d Abs. 1 EStG greift, erfolgt bei Zurechnung zu einer der übrigen Einkunftsarten eine Besteuerung nach dem Teileinkünfteverfahren (§§ 3 Nr. 40 Satz 1 Buchst. e, 3c Abs. 2 EStG). Letzteres gilt auch in den Fällen des § 32d Abs. 2 Nr. 3 EStG. Ist Anteilseigner eine Kapitalgesellschaft, so liegt eine Betriebseinnahme vor, die infolge des Zusammenspiels von § 8b Abs. 1 und Abs. 5 KStG im Ergebnis zu 95% steuerfrei ist.

Gewinnausschüttung, soweit Sonderausweis gemindert worden ist

Insoweit jedoch, als der Betrag der Kapitalrückzahlung den Sonderausweis übersteigt und folglich durch das steuerliche Einlagekonto der Kapitalgesellschaft »geflossen« ist, liegen gemäß § 20 Abs. 1 Nr. 2 i.V.m. § 20 Abs. 1 Nr. 1 Satz 3 EStG auf Anteilseignerebene keine Einnahmen i.S.v. § 20 Abs. 1 Nr. 2 EStG vor; vielmehr

Der den Sonderausweis übersteigende Betrag ist Einlagenrückgewähr

handelt es sich dabei um die Rückgewähr vorheriger Einlagen. Dies allerdings nur unter der Voraussetzung, dass das Einlagekonto zur Bedienung des übersteigenden Betrags ausreicht, was in dem Sonderfall eines vorherigen negativen Einlagekontos nicht der Fall sein wird (siehe hierzu K II 3.1.2.2); dieser Sonderfall sei nachfolgend vernachlässigt. Ist der übersteigende Betrag mithin als Einlagenrückgewähr zu qualifizieren, so ist dies nicht als anteilige Veräußerung der Anteile an der Kapitalgesellschaft zu werten, allerdings vermindert der Auskehrungsbetrag insoweit die Anschaffungskosten der Anteile (vgl. BMF v. 09.10.2012, BStBl. I 2012, 953 Rz. 92).

Insoweit Verminderung der AK der Anteile

Dabei mindert nach Auffassung des BFH die Rückzahlung von Nennkapital in voller Höhe des Herabsetzungsbetrages die Anschaffungskosten der Beteiligung und nicht etwa nur im Verhältnis des Herabsetzungsbetrages zum bisherigen Nennkapital (vgl. BFH v. 29.06.1995 – VIII R 68/93, BStBl. II 1995, 725 für Anteile im Privatvermögen sowie v. 14.10.1992 – I R 1/91, BStBl. II 1993, 189 für Anteile im Betriebsvermögen). Zu einem veräußerungsgleichen Gewinn kommt es folglich insoweit, als der Betrag der Kapitalrückzahlung die Anschaffungskosten bzw. den Buchwert der Anteile übersteigt, während ein Veräußerungsverlust ausgeschlossen ist, da wegen des auf Ebene der Kapitalgesellschaft verbliebenen Nennkapitals stets noch Anschaffungskostenminderungspotential für den Gesellschafter vorhanden ist (vgl. hierzu PUNG in DPM, § 17 EStG Tz. 498 ff.; im Fall der Liquidation ist dies freilich anders).

BEISPIEL 168

Die X-AG, deren Nennkapital 1.000 beträgt, nimmt eine Kapitalherabsetzung i.H.v. 100 (= 10%) vor. X, der alleiniger Gesellschafter der X-AG ist, hatte seine Anteile für 900 erworben.

Vermindert man mit dem BFH die Anschaffungskosten der Anteile des X (900) um den vollen Kapitalherabsetzungsbetrag (100), so betragen die Anschaffungskosten fortan nur noch 800. X erzielt weder einen Veräußerungsgewinn noch einen -verlust. Bei einer anteiligen Verrechnung wäre der Kapitalherabsetzungsbetrag (100) indes nur von den anteiligen Anschaffungskosten der Anteile abzuziehen; bei einer Kapitalherabsetzung im Umfang von 10% mithin von $900 \times 0{,}1 = 90$. Für X ergäbe sich folglich ein Veräußerungsgewinn von 10. ◂|

Steuerbarkeit bei Anteilen …

Bezüglich der Steuerbarkeit eines veräußerungsgleichen Gewinns im Fall der Kapitalherabsetzung ist danach zu unterscheiden, ob sich die Anteile im Betriebs- oder Privatvermögen des Anteilseigners befinden:

… im Betriebsvermögen …

Wird die Beteiligung im Betriebsvermögen gehalten, so ergibt sich i.H.d. den Buchwert der Beteiligung übersteigenden Kapitalherabsetzungsbetrages ein steuerbarer Beteiligungsertrag. Das Teileinkünfteverfahren ist zu beachten: Bei natürlichen Personen als Anteilseigner gilt § 3 Nr. 40 Satz 1 Buchst. a EStG i.V.m. § 3c Abs. 2 EStG, bei Kapitalgesellschaften § 8b Abs. 2 i.V.m. Abs. 3 KStG (siehe hierzu F II 2.4).

… und im Privatvermögen

Befindet sich die Beteiligung hingegen im Privatvermögen, so kann sich eine Steuerbarkeit ohnehin nur aus § 20 Abs. 2 Satz 1 Nr. 1 EStG bzw. § 17 EStG ergeben:

Anteile i.S.v. § 20 Abs. 2 Nr. 1 EStG

Eine unmittelbare Anwendung von § 20 Abs. 2 Satz 1 Nr. 1 EStG scheidet insofern jedoch aus, da die Kapitalherabsetzung, wie ausgeführt, eben gerade keine anteilige Veräußerung der Anteile darstellt, so dass der für § 20 Abs. 2 EStG erforderliche Veräußerungstatbestand nicht erfüllt ist (vgl. BMF 09.10.2012, BStBl. I 2012, 953 Rz. 92). Auch findet sich in § 20 Abs. 2 Satz 2 EStG im Unterschied zu § 17

Abs. 4 EStG keine Regelung, wonach die Kapitalherabsetzung als veräußerungsgleicher Vorgang anzusehen sei (vgl. DÖTSCH/PUNG in DPM, § 20 EStG Tz. 198; a.A. wohl GOSCH/HEGER, 2009, § 28 KStG Rz. 21b). Zu beachten ist allerdings, dass sich infolge der durch die Kapitalherabsetzung verminderten Anschaffungskosten der Anteile, wobei dies auch zu negativen Anschaffungskosten der Anteile führen kann (vgl. BMF 09.10.2012, BStBl. I 2012, 953 Rz. 92), im Fall einer nachfolgenden Veräußerung ein nach § 20 Abs. 2 Satz 1 Nr. 1 EStG steuerbarer Veräußerungsgewinn erhöht.

BEISPIEL 169

Angenommen, in Beispiel 168 hätten die Anschaffungskosten der Anteile des X nur 50 betragen, so würde der Betrag der Kapitalherabsetzung von 100 zu negativen Anschaffungskosten von ./. 50 führen. Veräußert X die Anteile nun später für z.B. 30, so erzielt einen steuerbaren Veräußerungsgewinn i.H.v. 30 ./. (./. 50) = 80. ◀|

Bei Anteilen i.S.v. § 17 EStG ist zu differenzieren: Zum einen vermindert eine Kapitalrückzahlung ebenso wie bei Anteilen i.S.v. § 20 Abs. 2 Satz 1 Nr. 1 EStG deren Anschaffungskosten, so dass bei einer späteren Veräußerung der nach § 17 Abs. 1 EStG steuerbare Veräußerungsgewinn entsprechend höher ausfällt. Zum anderen gilt jedoch gemäß § 17 Abs. 4 Satz 1 EStG die durch eine Kapitalherabsetzung bewirkte Kapitalrückzahlung als veräußerungsgleicher Tatbestand i.S.v. § 17 EStG. Dabei gilt als Veräußerungspreis der gemeine Wert des dem Anteilseigner zugeteilten oder zurückgezahlten Vermögens der Kapitalgesellschaft. Ein veräußerungsgleicher Gewinn i.S.v. § 17 Abs. 4 EStG ist gemäß § 3 Nr. 40 Satz 1 Buchst. c EStG i.V.m. § 3c Abs. 2 EStG zu 40% steuerfrei; zudem gilt die Freibetragsregelung des § 17 Abs. 3 EStG.

Anteile i.S.v. § 17 EStG

BEISPIEL 170

Das Stammkapital der C-GmbH beträgt 500 und ist voll eingezahlt. Zum 31.12.2010 besteht kein Sonderausweis und das steuerliche Einlagekonto beträgt 0. In Anbetracht der schlechten Ertragsaussichten hat A 100% der Anteile an der C-GmbH für 100 erworben. A hält die Beteiligung in seinem Privatvermögen. In 2011 wird das Stammkapital der C-GmbH von 500 auf 250 herabgesetzt.

Gemäß § 17 Abs. 4 EStG erzielt A infolge der Kapitalherabsetzung nach Anwendung des Teileinkünfteverfahrens einen veräußerungsgleichen Gewinn i.H.v. 90, der sich aus der Differenz zwischen dem anteiligen Rückzahlungsbetrag (250 × 0,6 = 150) und den anteiligen Anschaffungskosten (100 × 0,6 = 60) ergibt. Die Anschaffungskosten der Anteile vermindern sich auf 0, so dass jede nachfolgende Kapitalrückzahlung unmittelbar zu einem weiteren veräußerungsgleichen Gewinn führt.

Abwandlung

Wie zuvor, allerdings hat A die Anteile an der C-GmbH für 600 erworben.

Infolge der Kapitalherabsetzung vermindern sich die Anschaffungskosten um den Rückzahlungsbetrag, mithin von 600 auf 350. Ein veräußerungsgleicher Verlust entsteht nicht. Würde man entgegen der BFH-Rechtsprechung eine quotale Betrachtung anstellen und angesichts der Kapitalherabsetzung um die Hälfte dem Rückzahlungsbetrag auch nur die hälftigen Anschaffungskosten gegenüberstellen, so ergäbe sich nach Anwendung des Teileinkünfteverfahrens indes ein veräußerungsgleicher Verlust i.H.v. 250 × 0,6 ./. 300 × 0,6 = (./. 30). ◀|

3.2.2 **Kapitalherabsetzung durch Einziehung von Anteilen**

Im Fall der Kapitalherabsetzung durch Einziehung von Anteilen ist zu unterscheiden:

Kein generelles Korrespondenzprinzip

Obwohl auf Ebene der Kapitalgesellschaft der Erwerb eigener Anteile als Kapitalherabsetzung behandelt wird, stellt sich dies beim die Anteile veräußernden Anteilseigner als ein Veräußerungsgeschäft dar, das nach allgemeinen Grundsätzen der Besteuerung unterliegt (vgl. BMF v. 27.11.2013, BStBl. I 2013, 1615 Rn. 20). Im Ergebnis bedeutet dies, dass insoweit zwischen der Ebene der Kapitalgesellschaft und der Ebene des Gesellschafters keine korrespondierende steuerrechtliche Einordnung erfolgt. Während die Gesellschaft hier eine Einlagenrückgewähr und ggf. eine Ausschüttung thesaurierter Gewinne unterstellt, interpretiert der Gesellschafter den gesamten von der Gesellschaft erhaltenen Betrag als Veräußerungspreis seiner Anteile. Diese Nichtkorrespondenz mag man beklagen, allerdings gibt es auch keine gesetzliche Regelung, die eine solche im Normalfall zwar bestehende Korrespondenz in jedem Fall vorschreiben würde (vgl. FÖRSTER/SCHMIDTMANN, BB 2009, 1342, 1344; MAYER/WAGNER, DStR 2014, 571, 573). Zu den damit einhergehenden Friktionen siehe K I 2.1.2.1 und K II 3.1.3.

Für den Anteilseigner ergibt sich ein steuerbarer Sachverhalt, wenn die Veräußerung aus einem Betriebsvermögen heraus erfolgt oder bei Vorliegen von Privatvermögen die §§ 17, 20 Abs. 2 Satz 1 Nr. 1 EStG einschlägig sind. Zahlt die Kapitalgesellschaft für die Anteile einen überhöhten Kaufpreis, so ist insoweit eine vGA gegeben, die bei dem Anteilseigner zu Bezügen i.S.v. § 20 Abs. 1 Nr. 1 Satz 2 EStG führt (vgl. BMF v. 27.11.2013, BStBl. I 2013, 1615 Rn. 12).

Einziehung gegen Abfindung

Erfolgt hingegen die Einziehung ohne vorherigen Erwerb gegen Abfindung, so hängt die steuerliche Behandlung auf Ebene des Anteilseigners davon ab, wie eng der Vorgang mit einer Kapitalherabsetzung verknüpft ist (vgl. hierzu BLÜMICH/VOGT, § 17 EStG Rz. 400):

- So ist bei einer Einziehung gemäß § 237 Abs. 2 AktG auch steuerlich von einer Kapitalherabsetzung auszugehen, was eine entsprechende Minderung der Anschaffungskosten der beim Anteilseigner verbliebenen Aktien bewirkt. Die weiteren steuerlichen Folgen ergeben sich sodann, wie vorstehend beschrieben, in Abhängigkeit davon, ob sich die Anteile im Betriebs- oder Privatvermögen befinden.
- Im Fall des vereinfachten Einziehungsverfahrens gemäß § 237 Abs. 3 Nr. 2 AktG, welches dadurch gekennzeichnet ist, dass die Aktien zu Lasten des Bilanzgewinns oder der freien Rücklagen eingezogen werden, ist indes eine Veräußerung anzunehmen, da dieser Vorgang wirtschaftlich einer entgeltlichen Veräußerung der Aktien näher steht als einer Kapitalherabsetzung.

Diese Differenzierung ist aus zweierlei Gründen materiell bedeutsam: Zum einen ergibt sich bei einer Behandlung als Kapitalherabsetzung steuerlich ein veräußerungsgleicher Gewinn eben erst dann, wenn der Abfindungsbetrag die Anschaffungskosten übersteigt, während im Veräußerungsfall dem Abfindungsbetrag für die zur Einziehung bestimmten Aktien auch nur deren jeweilige Anschaffungskosten gegenübergestellt werden, insofern eine quotale Betrachtung Platz greift. Zum anderen folgt aus der Qualifikation als Kapitalrückzahlung keine Steuerbarkeit nach § 20 Abs. 2 Satz 1 Nr. 1 EStG, während der Veräußerungsfall auch nach dieser Vorschrift steuerbar ist.

Die entgeltliche Einziehung von GmbH-Anteilen ist, da sie nicht unmittelbar mit einer Kapitalherabsetzung einhergeht, nach h.M. steuerlich, wie im Fall des vereinfachten Einziehungsverfahrens bei einer AG ebenfalls als entgeltliche Veräußerung zu beurteilen (vgl. EILERS/SCHMIDT in HHR, § 17 EStG Anm. 89; BFH v. 22.07.2008 – IX R 15/08, BStBl. II 2008, 927). Folglich kann sich hier eine Steuerbarkeit nach § 17 Abs. 1 bzw. § 20 Abs. 2 Satz 1 Nr. 1 EStG ergeben.

L   Liquidation und Wegzugsbesteuerung

I Liquidation

Der Moment der Unternehmensbeendigung stellt für den Gesetzgeber den letztmöglichen Zeitpunkt des steuerlichen Zugriffs auf etwaige bis dahin nicht realisierte Gewinne dar; ließe er diese Zugriffsmöglichkeit ungenutzt verstreichen, so wäre eine unversteuerte Entstrickung der im Betriebsvermögen gebundenen stillen Reserven die Folge. Im Fall der Beendigung einer Unternehmung, sei es ein Einzelunternehmen, eine Personengesellschaft oder eine Kapitalgesellschaft, ist es daher erforderlich, im Wege einer Schlussbesteuerung die zu diesem Zeitpunkt in der jeweiligen Unternehmung existenten stillen Reserven der Besteuerung zu unterwerfen. Soweit nicht aufgrund der Anwendbarkeit spezialgesetzlicher, z. B. umwandlungssteuerrechtlicher Normen eine Fortführung der Buchwerte bei einem anderen Rechtsträger ermöglicht wird, erfolgt die Sicherstellung der Versteuerung der stillen Reserven grundsätzlich über die Erfassung eines Aufgabe- bzw. Veräußerungsgewinns gemäß § 16 EStG. Für unbeschränkt steuerpflichtige Kapitalgesellschaften modifiziert jedoch § 11 KStG die Regelung des § 16 EStG sowohl bezüglich der Gewinnermittlungsmethode als auch des Gewinnermittlungs- und Besteuerungszeitraums.

Tatbestandsvoraussetzung des § 11 KStG ist dabei, dass die Kapitalgesellschaft aufgelöst und anschließend abgewickelt wird. Unter der Auflösung ist dabei ein willentlicher Rechtsakt zu verstehen, wie etwa der Auflösungsbeschluss gemäß § 60 Abs. 1 Nr. 2 GmbHG, § 262 Abs. 1 Nr. 2 AktG (zu weiteren Auflösungsgründen GRAFFE in DPM, § 11 KStG Tz. 11), in welchem festgelegt wird, dass ab einem bestimmten Zeitpunkt der ursprüngliche Gesellschaftszweck einer werbenden Tätigkeit durch die Absicht der Vollbeendigung der Gesellschaft ersetzt wird. Die Auflösung ist im Handelsregister zu vermerken (§ 65 Abs. 1 GmbHG, § 263 AktG). Mit ihrer Auflösung ist die Kapitalgesellschaft jedoch weder zivil- noch steuerrechtlich beendet; hierzu ist vielmehr die sich anschließende Abwicklung erforderlich.

Die Abwicklung stellt sich dabei als vermögensmäßige Umsetzung der Auflösung dar. Im Zuge der Abwicklung sind die laufenden Geschäfte zu beenden, die Forderungen einzuziehen, das übrige Gesellschaftsvermögen zu versilbern und die Gläubiger zu befriedigen (§ 268 Abs. 1 AktG; § 70 GmbHG). Dabei dürfen, soweit es die Abwicklung erfordert, auch neue Geschäfte eingegangen werden. Gemäß § 271 AktG bzw. § 72 GmbHG ist das nach der Begleichung der Verbindlichkeiten verbleibende Vermögen an die Gesellschafter zu verteilen. Aus Gläubigerschutzgründen darf die Auskehrung des Vermögens dabei erst nach Ablauf eines Sperrjahres erfolgen (§ 272 AktG; § 73 Abs. 1 GmbHG). Ist die Abwicklung beendet, so ist die Gesellschaft im Handelsregister zu löschen (§ 273 AktG; § 74 GmbHG). Zur zivilrechtlichen Beendigung der Kapitalgesellschaft vgl. B I 5.2.

Die nachfolgende Übersicht fasst die einzelnen Phasen der Beendigung der Kapitalgesellschaft ausgehend von der Phase der werbenden Tätigkeit noch einmal zusammen:

Lebensphase	Werbende Tätigkeit	Auflösung	Abwicklung	Vollbeendigung
Handelsregister	Eintrag	Auflösungsvermerk		Löschungsvermerk
Bezeichnung als	Kapitalgesellschaft	Kapitalgesellschaft in Liquidation		Erloschene Kapitalgesellschaft
Besteuerung	Laufende KSt-Besteuerung	Liquidationsbesteuerung gemäß § 11 KStG		Ende Körperschaftsteuerpflicht

1 Steuerliche Auswirkungen bei der Kapitalgesellschaft

1.1 Abwicklungs- und Besteuerungszeitraum

Abwicklungszeitraum als einheitlicher Besteuerungszeitraum bewirkt ...

§ 11 Abs. 1 KStG sieht vor, dass der im Abwicklungszeitraum erzielte Gewinn der Besteuerung zugrunde zu legen ist. Die Vorschrift modifiziert dabei die grundsätzlich geltenden Prinzipien, wonach der Gewinnermittlungszeitraum das Kalenderjahr (ggf. das abweichende Wirtschaftsjahr), die Körperschaftsteuer eine Jahressteuer (§ 7 Abs. 3 KStG) und der Veranlagungszeitraum das Kalenderjahr (§ 31 Abs. 1 KStG i. V. m. § 25 EStG) ist, dahingehend, dass im Grundsatz nunmehr der gesamte Abwicklungszeitraum einen einheitlichen, nicht weiter untergliederten Besteuerungszeitraum darstellt.

... Vorteile für den Steuerpflichtigen

Für den Steuerpflichtigen ist dies in mehrfacher Hinsicht vorteilhaft: So wird die Besteuerung eines etwaigen Abwicklungsgewinns bis zum Ende des Abwicklungszeitraums im Grundsatz hinausgeschoben, wenngleich die Festsetzung von Körperschaftsteuervorauszahlungen während dieses Zeitraums zulässig ist. Zudem braucht die Kapitalgesellschaft keine jährlichen Steuererklärungen abzugeben und sie entgeht durch die Zusammenfassung mehrerer Jahre zu einem Besteuerungszeitraum zudem den in § 10d Abs. 1 Satz 1 sowie Abs. 2 EStG kodifizierten Beschränkungen des Verlustabzugs (siehe hierzu G II) insoweit, als positive und negative Ergebniskomponenten während des Abwicklungszeitraums ohne Einschränkung saldiert werden. Ein am Ende des Abwicklungszeitraums etwaig verbleibender Verlust ist sodann nach § 10d Abs. 1 EStG in den unmittelbar vorangegangenen Veranlagungszeitraum zurückzutragen; soweit dies nicht möglich ist, bleibt der Verlust endgültig steuerlich ungenutzt. Darüber hinaus ist zu beachten, dass auf den Abwicklungsgewinn der am Ende des Besteuerungszeitraums geltende Steuersatz Anwendung findet (vgl. BFH v. 18. 09. 2007 – I R 44/06, BStBl. II 2008, 319), was bei sinkenden Steuersätzen für den Steuerpflichtigen von Vorteil ist.

Besteuerungszeitraum soll drei Jahre nicht übersteigen

Um die vorgenannten Vorteile nicht uferlos wirken zu lassen, soll nach § 11 Abs. 1 Satz 2 KStG der Besteuerungszeitraum drei Jahre nicht überschreiten. Aus gesetzgeberischer Perspektive leuchtet diese Begrenzung ein, da andernfalls der Steuerpflichtige durch eine zeitlich gestreckte Abwicklung oder eine nicht als solche erkannte Scheinliquidation einen (zu) langen Aufschub der Besteuerung erreichen könnte (vgl. BFH v. 22. 02. 2006 – I R 67/05, BStBl. II 2008, 312; FG Brandenburg v.

23.01.2002, EFG 2002, 432). Umstritten ist indes, wie zu verfahren ist, wenn die Abwicklung nicht innerhalb dieses Dreijahreszeitraums abgeschlossen ist:

Nach wohl unstreitiger Auffassung soll es dabei im Ermessen des Finanzamts liegen, den Besteuerungszeitraum über die Solllänge von drei Jahren auszudehnen, sofern die Abwicklung in absehbarer Zeit nach Ablauf der drei Jahre abgeschlossen sein wird oder sich die Abwicklung aus nicht vom Steuerpflichtigen zu verantwortenden Gründen verzögert hat (vgl. FG Brandenburg v. 23.01.2002, EFG 2002, 432; GOSCH/LAMBRECHT, 2009, § 11 KStG Rz. 41). Zugleich gewährt § 11 Abs. 1 Satz 2 KStG der Finanzbehörde jedoch das Recht, bei einer Überschreitung des Drei-Jahres-Zeitraums die in der Abwicklungsphase bisher entstandene Steuer durch einen Bescheid, einen sog. Zwischenbescheid, festzusetzen (vgl. BFH v. 22.02.2006 – I R 67/05; BStBl. II 2008, 312; v. 18.09.2007 – I R 44/06, BStBl. II 2008, 319). In diesem Fall ist allerdings umstritten, wie anschließend zu verfahren ist: So wird einerseits vertreten, dass das Finanzamt nach Ablauf des ersten Dreijahreszeitraums einen weiteren vorläufigen Besteuerungszeitraum festlegen könne, der sich ebenfalls über einen Zeitraum von drei Jahren, jedoch auch über einen kürzeren Zeitraum erstrecken kann (vgl. FG Brandenburg v. 23.01.2002, EFG 2002, 432; HOLLAND in Ernst & Young, KStG, § 11 Rz. 41), während andererseits für eine Begrenzung der nach Überschreitung des Dreijahreszeitraums beginnenden Besteuerungszeiträume grundsätzlich auf jeweils ein Jahr votiert wird (vgl. GRAFFE in DPM, § 11 KStG Tz. 18; R 51 Abs. 1 Satz 6 KStR).

Unabhängig von der Länge der sich anschließenden Besteuerungszeiträume stellt sich die Frage, ob der in § 11 Abs. 1 Satz 1 KStG getroffenen Regelung, wonach der im Zeitraum der Abwicklung erzielte Gewinn der Besteuerung zugrunde zu legen ist, oder aber § 11 Abs. 1 Satz 2 KStG, wonach der Besteuerungszeitraum drei Jahre nicht übersteigen soll, Vorrang einzuräumen ist. So begreift das FG Brandenburg (v. 23.01.2002, EFG 2002, 432) § 11 Abs. 1 Satz 2 KStG primär als verfahrensrechtliche Regelung, die zwar dazu führen könne, dass der Abwicklungszeitraum (zunächst) in mehrere Besteuerungszeiträume zerfalle, allerdings seien die jeweiligen Zwischenveranlagungen nach Beendigung der Liquidation durch eine Veranlagung über den gesamten Abwicklungszeitraum zu ersetzen, da eben der während dieses gesamten Zeitraums erzielte Gewinn als Besteuerungsgrundlage diene. Während dies in Teilen des Schrifttums ebenso vertreten wird (vgl. HOLLAND in Ernst & Young, KStG, § 11 Rz. 41), handele es sich nach a.A. (vgl. GRAFFE in DPM, § 11 KStG Tz. 19; BLÜMICH/HOFMEISTER, § 11 KStG Rz. 40) sowie nach Auffassung der Finanzverwaltung (vgl. R 51 Abs. Abs. 4 KStR) bei den jeweiligen Veranlagungen nicht um bloße Zwischenveranlagungen, die nach Ablauf des Liquidationszeitraums durch eine Veranlagung für den gesamten Liquidationszeitraum zu ersetzen seien, sondern vielmehr um eigenständige Veranlagungen. Der BFH hat diese Frage bisher offen gelassen (vgl. BFH v. 23.01.2013 – I R 35/12, BStBl. II 2013, 508; v. 18.09.2007 – I R 44/06, BStBl. II 2008, 319), hat aber in einem Revisionsverfahren Gelegenheit, hierzu Stellung zu beziehen. Die Vorinstanz hatte sich der Meinung der Finanzverwaltung angeschlossen (vgl. FG Köln v. 27.09.2012, EFG 2013, 78, nrk., Rev. eingelegt: Az. BFH I R 81/12).

Bestehen am Ende des dem Abwicklungszeitraum vorangehenden Veranlagungszeitraums Verlustvorträge i.S.v. § 10d EStG, können diese in den Abwicklungszeitraum vorgetragen werden. Dabei ist der Abzug durch § 10d Abs. 2 EStG beschränkt, und zwar nach Auffassung des BFH auf 1 Mio. € zzgl. 60 % des innerhalb des Abwicklungszeitraums insgesamt (also nach Vornahme eines kalenderjahrübergreifenden Verlustausgleichs innerhalb des Abwicklungszeitraums) erzielten positiven Gesamtbetrags der Einkünfte. Auch wenn der Abwicklungszeitraum mehrere Jahre umfasst, sei für diesen Verlustabzug der Sockelbetrag des § 10d Abs. 2 EStG nur einmal zu gewähren, da es sich zwar um einen mehrjährigen Abwicklungszeitraum, aber eben nicht um mehrere Besteuerungszeiträume handele (vgl. BFH 23.01.2013 – I R 35/12, BStBl. II 2013, 508; vgl. hierzu auch die ausführliche Analyse von BAREIS, DB 2013, 1265). Die Anwendung der Mindestbesteuerungsregelung sei jedenfalls dann auch nicht verfassungsrechtlich zweifelhaft, wenn die Abwicklung der Kapitalgesellschaft nach dem Dreijahreszeitraum noch nicht abgeschlossen ist, denn insoweit bestehe im weiteren Verlauf des Verfahrens die Möglichkeit einer Unternehmensfortführung, was rückblickend im Ergebnis zu einer »Scheinabwicklung« führt. Auf dieser Grundlage stehe ein zukünftiger Verlustausgleich in den nachfolgenden Veranlagungszeiträumen in Aussicht.

Auch in diesem Verfahren hat der BFH ausdrücklich offen gelassen, ob eine Zwischenveranlagung nach Ablauf des Dreijahreszeitraums bezüglich dieses Zeitraums endgültig ist. Er hält es damit offensichtlich grundsätzlich für denkbar, dass bei schlussendlich erfolgter Abwicklung eine nachträgliche umfassende Veranlagung für den gesamten Abwicklungszeitraum zu erfolgen hat, in der ggf. die Grundsätze zur Mindestbesteuerung nach § 10d Abs. 2 EStG nicht zur Geltung gelangen dürfen.

Wahlrecht zur Bildung eines Rumpfwirtschaftsjahres

Der Besteuerungszeitraum beginnt mit der Auflösung. Erfolgt diese innerhalb eines Wirtschaftsjahres, so ist handelsrechtlich nach h. M. auf den Tag der Auflösung eine sog. Schlussbilanz der werbenden Gesellschaft aufzustellen (vgl. FÖRSCHLE/DEUBERT in Budde/Förschle/Winkeljohann, Sonderbilanzen, 2008, T 46 ff. m. w. N.). Wegen dieser handelsrechtlichen Verpflichtung ist nach Auffassung des BFH (v. 17.07.1974 – I R 233/71, BStBl. II 1974, 692; v. 09.03.1983 – I R 202/79, BStBl. II 1983, 433) sodann (auch) steuerlich ein Rumpfwirtschaftsjahr zu bilden, das vom Schluss des vorangegangenen Wirtschaftsjahres bis zum Tage der beschlossenen Auflösung reicht und nicht in den Liquidationszeitraum einzubeziehen ist. Allerdings gewährt die Finanzverwaltung diesbezüglich ein Wahlrecht (R 51 Abs. 1 Satz 3 KStR; kritisch FROTSCHER in Frotscher/Maas, § 11 KStG Rz. 28), so dass der Steuerpflichtige letztlich entscheiden kann, ob das während des Zeitraums zwischen dem Ende des letzten regulären Wirtschaftsjahres und dem Liquidationsbeginn erzielte Ergebnis innerhalb des Besteuerungszeitraums i. S. v. § 11 KStG oder vielmehr innerhalb eines separaten Besteuerungszeitraums Berücksichtigung findet. Dabei kann durch den Verzicht auf die Bildung eines Rumpfwirtschaftsjahres nicht nur die Versteuerung des während dieses Zeitraums erzielten Gewinns tendenziell bis zum Ende des Abwicklungszeitraums hinausgeschoben werden (vgl. GRAFFE in DPM, § 11 KStG Tz. 20), sondern auch im Fall eines absehbaren Liquidationsverlustes kann es angeraten sein, auf die Bildung eines Rumpfwirtschaftsjahres zu verzichten (vgl. JÄGER/LANG, Körperschaftsteuer, 2009, 888).

BEISPIEL 171

Die X-GmbH, deren Wirtschaftsjahr dem Kalenderjahr entspricht, wird mit Wirkung vom 01.07.05 aufgelöst. Die Abwicklung ist am 01.05.08 abgeschlossen. Im Veranlagungszeitraum 04 erzielte die X-GmbH ein zu versteuerndes Einkommen i. H. v. 50.000 €, für die Zeit vom 01.01.05 bis zum 30.06.05 i. H. v. 10.000 € und für den sich daran anschließenden

Liquidationszeitraum (01.07.05–01.05.08) einen Verlust i. H. v. ./. 60.000 €. Bezüglich der Berücksichtigung des Liquidationsverlustes ergibt sich Folgendes:

Bildet die GmbH in 05 ein Rumpfwirtschaftsjahr, so kann sie aus dem die Abwicklung umfassenden Veranlagungszeitraum einen Verlustrücktrag i. h. v. 10.000 € in den das zu versteuernde Einkommen des Rumpfwirtschaftsjahres 05 umfassenden Veranlagungszeitraum 05 vornehmen. Der wegen des geringen Gesamtbetrags der Einkünfte des Veranlagungszeitraums 05 nicht rücktragsfähige Teil des Verlusts des Abwicklungszeitraums (./. 50.000 €) geht unter, da ein Verlustvortrag wegen der Beendigung der Gesellschaft ausscheidet.

Verzichtet die GmbH hingegen auf die Bildung eines Rumpfwirtschaftsjahres, so ist der während des Zeitraums 01. 01.–30.06.05 erzielte Gewinn bei der Ermittlung des Liquidationsergebnisses zu berücksichtigen, welches sich daraufhin nur noch auf ./. 50.000 € beläuft. Diesen Verlust kann die GmbH sodann in den unmittelbar vorangehenden Veranlagungszeitraum (dies ist nunmehr der Veranlagungszeitraum 04!) zurücktragen. Wegen des ausreichend hohen Gesamtbetrags der Einkünfte im Veranlagungszeitraum 04 kann sich der Verlust des Liquidationszeitraums nunmehr in voller Höhe steuerlich auswirken. Für die X-GmbH ist es mithin vorteilhaft, auf die Bildung eines Rumpfwirtschaftsjahres zu verzichten. ◀|

1.2 Ermittlung des Liquidationsgewinns

In erster Linie machen die im Zuge der Abwicklung zur Aufdeckung gelangenden stillen Reserven den Abwicklungsgewinn aus, jedoch zählt der durch eine etwaige Weiterführung der laufenden Geschäfte während der Abwicklung erzielte Gewinn ebenso dazu wie der Gewinn aus der Zeit zwischen dem der Auflösung vorangehenden Bilanzstichtag und dem Tag des Abwicklungsbeginns, wenn die Kapitalgesellschaft auf die Bildung eines Rumpfwirtschaftsjahrs verzichtet hat.

Bestandteile des Abwicklungsgewinns

Zur Ermittlung des Abwicklungsgewinns ist ein Vermögensvergleich vorzunehmen. Im Unterschied zu einem Vermögensvergleich i. S. v. § 4 Abs. 1 EStG ist dabei jedoch nicht das Betriebsvermögen am Schluss des Wirtschaftsjahres mit demjenigen am Schluss der vorangegangenen Wirtschaftsjahres zu vergleichen, sondern stattdessen ist das Vermögen am Ende des Abwicklungszeitraums (Abwicklungs-Endvermögen) dem Vermögen zu Beginn des Abwicklungszeitraums (Abwicklungs-Anfangsvermögen) gegenüberzustellen (§ 11 Abs. 2 KStG), wobei beide Größen zuvor ggf. zu modifizieren sind (§ 11 Abs. 3 und Abs. 4 Satz 3 KStG). § 11 Abs. 2 KStG ersetzt insoweit den an den Erfordernissen einer periodischen Gewinnermittlung ausgerichteten Betriebsvermögensvergleich des § 4 Abs. 1 EStG und korrespondiert dabei durch die Gegenüberstellung des Abwicklungs-Endvermögens mit dem Abwicklungs-Anfangsvermögen mit der Erweiterung des Besteuerungszeitraums in § 11 Abs. 1 Satz 2 KStG.

Abwicklungsgewinn

§ 11 Abs. 6 KStG weist darauf hin, dass, soweit in § 11 KStG keine gesonderten Regelungen getroffen sind, auf die Gewinnermittlung die im Übrigen geltenden Vorschriften anzuwenden sind. Dies bedeutet, dass sowohl die Regelungen bzgl. nichtabziehbarer Betriebsausgaben (§ 10 KStG, § 4 Abs. 5 EStG) als auch des Abzugs von Spenden (§ 9 Abs. 1 Nr. 2 KStG) zu berücksichtigen sind. Zudem ist ggf. ein Verlustabzug nach § 10d EStG vorzunehmen, d. h. der Gesamtbetrag der Einkünfte des Abwicklungszeitraums ist um einen etwaig bestehenden Verlustvortrag aus den vorangegangenen Veranlagungszeiträumen nach Maßgabe des § 10d Abs. 2 EStG zu vermindern. Allerdings ergibt sich die Anwendbarkeit des § 10d EStG nicht aus § 11

Allgemeine Gewinnermittlungsvorschriften sind anwendbar

Abs. 6 KStG, sondern, da es sich um eine allgemeine Einkommensermittlungsvorschrift handelt, vielmehr aus § 8 Abs. 1 KStG.

Abwicklungs-Endvermögen

Gemäß § 11 Abs. 3 KStG gilt als Abwicklungs-Endvermögen grundsätzlich das zur Verteilung kommende Vermögen. Dabei ist zu beachten, dass die Verteilung des Vermögens an die Gesellschafter nicht unbedingt stichtagsbezogen am »Ende« der Unternehmung erfolgt, gemäß der Vorstellung, zunächst würden die Aktiva versilbert, anschließend die Schulden beglichen und sodann werde das verbleibende Vermögen an die Gesellschafter ausgekehrt. Vielmehr können bereits während des gesamten Abwicklungsverfahrens offen als solche bezeichnete Liquidationsraten bzw. verdeckte Zuwendungen an die Gesellschafter erfolgen (vgl. GOSCH/LAMBRECHT, 2009, § 11 KStG Rz. 51). Auch derartige Vorabzuwendungen stellen zur Verteilung kommendes Vermögen dar. Sie dürfen folglich die Rechengröße des Abwicklungs-Endvermögens nicht schmälern, da sich andernfalls zugleich der sich als Saldogröße ergebende Abwicklungsgewinn infolge bloßer (vorzeitiger) Vermögensverteilung vermindern würde.

Steuerfreie Vermögensmehrungen sind herauszurechnen

Nicht Bestandteil des Abwicklungsendvermögens sind jedoch gemäß § 11 Abs. 3 KStG steuerfreie Vermögensmehrungen, die der Kapitalgesellschaft im Abwicklungszeitraum zugeflossen sind. Zu denken ist hier insbesondere an nach § 8b KStG steuerfreie Dividenden bzw. Veräußerungsgewinne, nach einem DBA steuerbefreite Einkünfte sowie steuerfreie Investitionszulagen. Allerdings ist der Regelung lediglich deklaratorischer Charakter beizumessen, da die vorgenannten Vermögensmehrungen nach den über § 11 Abs. 6 KStG geltenden allgemeinen Gewinnermittlungsvorschriften ohnehin steuerfrei sind (vgl. MICKER in HHR, § 11 KStG Anm. 46). Aus dem Abwicklungs-Endvermögen herauszurechnen sind zudem gesellschaftsrechtliche Einlagen, die während des Abwicklungszeitraums geleistet werden; diese erhöhen zwar das Abwicklungs-Endvermögen, dürfen jedoch nicht der Besteuerung unterworfen werden, da sie nicht durch die Teilnahme am Marktgeschehen erwirtschaftet, sondern vielmehr gesellschaftsrechtlich veranlasst sind.

Geschäftswert geht i.d.R. unter

Ein etwaig bestehender Geschäftswert geht mit der Abwicklung der Kapitalgesellschaft i.d.R. unter und ist folglich im Abwicklungs-Endvermögen nicht enthalten. Dies bedeutet zum einen, dass der Wegfall eines originären Geschäftswerts den Abwicklungsgewinn nicht erhöht, zum anderen, dass sich das Endvermögen und damit im Gleichschritt der Abwicklungsgewinn i.H.d. Buchwerts eines zuvor aktivierten, weil entgeltlich erworbenen Geschäftswerts vermindert (vgl. BLÜMICH/HOFMEISTER, § 11 KStG Rz. 52. Sollten der Firmenwert bzw. einzelne geschäftswertbildende Faktoren im Zuge der Abwicklung veräußert werden, so ist das Entgelt Bestandteil des Abwicklungs-Endvermögens (vgl. GOSCH/LAMBRECHT, 2009, § 11 KStG Rz. 52).

Bewertung des Abwicklungs-Endvermögens mit dem gemeinen Wert ...

Die Bewertung des Abwicklungs-Endvermögens ist insoweit unproblematisch, als die Wirtschaftsgüter im Zuge der Abwicklung veräußert worden sind und anschließend die liquiden Mittel an die Gesellschafter ausgekehrt werden. Durch die Veräußerung sind die in den betreffenden Wirtschaftsgütern enthaltenen stillen Reserven aufgedeckt worden, so dass die Annahme eines Ersatzrealisationstatbestands entbehrlich ist. Einer solchen Annahme bedarf es jedoch, um die stillen Reserven auch in denjenigen Wirtschaftsgütern aufzudecken, die im Zuge der Abwicklung nicht liquidiert worden sind, sondern stattdessen als solche an die Gesellschafter verteilt werden. Im Rahmen der Bewertung des Abwicklungs-Endvermögens sind die betreffenden Wirtschaftsgüter daher nicht etwa mit ihren fortgeführten Buchwerten, sondern vielmehr mit dem gemeinen Wert (§ 9 BewG), d. h. mit dem Einzelveräußerungspreis, anzusetzen (vgl. RFH v. 10.05.1938 – I 266/37, RStBl. 1938, 630; BFH v. 14.12.1965 – I 246/62 U, BStBl. III 1966, 152). Steuersystematisch ergibt sich die Bewertung mit dem gemeinen Wert aus dem Sinn und Zweck des § 11 KStG, im Wege einer Schlussbesteuerung sämtliche stillen Reserven der Kapitalgesellschaft der Besteuerung zuzuführen. Gesetzessystematisch folgt dies u. E. aus § 16 Abs. 3 Satz 7 EStG, da der Liquidationsgewinn insoweit dem Aufgabegewinn i. S. v. § 16 EStG gleichzusetzen ist. Eine Bewertung des Abwicklungs-Endvermögens mit dem Teilwert verbietet sich, da die Teilwertkonzeption die Fortführung des Unternehmens erfordert, an welcher es hier naturgemäß fehlt.

Der Grundsatz der Maßgeblichkeit der Handelsbilanz für die Steuerbilanz kommt angesichts der spezifischen Zielsetzung der Erfassung der stillen Reserven bei der Ermittlung des Abwicklungsgewinns nicht zum Zuge; für die Ermittlung des gemeinen Werts sind vielmehr die objektiven Umstände im Zeitpunkt der Veranlagung bestimmend (vgl. BFH v. 01.10.1969 – I R 120/67, BStBl. II 1969, 742). Dabei handelt es sich um eine »Wertaufhellungstheorie besonderer Art«, da die abgewickelte Kapitalgesellschaft bei der Wertermittlung auch solche Erkenntnisse berücksichtigten muss, die ihr bis zur Veranlagung bekannt werden, während ein fortzuführender Betrieb lediglich Erkenntnisse, von denen er bis zum Tag der Bilanzaufstellung Kenntnis erlangt, berücksichtigen muss (vgl. FROTSCHER in Frotscher/Maas, § 11 KStG Rz. 55).

... ggf. im Zeitpunkt der Veranlagung

Gemäß § 11 Abs. 4 KStG gilt als Abwicklungs-Anfangsvermögen das Betriebsvermögen, das am Schluss des der Auflösung vorangegangenen Wirtschaftsjahrs der Veranlagung zur Körperschaftsteuer zugrunde gelegt worden ist. Sowohl bezüglich des Umfangs des Betriebsvermögens als auch bezüglich dessen Bewertung ist dabei auf die letzte Steuerbilanz abzustellen. Die Bewertung des Abwicklungs-Anfangsvermögens erfolgt mithin zu Buchwerten, was infolge der Gegenüberstellung mit dem zum gemeinen Wert bewerteten Abwicklungs-Endvermögen die vollständige Erfassung der stillen Reserven gewährleistet.

Abwicklungs-Anfangsvermögen

Sollte die Kapitalgesellschaft zu Beginn der Abwicklung über eigene Anteile verfügen, so ist zu beachten, dass ihr aus diesen Anteilen, mit Ausnahme des Rechts zur Weiterveräußerung, keine weiteren Rechte, wie etwa Stimm- oder Gewinnbezugsrechte, zustehen (§ 71b AktG). Auch resultiert aus den eigenen Anteilen kein Anspruch auf Teilnahme an der Vermögensverteilung, was schlichtweg bedeutet, dass die Kapitalgesellschaft an der Verteilung ihres eigenen Vermögens nicht teilnimmt. Damit aber sind die eigenen Anteile letztlich wertlos; sie gehen, vergleichbar der Einziehung eigener Anteile, im Zuge der Abwicklung unter und sind folglich im Abwicklungs-Endvermögen nicht mehr enthalten. Da dieser infolge der Abwicklung eintretende Wertverlust gesellschaftsrechtlich veranlasst ist, darf er den Abwicklungsgewinn nicht vermindern. Diese Gewinnneutralität des Untergangs der eigenen Anteile ist dabei nach den durch das BilMoG bewirkten Änderungen in der bilanziellen Behandlung eigener Anteile unmittelbar gewährleistet: Da die eigenen Anteile nicht mehr aktivisch auszuweisen, sondern vielmehr unmittelbar von den frei verfügbaren Rücklagen und dem Nennkapital abzusetzen sind, sind sie im Abwicklungs-Anfangsvermögen ohnehin nicht mehr enthalten. In der Rechtslage nach Inkrafttreten des BilMoG sind daher bei der Ermittlung des Abwicklungs-

Eigene Anteile

gewinns Korrekturmaßnahmen bzgl. eigener Anteile obsolet. Zuvor jedoch galt, dass die bilanzierten eigenen Anteile, da im Abwicklungs-Endvermögen nicht mehr enthalten, auch von dem Abwicklungs-Anfangsvermögen abzuziehen waren.

Gewinnausschüttungen für vorangegangene Wirtschaftsjahre sind abzuziehen

Gemäß § 11 Abs. 4 Satz 3 KStG ist das Abwicklungs-Anfangsvermögen zudem um den Gewinn eines vorangegangenen Wirtschaftsjahres zu kürzen, der im Abwicklungszeitraum ausgeschüttet worden ist. Derartige Ausschüttungen sind, bei Einhaltung des Sperrjahres, zulässig (vgl. BFH v. 12.09.1973 – I R 9/72, BStBl. II 1974, 14; auch für den Gewinn eines zuvor gebildeten Rumpfwirtschaftsjahrs BFH v. 17.07.1974 – I R 233/71, BStBl. II 1974, 692). Da die ausgeschütteten Beträge im Abwicklungs-Endvermögen nicht mehr enthalten sind, würde sich zugleich der Abwicklungsgewinn als Saldogröße aus Anfangs- und Endvermögen vermindern. Um diese, aus der Einkommensverwendung resultierende Gewinnminderung zu kompensieren, ist das Anfangs-Abwicklungsvermögen um die jeweiligen Beträge zu vermindern. Allerdings ist die Vorschrift als überflüssig zu bezeichnen, da gemäß § 11 Abs. 6 KStG die Regelung des § 8 Abs. 3 KStG anwendbar ist, nach welcher eine etwaige Einkommensverwendung für die Ermittlung des Einkommens unbeachtlich ist; eine entsprechende Ergebniskorrektur folgt mithin bereits aus dieser Norm (vgl. MICKER in HHR, § 11 KStG Anm. 52).

Es ergibt sich folgendes Schema zur Ermittlung des Abwicklungsgewinns:

	Abwicklungs-Anfangsvermögen (bisheriges BV zu Buchwerten)
./.	Gewinnausschüttungen im Abwicklungszeitraum für vorangegangene WJ
=	**korrigiertes Abwicklungs-Anfangsvermögen**
	Zur Verteilung kommendes Schlussvermögen zum gemeinen Wert
+	vorzeitige Liquidationsraten während des Abwicklungszeitraums
+	verdeckte Zuwendungen während des Abwicklungszeitraums
./.	steuerfreie Vermögensmehrungen
=	**Abwicklungs-Endvermögen**
	Abwicklungs-Endvermögen
./.	korrigiertes Abwicklungs-Anfangsvermögen
=	Abwicklungsgewinn
+	nichtabziehbare Aufwendungen
=	korrigierter Abwicklungsgewinn
+	nichtabziehbarer Teil der Spenden
./.	Verlustabzug
=	**Einkommen des Abwicklungszeitraums**

BEISPIEL 172

Die X-GmbH, deren Wirtschaftsjahr dem Kalenderjahr entspricht, hat zum 31.12.09 folgende Steuerbilanz aufgestellt:

Aktiva	X-GmbH 31.12.09 in T€		Passiva	
Geschäftswert	17	Stammkapital		50
Grundstück	80	Rücklagen		110
Sonstiges AV	20	Verbindlichkeiten		180
Forderungen	30			
Bank/Kasse	193			
	340			340

Die X-GmbH wird mit Wirkung zum 30.04.10 aufgelöst. Die Abwicklung ist am 01.05.12 abgeschlossen. Die Gesellschaft verzichtet für den Zeitraum vom 01.01.10 bis 30.04.10 auf die Bildung eines Rumpfwirtschaftsjahres, so dass der Besteuerungszeitraum die Zeit vom 01.01.10 bis zum 01.05.12 umfasst. Während dieses Zeitraums haben sich die nachfolgenden Geschäftsvorfälle ereignet:
- Für das Wirtschaftsjahr 09 nimmt die GmbH eine Gewinnausschüttung i.H.v. 20 T€ vor.
- Das Grundstück wird am 02.01.12 auf einen Gesellschafter übertragen. Der gemeine Wert zu diesem Zeitpunkt beträgt 100 T€.
- Das sonstige Anlagevermögen wird für 108 T€ veräußert.
- Die Forderungen werden unter Gewährung von 1 T€ Skonto eingezogen.
- Es sind laufende Betriebsausgaben i.H.v. 30 T€ angefallen.
- Einer der Gesellschafter verzichtet auf ein der Gesellschaft gewährtes Darlehen i.H.v. 10 T€. Die übrigen Verbindlichkeiten i.H.v. 170 T€ werden beglichen.
- Während des Abwicklungszeitraums werden KSt-Vorauszahlungen i.H.v. 5 T€ entrichtet.
- In der Liquidationsschlussbilanz wird eine KSt-Rückstellung i.H.v. 4 T€ gebildet.

Ermittlung des korrigierten Abwicklungs-Anfangsvermögen zum 31.12.09
Abwicklungs-Anfangsvermögen

Summe Aktiva		340		
./. Verbindlichkeiten	./.	180		160
./. Gewinnausschüttungen für vorangegangene WJ			./.	20
= **korrigiertes Abwicklungs-Anfangsvermögen**				**140**

Ermittlung des Abwicklungs-Endvermögens
Das während des Abwicklungszeitraums zur Verteilung gelangende Vermögen setzt sich lediglich aus dem Kassen-/Bankbestand sowie aus dem vorzeitig zugewendeten Grundstück abzüglich der KSt-Rückstellung zusammen. Das sonstige Anlagevermögen wurde veräußert, die Forderungen wurden einzogen und die Verbindlichkeiten beglichen. Der Geschäftswert ist infolge der Abwicklung untergegangen. Der Kassen-/Bankbestand ergibt sich wie folgt:

Anfangsbestand		193
Veräußerungserlös sonstiges AV		108
Einziehung Forderungen		29
Betriebsausgaben	./.	30
Begleichung Verbindlichkeiten	./.	170
Gewinnausschüttung für 09	./.	20
KSt-Vorauszahlung	./.	5
Endbestand		**105**

Zur Verteilung kommendes Vermögen am 01.05.12

Kassen-/Bankbestand	105	
KSt-Rückstellung	./. 4	
Summe		101
vorzeitig zugewendetes Grundstück zum gemeinen Wert		100
./. Darlehensverzicht durch Gesellschafter (verdeckte Einlage)	./.	10
= Abwicklungs-Endvermögen		**191**

Ermittlung des zu versteuernden Einkommens

Abwicklungs-Endvermögen		191
./. korrigiertes Abwicklungs-Anfangsvermögen	./.	140
Abwicklungsgewinn		51
+ KSt-Vorauszahlungen (§ 10 Nr. 2 KStG)		5
+ KSt-Rückstellung (§ 10 Nr. 2 KStG)		4
= zu versteuerndes Einkommen des Abwicklungszeitraums		**60**

tarifliche KSt 15 %		9
./. KSt-Vorauszahlungen		5
KSt-Abschlusszahlung bzw. Rückstellung		**4**

Die Gewinn- und Verlustrechnung des Abwicklungszeitraums gestaltet sich vereinfacht wie folgt:

Erträge

Veräußerungsgewinn sonst. Anlagevermögen	88	
Auskehrung Grundstück (Gemeiner Wert abzgl. Buchwert)	20	
Verzicht Darlehensforderung durch Gesellschafter	10	
Summe		118

Aufwendungen

sonstige Betriebsausgaben	30	
Skontogewährung	1	
KSt-Vorauszahlungen	5	
Zuführung KSt-Rückstellung	4	
Untergang Geschäftswert	17	
Summe	./.	57
Gewinn		**61**
./. Darlehensverzicht Gesellschafter (verdeckte Einlage, § 8 Abs. 3 Satz 3 KStG)	./.	10
+ KSt-Vorauszahlungen (§ 10 Nr. 2 KStG)		5
+ Zuführung KSt-Rückstellung (§ 10 Nr. 2 KStG)		4
= zu versteuerndes Einkommen des Abwicklungszeitraums		**60**

Abwicklungsgewinn unterliegt der Gewerbesteuer

Die Kapitalgesellschaft unterliegt auch während des Abwicklungszeitraums der Gewerbesteuer (vgl. BFH v. 24.04.1980 – IV R 68/77, BStBl. II 1980, 658), wobei der gewerbesteuerliche Abwicklungszeitraum mit dem für die Körperschaftsteuer geltenden Abwicklungszeitraum identisch ist (vgl. R 7.1 Abs. 8 GewStR 2009). Allerdings ist gewerbesteuerlich der nach § 11 KStG für diesen Zeitraum ermittelte Gewinn, ggf. modifiziert um Hinzurechnungen und Kürzungen nach § 8 und § 9 GewStG, auf die einzelnen Jahre des Abwicklungszeitraums zu verteilen (§ 16 Abs. 1 GewStDV). Die Verteilung erfolgt dabei nach dem Verhältnis, in dem die Zahl der Kalendermonate, in denen im einzelnen Jahr die Steuerpflicht bestanden hat, zur Gesamtzahl der Kalendermonate des Abwicklungszeitraums steht; angefangene

Monate sind voll zu rechnen (vgl. R 7.1 Abs. 8 Satz 4 und 5 GewStR 2009). Die materiell-rechtlichen Auswirkungen dieser Verteilung sind allerdings umstritten: So wird einerseits argumentiert, dass in Entsprechung zur körperschaftsteuerlichen Vorgehensweise auch gewerbesteuerlich für den gesamten Abwicklungszeitraum nur eine GewSt-Veranlagung durchzuführen sei (vgl. BFH v. 18.09.2007 – I R 44/06, BStBl. II 2008, 319, *obiter dictum*; insoweit Nichtanwendungserlass BMF v. 04.04.2008, BStBl. I 2008, 542), so dass es folglich nicht zu einer Festsetzung des Gewerbesteuermessbetrages und der Gewerbesteuer für einzelne Jahre des Abwicklungszeitraums kommen könne. Die Verteilung nach § 16 GewStDV habe sodann lediglich Bedeutung für eine etwaig erforderliche Zerlegung des Gewerbesteuermessbetrags nach § 28 GewStG. Nach a.A. seien jedoch bei einem sich über mehrere Jahre erstreckenden Abwicklungszeitraum (nachträglich) mehrere GewSt-Veranlagungen durchzuführen (vgl. FUHRMANN, KÖSDI 2005, 14906, 14911; FÖRSCHLE/DEUBERT in Budde/Förschle/Winkeljohann, Sonderbilanzen, 2008, T 465; wohl auch BMF v. 04.04.2008, BStBl. I 2008, 542).

2 Steuerliche Auswirkungen beim Anteilseigner

Auf Ebene der Anteilseigner sind die Liquidationsraten in Gewinnausschüttungen einerseits, die steuerpflichtige Kapitalerträge gemäß § 20 Abs. 1 Nr. 2 EStG darstellen, und Kapitalrückzahlungen andererseits, die einer Anteilsveräußerung gleichzusetzen sind und damit zu einem ggf. steuerbaren Liquidationsgewinn bzw. -verlust führen können, aufzuteilen. Eine Kapitalrückzahlung liegt dabei insoweit vor, als die Auskehrungen aus dem steuerlichen Einlagekonto (§ 27 KStG) erfolgen oder eine Rückzahlung des Nennkapitals darstellen, wobei über § 28 Abs. 2 KStG die Rückgewähr des Nennkapitals letztlich ebenfalls als Leistung aus dem steuerlichen Einlagekonto erfolgt. Dies bedeutet im Grundsatz, dass mit dem gesamten übrigen Teil des Liquidationserlöses vormals thesaurierte Gewinne ausgeschüttet werden. Sollten jedoch in der Vergangenheit im Zuge einer Kapitalerhöhung aus Gesellschaftsmitteln Gewinnrücklagen in Nennkapital umgewandelt worden sein, so ist zu beachten, dass deren Rückgewähr nunmehr nicht eine Kapitalrückzahlung, sondern eben, wenngleich im Kleid des Nennkapitals daherkommend, eine Gewinnausschüttung darstellt. Eben dieses ordnet § 28 Abs. 2 Satz 3 KStG an: Die Rückzahlung des Nennkapitals führt, soweit derartige als Sonderausweis bezeichnete Beträge (§ 28 Abs. 1 Satz 3 KStG) dafür als verwendet gelten, beim Anteilseigner zu Bezügen i.S.v. § 20 Abs. 1 Nr. 2 EStG. Zum Sonderausweis siehe J II.

Aufteilung der Auskehrungen in Kapitalrückgewähr und Gewinnausschüttungen

Die Aufspaltung in eine Kapitalrückgewähr einerseits und Gewinnausschüttungen andererseits ist erforderlich, da beide Komponenten sowohl bei natürlichen Personen als auch bei Kapitalgesellschaften als Anteilseigener steuersystematisch unterschiedlich behandelt werden:

Konsequenzen

Soweit Bezüge i.S.v. § 20 Abs. 1 Nr. 2 EStG vorliegen, unterliegen diese nach allgemeinen Grundsätzen der Besteuerung. Handelt es sich beim Anteilseigner um eine natürliche Person, so erzielt er, wenn er seine Beteiligung im Privatvermögen hält, Einkünfte aus Kapitalvermögen. Befindet sich die Beteiligung hingegen in seinem Betriebsvermögen, so liegen gem. § 20 Abs. 8 EStG Betriebseinnahmen

Gewinnausschüttung als Einnahme aus Kapitalvermögen bzw. Betriebseinnahme

innerhalb der betreffenden Gewinneinkunftsart vor. Einkünfte aus Kapitalvermögen unterliegen gemäß § 32d Abs. 1 EStG der Abgeltungsteuer, soweit nicht nach § 32d Abs. 2 Nr. 3 EStG auf die Anwendung des Sondertarifs verzichtet wird. In diesem Fall sowie bei Anteilen im Betriebsvermögen bewirkt das Teileinkünfteverfahren eine partielle Steuerfreistellung (§§ 3 Nr. 40 Buchst. e, 3c Abs. 2 EStG ggf. i. V. m. § 3 Nr. 40 Satz 2 EStG). Ist eine Kapitalgesellschaft Anteilseigner, so werden gemäß § 8b Abs. 1 KStG i. V. m. § 8b Abs. 5 KStG die Bezüge zu 95 % von der Besteuerung freigestellt, soweit nicht nach § 8b Abs. 4 KStG n. F. wegen des Unterschreitens der Mindestbeteiligungsgrenze von 10 % die Anwendung von § 8b Abs. 2 KStG suspendiert wird.

Kapitalrückzahlung als Veräußerungspreis der Beteiligung

Soweit die Auskehrungen als Kapitalrückzahlungen zu werten sind, stellen diese keine Kapitalerträge i. S. v. § 20 Abs. 1 Nr. 2 EStG dar (§ 20 Abs. 1 Nr. 2 Satz 1 EStG i. V. m. § 20 Abs. 1 Nr. 1 Satz 3 EStG). Vielmehr gelten diese Beträge bei natürlichen Personen, deren Beteiligung nach § 17 EStG steuerverhaftet ist, als Veräußerungspreis der Beteiligung (§ 17 Abs. 4 Satz 2 EStG), so dass es zum Ausweis eines steuerbaren Liquidationsgewinns bzw. -verlusts kommen kann. Dieser ergibt sich als Differenz zwischen der Kapitalrückzahlung abzgl. etwaiger vom Anteilseigner zu tragender Auflösungskosten sowie der Anschaffungskosten der Beteiligung einschließlich etwaiger nachträglicher Anschaffungskosten. Dabei wird sich ein Veräußerungsverlust regelmäßig dann ergeben, wenn in den Anschaffungskosten der Beteiligung offene oder stille Reserven mitbezahlt wurden (vgl. PUNG in DPM, § 17 EStG Tz. 531), führt doch deren Auskehrung nicht zu einer Erhöhung des fiktiven Veräußerungspreises, sondern vielmehr, wie ausgeführt, zu Bezügen i. S. v. § 20 Abs. 1 Nr. 2 EStG. Ist die Beteiligung »lediglich« nach § 20 Abs. 2 Satz 1 Nr. 1 EStG steuerverhaftet, so ist zu beachten, dass diese Regelung keine § 17 Abs. 4 EStG entsprechende Fiktion enthält, wonach die Auflösung einer Kapitalgesellschaft ein veräußerungsgleicher Tatbestand sei (vgl. DÖTSCH/PUNG/WERNER in DPM, § 20 EStG Tz. 198), so dass insoweit überraschenderweise ein nicht steuerbarer Vorgang gegeben ist. Hält eine natürliche Person die Beteiligung im Betriebsvermögen, so stellt die Differenz zwischen dem Betrag der Kapitalrückzahlung und dem Buchwert der Beteiligung einen steuerbaren Veräußerungsgewinn dar; bei Vorliegen einer 100 %igen Beteiligung ist § 16 Abs. 4 EStG anwendbar (vgl. SCHMIDT/WACKER, 2014, § 16 EStG Rz. 167).

Unabhängig von der Zugehörigkeit der Beteiligung zum Betriebs- oder Privatvermögen ist bei natürlichen Personen als Anteilseigner das Teileinkünfteverfahren anzuwenden (§ 3 Nr. 40 Buchst. a bzw. c EStG i. V. m. § 3c Abs. 2 EStG). Ist eine Kapitalgesellschaft Anteilseigner, so wird gemäß § 8b Abs. 2 Satz 3 KStG i. V. m. § 8b Abs. 3 Satz 1 KStG der Auflösungsgewinn zu 95 % von der Besteuerung freigestellt. Die aus einem Auflösungsverlust resultierende Gewinnminderung darf gemäß § 8b Abs. 3 Satz 2 KStG steuerlich nicht berücksichtigt werden. Anders als bei Bezügen nach § 20 Abs. 1 Nr. 1 EStG spielt hier das Einhalten der Streubesitzgrenze von 10 % i. S. v. § 8b Abs. 4 KStG n. F. keine Rolle.

BEISPIEL 173

An der Z-GmbH sind die natürlichen Personen A und B zu je 1/2 beteiligt. A hat seine Beteiligung für 160.000 € erworben und hält diese im Privatvermögen. Bei B befindet sich die Beteiligung, welche er für 40.000 € erworben hat, im Betriebsvermögen.

Das Nennkapital der Z-GmbH beträgt 400.000 €, nachdem eine Kapitalerhöhung i.H.v. 200.000 € durch Umwandlung von Gewinnrücklagen erfolgt ist. Der Sonderausweis gemäß § 28 Abs. 1 Satz 3 KStG beträgt 200.000 €. Das steuerliche Einlagekonto beträgt 0 €. Die Z-GmbH wird liquidiert; im Zuge der Auskehrung erhält jeder Gesellschafter 450.000 €. Die Rückzahlung des Nennkapitals i.H.v. 400.000 € bewirkt eine Verringerung des Sonderausweises auf 0 €. Der übersteigende Betrag des Nennkapitals (200.000 €) ist dem steuerlichen Einlagekonto zuzuschreiben und bei Auskehrung von diesem abzuziehen (§ 28 Abs. 2 KStG).

Mit der Auskehrung von insgesamt 900.000 € gilt mithin ein Betrag von 200.000 € aus dem steuerlichen Einlagekonto als verwendet; dieser Betrag gehört gemäß § 20 Abs. 1 Nr. 2 EStG i.V.m. § 20 Abs. 1 Nr. 1 Satz 3 EStG nicht zu den Bezügen i.S.v. § 20 Abs. 1 Nr. 2 EStG, so dass insoweit eine Kapitalrückgewähr i.H.v. 100.000 € je Gesellschafter vorliegt. I.H.d. übrigen Liquidationsbetrags (700.000 €) sind hingegen Gewinnausschüttungen gegeben.

Für die einzelnen Gesellschafter ergeben sich die folgenden steuerlichen Auswirkungen: A ist gemäß § 17 Abs. 1 Satz 1 EStG beteiligt. Gemäß § 17 Abs. 2 Satz 1 i.V.m. Abs. 4 Satz 2 und 3 EStG ergibt sich aus der Kapitalrückgewähr für ihn ein Veräußerungsverlust i.H.v. 36.000 € (= 100.000 € Veräußerungspreis × 0,6 ./. 160.000 € Anschaffungskosten × 0,6). Zudem erzielt er steuerpflichtige Einnahmen aus Kapitalvermögen i.H.v. 350.000 €, welche der Abgeltungsteuer oder auf Antrag gemäß § 32d Abs. 2 Nr. 3 EStG dem Teileinkünfteverfahren unterliegen.

B erzielt aus der Kapitalrückgewähr einen im Rahmen seiner Gewinnermittlung zu berücksichtigenden Gewinn i.H.v. 36.000 € (100.000 € × 0,6 ./. 40.000 € × 0,6). Der als Gewinnausschüttung zu qualifizierende Betrag stellt für ihn eine steuerpflichtige, dem Teileinkünfteverfahren unterliegende Betriebseinnahme i.H.v. 350.000 € × 0,6 = 210.000 € dar. ◀|

II Wegzugsbesteuerung gemäß § 12 KStG

Unter dem Wegzug einer Kapitalgesellschaft wird im Folgenden die Verlegung des Satzungs- und/oder Verwaltungssitzes einer in Deutschland unbeschränkt steuerpflichtigen Kapitalgesellschaft in einen ausländischen Staat verstanden. **Problemstellung**

In zivilrechtlicher Hinsicht ist zunächst zu prüfen, ob die Sitzverlegung zur Auflösung der Gesellschaft führt. Hierbei ist danach zu differenzieren, ob der Satzungs- oder Verwaltungssitz verlegt wird. Zudem ist entscheidend, ob es sich um eine nach deutschem Recht gegründete Gesellschaft handelt. **Zivilrecht**

- Wird der Satzungssitz einer nach deutschem Recht gegründeten Kapitalgesellschaft in das Ausland verlagert wird, verliert diese ihre zivilrechtliche Existenz und gilt als aufgelöst, da das deutsche Gesellschaftsrecht eine identitätswahrende Sitzverlagerung nicht zulässt (vgl. WÄLZHOLZ in GmbH-Handbuch, Rz. I 204). Eine Beschränkung eines identitätswahrenden Wegzugs ist im Grundsatz auch europarechtlich zulässig (vgl. EuGH v. 16.12.2008 – C-210/06, DStR 2009, 121, Rs. *Cartesio*).

- Die Verlegung lediglich des Verwaltungssitzes einer nach deutschem Recht gegründeten Kapitalgesellschaft führt nach den durch das MoMiG eingeführten Erleichterungen nicht mehr zum Verlust der zivilrechtlichen Existenz (siehe hierzu B I 3.2); die Gesellschaft bleibt trotz Verlegung ihres Verwaltungssitzes in das Ausland in Deutschland zivilrechtlich bestehen. Bereits vor Inkrafttreten des MoMiG war es umstritten, ob in diesen Fällen tatsächlich eine Zwangslöschung zwingend erforderlich war (vgl. TRIEBEL/HASE, BB 2003, 2409, 2413).

- Im Fall der Verlagerung sowohl des Satzungs- als auch des Verwaltungssitzes in einen anderen EU/EWG-Staat muss der Zuzugsstaat das Bestehenbleiben der Rechtspersönlichkeit im Wege einer Art Gesamtrechtsnachfolge ermöglichen, sofern dessen Recht einen inländischen Formwechsel kennt und die Gesellschaft im Zuzugsstaat eine tatsächliche wirtschaftliche Tätigkeit aufnimmt (vgl. EuGH v. 12.07.2012 – C-378/10, Rs. *Vale pitesi kft.*). Allerdings ist der Zuzugsstaat berechtigt, auf den Vorgang die Bestimmungen über innerstaatliche Umwandlungen anzuwenden (vgl. WICKE, DStR 2012, 1756, 1759).

- Handelt es sich bei der Gesellschaft um eine SE, können Satzungs- und Verwaltungssitz ohnehin nur gemeinsam verlegt werden, da beide grundsätzlich in demselben EU-Staat liegen müssen. Eine derartige Sitzverlegung erfolgt grundsätzlich identitätswahrend, d. h. die SE bleibt in zivilrechtlicher Hinsicht bestehen.

Steuerrecht

Aus steuerlicher Perspektive ist von entscheidender Bedeutung, inwieweit durch die Sitzverlegung inländische Besteuerungsrechte beeinträchtigt werden und ob ggf. eine Besteuerung der im Wegzugszeitpunkt bestehenden stillen Reserven erforderlich wird. Dabei ist von den zivilrechtlichen Auswirkungen der Sitzverlegung grundsätzlich zu abstrahieren; diese sind allerdings insoweit von Bedeutung, als aus ihnen ggf. Auswirkungen bezüglich der steuerlichen Tatbestandsvoraussetzungen, insbesondere hinsichtlich des Bestehens einer unbeschränkten Steuerpflicht im Inland, resultieren können.

Änderungen durch SEStEG

Durch das SEStEG wurden die in § 12 KStG kodifizierten Wegzugs- und Steuerentstrickungsregelungen neu gefasst mit dem Ziel, einerseits den europarechtlichen Vorgaben bzgl. grenzüberschreitender Umstrukturierungsmaßnahmen Rechnung zu tragen, andererseits aber auch die Besteuerungsrechte des deutschen Fiskus zu sichern. Die hierbei erfolgte Einführung von § 12 Abs. 3 KStG lässt eine Differenzierung danach sinnvoll erscheinen, ob der Wegzug in einen EU- bzw. EWR-Staat oder in einen Drittstaat erfolgt.

1 Sitzverlegung in Nicht-EU- bzw. EWR-Staat

Beendigung der unbeschränkten Steuerpflicht …

§ 12 Abs. 3 KStG enthält für den Fall des Wegzugs einer Kapitalgesellschaft in einen Drittstaat einen umfassenden Gewinnrealisierungstatbestand. Erfasst werden insbesondere die Fälle, in denen der Satzungs- und/oder Verwaltungssitz einer Kapitalgesellschaft aus dem Inland in einen Staat außerhalb der EU bzw. des EWR verlegt wird und die Kapitalgesellschaft dadurch in Deutschland aus der unbeschränkten Steuerpflicht ausscheidet.

… oder Wechsel der Ansässigkeit …

Nach § 12 Abs. 3 Satz 2 KStG treten dieselben Rechtsfolgen auch dann ein, wenn die unbeschränkte inländische Steuerpflicht trotz der Sitzverlegung bestehen bleibt (siehe hierzu B I 3.2), jedoch aufgrund eines DBA die abkommensrechtliche Ansässigkeit der Gesellschaft in Deutschland verloren geht.

… führt zur Aufdeckung stiller Reserven

In beiden Fällen gilt die Gesellschaft aus steuerlicher Perspektive als aufgelöst mit der Folge, dass eine fiktive Liquidationsbesteuerung i. S. d. § 11 KStG stattfindet. Wie im Fall der Liquidation sind sämtliche im Betriebsvermögen der Kapitalgesellschaft liegenden stillen Reserven aufzudecken und zu besteuern, wobei an die Stelle des zur Verteilung kommenden Vermögens i.S.d. § 11 Abs. 3 KStG gemäß § 12 Abs. 3 Satz 3 KStG der gemeine Wert des vorhandenen Vermögens tritt.

Gesetzgeberischer Grundgedanke der Regelung ist die Befürchtung, dass aufgrund der Sitzverlegung das deutsche Besteuerungsrecht für die Wirtschaftsgüter der Kapitalgesellschaft ausgeschlossen oder beschränkt sein könnte.

Allerdings führt die Sitzverlegung auch dann zur fiktiven Liquidationsbesteuerung, wenn die Wirtschaftsgüter durch die Sitzverlegung der deutschen Besteuerungshoheit tatsächlich nicht entzogen werden, etwa bei Übergang von der unbeschränkten zur beschränkten Steuerpflicht aufgrund einer weiterhin bestehenden inländischen Betriebstätte. § 12 Abs. 3 KStG geht daher insoweit über den Regelungsgehalt des allgemeinen Entstrickungsgrundsatzes in § 12 Abs. 1 KStG hinaus, der eine Besteuerung von dem konkreten Ausschluss oder der Beschränkung des deutschen Besteuerungsrechts abhängig macht, denn Tatbestandsvoraussetzung des § 12 Abs. 3 KStG ist neben der Sitzverlegung lediglich die Beendigung der unbeschränkten Steuerpflicht bzw. der DBA-bedingte Verlust der inländischen Ansässigkeit.

> **Tatsächliche Besteuerungsrechte nicht entscheidend**

In der Literatur wird daher eine teleologische Reduktion dahingehend gefordert, die Rechtsfolgen des § 12 Abs. 3 KStG nur für diejenigen Wirtschaftsgüter eintreten zu lassen, bei denen das deutsche Besteuerungsrecht tatsächlich ausgeschlossen oder beschränkt wird (vgl. HÖLSCHER, IStR 2013, 747, 748; SCHWARZ VAN BERK, SteuStud 2010, 445, 450 m. w. N.).

> **Teleologische Reduktion geboten**

Wird lediglich der Verwaltungssitz in einen Nicht-DBA-Drittstaat verlagert, während der Satzungssitz im Inland verbleibt, geht die unbeschränkte inländische Steuerpflicht nicht verloren, wenn die Qualifikation der Gesellschaft als Kapitalgesellschaft erhalten bleibt.

> **Sitzverlegung in Nicht-DBA-Staat: …**

In diesem Zusammenhang ist es daher von Bedeutung, dass es nach deutschem Recht gegründeten Kapitalgesellschaften durch das MoMiG nunmehr ermöglicht wurde, auch einen ausländischen Verwaltungssitz zu wählen und damit ihre Geschäftstätigkeit ggf. ausschließlich außerhalb des deutschen Hoheitsgebiets auszuüben, ohne ihre zivilrechtliche Existenz zu verlieren. Während dies für bestimmte EU-Auslandsgesellschaften (insbesondere die englische Limited) schon von jeher möglich war, bestand diese Möglichkeit für deutsche Kapitalgesellschaften wegen §§ 4a Abs. 2 GmbHG a.F., 5 Abs. 2 AktG a.F. vor Inkrafttreten des MoMiG grundsätzlich nicht.

> **Sitzverlegung führt nicht (mehr) zur Auflösung, …**

Führte eine Verlegung des Verwaltungssitzes daher früher zur zivilrechtlichen Auflösung der Gesellschaft und damit bei Verlegung in ein Nicht-DBA-Drittland zur Anwendung von § 12 Abs. 3 Satz 1 KStG, so bleibt nach der Streichung von §§ 4a Abs. 2 GmbHG, 5 Abs. 2 AktG durch das MoMiG der zivilrechtliche Bestand der Gesellschaft erhalten; infolgedessen bleibt wegen des weiter bestehenden inländischen Satzungssitzes auch die unbeschränkte Steuerpflicht bestehen und § 12 Abs. 3 KStG findet keine Anwendung.

> **… daher keine Beendigung der unbeschränkten Steuerpflicht**

Erfolgt die Verlegung des Verwaltungssitzes dagegen in einen DBA-Drittstaat, so ist § 12 Abs. 3 Satz 2 KStG zu beachten, der die fiktive Liquidationsbesteuerung auch dann anordnet, wenn zwar nach nationalem Recht die unbeschränkte Steuerpflicht erhalten bleibt, jedoch aufgrund des DBA die abkommensrechtliche Ansässigkeit im Inland als beendet gilt. Dies ist bei Verlegung des Verwaltungssitzes in einen DBA-Staat regelmäßig der Fall, da die in den meisten DBA enthaltene sog. tie-brea-

> **Bei Sitzverlegung in DBA-Drittstaat § 12 Abs. 3 Satz 2 KStG**

ker-Regelung des Art. 4 Abs. 3 OECD-MA dazu führt, dass die abkommensrechtliche Ansässigkeit der Gesellschaft zum Staat des (neuen) Verwaltungssitzes überwechselt. In diesen Fällen lässt sich daher die Anwendung des § 12 Abs. 3 KStG regelmäßig nicht vermeiden.

Problem: DBA ohne Tie-breaker-Regelung

Problematisch sind insbesondere DBA-Fälle, in denen sich die Ansässigkeit nicht nach der Tie-breaker-Regelung ergibt. In diesen Fällen wird die Frage der Ansässigkeit regelmäßig über ein Verständigungsverfahren gelöst (z.B. DBA-Mexiko, DBA-Kanada, DBA-Japan). Hier ist insbesondere fraglich, ob die Gesellschaft, wie es § 12 Abs. 3 KStG erfordert, infolge des Wegzugs ihre Ansässigkeit verliert, oder dies vielmehr infolge des Verständigungsverfahrens geschieht (vgl. HÖLSCHER, IStR 2013, 474, 750).

§ 12 Abs. 3 KStG bei ausschließlich beschränkter Steuerpflicht?

Ein Anwendungsfall von § 12 Abs. 3 Satz 1 KStG ist de lege lata auch dann gegeben, wenn eine bisher in einem anderen EU- bzw. EWR-Staat unbeschränkt steuerpflichtige Kapitalgesellschaft, die über eine inländische Betriebstätte verfügt und damit in Deutschland beschränkt steuerpflichtig ist, ihren Verwaltungssitz in ein Drittland verlegt. Zwar wird hierdurch die beschränkte Steuerpflicht in Deutschland nicht berührt; es wird aber die unbeschränkte Steuerpflicht in dem EU- bzw. EWR-Staat beendet, aus dem die Sitzverlegung erfolgt, so dass dem Wortlaut des § 12 Abs. 3 KStG nach die stillen Reserven in der inländischen Betriebstätte aufzudecken und zu besteuern sind, obwohl ein Verlust des deutschen Besteuerungsrechts überhaupt nicht eintritt (zu Recht kritisch HÖLSCHER, IStR 2013, 747, 749 f.; HAASE, BB 2009, 1448, 1450; FROTSCHER in Frotscher/Maas, § 12 KStG Rz. 170).

2 Sitzverlegung in EU- bzw. EWR-Staat

2.1 Erfasste Sachverhalte

Ggf. Entstrickung nach § 12 Abs. 1 KStG

Für die Sitzverlegung einer Kapitalgesellschaft vom Inland in einen anderen EU- oder EWR-Staat enthält das KStG keine besondere Regelung. Zur Anwendung kommt hier vielmehr die allgemeine Entstrickungsregelung des § 12 Abs. 1 KStG, wonach insoweit eine Veräußerung oder Überlassung von Wirtschaftsgütern zum gemeinen Wert angenommen wird, als das Besteuerungsrecht der Bundesrepublik hinsichtlich des Gewinns aus der Veräußerung oder der Nutzung dieser Wirtschaftsgüter ausgeschlossen oder beschränkt wird.

Ausschluss oder Beschränkung des inländischen Besteuerungsrechts

Anders als beim Wegzug in ein Drittland ist daher nicht das Ausscheiden aus der unbeschränkten Steuerpflicht oder der Verlust der abkommensrechtlichen Ansässigkeit entscheidend, vielmehr ist im Einzelnen zu prüfen, ob ein zuvor bzgl. konkreter Wirtschaftsgüter bestehendes Besteuerungsrecht des deutschen Fiskus aufgrund des Wegzugs ausgeschlossen oder beschränkt wird. Durch das JStG 2010 hat der Gesetzgeber in § 12 Abs. 1 Satz 2 KStG versucht, die Zuordnung von bisher einer inländischen Betriebstätte zugehörigen Wirtschaftsgütern zu einer ausländischen Betriebstätte als Regelbeispiel zur Anwendung der Steuerentstrickung festzuschreiben, indem dieser Fall pauschal als ein Fall des Ausschlusses oder der Beschränkung des deutschen Besteuerungsrechts bezeichnet wird (kritisch zur Wirksamkeit eines derartigen Regelbeispiels LENDEWIG/JASCHKE, StuB 2011, 90, 94).

Trotz Verlegung von Satzungs- und/oder Verwaltungssitz in einen anderen EU- bzw. EWR-Staat ist § 12 KStG damit nicht einschlägig, wenn (weiterhin) eine inländische Betriebstätte vorliegt und die betreffenden Wirtschaftsgüter dieser Betriebstätte auch nach der Sitzverlegung zugeordnet werden, denn in diesen Fällen bleibt das Besteuerungsrecht im Inland in jedem Fall erhalten. Bei Verlegung von Verwaltungs- und Satzungssitz gilt dies aufgrund des Wechsels zur beschränkten Steuerpflicht ebenso; bei Verlagerung nur des Verwaltungssitzes gilt bei Bestehen eines DBA, welches den Regelungen des OECD-MA folgt, letztlich dasselbe, da zwar aus dcr tie-breaker-Regelung in Art. 4 Abs. 3 OECD-MA die Ansässigkeit der betreffenden Kapitalgesellschaft im Land des Verwaltungssitzes folgt, Deutschland als Quellenstaat das Besteuerungsrecht jedoch insoweit verbleibt, als die Gewinne einer inländischen Betriebstätte zuzurechnen sind.

Keine Entstrickung bei fortgesetzter Zurechnung zu inländischer Betriebstätte

Von der Entstrickung betroffen sind damit insbesondere Fälle, in denen zusätzlich zur Verlegung des Verwaltungssitzes Wirtschaftsgüter, die zuvor einer inländischen Betriebstätte zugeordnet waren, nunmehr einer ausländischen Betriebstätte zugeordnet werden. Dies ist z.B. der Fall, wenn eine deutsche GmbH ihre Geschäftsleitung und ihr gesamtes Betriebsvermögen in einen anderen EU/EWR-Staat verlegt, jedoch in ein deutsches Handelsregister eingetragen bleibt. Nach § 12 Abs. 1 KStG liegt ein Ausschluss oder eine Beschränkung des deutschen Besteuerungsrechts vor und es kommt damit zur Steuerentstrickung über das Betriebsvermögen. Zu einer vergleichbaren Lösung gelangt man hier auch unter Anwendung von § 16 Abs. 3a EStG, der allerdings voraussetzt, dass keinerlei Wirtschaftsgüter mehr in einer deutschen Betriebstätte verbleiben.

Zuordnung von WG zu einer ausländischen Betriebstätte

§ 12 Abs. 1 KStG kommt insbesondere auch dann zur Anwendung, wenn weiterhin eine inländische Betriebstätte existiert, dieser aber nach der Verlegung der Geschäftsleitung bestimmte Wirtschaftsgüter nicht (mehr) zugeordnet werden können. Dies gilt etwa für Wirtschaftsgüter, die der Geschäftsleitungs-Betriebstätte zuzuordnen sind, welche aufgrund der Verlegung des Verwaltungssitzes ins Ausland verlagert wurde. Hiervon betroffen wären in erster Linie immaterielle Wirtschaftsgüter (z.B. Patente, Warenzeichen), die vom Stammhaus gehalten und allen Betriebstätten zur Verfügung gestellt oder Dritten entgeltlich überlassen werden, sowie Beteiligungen, die dem Gesamtunternehmen dienen. Durch die Verlagerung des Verwaltungssitzes entsteht im Zusammenspiel mit der tie-breaker-Regelung letztlich ein ausländisches Stammhaus, in das diese Wirtschaftsgüter ggf. verlagert werden, so dass nach § 12 Abs. 1 KStG die Aufdeckung und Versteuerung der stillen Reserven notwendig werden könnte (vgl. HEIN/SUCHAN/GEEB, DStR 2008, 2289, 2294). In diesen Fällen ist insbesondere die Frage der Zuordnung von Wirtschaftsgütern von Bedeutung, der hier jedoch nicht im Einzelnen nachgegangen werden soll (vgl. hierzu z.B. FROTSCHER in Frotscher/Maas, § 12 KStG Rz. 95 ff.).

Verlagerung des Stammhauses in das Ausland

Die zivilrechtliche Rechtslage hat für die steuerliche Behandlung des Wegzugs in einen anderen EU- bzw. EWR-Staat im Grundsatz keine Bedeutung (vgl. FROTSCHER in Frotscher/Maas, § 12 KStG Rz. 89). Die Entstrickungsregelung in § 12 Abs. 1 KStG ist damit unabhängig davon anzuwenden, ob die Kapitalgesellschaft, deren Sitz oder Geschäftsleitung verlegt wird, ihre Rechtspersönlichkeit auch im Zuzugsstaat behält. Die wegzugsbedingte Besteuerung setzt also nicht etwa die zivilrechtliche Auflösung der wegziehenden Gesellschaft voraus und gilt damit *de lege lata* z.B. auch für den Wegzug einer SE, wobei eine solche Satzungs- und

Zivilrecht irrelevant

Verwaltungssitz nur gemeinsam verlagern kann, da sich beide zwingend in demselben EU-Staat befinden müssen. Auch für die übrigen Rechtsformen ist zu erwarten, dass der EuGH im Fall einer innereuropäischen Sitzverlegung dem Aufnahmestaat auferlegt, die Rechtspersönlichkeit der zuziehenden Gesellschaft anzuerkennen (vgl. THÖMMES, IWB 2012, 29, 32 f.). Ein Unterbleiben der Wegzugsbesteuerung kann hieraus gleichwohl nicht gefolgert werden.

2.2 Europarechtliche Beurteilung

Zu einem anderen Ergebnis gelangt man allerdings bei einer europarechtlichen Überprüfung der Vorschrift, denn die Sofortversteuerung nach § 12 Abs. 1 KStG anlässlich einer Sitzverlegung in einen anderen EU/EWR-Staat verstößt grundsätzlich gegen die nach Art. 49, 54 AEUV garantierte Niederlassungsfreiheit, würde doch eine Sitzverlegung innerhalb Deutschlands keine Steuerentstrickung nach sich ziehen. Zwar ist es auch europarechtlich zulässig, die Besteuerung der innerhalb Deutschlands gebildeten stillen Reserven sicherzustellen, jedoch ist der wegziehenden Gesellschaft nach Auffassung des EuGH ein Wahlrecht zu gewähren, die stillen Reserven entweder sofort oder erst im Zeitpunkt ihrer späteren Realisierung zu versteuern. In letzterem Fall könne die Steuerschuld verzinslich und gegen Sicherheitenstellung gestundet werden, wobei das wegziehende Unternehmen allerdings die Nachverfolgung der in den Zuzugsstaat verbrachten Wirtschaftsgüter sicherzustellen habe und spätere Wertminderungen bzgl. der in den Zuzugsstaat verbrachten Wirtschaftsgüter unberücksichtigt zu lassen seien (vgl. EuGH v. 29.11.2011, C-371/10, Rs. *National Grid Indus BV*). Im Ergebnis entspricht dieses Urteil der Auffassung des BFH, dass die grenzüberschreitende Verlagerung von Wirtschaftsgütern keine sofortige Besteuerung der stillen Reserven auslöse (Aufgabe der finalen Entnahmelehre, vgl. BFH v. 17.07.2008 – I R 77/06, BStBl. II 2009, 464), und auch das FG Rheinland-Pfalz (v. 07.01.2011, EFG 2011, 1096) fasste einen entsprechenden Aussetzungsbeschluss bzgl. einer grenzüberschreitenden Verlegung von Sitz und Geschäftsleitung einer SE nach Österreich. Das FG hielt eine sofortige Besteuerung vor dem Hintergrund des europarechtlichen Primärrechts, der Rechtsprechung des EuGH und auch der BFH-Rechtsprechung in einem Umfang für zweifelhaft, der jedenfalls die Voraussetzungen für die Gewährung einer Aussetzung der Vollziehung erfüllt. Auch erscheine es inkonsequent, einer SE einen identitätswahrenden Wegzug im Bereich der EU zu ermöglichen, diesen aber dann mit unmittelbar wirksamen erheblichen steuerlichen Belastungen zu erschweren.

Probleme einer wahlweise aufgeschobenen Besteuerung

So positiv eine Wahlmöglichkeit aus Sicht des wegziehenden Unternehmens auch zu beurteilen ist, die Schwierigkeiten einer praxistauglichen gesetzlichen Umsetzung werden bei näherer Betrachtung schnell offenbar. Neben der bereits oben angesprochenen Frage der Zurechnung von Wirtschaftsgütern zu Stammhaus oder Betriebstätte und den Problemen der Bestimmung der stillen Reserven im Wegzugszeitpunkt ergibt sich in einigen Fällen zusätzlich das Problem des Zeitpunktes der Aufdeckung der stillen Reserven. Dies ist z. B. der Fall bei Schutzrechten, die nicht durch Veräußerung, sondern lediglich durch Lizenzvergabe bis zum Zeitpunkt ihrer Wertlosigkeit verwertet werden. In diesen Fällen müsste die Entrichtung der Steuer auf den Entstrickungsgewinn grundsätzlich über die Dauer der Lizenzierung erfolgen, da die stillen Reserven über diesen Zeitraum sukzessive realisiert werden. Zum einen müsste der Zeitrahmen hinreichend sicher prognostiziert werden können, zum anderen müsste ggf. eine vorzeitige Ablösung möglich sein, wenn das Patent entgegen der ursprünglichen Absicht vorzeitig verkauft wird (vgl. VON BROCKE/PETER/ALBRECHT, IWB 2011, 939, 940 ff.).

Zu fragen ist daher, ob der deutsche Gesetzgeber den Vorgaben des EuGH bereits durch die §§ 4g, 36 Abs. 5 EStG gerecht wird, denn diese Vorschriften sollen es grundsätzlich ermöglichen, die entstrickungsbedingte Steuer wahlweise nicht sofort, sondern verteilt über einen Zeitraum von fünf Jahren zu entrichten, und gegenüber der vom EuGH geforderten Lösung bieten sie im Falle ihrer Einschlägigkeit zumindest den Vorteil, dass die Stundung unverzinslich gewährt wird (vgl. KESSLER/PHILIPP, DStR 2012, 267, 272).

§§ 4g, 36 Abs. 5 EStG ausreichend?

Zunächst ist festzustellen, dass jedenfalls bei Verlegung von Satzungs- und Verwaltungssitz die Anwendung von § 4g EStG am Verlust der unbeschränkten Steuerpflicht scheitert, deren Vorliegen zwingende Voraussetzung für die Bildung des Sonderpostens ist (vgl. FROTSCHER in Frotscher/Maas, § 12 KStG Rz. 104). Aber auch bei Verlagerung lediglich des Verwaltungssitzes ins Ausland ist nach Auffassung der Literatur § 4g EStG nicht anwendbar, da hierbei regelmäßig eine Verlagerung in ein ausländisches *Stammhaus*, nicht aber, wie in § 4g EStG gefordert, in eine ausländische *Betriebstätte* vorliege (vgl. SCHWARZ VAN BERK, SteuStud 2010, 445, 447 m. w. N.). § 4g EStG vermag daher schon mangels Einschlägigkeit die Europarechtswidrigkeit der Wegzugsbesteuerung nach § 12 Abs. 1 KStG nicht zu verhindern.

Keine Anwendung von § 4g EStG

§ 36 Abs. 5 EStG, dessen Anwendung wohl auch Kapitalgesellschaften grundsätzlich offen steht, ermöglicht in den Fällen des § 16 Abs. 3a EStG (fiktive Betriebsaufgabe im Fall des Ausschlusses oder der Beschränkung des Besteuerungsrechts hinsichtlich des Gewinns aus der Veräußerung sämtlicher Wirtschaftsgüter des Betriebs) eine zinslose und gleichmäßige Verteilung der entstrickungsbedingten Steuer auf fünf Jahre. Diese Vorschrift ist schon deshalb unzureichend, weil sie nur dann zur Anwendung kommt, wenn keinerlei Wirtschaftsgüter des Betriebs oder Teilbetriebs mehr in einer deutschen Betriebstätte verbleiben. Zudem bewirkt sie insbesondere bei Wirtschaftsgütern, deren stille Reserven sich erst durch Veräußerung realisieren, eine gegenüber den Vorgaben des EuGH zu frühe Liquiditätsbelastung. Durch eine derartig grobe Typisierung lässt sich der Verstoß gegen die Niederlassungsfreiheit sicherlich nicht beseitigen.

§ 36 Abs. 5 EStG unzureichend

M Übergang vom Anrechnungsverfahren zum Halb- bzw. Teileinkünfteverfahren

I Überblick

Unter der Geltung des Anrechnungsverfahrens war es erforderlich, das für Ausschüttungen verwendbare Eigenkapital nach der Höhe der vorliegenden Körperschaftsteuerbelastung zu gliedern, um im Fall der Ausschüttung eine Belastung von i.d.R. 30% herstellen zu können. Steuerliches Eigenkapital, das mit mehr als 30% KSt belastet war, führte bei Ausschüttung zu einer KSt-Minderung; dagegen führten Eigenkapitalteile, die ohne körperschaftsteuerliche Belastung entstanden waren (z.B. Investitionszulagen), bei Ausschüttung regelmäßig zu einer Nachbelastung mit 30%.

Gliederungsrechnung im Anrechnungsverfahren

Im Zuge der Abschaffung des Anrechnungsverfahrens zugunsten eines »klassischen« KSt-Systems, in dem diese sog. Herstellung der Ausschüttungsbelastung nicht mehr vorgesehen ist, entstanden umfangreiche Übergangsregelungen mit dem Ziel, sowohl hinsichtlich der Bestände hoch belasteter Eigenkapitalteile (sog. EK 40 und EK 45) auch in Zukunft eine KSt-Minderung zu gewährleisten, als auch im Falle einer Ausschüttung von Altbeständen bestimmter unbelasteter Eigenkapitalteile (sog. EK 02) die 30%ige Ausschüttungsbelastung herzustellen. Hierzu wurde im Ergebnis ein bis zum Veranlagungszeitraum 2017 laufender Übergangszeitraum geschaffen, in dem für die zum Zeitpunkt der Systemumstellung vorhandenen Eigenkapitalbestandteile eine modifizierte, stark vereinfachte Gliederungsrechnung erforderlich bleibt.

Systemumstellung erforderte Übergangsregelung ...

Um die Anfangsbestände dieser Gliederungsrechnung zu erhalten, war das für Ausschüttungen verwendbare Eigenkapital nach § 36 Abs. 1 KStG i.d.R. auf den 31.12.2000 letztmals nach altem Recht zu gliedern. Die Bestände, die sich nach der Verrechnung mit Ausschüttungen für das letzte dem alten Recht unterliegende Wirtschaftsjahr ergaben, waren sodann in einer bestimmten, nach § 36 KStG vorgegebenen Reihenfolge zusammenzufassen und zu modifizieren. Aus den sich hieraus ergebenden, gesondert festgestellten Endbeständen leiteten sich schließlich die folgenden, zum 31.12.2001 erstmals festzustellenden Anfangsbestände der neuen, vereinfachten Gliederungsrechnung ab, die im Übergangszeitraum und teilweise darüber hinaus fortzuschreiben sind:

... und Umgliederung

- das KSt-Guthaben gemäß § 37 KStG;
- das neutrale Vermögen;
- der Teilbetrag EK 02 gemäß § 38 KStG und
- das steuerliche Einlagekonto gemäß § 27 KStG.

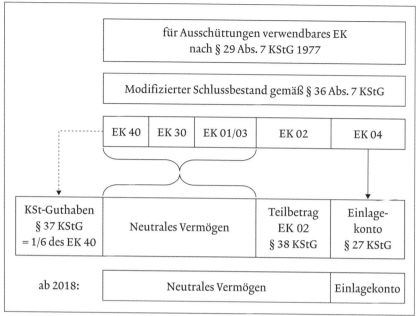

Abb. 14: Umgliederung des verwendbaren Eigenkapitals

II Das KSt-Guthaben nach § 37 KStG

1 Entstehung und Ermittlung des KSt-Guthabens

Grundsatz: KSt-Guthaben = 1/6 des EK 40

Aufgabe des KSt-Guthabens i. S. d. § 37 KStG ist es, die KSt-Minderung, die sich im System des Anrechnungsverfahrens bei Ausschüttung von Eigenkapitalbeträgen, die mit mehr als 30% KSt belastet waren, auch dann zu gewähren, wenn diese Eigenkapitalteile erst nach dem Systemwechsel ausgeschüttet werden. Für derartige Eigenkapitalbestandteile wurden im System des Anrechnungsverfahrens die »EK-Töpfe« EK 40 (mit 40% KSt belastetes Eigenkapital) und EK 45 (mit 45% KSt belastetes Eigenkapital) ermittelt und jährlich fortgeführt. Im Zuge der aufgrund des Systemwechsels notwendigen Feststellung der Endbestände des verwendbaren Eigenkapitals nach § 36 KStG wurden die insoweit festgestellten Bestände des EK 40 und EK 45 mit den steuerlich unbelasteten Eigenkapitalteilen in einer bestimmten Reihenfolge verrechnet; im Ergebnis verblieb ein Bestand an EK 40, aus dem in der Folge ein KSt-Guthaben i. H. v. 1/6 dieses Bestands errechnet wurde.

Verlust von Minderungspotential ...

Die gesetzlich vorgesehene Verrechnungs- und Saldierungsreihenfolge des § 36 KStG konnte zur Folge haben, dass ein negativer Bestand an steuerlich unbelastetem EK 02 mit positiven Beständen an EK 40 oder EK 45 verrechnet werden musste und hierdurch KSt-Minderungspotentiale (ggf. teilweise) verloren gingen. Hauptursache der Entstehung von negativem EK 02 waren steuerlich ungenutzte aus- oder inländische Verluste (vgl. FROTSCHER in Frotscher/Maas, § 36 KStG Rz. 56).

Denkbar war es aber auch, dass negatives EK 02 lediglich durch die technische Umsetzung der Umgliederung des EK 45-Bestands nach § 36 Abs. 3 KStG (Hinzurechnung eines Betrags von 27/22 des EK 45 zum EK 40 und zugleich Abzug eines Betrags von 5/22 des EK 45 vom EK 02) entstand und infolgedessen lediglich aufgrund dieser Saldierungstechnik Anrechnungspotential verloren ging (vgl. FROTSCHER in Frotscher/Maas, § 36 KStG Rz. 50). Diese Rechtsfolge erachtete das BVerfG (v. 17.11.2009, 1 BvR 2192/05, DStR 2010, 434) als mit Art. 3 GG nicht vereinbar.

... infolge der Umgliederung von EK 45 verfassungswidrig

Der Gesetzgeber hat daraufhin im Rahmen des JStG 2010 § 36 Abs. 3 KStG a.F. aufgehoben und in § 36 Abs. 6a i.V.m. § 34 Abs. 13f KStG eine für alle noch nicht bestandskräftig festgestellten Endbestände geltende Neuregelung geschaffen, nach der die Umgliederung von EK 45 nicht stattfindet, wenn sie zur Entstehung oder Erhöhung eines negativen EK 02 führt. Vielmehr bleibt das EK 45 insoweit als eigener Schlussbestand erhalten. Gemäß § 34 Abs. 13g KStG ergibt sich in diesen Fällen dann nach § 37 Abs. 1 KStG ein KSt-Guthaben i.H.v. 15/55 des EK 45 und i.H.v. 1/6 des EK 40. Dieser Betrag entspricht der KSt-Minderung, die bei Ausschüttung des EK 45 und des EK 40 nach altem Recht entstanden wäre.

Reaktion des Gesetzgebers

Im Fall bereits bestandskräftig festgestellter Endbestände nach § 36 Abs. 7 KStG erscheint es plausibel, eine Änderung der bisherigen Feststellung mit dem Ziel einer erstmaligen Feststellung eines Teilbetrags EK 45 durchsetzen zu können, da i.d.R. ein Endbestand an EK 45 bisher wegen der nach § 34 Abs. 3 KStG a.F. zwingenden Umgliederung des EK 45 nicht (auch nicht i.H.v. 0 €) festgestellt wurde (vgl. KASPERCZYK/HÜBNER, DStR 2011, 1446, 1447ff.). Die Finanzgerichte halten dagegen eine Änderung bestandskräftig festgestellter Endbestände des verwendbaren Eigenkapitals für nicht möglich (vgl. FG Schleswig-Holstein v. 21.05.2013, EFG 2013, 1605, nkr., Rev. eingelegt: Az. BFH I R 46/13; FG Münster v.14.11.2012, EFG 2013, 326, nrk., Rev. eingelegt: Az. BFH I R 84/21).

Korrektur der Feststellung der Endbestände auf den 31.12.2000

Dass neben dieser aus § 36 Abs. 3 KStG a.F. resultierenden Problematik auch andere, i.d.R. aus Verlusten stammende negative EK 02-Beträge zur Vernichtung von KSt-Minderungspotential führen können (vgl. hierzu ausführlich HOLST/NITZSCHKE, DStR 2011, 1450), wurde dagegen vom BFH als verfassungsrechtlich unbedenklich erachtet (vgl. BFH v. 20.04.2011 – I R 65/05, BFH/NV, 1729). Gleichwohl hat der BFH Gelegenheit, in dieser Sache erneut zu entscheiden (vgl. FG München v. 13.11.2012, EFG 2013, 398, nrk., Rev. eingelegt: Az. BFH I R 86/12)

Übriger Verlust von KSt-Guthaben verfassungskonform

2 Ausschüttungsabhängige Realisierung des KSt-Guthabens nach dem StSenkG

Zunächst sah § 37 KStG die Kopplung der Nutzbarmachung des KSt-Guthabens an die Vornahme von Gewinnausschüttungen vor. Im Fall von offenen Gewinnausschüttungen während des ursprünglich bis zum Jahr 2016 laufenden Übergangszeitraums (zu den zeitlichen Erfordernissen einer Gewinnausschüttung vgl. BFH v. 19.12.2007 – I R 52/07, BStBl. II 2008, 431) sollte sich die KSt des Veranlagungszeitraums, in dem das Wirtschaftsjahr endet, in dem die Ausschüttung erfolgt, um 1/6 des Ausschüttungsbetrages mindern. In gleichem Umfang minderte sich das

Realisierung nur im Fall von Ausschüttung

jährlich gesondert festzustellende KSt-Guthaben. Etwaig am Ende des Übergangszeitraums noch vorhandenes KSt-Guthaben wäre untergegangen.

Steuerliche Behandlung bei der ausschüttenden KapGes

Nach dieser Konzeption handelte es sich bei dem KSt-Guthaben um einen reinen »Merkposten«; eine Bilanzierung, etwa als Forderung, kam wegen der Ausschüttungsabhängigkeit nicht in Betracht. Die Realisierung erfolgte über eine Minderung des KSt-Aufwands. Aufgrund dessen Nichtabzugsfähigkeit gemäß § 10 Nr. 2 KStG ergaben sich keine weitergehenden ertragsteuerlichen Auswirkungen.

Nachversteuerung bei Ausschüttung an KapGes

Im Falle einer Ausschüttung an eine andere Kapitalgesellschaft, die bei der ausschüttenden Gesellschaft eine KSt-Minderung sowie eine Verminderung des KSt-Guthabens bewirkte, sah § 37 Abs. 3 KStG eine korrespondierende KSt-Erhöhung bei der empfangenden Gesellschaft, verbunden mit der Entstehung eines neuen KSt-Guthabens vor, so dass auch innerhalb eines Konzerns die KSt-Minderung im Ergebnis erst bei Ausschüttung an die Anteilseignerebene bewirkt werden konnte. Allerdings konnten die Ausschüttungen zeitgleich vorgenommen werden (vgl. BFH v. 28.11.2007 – I R 42/07, BStBl. II 2008, 390).

3 Moratorium nach dem StVergAbG

Zeitliche und betragsmäßige Einschränkung der KSt-Minderung

Aufgrund der im Ausschüttungsfall eintretenden KSt-Minderung ergaben sich, verbunden mit der damaligen Absenkung des KSt-Satzes von 40 % auf 25 %, erhebliche Steuermindereinnahmen. Daraufhin erklärte der Gesetzgeber mit der Einführung des § 37 Abs. 2a KStG im Rahmen des StVergAbG ein Moratorium, wonach Gewinnausschüttungen, die nach dem 11.04.2003 und vor dem 01.01.2006 vorgenommen werden und nicht bereits vor dem 21.11.2002 beschlossen waren, keine KSt-Minderungen nach sich zogen. Zudem wurde der Übergangszeitraum bis 2019 verlängert und die nach Ablauf des Moratoriums durch Ausschüttungen jährlich erreichbare KSt-Minderung auf den Teil des KSt-Guthabens begrenzt, der bei einer fiktiven linearen Verteilung des jeweiligen Guthabens auf die einzelnen Jahre der Restübergangzeit entfällt. Nach Auffassung des BFH war dieses Moratorium verfassungsgemäß (vgl. BFH v. 08.11.2006 – I R 69, 70/05, BStBl. II 2007, 662).

Erhebliche Praxisprobleme

Die vorgenannten Regelungen machten eine entsprechende Ausschüttungsplanung erforderlich. Eine vollständige Mobilisierung des Minderungspotentials war nur möglich, wenn innerhalb des noch verbleibenden Übergangszeitraums Gewinnausschüttungen i.H.d. Sechsfachen des bestehenden KSt-Guthabens realisiert und in einer der Regelung des § 37 Abs. 2a KStG entsprechenden Weise verteilt werden konnten. Dies war insbesondere bei Verlustgesellschaften wegen fehlender Ausschüttungsmöglichkeiten kaum zu erreichen. Auch bei Organgesellschaften konnte das KSt-Guthaben wegen der fehlenden Ausschüttungsmöglichkeiten nur auf dem Umweg des sog. Leg-ein-hol-zurück-Verfahrens (Einlage in die Kapitalrücklage und deren anschließende Ausschüttung) oder bei Auflösung ggf. bestehender vorvertraglicher Rücklagen nutzbar gemacht werden (vgl. FÖRSTER/FELCHNER, DStR 2006, 1725, 1727 ff.). Im Konzern war zudem wegen der Nachsteuerregelung des § 37 Abs. 3 KStG eine Realisation des Minderungspotentials erst nach einer bis auf die Anteilseignerebene reichenden Ausschüttungskette möglich, die sich ggf. über mehrere Jahre erstreckte.

Andererseits konnte die sofortige Realisierung des KSt-Minderungspotentials z. B. durch Verschmelzung auf eine Personengesellschaft herbeigeführt werden, was aus fiskalischer Sicht eine Prognose des Steueraufkommens erschwerte.

Fiskalische Unsicherheit

4 Ausschüttungsunabhängige Auszahlung nach dem SEStEG

4.1 Verfahrensweise und steuerliche Folgewirkungen

Zur Beseitigung dieser Probleme wurde das bisherige System der ausschüttungsabhängigen und betragsmäßig begrenzten KSt-Minderungen im Rahmen des SEStEG abgeschafft und gemäß § 37 Abs. 4 bis 7 KStG durch eine Auszahlung des vorhandenen KSt-Guthabens in zehn gleichen Jahresraten, beginnend im Jahr 2008 und fällig jeweils zum 30. 09. eines Jahres, ersetzt. Beläuft sich das festgesetzte KSt-Guthaben auf nicht mehr als 1.000 €, ist der Anspruch nach § 37 Abs. 6 Satz 2 KStG i. d. F. des Steuerbürokratieabbaugesetzes in einem Betrag auszuzahlen (vgl. bereits BMF v. 21. 07. 2008, BStBl. I 2008, 741). Die letztmalige Feststellung des KSt-Guthabens erfolgte auf den 31. 12. 2006. Die vormalige Regelung der ausschüttungsabhängigen KSt-Minderung konnte nur noch für Ausschüttungen angewendet werden, die vor dem 31. 12. 2006 erfolgten. Dies setzte einen entsprechenden Abfluss bei der ausschüttenden Gesellschaft voraus (vgl. BMF v. 06. 11. 2003, BStBl. I 2003, 575, Tz. 7).

Auszahlung grds. über zehn Jahre ab 2008

Im Ergebnis wurde hierdurch das Erfordernis der Vornahme von Gewinnausschüttungen aufgegeben, für das Jahr 2007 ein weiteres Moratorium erklärt und der Übergangszeitraum hinsichtlich des KSt-Guthabens um zwei Jahre auf 2017 verkürzt.

Keine Realisation in 2007 möglich

BEISPIEL 174

Die A-GmbH verfügt zum 31. 12. 2006 noch über ein KSt-Guthaben von 130.000 €. Der Anspruch auf Auszahlung dieses Guthabens entstand am 31. 12. 2006 und wurde für den gesamten 10-Jahreszeitraum festgesetzt. Die Auszahlung erfolgt in den Jahren 2008 bis 2017 in 10 gleichen Raten von jeweils 13.000 €. Ausschüttungen sind zur Realisierung des KSt-Guthabens nicht mehr erforderlich. In 2007 ist keine Nutzung des KSt-Guthabens möglich. ◀|

Beseitigt wird dadurch einerseits die Gefahr des ersatzlosen Untergangs des Guthabens am Ende des Übergangszeitraumes. Insbesondere für Verlustgesellschaften entfällt die Notwendigkeit, rechtzeitig durch entsprechende Einlagen ein ausreichendes Ausschüttungspotential zu generieren. Zudem ist es durch den Wegfall der Nachversteuerung insbesondere in Konzernfällen nunmehr nicht mehr notwendig, zur Realisierung der KSt-Minderung bis auf die Ebene der natürlichen Person auszuschütten. Wegen der Unbedingtheit des Auszahlungsanspruchs kann über diesen auch vor Fälligkeit bereits durch Abtretung oder Verpfändung verfügt werden. Zudem führt die Neuregelung zur Realisierung des KSt-Guthabens auch bei Organgesellschaften (vgl. FÖRSTER/FELCHNER, DStR 2006, 1725, 1728).

Neuregelung hat Vorteile …

Andererseits ist es nun nicht mehr möglich, durch Umwandlung oder Liquidation eine sofortige Auszahlung des KSt-Guthabens zu erreichen. Im Umwand-

… und Nachteile

lungsfall geht der Auszahlungsanspruch auf den übernehmenden Rechtsträger über (vgl. STRECK/BINNEWIES, DB 2007, 359, 360 f.) und erhöht den Übernahmegewinn i. S. d. § 7 UmwStG (vgl. FÖRSTER/FELCHNER, DStR 2007, 280, 282); bei Insolvenz bzw. Fall der Liquidation können die im Liquidationszeitpunkt noch offenen Raten auf einen der Gläubiger übergehen bzw. nach § 46 AO abgetreten werden (vgl. hierzu ORTMANN-BABEL/BOLIK, BB 2007, 73, 76 f.). Eine sofortige Auszahlung erfolgt aber auch hier nicht. Die hierin liegenden Nachteile führen nicht zur Verfassungswidrigkeit der Regelung (vgl. FG Schleswig-Holstein v. 07.06.2012, EFG 2012, 153, rkr.; FG Nürnberg v. 25.05.2011, DStR 2012, 8, rkr.).

Abkopplung von der KSt-Schuld

Nach § 37 Abs. 7 KStG ist die Auszahlung des KSt-Guthabens aus den Einnahmen an KSt zu leisten. Dies ist aber nicht etwa so zu verstehen, dass die Auszahlung auf das KSt-Aufkommen aus der jeweiligen Gesellschaft beschränkt ist, denn die Auszahlung des KSt-Guthabens stellt sich gerade nicht mehr als bloße Verminderung der KSt-Schuld dar. Vielmehr wird hinter dieser Formulierung die Hintertür des Gesetzgebers vermutet, über die im Falle sinkender KSt-Einnahmen ein erneutes Moratorium begründet werden könnte (vgl. STRECK/BINNEWIES, DB 2007, 359, 360).

Keine Minderung des SolZ?

Die Abkopplung der Auszahlung von der Höhe der KSt-Schuld hat zugleich *de lege lata* zur Folge, dass sich, anders als zu Zeiten der ausschüttungsabhängigen Lösung, keine Minderung der Bemessungsgrundlage des SolZ mehr ergibt (vgl. zu Recht kritisch STRECK/BINNEWIES, DB 2007, 359, 361; HEINSTEIN, DStR 2008, 381). Anders als das FG Köln (v. 09.03.2010, DStRE 2010, 1248) hält der BFH dieses Ergebnis u. E. zu Recht für verfassungswidrig, weshalb die Frage dem BVerfG (Az. 2 BvL 12/11) zur Entscheidung vorgelegt wurde (vgl. BFH v. 10.08.2011 – I R 39/10, DStRE 2010, 1248). Nach Auffassung des BFH ist es nicht zu rechtfertigen, diejenigen Steuerpflichtigen zu benachteiligen, die das KSt-Guthaben nicht rechtzeitig durch Ausschüttungen mobilisiert haben.

Auswirkungen bei Organgesellschaften

In Organschaftsfällen führt die ausschüttungsunabhängige Auszahlungsregelung nunmehr zur Realisierung des KSt-Guthabens bereits auf der Ebene der Organgesellschaft. Aufgrund der Steuerfreiheit nach § 37 Abs. 7 KStG erhöhen die Auszahlungen nicht das dem Organträger zuzurechnende Einkommen der Organgesellschaft, gleichwohl aber den Betrag der handelsrechtlichen Gewinnabführung, da der Anspruch in der Handelsbilanz der Organgesellschaft zu erfassen ist (vgl. OFD Hannover v. 05.11.2008, DB 2009, 483). Diese Mehrabführung führt jedoch weder zu einem passiven Ausgleichsposten beim Organträger noch zu einer Verminderung des steuerlichen Einlagekontos bei der Organgesellschaft, da Ursache der Abweichung zwischen Gewinnabführung und Einkommenszurechnung eine außerbilanzielle Korrektur ist. Auch eine vororganschaftlich verursachte Mehrabführung i. S. v. § 14 Abs. 3 KStG liegt insoweit nicht vor (vgl. FÖRSTER/FELCHNER, DStR 2006, 1725, 1728). Zu den Folgen einer unzutreffenden bilanziellen Behandlung und/oder fehlenden Gewinnabführung an den Organträger vgl. OFD Hannover v. 05.11.2008, DB 2009, 483.

4.2 Steuerbilanzielle Behandlung

Hinsichtlich der ertragsteuerrechtlichen Behandlung sieht § 37 Abs. 7 KStG vor, dass Erträge und Gewinnminderungen aus der Anwendung des § 37 KStG nicht zu den Einkünften i. S. d. EStG zählen. Gleichwohl ist das KSt-Guthaben, da es sich anders als zu Zeiten der ausschüttungsabhängigen KSt-Minderung nunmehr um einen unbedingten Auszahlungsanspruch handelt, in vollem Umfang als Forderung einzubuchen.

Eine Verzinsung ist nach § 37 Abs. 5 Satz 5 KStG ausdrücklich ausgeschlossen, so dass die Forderung nur mit dem Barwert anzusetzen ist. Umstritten ist hierbei, ob hierzu zunächst der Nennwert einzubuchen sei und anschließend eine Abschreibung auf den Barwert zu erfolgen habe (so ERNSTING, DB 2007, 180, 183 f.) oder vielmehr von vornherein nur der Barwert einzubuchen sei (in diesem Sinne FÖRSTER/FELCHNER, DStR 2007, 280, 282 f. sowie ORTMANN-BABEL/BOLIK, BB 2007, 73, 75). Folgt man der ersten Auffassung, so könnte der aus der Abzinsung resultierende Aufwand ebenso wie der sich in den Folgejahren ergebende Ertrag aus der Erhöhung des Barwerts u. U. steuerrechtlich wirksam werden, was im Ergebnis eine Steuerstundung nach sich zöge (vgl. ERNSTING, DB 2007, 180, 183 f.). Wird dagegen unmittelbar der Barwert eingebucht, sind die Erträge aus der Barwerterhöhung zwingend ertragsteuerrechtlich zu eliminieren, so dass sich in keinem der betroffenen Jahre eine ertragsteuerliche Auswirkung ergibt.

Ansatz mit dem Barwert

U. E. kann es hierbei jedoch auf die bilanzielle Behandlung nicht ankommen, da nach dem klaren Wortlaut des § 37 Abs. 7 KStG sämtliche Erträge und Gewinnminderungen, die mit dem KSt-Guthaben zusammenhängen, ertragsteuerlich auszuscheiden sind. Daher müsste u. E. auch im Fall der Bruttomethode, d. h. bei Einbuchen zum Nennwert mit folgender Abschreibung, sowohl der Abschreibungsaufwand als auch der Ertrag aus der Barwerterhöhung steuerlich eliminiert werden. Brutto- und Nettomethode unterscheiden sich bei dieser Sichtweise hinsichtlich ihrer ertragsteuerlichen Auswirkungen nicht. Diese auch von der Finanzverwaltung vertretene Auffassung (vgl. BMF v. 14.01.2008, BStBl. I 2008, 280) hat mittlerweile auch der BFH bestätigt (vgl. BFH v. 15.07.2008 – I B 16/08, BStBl. II 2008, 886).

Zinseffekte sind steuerlich zu eliminieren

Der Anspruch auf das KSt-Guthaben kann grundsätzlich abgetreten und verpfändet werden. Zwar stand einer solchen Nutzbarmachung des Anspruchs zunächst § 46 Abs. 4 AO entgegen, wonach der geschäftsmäßige Erwerb von Erstattungs- und Vergütungsansprüchen nur zu Sicherungszwecken zulässig ist; aufgrund der im Zuge des JStG 2008 eingefügten Regelung in § 37 Abs. 5 Satz 10 KStG gilt dies jedoch nicht mehr für den Anspruch aus dem KSt-Guthaben. Hierdurch soll insbesondere eine Abtretung an Banken ermöglicht werden. Allerdings wird dieses Ziel insbesondere in der Insolvenz nicht erreicht, da die Finanzbehörden in diesem Fall die Möglichkeit haben, mit anderen Steueransprüchen aufzurechnen (vgl. OTT, StuB 2008, 127, 128; LADIGES, DStR 2008, 2041, 2042 f.). Eine Abtretung ist grundsätzlich auch möglich, wenn sich die Gesellschaft in Liquidation befindet oder wenn die Löschung im Handelsregister bevorsteht. Für eine Festsetzung des KSt-Guthabens nach Löschung der Kapitalgesellschaft ist allerdings die Bestellung eines Nachtragsliquidators erforderlich (vgl. OFD Hannover v. 12.12.2007, DStR 2008, 302).

JStG 2008: Abtretung/Verpfändung uneingeschränkt möglich

Wird durch die Abtretung ein Verlust realisiert, kann dieser nach Auffassung der Finanzverwaltung steuerlich nicht geltend gemacht werden. Im Fall eines Gewinns ist dieser entsprechend steuerfrei zu stellen (vgl. BMF v. 14.01.2008, BStBl. I 2008, 280). Beim Erwerber sind über die Anschaffungskosten hinaus gehende Erträge aus der Aufzinsung oder Auszahlung des Anspruchs steuerwirksam. Nach

Steuerliche Behandlung

Auffassung der Finanzverwaltung soll dies auch dann gelten, wenn die Kapitalgesellschaft in eine Rechtsform umgewandelt wurde, die nicht dem KStG unterliegt, also etwa im Fall eines Formwechsels in eine Personengesellschaft (vgl. BMF v. 14.01.2008, BStBl. I 2008, 280).

III Der Teilbetrag EK 02 nach § 38 KStG

1 Ausschüttungsabhängige Nachversteuerung bis 2006

KSt-Erhöhung, wenn Eigenkapital, …

Zusätzlich zur Fortführung des EK 40 (und ggf. des EK 45) in Gestalt des KSt-Guthabens ist auch der Schlussbestand des EK 02 während des Übergangszeitraums fortzuführen und jährlich gesondert festzustellen, da bei Verwendung dieser Eigenkapitalbestände innerhalb des Übergangszeitraums für Leistungen der Gesellschaft eine KSt-Erhöhung i. H. v. 3/7 des Betrags zur Herstellung der Ausschüttungsbelastung vorzunehmen ist.

… das während des Anrechnungsverfahrens steuerfrei gebildet wurde, …

Wurden unter der Regie des Anrechnungsverfahrens Eigenkapitalbestände ausgeschüttet, bei deren Bildung keine KSt angefallen war, so erfolgte, soweit es sich nicht um die Rückzahlung von Einlagen handelte, regelmäßig eine Versteuerung dieser Eigenkapitalbestände mit 30 % bzw. 3/7 des Ausschüttungsbetrags (KSt-Erhöhung zur Herstellung der Ausschüttungsbelastung). Nach dem Systemwechsel erfolgt eine solche KSt-Erhöhung allerdings grundsätzlich nicht, da die Herstellung einer Ausschüttungsbelastung nicht mehr vorgesehen ist. Steuerfrei gebildete Eigenkapitalbestände werden daher im aktuellen Recht ohne vorherige KSt-Belastung ausgeschüttet und nur auf der Ebene der Gesellschafter besteuert.

… während des Übergangszeitraums ausgeschüttet wird

Um nun auf die Versteuerung der im Zeitpunkt des Systemwechsels vorhandenen, also noch während der Geltung des Anrechnungsverfahrens unversteuert gebildeten Bestände des EK 02 nicht gänzlich verzichten zu müssen, hat der Gesetzgeber zunächst bestimmt, dass diesbezüglich auch nach Aufgabe des Anrechnungsverfahrens eine KSt-Erhöhung von 30 % vorzunehmen ist, wenn diese Bestände innerhalb eines Übergangszeitraums als für Leistungen der Kapitalgesellschaft verwendet gelten. Dies ist gemäß § 38 Abs. 1 Satz 4 KStG dann der Fall, wenn die Leistungen den um den Bestand des EK 02 verminderten ausschüttbaren Gewinn übersteigen.

BEISPIEL 175

Für die X-GmbH wurde am 31.12.2006 ein Bestand an EK 02 i. H. v. 20.000 € gesondert festgestellt. Im Jahr 2007 galt hiervon aufgrund einer Gewinnausschüttung ein Betrag von 7.000 € als für Leistungen verwendet (zur Verwendungsrechnung vgl. DÖTSCH in DPM, § 38 KStG Tz. 12 ff.). Die Körperschaftsteuer des Jahres 2007 erhöhte sich um 3/7 des für Leistungen verwendeten Teils des EK 02, also um 3.000 €. Insgesamt minderte sich der Bestand an EK 02 um 10.000 €; hiervon entfielen 30 % auf die Herstellung der Ausschüttungsbelastung und 70 % auf die Leistung an die Gesellschafter. ◄|

Ebene der Anteilseigner

Auf der Seite des Ausschüttungsempfängers ergeben sich hierdurch keine Besonderheiten; insbesondere wurde die 30 %ige Steuerbelastung nicht auf die Einkommen- oder Körperschaftsteuer des Gesellschafters angerechnet, denn auch diese Ausschüttungen sind nach §§ 3 Nr. 40 EStG, 8b KStG (ggf. teilweise) steuerfrei. Auf der Ebene der Anteilseigner unterscheidet sich damit die steuerliche Behandlung der Ausschüttung von Altrücklagen nicht von derjenigen ausgeschütteter Gewinne, die nach Abschaffung des Anrechnungsverfahrens erzielt wurden.

Für die Fortführung des EK 02 und eine ausschüttungsabhängige Herbeiführung einer KSt-Erhöhung galt ein Übergangszeitraum bis 2019. Wäre das EK 02 bis zum Ende dieses Übergangszeitraums nicht ausgeschüttet worden, sollte der verbleibende Bestand in das neutrale Vermögen übergehen und die 30 %ige Besteuerung endgültig unterbleiben.

Übergangszeitraum bis 2019

2 Ausschüttungsunabhängige Lösung ab 2007

Im Rahmen des JStG 2008 wurde schließlich auch die Nachversteuerung des EK 02 auf eine ausschüttungsunabhängige Lösung umgestellt. Nach § 38 Abs. 4 Satz 4 KStG kommt es zu einer ausschüttungsbedingten KSt-Erhöhung letztmals bei Leistungen, die vor dem 01.01.2007 erfolgten. Auf den 31.12.2006 wird das verbleibende EK 02 letztmals festgestellt. Zugleich wird ein KSt-Erhöhungsbetrag i. H. v. 3 % dieses Endbestands festgesetzt, der in 10 gleichbleibenden Jahresraten zu entrichten ist, beginnend im Jahr 2008 und fällig jeweils zum 30. 09. eines Jahres. Die KSt-Erhöhung beträgt mit insgesamt 3 % des EK 02 daher lediglich ein Zehntel des Betrags, der sich bei Weitergeltung der ausschüttungsabhängigen Lösung hätte ergeben können.

JStG 2008: KSt-Erhöhung i. H. v. 3 % des EK 02 verteilt über zehn Jahre

Der KSt-Erhöhungsbetrag ist zudem gemäß § 38 Abs. 5 Satz 2 KStG nach oben beschränkt auf den Betrag der KSt-Erhöhung, der sich ergeben hätte, wenn die Kapitalgesellschaft am 31.12.2006 ihr gesamtes steuerliches Eigenkapital für eine Ausschüttung verwenden würde. Insbesondere bei Vorliegen von nach dem Systemwechsel entstandenen Verlustvorträgen ist es denkbar, dass dieser Wert 3 % des im Zeitpunkt des Systemwechsels als Endbestand des EK 02 festgesetzten Betrag unterschreitet. Als Eigenkapital ist hierbei nur das ausschüttbare Eigenkapital, nicht dagegen das Nennkapital einzubeziehen (vgl. BFH v. 12.10.2011 – I R 107/10, DStR 2011, 2459). Hierdurch ergibt sich insbesondere für Unternehmen mit hohen EK 02-Beständen, z.B. ehemals steuerbefreite Wohnungsbaugesellschaften, eine u.U. hohe Mehrbelastung, denn bei Geltung der ausschüttungsabhängigen Regelung hätten diese Unternehmen durch Unterlassen von Ausschüttungen bis 2019 jede KSt-Erhöhung auf das EK 02 vermeiden können. Indes hält das FG Berlin-Brandenburg (v. 27.08.2013, BB 2013, 149, nrk., Rev. eingelegt; Az. BFH I R 65/13) diese Zusatzbelastung für verfassungskonform, da die behauptete Absicht, jede Ausschüttung zu unterlassen, lediglich eine ungesicherte Erwartung ausdrücke, die Klägerin insoweit keine verfestigte Rechtsposition erlangt habe und die ausschüttungsunabhängige Regelung auch keine unzulässige Rückwirkung entfalte.

Begrenzung auf die sich bei Vollausschüttung ergebende KSt-Erhöhung

Sonderregelungen existieren für Liquidationen, bestimmte Umwandlungen und Sitzverlegungen in Drittstaaten. So werden etwa bei einer Liquidation, die nach dem 31.12.2006 beginnt, alle entstandenen und festgesetzten KSt-Erhöhungsbeträge an dem 30. 09. fällig, der auf den Zeitpunkt der Erstellung der Liquidationseröffnungsbilanz folgt (§ 38 Abs. 8 KStG).

Sonderfälle

Abzinsung möglich, Kleinbetrags-regelung

Der KSt-Erhöhungsbetrag kann auch in einer Summe entrichtet werden; in diesem Fall wird der Ablösungsbetrag nach § 38 Abs. 7 KStG mit 5,5 % abgezinst. Zudem wird der Erhöhungsbetrag nach § 38 Abs. 5 Satz 3 KStG nur festgesetzt, wenn er 1.000 € übersteigt. Hierdurch unterbleibt die Festsetzung bei EK 02-Beständen bis zu 33.366 € (vgl. DÖTSCH in DPM, § 38 KStG Tz. 67).

Kein SolZ

Aufgrund der ausschüttungsunabhängigen und von der KSt-Schuld abgekoppelten Zahlung der KSt-Erhöhung ergibt sich keine Veränderung der Bemessungsgrundlage des Solidaritätszuschlags mehr.

Bilanzielle Behandlung

Die Verpflichtung zur Zahlung der KSt-Erhöhung ist in 2007 erstmals als Verbindlichkeit zu passivieren und wegen ihrer Unverzinslichkeit (§ 38 Abs. 6 Satz 8 KStG) gemäß § 6 Abs. 1 Nr. 3 EStG mit 5,5 % abzuzinsen. Aufgrund des Verweises in § 38 Abs. 10 KStG auf § 37 Abs. 6, 7 KStG sind alle Aufwendungen und Erträge im Zusammenhang mit der Bildung und Bewertung der Verbindlichkeit außerbilanziell zu neutralisieren.

IV Der Teilbetrag EK 04

Endbestand EK 04 = Anfangsbestand steuerliches Einlagekonto

Der nach § 36 Abs. 7 KStG bei Übergang vom Anrechnungs- auf das Halbeinkünfteverfahren auf den 31.12.2000 gesondert festgestellte positive Schlussbestand des EK 04 ist gemäß § 39 Abs. 1 KStG als Anfangsbestand des steuerlichen Einlagekontos i.S.d. § 27 KStG zu erfassen (vgl. BMF v. 04.06.2003, BStBl. I 2003, 366 Tz. 4). Zum steuerlichen Einlagekonto siehe ausführlich J III 2.1.

Verzeichnis häufig zitierter Literatur

Aufsätze

Adrian, Gerrit, Beteiligungsbezogene oder isolierende Betrachtungsweise beim unterjährigen Erwerb von Kapital-gesellschaftsanteilen? – Zugleich Anmerkungen zur Verfügung der OFD Frankfurt a. M. vom 02.12.2013, GmbHR 2014, 407–412

Adrian, Gerrit/Weiler, Dennis, Unterjähriger Beteiligungserwerb, Konzernklausel und Stille-Reserven-Klausel, BB 2014, 1303–1312

Altfelder, Stefan, Ist die »Mindestbesteuerung« verfassungswidrig?, DB 2001, 350–355

Bareis, Peter, Mindestbesteuerung und Liquidationszeitraum, Anm. zum BFH-Urteil vom 23.01.2013 – I R 35/12, DB 2013, 1265 –1269

Bareis, Peter, Systembruch durch Ausgleichsposten nach § 14 Abs. 4 KStG?, FR 2008, 649–658

Bäuml, Swen O., Personengesellschaften als Organträger in der Gestaltungs- und Unternehmenspraxis, FR 2013, 1121–1127

Bauschatz, Peter, Finanzunternehmen nach § 8b Abs. 7 Satz 2 KStG, DStZ 2009, 502–508

Becker, Dierk/Kempf, Andreas/Schwarz, Martin, Neue Steuerfallen im internationalen Steuerrecht, DB 2008, 370–378

Behrens, Stefan, EuGH: Besteuerung von deutschen Kapitalgesellschaften an EU-ausländische Gesellschafter aus-geschüttete Dividenden, BB 2011, 2910–2919

Behrens, Stefan/Renner, Georg/Faller, Patrick, Die Stichtags- und Rückbeziehungsregel bei der Besteuerung von Streubesitzdividenden, DStZ 2014, 336–344

Benecke, Andreas/Schnitger, Arne, Wichtige Änderungen bei der körperschaftsteuerlichen Organschaft durch das UntStG 2013, IStR 2013, 143–157

Benz, Sebastian/Jetter, Jann, Die Neuregelung zur Steuerpflicht von Streubesitzdividenden, DStR 2013, 489–496

Beußer, Thomas, Die Verlustabzugsbeschränkung gem. § 8c KStG im Unternehmensteuerreformgesetz 2008, DB 2007, 1549–1553

Bien, Roland/Wagner, Thomas, Erleichterungen bei der Verlustabzugsbeschränkung und der Zinsschranke nach dem Wachstumsbeschleunigungsgesetz, BB 2009, 2627–2634

Binz, Mark K./Mayer, Gerd, Die Rechtsstellung von Kapitalgesellschaften aus Nicht-EU/EWR/USA-Staaten mit Verwaltungssitz in Deutschland – Rechtliches Nullum, Personengesellschaft oder Kapitalgesellschaft mit Han-delndenhaftung?, BB 2005, 2361–2368

Birk, Dieter, Das Leistungsfähigkeitsprinzip in der Unternehmenssteuerreform, StuW 2000, 328–336

Blumenberg, Jens/Lechner, Florian, Der Regierungsentwurf des SEStEG: Entstrickung und Sitzverlegung bei Kapitalgesellschaften, Neuerungen beim Einlagekonto, Körperschaftsteuerminderung und -erhöhung sowie sons-tige Änderungen im Körperschaftsteuerrecht, BB Beilage 8 2006, 25–36

Blumenberg, Jens/Lechner, Florian, Steuerrechtliche Behandlung des Erwerbs und der Veräußerung eigener Anteile nach dem BMF-Schreiben vom 27.11.2013, DB 2014, 141–147

Blumenberg, Jens/Roßner, Sven, Steuerliche Auswirkungen der durch das BilMoG geplanten Änderungen der Bilanzierung von eigenen Anteilen, GmbHR 2008, 1079–1084

Böhmer, Julian, Das Trennungsprinzip im Körperschaftsteuerrecht – Grundsatz ohne Zukunft?, StuW 2012, 33–42

Bohn, Alexander/Loose, Thomas, Ausgewählte Zweifelsfragen bei der Anwendung des EBITDA-Vortrags, DStR 2011, 241–246

Bohn, Alexander/Loose, Thomas, Besonderheiten des EBITDA-Vortrags bei Organschaftsverhältnissen, DStR 2011, 1009–1013

Bolik, Andreas/Zöller, Daniel, Unterjähriger Hinzuerwerb von Beteiligungen im Rahmen des § 8b Abs. 4 KStG, DStR 2014, 782–783

Breuninger, Gottfried E./Schade, Dirk, Entwurf eines BMF-Schreibens zu § 8c KStG – »Verlustvernichtung« ohne Ende?, Ubg 2008, 261–268

von Brocke, Klaus/Peter, Markus/Albrecht, Jörg, Schicksal einer Schlussbesteuerung in den Händen wegziehender Gesellschaft, IWB 2011, 939–944

Carlé, Thomas, Das Gesetz zur Modernisierung des GmbH-Rechts und zur Bekämpfung von Missbräuchen, DStZ 2008, 709–716

Crezelius, Georg, Die werdende Kapitalgesellschaft im Körperschaftsteuerrecht, in: Körperschaftsteuer, Internationales Steuerrecht, Doppelbesteuerung, Festschrift für Franz Wassermeyer zum 65. Geburtstag, 2005, 15–26

Dautzenberg, Norbert, Steuerliche Folgen des Wechsels zur Gründungstheorie in Europa, StuB 2003, 405–409

Deininger, Rainer, Körperschaftsteuerrechtliche Auswirkung der Überseering-Entscheidung des EuGH, IStR, 2003, 214–2016

Desens, Marc, Kritische Bestandsaufnahme zu den geplanten Änderungen in § 8b KStG, DStR Beihefter, 2013, 13 -24

Dorenkamp, Nico, Anwendung der Zinsschranke bei der gewerblichen Publikums-GmbH & Co. KG, FR 2008, 1129–1136

Dörfler, Oliver/Heurung, Rainer/Adrian, Gerrit, Korrespondenzprinzip bei verdeckter Gewinnausschüttung und verdeckter Einlage, DStR, 2007, 514–520

Dötsch, Ewald, Minder- und Mehrabführungen mit Verursachung in organschaftlicher Zeit – Bildung und Auflösung steuerlicher Ausgleichsposten zur Organbeteiligung nach Inkrafttreten des § 14 Abs. 4 KStG i.d.F. des JStG 2008, Ubg 2008, 117–125

Dötsch, Ewald/Pung, Alexandra, Gesetz zur Änderung und Vereinfachung der Unternehmensbesteuerung und des steuerlichen Reisekostenrechts: Die Änderungen bei der Organschaft, DB 2013, 305–314

Dötsch, Ewald/Pung, Alexandra, JStG 2007: Die Änderungen des KStG und des GewStG, DB 2007, 11–17

Dötsch, Ewald/Pung, Alexandra, JStG 2008: Die Änderungen des KStG, des UmwStG und des GewStG, DB 2007, 2669–2679

Dötsch, Ewald/Pung, Alexandra, § 8c KStG: Verlustabzugsbeschränkung für Körperschaften, DB 2008, 1703–1711

Dötsch, Ewald/Pung, Alexandra, SEStEG: Die Änderungen des KStG, DB 2006, 2648–2656

Dreissig, Hildegard, Verlegung der Geschäftsleitung einer deutschen Kapitalgesellschaft ins Ausland, DB 2000, 893–899

Drüen, Klaus-Dieter, Die Sanierungsklausel des § 8c KStG als europarechtswidrige Beihilfe – Anmerkungen zur Beihilfeentscheidung der EU-Kommission vom 26.01.2011, DStR 2011, 289–294

Düll, Alexander/Knödler, Christoph, Ausfall einer Kaufpreisforderung aus der Veräußerung der Beteiligung an einer Kapitalgesellschaft – Das neue BMF-Schreiben zu § 8b Abs. 2 KStG, DStR 2008, 1665–1669

Ebel, Thomas, Anteilsbesitz und -handel gem. § 8b Abs. 7 KStG, FR 2014, 500–508

Ebenroth, Carsten Thomas/Auer, Thomas, Grenzüberschreitende Verlagerung von unternehmerischen Leitungsfunktionen im Zivil- und Steuerrecht, RIW 1992, Beilage 1, 5

Egner, Thomas/Sartoris, Joachim, Verzicht auf Pensionszusage – Klarheit bei unsicherer Wetterlage, DB 2011, 2804–2808

Eilers, Stephan, Fremdfinanzierung im Unternehmen nach der Unternehmensteuerreform 2008, FR 2007, 733–735

Eilers, Stephan/Bühring, Franziska, Das Ende des Schönwetter-Steuerrechts – Die Finanzmarktkrise gebietet Änderungen im deutschen Sanierungssteuerrecht, DStR 2009, 137–141

Eisgruber, Thomas/Schaden, Michael, Vom Sinn und Zweck des § 8c KStG – Ein Beitrag zur Auslegung der Norm, Ubg 2010, 73–84

Ernst, Markus, Neuordnung der Verlustnutzung nach Anteilseignerwechsel – Reformbedarf und haushaltspolitische Bedeutung des § 8c KStG – IFSt-Schrift Nr. 470, 2011

Ernst, Markus, Restriktives aus der Verwaltung zur Streubesitzregelung in § 8b Abs. 4 KStG, DB 2014, 449–453

Ernsting, Ingo, Auswirkungen des SEStEG auf die Bilanzierung von Körperschaftsteuerguthaben in Jahresabschlüssen nach HGB und IFRS, DB 2007, 180–184

Ernsting, Ingo, Behandlung von Zahlungen auf Basis des brasilianischen Eigenkapitalverzinsungsregimes, IWB 2013, 417–426

Fey, Achim/Neyer, Wolfgang, Konzernklausel, Sanierungsprivileg, Anrechnung stiller Reserven – Erleichterung bei der Mantelkaufnorm des § 8c KStG durch das Wachstumsbeschleunigungsgesetz, StuB 2010, 47–55

Fey, Achim/Neyer, Wolgang, Entschärfung der Mantelkaufregelung für Sanierungsfälle, DB 2009, 1368–1376

Fischer, Michael, Grenzen der Verlustvortragsbeschränkung nach § 10d Abs. 2 EStG bei Kapitalgesellschaften, FR 2007, 281–286

Förster, Guido/Felchner, Jan, Auszahlung des Körperschaftsteuerguthabens nach dem Regierungsentwurf des SEStEG, DStR 2006, 1725–1729

Förster, Guido/Felchner, Jan, Auszahlung des Körperschaftsteuerguthabens nach dem SEStEG, DStR 2007, 280–283

Förster, Guido/Schmidtmann, Dirk, Steuerliche Gewinnermittlung nach dem BilMoG, BB 2009, 1342–1346

Förster, Guido/van Lishaut, Ingo, Das körperschaftsteuerliche Eigenkapital i.S.d. §§ 27–29 KStG 2001 (Teil 1), FR 2002, 1205–1217

Franz, Matthias, Das steuerliche Einlagekonto – Anmerkungen zum BMF-Schreiben v. 04.06.2003 zur Anmerkung von § 27, § 28 KStG 2002, GmbHR 2003, 818–825

Franz, Alexander/Laeger, Lars, Die Mobilität deutscher Kapitalgesellschaften nach Umsetzung des MoMiG unter Einbeziehung des Referentenentwurfs zum internationalen Gesellschaftsrecht, BB 2008, 678–685

Frase, Henning, »Hinzurechnungsbesteuerung« nach § 8b (1) S. 2 KStG europarechtskonform?, BB 2008, 2713–2717

Frotscher, Gerrit, Grenzüberschreitende Organschaft – wo stehen wir?, IStR 2011, 697–703

Füger, Rolf/Rieger, Norbert, Verdeckte Einlage in eine Kapitalgesellschaft zu Buchwerten, DStR 2003, 628–630

Fuhrmann, Claas, Liquidation der GmbH im Zivil- und Steuerrecht, KÖSDI 2005, 14906–14913

Gehrmann, Sebastian/Haufe, Veit, Die Steuerpflicht von Veräußerungsgewinnen nach § 8b Abs. 7 Satz 2 KStG, SteuStud 2014, 83–88

Gosch, Dietmar, Keine Hinzurechnung der Gewinnausschüttung einer polnischen Kapitalgesellschaft gem. § 8 Nr. 5 GewStG, BFH/PR 2010, 437–440

Gosch, Dietmar, Über Streu- und Schachtelbesitz, in: Unternehmensbesteuerung, Festschrift für Norbert Herzig zum 65. Geburtstag, 2010, 63–88

Graf, Michael, Zu den Auswirkungen ausländischen Gesellschaftsrechts auf das deutsche Steuerrecht, NZG 2011, 379–381

Gragert, Katja, Besteuerung von Sanierungsgewinnen – Durchführung der Verlustverrechnung und von Verlustvor- und Verlustrückträgen, NWB 2011, 1438–1445

Graw, Christian, Ausgewählte Zweifelsfragen im Zusammenhang mit der Anwendungsregelung für § 17 Satz 2 KStG i.d.F. des UntSt/RKVereinfG, Ubg 2013, 373–376

Grefe, Cord, Die ertragsteuerlichen Regelungen für Streubesitzdividenden nach Einführung des § 8b Abs. 4 KStG, DStZ 2013, 573–581

Grotherr, Siegfried, Gewerbesteuerliche Auswirkungen der mit steuerfreien Dividenden im Zusammenhang stehenden nicht abzugsfähigen Betriebsausgaben, BB 2001, 597–603

Grotherr, Siegfried, International relevante Änderungen 2008 im EStG, KStG und GewStG, IWB 2008, 119–132

Grützner, Dieter, Ertragsteuerliche Regelung durch das Jahressteuergesetz 2007, StuB 2006, 899–902

Günther, Thomas/Muche, Thomas/White, Mark, Bilanzrechtliche und steuerrechtliche Behandlung des Rückkaufs eigener Anteile in den USA und in Deutschland, WPg 1998, 574–585

Haag, Maximilian/Jehlin, Alexander, Bericht zum 9. Münchner Unternehmenssteuerforum mit dem Titel:»Offene Streitpunkte des § 8b KStG«, DStR Beihefter, 2013, 3–7

Haase, Florian, Über Sinn und Unsinn von § 12 Abs. 3 KStG, BB 2009, 1448–1451

Häberer, Steffen, Alle Jahre wieder? – Die Antragstellung nach § 27 Abs. 8 KStG, DStZ 2010, 840–848

Hackemann, Tim/Sydow, Sabine, Richtungsentscheidung des EuGH in der Rs. C-6/12, P Oy für die Voraussetzungen der Einstufung einer Sanierungsklausel als staatliche Beihilfe; Auswirkungen auf die suspendierte deutsche Sanierungsklausel des § 8c Abs. 1a KStG, IStR 2013, 786–790

Hageböke, Jens, Zum Konkurrenzverhältnis von DBA-Schachtelprivileg und § 8b KStG, IStR 2009, 473–481

Hahne, Klaus D., Unternehmensteuerreform 2008: Neuregelungen für betriebliche Aktiengeschäfte, FR 2007, 819–829

Hahne, Klaus D., Spätere Ausfälle von Kaufpreisforderungen mindern rückwirkend steuerfreie Veräußerungsgewinne gemäß § 8b Abs. 2 KStG, DStR 2011, 955–958

Haisch, Martin/Helios Marcus, Steuerpflicht von Streubesitzdividenden in der Direkt- und Fondsanlage – Unionsrechtskonforme Ausgestaltung des KapESt-Rechts bei Dividenden?, DB 2013, 724–731

Haisch, Martin/Helios Marcus/Niedling, Dirk, AmtshilfeRLUmsG: Änderungen im Finanzierungsbereich, DB 2013, 1444–1449

Hallberbach, Dorothee, Das BMF-Anwendungsschreiben zur Zinsschranke (Teil II), StuB 2008, 624–629

Haßa, Guido/Gosmann, Martin, Zweifelsfragen zu Konzernklausel und Verschonungsregel des § 8c KStG, DB 2010, 1198–1205

Häuselmann, Holger, Das Ende des »Steuerschlupfloches« Wertpapierleihe – Die Erfassung von Aktienleihgeschäften nach § 8b Abs. 10 KStG in der Fassung des Unternehmensteuerreformgesetztes 2008, DStR 2007, 1379–1383

Hechtner, Frank/Schnitger, Arne, Neuerungen zur Besteuerung von Streubesitzdividenden und Reaktion auf das EuGH-Urteil vom 20.10.2011 (Rs. C-284/09), Ubg 2013, 269–279

Hein, Oliver/Suchan, Stefan/Geeb, Christoph, MoMiG auf der Schnittstelle von Gesellschafts- und Steuerrecht, DStR 2008, 2289–2298

Heinstein, Ralf, Realisierung des Guthabens aus Körperschaftsteuer und Solidaritätszuschlag (!) nach § 37 Abs. 5 KStG, DStR 2008, 381–386

Hennrichs, Joachim, Neufassung der Maßgeblichkeit gemäß § 5 Abs. 1 EStG nach dem BilMoG, Ubg 2009, 533–543

Herlinghaus, Andreas, Rechtsfragen zur Steuerpflicht von Streubesitzdividenden gem. § 8b Abs. 4 KStG n.F., FR 2013, 529–538

Herzig, Norbert, Die Gewerbesteuer als dominierende Unternehmenssteuer, DB 2007, 1541–1543

Herzig, Norbert, Aktuelle Entwicklungen bei § 8b KStG und § 3c EStG, DB 2003, 1459–1468

Herzig, Norbert/Bohn, Alexander, Modifizierte Zinsschranke und Unternehmensfinanzierung, DB 2007, 1–10

Herzig, Norbert/Bohn, Alexander, Das Wachstumsbeschleunigungsgesetz als Umsetzung des Sofortprogramms der Koalitionsparteien zum Untenehmensteuerrecht, DStR 2009, 2341–2349

Herzig, Norbert/Briesemeister, Simone, Steuerliche Konsequenzen der Bilanzrechtsmodernisierung für Ansatz und Bewertung, DB 2009, 976–982

Herzig, Norbert/Liekenbrock, Bernhard, Zinsschranke im Organkreis, DB 2007, 2387–2395

Herzig, Norbert/Liekenbrock, Bernhard, Zum EBITDA-Vortrag der Zinsschranke, DB 2010, 690–695

Herzig, Norbert/Lochmann, Uwe, Unternehmenssteuerreform 2008 – Wirkung des neuen Systems zur Entlastung gewerblicher Personenunternehmen von der Gewerbesteuer, DB 2007, 1037–1044

Herzig, Norbert/Stock, Cornelius, Entwicklungen der Organschaft und Zukunftsperspektiven einer Gruppenbesteuerung, BFuP, 2011, 476–502

Heurung, Rainer/Engel, Benjamin/Thiedemann, Bastian, Ertragsteuerliche Organschaft im Lichte des Europarechts, FR 2011, 212–219

Heurung, Rainer/Seidel, Philipp, Bruttomethode bei Organschaft nach dem JStG 2009, BB 2009, 472–476

Hey, Johanna, Verletzung fundamentaler Besteuerungsprinzipien durch die Gegenfinanzierungsmaßnahmen des Unternehmensteuerreformgesetztes 2008, BB 2007, 1303–1309

Hick, Christian, Anmerkungen zum BFH-Beschluss v. 18.12.2013 – I B 85/13, FR 2014, 564–567

Hierstetter, Felix, Zinsvortrag und Restrukturierung, DB 2009, 79–84

Hoffmann, Wolf-Dieter, Weitere Verlustvernichtung im JStG 2009, DStR 2009, 257–259

Hohage, Uwe, Erwerb eigener Anteile, Einbeziehung, Aufstockung und vGA bei der GmbH, DB 2009, 1033–1036

Hohmuth, Markus, Die Kapitalherabsetzung bei der GmbH unter der Geltung des MoMiG, GmbHR 2009, 349–354

Hölscher, Sebastian, Anwendungsbereich des § 12 Abs. 3 KStG – Darstellung anhand von Fallbeispielen, IStR 2013, 747–750

Holst, Kerstin/Nitzschke, Dirk, Vernichtung von Körperschaftsteuerminderungspotenzial trotz der Neuregelung durch das JStG 2010, DStR 2011, 1450–1454

Hölzer, Volkmar-Alexander/Nießner, Michael, Das BMF-Schreiben zur Zinsschranke, FR 2008, 845–850

Homburg, Stefan, Die Zinsschranke – eine beispiellose Steuerinnovation, FR 2007, 717–728

Horst, Alexander, Materielle Korrespondenz – Kongruenz der Besteuerung zwischen Gesellschafter und Anteilseigner, NWB 2009, 3022–3033

Huschke, Christian/Hartwig, Sybille, Das geplante Jahressteuergesetz 2009: Auswirkungen auf Vermietungseinkünfte beschränkt steuerpflichtiger Kapitalgesellschaften, IStR 2008, 745–750

Hüttemann, Rainer, Der Beginn der subjektiven Körperschaftsteuerpflicht, in: Körperschaftsteuer, Internationales Steuerrecht, Doppelbesteuerung, Festschrift für Franz Wassermeyer zum 65. Geburtstag, 2005, 27–48

Hüttemann, Rainer, Erwerb eigener Anteile im Bilanz- und Steuerrecht nach BilMoG, in: Unternehmensbesteuerung, Festschrift für Norbert Herzig zum 65. Geburtstag, 2010, 595–607

Intemann, Jens, Die Neuregelung zur Steuerpflicht von Streubesitzdividenden, BB 2013, 1239–1243

Ismer, Roland, Besteuerung inhabergeführter Unternehmensgruppen, GmbHR 2011, 968–976

Ismer, Roland/Karch, Alexandra, Das Referenzsystem bei der beihilferechtlichen Überprüfung nationaler Steuervergünstigungen, IStR 2014, 130–136

Jesse, Lenhard, Neuregelungen zur ertragsteuerlichen Organschaft, FR 2013, 629–640

Kasperczyk, Tobias/Hübner, Frank, Wie viel vernichtetes Körperschaftsteuerguthaben kann gerettet werden? – Verfahrensrechtliche Aspekte im Zusammenhang mit dem Körperschaftsteuerguthaben gemäß JStG 2010, DStR 2011, 1446–1449

Kempf, Andreas/Hohage, Uwe, Gedanken zu § 8b Abs. 3 Satz 1 KStG bei beschränkt Steuerpflichtigen, IStR 2010, 806–807

Kessler, Wolfgang/Dietrich, Marie-Louise, Wann ist eine Beteiligung eine Schachtelbeteiligung?, DStR 2012, 2101–2105

Kessler, Wolfgang/Dietrich, Marie-Louise, Auf den zweiten Blick: Warum § 3c EStG auf DBA-Schachteldividenden nicht anwendbar ist, IStR 2010, 696–701

Kessler, Wolfgang/Hinz, Bogdan, Kernbereiche der Verlustverrechnung – Verfassungswidrigkeit von § 8c KStG, DB 2011, 1771–1774

Kessler, Wolfgang/Knörzer, Daniel, Die Verschärfung der gewerbesteuerlichen Schachtelstrafe – erneute Diskriminierung inländischer Holdinggesellschaften?, IStR 2008, 121–124

Kessler, Wolfgang/Lindemer, Jörg, Die Zinsschranke nach dem Wachstumsbeschleunigungsgesetz, DB 2010, 472–476

Kessler, Wolfgang/Philipp, Moritz, Rechtssache National Grid Indus BV – Ende oder Bestätigung der Entstrickungsbesteuerung?, DStR 2012, 267–272

Kessler, Wolfgang/Winterhalter, Hansjörg/Huck Friedericke, Überführung und Rückführung von Wirtschaftsgütern: Die Ausgleichspostenmethode des § 4g EStG, DStR 2007, 133–137

Kieker, Andreas/Vollmar, Martina, Änderung des Höchstbetrags der Gewinnabführung durch das BilMoG – Auswirkungen auf die steuerliche Anerkennung von Organschaftsverhältnissen, DStR 2009, 842–843

Köhler, Stefan, Erste Gedanken zur Zinsschranke nach Unternehmensteuerreform, DStR 2007, 597–604

Köhler, Stefan/Hahne, Klaus, BMF-Schreiben zur Anwendung der steuerlichen Zinsschranke und zur Gesellschafterfremdfinanzierung bei Kapitalgesellschaften. Wichtige Verwaltungsregelungen, strittige Punkte und offene Fragen nach dem BMF-Schreiben vom 04.07.2008, DStR 2008, 1505–1516

Kohlhepp, Ralf, Gewinnaufschlag bei vGA – Untersuchung der Rechtsprechung und Entwicklung eines Lösungsvorschlags, DStR 2009, 357–360

Kolbe, Stefan, Die körperschaftsteuerliche Organschaft mit einer doppelansässigen Organgesellschaft – Anmerkungen zum BMF-Schreiben vom 28.03.2011, StuB 2011, 495–497

Korn, Klaus, Die Zinsschranke nach § 4h EStG, KÖSDI 2008, 15 866–15 883

Körner, Andreas, Das »Bosal«-Urteil des EuGH – Vorgaben für die Abzugsfähigkeit der Finanzierungsaufwendungen des Beteiligungserwerbs, BB 2003, 2436–2442

Kotyrba, Marc H., BFH: Grenzüberschreitende gewerbesteuerliche Organschaft anerkannt, BB 2011, 1379–1383

Kröner, Ilse/Bolik, Andreas, Die Anwendung der Zinsschranke bei vermögensverwaltenden und gewerblichen Personengesellschaften, DStR 2008, 1309–1315

Kußmaul, Heinz/Richter, Lutz/Tcherveniachki, Vassil, Ausgewählte praktische Problemfelder im Kontext zu § 8c KStG, GmbHR 2008, 1009–1017

Ladiges, Manuel, Der Auszahlungsanspruch nach § 37 Abs. 5 KStG – Probleme bei Aufrechnung und Insolvenz, DStR 2008, 2041–2045

Lang, Bianca, Sanierungsklausel der Regelung zur Verlustverrechnungsbeschränkung bei Körperschaften – Beihilfeverfahren zu § 8c Abs. 1a KStG, SteuK 2011, 135–139

Lang, Bianca, Die Neuregelung der Verlustabzugsbeschränkung gem. § 8c KStG durch das Unternehmensteuerreformgesetz 2008, DStZ 2007, 652–663

Lang, Joachim/Englisch, Joachim, Zur Verfassungswidrigkeit der neuen Mindestbesteuerung, StuW 2005, 3–24

Lendewig, Christian/Jaschke, Jürgen, Die Erneuerung der allgemeinen Entstrickungsvorschriften durch das JStG 2010, StuB 2011, 90–97

Lenz, Martin, Der neue § 8c KStG aus Unternehmenssicht, Ubg 2008, 24–30

Löffler, Christoph/Hansen, Christian, Veräußerung zuvor gekaufter Anteile an einer Vorratsgesellschaft als »Eigenhandel« im Sinne von § 8b Abs. 7 KStG – Anmerkung zu BFH, Beschluss vom 12. 10. 2010, I B 82/10, DStR 2011, 558–560

Looks, Christian/Birmans, Marc Oliver/Persch, Andreas, Anwendbarkeit des § 1 AStG auf Teilwertabschreibungen von Gesellschafterdarlehen, DB 2011, 2110–2115

Lorenz, Anja, Die Suspendierung von § 8b Abs. 5 KStG durch EG- und DBA-Günstigerprüfung – Zur Entwicklung des Betriebsausgabenabzugs beim Dividendenbezug von Kapitalgesellschaften, IStR 2009, 437–445

Lüdicke, Jürgen, Die korrespondierende Behandlung von Leistungen zwischen Gesellschafter und Gesellschaft nach dem JStG 2007, in: Zwischen Markt und Staat, Gedächtnisschrift für W. Rainer Walz, 2008, 401–416

Lüdicke, Jürgen, Das DBA-Gespenst bei der Organschaft, IStR 2011, 740–747

Maiterth, Ralf/Wirth, Henriette, Anmerkungen zur unendlichen Diskussion über Beteiligungsaufwendungen bei Kapitalgesellschaften aus steuersystematischer Sicht, DStR 2004, 433–438

Mayer, Stefan/Wagner, Stefan, BMF-Schreiben zu eigenen Anteilen – Absage an ein (vermeintliches) Korrespondenzprinzip, DStR 2014, 571–576

Mayer, Stefan/Wiese, Götz Tobias, Zur Verlustübernahme nach der »kleinen Organschaftsreform« – Vertragsformulierungen im Lichte der Übergangsvorschrift, DStR 2013, 629–633

Meilicke, Wienand, Die Niederlassungsfreiheit nach Überseering, GmbHR 2003, 793–809

Meilicke, Wienand, Die Neuregelung der Besteuerung des Bezugsrechts, DB 2009, 476–478

Meilicke, Wienand, Nochmals: Abgeltungsteuer auf Bezugsrechte, DB 2010, 753–754

Melchior, Jürgen, Steuerrechtliche Änderungen durch das Jahressteuergesetz 2007, DStR 2006, 2233–2240

Moorkamp, Simon, Steuerliche Folgen des auf den future service beschränkten Verzichts von Pensionsanwartschaften, StuB 2011, 741–743

Mützler, Martina, Die »Zuschreibungs-Falle« des § 8b Abs. 8 Satz 4 KStG für Lebens- und Krankenversicherungsunternehmen, DB 2007, 1894–1896

Neufang, Bernd/Merz, Wolfgang, Leistungen von Gesellschaftern und Dritten an Kapitalgesellschaften und umgekehrt im Blickwinkel der Schenkungsteuer, BB 2011, 2397–2404

Neumann, Ralf, Überlegungen zum aktuellen Entwurf des BMF-Schreibens zu § 8c KStG, GmbHR 2014, 673–682

Neumann, Steffen, Zinsschranke nach dem Unternehmensteuerreformgesetz 2008. Die schwierige Neuregelung in 9 Prüfungsschritten, EStB 2007, 292–297

Neumann, Ralf/Watermeyer, Heinrich J., Forderungsverluste von Gesellschaftern im Betriebsvermögen (§ 8b Abs. 3 Sätze 4 ff. und § 3c Abs. 2 EStG), Ubg 2008, 748–761

Neyer, Wolfgang, Verlustverrechnungsverbot gemäß § 8c KStG auch für Gewinne im Jahr der Anteilsübertragung? – Die Entscheidungen des Hessischen FG vom 07.10.2010 und des FG Münster vom 30.11.2010, DStR 2011, 654–656

Nitzschke, Dirk, Veräußerung direkt gehaltener Beteiligungen an Kapitalgesellschaften durch beschränkt Körperschaftsteuerpflichtige – Führt § 8b Abs. 3 KStG zur partiellen Besteuerung eines Veräußerungsgewinns?, IStR 2012, 125–128

Nodoushani, Manuel, Zur objektiven Auslegung von Ergebnisabführungsverträgen durch den Bundesfinanzhof, DStR 2009, 620–624

Ortmann-Babel, Martina/Bolik, Andreas S., Praxisprobleme des SEStEG bei der Auszahlung des Körperschaftsteuerguthabens nach § 37 KStG n.F., BB 2007, 73–78

Ott, Hans, Bilanzielle und steuerliche Behandlung des Körperschaftsteuerguthabens, StuB 2008, 127–130

Pflüger, Hansjörg, Angemessenheit der Gesamtbezüge eines Gesellschafter-Geschäftsführers, GStB 2003, 9–18

Pickhardt-Poremba, Natalie, Das steuerliche Einlagekonto: Überblick über das BMF-Schreiben vom 04.06.2003 zu den §§ 27, 28 KStG 2002, StuB 2003, 964–971

Pohl, Carsten, Gesplittete Anteilsübertragung und § 8c KStG – Ein neuer Anwendungsfall der Gesamtplanrechtsprechung?, GmbHR 2009, 132–135

Polatzky, Robert/Seitner, Theresa, Anwendung des § 14 Abs. 1 Satz 1 Nr. 5 KStG auf US-Inbound-Strukturen nach Deutschland vor dem Hintergrund des US-Steuerrechts, Ubg 2013, 285–298

Priester, Hans Joachim, Das Gesellschaftsverhältnis im Vorgründungsstadium – Einheit oder Dualismus?, GmbHR 1995, 481–486

Prinz, M., Anmerkungen zum BFH-Urteil v. 28.10.2009 – I R 116/08, FR 2010, 578–583

Prinz, Ulrich, Ernstliche Zweifel der Verfassungsmäßigkeit der Zinsschranke; Verpfändung von Gesellschaftsanteilen als Anwendungsfall des § 8a Abs. 2 KStG, FR 2012, 167–171

Prinz, Ulrich, Mittelstandsfinanzierung in Zeiten der Zinsschranke, FR 2008, 441–448

Prinz, Ulrich, § 1 AStG und darlehensbezogene Teilwertabschreibung: kreativer, aber rechtsfehlerhafter Versuch der Finanzverwaltung zur Rettung der Wirkung des § 8b Abs. 3 KStG für Altfälle, FR 2011, 925–929

Prinz, Ulrich/Hick, Christian, Neues aus der Finanzverwaltung: Veräußerter Mitunternehmeranteil und Halbeinkünftebesteuerung, FR 2006, 167–170

Ritzer, Claus/Stangl, Ingo, Highlights aus dem Entwurf des neuen BMF-Schreibens zu § 8c KStG, DStR 2014, 977–986

Rödder, Thomas, Unternehmenssteuerreformgesetz 2008, DStR 2007, Beihefter zu Heft 40, 2–19

Rödder, Thomas, Entsteht ein EBITDA-Vortrag in Jahren mit einem Zinsertragsüberhang? DStR 2010, 529–530

Rödder, Thomas, Das neue (geplante) BMF-Schreiben zu § 8c KStG, Ubg 2014, 317–325

Rödder, Thomas/Möhlenbrock, Rolf, Die Neuregelung des § 8c KStG betr. Verluste von Kapitalgesellschaften bei Beteiligungserwerben, Ubg 2008, 595–607

Rödder, Thomas/Schumacher, Andreas, Das kommende SEStEG – Teil I: Die geplante Änderungen des EStG, KStG und AStG; Der Regierungsentwurf eines Gesetzes über steuerliche Begleitmaßnahmen zur Einführung der Europäischen Gesellschaft und zur Änderung weiterer steuerlicher Vorschriften, DStR 2006, 1481–1494

Rust, Alexander, Anforderungen an die EG-rechtskonforme Dividendenbesteuerung, DStR 2009, 2568–2577

Schumann, Marc P./Dennisen, Andre/Behrens, Stefan, Steuerliche Änderungen durch das Wachstumsbeschleunigungsgesetz, BB 2010, 23–35

Schiffers, Joachim, Steuerrechtliche Behandlung des Erwerbs eigener Anteile, GmbHR 2014, 79–85

Schild, Claus/Eisele, Florian, Die Steuerbefreiung nach § 8b KStG – Das neue BMF-Schreiben vom 28.04.2003, DStZ 2003, 443–452

Schirmer, Hans-Jürgen, Organschaft: Zuordnung zu einer inländischen Betriebsstätte, FR 2013, 605–608

Schlagheck, Markus, Das steuerliche Einlagekonto, StuB 2004, 1010–1016

Schmidbauer, Rainer, Die Bilanzierung eigener Aktien im internationalen Vergleich, DStR 2002, 187–192

Schmidt, Volker, Teilwertabschreibungen auf Darlehen an verbundene ausländische Unternehmen – Neue Sicht des Konzernrückhalts?, Beilage zu NWB 33/2011, 4–31

Schmidtmann, Dirk, Abstrakte und konkrete Bilanzierungsfähigkeit eigener Anteile nach dem Bilanzrechtsmodernisierungsgesetz, StuW 2010, 286–300

Schneider, Norbert/Sommer, Ulrike, Organschaftsreform »light« – Ein Überblick insbesondere zur neuen Fiktion der tatsächlichen Durchführung, GmbHR 2013, 22–31

Schneider, Norbert/Sommer, Ulrike, Der Entwurf des neuen BMF-Schreibens zu § 8c KStG, FR 2014, 537–544

Schnitger, Arne/Berliner, Christina, Die Anwendung der deutschen Organschaft bei grenzüberschreitenden Sachverhalten, IStR 2011, 753–762

Schnitger, Arne/Rometzki, Simon, Das Verschonungspotential des § 8c Abs. 1 Sätze 6 bis 9 KStG – Fallstricke aus der Praxis, Ubg 2013, 1–7

Schön, Wolfgang, Die Abzugsschranken des § 3c EStG zwischen Verfassungs- und Europarecht, FR 2001, 381–392

Schöneborn, Thomas, Gewerbeverluste gem. § 10a GewStG bei Personengesellschaften – Auswirkungen des § 8c KStG bei »darüber hängenden« Kapitalgesellschaften, NWB 2011, 366–374

Schönfeld, Jens, Die Steuerpflicht von Streubesitzdividenden gemäß § 8b Abs. 4 KStG n.F. – dargestellt anhand von Fallbeispielen, DStR 2013, 937–943

Schönfeld, Jens, Ausgewählte internationale Aspekte der neuen Regelungen über die Kapitalertragsteuer, IStR 2007, 850–583

Schönherr, Frank/Lemaitre, Claus, Der Entwurf des SEStEG: Geplante Änderungen im Einkommen-, Körperschaft- und Gewerbesteuergesetz – Überblick und erste Anmerkungen, GmbHR 2006, 561–569

Suchanek, Markus, Übergang des Gewerbeverlusts nach § 10a GewStG von einer Kapital- auf eine Personengesellschaft, FR 2012, 296–300

Schwarz van Berk, Leonie, Die ertragsteuerliche Behandlung des Wegzugs von Kapitalgesellschaften – Verlagerung ins Ausland, SteuStud 2010, 445–453

Sedemund, Jan, Zweifelsfragen im Rahmen von § 27 Abs. 8 KStG, IStR 2009, 579–583

Siebert, Jens/Ivhzenko-Siebert, Antonia, Zufluss und verdeckte Gewinneinlage durch Verzicht auf vollwertige Leistungs- oder Nutzungsvergütung nur bei vorheriger Aufwandsbuchung? FR 2011, 948–951

Siegel, Theodor, Zur Zuordnung von Ausschüttungen nach § 27 KStG, DStZ 2013, 739–744

Sistermann, Christian/Brinkmann, Jan, Verlustabzugsbeschränkungen nach § 8c KStG – Anmerkungen zum BMF-Schreiben vom 04.07.2008, BB 2008, 1928–1936

Sistermann, Christian/Brinkmann, Jan, Verlustuntergang aufgrund konzerninterner Umstrukturierung – § 8c KStG als Umstrukturierungshindernis?, DStR 2008, 897–903

Sistermann, Christian/Brinkmann, Jan, Die neue Sanierungsklausel in § 8c KStG – Vorrübergehende Entschärfung der Mantelkaufregelung für Unternehmen in der Krise, DStR 2009, 1453–1457

Sistermann, Christian/Brinkmann, Jan, Mindestbesteuerung nach § 10d Abs. 2 EStG – Anmerkungen zum BMF-Schreiben vom 19.10.2011, DStR 2011, 2230–2232

Spengel, Christoph/Schaden, Michael, Besteuerung von Erfolgen aus der Veräußerung von Anteilen an Kapitalgesellschaften durch Kapitalgesellschaften; Eine ökonomische und verfassungsrechtliche Analyse, DStR 2003, 2192–2201

Spilker, Bettina/Peschke Peter, Erfordernis der Steuerneutralität der Einlagenrückgewähr aus ausländischen Gesellschaften – Zur Reformbedürftigkeit des § 20 Abs. 1 Nr. 1 EStG i.V.m. § 27 Abs. 8 KStG, DStR 2011, 385–391

Stangl, Ingo, Ausgewählte Streitpunkte des § 8b KStG, DStR Beihefter 2013, 8–13

Stangl, Ingo/Brühl, Manuel, Brennende Zweifelsfragen des § 17 Satz 2 Nr. 2 KStG nach der »kleinen Organschaftsreform«, DB 2013, 538–542

Stangl, Ingo/Hageböke, Jens, Neues zur Anwendung des DBA-Schachtelprivilegs – Anmerkungen zum BFH-Urteil vom 23.06.2010 – I R 71/09, Ubg 2010, 651–654

Stöber, Michael, Grenzüberschreitende Organschaften im Lichte abkommensrechtlicher Diskriminierungsverbote und der Niederlassungsfreiheit, BB 2011, 1943–1948

Strahl, Martin, Vermögensverwaltende Personengesellschaften im Ertragsteuerrecht, KÖSDI 2001, 12802–12811

Streck, Michael/Binnewies, Burkhard, Hat das verfassungswidrige Fiskalspiel mit dem Körperschaftsteuerguthaben nunmehr das Schlussdrittel erreicht?, DB 2007, 359–361

Suchanek, Markus, Ertragsteuerliche Änderungen im Jahressteuergesetz 2009 zur Verhinderung von Gestaltungen im Zusammenhang mit § 8c KStG – Die »Verlustvernichtung« geht weiter, Ubg 2009, 178–185

Suchanek, Markus/Herbst, Christian, Unternehmensteuerreform 2008: fatale Wirkung des neuen § 8c KStG zur Verlustnutzung bei Körperschaften und der Auslaufvorschrift zu § 8 Abs. 4 KStG, FR 2007, 863–873

Suchanek, Markus/Jansen, Arne, Änderung bei der Stillen-Reserve-Klausel des § 8c KStG durch das Jahressteuergesetz 2010, GmbHR 2011, 174–178

Thiel, Jochen, Die steuerliche Behandlung von Fremdfinanzierung im Unternehmen, FR 2007, 729–733

Thömmes, Otmar, Identitätswahrende Sitzverlegung von Gesellschaften in der EU, IWB 2012, 29–34

Töben, Thomas, Die Zinsschranke – Befund und Kritik, FR 2007, 739–746

Triebel, Volker/Hase, Karl, Wegzug und grenzüberschreitende Umwandlung deutscher Gesellschaften nach »Überseering« und »Inspire Art«, BB 2003, 2409–2417

Uhrbahns, Rüdiger, Die gewerbesteuerliche Organschaft unter besonderer Berücksichtigung der Verlustverrechnung, INF 2001, 581

van Lishaut, Ingo, Grenzfragen zum »Mantelkauf« (§ 8c KStG), FR 2008, 789–801

Voßkuhl, Stefan/Klemke, Sina, Unterjährige Zugänge bei Ausschüttungen aus dem steuerlichen Einlagekonto, DB 2010, 2696–2700

Wachter, Thomas, Die englische private limited company im deutschen Steuerrecht (Teil 1), FR 2006, 358–368

Wagner, Klaus-R., Überseering und Folgen für das Steuerrecht, GmbHR 2003, 684–693

Wagner, Thomas, § 8c KStG: Verschonungsregelung bei stillen Reserven, DB 2010, 2751–2757

Wagner, Thomas/Liekenbrock, Bernhard, Organschaft und Ausschluss der doppelten Verlustberücksichtigung im In- und Ausland nach § 14 Abs. 1 Nr. 5 KStG n.F., Ubg 2013, 133–145

Warnke, Karsten, Ertragsteuerliche Änderungen durch das JStG 2009 (I) Insbesondere Abgeltungsteuer, Arbeitnehmerbesteuerung, Privatpersonen, Zinsschranke und Verlustnutzung, EStB 2009, 65–71

Wassermeyer, Franz, Einige Grundsatzüberlegungen zur verdeckten Gewinnausschüttung, GmbHR 1998, 157–163

Watermeyer, Heinrich J., Gewinnminderungen im Zusammenhang mit Darlehensforderungen, GmbH-StB 2008, 81–86

Wehrheim, Michael/Rupp, Dominik, Die Bildung von Gewinnrücklagen nach dem BilMoG und ihre Auswirkungen auf die ertragsteuerliche Organschaft, DStR 2008, 1977–1981

Welling, Berthold, Die Zinsschranke, FR 2007, 735–739

Wicke, Hartmut, Zulässigkeit des grenzüberschreitenden Formwechsels – Rechtssache »Vale« des Europäischen Gerichtshofs zur Niederlassungsfreiheit, DStR 2012, 1756–1759

Wiese, Götz Tobias/Lay, Henrik, Die Besteuerung sog. »Streubesitzdividenden« im Körperschaftsteuerrecht – Zu § 8b Abs. 4, § 15 S. 3 KStG n. F. –, GmbHR 2013, 404–410

Wiese, Götz Tobias/Möller, Christian, Dividendenbesteuerung unter dem Einfluss des Europarechts: EuGH-Urteil zu Streubesitzdividenden und Änderungen des § 50d III EStG, GWR 2011, 539–543

Wild, Michael/Sustmann, Marco/Papke, Norgard, Gefährdet § 8c KStG bei einem Börsengang die steuerlichen Verlustvorträge der emittierenden Gesellschaft?, DStR 2008, 851–856

Wilke, Ulrich/Süß Christian, Die Bedeutung des Gemeinschaftsrechts für die direkten Steuern am Beispiel der Zinsschranke, FR 2009, 796–804

Winhard, Christoph, Der Begriff der »Gewinnminderung« gemäß § 8b Abs. 3 Satz 4 KStG i.d.F. des JStG 2008 – insbesondere zur Tatbestandsmäßigkeit von Wechselkursverlusten, IStR 2011, 237–244

Winter, Michael/Marx, Eric, »Grenzüberschreitende« Organschaft mit zugezogenen EU-/EWR-Gesellschaften – Neue Gestaltungsmöglichkeiten aufgrund des BMF-Schreibens vom 28.03.2011, DStR 2011, 1101–1107

Zerwas, Peter/Fröhlich, Sebastian, § 8c KStG – Auslegung der neuen Verlustabzugsbeschränkung, DStR 2007, 1933–1940

Kommentare und Monographien

Altmeppen/Roth — Altmeppen, Holger/Roth, Günter H., Kommentar zum GmbHG, 7. Auflage, München 2012

Baumbach/Hueck — Baumbach, Adolf/Hueck, Alfred, Kommentar zum GmbHG, 20. Auflage, München 2013

BeBiko — Förschle, Gerhart/Grottel, Bernd/Schmidt, Stefan/Schubert, Wolfgang J./Winkeljohann, Norbert, Beck'scher Bilanzkommentar: Handels- und Steuerbilanz, 9. Auflage, München 2014

Beck GmbH-HB — Müller, Welf/Winkeljohann, Norbert, Beck'sches Handbuch der GmbH: Gesellschaftsrecht – Steuerrecht, 4. Auflage, München 2009

B/F/F/K — Breithecker, Volker/Förster, Guido/Förster, Ursula/Klapdor, Ralf, Unternehmensteuerreformgesetz 2008, Kommentar zum UntStRefG 2008, Berlin 2007

Blümich — Heuermann, Bernd/Brandis, Peter, Kommentar zum EStG, KStG, GewStG, München (Loseblattsammlung)

Blumenberg/Benz — Blumenberg, Jens/Benz, Sebastian, Die Unternehmensteuerreform 2008, Köln 2007

Bordewin/Brandt — Bordewin, Arno/Brandt, Jürgen, Kommentar zum EStG, Heidelberg (Loseblattsammlung)

Budde/Förschle/Winkeljohann — Budde, Wolfgang Dieter/Förschle, Gerhart/Winkeljohann, Norbert, Sonderbilanzen, 4. Auflage, München 2008

DPM — Dötsch, Ewald/Pung, Alexandra/Möhlenbrock, Rolf, Die Körperschaftsteuer, Kommentar zum KStG, zum UmwStG und zu den einkommensteuerlichen Vorschriften der Anteilseignerbesteuerung, Stuttgart (Loseblattsammlung)

Drukarczyk — Drukarczyk, Jochen, Finanzierung, 10. Auflage, Stuttgart 2008

Ernst & Young — Körperschaftsteuergesetz Kommentar, Bonn (Loseblattsammlung)

Frotscher/Maas — Frotscher, Gerrit/Maas, Ernst, Kommentar zum Körperschaft- und Umwandlungssteuergesetz, Freiburg (Loseblattsammlung)

Glanegger/Güroff — Güroff, Georg/Selder, Johannes/Wagner, Ludwig, Gewerbesteuergesetz Kommentar, 8. Auflage, München 2014

Gosch — Gosch, Dietmar, Körperschaftsteuergesetz Kommentar, 2. Auflage, München 2009

Herzig — Herzig, Norbert, Organschaft, Stuttgart 2003

HHR — Herrmann, Carl/Heuer, Gerhard/Raupach, Arndt, Einkommensteuer- und Körperschaftsteuergesetz Kommentar, Köln (Loseblattsammlung)

Hoffmann — Hoffmann, Wolf-Dieter, Zinsschranke, Stuttgart 2009

Hottmann — Hottmann, Jürgen u. a., Die GmbH im Steuerrecht, 3. Auflage, Achim 2011

Hüffer/Koch — Hüffer, Uwe/Koch, Jens, Kommentar zum AktG, 11. Auflage, München 2014

Jacobs — Jacobs, Otto H./Endres, Dieter/Spengel, Christoph, Internationale Unternehmensbesteuerung, 7. Auflage, München 2011

Jäger/Lang — Jäger, Birgit/Lang, Friedbert, Körperschaftsteuer, 18. Auflage, Achim 2009

Keßler | Keßler, Jürgen, Handbuch des GmbH-Konzerns, Herne 2004

Kirchhof | Kirchhof, Paul, EStG KompaktKommentar, 13. Auflage, Heidelberg 2014

Knobbe-Keuk | Knobbe-Keuk, Brigitte, Bilanz- und Unternehmenssteuerrecht, 9. Auflage, Köln 1993

Küting/Pfitzer/Weber | Küting, Karlheinz/Pfitzer, Norbert/Weber, Claus-Peter, Das neue deutsche Bilanzrecht, 2. Auflage, Stuttgart 2009

Mössner | Mössner, Jörg Manfred u.a., Steuerrecht international tätiger Unternehmen, 4. Auflage, Köln 2012

MüKo AktG | Goette, Wulf/Habersack, Mathias, Münchener Kommentar zum AktG, Band 1, 3. Auflage, München 2008

MüKo HGB | Schmidt, Karsten/Ebke, Werner F., Münchener Kommentar zum HGB, Band 4, 3. Auflage, München 2013

Münchener Handbuch des Gesellschaftsrechts | Hoffmann-Becking, Michael, Münchener Handbuch des Gesellschaftsrechts, Band 4, 3. Auflage, München 2007

Niehus/Wilke | Niehus, Ulrich/Wilke, Helmuth, Die Besteuerung der Personengesellschaften, 6. Auflage, Stuttgart 2013

Raupach | Raupach, Arndt/Pohl, Dirk/Ditz, Xaver/Klein, Martin, Praxis des internationalen Steuerrechts 2013, Herne 2013

R/H/vL | Rödder, Thomas/Herlinghaus, Andreas/van Lishaut, Ingo, Umwandlungssteuergesetz Kommentar, 2. Auflage, Köln 2013

S/H/S | Schmitt, Joachim/Hörtnagl, Robert/Stratz, Rolf-Christian, Umwandlungsgesetz Umwandlungssteuergesetz Kommentar, 6. Auflage, München 2013

Schaumburg | Schaumburg, Harald, Internationales Steuerrecht, 3. Auflage, Köln 2011

Schmidt | Schmidt, Ludwig, Einkommensteuergesetz Kommentar, 33. Auflage, München 2014

Schmidt, K. | Schmidt, Karsten, Gesellschaftsrecht, 4. Auflage, Köln 2002

Schnitger/Fehrenbach | Schnitger, Arne/Fehrenbach, Oliver, Körperschaftsteuergesetz Kommentar, Wiesbaden 2012

Streck | Streck, Michael, Körperschaftsteuergesetz Kommentar, 8. Auflage, München 2014

Tipke/Lang | Tipke, Klaus/Lang, Joachim, Steuerrecht, 21. Auflage, Köln 2013

Stichwortverzeichnis